अधिगम एवं शिक्षण
(Learning and Teaching)

Our other publications by
Prof. S.K. Mangal and Prof. Shubhra Mangal

— Assessment of Learning
— Creating an Inclusive School
— Childhood and Growing up
— Learning and Teaching
– अधिगम का आकलन
– समेकित विद्यालय की स्थापना
– बाल्यकाल एवं वृद्धि-उन्मुख बालक
– अधिगम एवं शिक्षण

अधिगम एवं शिक्षण
(Learning and Teaching)

डॉ. एस. के. मंगल
डॉ. शुभ्रा मंगल

SHIPRA

(First published in 2018)

Rs. 1500; US$ 75

ISBN: 978-93-86262-63-9

2022 Impression

Adhigam avm Shikshan

Published by:
SHIPRA PUBLICATIONS
LG 18-19, Pankaj Central Market,
I.P. Ext., Patparganj, Delhi 110092
91 11 22235152/ 6152; 9650028065
info@shiprapublication.com
www.info@shiprapublication.com

प्रस्तावना

अनुभवों के अर्जन के रूप में अधिगम बालकों की विकास प्रक्रिया को उनके जन्म से ही काफी प्रभावशाली ढंग से प्रभावित करता हुआ पाया जाता है। बालक अपने परिवेश में अपने स्वयं की पहल, निरीक्षण तथा अनुभवों के माध्यम से बहुत सी बातें सीखते हैं। बालकों को उनकी योग्यता और क्षमता के अनुकूल उचित विकास स्तर तक ले जाने हेतु फिर माता-पिता, बड़ों तथा अध्यापकों द्वारा शिक्षण और प्रशिक्षण के रूप में संगठित अपेक्षित अधिगम अनुभव अर्जित कराने के प्रयत्न किए जाते हैं। इस सम्बन्ध में बहुत कुछ उत्तरदायित्व अध्यापकों के कंधों पर ही होता है और इसी वजह से बालकों को उनके विकास हेतु अपेक्षित अधिगम अनुभव अर्जित करने में सहायता पहुँचाने के लिए शिक्षकों को अपने शिक्षण सम्बन्धी उत्तरदायित्व का भलीभाँति निर्वाह करने में पूरी तरह समर्थ बनने का प्रयत्न करना चाहिए। इस सम्बन्ध में उन्हें यह जानना आवश्यक है कि उनके विद्यार्थियों में किस प्रकार का विकास किया जाना चाहिए। विद्यार्थियों को उनके अपने विकासात्मक लक्ष्यों की प्राप्ति हेतु वांछित अधिगम अनुभवों के अर्जन में किस प्रकार सहायता पहुँचाई जा सकती हैं, किसी एक या अन्य शिक्षण-अधिगम परिस्थिति में अध्यापक द्वारा किस प्रकार की भूमिका निभाई जानी चाहिए और बालकों को उनके संज्ञानात्मक तथा संपूर्ण व्यक्तित्व विकास हेतु आवश्यक ज्ञान के सृजन और अर्जन में किस प्रकार सहायता की जानी चाहिए, आदि आदि।

परन्तु अब यहाँ प्रश्न उठता है कि एक अध्यापक बालकों के अधिगम तथा अपने शिक्षण के बारे में इन सब आवश्यक बातों से अपने आपको कब और कैसे युक्त करे। इस सम्बन्ध में पहला सुनहरा अवसर एक अध्यापक को अपने सेवापूर्व प्रशिक्षण काल के दौरान ही प्राप्त हो सकता है और इसीलिए अध्यापक शिक्षा/प्रशिक्षण पाठ्यक्रमों में इस बात की पूरी व्यवस्था की जानी चाहिए। इसी संदर्भ में राष्ट्रीय अध्यापक शिक्षा परिषद (NCTE) द्वारा विश्वविद्यालयों तथा अध्यापक शिक्षा संस्थानों को यह दिशा निर्देश जारी किये गए हैं कि वे अपने बी.एड. पाठ्यक्रमों में अपेक्षित सुधार लाएं। इन दिशा निर्देशों का अनुगमन करते हुए गुरु गोविन्द सिंह इन्द्रप्रस्थ विश्वविद्यालय, नई दिल्ली ने अपने द्वि-वर्षीय बी.एड. पाठ्यक्रम में 'अधिगम एवं शिक्षण' (Learning and Teaching) नामक अध्ययन कोर्स को एक अनिवार्य विषय के रूप में स्थान दिया है। प्रस्तुत पुस्तक इसी विषय की आवश्यकता हेतु लिखी गई है।

यद्यपि यहाँ इस पाठ्यक्रम में गुरु गोविन्द सिंह इन्द्रप्रस्थ विश्वविद्यालय, नई दिल्ली के पाठ्यक्रम को मुख्य रूप से चर्चा का बिन्दु बनाया गया है परन्तु अपनी विषयवस्तु की गहनता तथा विस्तृतता की वजह से यह अन्य भारतीय विश्वविद्यालयों

के द्विवर्षीय पाठ्यक्रमों के इस प्रकार के अध्ययन कोर्स की आवश्यकताओं को पूरा करने में भी अपनी अच्छी भूमिका निभा सकती है।

अपने इस प्रयोजन में यह कितनी सफल रही है इसका निर्णय तो सुयोग्य पाठकवृन्द के रूप में आपका ही रहेगा। परन्तु हमारा यह अवश्य ही कर्त्तव्य बन जाता है कि आपको इसकी कुछ निम्न विशेषताओं से परिचित कराया जाए :

- पाठ्यक्रम की सभी इकाइयों तथा प्रकरणों पर विस्तार से प्रकाश डालने की पूरी कोशिश की गई है।
- प्रयत्न यही रहा है कि भाषा और प्रस्तुतीकरण शैली पाठकों के स्तरानुसार सरल, रोचक एवं बोधगम्य बनी रहे।
- प्रत्येक अध्याय की विषय सामग्री के उचित बोध, पुनरावृत्ति एवं स्व-मूल्यांकन हेतु निबन्धात्मक एवं लघु उत्तरात्मक दोनों प्रकार के प्रश्नों को पुस्तक के पेपर बैक संस्करण के अंत में स्थान दिया गया है।
- अध्यायों में चर्चित संदर्भ और विषय की गहराई में जाने हेतु सहायक ग्रन्थों की सूची भी विस्तार से पुस्तक के अंत में दी गई है।

अपनी इन उपरोक्त विशेषताओं के साथ पुस्तक को आपकी अपेक्षाओं पर खरा उतरना ही चाहिए, यही हमारा निजी विश्वास है। आपकी ओर से प्राप्त सुझावों को स्वागत भी अवश्य रहेगा ताकि इसे आपकी दृष्टि से और भी उपयोगी बनाया जा सके।

पाठकों के लिए शुभकामनाओं सहित,

20 फरवरी 2018

एस. के. मंगल
शुभ्रा मंगल

विषय सूची

1

अधिगम एवं शिक्षण–प्रकृति एवं सम्बन्ध
(Learning and Teaching–Nature and Relationship)

शिक्षण की अवधारणा (Concept of Teaching)

किसी वस्तु व्यक्ति या विचार विशेष के प्रति जो हमारी आम धारणा बन जाती है उसे ही हम उसके संप्रत्यय के रूप में जानते हैं। इस धारणा के पीछे वह सब कुछ छिपा रहता है जिसका प्रत्यक्ष और अप्रत्यक्ष किसी भी तरह से हमें ज्ञान है। शिक्षण के संप्रत्यय पर भी यही बात पूरी तरह से लागू होती है। इस प्रकार शिक्षण-संप्रत्यय से तात्पर्य उस आम धारणा और छवि से है जो शिक्षण शब्द का नाम लेते ही हमारे मानस पटल पर उभर जाती है। इस छवि के दिग्दर्शन हेतु निम्न बातों को लेकर आगे बढ़ा जा सकता है यह दूसरे शब्दों में निम्न बिन्दुओं पर विचार करके ही हम शिक्षण के संप्रत्यय और धारणा से पूरी तरह परिचित हो सकते हैं:

- शिक्षण का अर्थ एवं परिभाषायें
- शिक्षण की प्रकृति एवं विशेषतायें
- शिक्षण का अन्य समरूप संप्रत्ययों से सम्बन्ध
- शिक्षण संप्रत्यय का विश्लेषणात्मक स्वरूप
- शिक्षण के चर तथा उनके कार्य

आइए इन सभी बातों पर एक-एक करके विचार किया जाए।

शिक्षण का अर्थ एवं परिभाषायें (Meaning and Definitions of Teaching)

साधारण अर्थों में शिक्षण का अर्थ अध्यापक वर्ग द्वारा अपनाये गए व्यवसाय अथवा किसी व्यक्ति विशेष को कुछ सिखाने या कुछ विशेष ज्ञान, कौशल, रुचियों और अभिवृत्ति आदि को अर्जित करने में दी जाने वाली सहायता से लिया जाता है।

परन्तु ध्यान से सोचा जाए तो शिक्षण को न तो इतने सरल शब्दों में परिभाषित ही किया जा सकता है और न उसका इस तरह कोई प्रयोजन ही आंका जा सकता है। शिक्षण सामाजिक और सांस्कृतिक परिपेक्ष्य में घटने वाली एक बहुत ही जटिल सामाजिक, सांस्कृतिक और नैतिक प्रक्रिया है जिसका स्वरूप और संगठन समाज के सामाजिक और सांस्कृतिक रूप के अनुसार बदलता रहता है। शिक्षण का यह बदलता स्वरूप शिक्षण शब्द की पारिभाषित शब्दावली में लगातार परिवर्तन लाता रहता है।

इसका अनुमान शिक्षण की कुछ निम्न परिभाषाओं के आधार पर भलीभांति लगाया जा सकता है :

एच.सी. मौरीसन (H.C. Morrison, 1934)

> "शिक्षण एक अधिक परिपक्व (Mature) व्यक्तित्व और कम परिपक्व व्यक्तित्व के बीच वह घनिष्ट सम्पर्क है जिसके द्वारा कम परिपक्व व्यक्तित्व को शिक्षा की दिशा में और आगे बढ़ाया जा सकता है।"
>
> (Teaching is an intimate contact between a more mature personality and a less mature one which is designed to further the education of the latter.)

जॉन ब्रूबेकर (John Brubacher, 1939)

"शिक्षण से तात्पर्य किसी ऐसी परिस्थिति के आयोजन और परिचालन से है जिसमें कुछ अधूरापन या अवरोध रहते हैं, जिन्हें कोई व्यक्ति पूरा करने अथवा उन पर विजय पाने का प्रयास करता है तथा परिणामस्वरूप कुछ सीखता है।"

(Teaching is an arrangement and manipulation of a situation in which there are gaps and obstructions which an individual will seek to overcome and from which he will learn in the coures of doing so.)

बी. ओ. स्मिथ (B.O. Smith, 1960)

"शिक्षण सीखने हेतु संपन्न की जाने वाली क्रियाओं की एक प्रणाली है।"

(Teaching is a system of actions intended to produce learning.)

एन. एल. गेज (N.L. Gage, 1962)

"शिक्षण से तात्पर्य उस व्यक्तिगत पारस्परिक प्रभाव से है जिसे किसी दूसरे व्यक्ति की व्यावहारिक क्षमताओं में परिवर्तन लाने के लिए डाला जाता है।"

(Teaching is a form of inter-personal influence aimed at changing the behaviour potential of another person.)

बी. ओ. स्मिथ (B.O. Smith, 1963)

"शिक्षण क्रियाओं की वह प्रणाली है जिसमें किसी एजेन्ट, निर्दिष्ट लक्ष्य और एक ऐसी परिस्थिति का समावेश होता है जिसके कुछ घटकों (जैसे कक्षा में विद्यार्थियों की संख्या, कक्षा-कक्ष का आकार, विद्यार्थियों का स्वभाव एवं विशेषताएं आदि) पर एजेन्ट का कोई नियन्त्रण नहीं होता, परन्तु वह उनमें (अनुदेशन सम्बन्धी उचित प्रश्नों और सूचना अथवा विचारों को संप्रेषित करने वाले विशेष तरीकों द्वारा) अपेक्षित परिवर्तन या सुधार ला सकता है।"

(Teaching is a system of actions involving an agent, an end in view, and a situation including two sets of factors- those over which the agent has no control (class-size, size of classroom, physical characteristics of pupils etc.) and those that the can modify (ways of asking questions about instructions and ways of structuring information or ideas gleaned.)

एडमण्ड एमीडन (Edmund Amidon, 1967)

"शिक्षण को एक अन्तः प्रक्रिया के रूप में परिभाषित किया जा सकता है जिसमें मुख्यतया उस कक्षा-वार्ता का समावेश हो जो अध्यापक और विद्यार्थी के बीच कुछ निश्चित और स्पष्ट क्रियाओं के माध्यम से घटित होती है।"

(Teaching is defined as an interactive process, primarly involving class-room talk which takes place between teacher and pupil and occurs during certain definable activities.)

क्लार्क (Clark, 1970)

"शिक्षण से तात्पर्य उन क्रियाओं से है जिनकी संरचना और जिनका परिचालन विद्यार्थी के व्यवहार में परिवर्तन लाने के लिए किया जाता है।"

(Teaching refers to activities that are desingned and performed to produce change in student behaviour.)

थोमस एफ. ग्रीन (Thomas F. Green, 1971)

"शिक्षण वह कार्य है जिसे बालक के विकास के लिए किया जाता है।"

(Teaching is the task of teacher which is performed for the development of a child.)

आइए अब इन परिभाषाओं का मनन किया जाए। मोरीसन (Morrison, 1934) द्वारा दी गई परिभाषा शिक्षण को एक ऐसी अनुशासित और नियंत्रित सामाजिक प्रक्रिया मानती है जिसमें अध्यापक अपनी गुरुता, ज्ञान और अनुभव के सहारे अपने से कम अनुभवी और परिपक्व विद्यार्थी के ऊपर उचित प्रभाव डालकर उसे समाज अथवा शासन के आदर्शों के अनुरूप ढालने का प्रयत्न करता है। निस्संदेह, इस प्रकार के शिक्षण में अध्यापक की ही केन्द्रीय भूमिका रहती है। जो कुछ उसके द्वारा प्रदान किया जाता है और जैसा किसी विद्यार्थी को बनाने का प्रयत्न किया जाता है, वैसे ही परिणामों की आशा की जा सकती है। ऐसे शिक्षण में अध्यापक और विद्यार्थी के बीच उपयोगी और सक्रिय आदान-प्रदान का अभाव रहता है और विद्यार्थी मूक दर्शन और निष्क्रिय श्रोता के रूप में शिक्षा ग्रहण करते हैं।

ब्रूबेकर (Brubacher, 1939) द्वारा दी गई परिभाषा शिक्षण प्रक्रिया में विद्यार्थी की भूमिका को बहुत अधिक महत्व देती है। यहां अध्यापक का कार्य तो सीखने सम्बन्धी उचित परिस्थितियों के सृजन और संगठन तक ही सीमित रहता है। विद्यार्थी को स्वयं यह तय करना होता है कि उसे क्या करना है तथा कैसे करना है। बाधाएं आने या समस्याओं का सामना करने पर उन पर विजय प्राप्त करने की चेष्टा करनी होती है। अपने इन्हीं प्रयत्नों से ही वह सीखता है और आगे बढ़ता है। इस प्रकार का शिक्षण विद्यार्थियों को आत्मनिर्भर बनाकर उन्हें स्वयं अपने प्रत्यनों द्वारा सीखने और समस्या का समाधान करने की दिशा में आगे बढ़ा सकता है।

स्मिथ (Smith, 1960) द्वारा दी गई परिभाषा शिक्षण को ऐसी विशिष्ट क्रियाओं की एक संगठित प्रणाली मानती है जिनके द्वारा एक विद्यार्थी को कुछ सीखने में सहायता मिलती है। इस प्रकार के शिक्षण में अध्यापक की उपस्थिति अनिवार्य नहीं मानी जाती। प्रकृति (Nature), पुस्तकें, शिक्षण मशीन, टेप रिकार्डर, टेलीविजन, रेडियो आदि कोई भी साधन शिक्षण का रूप ले सकता है। इन साधनों द्वारा प्रतिपादित क्रियाओं के उचित संगठन से किसी भी विद्यार्थी को उसके सीखने सम्बन्धी कार्यों में पूरी-पूरी सहायता मिल सकती है। इस प्रकार से स्मिथ द्वारा दी गई परिभाषा शिक्षण को एक ऐसे यांत्रिकी ढांचे में बदलने का प्रयत्न करती है जिसमें विद्यार्थी और अध्यापक के व्यक्तिगत सम्बन्धों, पारस्परिक अन्तः क्रिया और प्रभाव का कोई मूल्य नहीं रह जाता। शिक्षण प्रक्रिया के लिए आवश्यक सभी तत्वों जैसे अध्यापक, विद्यार्थी और सीखने सम्बन्धी अनुभव एवं परिस्थितियों की चर्चा न करने के कारण यह परिभाषा अपने आप में काफी एकांगी और अपूर्ण जान पड़ती है।

पीछे लिखित कमियों को दूर करते हेतु स्मिथ (Smith) ने 1963 में अपनी शिक्षण की परिभाषा पर पुनर्विचार करने की चेष्टा की और परिणामस्वरूप शिक्षण को ऐसी त्रिध्रुवीय प्रक्रिया (Tripolar process) की संज्ञा दी जिस में निम्न तत्वों का समावेश होता है:

(i) *एक कार्यवाहक (Agent)*: इससे अभिप्राय किसी भी ऐसे मानवीय और भौतिक साधन से है जो विद्यार्थी को सीखने में सहायता कर सके।

(ii) *लक्ष्य अथवा उद्देश्य (Goal or Target)*: इनसे तात्पर्य उन तत्वों, सामग्री या परिस्थितियों से है जो सीखने और सिखाने में सहायक होती हैं, जैसे कक्षा का वातावरण और सहायक सामग्री आदि।

(iii) *मध्यस्थ चर (Intervening Variables)*: इनसे तात्पर्य उन तत्वों, सामग्री या परिस्थितियों से है जो सीखने और सिखाने में सहायक होती हैं, जैसे कक्षा का वातावरण और सहायक सामग्री आदि।

परन्तु स्मिथ की यह परिभाषा भी अधूरी ही रही क्योंकि यहां उसने निहित तत्वों से प्रेरित क्रियाओं की प्रणाली की बात तो कहीं, परन्तु प्रणाली में इन तत्वों के प्रारूप और भूमिका की बात खुलकर सामने नहीं रखी।

गेज (Gage, 1962) ने शिक्षण को व्यक्तिगत स्तर पर अध्यापक और विद्यार्थी के बीच चल रहे ऐसे पारस्परिक सम्बन्धों के रूप में मान्यता दी जिनके द्वारा विद्यार्थी के व्यवहार में अपेक्षित परिवर्तन लाया जा सकता है। इस परिभाषा में पारस्परिक सम्बन्धों को शिक्षण का आधार ठहराया गया है जो काफी हद तक सही है, परन्तु निम्न कमियां इस परिभाषा में भी देखने को मिलती हैं :

आज के प्रगतिशील वैज्ञानिक और तकनीकी युग में अभिक्रमित अनुदेशन (Programmed Instruction) रेडियो, टेप-रिकार्डर, टेलीविज़न आदि शिक्षण साधनों–जिन में विद्यार्थी–अध्यापक का लगभग अभाव-सा पाया जाता है–का समावेश इस परिभाषा में नहीं किया गया है। इसके अतिरिक्त शिक्षण प्रक्रिया में सभी घटकों को भी इसमें शामिल नहीं किया गया है। अतः यह परिभाषा भी एकांगी और अपूर्ण है।

एमीडन (Amidon, 1967) द्वारा दी गई अगली परिभाषा में शिक्षण को विद्यार्थी और अध्यापक दोनों के बीच चलने वाली एक अन्तःप्रक्रिया का रूप दिया गया है।

इस दृष्टि से शिक्षा एक पक्षीय न होकर विद्यार्थी और अध्यापक–दोनों के पारस्परिक सहयोग से चलने वाली रूचिकर और उपयोगी क्रिया बन जाती है इससे विद्यार्थी और अध्यापन दोनों पक्ष लाभान्वित होते हैं तथा दोनों की ही प्रगति होती है, परन्तु एमीडन द्वारा दी गई परिभाषा कुछ संकुचित बनकर रह गई है। इसका कारण यह है कि इसमें शिक्षण क्षेत्र से संबंधित बहुत-सी अंतःक्रियाओं में से केवल छात्र और अध्यापक अन्तःक्रिया की ही चर्चा है और उसका भी दायरा कक्षा-कक्ष में आयोजित क्रियाओं तक ही सीमित कर दिया गया है।

क्लार्क (Clark, 1970) ने अपनी परिभाषा द्वारा शिक्षण को कुछ विस्तृत अर्थ प्रदान करने की चेष्टा की है। उसने शिक्षण में ऐसी सभी क्रियाओं का समावेश किया है जिनसे विद्यार्थी के व्यवहार में कुछ अपेक्षित परिवर्तन लाने में सहायता मिलती है, परन्तु यहां न तो उन क्रियाओं के बारे में कुछ जानकारी दी गई है और न ही उन तत्वों की संरचना के बारे में जिनसे एक शिक्षण प्रक्रिया जुड़ी रहती है। ग्रीन (Green, 1971) महोदय ने शिक्षण को शिक्षकों के व्यवसाय के रूप में परिभाषित किया है। उनके अनुसार शिक्षण वह सब कुछ है जो एक शिक्षक द्वारा शिक्षण का व्यवसाय अपनाने के नाते अपने विद्यार्थी की प्रगति और विकास के लिए किया जाता है, परन्तु शिक्षण की यह परिभाषा काफी अपूर्ण और भ्रामक है। न तो शिक्षण को केवल अध्यापक समुदाय के व्यावसायिक कार्यों के रूप में ही सीमित किया जा सकता है और न ही शिक्षण के द्वारा यह आशा की जा सकती है कि वह सदैव विद्यार्थी की वांछनीय दिशा में प्रगति होने की गारंटी देगा। वास्तविकता तो यह है कि शिक्षण द्वारा दुःखद और सुखद–दोनों ही प्रकार का अन्त सम्भव है। परिणाम-स्वरूप व्यवहार में वांछित और अवांछित–किन्हीं भी दिशाओं में परिवर्तन हो सकते हैं।

इस प्रकार हम देखते हैं कि उपरोक्त सभी परिभाषाएं किसी न किसी प्रकार से एकांगी और अपूर्ण हैं। इनसे शिक्षण की मूल प्रकृति, उसमें निहित घटकों, तत्वों तथा क्रियाओं और उनके द्वारा सम्पन्न लक्ष्यों आदि की सही जानकारी नहीं मिल पाती है।

वास्तव में देखा जाए तो शिक्षण एक ऐसा गतिमान व्यापक सम्प्रत्यय (Dynamic and broad concept) है जिसको शब्दों में बांधना काफी कठिन कार्य है। फिर भी अगर प्रयत्न

किया जाए तो शिक्षण की एक अच्छी परिभाषा में कुछ निम्न बातों की उपस्थिति पर अवश्य ध्यान दिया जाना चाहिए :

1. इस परिभाषा द्वारा यह प्रकट होना चाहिए कि शिक्षण एक प्रक्रिया है अथवा किसी प्रक्रिया का परिणाम।
2. शिक्षण में निहित सभी घटकों, तत्वों और क्रियाओं की इसमें चर्चा होनी चाहिए।
3. शिक्षण के लक्ष्य और उद्देश्यों की बात इसमें कही जानी चाहिए।
4. शिक्षण उद्देश्यों की प्राप्ति के लिए शिक्षण संरचना, संगठन और आयोजन की आवश्यक चर्चा इसमें होनी चाहिए।

उपरोक्त बातों को ध्यान में रखते हुए अगर आगे बढ़ा जाए तो शिक्षण की परिभाषा के रूप में कुछ निम्न प्रकार का चित्र उभरकर सामने आता है।

शिक्षण से तात्पर्य एक ऐसे त्रिपक्षीय सम्बन्ध(Triadic relation) अथवा त्रिध्रुवीय प्रक्रिया (Tripolar process) से है जिसमें शिक्षण के स्रोत(मानवीय और भौतिक), विद्यार्थी और विद्यार्थी के व्यवहार में परिवर्तन लाने के लिए आवश्यक सभी क्रियाओं के प्रारूप और आयोजन पर ध्यान दिया जाता है।

शिक्षण की प्रकृति एवं विशेषताएं (Nature and Characteristics of Teaching)

इस सम्बन्ध में व्याप्त धारणाओं और मान्यताओं के संदर्भ में संक्षेप में निम्न बातें रखी जा सकती हैं :

1. शिक्षण एक जटिल सामाजिक प्रक्रिया है।(Teaching is a Complex Social Process) **:** शिक्षण समाज के भीतर, समाज के लिए और समाज द्वारा संचालित और संगठित प्रक्रिया है। समाज और शामिल सदस्यों के विचार, उद्देश्य, कार्य प्रणाली और संगठन में विविधता और निरन्तर परिवर्तनशीलता शिक्षण को कोई सरल, सार्वभौमिक और स्थिर रूप प्रदान नहीं कर सकती।

2. शिक्षण, कला और विज्ञान दोनों ही है।(Teaching is both Art as well as Science) **:** शिक्षण की प्रकृति कलात्मक और विज्ञानमयी दोनों ही है। इस सम्बन्ध में चर्चा करते हुए सिल्वरमैन (Silverman, 1966) महोदय लिखते हैं "निस्संदेह शिक्षण औषधि-विज्ञान के प्रक्रिया पक्ष (व्यवहारात्मक उपयोग) की तरह एक कला है, क्योंकि इसमें प्रतिभा और सृजनात्मकता का उपयोग किया जाता है, परन्तु औषधि-विज्ञान की ही तरह यह एक विज्ञान भी है, क्योंकि इसमें ऐसी तकनीक, तरीकों और कौशलों का समावेश होता है जिनका क्रमबद्ध रूप में अध्ययन करना, वर्णन करना और उनमें सुधार लाना संभव होता है। यह महान चिकित्सक की भांति एक अच्छा अध्यापक है जो उपलब्ध साधनों एवं परिस्थितियों का यथोचित उपयोग ही नहीं करता बल्कि उनमें अपनी सृजनात्मकता और प्रेरणा का भी समावेश कर देता है।"

3. शिक्षण एक व्यावसायिक क्रिया है (Teaching is a Professional Activity) **:** शिक्षण को ऐसी व्यावसायिक क्रियाओं से संबंधित किया जाता है जिनके द्वारा एक अध्यापक को अपने विद्यार्थियों की प्रगति और विकास में सहायता मिलती है।

4. शिक्षण अध्यापक के परिश्रम का परिणाम है(Teaching is the Output Manating From the Teacher) **:** विद्यार्थी कुछ सीख सकें, इसके लिए अध्यापक जो परिश्रम करता है, शिक्षण उसी का परिणाम कहा जा सकता है।

5. शिक्षण विभिन्न प्रकार की क्रियाओं की एक संगठित प्रणाली है(Teaching is an organised system of varied actions) : शिक्षण के अन्तर्गत विभिन्न प्रकार की क्रियाएं संपन्न होती हैं। इन सारी क्रियाओं का इस प्रकार संगठन और आयोजन किया जाता है कि उपस्थित भौतिक और सामाजिक वातावरण में उपयुक्त पाठ्य-सामग्री, पाठ्य-विधियों और शिक्षण साधनों के द्वारा विद्यार्थियों के व्यवहार में अपेक्षित परिवर्तन लाया जा सके।

6. शिक्षण का वैज्ञानिक ढंग से अवलोकन और विश्लेषण किया जा सकता है (Teaching is amenable to scientific observation and analysis) : अध्यापक व्यवहार, विद्यार्थी-अध्यापक अन्त:क्रिया और विद्यार्थियों के व्यवहार में आए हुए अपेक्षित परिवर्तनों के माध्यम से शिक्षण में क्या कुछ हो रहा है और उसका क्या प्रतिफल है, इसका विश्लेषण और मूल्यांकन वैज्ञानिक ढंग से किया जा सकता है। इस प्रकार से किया हुआ विश्लेषण और मूल्यांकन शिक्षण प्रक्रिया परिवर्तन एवं सुधान लाने के लिए पर्याप्त प्रतिपुष्टि (Feedback) प्रदान कर सकता है।

7. शिक्षण में संप्रेषण कौशल का आधिपत्य रहता है (Teaching is highly dominated by the communication skill) : ज्ञान, कर्म और भावनाओं का सफलतापूर्वक संप्रेषण करना एक अच्छे शिक्षण की प्रमुख विशेषता मानी जा सकती है। यह संप्रेषण-क्रिया शिक्षण के अन्य स्रोतों, विद्यार्थी और शिक्षण क्रियाओं के मध्य बराबर चलती रहती है।

8. शिक्षण एक पारस्परिक अन्त: प्रक्रिया है (Teaching is an interactive process) : शिक्षण विद्यार्थी और शिक्षण स्रोतों के मध्य चलने वाली एक ऐसी अन्त:प्रक्रिया है जिसका परिचालन विद्यार्थी के मार्गदर्शन और प्रगति के लिए किया जाता है।

9. शिक्षण विविध रूपों में सम्पन्न हो सकता है (Teaching may be carried out in its various forms and styles) : कक्षा के किन्हीं निश्चित पीरियडों में सीखने एवं सिखाने के लिए सम्पादित क्रियाओं का नाम ही शिक्षण नहीं है। औपचारिक और अनौपचारिक शिक्षा, निदेशात्मक और अनुदेशात्मक प्रशिक्षण, सुधारात्मक शिक्षण (Remedial Teaching) अनुबंधन (Conditioning) और प्रतिपादन (Indoctrination), वर्णन, निरीक्षण, प्रयोग, प्रदर्शन आदि शिक्षण के ऐसे कई रूप और प्रकार हो सकते हैं जिनके द्वारा शिक्षण उद्देश्यों को प्राप्त करने का प्रयास किया जाता है।

10. शिक्षण विभिन्न शिक्षण कौशलों से युक्त एक विशिष्ट कार्य है (Teaching is a specialized task comprising of different teaching skills) : जंगीरा और अजीत सिंह (Jangira and Azit Singh, 1982) के अनुसार शिक्षण एक अति विशिष्ट कार्य है जिसके अंदर विभिन्न प्रकार के ऐसे शिक्षण कौशलों का प्रयोग किया जाता है जिनके आधार पर निर्धारित उद्देश्यों की प्राप्ति संभव हो सके।

शिक्षण का अन्य समरूप संप्रत्ययों से सम्बन्ध
(Relationship of Teaching with other Similar or Related Concepts)

शिक्षा की दुनिया में शिक्षण के अतिरिक्त हम कुछ ऐसे ही संप्रत्ययों जैसे अनुबंधन (Conditioning), प्रशिक्षिण (Training), अनुदेशन (Instruction) और प्रतिपादन (Indoctrination) का प्रयोग भी करते हैं। इन्हें शिक्षण का पर्यायवाची मानने की भूल भी कभी-कभी हो जाती है। आइए, देखा जाए कि शिक्षण से इनका क्या सम्बन्ध है?

वास्तव में ये सभी संप्रत्यय किसी न किसी प्रकार के शिक्षण को ही प्रकट करते हैं और शिक्षण के विभिन्न उद्देश्यों को अपनी-अपनी तरह से पूरा करते हैं। शिक्षण संप्रत्ययों की विशालता में इन सभी संप्रत्ययों का अस्तित्व विलीन हो जाता है। मूल रूप से सभी

प्रकार के शिक्षण का उद्देश्य विद्यार्थियों के व्यवहार में परिवर्तन लाना है। परिवर्तन का यह कार्य निम्न दो प्रकार से हो सकता है :

(i) विद्यार्थियों को यह शिक्षा दी जाए कि किसी कार्य को कैसे किया जाता है अथवा किसी परिस्थिति अथवा उद्दीपन (Stimulus) के प्रति कैसी अनुक्रिया (Response) की जानी चाहिए।

(ii) विद्यार्थियों को उन बातों की शिक्षा दी जाए जिनसे उनके ज्ञान में वृद्धि हो और कुछ निश्चित प्रकार की मान्यताओं और विश्वासों का निर्माण हो सके।

पहले प्रकार के परिवर्तन जिनका सम्बन्ध चरित्र अथवा व्यवहार को वांछित रूप देने से है, अनुबंधन या प्रशिक्षण संप्रत्ययों के अन्तर्गत आते हैं जबकि दूसरे प्रकार के परिवर्तन जिनसे ज्ञान प्राप्ति और निश्चित प्रकार के विश्वास निर्माण में सहायता मिलती है, अनुदेशन अथवा प्रतिपादन जैसे संप्रत्ययों से अपना सम्बन्ध रखते हैं। (देखिए चित्र नं. 1.01)

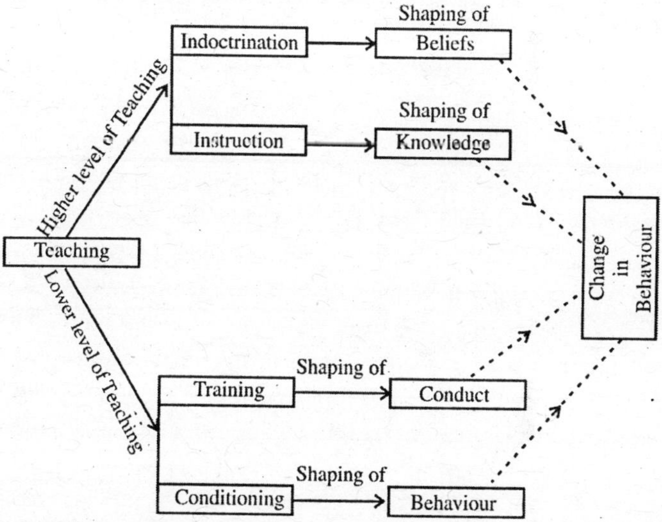

चित्र 1.01: शिक्षण संप्रत्यय का अन्य सम्बन्धित संप्रत्ययों से सम्बन्ध

इस प्रकार से अनुबंधन, प्रशिक्षण, अनुदेशन और प्रतिपादन आदि सभी संप्रत्यय अपनी–अपनी सीमाओं के अन्तर्गत शिक्षण के लक्ष्य (विद्यार्थी के व्यवहार में परिवर्तन) को पूरा करने का प्रयत्न करते हैं। अपने-अपने सम्पादित कार्य के हिसाब से इन सभी संप्रत्ययों का स्तर एक जैसा नहीं है। कुछ के द्वारा अधिक ऊंचे स्तर का शिक्षण संपन्न होता है जबकि कुछ निम्न स्तर के शिक्षण की भूमिका निभाते हैं।

यहां हमने ऊंचे स्तर और नीचे स्तर के शिक्षण की बात कही है। प्रश्न यह उठता है कि इस प्रकार के शिक्षण का स्तरों में विभाजन करने का प्रयोजन क्या है? मानव को अन्य जीवधारियों से श्रेष्ठ समझा जाता है। जहां तक जीवनयापन और सीखने का सम्बन्ध है, यह कार्य पशु–पक्षियों द्वारा भी किया जाता है। मानसिक शक्तियों का विकास तथा वृद्धि और विवेक ही कुछ ऐसी बातें हैं जो उन्हें इन पशु–पक्षियों से श्रेष्ठ बनाती हैं और वह कार्य शिक्षा द्वारा ही सम्पादित होता है। अतः मानसिक स्तर (बुद्धि और विवेक के

विकास) के मूल्यांकन को शिक्षण स्तर का मापदण्ड बनाया जा सकता है। जिस प्रकार का शिक्षण जितना अधिक मानसिक स्तर को ऊंचा उठायेगा अथवा बुद्धि और विवेक का उपयोग करने में व्यक्ति को जितना अधिक सक्षम बनाएगा उसे उतने ही ऊंचे स्तर का शिक्षण माना जाएगा। आइए, अब इस कसौटी का उपयोग करके देखा जाए।

अनुबंधन (Conditioning) : जब किसी कुत्ते या बिल्ली को किसी आदेश, जैसे घंटी की आवाज आदि की वांछित अनुक्रिया जैसे पंजा उठाना आदि के लिए शिक्षा दी जाती है तो इस प्रकार के शिक्षण को अनुबंधन का नाम दिया जाता है। इसी रूप में अनुबंधन के द्वारा पशु-पक्षियों और मनुष्यों को विभिन्न चेतावनी, संकेत और आदेशों का पालन करने की शिक्षा दी जा सकती है। हमारी बहुत-सी अच्छी-बुरी आदतों और वांछित अथवा अवांछित व्यवहारों के मूल में अनुबंधन द्वारा प्राप्त इस प्रकार का शिक्षण ही होता है। अधिकतर इसका सम्बन्ध आदतों के निर्माण से होता है और आदतें व्यवहार की कुछ ऐसी यंत्रचालित-सी पुनरावृत्तियों का परिणाम होती हैं जिनमें मानसिक शक्तियों के विकास और उपयोग की संभावना बहुत ही कम होती है। यही कारण है कि अनुबंधन को शिक्षण के सबसे निचले और प्राथमिक स्तर के प्रतिनिधि के रूप में ही मान्यता प्रदान की जाती है।

प्रशिक्षण (Training) : शिक्षण स्तर की दृष्टि से प्रशिक्षण का स्तर अनुबंधन से ऊंचा माना जाता है प्रशिक्षण के द्वारा विभिन्न कौशलों को अर्जित करने और चरित्र निर्माण अथवा व्यवहार को वांछनीय बनाने में सहायता मिलती है। किसी व्यक्ति को उपयुक्त कौशलों का प्रशिक्षण प्रदान करने, किसी विशेष कार्य को करने के लिए बढ़िया मिस्त्री या कारीगर बनाया जा सकता है। परिणामस्वरूप वह कारखाने की मशीनों को बहुत ही कुशलता से चलाने में सक्षम हो सकता है। यहां ऐसा करने में उसके लिए यह आवश्यक नहीं कि उसे मशीनों की आंतरिक रचना, उनके सिद्धांत तथा उनके द्वारा उत्पादित सामान की उपयोगिता और क्रय-विक्रय आदि का ज्ञान हो। इसी प्रकार विभिन्न सरकस कम्पनियां अपने-अपने सरकसों के लिए तरह-तरह के जानवरों को बहुत कठिन, दिलचस्प और जोखिम भरे खेल-तमाशे दिखाने के लिए प्रशिक्षित करती हैं। यहां अब सर्कस के ये जानवर और कारखाने का वह मिस्त्री दोनों ही शिक्षण की दृष्टि से समान समझे जाते हैं। दोनों को कुछ सिखाने में शिक्षण के जिस रूप का प्रयोग होता है उसे प्रशिक्षण कहा जाता है। उन्हें शिक्षित किया जा रहा है, यह कभी नहीं कहा जाता। हर अवस्था में इस प्रकार के सीखने या शिक्षण स्तर को प्रशिक्षण नाम ही दिया जाता है। पशु-पक्षियों को सिखाने अथवा शिक्षा देने का स्तर अनुबंधन से शुरू होकर प्रशिक्षण पर जाकर समाप्त हो जाता है। इन्हें किसी भी अवस्था में शिक्षण के आगे के स्तरों, अनुदेशन अथवा प्रतिपादन पर नहीं ले जाया जा सकता। इसके विपरीत मनुष्यों को शिक्षण के ऊंचे स्तर पर बिठाकर शिक्षित किया जा सकता है। उपरोक्त मिस्त्री की ही बात ले लीजिये। हम उसे मशीन की संरचना और कार्यप्रणाली की जानकारी दे सकते हैं, उसमें अपने कार्य के प्रति रुचि और निष्ठा पैदा कर सकते हैं, उसे अपने द्वारा किए गए उत्पादन का उपयोग और देशहित में उसके योगदान की बात समझाकर देशभक्ति के बीज बो सकते हैं और इस प्रकार उसके व्यक्तित्व, विचार और विश्वासों को एक नई दिशा प्रदान की जा सकती है।

कौशलों के अर्जन और अन्य इसी प्रकार के सीखे हुए व्यवहार में यह देखने के लिए कि कौन-सा परिवर्तन प्रशिक्षण का परिणाम है और कौन-सा शिक्षण का, हमें उस व्यवहार के द्वारा प्रदर्शित बुद्धि और विवेक के स्तर का मूल्यांकन करना होगा। अगर यह

स्तर ऊंचा है तो व्यवहार को शिक्षण का परिणाम कहा जाएगा अन्यथा इसे प्रशिक्षण की उपज माना जाएगा। जिन व्यवहारों में अपेक्षाकृत कम बुद्धि और विवेक की आवश्यकता होती है, उनका अर्जन प्रशिक्षण द्वारा भलीभांति हो सकता है जबकि अधिक बुद्धि और विवेक पर टिके हुए जटिल व्यवहारों के लिए प्रशिक्षण से आगे के स्तर पर बढ़ना आवश्यक होता है।

अनुदेशन (Instruction) : अनुदेशन का सम्बन्ध किसी व्यक्ति में किसी वस्तु, प्रक्रिया अथवा प्रणाली के बारे में अपेक्षित ज्ञान और समझ पैदा करने से है। ज्ञान और समझ (Knowledge and Understanding) पैदा करना शिक्षण के विभिन्न उद्देश्यों में से केवल मात्र एक उद्देश्य का प्रतिनिधित्व करता है। ऐसी स्थिति में अनुदेशन को शिक्षण का पर्यायवाची या समानार्थी कैसे माना जा सकता है। शिक्षण हर अवस्था में एक बड़ा संप्रत्यय है और अनुदेशन उसका एक छोटा-सा हिस्सा है। अनुदेशन जहां व्यवहार के ज्ञानात्मक पक्ष से ही अपना सम्बन्ध रखता है वहीं शिक्षण व्यवहार के ज्ञानात्मक पक्ष तक ही सीमित नहीं रहता बल्कि कर्म और भावनापक्ष को भी साथ लेकर व्यक्तित्व के सामंजस्यपूर्ण विकास पर अपनी दृष्टि रखता है।

शिक्षण और अनुदेशन का अन्तर उनमें निहित प्रक्रियाओं के आधार पर भी समझा जा सकता है। शिक्षण में शिक्षक की उपस्थिति, अध्यापक और विद्यार्थी के मध्य चल रहे पारस्परिक आदान-प्रदान और व्यक्तित्व सम्बन्धी प्रभाव को बहुत अधिक महत्व दिया जाता है, जबकि अनुदेशन में शिक्षण की उपस्थिति और शिक्षण - विद्यार्थी अन्तः क्रिया आवश्यक नहीं होती। शिक्षण मशीन, टेप, रिकार्डर, रेडियो, टेलीविजन, अभिक्रमित अनुदेशन, सहायक सामग्री आदि शिक्षण साधनों द्वारा अनुदेशन की क्रिया सम्पन्न हो सकती है। एक अध्यापक अपने शिक्षण में भी इन सभी शिक्षण साधनों का आवश्यकतानुसार प्रयोग करता हुआ देखा जा सकता है। अतएव अनुदेशन से संबंधित सभी बातों का तो शिक्षण में समावेश हो सकता है, परन्तु अनुदेशन कभी भी शिक्षण की ऊंचाइयों को नहीं छू सकता।

प्रतिपादन (Indoctrination): अनुबंधन शिक्षण स्तर का जहां पहला चरण है वहां प्रतिपादन उसका सर्वोत्तम शिखर है। प्रतिपादन की सहायता से व्यक्ति के व्यक्तित्व में आदर्श और मूल्यों की स्थापना की जा सकती है तथा उसमें मान्यताओं, विचारों एवं विश्वासों की गहरी जड़ें जमाई जा सकती हैं। शिक्षण के इस स्तर पर व्यक्ति से अन्य स्तरों की तुलना में अधिक ऊंचे स्तर की बुद्धि और विवेक की अपेक्षा की जाती है, परिणामस्वरूप प्रतिपादन व्यक्ति के ज्ञानात्मक और भावात्मक–दोनों ही प्रकार के व्यवहार सम्बन्धी पक्षों मे अधिक स्थायी परिवर्तन लाने की भूमिका निभाता है। धर्माधिकारी और महान पुरुष, सफल राजनीतिज्ञ और शासनाधिकारी तथा स्वेच्छाचारी एवं गिरोहों के सरगने प्रतिपादन का सहारा लेकर व्यक्तियों को अपनी विचारधारा, चिन्तन, मान्यताओं, विश्वास और कार्यशैली के रंग में रंगने में समर्थ हो जाते हैं। आवश्यकता पड़ने पर कोई भी शिक्षण प्रतिपादन को अपनी शिक्षण शैली में शामिल कर सकता है। इस तरह प्रतिपादन शिक्षण का एक अंग तो बन सकता है परन्तु पर्याय नहीं। कोई भी अध्यापक प्रतिपादन के बिना भी शिक्षण प्रदान कर सकता है जबकि प्रतिपादन की शिक्षण प्रक्रिया, शिक्षण साधनों और शिक्षण उद्देश्यों के बिना कोई अस्तित्व ही संभव नहीं है।

सारांश रूप में यह कहा जा सकता है कि अनुबंधन, प्रशिक्षण, अनुदेशन और प्रतिपादन शिक्षण के विभिन्न स्तरों का प्रतिनिधित्व करते हैं। इन्हें शिक्षण का अंग तो माना जा सकता

है पर पर्याय नहीं। एक-दूसरे से प्रकृति और कार्यप्रणाली में पृथकता रखते हुए भी ये सभी अंग अपने-अपने ढंग से शैक्षणिक उद्देश्यों की प्राप्ति में संघर्षरत रहते हैं। शिक्षण प्रक्रिया में इनमें से किसी को भी शिक्षण शैली के रूप में प्रयुक्त किया जा सकता है। अतएव शिक्षण के ये सभी रूप विविधता में एकता का उदाहरण प्रस्तुत करते हुए शिक्षण के वृहद रूप की सृष्टि और हित चिन्तन करते हुए दिखलाई पड़ते हैं।

शिक्षण संप्रत्यय का विश्लेषणात्मक स्वरूप (Analytical Concept of Teaching)

विश्लेषण से अभिप्राय उस प्रक्रिया से है जिसके द्वारा किसी भी वस्तु के तत्वों अथवा अवयवों को अलग-अलग किया जा सके। अतएव शिक्षण का विश्लेषणात्मक स्वरूप प्राप्त करने के लिए हमें शिक्षण कार्य अथवा प्रक्रिया में शामिल विभिन्न घटकों और अवयवों को इस प्रकार अलग-अलग रूप में सामने लाना होगा ताकि यह स्पष्ट किया जा सके कि शिक्षण कार्य में किस-किस प्रकार की क्रियाएं सम्पन्न होती हैं तथा इन क्रियाओं द्वारा कौन-कौन से शैक्षणिक उद्देश्यों की पूर्ति की जाती है। शिक्षण के इस प्रकार के विश्लेषणात्मक स्वरूप को प्राप्त करने के लिए विद्वानों द्वारा काफी कुछ प्रयत्न किए गए हैं। इनमें से कुछ प्रयत्नों को संक्षिप्त रूप में नीचे प्रस्तुत किया जा रहा है:

1. 1966 में कोमीसार (Komisar) ने शिक्षण का अनेक विशिष्ट क्रियाओं (जैसे प्रस्तावित करना, प्रदर्शन करना, वर्णन करना, परिभाषित करना, व्याख्या करना, बढ़ाकर प्रस्तुत करना, प्रश्न पूछना, पहचानना, पुष्टि करना आदि) के रूप में विश्लेषण करने का प्रयत्न किया।
2. 1968 में गेज (Gage) ने शिक्षण या शिक्षण से संबंधित कुछ तकनीकी कौशलों के बारे में टिप्पणी करते हुए लिखा है, "शिक्षण कौशलों से तात्पर्य उन विशिष्ट अनुदेशनात्मक तकनीकों और तरीकों से है जिनका उपयोग कक्षा में एक अध्यापक द्वारा किया जा सकता है। शिक्षण प्रक्रिया में शामिल स्वतन्त्र तत्वों या अवयवों का ये कौशल प्रतिनिधित्व करते हैं। इन कौशलों को विभिन्न प्रकार से एक-दूसरे से जोड़कर एक अध्यापक द्वारा अपने शिक्षण कार्य में प्रयुक्त किया जा सकता है।"
   (Teaching skills are specific instructional techinques and procedures that a teacher may use in the classroom. They repersent an analysis of the teaching process into relatively discrete components that can be used in different combination in the continuous flow of the teacher's performance.)
3. 1970 में क्लार्क (Clarke) ने कोमीसार (Komisar) और गेज (Gage) के विचारों की पुष्टि करते हुए शिक्षण को अपनी परिभाषा के माध्यम से शिक्षण का कुछ ऐसी विशिष्ट क्रियाओं के रूप में विश्लेषण करने का प्रयास किया जिनकी रचना और जिनका आयोजन विद्यार्थी के व्यवहार में परिवर्तन लाने के लिए किया जाता है। इन क्रियाओं का सम्बन्ध व्यवहार के तीनों पक्षों–ज्ञान, क्रिया और भाव– में किसी से भी हो सकता है।
4. 1975 में ब्राउन (Brown) ने शिक्षण को एक बहुमुखी क्रिया मानकर विभिन्न प्रकार की शैक्षणिक क्रियाओं जैसे प्रश्न पूछना, जानकारी देना, सुनना, वर्णन करना आदि के रूप में विश्लेषित करने का प्रयास किया।
5. 1976 में बी.के. पासी (B.K. Passi) ने शिक्षण का विश्लेषण करते हुए यह मत व्यक्त किया कि शिक्षण के अन्तर्गत विभिन्न प्रकार के शाब्दिक (Verbal) और अशाब्दिक (Non-verbal) शिक्षण कार्यो (जैसे प्रश्न पूछना, वर्णन करना, उत्तर प्राप्त करना, प्रशंसा करना, मुस्कराना, सिर हिलाना, कक्षा में इधर-उधर घूमना, संकेतों से अभिव्यक्ति करना

आदि) का समावेश होता है। अपने विशेष रूपों में एक-दूसरे से जुड़े हुए इन शिक्षण कार्यों की सहायता से विभिन्न शैक्षणिक उद्देश्यों की प्राप्ति सहज रूप में होती रहती है।

6. 1982 में एन. के. जंगीरा (N.K Jangira) और अजीत सिंह (Azit singh) ने अपने अध्ययन के आधार पर शिक्षण का विश्लेषण करते हुए निम्न विचार प्रस्तुत किए:

शिक्षण का शिक्षण व्यवहार के रूप में विश्लेषण किया जा सकता है। इस व्यवहार में कम से कम तीन स्तर होते हैं। ये हैं –

(i) शिक्षण कौशल अवयव (Component teaching skills)

(ii) शिक्षण कौशल अवयव से जुड़े हुए शिक्षण-व्यवहार अवयव (Component teaching behaviours, comprising the component skills) और

(iii) अति सूक्ष्म शिक्षण व्यवहार (Atomistic teaching behaviours)

चित्र रूप में इसे चित्र 1.02 द्वारा प्रदर्शित किया जा सकता है।

शिक्षण के विश्लेषण के संदर्भ में उपरोक्त चर्चा के आधार पर यह निष्कर्ष निकाला जा सकता है कि शिक्षण की जटिल प्रक्रिया का कुछ सीमित परन्तु स्पष्ट अवयवों (जिन्हें 'शिक्षण कौशलों' अथवा 'तकनीकी कौशलों' का नाम दिया जाता है) के रूप में विश्लेषण किया जा सकता है। एशियन इन्स्टीट्यूट फॉर टीचर एजूकेशन (1982) ने इस प्रकार के विश्लेषित सभी कौशलों को ऐसी विशिष्ट शिक्षण क्रियाएं माना है जिनके द्वारा विद्यार्थियों के व्यवहार में अपेक्षित परिवर्तन लाने में भरपूर सहायता मिलती है।

अत: इस स्थिति में निष्कर्ष रूप में यह कहना उचित होगा कि शिक्षण, शिक्षण कौशलों के रूप में पुकारे जाने वाले विविध कौशलों का एक संगठन है और किसी भी शिक्षण कौशल को विद्यार्थी के व्यवहार में अपेक्षित परिवर्तन लाने के लिए जाने वाले विभिन्न शिक्षण कार्यों अथवा व्यवहारों के समूह अथवा संगठन के रूप में परिभाषित किया जा सकता है।

शिक्षण को कुछ विशिष्ट शिक्षण कौशलों और उनसे संबंधित शिक्षण कार्यों अथवा व्यवहारों के रूप में विश्लेषित करने के उपरोक्त दृष्टिकोण को व्यापक रूप से आलोचना का भी शिकार होना पड़ा है। परिणामस्वरूप अब यह माना जाने लगा है कि शिक्षण को कुछ शिक्षण कौशलों का समूह अथवा संगठन मात्र नहीं माना जा सकता। एक ओर यद्यपि इस बात से इनकार नहीं किया जा सकता है कि विभिन्न शिक्षण कौशलों का अर्जन एक शिक्षक के कार्य में सहायक होता है परन्तु दूसरी ओर शिक्षण कौशलों का अर्जन ही अपने आप में वह सब कुछ नहीं है जो एक अच्छे अध्यापक बनने के प्रयत्नों में उसे सफलता दिलाए। शिक्षण कौशलों के अलावा भी उसे बहुत कुछ चाहिए। एक कारीगर और मिस्त्री की भांति घिसे-पिटे तरीकों (शिक्षण कौशलों) का अपने शिक्षण कार्य में उपयोग करके उसे अपने लक्ष्यों की प्राप्ति नहीं हो सकती है। यहां उसका सामना निर्जीव वस्तुओं, मशीनों और उपकरणों से नहीं बल्कि सजीव विद्यार्थियों और उनकी गतिशील सजीव आवश्यकताओं से होता है। अध्यापक के व्यक्तित्व, इच्छाओं, अभिवृत्तियों और उनके परिणामों का पर्याप्त प्रभाव पड़ता है। अत: शिक्षण को शिक्षण कौशलों का एक संगठन और समूह मात्र मानकर विश्लेषण करने और इन कौशलों को अर्जित कर इनके उपयोग मात्र से अध्यापक को अपने लक्ष्यों की प्राप्ति नहीं हो सकती। उसे किसी भी हालत में इन कौशलों के मशीनी उपयोग का साधन नहीं बनाया जा सकता है। एक अच्छा अध्यापक बनने के लिए इन कौशलों के अर्जन के साथ उसे इनका समुचित उपयोग करने की कला भी अपनानी चाहिए

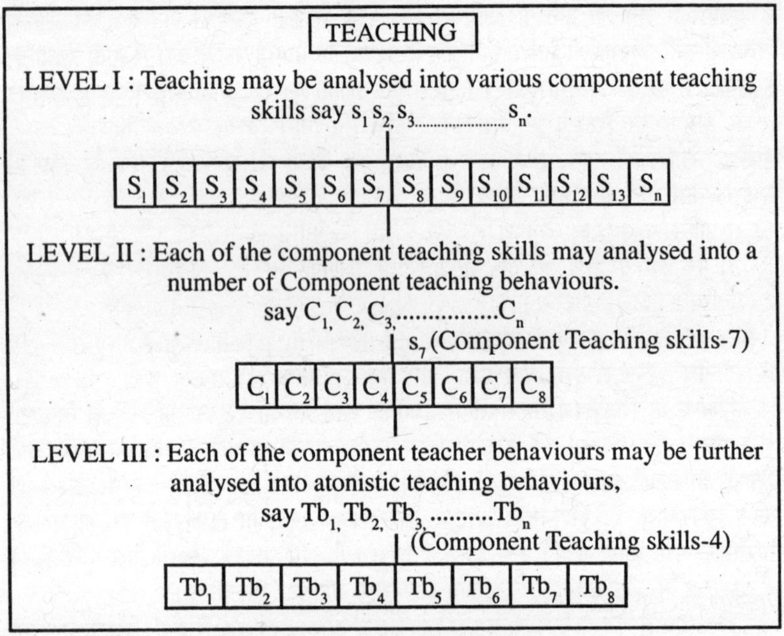

चित्र 1.02: शिक्षण का विश्लेषण

और उसे अपने को एक मशीनी मिस्त्री मानने की बजाय एक ऐसे सजीव आदर्श के रूप में देखना चाहिए जिसके व्यक्तित्व और क्रियाकलापों तथा विद्यार्थियों के साथ बनाए गए सम्बन्धों की छाप विद्यार्थियों के व्यक्तित्व का सर्वांगीण विकास करने के लिए आवश्यक होती है।

शिक्षण के चर (*Variables of Teaching*)

शिक्षण संप्रत्यय की व्याख्या शिक्षण प्रक्रिया में शामिल विभिन्न चरों के माध्यम से भी की जा सकती है। मुख्यतया इन चरों को निम्न तीन भागों में बांटा जा सकता है :

1. आश्रित चर (Dependent Variable)
2. स्वतन्त्र चर (Independent Variable)
3. मध्यस्थ चर (Intervening Variable)

1. आश्रित चर (Dependent Variable): शिक्षण प्रक्रिया में जिस चीज में परिवर्तन लाना होता है वह विद्यार्थी और उसका व्यवहार होता है। शिक्षण और शिक्षण -प्रक्रिया के प्रयत्नों के फलस्वरूप यह परिवर्तन लाया जाता है। जिस तरह का शिक्षक होगा अथवा जिस प्रकार के प्रयत्न वह करेगा विद्यार्थी में परिवर्तन वैसे ही होंगे। विद्यार्थी को उसी तरह की क्रियाएं अथवा व्यवहार करना होगा जिसका आयोजन शिक्षक अथवा शिक्षण-क्रियाओं द्वारा समय-समय पर निर्धारित कर दिया गया है। अतएव एक विद्यार्थी को शिक्षण प्रक्रिया में एक आश्रित चर के रूप में अपना उत्तरदायित्व निभाना होता है।

2. स्वतन्त्र चर (Independent Variable): शिक्षण प्रक्रिया में शिक्षण का बहुत ही महत्वपूर्ण स्थान होता है। शिक्षण की संपूर्ण प्रक्रिया को अपने नियंत्रण में रखकर विद्यार्थियों

के व्यवहार में अपेक्षित परिवर्तन लाने का उत्तरदायित्व शिक्षक ही निभाता है। इस प्रक्रिया में विद्यार्थी को उसके बनाए हुए मार्ग का अनुसरण करना होता है तथा शिक्षक के शिक्षण के अनुकूल अपने आप को ढालते रहना पड़ता है। शिक्षण प्रक्रिया में शिक्षण एक स्वतंत्र चर के रूप में कार्य करते हुए नं केवल आश्रित के रूप में विद्यार्थियों को सक्रिय रखता है बल्कि सभी प्रकार के मध्यस्थ चरों पर भी पूरा नियंत्रण रखता हुआ शिक्षण प्रक्रिया का इस प्रकार नियोजन और आयोजन करता है ताकि शैक्षणिक उद्देश्यों की अधिक अच्छी तरह से प्राप्ति हो सके और विद्यार्थियों का अधिक से अधिक हित चिन्तन किया जा सके।

3. मध्यस्थ चर (Intervening Variable): शिक्षण प्रक्रिया में अध्यापक और विद्यार्थी के अतिरिक्त अपनी भूमिका निभाने वाले सभी तत्वों और परिस्थितियों को मध्यस्थ चरों की संज्ञा दी जाती है। इस प्रकार पाठ्यक्रम तथा पाठ्यवस्तु, शिक्षण साधन, शिक्षण विधियां एवं तकनीक, मूल्यांकन तकनीक एवं शैक्षणिक वातावरण आदि सभी बातों को मध्यस्थ चर कहा जा सकता है। शिक्षण प्रक्रिया को अध्यापक और विद्यार्थियों के बीच चलने वाली एक उपयोगी अन्तःक्रिया बनाने में इन मध्यस्थ चरों का बहुत हाथ रहता है। अध्यापक विद्यार्थी के व्यवहार में जितना कुछ भी परिवर्तन करना चाहता है, उसका आयोजन और पालन इन्हीं मध्यस्थ चरों को नियंत्रण में रखने और उनका उचित उपयोग करने के द्वारा ही सम्पन्न हो सकता है।

शिक्षण चरों के कार्य (Functions of Teaching Variable)

जैसा कि ऊपर की पंक्तियों में दिए गए विवरण से स्पष्ट हो सकता है, शिक्षण प्रक्रिया में स्वतन्त्र और आश्रित चरों के रूप में अध्यापक और विद्यार्थी ही सक्रिय भूमिका निभाते हैं। मध्यस्थ चर यद्यपि स्वयं में निष्क्रिय और निर्जीव होते हैं परन्तु फिर भी एक मध्यस्थ की भांति अध्यापक और विद्यार्थी दोनों को ही अपने-अपने उत्तरदायित्वों को निभाने में सहायता देते हुए शिक्षण प्रक्रिया में अपना योगदान देते हैं। जहां तक विद्यार्थी और अध्यापक दोनों सक्रिय चरों का प्रश्न है उनके कार्यों को मोटे तौर पर तीन भागों में बांटा जा सकता है:

1. निदानात्मक कार्य (Diagnostic Functions)
2. उपचारात्मक (Prescriptive Functions)
3. मूल्यांकन कार्य (Evaluative Functions)

1. निदानात्मक कार्य (Diagnostic Functions): शिक्षण में शिक्षण के कार्य की तुलना एक चिकित्सक के चिकित्सा कार्यों से की जा सकती है। चिकित्सक की तरह ही एक शिक्षण को अपने विद्यार्थी के हित चिन्तन के लिए कुछ निम्न प्रकार के निदानात्मक कार्य करने होते हैं:

(i) जिस विद्यार्थी के व्यवहार में परिवर्तन लाना है उसके प्रविष्टि व्यवहार (Entering Behaviour) के बारे में जानकारी करनी होती है। विद्यार्थी की मानसिक, शारीरिक और भावनात्मक योग्यताओं और क्षमताओं का क्या स्तर है और शिक्षण आरम्भ करने से पूर्व विद्यार्थी का व्यवहार कैसा है, इसके बारे में जांच करना शिक्षण का पहला प्रमुख कार्य है।

(ii) विद्यार्थी के प्रविष्टि व्यवहार और उपलब्ध शैक्षणिक वातावरण एवं सुविधाओं को ध्यान में रखते हुए वह किस तरह के परिवर्तन विद्यार्थी के व्यवहार में लाना चाहता है, उनका निर्णय कर विशिष्ट शैक्षणिक उद्देश्यों को निश्चित करना शिक्षण का दूसरा निदानात्मक कार्य है।

(iii) शिक्षक को अपने शिक्षण कार्य के लिए जिन साधनों का उपयोग करना होता है, उनका ठीक-ठाक निदान करना भी इस श्रेणी के कार्यों में आता है। पाठ्यवस्तु, अनुदेशन सामग्री, विधि और तकनीक तथा शैक्षणिक वातावरण की उपयुक्तता की जांच का कार्य इसी प्रकार का कार्य है।

(iv) अध्यापक को शिक्षण कार्य में सफलता हेतु स्वयं अपनी योग्यताओं और शक्तियों का भी सही-सही निदान करने का कार्य भी करना पड़ता है।

यद्यपि शिक्षक को ही स्वतंत्र चर और अधिक सक्रिय सदस्य होने के नाते शिक्षण प्रक्रिया से संबंधित निदानात्मक कार्यों में प्रमुख भूमिका निभानी पड़ती हैं, परन्तु फिर भी विद्यार्थी (आश्रित) चर के निदानात्मक कार्यों की अवहेलना नहीं की जा सकती है। उसे भी योग्यताओं और क्षमताओं के उचित निदान को लेकर निम्न कार्य करने होते हैं:

(a) अपने प्रविष्टि व्यवहार (Entering behaviour) की कमियों और अच्छाइयों को पहचानना।

(b) सीखने के साधनों जैसे भाषा ज्ञान, सोचने-समझने की शक्ति, गत्यात्मक योग्यताएं, अभिव्यक्ति क्षमता और संवेगात्मक व्यवहार के संदर्भ में अपना मूल्यांकन करना।

(c) शिक्षण प्रक्रिया में अपने को सक्रिय सांझीदार बनाने हेतु अपने अध्यापक के व्यवहार, अध्यापन शैली, पाठ्यक्रम और अनुदेशनात्मक सामग्री से परिचित होने का प्रयत्न करना।

2. उपचारात्मक कार्य (Prescriptive Functions) **:** निदानात्मक क्रियाएं अध्यापक को इस योग्य बनाती हैं कि वह निश्चित शैक्षणिक उद्देश्यों की प्राप्ति के लिए उचित कार्य योजना तैयार कर सके। इस कार्य की तुलना एक चिकित्सक द्वारा निदान करने के पश्चात् किए गए चिकित्सा सम्बन्धी उपायों अथवा उपचारों से की जा सकती है। शिक्षण प्रक्रिया का यह एक अत्यंत सक्रिय और उत्पादक पक्ष है जिसमें अध्यापक और विद्यार्थियों के बीच सक्रिय अन्त:क्रिया और उचित तालमेल की आवश्यकता होती है इस काम के लिए अध्यापक द्वारा सभी मध्यस्थ चरों को उचित रूप से नियंत्रित करके उपचारात्मक कार्यों को नियोजित करने का उत्तरदायित्व निभाना होता है। इस दृष्टि से उसे कुछ निम्न प्रकार के कार्यों का सम्पादन करना होता है:

(i) उचित विषय वस्तु अथवा शिक्षण सामग्री का चयन और उसका उचित शिक्षण, इकाइयों में विभाजन एवं संगठन।

(ii) विद्यार्थियों की योग्यताओं, व्यक्तिगत विभिन्नताओं और उपलब्ध साधन एवं परिस्थितियों को ध्यान मे रखते हुए शिक्षण तकनीकी (Teaching Techniques), शिक्षण व्यूह रचनाओं (Teaching Strategies), शिक्षण युक्तियों (Teaching Tactics) शिक्षण कौशल (Teaching Skills) तथा पुष्ट पोषण अथवा प्रतिपुष्टि विधियों (Feedback Devices) का ठीक प्रकार चयन करना।

(iii) विद्यार्थी और अध्यापक के बीच चलने वाली उपयोगी अन्त:क्रिया के लिए विद्यार्थियों से आवश्यक सहयोग लेना।

स्पष्ट है कि शिक्षण प्रक्रिया में उपचारात्मक कार्यों को सम्पादित करने की दृष्टि से अध्यापक को ही पूरी तरह से सक्रिय रहकर विद्यार्थी के व्यवहार में अपेक्षित परिवर्तन लाने की पूरी-पूरी चेष्टा करनी पड़ती है। एक चिकित्सक को भी इस तरह अपने मरीज के उपचार के लिए सभी कुछ साधन जुटाकर उसे रोग मुक्त कर स्वास्थ्य लाभ कराना

होता है। मरीज की भूमिका अपने उपचार के लिए किए गए सभी प्रयत्नों में पूरा-पूरा सहयोग देने से सम्बन्ध रखती है। इस दृष्टि से शिक्षण प्रक्रिया में विद्यार्थी की उपचारात्मक कार्यों से संबंधित भूमिका अध्यापक के साथ पूरी तरह सहयोग करने की होती है। विद्यार्थी से जिस प्रकार के व्यवहार परिवर्तनों की अपेक्षा शिक्षण प्रयत्नों द्वारा की जाती है उन्हें क्रियात्मक रूप देने के लिए उसे शिक्षण प्रक्रिया में बराबर का सांझीदार बनाना होता है।

3. मूल्यांकन कार्य (Evaluative Functions) **:** इस श्रेणी में वे सभी कार्य आते हें जिनके द्वारा निश्चित शिक्षण उद्देश्यों की प्राप्ति के लिए किए गए सभी प्रकार के उपचारात्मक कार्यों की उपलब्धि का मूल्यांकन किया जाता है। अगर किसी कारण से निश्चित शिक्षण उद्देश्यों की प्राप्ति ठीक प्रकार नहीं हो पाती तो इसका सारा उत्तरदायित्व उपचार उपायों पर ही आता है। उपचार व्यवस्था में यह कमी या तो त्रुटिपूर्ण निदान के फलस्वरूप पैदा होती है अथवा उपचार हेतु त्रुटिपूर्ण निर्णय लेने और उपचार सम्बन्धी निर्णयों को ठीक प्रकार कार्यान्वित न करने की गलती इस तरह की गड़बड़ी पैदा करती है।

शिक्षण प्रक्रिया में मूल्यांकन कार्य हेतु विविध मूल्यांकन तकनीकों जैसे निरीक्षण, साक्षात्कार, रेटिंग स्केल, प्रश्नावली, मौखिक, लिखित एवं प्रयोगात्मक परीक्षा और प्रक्षेपी तकनीकों (Projective Techniques) आदि का प्रयोग किया जाता है। इन सभी मूल्यांकन तकनीकों और विधियों के प्रयोग में शिक्षण और शिक्षार्थी–दोनों ही को सक्रिय रूप से भाग लेना होता है। शिक्षक यह चाहता है कि विद्यार्थी के व्यवहार में परिवर्तन लाने के लिए उपचारात्मक उपायों के द्वारा उसने जितने प्रयत्न किए हैं, उनमें वह कहां तक सफल हुआ है, उसका सही-सही मूल्यांकन होना चाहिए। अतः मूल्यांकन प्रक्रिया में उसका तो सक्रिय होना आवश्यक हो ही जाता है, साथ ही जिसके द्वारा अध्यापक को अपने उपचारात्मक कार्यों का मूल्यांकन करना होता है, वह और कोई नहीं बल्कि सजीव रूप में विद्यार्थी ही होता है। अतएव बिना उसके सक्रिय सहयोग के मूल्यांकन की क्रिया आगे नहीं बढ़ सकती। यही कारण है कि मूल्यांकन कार्यों में एक विद्यार्थी को निदानात्मक और उपचारात्मक कार्यों की अपेक्षा अधिक सक्रिय रहकर अपनी भूमिका निभानी होती है। उसे किसी मूल्यांकन तकनीक के सहयोग से अपने में आए हुए अपेक्षित परिवर्तनों का लेखा-जोखा देना होता है। इस तकनीक के अनुकूल आवश्यक अनुक्रियाएं (Responses) करना और योग्यता सम्बन्धी उपलब्धियों एवं व्यवहार परिवर्तनों का स्वयं अपने आप मूल्यांकन करना तथा दूसरों को इस प्रकार के मूल्यांकन करने में सहायता देना प्रत्येक विद्यार्थी का कर्त्तव्य बन जाता है। उसकी मूल योग्यताओं और प्रविष्टि व्यवहार के आधार पर उसकी योग्यताओं को विकसित करने और व्यवहार में अपेक्षित परिवर्तन लाने के लिए शिक्षण द्वारा जो जी-तोड़ परिश्रम उपचारात्मक कार्यों द्वारा किया जाता है, उन सभी का मूल्यांकन, मूल्यांकन कार्यों में उसके द्वारा दिए गए सहयोग के आधार पर ही हो सकता है। उसे स्वयं अब यह देखना है कि जो कुछ भी उपचार (शिक्षणात्मक उपाय) उसे विकसित या परिवर्तित करने के लिए किया गया है, वह उपयुक्त है या नहीं। उसे एक मरीज की भांति यह बताना होगा कि यह उपचार उसके लिए कितना ठीक बैठता है। तभी अध्यापक एक चिकित्सक की तरह यह निर्णय लेने में सक्षम हो सकता है कि उसके द्वारा अपनाए गए उपचारात्मक उपाय कहां तक ठीक हैं। विद्यार्थी के हित चिन्तन हेतु इन उपायों को ऐसे ही चालू रखा जाए या उनमें कुछ आवश्यक परिवर्तन किए जाएं अथवा उनके स्थान पर किन्हीं अन्य उपचारात्मक उपायों को अपनाया जाए, इस बात का निर्णय सदैव मूल्यांकन कार्यों के आधार पर ही किया जाता है।

अधिगम की अवधारणा

अधिगम का अर्थ (Meaning of the Term Learning)

अधिगम या सीखना एक बहुत ही सामान्य और आम प्रचलित प्रक्रिया है। जन्म के तुरन्त बाद से ही व्यक्ति सीखना प्रारंभ कर देता है और फिर जीवन-पर्यन्त जाने-अनजाने कुछ-न-कुछ सीखता ही रहता है। एक बच्चा जलती हुई दियासलाई की तीली या लैम्प की लौ को छूने से जल जाता है। उसके लिए यह पहला कटु अनुभव होता है। दूसरी बार कभी भी जलती हुई तीली, लैम्प की लौ और यहां तक कि किसी भी जलती हुई वस्तु की ओर हाथ बढ़ाने का दुःसाहस वह नहीं करता। इस तरह का अनुभव उसे जलती हुई वस्तुओं अर्थात् आग से दूर रहना सिखा देता है। दूसरे शब्दों में, हम यह कह सकते हैं कि बच्चा यह सीख जाता है कि अगर किसी गर्म वस्तु या लौ को हाथ लगाया जाएगा तो अवश्य ही जलने की पीड़ा उठानी होगी।

इस प्रकार से प्रत्यक्ष और अप्रत्यक्ष अनुभवों के माध्यम से एक व्यक्ति के व्यवहार में अपेक्षित परिवर्तन होते रहते हैं। अनुभवों द्वारा व्यवहार में होने वाले इन परिवर्तनों को साधारण रूप में सीखने की संज्ञा दे दी जाती है। सीखने की प्रक्रिया की यह एक बहुत ही सरल व्याख्या है। इसका विस्तृत अर्थ समझने के लिए कुछ अधिक स्पष्टीकरण एवं पारिभाषिक शब्दावली की आवश्यकता है। इसी संदर्भ में कुछ जानी पहचानी परिभाषायें नीचे दी जा रही हैं:

गार्डनर मरफी (Gardner Murphy)

"सीखने या अधिगम शब्द में वातावरण सम्बन्धी आवश्यकताओं की पूर्ति के लिए व्यवहार में होने वाले सभी प्रकार के परिवर्तन सम्मिलित हैं।"

("The term learning covers every modification in behaviour to meet environmental requirements." 1968, p. 205)

गेट्स व अन्य (Gates and others)

"अनुभव के द्वारा व्यवहार में होने वाले परिवर्तन को सीखना या अधिगम कहते हैं।"

("Learning is the modification of behaviour through experience." 1946, p. 318)

वुडवर्थ (Woodworth)

"किसी भी ऐसी क्रिया को जो कि व्यक्ति के (अच्छे या बुरे किसी भी तरह के) विकास में सहायक होती है और उसके वर्तमान व्यवहार और अनुभवों को जो कुछ वे हो सकते थे, उनसे भिन्न बनाती है, सीखने की संज्ञा दी जा सकती है।"

("Any activity can be called learning so far as it develops the individual in any respect, good or bad and makes his later behaviour and experiences different from what they would otherwise have been." 1945, p. 238)

किंगस्ले एवं गैरी (Kingsley and Garry)

"अभ्यास अथवा प्रशिक्षण के फलस्वरूप नवीन तरीके के व्यवहार (अपने विस्तृत अर्थ में) करने अथवा व्यवहार में परिवर्तन लाने की प्रक्रिया को सीखना कहते हैं।'

("Learning is the process by which behaviour (in the broader sense) is originated or changed through practice or training." 1957, p. 12)

क्रो व क्रो (Crow and Crow)

"सीखना आदतों, ज्ञान और अभिवृत्तियों का अर्जन है। इसमें कार्यों को करने के

नवीन तरीके सम्मिलित हैं, और इसकी शुरूआत। व्यक्ति द्वारा किसी भी बाधा को दूर करने अथवा नवीन परिस्थितियों में अपने समायोजन को लेकर होती है। इसके माध्यम से व्यवहार में उत्तरोत्तर परिवर्तन होता रहता है। यह व्यक्ति को अपने अभिप्राय अथवा लक्ष्य को पाने में समर्थ बनाती है।''

("Learning is the acquisition of habits, knowledge and attitudes. It involves new ways of doing things, and it operates in an individual' s attempts to overcome obstacles or to adjust to new situations. It represents progressive change in behavior. It enables him to satisfy interests or to attain goals." 1973, p. 225.)

हिलगार्ड (Hilgard)

''सीखना या अधिगम वह प्रक्रिया है जिसके द्वारा कोई क्रिया आरंभ होती है अथवा परिस्थिति से सामना होने पर प्रक्रिया द्वारा परिवर्तित की जाती है, बशर्ते कि क्रिया में होने वाले परिवर्तन की विशेषताओं को मूल प्रवृत्तियों, परिपक्वता या प्राणी की अस्थायी अवस्थाओं (जैसे थकावट अथवा औषधि के प्रभाव इत्यादि) के आधार पर नहीं समझाया जा सके।''

("Learning is the process by which an activity originates or is changed through reacting to an encountered situation, provided that the characteristics of the change in activity cannot be explained on the basis of native responses, tendencies, maturation, of temporary states of the organism e.g., fatigue or drugs. etc." 1958, p. 3)

सीखने की ये सभी उपरोक्त परिभाषाएं अपने किसी न किसी रूप में यही संकेत देती हैं कि सीखना एक ऐसी प्रक्रिया या उसका परिणाम है, जिसमें अनुभव के माध्यम से सीखने वाले के व्यवहार में परिवर्तन लाए जाते हैं। यहां यह स्पष्ट करने का भी प्रयास किया गया है कि व्यवहार में परिवर्तन यद्यपि अन्य कारकों तथा कारणों के प्रभाव स्वरूप भी घटित होते हैं परन्तु उन सभी को प्रक्रिया या परिणामों को सीखने का दर्जा नहीं दिया जा सकता। इस बारे में हिलगार्ड द्वारा दी गई अंतिम परिभाषा काफी स्पष्ट संकेत करती हुई प्रतीत होती है। आइए इस पर खुल कर विचार किया जाए।

इस परिभाषा के आधार पर व्यवहार में परितर्वन लाने वाले कारकों या शक्तियों का मुख्य रूप से तीन श्रेणियों में विभाजन किया जा सकता है:

1. व्यवहार में स्थायी परिवर्तन लाने वाली शक्तियां या कारक जैसे परिपक्वन (Maturation)।
2. व्यवहार में अस्थायी परिवर्तन लाने वाली शक्तियां या कारक जैसे मानसिक या शारीरिक थकावट (Mental or physical fatigue), बीमारी (Illness), मादक पदार्थ (Drugs or intoxicating objects), औषधि (Medicines), अनिद्रा (Sleeplessness), क्रोध, भय आदि संवेगात्मक अवस्था (Emotions), आदि।
3. व्यवहार में स्थायी और अस्थायी दोनों के बीच की स्थिति वाले परिवर्तन (जिसे अपेक्षाकृत स्थायी परिवर्तन की संज्ञा दी जा सके) लाने वाले कारक जैसे प्रशिक्षण, अभ्यास तथा अनुभव आदि।

इन विभिन्न प्रकार के कारकों द्वारा व्यवहार में जिस प्रकार के परिवर्तनों की संभावना होती है। उस पर आइए एक-एक करके विचार किया जाए। हम शुरूआत परिपक्वन द्वारा होने वाले व्यवहार परिवर्तन को लेकर करते हैं।

1. सीखना एवं परिपक्वन (Learning and Maturation): सीखना और परिपक्वन ये दोनों प्रक्रियायें कुछ इस प्रकार से जुड़ी हुई हैं कि कभी-कभी निश्चित रूप से यह कहना कठिन हो जाता है कि व्यवहार सम्बन्धी किन परिवर्तनों के पीछे सीखने की प्रक्रिया का हाथ है तथा किन के पीछे परिपक्वता का। इसे जानने के लिए हमें इन दोनों प्रक्रियाओं में निहित अन्तर को भली-भांति समझ लेना आवश्यक हो जाता है।

परिपक्वन एक नैसर्गिक प्रक्रिया है, इसके लिए बाह्य उद्दीपनों की आवश्यकता नहीं। यह एक प्रकार से मानव की अन्तर्निहित शक्तियों का विकास है। जैसे बीज से पत्ते, टहनी, फल-फूल इत्यादि प्राप्त हो जाते हैं, वैसे ही प्राकृतिक रूप में किसी पूर्व अनुभव, अधिगम या प्रशिक्षण के बिना परिपक्वन की क्रिया के फलस्वरूप जन्मजात योग्यताओं और शक्तियों में वृद्धि हो जाती है तथा प्राणी में आवश्यक परिवर्तन आ जाते हैं। बिग्गी (Biggie) एवं हंट (Hunt) ने परिपक्वन के अर्थ को स्पष्ट करते हुए निम्न विचार व्यक्त किए हैं:

> ''परिपक्वन एक विकासात्मक प्रक्रिया है जिसके अन्तर्गत एक व्यक्ति समय के साथ-साथ उन सभी विशेषताओं और गुणों को ग्रहण करता है जिनकी नींव उसके गर्भ में आने के समय ही उसकी कोशिकाओं में रखी जा चुकी है।''
>
> "Maturation is developmental process within which a person from time to time. manifests different traits, the blue prints of which have been carried in his cells from the time of his conception."

इस प्रकार परिपक्वन का सम्बन्धन उन परिवर्तनों से होता है जोकि नैसर्गिक और सामान्य वृद्धि (Natural and Normal Growth) से जुड़े हुए होते हैं।

दूसरी ओर अधिगम या सीखना व्यक्ति में होने वाले उन परिवर्तनों के लिए प्रयुक्त होता है, जिनके लिए आवश्यक रूप से वंशानुक्रम की प्रक्रिया उत्तरदायी नहीं होती। इन्हें सीखने में अनुभव की आवश्यकता पड़ती है और विशेष प्रयत्न भी करने पड़ते हैं। सीखने की प्रक्रिया के दौरान व्यवहार में जो परिवर्तन होते हैं वे सदैव किसी न किसी प्रक्रिया-प्रशिक्षण अथवा अनुभव के फलस्वरूप प्राप्त होते हैं।

अत:, अगर परिपक्वन को सीखने से अलग करके देखा जाए तो हम निम्न परिणाम पर पहुंच सकते हैं:

''अगर व्यवहार के किसी पक्ष का विकास आयु के बढ़ने के साथ-साथ बिना किसी अभ्यास और प्रशिक्षण की सहायता से स्वाभाविक रूप से सम्पन्न होता है, तो इस विकास के लिए परिपक्वता की क्रिया को ही उत्तरदायी ठहराया जाता है।''

पक्षियों का हवा में उड़ना और हिरण के बच्चे का कुलाचें भरना आदि विशुद्ध रूप में परिपक्वता का परिणाम कही जा सकती है। लेकिन मानव की अधिकांश क्रियाओं में निश्चित रूप से यह कहना कठिन हो जाता है कि परिपक्वता का परिणाम है या सीखने का। उदाहरण के लिए हम बच्चे में भाषा के विकास को ले सकते हैं। यह ठीक है कि बच्चा बोलना और भाषा का प्रयोग करना तब तक नहीं सीखता जब तक वह परिपक्वन की एक विशेष अवस्था या आयु पर नहीं पहुंच पाता। परन्तु केवल परिपक्वता ग्रहण करने या आयु में बड़ा होने मात्र से ही उसको बोलना या भाषा का प्रयोग करना नहीं आता, उसे यह सब कुछ सिखाना पड़ता है।

वास्तव में देखा जाए तो परिपक्वन और सीखना–ये दोनों प्रक्रियाएं एक-दूसरे से बहुत अधिक संबंधित हैं। दोनों का लक्ष्य समान है। दोनों ही बालक के व्यवहार में संशोधन

एवं परिवर्तन लाती हैं तथा विकास के सभी स्तरों पर साथ-साथ चलती हैं। एक के बिना दूसरी उतनी प्रभावोत्पादक नहीं बन जाती। परिपक्वता सीखने में सहायक होती है या यों कहिए कि एक विशेष आयु अथवा परिपक्वता ग्रहण करने से पहले किसी विशेष ज्ञान अथवा कौशल को अर्जित करना संभव नहीं हो पाता। दूसरी ओर सीखने की प्रक्रिया मानसिक, सामाजिक, संवेगात्मक परिपक्वता अर्जित करने में अत्यधिक सहायक होती है तथा बालक को सभी प्रकार से पूर्ण बना कर उन्नति के मार्ग पर अग्रसर करती है। इसीलिए बालक को ऐसी बातें सिखाना जिनके सीखने के लिए वह परिपक्व नहीं है, किसी भी अवस्था में उचित नहीं है। दूसरी ओर सीखने की उचित आयु निकल जाने देना भी अच्छा नहीं है। अतः माता-पिता और अध्यापकों द्वारा परिपक्वता और सीखने के आपसी सम्बन्धों को ठीक प्रकार से समझने की चेष्टा करनी चाहिए।

2. व्यवहार में अस्थायी परिवर्तन लाने वाले कारक (Factors Associated with Temporary Changes in Behaviour): अब दूसरे प्रकार के व्यवहार परिवर्तन कारकों पर विचार करके देखा जाए। थकावट, बीमारी, भय, क्रोध, चिन्ता, नशीले पदार्थ, तथा औषधियों के सेवन से व्यवहार में काफी प्रभावी परिवर्तन आ जाते हैं। सुबह दफ्तर जाते हुए जिन बाबू जी का व्यवहार काफी हंसमुख तथा सौम्य प्रतीत होता है वे शाम को दफ्तर के काम-काज तथा सफर की थकावट के कारण चिड़चिड़े और काफी असंयत नजर आते हैं। परन्तु जैसे ही उन्हें गृहिणी के द्वारा जलपान मिलता है तथा घर का वातावरण उनकी थकावट को दूर करता है, वे अपने सुबह वाली व्यवहार स्थिति में आ जाते हैं। यही बात शराब या अन्य कोई नशीले पदार्थ के सेवन करने वाले के साथ दिखाई देती है। कहावत है कि नशे के कारण चूहा भी शेर की तरह दहाड़ने लगता है परन्तु फिर नशा उतरते ही वह पुनः चूहा बन जाता है। बीमारी की अवस्था में व्यक्ति चिड़चिड़ा हो जाता है। क्रोध, भय, चिन्ता की स्थिति में भी हमारा व्यवहार बदल जाता है परन्तु जैसे ही बीमारी दूर होती है और क्रोध, भय चिन्ता की स्थिति समाप्त होती है। परिवर्तित व्यवहार पुनः अपनी पूर्व स्थिति में आ जाता है। इस प्रकार इन दूसरे प्रकार के व्यवहार परिवर्तन कारकों या परिस्थितियों से व्यक्ति के व्यवहार में जो परिवर्तन नजर आते हैं, वे पूरी तरह से अस्थायी और परिवर्तनशील होते हैं। ये तभी तक रहते हैं जब तक कि परिवर्तन डालने वाली चीज या परिस्थिति का प्रभाव रहता है। परिवर्तन लाने वाले चीज या परिस्थिति के हटते ही व्यवहार अपनी पूर्व स्थिति में आ जाता है। व्यवहार में आने वाले इन परिवर्तनों की तुलना उन भौतिक परिवर्तनों से (जैसे बल्ब का जलना, बर्फ का पानी बनना आदि) की जा सकती है, जिन्हें आप विज्ञान की कक्षाओं में अपने विद्यालय जीवन में पढ़ चुके हो। दूसरे विपरीत, परिपक्वन (Maturation) द्वारा व्यवहार में लाए जाने वाले परिवर्तन बिलकुल स्थायी (Permanent) किस्म के होते हैं, जिन्हें कागज के जलने, दूध के दही बनने जैसे रासायनिक परिवर्तनों की संज्ञा दी जा सकती है।

3. अनुभव के द्वारा होने वाले अपेक्षाकृत स्थायी परिवर्तन (Relatively Permanent Changes through Experience): अब तीसरे प्रकार के व्यवहार परिवर्तन आते हें जो न तो परिपक्वन द्वारा लाए गए परिवर्तनों की भांति बिलकुल स्थायी (Absolutely permanent) होते हैं और न थकावट, नशे या बीमारी जैसे कारकों द्वारा लाए गए परिवर्तनों की तरह बिलकुल अस्थायी (Quite temporary)। इन परिवर्तनों की प्रकृति स्थायी तथा अस्थायी

परिवर्तनों के बीच की होती है, जिसे शब्दों में अपेक्षाकृत स्थायी परिवर्तनों (Relatively premanent changes) की संज्ञा दी जा सकती है। ये परिवर्तन अनुभव (प्रत्यक्ष या अप्रत्यक्ष) के द्वारा ही लाए जाते हैं और केवल इस प्रकार के व्यवहार परिवर्तनों को ही सीखने की प्रक्रिया या परिणामों से जोड़ा जा सकता है। इन परिवर्तनों का बिलकुल स्थायी या अस्थायी न होना ही शिक्षण और अधिगम दोनों के महान हित में होता है। कल्पना कीजिए कि सीखने के द्वारा होने वाले व्यवहार परिवर्तन स्थायी होते यानी एक विद्यार्थी जो किसी कारणवश अंग्रेजी के शब्द पुट (Put) को पट संबोधित करना सीख जाता तो फिर उसे अपने संपूर्ण जीवन में इसे ऐसे ही बोलना पड़ता। कोई भी गलत या अवांछित आदतें सीखने पर उनमें सुधार होता ही नहीं। इस प्रकार सीखना एक दुखद घटना बन सकती थी। परन्तु सौभाग्यवश, सीखने के द्वारा इस प्रकार का स्थायी व्यवहार परिवर्तन नहीं होता। इसी तरह व्यवहार में बिलकुल अस्थायी परिवर्तन भी अधिगम प्रक्रिया में काफी हानिप्रद सिद्ध हो सकते थे। जो कुछ भी एक अध्यापक द्वारा सिखाया या पढ़ाया जाता और उसके द्वारा बालकों के व्यवहार में जो भी परिवर्तन होते उनका बिलकुल अस्थायी होना, अध्यापक और विद्यार्थी दोनों के परिश्रम को निरर्थक कर सकते थे। अतः, यह एक तरह से बहुत ही अच्छी और सार्थक बात है कि सीखने की प्रक्रिया या उसके परिणामस्वरूप व्यवहार में जो परिवर्तन आते हैं, वे न तो पूर्णतया स्थायी होते हैं और न बिलकुल अस्थायी। उनकी प्रवृत्ति इन दोनों के बीच की यानी अपेक्षाकृत स्थायी ही होती है।

अतः निष्कर्ष रूप से व्यवहार में परिवर्तन लाने वाले सभी प्रकार के कारकों या परिस्थितियों के बारे में गहराई से सोचा जाए तो सीखने या अधिगम की परिभाषा निम्न प्रकार दी जा सकती है।

"सीखना या अधिगम एक ऐसी प्रक्रिया या उसका परिणाम है जिसके द्वारा सीखने वाले के व्यवहार में अनुभव (प्रत्यक्ष तथा अप्रत्यक्ष) के माध्यम से अपेक्षाकृत स्थायी प्रकृति के परिवर्तन (Relatively Permanent changes) लाए जाते हैं।"

अधिगम या सीखने की प्रकृति एवं विशेषतायें
(Nature and Characteristics of Learning)

सीखने के द्वारा हमारे व्यवहार में जो परिवर्तन होता है वह पूरी तरह से हमारे द्वारा अर्जित ही होता है। दूसरे शब्दों में यह व्यवहार जन्मजात नहीं होता। वंशक्रम (Heredity) की देन के रूप में हमें विरासत में नहीं प्राप्त होता बल्कि वातावरण में निहित कारकों के प्रभाव से प्रत्यक्ष और अप्रत्यक्ष अनुभवों के माध्यम से हमारे द्वारा स्वयं ही अर्जित किया जाता है। भाषा जो हम बोलते हैं, कौशल (Skills) जिन्हें हम प्रयोग में लाते हैं, रूचियां, आदतें तथा अभिवृत्तियां आदि जो हमारे व्यक्तित्व के अंग बने हुए होते हैं ये सबके सब अर्जित व्यवहारगत विशेषताएं हैं और हम सब सीखने की प्रक्रिया के परिणामस्वरूप ही हमारे व्यक्तित्व या जीवन चर्चा के अंग बनते हैं।

प्रश्न उठता है कि किस प्रकार के अर्जित अधिगम व्यवहार की क्या विशेष प्रकृति होती है और इसमें किस प्रकार की विशेषताएं देखने को मिलती हैं। इस प्रश्न का बहुत कुछ उत्तर सीखने सम्बन्धी परिभाषाओं तथा उससे संबंधित सामग्री जिसकी चर्चा हम इसी अध्याय के पिछले पृष्ठों में कर चुके हैं, उसके आधार पर भली भांति प्राप्त हो सकता है। परन्तु फिर भी हम इसे संक्षिप्त रूप में चित्र 1.03 के अन्तर्गत प्रस्तुत कर रहे हैं।

- सीखना व्यवहार में परिवर्तन है।
- अर्जित व्यवहार की प्रकृति अपेक्षाकृत स्थायी होती है।
- सीखना जीवन पर्यन्त चलने वाली एक सतत प्रक्रिया है।
- सीखना एक सार्वभौमिक प्रक्रिया है।
- सीखना उद्देश्यपूर्ण एवं लक्ष्य निर्देशित होता है।
- सीखने का सम्बन्ध अनुभवों की नवीन व्यवस्था से होता है।
- सीखना वातावरण एवं क्रियाशीलता की उपज है।
- सीखने का एक परिस्थिति से दूसरी में स्थानान्तरण होता है।
- सीखने के द्वारा शिक्षण अधिगम उद्देश्यों को प्राप्त किया जा सकता है।
- सीखना उचित वृद्धि और विकास में सहायता करता है।
- सीखना व्यक्तित्व के सर्वांगीण विकास में सहायक है।
- सीखने के द्वारा जीवन लक्ष्यों की प्राप्ति में सहायता मिलती है।
- सीखना समायोजन में सहायक है।
- सीखना और विकास एक दूसरे के पर्याय नहीं हैं।
- अधिगम में सदैव सही दिशा में विकास होना जरूरी नहीं है।
- अधिगम के द्वारा व्यवहार में अपेक्षित परिवर्तन लाए जा सकते हैं।
- अधिगम एक ऐसी व्यापक प्रक्रिया है जिसका क्षेत्र बहुत विस्तृत है।

चित्र 1.03: अधिगम की प्रकृति और विशेषताएं

1. सीखना व्यवहार में परिवर्तन है (Learning is the Change in Behaviour): सीखने की प्रक्रिया और उसके परिणाम का सीधा सम्बन्ध सीखने वाले के व्यवहार में परिवर्तन लाने से होता है। किसी भी प्रकार का सीखना क्यों न हो इसके द्वारा विद्यार्थी में परितर्वन लाने की भूमिका सदैव ही निभाई जाती है। हां, यह व्यवहार परिवर्तन अपेक्षित दशा और दिशा में हो इस बात का ध्यान अवश्य ही रखना चाहिए।

2. अर्जित व्यवहार में प्रकृति अपेक्षाकृत स्थायी होती है (Change in Behaviour Caused by Learning is Relatively Permanent): सीखने के द्वारा व्यवहार में जो परिवर्तन लाए जाते हैं वे न तो पूर्ण स्थायी होते हैं और न बिलकुल अस्थायी। उनकी प्रकृति इन दोनों के बीच की स्थिति वाली होती है जिसे अपेक्षाकृत स्थायी का नाम दिया जा सकता है। इसीलिये सिखाने के द्वारा बालक के व्यवहार में जो परिवर्तन होता है वह अपना प्रभाव छोड़ने में समर्थ होता है परन्तु उसके अवांछनीय, समय संगत या अनुपयोगी सिद्ध होने

की दशा में उसमें पुनः अपेक्षित परिवर्तन लाने की भूमिका भी उचित अधिगम द्वारा निभाई जा सकती है।

3. सीखना जीवन पर्यन्त चलने वाली एक सतत प्रक्रिया है (Learning is a Continuous Life Long Process) **:** सीखना यद्यपि वंशक्रम की धरोहर नहीं है परन्तु इसकी शुरूआत बालक के जन्म से पहले मां के गर्भ में ही हो जाती है। अभिमन्यु ने चक्रव्यूह भेदन की प्रक्रिया अपनी मां के गर्भ में उसी समय सीख ली थी जब उसके पिता अर्जुन उसकी माता सुभद्रा को इसके बारे में बता रहे थे। जन्म के बाद वातावरण में प्राप्त अनुभवों के द्वारा इस कार्य में पर्याप्त तेजी सी आ जाती है और औपचारिक तथा अनौपचारिक, प्रत्यक्ष और अप्रत्यक्ष इन सभी अनुभवों के माध्यम से हम जब तक मृत्यु को प्राप्त होते हैं कुछ न कुछ सीखते ही रहते हैं।

4. सीखना एक सार्वभौमिक प्रक्रिया है (Learning is a Universal Process) **:** सीखना किसी व्यक्ति विशेष, जाति, प्रजाति, तथा देश-प्रदेश की बपौती नहीं है। इस संसार में जितने भी जीवधारी (Living organism) हैं वे अपने-अपने तरीके से अनुभवों के माध्यम से कुछ न कुछ सीखते रहते हैं। यह सोचना या दावा करना कि किसी जाति विशेष जैसे ब्राह्मण या सवर्ण हिंदू परिवार में जन्मा बालक अन्य वर्णों के बालकों की तुलना में अच्छी तरह सीख सकता है या लड़के, लड़कियों की अपेक्षा अथवा गोरे यूरोपियन, हब्शियों की अपेक्षा जल्दी और अच्छा सीखते हैं, बिलकुल निराधार और भ्रम मूलक है। सभी लोग या प्राणी सीखने की पूरी क्षमता रखते हैं जो भी अंतर इस बारे में देखने को मिलते हैं उनमें प्राप्त अनुभवों तथा अवसरों का ही विशेष योगदान पाया जाता है।

5. सीखना उद्देश्यपूर्ण एवं लक्ष्य निर्देशित होता है (Learning is Purposive and Goal Directed) **:** जब भी हम कुछ सीखने का प्रयास करते हैं या दूसरे शब्दों में अपने व्यवहार में परिवर्तन लाना चाहते हैं तो उसका कोई न कोई निश्चित उद्देश्य या प्रयोजन होता है। हमारे सीखने की प्रक्रिया इसी उद्देश्य या लक्ष्य की प्राप्ति की दिशा में आगे बढ़ती है। जैसे-जैसे हमें इस लक्ष्य प्राप्ति में सहायता मिलती रहती है हम अधिक उत्साह से सीखने के कार्य में जुटे रहते हैं।

6. सीखने का सम्बन्ध अनुभवों की नवीन व्यवस्था से होता है (Learning Involves Reconstruction of Experiences) **:** सीखने की प्रक्रिया में प्राप्त अनुभवों के नवीन समायोजन तथा पुनर्गठन का कार्य चलता ही रहता है। जो कुछ पूर्व अनुभवों के आधार पर सीखा हुआ होता है, उसमें नवीन अनुभवों के आधार पर परिवर्तन लाना जरूरी हो जाता है। इस तरह अनुभवों की नवीन व्यवस्था या समायोजन का कार्य चलते रहना ही सीखने के मार्ग पर आगे बढ़ने की विशेष आवश्यकता और विशेषता बन जाती है।

7. सीखना वातावरण एवं क्रियाशीलता की उपज है (Learning is the Product of Activity and Environment) **:** वातावरण के साथ सक्रिय अनुक्रिया करना सीखने की एक आवश्यक शर्त है। जो बालक जितनी अच्छी तरह से पूर्ण सक्रिय होकर वातावरण के साथ अपेक्षित अनुक्रिया करेगा वह उतना ही सीखने के मार्ग पर आगे बढ़ सकेगा। वातावरण में उद्दीपनों (Stimuli) की उपस्थिति चाहे कैसी भी सक्षम क्यों न हो सीखने वाले के द्वारा अगर सक्रिय होकर अनुक्रिया नहीं की जाएगी तो सीखने का कार्य आगे ही कैसे बढ़ेगा। इस तरह सीखने की प्रक्रिया में यह विशेषता होती है कि यह सीखने वाले से वातावरण के साथ पर्याप्त क्रियाशीलता चाहती है ताकि अनुभवों के माध्यम से उचित अधिगम हो सके।

8. सीखने का एक परिस्थिति से दूसरी में स्थानान्तरण होता है(Learning is Transferable from one Situation to Another): जो कुछ भी एक परिस्थिति में सीखा जाता है उसका अर्जन किसी भी दूसरी परिस्थिति में सीखने के कार्य में बाधक या सहायक बनकर अवश्य ही आगे आ जाता है। इस तरह अधिगम अर्जन की एक विशेष विशेषता इसी बात को लेकर है कि उसका एक से दूसरी परिस्थिति में स्थानान्तरण होता रहता है।

9. सीखने के द्वारा शिक्षण अधिगम उद्देश्यों को प्राप्त किया जा सकता है(Learning Helps in the Attainment of Teaching-Learning Objectives): सीखने के द्वारा विद्यार्थी निर्धारित शिक्षण अधिगम उद्देश्यों की प्राप्ति के लिए उचित प्रयत्न कर सकते हैं। इस प्रकार के उद्देश्यों की पूर्ति द्वारा बालकों में अपेक्षित ज्ञान और समझ, सूझबूझ, कुशलताएं, रुचि तथा दृष्टिकोण आदि का विकास किया जा सकता है।

10. सीखने के द्वारा विद्यार्थी को उचित वृद्धि एवं विकास में सहायता पहुंचती है (Learning Helps in the Proper Growth and Development): वृद्धि एवं विकास के सभी आयामों–शारीरिक, मानसिक, सामाजिक, संवेगात्मक, नैतिक, सौन्दर्यात्मक तथा भाषा सम्बन्धी विकास आदि में सीखने की प्रक्रिया हर कदम पर सहायता पहुंचाती है।

11. सीखना व्यक्तित्व के सर्वांगीण विकास में सहायक होता है(Learning Helps in the Balanced Development of the Presonality): बालक के व्यक्तित्व का सर्वांगीण और संतुलित विकास, शिक्षा का प्रमुख उद्देश्य होता है और सीखने की प्रक्रिया सभी तरह से इस कार्य में अच्छी तरह सहायता पहुंचाती है।

12. सीखना समायोजन में सहायक है(Learning Helps in the Proper Adjustment): सीखने की प्रक्रिया के परिणामस्वरूप सीखने वाले को अपने तथा अपने वातावरण से उचित समायोजन के कार्य में पर्यापत सहायता मिलती है।

13. सीखने के द्वारा जीवन लक्ष्यों की पूर्ति में सहायता मिलती है(Learning Helps in the Realization of Goals of Life): प्रत्येक व्यक्ति अपने ढंग से अपनी जिन्दगी जीता है। उसके अपने आदर्श तथा जीवन लक्ष्य होते हैं जिनकी प्राप्ति के लिए वह संघर्षरत रहता है। सीखने की प्रक्रिया द्वारा प्राप्त परिणाम उसे इन आदर्शों अथवा जीवन लक्ष्यों को प्राप्त करने में सहायता पहुंचाते हैं।

14. अधिगम एवं विकास एक-दूसरे के पर्याय नहीं है(Learning does not Necessarily Imply Improvement): अधिगम या सीखने का सम्बन्ध प्रशिक्षण एवं अभ्यास से होता है और इसलिए प्रायः यह समझा जाता है कि सभी तरह का अधिगम बालकों को विकास के पथ पर ही अग्रसर करता रहता है। परन्तु यह सही नहीं है। वे अपने विद्यालय तथा सामाजिक वातावरण में बहुत सी ऐसी बातों का अधिगम करते हैं जो किसी भी तरह उनके उचित विकास में सहायता नहीं करती बल्कि बहुधा उनके विकास मार्ग को अवरुद्ध करने का ही प्रयास करती है। इस तरह से अधिगम के उदाहरण के रूप में हम बहुत सी अवांछित आदतों जैसे कामचोरी, आलस्य, भगोड़ापन, बड़ों का अनादर करना, त्रुटिपूर्ण उच्चारण, लेखन सम्बन्धी अशुद्धियां, खराब हस्त लेखन तथा काम करने के त्रुटिपूर्ण तरीकों को सीखने का उदाहरण दे सकते हैं। इस तरह हम यह अच्छी तरह कह सकते हैं कि अधिगम के लिए यह आवश्यक नहीं कि उससे सदैव उचित विकास की दिशा ही तय की जाए।

15. अधिगम के द्वारा व्यवहार में अपेक्षित परिवर्तन जाए जा सकते हैं(Learning Helps in Bringing Desirable Changes in Behaviour): अधिगम को ऐसी प्रक्रिया के रूप

में परिभाषित किया जाता है जिससे अधिगमकर्त्ता के व्यवहार में परिवर्तन लाने की भूमिका निभाई जाती है। अगर अधिगम की प्रक्रिया की दशा और दिशा पर उचित नियन्त्रण स्थापित किया जा सके तो इसके माध्यम से विद्यार्थियों के व्यवहार में पहले से ही निश्चित अपेक्षित परिवर्तन लाने में भरपूर सहायता मिल सकती है।

16. अधिगम एक ऐसी व्यापक प्रक्रिया है जिसका क्षेत्र बहुत विस्तृत है (Learning is a very Comprehensive Process Possessing a Quite Scope): बहुधा अधिगम की दुनिया को बौद्धिक एवं गामक क्षमताओं के विकास करने के लिए आवश्यक गतिविधियों एवं क्रिया-कलापों तक ही सीमित रखने की भूल की जाती है। विभिन्न विषयों के अध्ययन-अध्यापन द्वारा प्राप्त ज्ञान एवं कौशलों के अर्जन को ही बालकों को प्रदान किए जाने वाले अधिगम की शुरूआत और अन्त समझ लिया जाता है। परन्तु अधिगम की प्रक्रिया और उसके परिणामों की दुनिया इतनी सीमित नहीं है। इसके द्वारा बालकों के सम्पूर्ण व्यवहार में इस प्रकार के अपेक्षित परिवर्तन लाने की भूमिका निभाई जा सकती है जिसके द्वारा उनके व्यक्तित्व के सर्वांगीण और पूर्ण विकास में भरपूर सहायता मिल सके। इस तरह से बालकों को प्रदान किए जाने वाले अधिगम की दुनिया को न तो कक्षा कक्ष की गतिविधियों तक ही सीमित किया जा सकता है और न उसकी परिणिति मात्र कुछ बौद्धिक ज्ञान, एवं गामक कौशलों के अर्जन के रूप में ही होती है। विद्यालय की चार दीवारी के बाहर भी अधिगम अर्जन के अनेक अवसर विद्यार्थियों को बराबर मिलते रहते हैं। अधिगम की प्रक्रिया औपचारिक एवं अनौपचारिक अनुभवों एवं प्रशिक्षण के माध्यम से अनवरत चलती रहती है और इस तरह अधिगम प्रदान करने वाले साधनों एवं क्रियाओं को किसी एक निश्चित सीमा में नहीं बांधा जा सकता और न उनके परिणामों को मात्र बौद्धिक एवं गामक विकास तक ही सीमित किया जा सकता है। शारीरिक, गामक, बौद्धिक, सामाजिक, संवेगात्मक, नैतिक, सौन्दर्यात्मक सभी प्रकार के विकास आयामों की दिशा तय करना एक अच्छे अधिगम कार्यक्रम का उद्देश्य रहता है। इस तरह अधिगम को सदैव ही विविध प्रकार की अधिगम क्रियाओं से युक्त एक ऐसी व्यापक प्रक्रिया के रूप में समझा जाना चाहिये जिसका क्षेत्र सीमाहीन और उद्देश्य बहुत ही व्यापक एवं विस्तृत होता है।

शिक्षण और अधिगम किस रूप में संबंधित हैं?
How Teaching and Learning are Related?

शिक्षण क्या है, उसकी क्या प्रकृति और विशेषताएं हैं तथा अधिगम क्या है और वह किन तत्वों से प्रभावित होता है वह जानने के पश्चात् आइए अब इन दोनों के पारस्परिक सम्बन्धों पर दृष्टि डालने का प्रयत्न किया जाए।

अधिगम अथवा सीखने को व्यवहार में लाए गए ऐसे परिवर्तनों के रूप में परिभाषित किया जाता है जो अपेक्षाकृत कुछ अधिक स्थायी प्रकृति के हों। शिक्षण का आयोजन भी व्यवहार में इसी प्रकार के परिवर्तन लाने के लिए किया जाता है। इसका अनुमान इस अध्याय के प्रारंभिक पृष्ठों में दी गई शिक्षण शब्द की परिभाषाओं से भलीभांति लगाया जा सकता है। उदाहरण के रूप में क्लार्क (Clarke, 1970) ने शिक्षण का सम्बन्ध उन सभी क्रियाओं से जोड़ा है जिनकी संरचना और आयोजन विद्यार्थी के व्यवहार में परिवर्तन लाने के लिए किया जाता है। इस तरह अधिगम और शिक्षण दोनों ही, जहां तक लक्ष्य और उद्देश्यों का प्रश्न है एक-दूसरे से काफी नजदीक माने जा सकते हैं। शिक्षण की परिणति व्यवहार परिवर्तन में होती है और व्यवहार परिवर्तन को ही सीखना (अधिगम) कहा जाता

है। अतः यह निष्कर्ष निकाला जा सकता है कि शिक्षण से अर्थ उन सभी कार्यकलापों अथवा क्रियाओं की प्रणाली से है जिनका आयोजन कुछ सीखने (Learning) के लिए किया जाता है।

यहां यह प्रश्न उठता है कि क्या यह आवश्यक है कि सभी प्रकार के शिक्षण की परिणति अधिगम में हो अर्थात् उसके परिणामस्वरूप हर अवस्था में कुछ न कुछ सीखा जाए। इसी प्रकार क्या यह आवश्यक है कि सभी प्रकार के अधिगम अर्थात् सीखने के लिए किसी न किसी प्रकार के शिक्षण का आयोजन करना पड़े। स्पष्ट रूप से कहना होगा कि शिक्षण और अधिगम में इस प्रकार का सम्बन्ध नहीं है। न तो शिक्षण की परिणति अधिगम में होनी आवश्यक है और न ही अधिगम के लिए शिक्षण प्रक्रिया की सभी औपचारिकताओं को निभाना आवश्यक है। प्रत्येक अध्यापक अपने कक्षा शिक्षण के द्वारा विद्यार्थियों के व्यवहार में अपेक्षित स्थायी परिवर्तन लाकर उन्हें वांछित अधिगम की ओर ले जाना चाहता है। परन्तु यह आवश्यक नहीं है कि वह जैसा चाहता है, सदैव वैसा ही हो। यह बात लगभग उसी प्रकार की है जैसा कि एक डॉक्टर और मरीज के बीच घटित होता है। डॉक्टर अपने मरीजों के इलाज के लिए बढ़ियां से बढ़िया दवाई ओर सुझाव देता है और इस प्रकार उन्हें रोगमुक्त कर स्वस्थ बनाना चाहता है, परन्तु आवश्यक नहीं कि डॉक्टर द्वारा किए गए इलाज से उसका हर मरीज ठीक हो जाए। ठीक इसी प्रकार एक अध्यापक अपने एक विद्यार्थी अथवा पूरी कक्षा के व्यवहार में जो परिवर्तन लाना चाहता है उसका होना आवश्यक नहीं है। अपनी तरफ से एक डॉक्टर की तरह वह सभी विद्यार्थियों को समान शिक्षण सुविधाएं देने का प्रयत्न करता है परन्तु सभी विद्यार्थी समान रूप से प्रगति नहीं करते।

इसी प्रकार जब कोई व्यक्ति कुछ सीखना चाहता है तो उसके लिए शिक्षण की उपस्थिति अथवा शिक्षण की औपचारिकताओं के दायरे में बंधना आवश्यक नहीं है। वह अनुभव के द्वारा सीख सकता है। स्वयं अपने प्रयत्न और स्वाध्याय भी उसे अपना लक्ष्य पूरा करने में सहायता कर सकते हैं। जहां शिक्षण के लिए शिक्षण स्रोत (अध्यापक) और विद्यार्थी में पारस्परिक अन्तःक्रिया का होना आवश्यक है वहां अधिगम बिना किसी ऐसी अन्तःक्रिया की परवाह किए बिना एक तरफा भी सम्पन्न हो सकता है।

बी.ओ. स्मिथ (B.O. Smith, 1961) : इस प्रकार की परिस्थिति में शिक्षण अधिगम सम्बन्धों के बारे में अपना निष्कर्ष निकालते हुए लिखते हैं, "अधिगम, आवश्यक रूप से शिक्षण की उपज नहीं है, शिक्षण एक चीज है और अधिगम बिलकुल अलग दूसरी।" (Learning does not necessarily issue from teaching-Here teaching is one thing and learning is quite another) इस प्रकार यह कहना और मानना कि अधिगम और शिक्षण का एक–दूसरे के बिना कोई अस्तित्व ही नहीं और जिस अनुपात में एक उपस्थिति होगा, दूसरा भी उसी अनुपात में होगा, सत्य नहीं है। शिक्षण और अधिगम इस प्रकार का सम्बन्ध न रखते हुए स्वतंत्र रूप से अपना अस्तित्व बनाए रख सकते हैं।

अभी तक हम अधिगम सम्बन्धों को लेकर यह निष्कर्ष बनाए रख सकते हैं। परन्तु इससे यह अर्थ नहीं लगाया जाना चाहिए कि अधिगम और शिक्षण को अलग–अलग रखने में ही लाभ है। अधिगम और शिक्षण–दोनों का लक्ष्य बालक के व्यवहार में अपेक्षित परिवर्तन लाकर उसके व्यक्तित्व का सर्वांगीण विकास करना है। अतः उन्हें अलग–अलग रखना और आपस में प्रतिस्पर्धा कराना मूर्खता ही होगी। सपझदारी इसी में है कि दोनों को एक ही प्रक्रिया (शिक्षण–अधिगम) में बराबर का साझीदार बनाया जाए। शिक्षण का आयोजन

इस प्रकार से हो कि उससे अधिक से अधिक लाभ संभव हो सके, शिक्षण में जुटे हुए साधनों की शक्ति का कम से कम अपव्यय हो और शिक्षण उद्देश्यों की पूर्ति अधिक से अधिक अच्छे ढंग से हो सके।

दूसरी ओर अधिगम-प्रक्रिया, अधिगम-सामग्री और अधिगम में परिणामों को इस तरह व्यवस्थित और संतुलित किया जाना चाहिए कि शिक्षण की प्रक्रिया अच्छे से अच्छे ढंग से चलायी जाए ताकि शिक्षार्थी का अधिक से अधिक हित चिन्तन हो सके। अतः जैसा कि गेज (Gage, 1969) ने स्पष्ट किया है, ''शिक्षण और अधिगम की प्रक्रियाओं को एक-दूसरे में विलीन करके एक ऐसी मिश्रित प्रक्रिया का निर्माण किया जाना चाहिए ताकि उसके द्वारा अच्छे से अच्छे परिणामों की प्राप्ति सम्भव हो सके।''

(The process of teaching and learning must be adapted to each other so as to make whatever combination of procedures pay off best).

किसी भी अवस्था में, जैसा कि स्टोन्स और मोरिस (Stones and Morris, 1972) का मत है, ''हमें अधिगम को एक ऐसी अपरिवर्तनशील, जड़ और निश्चित प्रक्रिया के रूप में नही समझना चाहिए जिसके हित चिन्तन के लिए शिक्षण को हर समय संघर्षरत रहना पड़े। इसके स्थान पर हमें शिक्षण अधिगम प्रक्रिया को लाना चाहिए जिसके दोनों पक्षों (शिक्षण क्रियाओं और अधिगम प्रक्रिया) में अधिगम को अधिक प्रभावशाली बनाने की दृष्टि से यथानुकूल परिवर्तन किए जा सकें।''

(We need not consider learning to be immutable, fixed, given process to which teaching must be adopted. Instead we should concern of a teaching-learning process, both of whose parts (teaching activities as well as learning process) can be changed to make learning more effective).

अतः सारांश रूप में यह कहना सर्वथा उचित होगा कि जहां शिक्षण को शिक्षा की प्रक्रिया और अध्ययन-अध्यापन योजना का केन्द्र बनाना उचित होगा, वहां सभी प्रकार के शिक्षण को अधिगम केन्द्रित बनाकर ही शिक्षार्थी का अधिक से अधिक हित चिन्तन किया जा सकेगा।

2

विकास में वंशानुक्रम और वातावरण की सापेक्षिक भूमिका

(Relative Role of Heredity–Nature and Environment–Nurture)

वंशानुक्रम क्या है? (What is Heredity Nature?)

एक गाय बछड़े को ही जन्म देती है तथा मुर्गी के अण्डों में से मुर्गी के बच्चे ही निकलते हैं। विभिन्न पक्षियों के छोटे-छोटे अण्डों में कोई अनुमान भी नहीं लगा सकता कि आगे जरूर इनमें से कोई तोता, मैना, कोयल और कौआ बन जाएगा। अपनी-अपनी जाति के पक्षियों की तरह रंग-रूप, आकार, पंख, चोंच, पंजे आदि ये किस प्रकार ग्रहण कर लेते हैं? एक ही जाति के प्राणियों में इतनी अनुरूपता और अलग-अलग जाति के प्राणियों में इतनी विषमता कैसे पैदा हो जाती है? फिर एक ही जाति के सभी प्राणी भी तो बिलकुल समरूप नहीं होते। सभी बछड़े एक जैसे नहीं होते और न सभी मुर्गे और मुर्गियां भी एक जैसे होते। यहां तक कि एक ही मां-बाप से उत्पन्न सन्तानों में भी बहुत अन्तर देखने को मिलता है। इस प्रकार की अजीब समानताओं और विषमताओं के लिए प्राय: वंशानुक्रम को उत्तरदायी ठहराया जाता है। यह कहा जाता है कि कोई भी प्राणी अपने माता-पिता और पूर्वजों के गुणों को विरासत में प्राप्त करता है और इसी कारण वह अपने माता-पिता, पूर्वज तथा अपनी जाति के सदस्यों से अधिक साम्य रखता है। डगलस और हालैंड ने इसी विचार की पुष्टि करते हुए वंशानुक्रम की परिभाषा अग्र शब्दों में दी है:

> "एक प्राणी के वंशानुक्रम में वे सभी संरचनाएं, शारीरिक विशेषताएं, क्रियाएं अथवा क्षमताएं सम्मिलित रहती हैं जिन्हें वह अपने माता-पिता, अन्य पूर्वजों या प्रजाति से प्राप्त करता है।"
>
> ("One's heredity consists of all the structures, physical characteristics, functions or capacities derived from parents, other ancesters or species." 1947, p. 51)

अब प्रश्न यह उठता है कि बच्चे अपने माता-पिता अथवा पूर्वजों से व्यक्तित्व सम्बन्धी विशेषताओं और गुणों को कब और कैसे ग्रहण करते हैं। इस प्रश्न का उत्तर प्राप्त करने के लिए हमें, जीवन का आरम्भ कैसे होता है, इसका विचार करना होगा।

जीवन कैसे प्रारंभ होता है? (How life begins): हमारी जीवन यात्रा माता के गर्भाधान (Conception) के समय से ही प्रारंभ हो जाती है और उसी समय वंशानुक्रम सम्बन्धी विशेषताएं भी मां-बाप द्वारा सन्तानों को विरासत में प्राप्त हो जाती हैं। इस प्रक्रिया को निम्न रूप में समझा जा सकता है:

नर और मादा के संभोग के समय वीर्य का स्खलन होने पर नर के शुक्र कीट (Spermatazoa) मादा के गर्भाशय द्वार पर जाकर टकराते हैं। वीर्य के इन अनगिनत कीटों में से कोई एक कीट संयोगवश मादा के गर्भाशय में स्थित अण्डकोष (Ovum) के संयोग

से एक संयुक्त कोष का निर्माण होता है जिसे (Zygote) कहा जाता है। इसके निर्माण के साथ-साथ ही बच्चे का अस्तित्व प्रकाश में आ जाता है और भ्रूण के रूप में उसका विकास होने लगता है।

संयुक्त कोष (Zygote) गाढ़े तरल पदार्थ साइटोप्लाजम (Cytoplasm) का बना होता है। इस साइटोप्लाजम के अन्दर एक नाभिक (Nucleus) होता है जिसके भीतर गुण-सूत्र (Chromosomes) होते हैं। ये गुण सूत्र सदैव जोड़ों (Pairs) में पाये जाते हैं। एक संयुक्त-कोष (Zygote) में गुण सूत्रों के 23 जोड़े होते हैं जिन में से आधे (23) माता के और आधे (23) पिता द्वारा होते हैं। प्रत्येक गुण-सूत्र में छोटे-छोटे कीटाणु होते हैं जिनको पित्र्येक (Genes) कहते हैं। एक पीढ़ी से दूसरी पीढ़ी में इन्हीं पित्र्येकों का हस्तान्तरण (Transmission) होता रहता है। यही पित्र्येक (Genes) वंशानुक्रम सम्बन्धी सभी विशेषताओं और गुणों के वास्तविक वाहक (Carrier) और निर्धारक (Dterminer) हैं।

इस प्रकार अगर ध्यान से देखा जाए तो अपने मां-बाप और पूर्वजों से जन्मजात विशेषताओं के रूप में हमें जो कुछ भी प्राप्त होता है वह मां-बाप द्वारा प्रदान किए गए पित्र्येकों (Genes) के माध्यम से मां के गर्भ में जीवन प्रारंभ होने (शुक्र कीट द्वारा अण्डकोष का निषेचन होने) के समय ही प्राप्त हो जाता है। अतः वंशानुक्रम का सम्बन्ध जीवन लीला प्रारंभ होने की उस प्रक्रिया से है जिसके परिणामस्वरूप माता-पिता के माध्यम से एक बच्चा अपने पूर्वजों द्वारा अर्जित कुछ गुणों और विशेषताओं को लेकर अपना जीवन व्यापार शुरू करता है।

वंशानुक्रम-कुछ शंकाएं और उनका स्पष्टीकरण (Some Emerging doubts and their Clarifications): जो कुछ ऊपर कहा गया है उसके आधार पर बच्चों और उनके मां-बाप में जो समानता पाई जाती है उसका स्पष्टीकरण तो हो जाता है परन्तु कुछ ऐसी परिस्थितियों में जहां उनके मां-बाप और उनके बच्चों में बहुत अधिक अन्तर देखने को मिलता है, उसका स्पष्टीकरण पूरी तरह से नहीं हो पाता। इस प्रकार की कुछ परिस्थितियां निम्न हो सकती हैं :

(i) मां-बाप काले हैं, बच्चा गोरा है।
(ii) मां-बाप बहुत ही बुद्धिमान हैं, बच्चा मूर्ख है।
(iii) मां-बाप अंधे, लूले-लंगड़े या मानसिक रूप से अस्वस्थ हैं, बच्चा इन सब दोषों से मुक्त है।
(iv) बच्चा अपने किसी भी भाई-बहन से नहीं मिलता।

आइए, देखा जाए, इस प्रकार की विषमताएं किस प्रकार उत्पन्न हो जाती हैं।

यह तो स्पष्ट किया ही जा चुका है कि निषेचन (Fertilization) से उत्पन्न संयुक्त कोष (Zygote) में स्थित गुण-पूत्र (Chromosomes) और पित्र्येक (Genes) सभी प्रकार के पैतृक गुणों और विशेषताओं के वाहक होते हैं। ये माता और पिता द्वारा प्राप्त होते हैं। पता नहीं किस प्रकार के गुण-सूत्र और पित्र्येक (Chromosomes and genes) मां-बाप से प्राप्त हो जाएं। यह सब संयोग मात्र की बात है। इसके लिए कोई नियम नहीं। इस प्रकार की संयोगजनक परिस्थितियां निम्न रूपों में हो सकती हैं :

1. किसी विशेष अनुकूल समय में पिता के अनगिनत शुक्र कीटों में से किसी एक कीट (Sperm) द्वारा मां के गर्भाशय में स्थित विशेष अंडे (Ovum) को निषेचित करना संयोग मात्र की ही बात है। फिर निषेचित अण्डे (Zygote) में जो गुण-सूत्रों के 23 जोड़े होते

हैं, उनमें से 23 पिता के शुक्र कीट और 23 माता के अंडे (Ovum) द्वारा प्रदान किए जाते हैं। मां-बाप द्वारा प्रदत्त इन गुण-सूत्रों (Chromosomes) में से कौन किसके साथ जोड़ा बनाएगा, यह भी संयोग मात्र की बात है। अतः किस प्रकार के गुण-सूत्र (Chromosomes) और पित्र्येक (Genes) बच्चों को विरासत में प्राप्त होंगे, यह एक संयोग मात्र ही है।

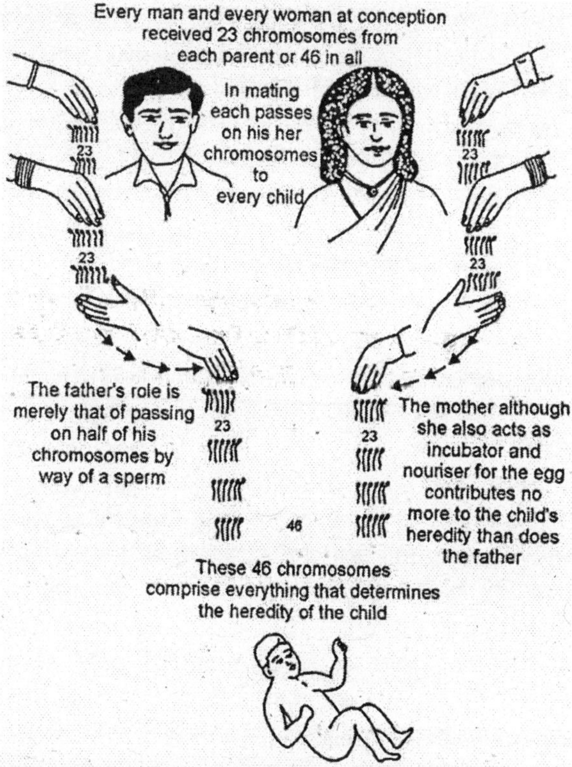

चित्र 2.01: गुण सूत्रों का हस्तान्तरण

2. पित्र्येकों (Genes) का एक पीढ़ी से दूसरी पीढ़ी में हस्तान्तरण (Transmission) होता रहता है। मां-बाप द्वारा प्रदत्त इन गुण-सूत्रों में उनके अपने पक्ष के पूर्वजों के पित्र्येक (Genes) उपस्थिति रहते हैं। इनमें से कोई भी पित्र्येक (Genes) बच्चे को विरासत में मिल सकते हैं। अतः विषमताओं के मूल में यह बात भी हो सकती है कि बच्चे द्वारा तत्कालीन माता-पिता के स्थान पर माता या पिता के पक्ष में से किसी भी पूर्वज के गुण और दोष ग्रहण कर लिए जाएं फलस्परूप वह अपने माता या पिता किसी से साम्य न रख कर किन्हीं गुण और विशेषताओं में माता या पिता के पक्ष के किसी भी पूर्वज से साम्य रख सकता है।

वंशानुक्रम एवं जुड़वां बच्चे? (Twins and Heredity?)

जैसा कि पहले बताया जा चुका है प्रायः नर शुक्र कीटों में से कोई एक कीट गर्भाशय स्थित नारी के एक अंडे से सम्पर्क स्थापित कर उसे निषेचित कर देता है। परिणामस्वरूप

किसी एक बच्चे की जीवनलीला प्रारंभ हो जाती है। लेकिन कभी-कभी इस प्रकार की सामान्य प्रक्रिया में अन्तर आ जाता है और मां के गर्भ में एक ही समय में एक प्राणी के स्थान पर दो या तीन प्राणी पलने लगते हैं। जुड़वां बच्चों (Twins) का जन्म इस प्रकार की असामान्य प्रक्रिया का ही एक उदाहरण है जिसमें एक मां के दो बच्चे एक ही समय उसके गर्भ में आते हैं, लगभग एक ही साथ जन्म लेते हैं और रंग-रूप तथा स्वभाव में एक दूसरे से बहुत कुछ मिलते-जुलते हैं। इस प्रकार के जुड़वां बच्चों (यमज) के दो रूप-सम-यमज (IdenticalTwins) और बन्धु-यमज (Fraternal Twins) विशेष रूप से उल्लेखनीय हैं। नीचे हम इन्हीं की चर्चा कर रहे हैं :

सम-यमज (Identical Twins) : जब पुरुष का कोई शुक्र कीट गर्भाशय में स्थित अंडे का निषेचन करता है तो इस निषेचन क्रिया के फलस्वरूप अंडा दो भागों में विभक्त हो जाता है। सामान्य अवस्था में ये दोनों भाग मिल कर संयुक्त-कोष (Zygote) का निर्माण करते हैं और एक प्राणी की जीवनलीला प्रारंभ हो जाती है। परन्तु किसी समय ऐसा भी हो सकता है कि ये दोनों भाग मिलते नहीं हैं और अलग-अलग भागों के रूप में जीव मां के गर्भ में पलने लग जाते हैं। दोनों भाग आपस में जुड़े रहते हैं। एक ही शुक्र कीट (Sperm) और एक ही अण्डे (Ovum) के संयोग से उत्पन्न होने के कारण इनसे एक-जैसे गुण सूत्र (Chromosomes) और पित्र्येक (Genes) पाए जाते हैं और इसलिए ये प्राय: एक ही लिंग के होते हैं तथा इनका रंग-रूप, आकृति और अन्य गुणों में भी विचित्र समानता देखने को मिलती है।

बन्धु यमज (Fraternal Twins) : साधारणतया 1 मास के अन्दर स्त्री प्रजनन अंगों द्वारा एक अंडा (Ovum) ही तैयार होता है जो संभोग के समय गर्भाशय में आकर पुरुष (Sperm) की प्रतीक्षा करता है। परन्तु कभी-कभी ऐसा भी होता है कि एक अंडे के स्थान पर दो या दो से अधिक अंडे तैयार हो जाते हैं और संयोग वश वे अलग-अलग शुक्र कीटों द्वारा निषेचित हो जाते हैं। परिणामस्वरूप मां के गर्भ में दो अलग-अलग संयुक्त कोषों (Zygote) के रूप में दो अलग-अलग बच्चों की जीवनलीला प्रारंभ हो जाती है इस प्रकार के पैदा हुए बच्चे बंधु-यमज (Fraternal Twins) कहलाते हैं। इन दोनों में भिन्न-भिन्न गुण-सूत्रों (Chromosomes) और पित्र्येकों (Genes) का संयोग होता है क्योंकि ये दो अलग-अलग शुक्र-कीटों द्वारा निषेचित दो अलग-अलग अंडों (Ovums) द्वारा प्राप्त होते हैं। इसलिए सम-यमज (Identical Twins) जैसी समानता इनमें देखने को नहीं मिलती। ये अलग-अलग लिंग के हो सकते हैं तथा इनके गुणों और विशेषताओं में भी पर्याप्त अन्तर देखने को मिल सकता है।

वातावरण क्या है? (What is Environment or Nurture)

ऊपर जो कुछ कहा गया है उससे यह पूरी तरह स्पष्ट हो जाता है कि एक बच्चा अपने माता-पिता और पूर्वजों के गुणों और विशेषताओं को गर्भाधान के समय पित्र्येकों (Genes) के माध्यम से ग्रहण करता है। इसलिए गर्भाधान के समय अपनी जीवनलीला प्रारंभ होने के साथ-साथ जो कुछ भी गुण और विशेषताओं के रूप में बालक के पास होता है वह सब वंशानुक्रम की ही देन समझी जानी चाहिए। इस गुण और योग्यता रूपी जमा पूंजी से वह अपना जीवन व्यापार शुरू करता है, धीरे-धीरे मां के गर्भ में ही गर्भाधान के तुरन्त बाद से वंशानुक्रम की देन के रूप में मिली इस पूंजी में बढ़ौतरी शुरू हो जाती है और बच्चा विकास और वृद्धि के मार्ग पर अग्रसर हो जाता है। इस वृद्धि और विकास

में वातावरण सम्बन्धी शक्तियां अपनी पूरी-पूरी भूमिका निभाना गर्भाधान के समय के तुरन्त बाद से प्रारंभ कर देती हैं।

उपरोक्त तथ्य को ध्यान में रखते हुए वातावरण का अर्थ स्पष्ट करने के लिए कुछ निम्न परिभाषाएं सुनाई जा सकती हैं :

बोरिंग, लैंगफील्ड व वैल्ड (Boring, Langfield and Weld)

> पित्र्येकों (Genes) को छोड़ कर अन्य जो भी वस्तु व्यक्ति को प्रभावित करती है, उसे वातावरण कहते हैं।
>
> ("The Environment is a very thing that affects the individual excepts his genes." 1961. p. 442)

वुडवर्थ व मार्क्विस (Woddworth and Marquis)

> "वातावरण में सभी बाह्य तत्व आ जाते हैं, जिन्होंने व्यक्ति को अपना जीवन प्रारंभ करने के समय से प्रभावित किया है।"
>
> ("Environment covers all the outside factors that acted on the individual since he began life." 1948, p. 156 Genes)

अत: निष्कर्ष के तौर पर वातावरण अथवा पर्यावरण से तात्पर्य उन सभी बाह्य तत्व अथवा शक्तियों से है जो मां द्वारा गर्भाधान के तुरन्त बाद से ही व्यक्ति विशेष की वृद्धि और विकास को प्रभावित करते रहते हैं। जन्म से पहले मां का गर्भाशय इन शक्तियों का कार्यक्षेत्र होता है। मां जो कुछ भी खाती है, करती, सोचती और अनुभव करती है, उस सभी का प्रभाव गर्भ में स्थित बालक पर पड़ता है। जन्म के पश्चात् तो चारों ओर से वातावरण सम्बन्धी शक्तियां उसको प्रभावित करना प्रारंभ कर देती हैं। इन शक्तियों को भौतिक और सामाजिक अथवा सांस्कृतिक दो विभिन्न प्रकारों में विभक्त किया जा सकता है। भोजन, जल, जलवायु, घर, विद्यालय, ग्राम या शहर का वातावरण और भौतिक सुविधाएं-ये सभी वातावरण सम्बन्धी भौतिक शक्तियां कहलाती हैं, जबकि मां-बाप, परिवार के सदस्य, पड़ोसी, मित्रगण और सहपाठी, अध्यापक वर्ग, समुदाय तथा समाज के अन्य सदस्य, संचार, यातायात और मनोरंजन के साधन, धार्मिक स्थान, क्लब, पुस्तकालय तथा वाचनालय इत्यादि को सामाजिक एवं सांस्कृतिक शक्तियों में सम्मिलित किया जाता है।

ये सभी वातावरण सम्बन्धी शक्तियां व्यक्ति की वृद्धि और विकास के सभी पहलुओं-शारीरिक, मानसिक, सामाजिक, संवेगात्मक, नैतिक और सौन्दर्यात्मक आदि पर पूरा-पूरा प्रभाव डालती हैं। मां के गर्भ में अपनी लीला प्रारंभ करने से लेकर अपनी अन्तिम सांस तक व्यक्ति इन शक्तियों से प्रभावित होता रहता है।

विकास पर वंशानुक्रम और वातावरण का महत्व एवं सापेक्षिक भूमिका (Relative Role and Importance of Heredity and Environment on Development)

व्यक्ति के व्यक्तित्व के विकास के लिए वंशानुक्रम अधिक उत्तरदायी है या वातावरण, यह एक विवादास्पद प्रश्न है। इस बारे में मनोवैज्ञानिक और विद्वान स्पष्ट रूप से दो पक्षों में विभाजित हैं। एक वंशानुक्रम को अधिक महत्व देना चाहता है तो दूसरा वातावरण को। कट्टर वंशानुक्रमवादी (Hereditarians) व्यक्ति के विकास के लिए वंशानुक्रम को ही सब प्रकार से उत्तरदायी ठहराते हैं। इनके अनुसार व्यक्तित्व के निर्माण में शिक्षा, प्रशिक्षण और अन्य वातावरण सम्बन्धी शक्तियों के कार्य की तुलना लकड़ी की कुर्सी, मेज इत्यादि फर्नीचर पर पॉलिश या रंग करने के कार्य से की जा सकती है। जिस तरह कोई भी अच्छी

से अच्छी पॉलिश या पेंट मेज, कुर्सी या फर्नीचर में लगी हुई आम की लकड़ी को सागवान या शीशम की नहीं बना सकता, वह उसे चमका कर उसकी शोभा या आयु में केवल नाम मात्र की वृद्धि कर सकता है, उसी तरह अच्छे से अच्छा वातावरण भी बच्चे की मूल प्रकृति या विकास क्रम को नहीं बदल सकता। वह वही बनता है जो वंशानुक्रम द्वारा तय किया हुआ है।

दूसरी ओर कट्टर वातावरणवादी (Environmentalists) व्यक्तित्व के विकास में वंशानुक्रम को कोई भी भूमिका नहीं देना चाहते। व्यक्ति को अपने माता-पिता या पूर्वज से कुछ गुण या विशेषताएं विरासत में मिलती हैं। इस बात को ये केवल कल्पना का महल समझते हैं। इनके अनुसार एक बालक वही बनता है जो उनका वातावरण उसे बनाता है। जो कुछ एक व्यक्ति ने किया है दूसरा भी अगर उसे समुचित वातावरण और अवसर प्राप्त हो जाए, वही कर सकता है। इस तरह से कोई भी बालक आगे जाकर गांधी, लिंकन, शिवाजी या राणा प्रताप बन सकता है। वातावरण की शक्तियों पर अपनी अटूट आस्था व्यक्त करते हुए वाटसन जैसे वातावरणवादी ने तो यहां तक कह दिया है कि, "आप मुझे कोई बालक दें, मैं उसे वही बना दूंगा जो आप चाहते हैं।" इस तरह से वातावरण के पक्ष के विद्वान् बालक की वृद्धि और विकास के लिए वातावरण को ही सर्वेसर्वा मान कर चलना चाहते हैं।

अपने-अपने विचारों की पुष्टि के लिए वंशानुक्रमवादी एवं वातावरणवादी दोनों ही मनोवैज्ञानिक प्रयोगों एवं परीक्षणों का आश्रय लेते रहे हैं। इनके परिणामों के आधार पर वे वंशानुक्रम और वातावरण दोनों की सापेक्ष महत्ता पर टीका-टिप्पणी भी करते रहे हैं। आगे इन दोनों पक्षों द्वारा किए गए कुछ प्रयोगों की चर्चा हम करना चाहेंगे।

वंशानुक्रमवादियों द्वारा किए गए कुछ प्रयोग *(Experiments Performed by Hereditarians)*

1. एफ. एन. फ्रीमैन (F. N. Freeman) ने जो प्रयोग किया उसमें उन्होंने जुड़वां बच्चों, सगे भाई-बहन और अन्य रिश्ते-नाते के भाई बहन इत्यादि को चुना। इन बालकों के विभिन्न जोड़ों की बुद्धि परीक्षा ले कर प्राप्त अंकों के आधार पर सह-सम्बन्ध गुणांक (Co-efficient of correlation) निकाला। इस अध्ययन के परिणामों का संक्षिप्त ब्यौरा निम्न प्रकार है

जोड़ों के प्रकार	सह-सम्बन्ध गुणांक
सम-यमज (Identical Twins)	.90
बन्धु-यमज (Fraternal Twins)	.60
सगे भाई-बहन (Siblinge- Brothers Sisters)	.50
चचेरे भाई-बहन (Cousin- Brothers Sisters)	.25

इन परिणामों से निष्कर्ष निकालते हुए फ्रीमेन साहब ने स्पष्ट किया कि वंशानुक्रम के दृष्टिकोण से जो सबसे अधिक निकट होते हैं उनके बुद्धि स्तर में बहुत अधिक समानता देखने को मिलती है। दूसरे शब्दों में उन्होंने यह दावा किया कि व्यक्ति के मानसिक विकास के लिए वंशानुक्रम बहुत अधिक सीमा तक उत्तरदायी होता है।

2. दूसरे कुछ प्रयोगों में विशेष परिवारों के अध्ययन को लक्ष्य बनाया गया। इनमें दो परिवारों का अध्ययन विशेष रूप से उल्लेखनीय है।

(i) कैलीकाक परिवार का अध्ययन (Kalikak Family study): यह अध्ययन गोडाड (Goddard) साहब ने किया। मार्टिन कैलीकाक एक सैनिक था, जिसने दो शादियां कीं।

उसकी पहली पत्नी मंदबुद्धि और चरित्रहीन थी। इस पत्नी से चले वंश के 480 वंशजों में से केवल 46 व्यक्ति ही सामान्य और सच्चरित्र निकले, शेष वैश्या, वेश्यागामी, शराबी, मन्दबुद्धि, रोगी, कामी, अपराधी और अवैध सन्तान के रूप में पाए गए। दूसरी पत्नी सामान्य बुद्धि की सच्चरित्र स्त्री थी। इससे चले वंश के 496 वंशजों में 5 ही व्यक्ति ऐसे थे जिनमें कोई दोष था, शेष सभी सज्जन और प्रतिष्ठित व्यक्ति पाए गए।

(ii) ज्यूक परिवार का अध्ययन (Juke Family Study): यह अध्ययंन डगडेल (Dugdele) साहब ने किया। ज्यूक एक चरित्रहीन मछुआरा (Fisherman) था। दुर्भाग्यवश पत्नी भी दुराचारिणी ही मिली। इन दोनों से चले वंश के 1200 वंशजों का अध्ययन करने के बाद देखा गया कि उनमें सच्चरित्र और सज्जन व्यक्ति तो गिने-चुने ही थे, अधिकतर संख्या चरित्रहीन, रोगी या अपराधी व्यक्तियों की ही थी।

(iii) फ्रांसिस गाल्टन (Francis Galton) ने 1869 ई. में 977 बुद्धिमान और प्रतिष्ठित व्यक्तियों को अपने अध्ययन के लिए चुना और उसके संबंधियों के बारे में जांच पड़ताल शुरू की। इसके संबंधियों में 535 व्यक्ति बहुत ही प्रतिष्ठित तथा प्रभावशाली पाए गए। तुलनात्मक अध्ययन के लिए उसने दूसरी बार 977 सामान्य व्यक्तियों को चुना और उनके संबंधियों के बारे में खोज की। इसके संबंधियों में उसे केवल 4 ही ऐसे मिले जो बुद्धिमान और प्रतिष्ठित समझे जाते थे। इस सर्वेक्षण के आधार पर उसने यह मत व्यक्त किया कि बुद्धि और व्यक्तित्व के अन्य गुण रक्त द्वारा हस्तांतरित होते रहते हैं।

(iv) सम-यमजों (IdenticalTwins) को लेकर भी बहुत अध्ययन किए गए हैं। इनमें से श्वेसिंगर (Schuesinger) महोदय द्वारा किया गया अध्ययन अधिक उल्लेखनीय है।

इन्होंने 10 सम-यमजों (IdenticalTwins) को अपने-अपने अध्ययन का विषय बनाया। प्रत्येक जोड़े के एक बच्चे को एक तरह के तथा दूसरे तरह के वातावरण में पाला गया। बड़े होने पर प्रत्येक जोड़े के दोनों बच्चों का तुलनात्मक अध्ययन करने पर देखा गया कि 6 जोड़ों के बच्चों की बुद्धिलब्धि में कोई अन्तर नहीं था। दो जोड़ों के बच्चों की बुद्धिलब्धि में 12 का अन्तर था, शेष में 15 या 17 का। इन आंकड़ों से उसने यह परिणाम निकाला कि बुद्धि और अन्य व्यक्तित्व सम्बन्धी विशेषताओं को निश्चित करने में वंशानुक्रम महत्वपूर्ण भूमिका निभाता है।

वातावरणवादियों द्वारा किए गए कुछ प्रयोग
(Experiments Performed by Environmentalists)

(i) न्यूमेन, फ्रीमैन और हालजिंगर (Newman. Freeman and Holzinger) ने 1937 ई. में सम-यमयों (IdenticalTwins) के 10 जोड़ों को अपने अध्ययन का विषय बनाया। इन जुड़वां बच्चों में से जिनको एक साथ पाला गया, उनके बड़े होने पर उनकी बुद्धि लब्धि में विशेष अन्तर देखने को नहीं मिला जबकि अलग-अलग वातावरण में पलने वाले जुड़वां बच्चों की बुद्धि लब्धि में पर्याप्त अंतर देखने को मिला। इस आधार पर उन्होंने यह निष्कर्ष निकाला कि वातावरण व्यक्तित्व सम्बन्धी गुणों और विशेषताओं के लिए बहुत कुछ उत्तरदायी है।

(ii) सोडक (Shodak) ने भी अपने प्रयोग के आधार पर वातावरण को महत्वपूर्ण सिद्ध करने का प्रयत्न किया। 80 बच्चों की असली माताओं की खोज कर उनकी बुद्धि परीक्षा ली गई। इन 80 माताओं की औसत बुद्धि लब्धि 87.7 पाई गई। अधिकांश माताएं सामान्य से कम बुद्धि वाली थीं। 53.8 प्रतिशत की बुद्धिलब्धि 90 थीं, 16.3 प्रतिशत सामान्य से

कुछ इधर-उधर तथा 13.8 प्रतिशत मंद बुद्धि थीं। इन माताओं के बच्चों (जो अब गोद लिए हुए स्थानों पर पल रहे थे) की औसत बुद्धि लब्धि 116 पाई गई। अगर केवल वंशानुक्रम को ही बुद्धि के लिए उत्तरदायी ठहराया जाए तो इन बच्चों की बुद्धि सामान्य से इतनी अच्छी नहीं पाई जा सकती थी। अत: इस अध्ययन के द्वारा बुद्धि और व्यक्तित्व के अन्य गुणों के विकास में वातावरण की महत्ता दिखाने का प्रयत्न किया गया।

(iii) जंगलों में भेड़ियों द्वारा पाले गए कुछ बच्चों के जीवन इतिहास के माध्यम से भी व्यक्तित्व के विकास में वातावरण की भूमिका को समझने में सहायता मिलती है।

एक ऐसा बच्चा रामू था जिसे भेड़िया बालक कहा जाता है। जब वह बहुत छोटा था तभी उसे मादा भेड़िये ने उठा लिया था। वह भेड़ियों के बीच रह कर बड़ा हुआ। भेड़ियों की तरह वह हाथ-पांवों से चलता था और बोलने के नाम पर उन्हीं की तरह गुर्राता था। खाने-पीने और अन्य आदतों में वह एक भेड़िया ही बन गया था। इसी तरह की बात अमला और कमला के साथ घटित हुई। उन्हें 1920 ई. में बंगाल के जंगलों में भेड़िये की मांद से पकड़ा गया। इस समय इन लड़कियों की आयु उनके लापता होने के हिसाब से क्रमश: 2 वर्ष और 9 वर्ष की थी। इनका चलना, बोलना, आदतें और स्वभाव भेड़ियों जैसा था। इन दोनों को अस्पताल में लाकर सुधारने के बहुत प्रयत्न किए गए। छोटी अमला तो कुछ समय बाद मर गई। बड़ी के साथ प्रयत्न किए जाते रहे और कुछ सफलता भी मिली। उचित वातावरण और प्रशिक्षण के प्रभाव से वह मनुष्यों की तरह चलना और कुछ शब्दों को उच्चारण करना सीख गई।

इसके अतिरिक्त और भी बहुत से प्रयोग तथा अध्ययनों के उदाहरण प्रस्तुत किए जा सकते हैं, जिनसे व्यक्तित्व के विकास में वातावरण के महत्व को आंका जा सकता हो। इस दिशा में अमेरिका के IOWA से संबंधित मनोवैज्ञानिकों तथा शिकागो के समाजशास्त्रियों के प्रयत्न विशेष रूप से उल्लेखनीय हैं। इन्होंने अपने अध्ययनों के सहारे यह बतलाने का प्रयत्न किया है कि बच्चों की जीवनधारा को दिशा प्रदान करने में वातावरण का कितना हाथ है। जुड़वां बच्चों, सगे भाई-बहन तथा गोद लिए हुए बच्चों के ऊपर किए गए अधिकतर प्रयोग भी यही दर्शाते हैं कि खाते-पीते, अच्छे, उपयुक्त वातावरण में पहले हुए बच्चे उपयुक्त सुविधाओं से वंचित बच्चों से हर क्षेत्र में आगे निकल जाते हैं।

इस प्रकार हम देखते हैं कि वंशानुक्रमवादियों तथा वातावरणवादियों दोनों ने ही अपने-अपने पक्ष की पुष्टि के लिए अपने द्वारा किए गए प्रयोगों और अध्ययनों के परिणाम प्रस्तुत किए हैं। डा. प्रेम पसरीचा (Dr. Prem Pasricha) (1963, p. 18) ने इन प्रयोगों के ऊपर टिप्पणी करते हुए लिखा है, "वंशानुक्रम और वातावरण के अनुयायी मनोवैज्ञानिकों के लिए अपने प्रयोगों के परिणाम को अपने पक्ष की मजबूती के लिए प्रयोग में लाना एक आम बात है। यह भी देखा गया है कि इन प्रयोगों के निष्कर्षों को किसी ओर मोड़ कर वंशानुक्रम और वातावरण दोनों में से किसी को भी महत्वपूर्ण ठहराया जा सकता है। निष्पक्ष दृष्टिकोण से अगर सोचा जाए तो यह विदित होता है कि दोनों (वंशानुक्रम और वातावरण) इतने अधिक घुले-मिले हैं कि एक के प्रभाव से दूसरे को मुक्त नहीं किया जा सकता है।"

वास्तविकता यह है कि व्यक्तित्व के विकास में वंशानुक्रम अथवा वातावरण दोनों में से किसी एक के विशुद्ध प्रभाव का अध्ययन करने के लिए प्रयोग अथवा अध्ययन करना ठीक तरह से संभव नहीं हो पाता। ऐसा क्यों नहीं हो पाता, यह अग्र वर्णन द्वारा स्पष्ट हो सकता है।

पर्यावरण या वातावरण के प्रभाव का अध्ययन करने के लिए हमें ऐसे व्यक्ति लेने होते हैं जो वंशानुक्रम की दृष्टि से समान हों। इन व्यक्तियों को अलग-अलग वातावरण में रख कर तुलनात्मक अध्ययन किया जा सकता है। इसी प्रकार वंशानुक्रम के प्रभाव का अध्ययन करने के लिए दो व्यक्तियों अध्ययन किया जा सकता है। इसी प्रकार वंशानुक्रम के प्रभाव का अध्ययन करने के लिए दो व्यक्तियों को एक ही वातावरण में रख कर तुलनात्मक अध्ययन किया जाता है। इस कार्य में निम्न कठिनाइयां सामने आती हैं

1. पहले तो ऐसे व्यक्ति मिलना ही कठिन है जिन्हें वंशानुक्रम की दृष्टि से बिलकुल समान माना जा सकता हो, यहां तक कि सम-यमज (IdenticalTwins) में भी बिलकुल समान पित्र्येक (Genes) नहीं होते। अत: वंशानुक्रम विशेषताओं के आधार पर इन्हें बिलकुल समान नहीं माना जा सकता।

2. अगर कुछ समय के लिए यह मान भी लिया जाए कि सम-यमज में गर्भाधान के समय लगभग एक सी विशेषताएं तथा गुण होते हैं तो यह प्रश्न उठता है कि क्या ठीक समय (गर्भाधान के तुरंत बाद) से जुड़वां बच्चे हमें प्रयोग करने के लिए प्राप्त हो सकते हैं? क्या उन्हें उसी समय अलग-अलग रूप से भिन्न-भिन्न वातावरण में रख कर तुलनात्मक अध्ययन किया जा सकता है? उत्तर नहीं में ही होगा क्योंकि गर्भाधान के लगभग 9 माह बाद ही हमें ये जुड़वां बच्चे अपने अध्ययन के लिए प्राप्त हो सकते हैं और उस समय तक माता के गर्भ में सक्रिय वातावरण सम्बन्धी शक्तियां अपना काफी प्रभाव छोड़ चुकी होती हैं। यह कहना कि माता के गर्भ में सम-यमज एक सा वातावरण पाते हैं ठीक नहीं है क्योंकि ऐसा होना असंभव नहीं है कि इनमें से एक को अधिक पोषण मिलता रहे अथवा किसी न किसी प्रकार से उसके ऊपर गर्भस्थ वातावरण की अधिक कृपा रहे। इस तरह से यह सोचना कि सम-यमज वंशानुक्रम की दृष्टि से बिलकुल समान होते हैं, ठीक नहीं है।

3. इसी प्रकार वातावरण सम्बन्धी प्रभावों को भी नियन्त्रित करना कठिन ही है। भिन्न-भिन्न व्यक्तियों के लिए बिलकुल एक-सा वातावरण प्रदान करना संभव नहीं है। यहां तक कि स्वयं माता भी अपने सभी बच्चों को एक-सा प्यार और स्नेह नहीं दे सकती। व्यक्तिगत अन्तर होना स्वाभाविक है और फलस्वरूप एक को दूसरे की अपेक्षा अधिक पसन्द किया जाता है। इस प्रकार एक ही घर अथवा अनाथालय में पल रहे बच्चों को भी अपनी वृद्धि या विकास के लिए बिलकुल एक-सा वातावरण नहीं मिला पाता।

इस प्रकार वंशानुक्रम और वातावरण दोनों में से किसी को भी पूरा तरह से नियंत्रित नहीं किया जा सकता। इसका मूल कारण यही है कि बालक की बुद्धि और विकास पर इन दोनों के प्रभाव को एक-दूसरे से अलग नहीं किया जा सकता। गर्भाधान के समय से ही वंशानुक्रम सम्बन्धी गुण तथा वातावरण सम्बन्धी शक्तियां ये दोनों तत्व आपस में इतना घुल-मिल जाते हैं कि यह कहना कठिन हो जाता है कि व्यक्ति के व्यक्तित्व की किसी विशेषता या गुण के लिए वंशानुक्रम उत्तरदायी है अथवा वातावरण।

वंशानुक्रम और वातावरण के सापेक्षिक महत्व के सम्बन्ध में निष्कर्ष (Conclusions regarding The relative Importance of Heredity and Environment)

1. व्यक्ति के व्यक्तित्व के किसी भी विशेष गुण या विशेषता के बारे में यह नहीं कहा जा सकता कि यह वंशानुक्रम के कारण है अथवा वातावरण के। वास्तव में हम सबका व्यक्तित्व वंशानुक्रम और वातावरण दोनों की ही संयुक्त देन है। इस संदर्भ में *मैकाइवर एवं पेज* (Mclver and Page) ने ठीक ही कहा है कि "जीवन की प्रत्येक घटना दोनों

का परिणाम होती है। इनमें से एक परिणाम के लिए उतनी ही आवश्यक है जितनी दूसरी। कोई न तो कभी हटाया ही जा सकता है और न कभी पृथ्क ही किया जा सकता है।''

("Every phenomenon of life is the product of both. Each is so necessary to the result as the other. Neither can ever be eliminated and neither can ever be isolated." 1949, p. 95)

निष्कर्ष रूप में यह कहना अतिशयोक्ति नहीं है कि हमारे व्यक्तित्व की किसी भी विशेषता या गुण के समुचित विकास के लिए वंशानुक्रम और वातावरण दोनों की समान रूप में आवश्यकता होती है।

2. व्यक्तित्व के विकास में वंशानुक्रम और वातावरण दोनों में से कौन अधिक महत्वपूर्ण है, इस पहेली में उलझना ही व्यर्थ है। यह कुछ ऐसा ही है जैसे कि कोई यह सोचे कि किसी पौधे के समुचित विकास के लिए बीज का अधिक महत्व है अथवा भूमि का। बीज और भूमि दोनों में से कोई अकेला कुछ नहीं कर सकता। यह सच है कि बीज में उगने की शक्ति है और वह आगे जरूर एक विशेष किस्म का पौधा बन सकता है। लेकिन वह ऐसा कितनी अच्छी तरह से कर पाएगा, यह उस भूमि पर निर्भर करता है जिसमें उसे लगाया जा रहा है। उन्नत किस्म के अच्छे बीज़ और उपजाऊ मिट्टी दोनों का ठीक संयोग होने पर ही अधिक अच्छे पौधे को आशा की जा सकती है। इस कार्य के लिए बीज और भूमि दोनों में से कौन अधिक आवश्यक है अथवा अधिक महत्वपूर्ण है, यह निर्णय लेना असम्भव ही है।

ठीक इसी प्रकार हमारे व्यक्तित्व के विकास के लिए वंशानुक्रम अधिक महत्वपूर्ण है या वातावरण, यह कहना भी संभव नहीं है, दोनों ही अति आवश्यक और समान रूप से उपयोगी हैं। किसी भी हालत में दोनों को एक-दूसरे का विरोधी नहीं कहा जा सकता। दोनों ही एक-दूसरे के पूरक तथा घनिष्ठ सहयोगी हैं। गैरट (Garrett) ने इसी को स्पष्ट करते हुए लिखा है–''इससे निश्चित बात कोई और नहीं है कि वंशानुक्रम और वातावरण परस्पर सहयोगी प्रभाव हैं और दोनों ही सफलता के लिए अनिवार्य हैं।'' ("Nothing is more certain than that heredity and environment are co-acting influences and that both are essential to achievement." Garratt, 1968, p. 34)

3. बच्चे की वृद्धि और विकास के संदर्भ में वंशानुक्रम और वातावरण इन दोनों के बीच जो रिश्ता है उसमें ''अथवा' और 'या' की कोई गुंजाइश नहीं। यह सम्बन्ध केवल 'और' से व्यक्त किया जा सकता है। अतः व्यक्तित्व का विकास वंशानुक्रम और वातावरण दोनों पर निर्भर करता है, यह अधिक यथार्थ और संगत है। वंशानुक्रम और वातावरण के बीच वास्तव में क्या सम्बन्ध है, इसी की चर्चा करते हुए वुडवर्थ एवं मार्क्विस (Woodworth and Matquis) ने लिखा है, ''वंशानुक्रम और वातावरण का सम्बन्ध जोड़ की तरह न हो कर गुणा की तरह अधिक है। व्यक्ति = वंशानुक्रम + वातावरण नहीं बल्कि वंशानुक्रम x वातावरण है।'' ("The relation of heredity and environment is not like addition but more like multiplication. The individual does not equal heredity+ environment but does equal heredity x environment." 1948, p. 158)

उन्होंने एक सुन्दर उपमा देते हुए आगे कहा कि जिस प्रकार एक आयत का क्षेत्रफल उसके आधार और ऊंचाई का गुणनफल होता है उसी तरह मनुष्य का व्यक्तित्व भी उसके वंशानुक्रम तथा वातावरण का गुणनफल (परिणाम) है। वंशानुक्रम एक ठोस आधार का काम करता है जिसके ऊपर वातावरण की शक्तियों का समुचित उपयोग करते हुए व्यक्तित्व रूपी मनचाहे भव्य महल का निर्माण किया जा सकता है। जिस प्रकार एक अच्छा ठोस

आधार और उसके ऊपर लगाया गया सामान तथा कार्य कुशलता एक भवन की विशालता, टिकाऊपन तथा सौन्दर्य के लिए आवश्यक तत्व है उसी प्रकार वंशानुक्रम तथा वातावरण दोनों ही व्यक्तित्व के उत्थान और प्रकाशन के लिए समान रूप से महत्वपूर्ण हैं।

4. एक और दृष्टिकोण से भी हम सोचें तो वंशानुक्रम के फलस्वरूप जन्मजात योग्यताओं और शक्तियों के रूप में हमें अपना जीवन-व्यापार शुरू करने के लिए कुछ पूंजी प्राप्त होती है। इस पूंजी में अधिक से अधिक वृद्धि अनुकूल वातावरण के द्वारा ही संभव हो सकती है। जिस तरह एक व्यवसाय में सफलता पूंजी और अनुकूल परिस्थितियों-दोनों पर निर्भर करती है, उसी प्रकार व्यक्ति की सफलता का रहस्य भी उसकी जन्मजात शक्तियों और इन शक्तियों को पनपने की अनुकूल परिस्थितियों या वातावरण के हाथों में है। ऐसे अनेक उदाहरण देखे जा सकते हैं जिनमें बहुत ही तुच्छ और नगण्य धन राशि से प्रारंभ कर लोग लाखों और करोड़ों में खेल लेते हैं। इसलिए गाल्टन और कट्टर वंशानुक्रमवादियों द्वारा वंशानुक्रम से मिली शक्तियों को ध्यान में रख कर दी जाने वाली यह चेतावनी कि –''तू इतनी दूर ही जा सकता है और आगे नहीं।'' ("You can go so far and not further.") उचित नहीं जान पड़ती। अगर थोड़ी देर के लिए इसे मान लिया जाए तो क्या इतनी दूर भी 'जाना' बिना वातावरण का सहयोग प्राप्त किए संभव हो सकता है?

इस तरह से अगर वातावरण हमें वंशानुक्रम द्वारा तय की गई सीमाओं और सम्भावनाओं से आगे जाने में सहायता नहीं करता तो कम से कम उन सीमाओं और संभावनाओं के अंदर ही पूर्णत: विकसित होने के अवसर अवश्य प्रदान करता है। एक लोहे का स्प्रिंग (जैसे बुलवर्कर) कितना खिंच सकता है। यह लोहे और स्प्रिंग की प्रकृति पर निर्भर करता है। निस्संदेह एक निश्चित सीमा तक ही इसे खींचा जा सकता है। परन्तु किसी विशेष अवसर पर यह कितना खिंच जाएगा, यह खींचने वाले व्यक्ति की अपनी शक्ति और खींचने के समय की विशेष परिस्थितियों पर निर्भर करता है। अत: अध्यापकों और माता-पिता को इस बात की पूरी-पूरी चेष्टा करनी चाहिए कि उनके बच्चों की वृद्धि और विकास के लिए अधिक से अधिक अनुकूल अवसर प्राप्त हों। परन्तु साथ ही इस बात को स्वीकार करने में हमें तनिक भी संकोच नहीं करना चाहिए कि वंशानुक्रम के प्रभाव को समाप्त नहीं किया जा सकता। वंशानुक्रम अगर बच्चे को पूर्व की ओर जाने की अनुमति देता है तो वातारण द्वारा उसे बिलकुल विरुद्ध पश्चिम दिशा की ओर जाने योग्य बनना असंभव नहीं तो दुसाध्य अवश्य ही है। जैसे बबूल के बीज से आम प्राप्त करने की आशा दुराशा मात्र है उसी तरह से वंशानुक्रम द्वारा प्रदत्त गुणों और विशेषताओं में आमूल परिवर्तन लाना भी असंभव है। दूसरी ओर प्रयत्न करने पर एक आम के पौधे से जितना हो सके उतने अच्छे आम प्राप्त किए जा सकते हैं। बुद्धिमान माली भी यही करते हैं। वे अच्छे से अच्छे बीज या पौधे की तलाश करते हैं और फिर अनुकूल मिट्टी खाद, पानी आदि की व्यवस्था कर उनके पनपने और बढ़ने का पूरा-पूरा ध्यान रखते हैं। हम अध्यापकों को भी इसी रास्ते का अनुसरण करना चाहिए। किसान अथवा माली की तरह उन्नत से उन्नत किस्म का बीज या पौधे लेकर वंशानुक्रम की देन को अपने अनुकूल बना लेना हमारे लिए कठिन हैं। वंशानुक्रम पर हमारा कोई वश नहीं है। हां, बालकों की वृद्धि और विकास के लिए अनुकूल वातावरण प्रदान करने में हम अपना भरसक योगदान दे सकते हैं। बच्चे की जन्मजात शक्तियों को अगर बीज की तरह उपयुक्त मिट्टी और पोषण न मिले तो वे पनपकर पल्लवित और सुरभित नहीं हो सकती, इसलिए प्रत्येक बच्चे को उसकी अपनी जन्मजात योग्यताओं, शक्तियों और क्षमताओं को विकसित करने में भरसक सहयोग देना हम अध्यापकों का परम कर्त्तव्य है।

3

परिपक्वता–सम्प्रत्यय एवं शैक्षिक निहितार्थ
(Maturation—Concept and Educational Implications)

परिपक्वता का सम्प्रत्यय (Conept of Maturation)

विकासात्मक मनोविज्ञान के क्षेत्र में परिपक्वता एक काफी परिचित पदावली है और यह बालक की अपनी मां के गर्भ में आने के साथ ही, उसकी वृद्धि और विकास प्रक्रिया को सभी प्रकार से प्रभावित करने में महत्वपूर्ण भूमिका निभाती है। परिपक्वता से संबंधित उसके अर्थ एवं अवधारणा को भलीभांति समझने के लिए हम यहां आगे के पृष्ठों में परिपक्वता की प्रकृति और प्रक्रिया से संबंधित जिन पहलुओं पर ध्यान देना चाहेंगे वे हैं

(i) परिपक्वता का अर्थ (Meaning of the term Maturation)

(ii) वृद्धि और विकास पर परिक्वता का प्रभाव (Effect of Maturation on Growth and Development)

आइए, अब हम एक-एक कर इन पहलुओं पर विचार करते हैं :

परिपक्वता का अर्थ (Meaning of the Term Maturation)

परिपक्वता एक नैसर्गिक प्रक्रिया है, इसके लिए बाह्य उद्दीपनों की आवश्यकता नहीं। यह एक प्रकार से मानव की अन्तर्निहित शक्तियों का विकास है। जैसे बीज से पत्ती, टहनी, फल-फूल इत्यादि प्राप्त हो जाते हैं, वैसे ही प्राकृतिक रूप में किसी पूर्व अनुभव, अधिगम या प्रशिक्षण के बिना परिपक्वन की क्रिया के फलस्वरूप जन्मजात योग्यताओं और शक्तियों में वृद्धि हो जाती है तथा प्राणी में आवश्यक परिवर्तन आ जाते है। सन् 1919 में ए. गेसेल (A gessel) ने सर्वप्रथम बाल विकास के क्षेत्र में परिपक्वता 'पद' का प्रयोग किया। परिवक्वता पद का अर्थ एवं प्रकृति अच्छी तरह से समझने के लिए हम इसकी कृछ सुप्रसिद्ध जानी मानी परिभाषाओं की सहायता ले सकते हैं। उनमें से कुछ परिभाषाएं निम्न हैं–

एच. जे. आइजेन्क और उनके साथियों (H. J. Eysench et al, 1972)

> "परिपक्वता शारीरिक, मनोवैज्ञानिक और मानसिक विभेदीकरण तथा समन्वयन की वह स्वायत्त या स्वतन्त्र प्रक्रिया है, जो बालक की सभी विकासात्मक अवस्थाओं और चरणों में व्याप्त रहती है। इस प्रक्रिया के फलस्वरूप ही शारीरिक, मानसिक, सामाजिक और आध्यात्मिक रूप से उसकी वैयक्तिक वृद्धि को पूर्णता एवं सुदृढ़ता मिलती है और वह अपने जीवन में अनुकूलित होता है।"
>
> (Maturation is on autonomous process of somatic, psychological and mental differentiation and integration spread over developmental stages and phases which condition and build on one another in the course of time; as a result of this process the individual growth is completed and consolidated somatically, maturally and spiritually as well as socially and he can thus adapt to life.)

मक ज्योक (MC Geoch, 1942)

"परिपक्वन में अधिगम के स्वरूप में उम्र के साथ आने वाले उन सभी परिवर्तनों को शामिल किया जाता है जिनका सम्बन्ध पूर्वाभ्यास अथवा अनुभवों के स्थान पर मुख्य रूप से जैविक वृद्धि से संबंधित कारकों से होता है।"

(Maturation includes any change with age in the conditions of learning which depends primarily upon organic growth factors than upon prior practice or experience.)

थोम्पसन (Thompson, 1979)

"परिपक्वता का नाम वृद्धि से संबंधित उस प्रक्रिया को दिया गया है जिसके माध्यम से कोई एक संरचना अथवा प्रक्रिया अधिक से अधिक प्रौढ़ अथवा परिपक्व होती जाती है।"

("Maturarion" is a name for the growth process during which a srtucture or function is more and more becoming adult, that is "mature".)

ए. गेसेल (A gessel, 1919)

"परिपक्वता व्यक्ति के शरीर की आन्तरिक कार्यप्रणाली के द्वारा स्नायुओं (Nerves) और मांसपेशियों को प्राप्त दृढ़ता और परिपक्वता है जो जीव विशेष के बाह्य वातावरण सम्बन्धी कारकों से प्रभावित नहीं होती है।"

(Maturation is the maturity and firmness of the nerves and muscles brought out by the internal mechanism of the organism)

ए.टी. जरसील्ड और उनके साथियों (A.T. Jersild et . al. 1975)

परिपक्वता एक प्रक्रिया है जिसके द्वारा जीव में अन्तर्निहित मूल क्षमताएं कार्यात्मक तत्परता की अवस्था पर पहुंच जाती है। इस प्रक्रिया में, संरचना में होने वाले वे परिवर्तन जो वृद्धि के साथ होते हैं तथा संरचना का प्रगतिशील अभ्यास जो कार्य निष्पादन के लिए आधार भूमि प्रदान करता है, दोनों ही शामिल होते हैं।"

(Maturation is the process by which underlying potential capacities of the organism reach an stager of functional readiness. This process involves both the changes in structure that come with growth and the progerssive exercise of structures that provide ground work for later performances.)

बिग्गी एवं हंट (Biggie and Hunt, 1968) ने परिपक्वन के अर्थ को स्पष्ट करते हुए निम्न विचार व्यक्ति किए हैं–

"परिपक्वन एक विकासात्मक प्रक्रिया है जिसके अन्तर्गत एक व्यक्ति समय के साथ-साथ उन सभी विशेषताओं और गुणों को ग्रहण करता है जिनकी नींव उसके गर्भ में आने के समय ही उसकी कोशिकाओं में रखी जा चुकी है।"

(Maturation as developmental process within which a person from time to time, manifests different traits, the blue prints of which have been carried in the cells from the time of his conception.)

इस प्रकार परिपक्वन का सम्बन्ध उन व्यवहारगत परिवर्तनों से होता है जो कि नैसर्गिक और सामान्य वृद्धि (Natural and Normal Growth) से जुड़े हुए होते हैं।

परिपक्वता की उपरोक्त परिभाषाओं की सहायता से परिपक्वता के अर्थ एवं प्रकृति के बारे में निम्नलिखित निष्कर्ष निकाला जा सकता है–

- अपने विशुद्ध रूप एवं अर्थ में परिपक्वता वंशानुक्रम की व्यवस्था एवं कार्यप्रणाली का परिणाम है। माता के गर्भ में आते ही बच्चों में परिवर्तनों (व्यवहारात्मक एवं

विकासात्मक) की दिशा का अवलोकन किया जाता है वह वंशानुक्रम के योगदान द्वारा ही निर्धारित होती है।

- व्यक्ति के सम्पूर्ण विकासात्मक अवधि में परिपक्वता की प्रक्रिया का प्रभाव लगातार बना रहता है। (किशोरावस्था की अवधि की समाप्ति तक)।
- बच्चों की वृद्धि और विकास के शारीरिक, गामक, मानसिक, सामाजिक, नैतिक और आध्यात्मिक सभी पक्षों के परिपक्व होने में परिपक्वता सहायता करती है जिससे कि बच्चा अपने जीवन में एक परिपक्व प्रौढ़ की भूमिका का अच्छी तरह से निर्वाह कर सके।
- वृद्धि एवं विकास की एक स्वाभाविक प्रक्रिया के रूप में परिपक्वन व्यक्ति विशेष की अन्तः निहित क्षमताओं के विकास में सहयोगी सिद्ध होकर उन्हें अपने व्यक्तित्व विकास की सभी सम्भावित ऊंचाइयों को छूने में आवश्यक रूप से तत्पर एवं सक्षम बनाता है।
- परिपक्वन आवश्यक रूप से व्यक्ति विशेष के ऐसे जैविक अन्तः विकास की प्रक्रिया से जुड़ा हुआ होता है जो प्रमुख रूप से व्यक्ति के बाहर स्थित वातावरण सम्बन्धी कारकों के प्रभाव से मुक्त होती है।

इस प्रकार *परिपक्वता से तात्पर्य वृद्धि एवं विकास की उस प्राकृतिक एवं स्वाभाविक प्रक्रिया से होता है जो अपने आप में प्रशिक्षण और अनुभवों के प्रभाव से मुक्त रहती हुई व्यक्ति की आनुवंशिकता नियंत्रित आंतरिक प्रणाली से निर्देशित होकर उसकी विकास अवस्था में धीरे-धीरे विभिन्न प्रकार के व्यवहारात्मक और विकासात्मक परिवर्तनों को लाने के लिए उत्तरदायी होती है।*

वृद्धि और विकास पर परिपक्वता का प्रभाव
(Effect of Maturation on Growth and Development)

जैसे-जैसे आयु में वृद्धि होती है, परिपक्वन (Maturation) के फलस्परूप शरीर, मस्तिष्क और व्यवहार में प्राकृतिक रूप से विभिन्न परिवर्तन आते रहते हैं। यह बात पक्षियों और पशुओं में स्पष्ट रूप से देखी जा सकती है, जिसके कुछ उदाहरण नीचे दिए जा रहे हैं:

1. एक चिड़िया मां बनते हुए अपने अंडे देती है। कुछ समय बाद हम देखते हैं कि उन अंडों में से बच्चे निकल आते हैं। मां-बाप के द्वारा दिए गए चुग्गे को वे चुगना प्रारंभ कर देते हैं। फिर कुछ दिनों बाद वे फुदकना प्रारंभ कर देते हैं, पर उड़ नहीं पाते। परन्तु कुछ समय बाद हमारे देखते-देखते वे एक दिन उड़कर हमसे काफी दूर चले जाते हैं। चुग्गा चुगने, फुदकने और उड़ने सम्बन्धी ये व्यवहारगत परिवर्तन परिपक्वन की प्रक्रिया के ही परिणाम होते हैं, इनके लिए उन्हें अपने माता-पिता या अन्य परिजनों से कोई प्रशिक्षण नहीं दिया जाता। आयु में वृद्धि के साथ-साथ ही वे इस प्रकार का व्यवहार स्वाभाविक रूप से ही करने लगते हैं।
2. यही बात मेंढकों तथा मछलियों के साथ भी अंडों में से बाहर निकल कर बड़ा होने, तैरना सीखने तथा भोजन प्राप्त करने के ढंग सीखने में घटित होती है। मेंढ़कों को जहां पानी पर तैरना आ जाता है वही जमीन पर फुदकने में भी वे माहिर हो जाते हैं। इस प्रकार के आयु बढ़ने के साथ-साथ व्यवहार में आने वाले परिवर्तन अन्य पशु-पक्षियों में भी हमें अपने चारों ओर नजर आते ही रहते हैं। हिरण के बच्चे का

पैदा होते ही कुलाचें भरना, बन्दरों के बच्चों को एक टहनी से दूसरी टहनी तक छलांगें लगाना, मांसाहारी तथा शाकाहारी दोनों प्रकार के पशु–पक्षियों के बच्चों का अपने–अपने ढंग से भोजन प्राप्त करने में माहिर होना आदि बहुत से ऐसे व्यवहारगत परिवर्तन हैं जिनके पीछे परिपक्वन की ही प्रक्रिया का हाथ होना पाया जाता है।

3. परिपक्वन के फलस्वरूप व्यवहार में परिवर्तन लाने की यह नैसर्गिक प्रक्रिया केवल पशु–पक्षियों या कीड़े–मकौड़ों की दुनिया तक ही सीमित हो, ऐसी बात नहीं है। मनुष्य मात्र में भी जन्म से ही परिवर्तन के फलस्वरूप बालकों में विभिन्न प्रकार के परिवर्तनों का आना स्वाभाविक–सी ही बात होती है। इस प्रकार के व्यक्तित्व और व्यवहार में आने वाले परिवर्तनों की संक्षिप्त जानकारी उदाहरणस्वरूप निम्न प्रकार से दी जा सकती है:
   - आयु में वृद्धि होने के साथ–साथ बालकों के शरीर में वृद्धि और विकास सम्बन्धी विभिन्न परिवर्तन होते रहते हैं। उनकी लम्बाई बढ़ना, भार में वृद्धि होना, अंगों के अनुपात में परिवर्तन आना, चेहरे या सम्पूर्ण शरीर में विभिन्न प्रकार के आन्तरिक या बाह्य परिवर्तन आना–ये सभी बातें स्वाभाविक रूप से परिपक्वन की प्रक्रिया के फलस्वरूप घटित होती रहती है और फिर किशोरावस्था के आगमन तक बालक और बालिकायें शारीरिक परिपक्वता (Physical maturity) सम्बन्धी सभी प्रकार की शारीरिक वृद्धि और विकास की ऊंचाइयों को छू लेते हैं।
   - यही बात व्यक्तित्व के अन्य सभी आयामों, मानसिक, सामाजिक, संवेगात्मक, नैतिक और सौन्दर्यात्मक अनुभूति के विकास और वृद्धि पर समान रूप से लागू होती है। आयु में वृद्धि के साथ–साथ बालकों में इन सभी आयामों से संबंधित वृद्धि और विकास की प्रक्रिया चलती रहती है और किशोरावस्था की समाप्ति तक उनमें इन आयामों से संबंधित मानसिक, संवेगात्मक, नैतिक और सौन्दर्यात्मक परिपक्वता आ जाने से वयस्कों की तरह व्यवहार करने की क्षमता आ जाती है। प्रश्न उठता है कि बालकों में बड़ों की तरह परिपक्व व्यवहार करने की ये जो क्षमता प्राय: किशोरावस्था की समाप्ति तक आती है और उनके व्यवहार में शैशवावस्था तथा बाल्यावस्था के मुकाबले जो विशेष परिवर्तन दिखायी देते हैं, उनके पीछे महज परिवर्तन की प्रक्रिया (Physical maturity) का ही हाथ होता है या वे मात्र किसी विशेष प्रकार के अनुभवों एवं प्रशिक्षण के जरिये सम्पन्न होते हैं।
   - इस बात पर विचार किया जाए तो यह बात स्पष्ट रूप से सामने आती है कि मनुष्यों के व्यक्तित्व एवं व्यवहार में जो परिवर्तन आते हैं, उन्हें अन्य जीव–जन्तुओं की तरह केवल मात्र परिपक्वन की प्रक्रिया की देन नहीं कहा जा सकता। उसका कारण यह है कि जाने–अनजाने पर्यावरण में उपस्थित विभिन्न प्रकार की बातें उनके व्यवहार परिवर्तन में सहायक होती रहती है। साथ ही उन्हें औपचारिक या अनौपचारिक रूप से अपने व्यवहार परिमार्जन हेतु प्रशिक्षण, अभ्यास तथा अधिगम अनुभव भी प्राप्त होते रहते हैं। अत: किसी भी परिस्थिति में यह कहना उचित नहीं है कि किशोरावस्था की समाप्ति पर उनमें जो व्यवहार या व्यक्तित्व सम्बन्धी परिपक्वता आई है, वह परिपक्व की प्रक्रिया के परिणामस्वरूप उत्पन्न हुई है अथवा प्रशिक्षण या सीखने के फलस्वरूप ऐसा हुआ है। वास्तविकता तो यही है कि इसे सभी प्रकार से एक संयुक्त उपज (Joint product) माना जाए। कुछ निम्न उदाहरणों से इन मान्यताओं पर मुहर लगाने में आसानी हो सकती है।

(i) सबसे पहले अगर बच्चों में भाषा के विकास को ही लेकर देखा जाए तो हम यह पायेंगे कि बालकों में भाषा के विकास हेतु परिपक्वन तथा वातावरण-जन्य प्रशिक्षण और अनुभवों की मिली-जुली भूमिका रहती है। परिपक्वन की प्रक्रिया के परिणामस्वरूप ही बालकों में आयु के साथ-साथ स्वाभाविक रूप से ध्वनियों का विकास होता है। भाषा सम्बन्धी अक्षर, शब्द तथा वाक्य प्रस्फुटित होते हैं तथा वह शुद्ध भाषा उच्चारण सीखता है। अगर हम समय से पहले यानी आवश्यक परिपक्वता ग्रहण करने से पहले ही यह अपेक्षा करने लग जाएं कि इसके तो मां-बाप दोनों ही भाषा के पण्डित हैं, हिंदी में पी.एच. डी. है। अतः इसे तो 7-8 माह की आयु में ही हर शुद्ध भाषा को बोलना सिखा देंगे तो यह हमारी भूल होगी। बच्चा शुरू में तुतलायेगा ही, हकलायेगा भी तथा धीरे-धीरे जैसे-जैसे उसके वाक तंत्र का विकास होता वह सभी ध्वनियों का शुद्ध उच्चारण सीख सकेगा। अतः यहां उसके भाषा शिक्षण तथा प्रशिक्षण में अनवाश्यक जल्दबाजी करना ठीक नहीं रहेगा। आवश्यक परिपक्वता ग्रहण करने से पहले उसमें भाषा सम्बन्धी बोलचाल तथा लेखन कला का विकास नहीं हो पायेगा। दूसरी ओर यह बात भी बिना किसी विवाद के सत्य है कि अगर केवल परिवर्तन के लिए ही सब कुछ छोड़ दिया जाए तो जो कुछ आवश्यक भाषा सम्बन्धी विकास बालक को चाहिये वह प्राप्त करना असंभव ही रहेगा। आज आप और हम भाषा सम्बन्धी जिस विकास की अवस्था पर पहुंच पाये हैं, उसमें निस्संदेह ही वातावरणजन्य अधिगम अनुभवों एवं प्रशिक्षण की भी काफी महत्वपूर्ण भूमिका रही है। इस तरह भाषा विकास को स्वाभाविक वृद्धि एवं विकास की प्रक्रिया (परिपक्वन) और वातावरणजन्य अनुभवों एवं प्रशिक्षण का संयुक्त परिणाम ही समझा जाना चाहिये।

(ii) जो बात भाषा सम्बन्धी विकास को लेकर सही है, वही बात बालक के मानसिक विकास के अन्य पहलुओं पर भी भली-भांति लागू होती है। बच्चे की मानसिक शक्तियों जैसे सोचने-विचारने की शक्ति, तर्क शक्ति, स्मरण शक्ति, विभेदीकरण योग्यता, निर्णय क्षमता, विश्लेषण और संश्लेषण योग्यता, समस्या समाधान योग्यता आदि का विकास जहां तक एक विशेष परिपक्वन स्तर की मांग करता है, वही इनके विकास हेतु पर्याप्त अनुभवों, अभ्यास एवं प्रशिक्षण की महत्ता से भी इन्कार नहीं किया जा सकता। परिपक्वन स्तर से जुड़ी हुई एक विशेष आयु तक पहुंचने से पहले हम बालकों से सूक्ष्म, चिन्तन, कल्पनायुक्त चित्रण तथा गहन तर्क-वितर्क, विभेदीकरण, सामान्यीकरण आदि से युक्त बातों को जानने-समझने की अपेक्षा नहीं कर सकते। इसलिए जिस प्रकार का मानसिक विकास बालकों में सम्पन्न करने की हम चेष्टा करेंगे, उसके लिए पहले हमें इस बात पर अवश्य ध्यान देना होगा कि बालकों में वह परिपक्वता आयी है या नहीं जिसकी जरूरत उनको उस रूप में मानसिक विकास करने के लिए पड़ती है। छोटे बालकों को अगर हम बहुत ही सूक्ष्म, गूढ़, क्लिष्ट तथा बोझिल बातों को बताने या समझाने लग जाएं तथा उनसे इस प्रकार के मानसिक विकास की अपेक्षा करने लग जाएं तो यह हमारी भूल ही होगी। हमें उचित परिपक्वन स्तर का इन्तजार ही करना पड़ेगा। दूसरी ओर यह बात भी सही है कि जिस तरह के उचित प्रयास, प्रशिक्षण और अनुभव बालकों को उनकी आयु के स्तर को ध्यान में रखते हुए मानसिक विकास

हेतु प्रदान किए जाते रहेंगे, उनका मानसिक विकास उसी रूप में ठीक प्रकार संपन्न हो सकेगा।

(iii) मानसिक विकास की तरह सामाजिक, संवेगात्मक एवं नैतिक विकास में परिपक्वन और वातावरणजन्य अनुभवों एवं प्रशिक्षण की भूमिका रहती है। अनुभवों एवं प्रशिक्षण के माध्यम से हम बालक के व्यवहार में जो भी ऐसे अपेक्षित परिवर्तन लाने का प्रयास करते हैं जिससे बालक के सामाजिक और संवेगात्मक विकास में अनुकूल और अपेक्षित सहायता मिले, उन सभी प्रयासों में हमें कितनी सफलता मिलेगी, यह इस बात पर भी निर्भर करता है कि आयु में वृद्धि के साथ-साथ बालक नैसर्गिक रूप से किस प्रकार की सामाजिक और संवेगात्मक परिपक्वता के स्तर तक पहुंच रहा है। उदाहरण के लिए, जैसे-जैसे बालक की आयु बढ़ती है, उसके सामाजिकता के दायरे, पैमाने तथा सोचने-विचारने के ढंग बदलते रहते हैं। शैशवावस्था, बाल्यकाल, पूर्व-किशोरावस्था तथा किशोरावस्था सभी में एक विशेष प्रकार की सामाजिक एवं संवेगात्मक परिपक्वता बच्चे में पायी जाती है जिसका सीधा असर बालक के सामाजिक, सांस्कृतिक, नैतिक तथा संवेगात्मक विकास पर पड़ता है। किशोरावस्था के आगमन से, अपनी परिपक्वता उसे विपरीत लिंग के प्रति यौनाकर्षण में बांधती है। यहां यह सामाजिकता तथा मित्र बनाने के नये अर्थ ढूंढता है और इसी समय इस प्रकार के परिपक्वन से पूरिपूर्ण होने पर ही उसे यौन शिक्षा (Sex Education) सम्बन्धी गहरे तथ्यों के अधिगम में सहायता मिल सकती है। यौन सम्बन्धी इस परिपक्वता के अभाव में हम उससे यौन शिक्षा सम्बन्धी गहन जानकारी भली-भांति ग्रहण कर सकने की अपेक्षा नहीं कर सकते। इसी तरह जब तक बालक में संवेगों (Emotions) का स्थायी भावों (Sentiments) के रूप में स्थायी संगठन नहीं बन जाता, जब तक उसके नैतिक विकास की कोई दृढ़ नींव नहीं रखी जा सकती और स्थायी भावों का विकास संवेगात्मक या भावात्मक परिपक्वन के एक विशेष स्तर तक पहुंचने पर ही सम्भव हो पाता है। शैशव काल या बचपन में इसीलिए नैतिक विकास की अधिक अपेक्षा नहीं की जा सकती। किशोरावस्था के आगमन का हमें इसके लिए इन्तजार करना होता है और संवेगात्मक परिपक्वता को ग्रहण करने के साथ ही उस अधिगम का मूल्य अपने आप बढ़ जाता है जिसे नैतिक या चारित्रिक विकास हेतु प्रदान किया जा रहा है।

इस प्रकार से अगर परिपक्वन और वातावरणजन्य अधिगम तथा प्रशिक्षण के अन्तः सम्बन्धों का विश्लेषण किया जाए तो हमें यह समझने में कोई कठिनाई नहीं होगी कि परिपक्वन की प्रक्रिया चाहे उसका स्वरूप शारीरिक या मानसिक हो अथवा सामाजिक, संवेगात्मक या भावात्मक हमें अपने हर रूप में वह सब कुछ प्रदान करने का प्रयत्न करती है जिससे ऐसी आधार भूमि तैयार हो सके जिसके ऊपर अनुभव एवं प्रशिक्षण के माध्यम से अपेक्षित व्यवहार परिवर्तन लाकर व्यक्तित्व निर्माण का कार्य निरन्तर चालू रख जा सके।

परिपक्वता के शैक्षिक निहितार्थ (Educational Implications of Maturity)

बच्चों की वृद्धि और विकास में योगदान करने वाली परिपक्वता की प्रकृति एवं प्रक्रिया का ज्ञान तथा इन दोनों के आपसी घनिष्ट, अमूल्य पारस्परिक सम्बन्धों एवं अधिगम की प्रक्रिया के साथ इसकी अन्तर्क्रिया का ज्ञान बच्चों के माता-पिता, अध्यापकों एवं

परामर्शदाताओं को बच्चों की देखभाल, शिक्षा तथा मार्गदर्शन प्रदान करने के लिए नियोजन कार्य करने में काफी लाभदायक सिद्ध होता है जिसका वर्णन संक्षेप में आगे किया जा रहा है:

1. परिपक्वता वृद्धि एवं विकास की एक स्वाभाविक प्रक्रिया है। यह वंशानुगत क्षमताओं तथा जैविक कारकों से निर्देशित होती है। बच्चे की वृद्धि के अनेकों ऐसे कार्य एवं प्रक्रियाएं हैं पूर्ण रूप से परिपंक्वन की प्रक्रिया के द्वारा संचालित एवं नियंत्रित हैं और इस प्रकार से मानव सहित सभी जीवों में ये कार्य एवं प्रक्रियाएं एकदम से स्वचालित, स्वनियंत्रित एवं निरन्तर होती रहने वाली हैं। इस प्रकार के विकासात्मक एवं व्यवहारात्मक कार्यों के लिए किसी प्रकार की पूर्व स्वीकृति, अधिगम या प्रशिक्षण की आवश्यकता नहीं होती है। इस सम्बन्ध में 'मेकग्रा' ने जातिगत (phylogenetic) क्रियाओं (किसी भी जाति के लिए सामान्य कार्य) जैसे-रेंगना (creeping), बैठना (sitting), खड़ा होना (standing), सीढ़ी पर चढ़ना (stair climbing), चलना (walking) तथा सरकना (crawling) आदि का उदाहरण दिया है। पियाजे (Piaget) ने कुछ ज्ञानात्मक शीमाज् (Cognitive shemas) जैसे —चूसना (sucking), देखना (looking), पहुंचना (reaching) तथा पकड़ना (grasping) के उदाहरण प्रस्तुत किए। ये सभी पूरी तरह से परिपक्वता से नियंत्रित होते है, इनके विकास एवं क्रियान्वयन में अभ्यास या प्रशिक्षण से बहुत कम या थोड़ा सा ही फायदा होता है। इस प्रकार से बढ़ते हुए बच्चों में बहुत से गामक कौशल एवं सामान्य बौद्धिक क्रियाओं का विकास नैसर्गिक रूप से होता है। अतः बच्चों के माता-पिता या देखभाल करने वाले व्यक्तियों को अपने बच्चों में इस प्रकार की नैसर्गिक या स्वाभाविक वृद्धि के परिणामों की धैर्यपूर्वक प्रतीक्षा करनी चाहिए। उन्हें अपने शिशुओं या बच्चों के व्यवहार में परिवर्तनों या शीघ्र विकास के लिए चिन्तित नहीं होना चाहिए और अपना धैर्य नहीं खोना चाहिए तथा जल्दी-जल्दी व्यवहार परिवर्तन के लिए अति उत्साहित भी नहीं होना चाहिए।

   हां दूसरे प्रकार की व्यक्तिगत (ontogenetic) क्रियाओं (व्यक्तिगत रूप से संबंधित विशिष्ट क्रियाएं) जैसे-तैरना (swimming), रोलर स्केटिंग (roller skating), तिपहिया साइकिल चलाना (tricycle Riding) जिन्हें उच्चस्तरीय गामक (fine motor) कौशल कहा जाता है या भाषायी विकास एवं अन्य उच्चस्तरीय ज्ञानात्मक योग्यताओं के लिए अनुभव, अध्याय एवं प्रशिक्षण की आवश्यकता होती है। इन क्रियाओं में कौशल का अर्जन कराने के लिए माता-पिता, अध्यापक तथा परामर्शदाताओं को सावधान रहने की जरूरत है। उन्हें देखना होगा कि बालक के विकास में ऐसे कार्य कौन से है जो पूरी तरह से परिपक्वता से निर्देशित हैं (किसी प्रशिक्षण की आवश्यकता नहीं है) तथा कौन सी क्रियाएं ऐसी हैं जिनमें कौशल अर्जन के लिए प्रशिक्षण की जरूरत है। इस जानकारी से उन्हें अपने बच्चों की शिक्षा के लिए योजना बनाने तथा मार्गदर्शन आदि में काफी मदद मिल सकती है।

2. अधिगम एवं प्रशिक्षण के साथ अपने घनिष्ट सम्बन्ध के कारण परिपक्वता अधिगम और प्रशिक्षण को प्रभावशाली बनाने की किसी भी योजना या कार्यक्रम के लिए एक सुदृढ़ आधार का काम करती है। इसके लिए यह दो तरीके से अपनी सेवाएं प्रदान करती है

   (i) अधिगम के लिए आवश्यक तत्परता प्रदान कर अधिगम प्राप्ति में सहायता करना।

(ii) सीखने अथवा प्रशिक्षण के माध्यम से हमें अपनी विकास सम्बन्धी सीमाओं से परिचित कराना।

आइए, अब हम इन दोनों उपरोक्त परिपक्वन पहलुओं की चर्चा करने का प्रयत्न करें, जिनके 'ज्ञान से हमें विविध प्रकार के शैक्षिक निहितार्थों की उपलब्धि हो सकती है':

(i) परिपक्वता बच्चों की शारीरिक एवं मानसिक वृद्धि एवं विकास में सहायता करती है जिससे बच्चे अपने जीवन में अपनी आयु के अनुसार अधिगम अनुभव और प्रशिक्षण प्राप्त करने के लिए आवश्यक रूप से परिपक्व और तत्पर हो जाते हैं। इस सम्बन्ध में परिपक्वता के द्वारा दिए गए योगदान की जानकारी बच्चे की शिक्षा की योजना बनाने में निश्चित रूप से सहायक सिद्ध होती है। हम यह समझ जाते हैं कि बच्चे को किस आयु में किस प्रकार की शिक्षा और प्रशिक्षण शुरू करना चाहिए और यह शिक्षा व प्रशिक्षण किस क्रम में व्यवस्थित किया जाए। इस प्रकार का ज्ञान हमें निम्न रूप में यथोचित चेतावनी देने में तत्पर दिखाई देता है–

- यदि एक बच्चा शिक्षण और प्रशिक्षण का लाभ उठाने के लिए पूरी तरह से विकसित एवं परिपक्व नहीं है तो उसे वह शिक्षण और प्रशिक्षण देने का कोई लाभ नहीं। यह अध्यापक या प्रशिक्षक के लिए समय, शक्ति एवं साधनों का अपव्यय है। उदाहरण के लिए एक बच्चे को, जो कि अभी सीखने के लिए आवश्यक परिपक्वन स्थिति तक नहीं पहुंचा है, बलपूर्वक बोलने, चलने या भाषा का प्रयोग करने के लिए बाध्य किया जाए तो यह सब प्रयास व्यर्थ जाएगा, यहां तक कि इस कार्य से बालक के उचित विकास के लिए नुकसानदायक भी हो सकता है। वास्तव में उपयुक्त परिपक्वता के अभाव में किसी भी प्रकार का प्रशिक्षण या अभ्यास व्यर्थ है।
- जब बालक परिपक्वता के द्वारा आवश्यक विकासात्मक तत्परता को प्राप्त कर लेता है तब वह अपनी आयु के अनुरूप विकासात्मक योग्यताएं एवं कौशलों का अर्जन करने के लिए प्रदान की गई वांछित सुविधाओं अर्थात् अधिगम अनुभवों एवं प्रशिक्षण में बिलकुल भी समय बर्बाद नहीं करता है। इस समय बच्चों को उपयुक्त सुविधाएं प्रदान न करना एक भयंकर भूल होगी। श्रीमती हरलॉक (1956,p.8) ने इस प्रकार की भूल पर अपनी टिप्पणी करते हुए लिखा है–

  ''बालक जब सीखने के लिए तैयार हो तो उसे सीखने की सुविधाएं प्रदान न करना, उसकी रूचि को समाप्त करना है। बाद में जब हम उससे इस प्रकार से सीखने के लिए कहते हैं, तब तक उसकी रूचि उसे सीखने में इतनी कम हो जाती है कि वह उपयुक्त अधिगम हेतु आवश्यक प्रयत्न करने के लिए बिलकुल अनिच्छुक दिखाई देता है।''

  ("Should the child not be permitted to learn, even though ready, his interest is likely to wane. Later, when he is expected to learn, his interest may have reached such low ebb that he will be unwilling to put forth the efforts needed for successful learning.")

  इस प्रकार के परिपक्वन के परिणाम निश्चित एवं महत्वपूर्ण विकास काल की अवधियां तथा परिपक्वन के द्वारा अर्जित विकास सम्बन्धी तत्परता, इन सभी का ज्ञान एक अध्यापक के सामने हेविगहर्स्ट (Havighurst, 1953) के शब्दों में ऐसे मूल्यवान क्षणों को सृजन करता है जबकि उनके द्वारा व्यवहार परिवर्तन या विकास

सम्बन्धी प्रक्रिया का इतने अच्छे ढंग से सम्पादन किया जा सकता है जिससे बालकों का अधिक से अधिक हित चिन्तन किया जा सके।

(ii) परिपक्वता का नियन्त्रण और नियमन आनुवांशिकता से संबंधित उन कार्यप्रणाली एवं शक्तियों के द्वारा किया जाता है जो एक तरह से यह निर्धारित करती हैं कि बालक विशेष अपनी आने वाली जीवन अवधियों अथवा आयु वर्षों में किस प्रकार की वृद्धि और विकास को प्राप्त होगा। परिपक्वन की इस प्रकार की भविष्यवाणी क्षमता पर अपनी टिप्पणी करते हुए श्रीमती हरलॉक (1956, p. 7) ने लिखा है

''परिपक्वन जिसका सम्बन्ध व्यक्ति की आनुवंशिक पूंजी से होता है, इस प्रकार की सीमाएं निर्धारित करता है जिनसे परे विकास हो ही नहीं सकता, चाहे अधिगम द्वारा कितने भी प्रयत्न क्यों न किए जाएं।''

("Maturation which depends upon the hereditary endowment of the individual, sets limits beyond which development cannot go even when learning is encouraged.")

अतः हमें हमेशा ही, बच्चे के परिपक्वन के स्तर के रूप में उपलब्ध बच्चे की जैविक संरचना के द्वारा की गई उसकी विकासात्मक प्रगति तथा उसकी शैक्षिक योग्यता की सीमाओं को ध्यान में रखना चाहिए। यहां हम अनेकों मानसिक रूप से विकलांग या पिछड़े हुए बच्चों का उदाहरण दे सकते हैं जिनके मस्तिष्क की स्नायुविक (Neural) परिपक्वता या नैसर्गिक (स्वाभाविक) विकास बहुत ही निम्न स्तर का है। ऐसे बच्चों के सम्बन्ध में देखा जाता है कि उनके व्यवहार और विकास को सामान्य स्तर के बच्चों के विकास की सीमा में लाने के लिए अधिगम, प्रशिक्षण या वातावरणीय उद्दीपन कुछ भी सहायता नहीं कर सकता है।

इसलिए बच्चों की व्यक्तिगत रूप से या सामूहिक रूप से शिक्षा की योजना बनाते समय हमें स्पष्ट रूप से यह ध्यान रखना चाहिए कि शैक्षिक प्रयास हमेशा ही प्रत्येक बच्चे के परिपक्वता स्तर की सीमा के अनुसार ही किए जाएं। इस सम्बन्ध में हमें गेसेल (Gessell, 1949) द्वारा निम्न शब्दों में दी गई चेतावनी का हमें हमेशा ही ध्यान रखना चाहिए।

सभी शैक्षिक योग्यताएं वृद्धि की जन्मजात क्षमता पर निर्भर करती है। यह आन्तरिक वृद्धि (परिपक्वन स्तर के आधार पर अवलोकित) प्रकृति का एक उपहार है। इसका मार्गदर्शन तो किया जा सकता है परन्तु इसका सृजन नहीं किया जा सकता है और ना ही यह किसी शैक्षिक संस्था के द्वारा स्थानान्तरित की जा सकती है।

("All educability is dependent upon innate capacities for growth. This intrinsic growth (observed in the shape of maturation level) is a gift of nature. It can be guided, but it cannot be created; nor can it be transcended by an educational agency.")

3. परिपक्वन की व्यवस्था या कार्यप्रणाली तथा प्रकृति का ज्ञान बच्चों के द्वारा उनके विकासात्मक अवधि की विभिन्न अवस्थाओं में प्राप्त किए जाने वाले लक्ष्यों के बारे में जानने में सहायता कर सकता है। अक्सर यह देखा जाता है तथा अनेकों शोध अध्ययनों ने भी यह सिद्ध कर दिया है कि एक ही आयु और विकास अवस्थाओं से संबंधित बालक अपने शारीरिक और मानसिक परिपक्वन की दृष्टि से असमान होने की अपेक्षा ज्यादातर समान ही होते हैं। इस प्रकार की समानता शिक्षाविदों को अपने किसी विशेष आयु और परिपक्वन स्तर के बालकों के लिए समान प्रशिक्षण और शिक्षा व्यवस्था

की तथा इसके लिए प्रयुक्त एक जैसी तकनीक और शिक्षण साधनों के आयोजन में भलीभांति सहायक सिद्ध होती है। माता-पिता, देखभाल करने वाले तथा परामर्शदाताओं के लिए बालकों को उपयुक्त निर्देशन तथा परामर्श देने हेतु सामान्य सिद्धांतों तथा उपागमों का उपयोग करने में भी उपयुक्त रूप से सहायक सिद्ध होती है।

4. परिपक्वन अपने लिए उपलब्ध वातावरणजन्य अनुभवों के सहयोग से उनके शारीरिक, गामक तथा संज्ञानात्मक विकास और अपनी आयु एवं विकास अवस्थाओं के अनुरूप विशिष्ट व्यवहारगत प्रारूपों को अपनाने के संदर्भ में कुछ निश्चित प्रगति पड़ावों को तय करने में मदद करता है। परिपक्वन द्वारा निर्धारित इस प्रकार की कसौटी बढ़ते हुए बच्चों के विकास और व्यवहार से संबंधित असमानताओं एवं विशिष्टताओं के निदान में काफी सहायक सिद्ध हो सकती है। इस संदर्भ में दी जाने वाली सहायता के कुछ निम्न रूप हो सकते हैं–
   (i) एक बच्चे को उसकी आयु और विकास काल के लिए सामान्य रूप से निश्चित विकास और व्यवहार सम्बन्धी निश्चित मील के पत्थरों से काफी आगे निकला हुआ पाया जा सकता है। यह बात उस बच्चे को प्रतिभाशाली या सृजनशील घोषित कर उसके लिए विशिष्ट शिक्षा का आयोजन करने में मदद कर सकती है।
   (ii) दूसरी ओर विकास और व्यवहार के लिए निश्चित मील के पत्थरों से किसी बालक के व्यवहार और विकास की तुलना कर यह भी पाया जा सकता है कि उसके व्यवहार में अभी वांछित परिपक्वता नहीं आई है। इस आधार पर उसे धीमी गति से अध्ययन करने वाला, पिछड़ा हुआ, मानसिक रूप से मन्दित, अधिगम अक्षम और वंचित बालक घोषित कर उपयुक्त लालन पालन एवं शिक्षा की व्यवस्था की जा सकती है।

इस प्रकार से परिपक्वता की प्रकृति, उसकी कार्य प्रणाली तथा परिणामों का ज्ञान और अधिगम के साथ मिलकर, उसके द्वारा प्रदत्त मूल्यवान योगदान की जानकारी माता पिता, अध्यापकों, परामर्शदाताओं और उन सबको जो किसी न किसी तरह बालकों के हित से जुड़े हुए हैं, बालकों को शिक्षा देने अथवा उनका उचित लालन-पालन करने हेतु बेहतर तकनीक एवं साधनों का आयोजन करने में महत्वपूर्ण सहयोग दे सकते हैं।

4

विकास–सम्प्रत्यय, प्रभावित करने वाले कारक और अधिगम के साथ सम्बन्ध
(Development—Concept, Influencing Factors and Relationship with Learning)

विषय प्रवेश (Introduction)

शिक्षा का एकमात्र उद्देश्य शिक्षार्थी के व्यक्तित्व का सर्वांगीण विकास करना है। शिक्षा मनोविज्ञान को शिक्षा का विज्ञान ओर तकनीक शास्त्र होने के नाते इस उद्देश्य को पाने की दिशा में भरसक सहायता करनी चाहिये। हमारी जीवनलीला जैसा कि हम जानते हैं–गर्भाधान के समय से ही प्रारंभ हो जाती है। कितनी विचित्र सी बात लगती है कि एक छोटे से निषेचित अंडे (Fertilized ovum) से धीरे-धीरे बढ़ते हुए हम आज भी अवस्था को प्राप्त हो गए हैं। निश्चय ही यह सब वंशानुक्रम और वातावरण सम्बन्धी शक्तियों के परस्पर सहयोग का फल है। शिक्षा चाहे वह औपचारिक (Formal) हो या अनौपचारिक (Informal) इस विकास के मार्ग में बच्चे का भली-भांति पथ-प्रदर्शन कर सकती है। परन्तु शिक्षा द्वारा यह सब कुछ कर सकने के लिए हम अध्यापकों को विकास के सभी पहलुओं से परिचित होना अति आवश्यक है। इस प्रकार के ज्ञान द्वारा ही एक विद्यार्थियों को आवश्यक निर्देशन और उपयुक्त शिक्षा देकर उनकी उनके व्यक्तित्व का सर्वांगीण विकास करने में पूरी-पूरी सहायता कर सकते हैं। इसी दृष्टिकोण को लेकर आगे की पंक्तियों में हम विकास के संप्रत्यय (अवधारणा) तथा उनकी प्रक्रिया से संबंधित कुछ सामान्यत सिद्धांतों की चर्चा करना चाहेंगे।

मानव विकास-अर्थ एवं अवधारणा
(Human Development—Meaning and Concept)

मानव विकास के संप्रत्यय यानी अवधारणा को स्पष्ट करने के लिए हम उससे संबंधित निम्न पक्षों को लेकर चलना चाहेंगे।

- विकास संप्रत्यय का अर्थ
- वृद्धि एवं विकास में अन्तर
- विकास की अवस्थायें (Stages)
- विकास के विभिन्न आयाम (Aspects or Dimensions)

विकास का अर्थ (Meaning of Development)

विकास शब्द यह प्रकट करता है कि गर्भाधान के समय से किसी विशेष समय तक किसी प्राणी में कितना कुछ परिवर्तन आया है। इस परिवर्तन की प्रक्रिया में वातावरण की शक्तियों और शिक्षा का बहुत हाथ है। इनकी कृपा से हमारे व्यक्तित्व के सभी पहलुओं शारीरिक, मानसिक, सामाजिक, संवेगात्मक, नैतिक आदि का सब ओर से विकास होता है। इस तरह से विकास शब्द का प्रयोग बालक में आयु के बढ़ने के साथ-साथ होने वाले परिवर्तनों के लिए किया जाता है और इसीलिए यह आवश्यक रूप से वंशानुक्रम और वातावरण की उपज कही जाती है।

वृद्धि एवं विकास में अंतर (Difference between Growth and Development)

वृद्धि (Growth)	*विकास (Development)*
1. वृद्धि शब्द तादात या परिमाण सम्बन्धी परिवर्तनों (Quantitative Changes) के लिए प्रयुक्त होता है। जैसे बच्चे के बड़े होने के साथ आकार, लम्बाई, ऊंचाई और भार आदि में होने वाले परिवर्तन को वृद्धि कह कर पुकारते हैं।	1. विकास शब्द वृद्धि की तरह केवल परिणाम सम्बन्धी परिवर्तनों को व्यक्त न कर ऐसे सभी परिवर्तनों के लिए प्रयुक्त होता है जिससे बालक की कार्यक्षमता, कार्यकुशलता और व्यवहार में प्रगति होती है।
2. वृद्धि एक तरह से सम्पूर्ण विकास प्रक्रिया का एक चरण है। विकास के परिणाम और तादात सम्बन्धी पक्ष के परिवर्तनों को वृद्धि कहा जाता है।	2. विकास शब्द अपने आप में विस्तृत अर्थ रखता है। वृद्धि इसका ही एक भाग है। यह व्यक्ति में होने वाले सभी परिवर्तनों को प्रकट करता है।
3. वृद्धि शब्द व्यक्ति के शरीर के किसी भी अवयव तथा व्यवहार के किसी भी पहलू में होने वाले परिवर्तनों को प्रकट कर सकता है।	3. विकास किसी एक अंग प्रत्यंग में अथवा व्यवहार के किसी एक पहलू में होने वाले परिवर्तनों को नहीं बल्कि व्यक्ति में आने वाले सम्पूर्ण परिवर्तनों को इकट्ठे रूप में व्यक्त करता है।
4. वृद्धि की क्रिया आजीवन नहीं चलती बालक द्वारा परिपक्वता (Maturity) ग्रहण करने के साथ-साथ यह समाप्त हो जाती है।	4. विकास एक सतत् प्रक्रिया (Continuous process) है। वृद्धि की तरह बालक के परिपक्व होने पर समाप्त न होकर यह आजीवन चलती है।
5. वृद्धि के फलस्वरूप होने वाले परिवर्तन बिना कोई विशेष प्रयास किए दृष्टिगोचर हो सकते हैं। साथ ही इन्हें भली-भांति मापा भी जा सकता है।	5. विकास शब्द कार्यक्षमता, कार्यकुशलता और व्यवहार में आने वाले गुणात्मक परिवर्तनों (Qualitative Changes) को भी प्रकट करता है। इन परिवर्तनों को प्रत्यक्ष रूप में मापना कठिन ही है। इन्हें केवल अप्रत्यक्ष तरीकों जैसे व्यवहार करते हुए बालक का निरीक्षण करना आदि से ही मापा जा सकता है।
6. वृद्धि के साथ-साथ सदैव विकास होना भी आवश्यक नहीं है। मोटापे के कारण एक बालक के भार में वृद्धि हो सकती है परन्तु इस वृद्धि से उसकी कार्यक्षमता एवं कार्यकुशलता में कोई वृद्धि नहीं होती और इस तरह से उसकी वृद्धि विकास को साथ लेकर नहीं चलती है।	6. दूसरी ओर विकास भी वृद्धि के बिना संभव हो सकता है। कई बार यह देखा जाता है कि कुछ बच्चों की ऊंचाई, आकार एवं भार में समय गुजरने के साथ-साथ कोई विशेष परिवर्तन नहीं दिखाई देता परन्तु उनकी कार्यक्षमता तथा शारीरिक, मानसिक संवेगात्मक और सामाजिक योग्यता में बराबर प्रगति होती रहती है।

इस तरह से बारीकी से देखने पर वृद्धि और विकास दोनों प्रक्रियाओं में पर्याप्त अंतर दिखाई पड़ सकता है। परन्तु मोटे तौर पर व्यक्ति विशेष में होने वाले सभी परिवर्तनों को व्यक्त करने के लिए हम दोनों का बिना कोई भेदभाव किए प्रयोग करते रहते हैं। मानव जीवन के सामाजिक, शारीरिक, संवेगात्मक, बौद्धिक आदि पहलुओं से संबंधित ये सभी

परिवर्तन जैसा कि श्रीमती हरलॉक (1956) का विचार है, निम्न चार प्रमुख वर्गों में रखे जा सकते हैं।

1. आकार में परिवर्तन (Changes in Size)
2. अनुपात में परिवर्तन (Changes in Proportion)
3. पुराने लक्षण लुप्त होना (Disappearance of Old Features)
4. नये लक्षण प्रकट होना (Acquisition of New Features)

इन सभी प्रकार के परिवर्तनों के परिमाणात्मक और गुणात्मक (Quantitative or Qualitative) दोनों ही पहलू हैं। इसलिए सामान्यतया वृद्धि और विकास की प्रक्रिया लगभग साथ-साथ चलती हैं और यही कारण है कि ये दोनों शब्द समानार्थक रूप में प्रयुक्त होते हैं। गर्भाधान के पश्चात बालक में जो कुछ भी शारीरिक और व्यवहार सम्बन्धी परिवर्तन होते हैं उन्हें व्यक्त करने के लिए इन दोनों को सम्मिलित रूप से प्रयोग में लाया जाता है। हम भी इस पुस्तक में सुविधा के दृष्टिकोण से इन दोनों शब्दों को सम्मिलित रूप में ही प्रयोग करना चाहेंगे।

विकास की अवस्थायें (Stages of Development)

बच्चे की जीवन यात्रा और विकास की कहानी मां के गर्भ में आने के साथ-साथ ही शुरू हो जाती है। वह भी मां के गर्भ में एक पौधे की तरह छोटे से अंकुर के रूप में अपना जीवन प्रारंभ करता है तथा धीरे-धीरे वृद्धि और विकास को प्राप्त होता रहता है। इस वृद्धि और विकास की मंजिल में जैसे-जैसे उसकी उम्र बढ़ती है, उसमें विभिन्न सामाजिक, मानसिक, शारीरिक, संवेगात्मक और नैतिक परिवर्तन आते रहते हैं। इन सब के आधार पर उसे क्रमशः शिशु, बालक, किशोर, प्रौढ़ तथा वृद्ध आदि कह कर पुकारा जाता रहा है। ये सभी नाम बच्चों की विकास की उन सभी अवस्थाओं के द्योतक हैं जिनमें से होकर उन्हें अपनी जीवन यात्रा पूरी करनी होती है। संक्षेप में, इन सभी अवस्थाओं को संबंधित जीवन अवधि के साथ अच्छी प्रकार से निम्न रूप में दिखाया जा सकता है।

विकास की अवस्था

1. गर्भकाल या गर्भावस्था (Pre-Natal Stage)	गर्भाधान से लेकर जन्म तक
2. शिशुकाल और शैवावस्था (Stage of Infancy)	जन्म से लेकर 3 वर्ष की आयु तक
3. बाल्यकाल या बाल्यावस्था (Childhood Stage)	चौथे वर्ष से लेकर 12 वर्ष तक अथवा बिलकुल निश्चित रूप में वीर्य या रज की उत्पत्ति प्रारंभ होने तक चौथे वर्ष से 6 वर्ष तक
(a) पूर्वबाल्यावस्था (Pre-childhood Stage)	चौथे वर्ष से 6 वर्ष तक
(b) उत्तर-बाल्यावस्था (Post-childhood Stage)	सातवें वर्ष से 12 वर्ष तक अथवा बिलकुल निश्चित रूप में वीर्य या रज की उत्पत्ति प्रारंभ होने तक
4. किशोरावस्था (Adolescence)	सामान्यतया 13 से लेकर 19 वर्ष तक (निश्चित अर्थों में वीर्य या रज की उत्पत्ति प्रारंभ होने से लेकर परिपक्वता (Maturity) ग्रहण करने तक)
5. प्रौढ़ावस्था (Adulthood)	20वें वर्ष से लेकर या दूसरे शब्दों में परिपक्वता ग्रहण करने के समय से लेकर मृत्यु को प्राप्त होने तक

निश्चित रूप से यहां यह दावा नहीं किया जा सकता है कि प्रत्येक अवस्था में हर बालक के जीवन काल को आयु के हिसाब से ऊपर सुझाये गए तरीके से विभाजित किया जा सकता है। व्यक्तिगत भेदों (Individual Differences) की कोई सीमा नहीं है। कौन बालक किस आयु में वृद्धि और विकास के किस स्तर को स्पर्श करेगा, इसके लिए कोई सार्वभौमिक (Universal) नियम नहीं हैं। अतः वृद्धि और विकास की कोई विशेष अवस्था कितनी आयु और अवधि में मानी जाए इस संदर्भ में काफी-कुछ मतभेद देखने को मिल सकते हैं।

उपरोक्त सभी अवस्थाओं को अगर विद्यालय शिक्षा के दृष्टिकोण से देखा जाए तो पहली और अन्तिम अवस्था का अध्यापक से कोई प्रत्यक्ष सम्बन्ध नजर नहीं आता। इसलिए इस पुस्तक में शेष तीन अवस्थाओं को ही हम अपनी चर्चा का विषय बनाएंगे। परन्तु इन अवस्थाओं की प्रमुख विशेषताओं का वर्णन करने से पहले हम विकास के विभिन्न पहलुओं (Aspects of Development) से परिचित होना चाहेंगे।

विकास के विभिन्न आयाम (Various Aspects or Dimensions of Development)

बच्चे के व्यक्तित्व का सर्वांगीण विकास हमें निम्न रूपों अथवा पहलुओं में गति करता हुआ दिखलाई पड़ता है

(a) शारीरिक विकास (Physical Development)
(b) ज्ञानात्मक विकास (Cognitive Development)
(c) संवेगात्मक विकास (Emotional Development)
(d) नैतिक अथवा चारित्रिक विकास (Moral or Character Development)
(e) सामाजिक विकास (Social Development)
(f) भाषात्मक विकास (Language Development)

विकास के इन विभिन्न आयामों का संक्षिप्त परिचय हम नीचे दे रहे हैं।

(a) शारीरिक विकास (Physical Development): व्यक्ति के शारीरिक विकास में उसके शरीर के बाह्य एवं आंतरिक अवयवों का विकास शामिल होता है।

(b) बौद्धिक या मानसिक विकास (Intellectual or Mental Development): इसमें सभी प्रकार की मानसिक शक्तियों जैसे सोचने-विचारने की शक्ति, कल्पना शक्ति, निरीक्षण शक्ति, स्मरण शक्ति तथा एकाग्रता (Concentration), सृजनात्मकता (Creativity), संवेदना (Sensation), प्रत्यक्षीकरण (Perception) और सामान्यीकरण (Generalization) आदि से संबंधित शक्तियों का विकास सम्मिलित होता है।

(c) संवेगात्मक विकास (Emotional Development): इसमें विभिन्न संवेगों (Emotions) की उत्पत्ति, उनका विकास तथा इन संवेगों के आधार पर संवेगात्मक व्यवहार का विकास सम्मिलित होता है।

(d) नैतिक अथवा चारित्रिक विकास (Moral or Character Development): इसके अन्तर्गत नैतिक भावनाओं, मूल्यों तथा चरित्र सम्बन्धी विशेषताओं का विकास सम्मिलित होता है।

(e) सामाजिक विकास (Social Development): बच्चा प्रारंभ में एक असामाजिक प्राणी होता है। उसमें उचित सामाजिक गुणों का विकास कर समाज के मूल्यों एवं मान्यताओं के अनुसार व्यवहार करना सिखाना सामाजिक विकास के अन्तर्गत आता है।

(f) भाषात्मक विकास (Language Development): भाषात्मक विकास में बालक के

अपने विचारों की अभिव्यक्ति के लिए भाषा का जानना और उसके प्रयोग से संबंधित योग्यताओं का विकास शामिल होता है।

विकास को प्रभावित करने वाले कारक (Factors Influencing Development)

मां के गर्भ में जीवन लीला प्रारम्भ होने के साथ-साथ बालक की बुद्धि और विकास को प्रभावित करने वाले तत्त्व अथवा कारक अपना कार्य शुरू कर देते हैं। आंतरिक तथा बाह्य कारकों के रूप में इन्हें दो मुख्य भागों में बांटा जा सकता है। आंतरिक तथा बाह्य कारकों के नाम से जाने वाले बुद्धि एवं विकास को प्रभावित करने वाले तत्त्वों का संक्षिप्त परिचय नीचे दिया जा रहा है।

आंतरिक कारक (Internal Factors)

ऐसे सभी कारक जो व्यक्ति में निहित होते हैं, आंतरिक कारक कहलाते हैं। आंतरिक कारकों के इस वर्ग में प्राय: निम्न मुख्य कारकों का समावेश होता है।

1. वंशानुक्रम कारक (Hereditary Factors)
2. जैविक संरचनात्मक कारक (Biological Constitutional Factors)
3. बुद्धि (Intelligence)
4. संवेगात्मक कारण (Emotional Factors)
5. सामाजिक प्रकृति (Social Nature)

आइए, अब इन सभी आंतरिक कारकों द्वारा बुद्धि और विकास को प्रभावित करने के बारे में चर्चा की जाए।

वंशानुगत कारक (Hereditary Factors)– वंशानुगत कारक अपना प्रभाव मां के गर्भ में बच्चे की जीवन लीला शुरू होने अर्थात् गर्भाधान के समय छोड़ते हैं। मां बाप अपने-अपने गुण सुत्र (Chromosomes) तथा पित्र्येक (Genes) के माध्यम से वंशानुगत सम्बन्धी विशेषताओं का बालक में स्थानान्तरण करते हैं। फलस्वरूप बालक को वृद्धि एवं विकास के लिए एक सुनिश्चित आधार प्राप्त हो जाता है। जिसके ऊपर आगे चलकर व्यक्तित्व रूपी भवन का निर्माण होता है। जितनी सुदृढ़ बुनियाद होती है इमारत भी उतनी ही आलीशन बनाई जा सकती है। इस दृष्टि से वंशानुक्रम विशेषताओं के रूप में जो कुछ भी बालक को गर्भाधान के समय अपनी जीवन लीला प्रारंभ करने के लिए मिलता है उसका अति विशिष्ट महत्व होता है। वंशक्रम की यह विरासत में मिलने वाली पूंजी जितनी अधिक और अच्छी होती है, वृद्धि और विकास की एक अपेक्षित सीमा तक प्रगति करने के लिए वातावरण की शक्तियों को उतनी ही कम मेहनत करनी होती है। इसके विपरीत यह पूंजी जितनी कम होती है अर्थात किसी की शारीरिक बनावट जो उसे विरासत में मिलती है अपूर्ण होती है, उसमें कोई कमी होती है, बुद्धि दोषपूर्ण होती है तथा बौद्धिक योग्यताओं में कमी होती है, इस प्रकार की कमी को वातावरण की शक्तियों द्वारा पूरा करके आगे निश्चित सीमा तक वृद्धि और विकास के स्तर तक पहुंचना बड़ी टेढ़ी खीर होता है। अत: वंशक्रम की देन द्वारा व्यक्ति की वृद्धि एवं विकास प्रक्रिया में बड़ी महत्वपूर्ण भूमिका निभाई जाती है। चमड़ी का रंग, आंखों का रंग, बालों की प्रकृति और रंग, स्नायु संस्थान, मस्तिष्क, शारीरिक गठन, ऊंचाई भार, नलिकाविहीन ग्रंथियों की कार्य प्रणाली आदि बहुत सी बातें ऐसी हैं जिनमें वंशानुक्रम कारक अपना ऐसा स्थायी प्रभाव छोड़ते हैं जिन पर भविष्य सम्बन्धी सभी प्रकार की वृद्धि एवं विकास की प्रक्रिया कई तरह से निर्भर करती

है जिसका अनुमान आपको आगे के पृष्ठों में दिए गए विवरण से हो जाएगा।

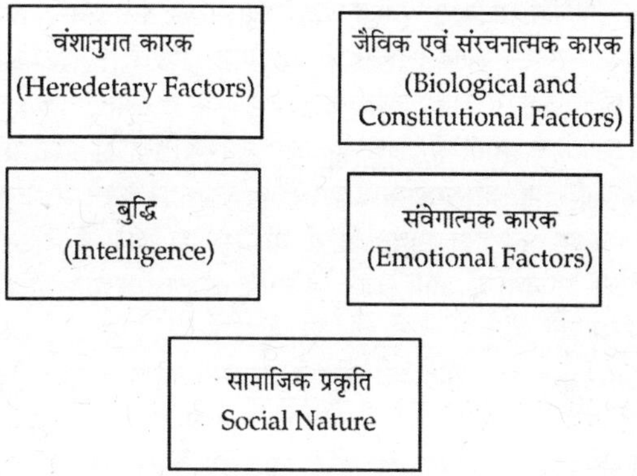

चित्र 4.1: विकास को प्रभाविक करने वाले कारक (Factors Influencing Development)

2. *जैविक एवं संरचनात्मक कारण (Biological and Consitutional Factors)* **:** व्यक्ति की अपनी शारीरिक बनावट, डीलडौल, रंगरूप, स्नायु संस्थान, शारीरिक अवयव, विभिन्न शारीरिक संस्थान, शरीर रसायन, नलिका विहीन ग्रंन्थियां, आदि के रूप में जो कुछ भी उसके पास हर समय रहता है ऐसी व्यक्तिगत पूंजी आगे के सभी प्रकार के जीवन व्यवहार को कैसे प्रभावित करने की क्षमता रखती है, इसका परिचय नीचे दिया जा रहा है।

(i) जो बालक जन्म से ही दुबले पतले, कमजोर, बीमार तथा किसी न किसी शारीरिक बाधा से पीड़ित होते हैं उनसे सामान्य स्वास्थ्य तथा शारीरिक वृद्धि एवं विकास के सामान्य स्तर पर पहुंच जाने की आशाएं काफी कम ही होती हैं। उनकी इस प्रकार की कमियां उनके शारीरिक स्वास्थ्य तथा वृद्धि एवं विकास को ही प्रभावित नहीं करती बल्कि, मानसिक, संवेगात्मक तथा सामाजिक विकास में भी बाधक सिद्ध होती हैं।

(ii) स्नायु संस्थान के रूप में व्यक्ति के पास जो कुछ हर समय रहता है, वह व्यक्ति के ज्ञानात्मक व्यवहार एवं विकास को प्रभावित करने की पूरी क्षमता रखता है। रीढ़ की हड्डी अथवा मस्तिष्क पर पहुंचा छोटा आघात भी बालक को मानसिक दृष्टि से विकलांग बना सकता है। इस तरह स्नायु संस्थान बालक के समस्त अंगों के सही विकास में सकारात्मक भूमिका निभाता है।

(iii) नलिका विहीन ग्रन्थियां (Ductless glands) शुरू से ही मानव वृद्धि एवं विकास की प्रक्रिया में अपनी भूमिका निभाना प्रारंभ कर देती हैं। इन ग्रन्थियों से उत्पन्न हारमोन्स (Hormones) रक्त में घुले होने के कारण शरीर के कोने-कोने में पहुंचते हैं और इसलिए न केवल शारीरिक विकास बल्कि हमारे विचारों, भावनाओं आदि की जिस प्रकार की प्रक्रिया होती है, व्यक्ति के शारीरिक, मानसिक, संवेगात्मक, सामाजिक तथा भौतिक विकास की धारा भी उसी तरह मुड़ जाती है। अगर ग्रन्थियों से निकलने वाले हारमोन की मात्रा काफी अधिक कम या अधिक हो जाए तो ग्रंथियों की अत्यधिक सक्रियता या निष्क्रियता दोनों ही व्यक्ति के संतुलित विकास के लिए घातक सिद्ध हो सकती है। उदाहरण के लिए पीयूष ग्रन्थि (Pituitary gland) अगर निष्क्रिय रहे तो आदमी बौना या नाटा रह जाता है या शरीर के भागों में बिना किसी अनुपात में अस्वाभाविक वृद्धि हो जाती है जिससे व्यक्ति भद्दा और कुरूप लगने लग जाता है।

शारीरिक रूप से अधिक कमजोर अधिक दुबली पतली काया, बेडौल और संतुलित शारीरिक विकास, अधिक मोटापन, कुरूप चेहरा, किसी भी तरह की शारीरिक विकलांगता, अधिक या बहुत कम ऊंचाई आदि जितनी भी शारीरिक दृष्टि से शरीर की विकास सम्बन्धी कमियां एवं त्रुटियां हैं और वे चाहे जन्मजात हों या दुर्घटना तथा रोगवश, व्यक्ति के सभी तरह के विकास में आड़े आती हैं। इन न्यूनताओं की कमियों से ग्रस्त व्यक्ति एक तरफ तो अन्य सामान्य व्यक्तियों की तरह कार्य करने एवं व्यवहार करने में पीछे रहता है, दूसरी ओर वह विभिन्न प्रकार की हीन भावनाओं से भी ग्रस्त हो जाता है जिससे वह बुद्धि और विकास के विभिन्न आयामों में आगे बढ़ने में अपना आत्म विश्वास ही खो बैठता है और फलस्वरूप विकास की दौड़ में पीछे ही रह जाता है।

3. *बुद्धि (Intelligence)*: बुद्धि को सीखने सम्बन्धी योग्यता, समायोजन योग्यता तथा समयानुसार ठीक निर्णय ले सकने की योग्यता के रूप में परिभाषित किया जाता है। स्पष्ट है कि इस प्रकार के व्यवहार में सहायक, बुद्धि, बालक की हर प्रकार की वृद्धि एवं विकास में अपनी महत्वपूर्ण भूमिका निभायोगी ही। एक बुद्धिमान व्यक्ति से अपने संवेगों को अच्छी तरह नियंत्रण में रखकर पूर्ण संयमित एवं संतुलित व्यवहार की अपेक्षा की जाती है। वह अपने और दूसरों के साथ तालमेल बनाकर चलना और व्यवहार करना अच्छी तरह जानता है और फलस्वरूप उसका सामाजिक विकास एवं नैतिक विकास अल्प बुद्धि युक्त बालकों से सदैव ही अच्छी तरह संपन्न होता है। क्या खाना चाहिए, कब खाना चाहिए तथा किस प्रकार के स्वास्थ्य सम्बन्धी नियमों का पालन किया जाना चाहिए, यह जानकारी तथा उस पर अमल करने की बुद्धि से जुड़ा रहता है। मानसिक विकास तो पूरी तरह बुद्धि पर आश्रित होता ही है।

जितनी मानसिक क्षमताएं, चाहे वे साधारण स्तर की हों या रचनात्मक, सृजनात्मक और समस्या समाधान योग्यताओं की तरह उच्च स्तर की, सब में बुद्धि के तत्वों का ही बोल बाला रहता है। इस तरह व्यक्ति की वृद्धि एवं विकास के समस्त पहलुओं में बुद्धि की प्रधान भूमिका रहती है।

4. संवेगात्मक कारक (Emotional Factors): बालक की वृद्धि एवं विकास को प्रभाविक करने में बालक के संवेगात्मक विकास से जुड़े हुए विभिन्न कारक जैसे संवेगात्मक परिपक्वता तथा संवेगात्मक समायोजन क्षमता आदि भी महत्वपूर्ण भूमिका निभाते हैं। बालक में जिस प्रकार के संवेगों का जिस रूप में विकास होगा वह उसके सामाजिक, मानसिक, नैतिक, शारीरिक तथा भाषा सम्बन्धी विकास को पूरी तरह प्रभावित करने की क्षमता रखता है। जो बालक अत्यधिक क्रोधी होते हैं, भयभीत रहते हैं, जिनमें ईर्ष्या, वैमनस्य आदि नकारात्मक संवेगों की अधिकता रहती है उनकी विकास प्रक्रिया पर भी विपरीत असर पड़ता है। इस प्रकार का व्यवहार उनके शारीरिक और मानसिक दोनों प्रकार के स्वास्थ्य के लिए हानिकारक सिद्ध होता है। संवेगात्मक रूप से असंतुलित बालक पढ़ाई में या किसी अन्य गंभीर कार्यों में ध्यान नहीं दे पाते, फलस्वरूप उनका मानसिक विकास भी प्रभावित होता है। इसके विपरीत जो बालक संवेगात्मक दृष्टि से संतुलित पाए जाते हैं वे वृद्धि एवं विकास के सभी आयामों में संतोषप्रद ढंग से प्रगति करते हैं।

5. सामाजिक प्रकृति– बच्चा जितना अधिक सामाजिक रूप से संतुलित होगा उसका प्रभाव उसके शारीरिक, मानसिक, संवेगात्मक, भौतिक तथा भाषा सम्बन्धी विकास पर भी उतना ही अनुकूल पड़ेगा। सामाजिक दृष्टि से कुशल बालक अपने वातावरण से दूसरों

की अपेक्षा अधिक सीखता है, तथा अधिक अच्छे ढंग से अपना समायोजन कर सकता है। अतः वृद्धि और विकास के सभी आयामों में ठीक ढंग से प्रगति करने की संभावना ऐसे बच्चों में ही दूसरों की अपेक्षा ज्यादा पाई जाती है।

बाह्‌य कारक (External Factors)

वृद्धि एवं विकास को प्रभावित करने वाले सभी कारक जो व्यक्ति में निहित न होकर उसके वातावरण में निहित होते हैं बाह्य कारक कहलाते हैं। ये कारक बालक के गर्भाधान के तुरन्त बाद ही उसकी वृद्धि एवं विकास को प्रभावित करना प्रारंभ कर देते हैं और इस दृष्टि से उन्हें निम्न रूप में वर्गीकृत किया जा सकता है।

(A) मां के गर्भ में मिलने वाला वातावरण (Environment available in the womb of the mother): बालक को गर्भाधान के समय से लेकर उसके जन्म तक (लगभग 9 माह की अवधि) जो कुछ भी मां के गर्भ में उसके पालन-पोषण के लिए प्राप्त होता है वृद्धि एवं विकास की दृष्टि से उसका काफी अधिक महत्व है। ये केवल उसकी शारीरिक वृद्धि में ही अपना योगदान नहीं देता बल्कि सभी तरह का आगामी विकास इसी को आधार बनाकर चलता है। उदाहरण के लिए बालक के संवेगात्मक तथा मानसिक व्यवहार के पीछे भी जिस प्रकार का व्यवहार जहां उसकी मां द्वारा उसके पोषण में किया जाता है और जिस तरह का मानसिक एवं शारीरिक स्वास्थ्य मां का होता है, ये सभी बातें मूल रूप से सहायक मानी जाती हैं। चिन्ता, भय एवं संवेगात्मक रूप से असंतुलित माताओं के गर्भ में स्थित बच्चों पर भी प्रतिकूल प्रभाव पड़ने की बात कोई काल्पनिक बात नहीं परन्तु वास्तविक सच्चाई है। मां को गर्भावस्था में अच्छा मानसिक एवं शारीरिक स्वास्थ्य बनाए रखने की सलाह इसीलिए दी जाती है कि उससे न केवल गर्भ के अंदर बालक के विकास पर असर पड़ता है बल्कि आगे के विकास की बुनियाद भी मजबूत होती है। इस वातावरण से जुड़े हुए विभिन्न कारकों को निम्न प्रकार लिपिबद्ध किया जा सकता है:

- गर्भावस्था के दौरान मां का शारीरिक और मानसिक स्वास्थ्य
- गर्भ में पलने वाले बालकों की संख्या
- मां के गर्भ में बालक को मिलने वाले पोषण की प्रकृति
- किसी एक्सरे तथा रेडियेशन, रेडियो धर्मिता, क्षतिकारक किरणों तथा वायु प्रदूषण आदि का घातक प्रभाव
- सामान्य अथवा असामान्य जन्म प्रक्रिया
- बालक को गर्भाशय में प्राप्त कोई चोट अथवा दुर्घटना सम्बन्धी दुष्परिणाम।

(B) जन्म के बाद मिलने वाला वातावरण (Environment Available after Birth): जन्म के समय से ही बालक को जिन हालतों से गुजरना होता है तथा जो कुछ भी उसे अपने भौतिक, सामाजिक तथा सांस्कृतिक वातावरण से प्राप्त होता है वह उसके सभी प्रकार की वृद्धि एवं विकास को पूरी तरह प्रभावित एवं नियंत्रित करता है। इस प्रकार के वातावरण में शामिल प्रमुख कारकों को निम्न प्रकार से लिपिबद्ध किया जा सकता है–

1. जीवन की घटनाएं एवं दुर्घटनाएं (Accidents and Incidents of Life): जीवन में घटनाओं एवं दुर्घटनाओं के रूप में व्यक्ति के साथ जो कुछ भी घटित होता है वह उसकी वृद्धि एवं विकास के सभी आयामों को पूरी तरह प्रभावित करता है। एक बालक जिसने अपनी मां का साथ किसी दुर्घटनावश जन्म लेते ही या उसके बाद छोड़ दिया हो, इससे उसके सभी तरह के विकास की कहानी ही अब बदल जाएगी। एक छोटी सी प्रेरणादायक

घटना जहां बालक के विकास को उन्नति का मार्ग दिखा सकती है वहां अनजाने में की गई भूल, अकस्मात घटने वाली घटना या दुर्घटना उसे अवनति के गर्त में भी धकेल सकती है। कोई छोटी सी सिर में हुई चोट उसके स्नायु पर ऐसा आघात पहुंचा सकती है कि उसका मानसिक विकास ही अवरुद्ध हो जाए अथवा वह सदा के लिए अपना संवेगात्मक संतुलन ही खो बैठे। इस तरह घटनाओं और दुर्घटनाओं का व्यक्ति की आगामी विकास प्रक्रिया पर गहरा असर पड़ता है।

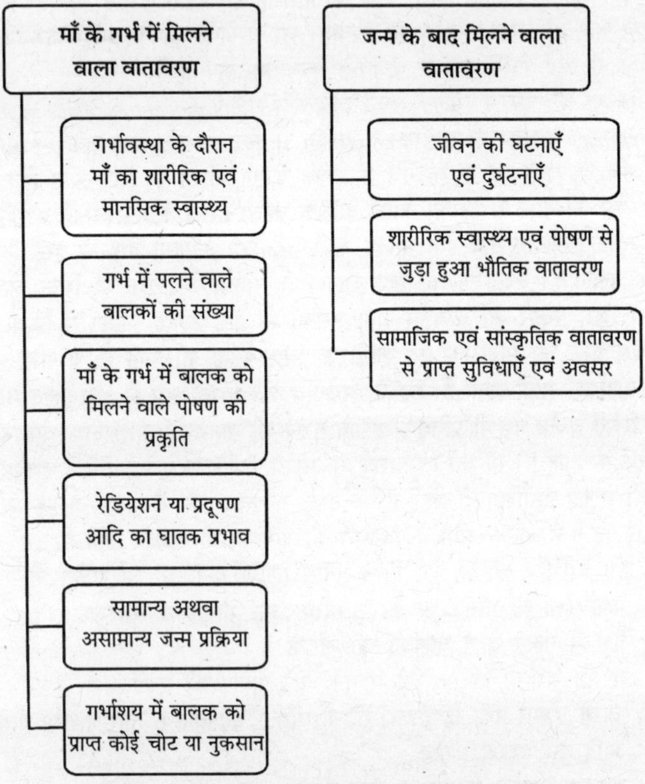

चित्र 4.2: विकास को प्रभावित करने वाले बाह्य कारक
(External Factors influencing Development)

2. शारीरिक स्वास्थ्य एवं पोषण से जुड़ा हुआ भौतिक वातावरण (Quality of Physical environment, medical care and nourishment): व्यक्ति को अपने पोषण एवं शारीरिक स्वास्थ्य के लिए जिस प्रकार का भौतिक वातावरण मिलता है उसका उसके शारीरिक एवं मानसिक स्वास्थ्य, संवेगात्मक तथा सामाजिक व्यवहार समायोजन तथा कार्य करने के अपने ढंग पर वैसा ही अनुकूल या प्रतिकूल प्रभाव पड़ता है। स्वच्छ एवं स्वस्थ जलवायु, प्रदूषण विहीन वातावरण, स्वच्छ एवं स्वस्थ जल एवं खाद्य पदार्थ, संतुलित भोजन, रहने और कार्य करने सम्बन्धी उपयुक्त भौतिक सुविधाएं एवं वातावरण, उपयुक्त चिकित्सा सुविधाएं आदि का वृद्धि एवं विकास पर सदैव ही अनुकूल प्रभाव पड़ता है जबकि इस प्रकार के भौतिक वातावरण की कमियां उसके विकास के लिए महंगी सिद्ध होती हैं।

3. सामाजिक एवं सांस्कृतिक वातावरण से प्राप्त सुविधाएं एवं अवसर (Quality of the facilities and opportunities provided by one' s social and cultural environment): व्यक्ति को अपने जन्म के समय से ही जो कुछ प्राप्त होता है वह उसकी वृद्धि एवं विकास के सभी आयामों को पूरी तरह प्रभावित करता है। इस प्रकार के वातावरण से जुड़े हुए विभिन्न तत्व कारक तथा परिस्थितियां निम्न हो सकती हैं:

- बालक की मां बाप तथा परिवार द्वारा की जाने वाली देखभाल।
- मां बाप तथा परिवार की आर्थिक और सामाजिक स्थिति।
- पास-पड़ोस एवं मुहल्ले का वातावरण।
- बालक को विद्यालय या उसके बाद मिलने वाली शिक्षा का स्तर तथा वहां मिलने वाला वातावरण।
- बालक के विकास के लिए उपलब्ध सामाजिक एवं सांस्कृतिक वातावरण का स्तर एवं सुविधाएं।
- बालक तथा उसके परिवार को उसकी जाति, धर्म, प्रान्तीयता तथा नागरिकता के आधार पर समाज से मिलने वाला व्यवहार।
- बालक को अपने विकास के लिए मिलने वाले विभिन्न शैक्षिक तथा व्यावसायिक अवसर एवं सुविधाएं
- मनोरंजन तथा रुचियों के पोषण के लिए मिलने वाली सुविधाएं।
- बालक, उस समाज तथा राष्ट्र का अपना सम्मान या स्थान जिसमें बालक विकसित हो रहा है तथा उस समाज या राष्ट्र में स्थापित कानून तथा शासन का स्वरूप।

विकास के आन्तरिक एवं बाह्य कारकों के मध्य अन्तःक्रिया का परिणाम (Development a Result of Interaction between Internal and External Factors)

जैसा कि ऊपर चर्चा की जा चुकी है। एक विकासशील बालक की वृद्धि एवं विकास सम्बन्धी प्रक्रिया उसके मां के गर्भ में आते ही उसमें निहित आंतरिक तथा उसके वातावरण में निहित बाह्य कारकों द्वारा प्रभावित होती रहती है। परन्तु यहां स्पष्ट रूप से यह बात भी जानना जरूरी है कि न तो आंतरिक और न बाह्य कारक चाहे वे कितने भी सशक्त और प्रभावशाली क्यों न हो अपने आप में अकेले बालक के बुद्धि और विकास को आवश्यक दिशा और बल प्रदान नहीं कर सकते। वास्तव में देखा जाए तो हम जिसे वृद्धि और विकास की प्रक्रिया का प्रतिफल समझते हैं उसे बालक में निहित आंतरिक कारकों तथा उसके वातावरण में निहित बाह्य कारकों की लगातार चलने वाली अंत:क्रिया का परिणाम ही कहा जा सकता है।

गर्भाधान के तुरंत बाद से ही बालक के लिए आंतरिक कारक उसे वह ठोस आधार प्रदान करते हैं जिनके सहारे वह अपनी मां की कोख में उपलब्ध आंतरिक वातावरण (Internal Environment) से अन्त: क्रिया कर उनसे उचित लाभ अर्जित कर सके। जन्म के पश्चात जिस प्रकार का बाह्य वातावरण (External Environment) उसे अपने पालन-पोषण सम्बन्धी सुविधाओं तथा भौतिक, सामाजिक, संवेगात्मक तथा सांस्कृतिक परिवेश के रूप में मिलता है वह उसे अपने किसी प्रकार के शारीरिक, मानसिक, साभाजिक, संवेगात्मक, नैतिक तथा भाषा विकास की उचित दिशा और दशा तय करने तथा अधिक से अधिक संभावित ऊंचाइयों पर पहुंचने में भरसक मदद करता हुआ दिखाई देता है। एक बालक इस तरह

उतनी ही प्रगति और विकास स्तर को प्राप्त करने में सक्षम होता हुआ दिखाई देता है जिस सीमा तक उसके स्वयं में निहित आंतरिक कारक तथा उसके वातावरण में निहित विभिन्न कारक पारस्परिक अंत:क्रिया करते हुए उसके इस कार्य में उचित सहयोग करते हुए नजर आते हैं।

विकास और अधिगम में सम्बन्ध
(Relationship between Development and Learning)

विकास एवं अधिगम दोनों का आपस में द्विपक्षीय सम्बन्ध है। ये दोनों एक दूसरे को निम्न रूप से प्रभावित करते हैं:

A. *अधिगम और विकास (Learning and Development)*

एक विकासशील बालक के व्यक्तित्व के विभिन्न पक्षों और आयामों में वांछित विकास लाने में अधिगम का महत्वपूर्ण योगदान होता है। अधिगम की परिभाषा ही इस बात को सत्य सिद्ध करती है "अधिगमकर्त्ता के अर्थात् बालक के व्यवहार में अनुभव या प्रशिक्षण द्वारा वांछित परिवर्तन लाने वाली प्रक्रिया ही अधिगम है।" (Learning is a process of bringing desierd modification or changes in the behaviour of a learner through experience or training.) इस प्रकार अधिगम के फलस्वरूप ही किसी भी समय बालकों के व्यवहार (संज्ञानात्मक, भावात्मक और क्रियात्मक) में वांछित परिवर्तन आते हैं और परिणामस्वरूप बालकों के व्यक्तित्व के विभिन्न पक्षों या आयामों-शारीरिक, मानसिक, संवेगात्मक, सामाजिक, भाषात्मक तथा अन्य में वांछित विकास होता है। बालकों के व्यक्तित्व के अधिगम के फलस्वरूप होने वाले विकास को हम निम्न रूप से स्पष्ट कर सकते हैं–

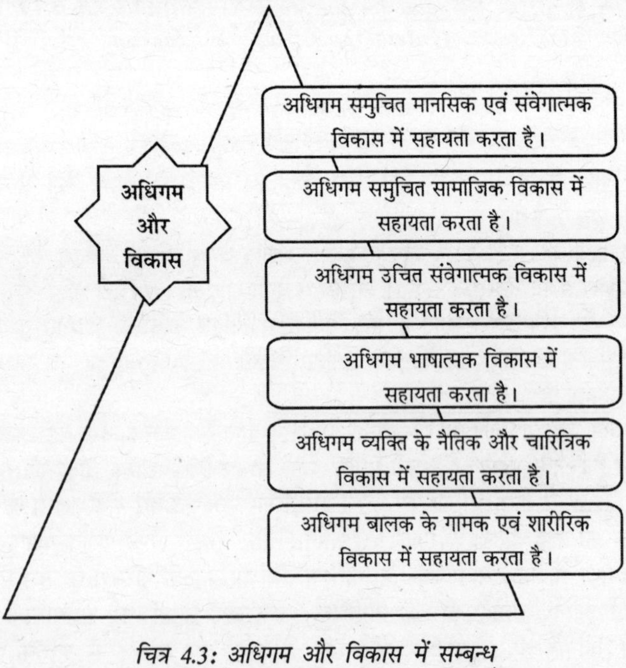

चित्र 4.3: अधिगम और विकास में सम्बन्ध

1. अधिगम बालक के समुचित शारीरिक एवं गामक विकास में सहायता करता है (Learning helps in child's physical and motor development) **:** अधिगम अपने औपचारिक एवं अनौपचारिक दोनों प्रकार के अनुभवों के माध्यम से बालक के शारीरिक एवं गामक विकास में सहायता करता है। अधिगम के द्वारा ही बालक विभिन्न प्रकार की ऐसी शारीरिक विकास सम्बन्धी जरूरी बातों का ज्ञान, कौशल, आदतें, रुचियां तथा अभिवृत्तियां ग्रहण करता है जो कि निम्न रूप से उसकी सहायता करते हैं :

(i) शारीरिक स्वास्थ्य को ठीक बनाए रखने में।

(ii) शारीरिक क्रियाशीलता एवं शारीरिक उपयुक्तता के लिए आवश्यक गामक कौशलों और क्रियाओं का अर्जन करने में।

(iii) पर्यावरणीय असमानताओं और बीमारियों से अपनी सुरक्षा करने के लिए आवश्यक निरोधात्मक तथा सुधारात्मक उपाय अपनाने में।

(iv) उपयुक्त शारीरिक और गामक विकास के लिए पौष्टिक सन्तुलित भोजन लेने तथा स्वास्थ्यप्रद जीवन सम्बन्धी आदतें अर्जित करने में।

2. अधिगम समुचित मानसिक एवं संज्ञानात्मक विकास में सहायता करता है(Learning helps in proper mental and cognitive development) **:** जब एक व्यक्ति की मानसिक या संज्ञानात्मक योग्यताएं एवं क्षमताएं ठीक प्रकार से विकसित होती हैं और समुचित ढंग से क्रियाशील होती है तभी हम कह सकते हैं कि उस व्यक्ति का मानसिक एवं संज्ञानात्मक विकास ठीक ढंग से हो रहा है। इन मानसिक एवं संज्ञानात्मक योग्यताओं या क्षमताओं को ही चिन्तन एवं तर्कशक्ति, कल्पनाशीलता एवं स्मरण रखने की योग्यता, विश्लेषण, संश्लेषण एवं निष्कर्ष निकालने की योग्यता, विभेदीकरण तथा समीक्षात्मक रूप से जांच करने या मूल्यांकन करने की योग्यता, निर्णय लेने और न्याय करने की योग्यता, तर्क-वितर्क करने की योग्यता और किसी सार्थक और मूर्त निष्कर्ष पर पहुंचने की योग्यता आदि के नाम से जाना जाता है। ये सभी योग्यताएं या क्षमताएं जन्म जात नहीं होती हैं बल्कि व्यक्ति के द्वारा अपने जीवन में प्रयास पूर्वक प्राप्त औपचारिक या अनौपचारिक अनुभवों (जिन्हें अधिगम कहा जाता है) से अर्जित की जाती हैं।

3. अधिगम समुचित सामाजिक विकास में सहायता करता है(Learning helps in proper social developmment): एक बच्चा अपने जीवन की प्रारंभिक अवस्था में पूरी तरह से आत्मकेन्द्रित और असामाजिक होता है परन्तु जैसे-जैसे वह अधिगम अनुभवों का अर्जन और संग्रह करता जाता है वैसे-वैसे वह सामाजिक विकास की दृष्टि से समझदार और परिपक्व होता जाता है। अपने घर, आसपड़ोस, विद्यालय तथा सामाजिक परिस्थितियों में होने वाली अन्त: क्रियाओं से प्राप्त अधिगम अनुभव, उसके समुचित सामाजिक विकास में सहायक विभिन्न सामाजिक गुण, आदतें, रुचियाँ तथा अभिवृत्तियाँ का अर्जन करने में उसकी सहायता करते हैं।

4. अधिगम उचित संवेगात्मक विकास में सहायक है (Learning helps in proper emotional developmment) **:** संवेगात्मक परिपक्वता के एक समुचित स्तर को प्राप्त कर लेने पर ही व्यक्ति को संवेगात्मक रूप में विकसित कहा जा सकता है। व्यक्ति में यह योग्यता होनी चाहिए कि वह उचित समय तथा उचित स्थान पर, उचित तरीके से समुचित मात्रा में अपने संवेगों को अभिव्यक्त कर सके। निश्चित रूप से कहा जा सकता है कि यह योग्यता जन्मजात नहीं होती है बल्कि यह व्यक्ति के द्वारा अपने जीवन में प्राप्त औपचारिक

एवं अनौपचारिक अनुभवों (जिन्हें अधिगम कहा जाता है) के द्वारा अर्जित की जाती है तथा ठीक प्रकार से विकसित होती है।

5. अधिगम व्यक्ति के भाषात्मक विकास में सहायता करता है (Learning helps in one's proper language developmment): हम अपने विचारों के आदान प्रदान या सम्प्रेषण के लिए अलग-अलग तरीके से जिस भाषा का प्रयोग करते हैं, बोलते और सुनते हैं उसका अर्जन तो औपचारिक एवं अनौपचारिक अनुभवों (अधिगम) के द्वारा ही होता है। चाहे घर में माता-पिता का अनुकरण करके सीखा जाए या विद्यालय में औपचारिक रूप से भाषा ज्ञान प्राप्त किया जाए, इस भाषात्मक विकास का प्रमुख आधार तो अधिगम ही है। हम किसी भी एक या अन्य भाषा के प्रयोग में जो भी कौशल और योग्यता अर्जित करे, यह सब अधिगम का प्रतिफल या अर्जित व्यवहार है बालक की वंशानुगत विशेषता का कार्य नहीं।

6. अधिगम व्यक्ति के नैतिक या चारित्रिक विकास में सहायक है (Learning helps in one's moral or Character development): नैतिकता और चरित्र जैसा कि हम जानते हैं व्यक्ति की अपनी जिंदगी में किए जाने वाले विभिन्न अनुभवों के परिणामों का प्रतिफल माना जाता है। अच्छे और बुरे किसी भी प्रकार के चरित्र निर्माण में जीन्स और क्रोमोसोम्स की कोई भूमिका नहीं होती है। यह पूरी तरह से एक परिवेश जन्य प्रक्रिया है और इसीलिए इसे आवश्यक रूप से औपचारिक या अनौपचारिक अनुभवों, जिन्हें अधिगम कहा जाता है, का प्रतिफल समझा जाना चाहिए। वांछित अधिगम अनुभव प्रदान कर हम वांछित तरीके से एक बच्चे के नैतिक या चारित्रिक विकास में निश्चित तौर पर सहायता कर सकते हैं।

इस प्रकार से किसी व्यक्ति के विकास को चाहे जो भी दिशा या आयाम हों, औपचारिक या अनौपचारिक रूप से अर्जित अधिगम अनुभव उसके विकास के वांछित परिपक्वता स्तर तक पहुंचने में पूरी तरह उसकी सहायकता करते हैं।

B. विकास और अधिगम (Development and Learning)

जिस प्रकार अधिगम बालक के विकास को प्रभावित करता है उसी प्रकार उसके विकास के किसी एक या अन्य पक्ष या आयाम-शारीरिक, गामक, मानसिक, सामाजिक, संवेगात्मक, भाषात्मक और नैतिक के विकास का स्तर उसके अधिगम को समान रूप से प्रभावित करता है। आइए, इस प्रकार के प्रभावों की प्रकृति को, विभिन्न विकासात्मक आयामों के संदर्भ में, समझने का प्रयत्न किया जाए।

(i) शारीरिक एवं गामक विकास अधिगम (Physical and motor development and learning): ऐसे बहुत-से शारीरिक और गामक कौशल होते हैं जिन्हें अधिगम के लिए व्यक्ति के शारीरिक और गामक विकास के संदर्भ में प्राप्त किए गए परिपक्वता स्तर पर निर्भर रहना पड़ता है। यदि किसी बालक ने शारीरिक और गामक विकास के उस वांछित स्तर को प्राप्त नहीं किया है जो किसी शारीरिक गतिविधि या खेल के लिए जरूरी है तो बालक उस खेल, क्रीड़ा या गतिविधि में न तो भाग ले सकता है और न ही उसका अभ्यास कर सकता है। इसी प्रकार यदि एक व्यक्ति के शारीरिक स्वास्थ्य, गामक सामंजस्य और शारीरिक विकास का स्तर अच्छा नहीं है तो वह ऐसी बहुत-सी बातों और क्रियाओं का अधिगम नहीं कर सकेगा जिनके अधिगम के लिए शारीरिक क्षमता और शारीरिक परिश्रम की जरूरत पड़ती हैं।

(ii) मानसिक या संज्ञानात्मक विकास और अधिगम (Mental or cognitive development and learning): विद्यालय पाठ्यक्रम के बहुत से क्षेत्रों तथा पक्षों से संबंधित ज्ञान तथा

कौशलों के साथ-साथ अपने मनचाहे ढंग से जीवन जीने से संबंधित कार्यों तथा क्रियाओं का अर्जन और अधिगम व्यक्ति के द्वारा प्राप्त मानसिक विकास तथा परिपक्वता स्तर पर निर्भर करता है। बालकों की विकासात्मक अवधि में संज्ञानात्मक विकास के स्वरूप का अध्ययन करते हुए पियाजे ने यह निष्कर्ष निकाला कि इन्द्रिय जनित गामक अवस्था, पूर्व संक्रियात्मक अवस्था, मूर्त संक्रियात्मक अवस्था तथा औपचारिक संक्रियात्मक अवस्था से संबंधित बालक केवल उसी प्रकार के अधिगम तथा ज्ञान और कौशलों का विकास करने में सक्षम सिद्ध हो सकते हैं जो उनकी उस अवस्था से संबंधित संज्ञानात्मक विकास अवस्था के अनुकूल हों। परिणामस्वरूप हम छोटे बालकों से अमूर्त संप्रत्ययों को आत्मसात करने तथा कठिन संज्ञानात्मक कौशलों के अर्जन सम्बन्धी अपेक्षाएं नहीं कर सकते और हमें उनके इस प्रकार के अधिगम अर्जन हेतु तब तक प्रतीक्षा करनी चाहिए जब तक उनमें इसके ग्रहण करने हेतु आवश्यक मानसिक परिपक्वता विकसित न हो जाए।

(iii) सामाजिक विकास और अधिगम (Social development and learning): एक विकासशील बालक अपने सामाजिक विकास के जिस वांछित स्तर को प्राप्त करता है उसी की सहायता से उसको अधिगम की प्राप्ति होती है। अल्बर्ट बन्डूरा के अनुसार बालक का अधिकांश अधिगम उसकी सामाजिक अधिगम प्रक्रिया के द्वारा ही अर्जित किया जाता है। विभिन्न प्रकार के ज्ञान क्षेत्र, कौशलों और रुचियों से युक्त बहुत से व्यवहार बालकों के द्वारा दूसरों के व्यवहार का अवलोकन करके तथा उनका अनुकरण करके सीखे जाते हैं। व्यगोत्स्की और ब्रूनर जैसे सामाजिक रचनात्मकतावादियों के विचार में सामाजिक संगति तथा सामाजिक अन्तःक्रिया बालकों के अपने गुरूजनों, अधिक ज्ञानवान साथियों और अध्यापकों की संगति और मार्गदर्शन में ज्ञान की रचना करके, बहुत सी बातों को सीखने में बालकों की सहायता करती है। यह तभी हो सकता है जब एक बालक अपने सामाजिक विकास और परिपक्वता के वांछित स्तर को प्राप्त करने लायक हो जाता है और यही कारण है कि एक बच्चे के सामाजिक विकास से ही उसके अधिगम सम्बन्धी कार्य और उत्तरदायित्व जुड़े रहते हैं।

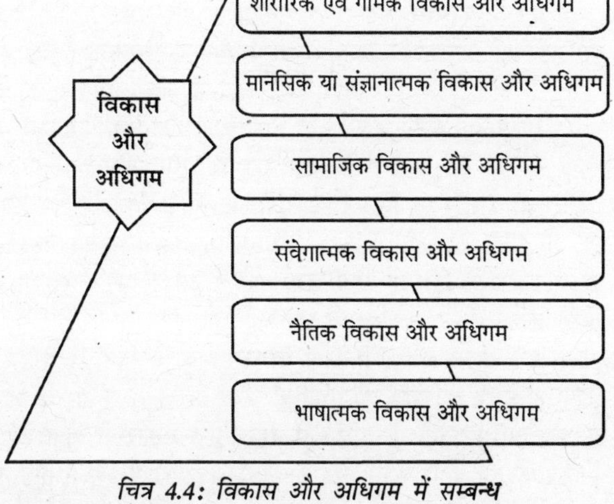

चित्र 4.4: विकास और अधिगम में सम्बन्ध

(iv) संवेगात्मक विकास और अधिगम (Emotional development and learning) : बालक का संवेगात्मक विकास बहुत कुछ उसके अधिगम सम्बन्धी कार्यों से जुड़ा हुआ होता है। एक बालक तभी भलीभांति अधिगम कर सकता है जब उसका संवेगात्मक विकास और समायोजन ठीक प्रकार का होता है। हम एक ऐसे विद्यार्थी जो तीव्र क्रोध, भय, ईर्ष्या, दुश्मनी, घृणा, अत्यधिक खुशी या उत्तेजना से प्रभावित हो, से अच्छे स्तर के अधिगम की आशा नहीं कर सकते हैं। केवल अपने अधिगम और प्रयोग आदि करने के समय ही नहीं बल्कि अपनी उपलब्धियों और निष्पत्तियों के मूल्यांकन के समय भी उसका अपने जागृत होते हुए संवेगों पर भी समुचित नियंत्रण करने में समर्थ होना जरूरी है। और यह सब तभी संभव हो सकता है जब उसने अपने संवेगात्मक विकास एवं संवेगात्मक परिपक्वता के समुचित स्तर को आत्मसात कर लिया हो।

(v) नैतिक विकास और अधिगम (Moral development and learning): अधिगम की प्रक्रिया और प्रतिफल बहुत कुछ बालक के नैतिक या चारित्रिक विकास के स्तर से प्रभावित होते हैं। एक सच्चरित्र व्यक्ति के गुण एवं आदतें जैसे-समय का पाबंद होना, वफादारी, कर्त्तव्यपरायणता, ईमानदारी, सच्चाई, बड़ों के प्रति सम्मान, दूसरों के विचारों के प्रति आदर भाव, सहयोग एवं सहकारिता में विश्वास, टीम भावना आदि, अधिगम को सही एवं सकारात्मक दिशा में आगे बढ़ाने में बहुत ही प्रभावशाली और मददगार साबित होते हैं। जो विद्यार्थी नैतिक दृष्टि से पिछड़े हुए होते हैं या कुप्रवृत्तियों से ग्रस्त होते हैं, वे प्रायः अपने अधिगम के लिए अनुचित साधनों का सहारा लेते हुए पाए जाते हैं। कक्षा या विद्यालय से भाग जाना, अधिगम की असफलता के लिए बहाने बनाना, परीक्षा के समय नकल करना या अन्य अनुचित साधन अपनाना, आदि अनैतिक कार्यों का सहारा लेते हैं, परिणामस्वरूप वे अपने समुचित विकास और प्रगति के लिए अधिगम और ठीक प्रकार से ज्ञानार्जन करने में असफल सिद्ध होते हैं। दूसरी तरफ जो विद्यार्थी नैतिक दृष्टि से परिपक्व और चरित्रवान होते हैं, वे अपने अधिगम और तरक्की में प्रगति के एक वांछित स्तर का प्रदर्शन करते हैं।

(vi) भाषात्मक विकास और अधिगम (Language development and learning): अधिगम की कुंजी है सम्प्रेषण कला। जो बालक दूसरों की कही गई बातों को या जो कुछ अधिगम करना है उन बातों को अच्छी तरह ग्रहण कर सकता है और समझ सकता है तथा सीखी या अधिगम की गई बातों को ठीक प्रकार से अभिव्यक्त कर सकता है वही एक अच्छा अधिगमकर्त्ता होता है और यह तभी संभव हो सकता है जब सम्प्रेषण के लिए प्रयुक्त भाषा के स्तर को बालक ने प्राप्त कर लिया हो। शिक्षण अधिगम प्रक्रिया तभी सफल हो सकती है जब बालक का भाषायी विकास उस अधिगम प्रक्रिया में प्रयुक्त सम्प्रेषण की भाषा के स्तर का हो। परन्तु जिन विद्यार्थियों का भाषा विकास उस स्तर का नहीं होता, जिस स्तर की भाषा का प्रयोग शिक्षण अधिगम प्रक्रिया के दौरान सम्प्रेषण में किया जा रहा हो, तो वे विद्यार्थी अधिगम में पिछड़ जाते हैं और अपने अध्ययन में कठिनाई का अनुभव करते हैं।

इस प्रकार से हम देखते हैं कि विभिन्न विकासात्मक आयामों के संदर्भ में बालक का विकास उसके अधिगम के कार्य को प्रभावित करने या अनेक प्रकार के ज्ञान, कौशल, रूचियों, मूल्यों और अभिवृत्तियों के अर्जन में बहुत कुछ उत्तरदायी होता है। उसे अपनी अधिगम कार्य में सफलता प्राप्त करने तथा अपने जीवन पथ पर भलीभांति अग्रसर होने

हेतु विकास के विभिन्न पक्षों या आयामों के संदर्भ में सर्वांगीण विकास के लिए एक सामंजस्यपूर्ण सर्वांग विकास की आवश्यकता होती है। यहां यह प्रश्न उठता है कि बालकों को अपने सर्वांग विकास हेतु एक अध्यापक द्वारा किस प्रकार मदद की जा सकती है आगे हम इसी बात पर विचार करेंगे।

आत्म और समाज के लिए बालकों का सर्वांग विकास कैसे किया जाए? (Facilitating Holistic Development for Self and Society)

एक विकासशील बालक के इस प्रकार के विकास को सर्वांग विकास कहा जाता है जिसमें बालक के स्वयं के तथा साथ ही समाज के समुचित कल्याण के लक्ष्य को ध्यान में रखते हुए उसके विकास के सभी पक्षों या आयामों में एक संतुलित ढंग के विकास करने का प्रयत्न किया जाता है। इसके लिए एक विकासशील बालक की सर्वांग शिक्षा के लिए समुचित शिक्षण अधिगम अनुभवों की व्यवस्था करने और योजना बनाने के लिए एक सर्वांग उपागम के अपनाने की जरूरत होती है। बालकों की इस प्रकार की शिक्षा की व्यवस्था करने में निम्न प्रकार की बातें काफी सहायक सिद्ध हो सकती हैं:

1. सर्वांग विकास सम्बन्धी उद्देश्यों का निर्माण(Setting holistic aims) : शिक्षण अधिगम प्रक्रिया के लक्ष्य और उद्देश्यों का निर्माण तथा विद्यालय शिक्षा का कार्यक्रम इस प्रकार से बनाया जाना चाहिए जो बालकों के सर्वांग विकास सम्बन्धी जरूरतों को पूरा करने में समर्थ हो। बालकों के विकास के सभी पक्षों और आयामों पर समान रूप से इस प्रकार ध्यान दिया जाना चाहिए कि किस एक पक्ष या आयाम को प्रोन्नत या विकसित करने के लिए दूसरों की उपेक्षा न की जाए।

2. विद्यालय शिक्षा के सर्वांग पाठ्यक्रम तथा कार्यक्रम का विकास करना(Developing a holistic curriculum and programs of school education): सर्वांग शिक्षा के लक्ष्य को प्राप्त करने के लिए शैक्षणिक तथा सहशैक्षणिक कार्यक्रम से युक्त विद्यालय पाठ्यक्रम का निर्माण एवं नियोजन इस प्रकार से किया जाए जो वांछित सर्वांग ढंग से बालकों के विकास के लिए अधिक से अधिक सहायता प्रदान कर सके। पाठ्यक्रम में विषयों और गतिविधियों तथा कार्यक्रम और योजनाओं का चयन इस प्रकार किया जाए जिससे बालकों के सर्वांग विकास के लिए समुचित सुविधा एवं अवसर प्रदान किए जा सकें।

3. पाठ्यक्रम एवं विद्यालय कार्यक्रम के क्रियान्वयन में सर्वांग उपागम को अपनाना (Adoption holistic approach in the implementation of the curriculum and school programme): सर्वांग पाठ्यक्रम तथा विद्यालय शिक्षा कार्यक्रमों के उचित क्रियान्वयन हेतु आवश्यक भौतिक एवं मानवीय संसाधनों का संयोजन करते हुए सभी प्रकार के जरूरी साधनों और तरीकों का उनके सम्पूर्ण रूप में उचित उपयोग किया जाना चाहिए। विकासशील बालकों के सम्पूर्ण एवं सर्वांग विकास को ध्यान में रखते हुए उन्हें उपयुक्त अधिगम अनुभव प्रदान करने के लिए अपनाई जाने वाली शिक्षण अधिगम विधियों, व्यूह रचनाओं और वैयक्तिक एवं सामूहिक उपागमों में काफी विविधता होनी चाहिए। बालकों के समुचित सर्वांग विकास में सहायक सहपाठ्य गतिविधियों और सहपाठ्य कार्यक्रमों को विद्यालय में चल रहे पाठ्य या शैक्षणिक कार्यक्रमों और गतिविधियों के साथ-साथ कुचिताहत्व दिया जाना चाहिए। अपने स्व का साक्षातीकरण करने, ज्ञान का सृजन करने तथा अपने सृजनात्मक और अन्वेषणात्मक प्रतिभा की अभिव्यक्ति करने हेतु बालकों को सभी प्रकार की अभिप्रेरणा और प्रोत्साहन प्रदान किया जाना चाहिए। समाज के कल्याण और विकास में अपना उचित

योगदान देते हुए उनमें सभी प्रकार के आवश्यक सामाजिक गुणों को आत्मसात करने और कुछ कर दिखाने की इच्छा जागृत करी जानी चाहिए। इस प्रकार उनका सर्वांगीण विकास न केवल उनके अपने स्वयं के विकास और कल्याण हेतु काम में आना चाहिए बल्कि इसका उद्देश्य दूसरों की भलाई तथा सामाजिक कल्याण भी होना चाहिए।

4. मूल्यांकन के लिए सर्वांग उपागम अपनाना (Adoption holistic approach towards evaluation): विद्यालय शिक्षा व्यवस्था में जो भी शिक्षण अधिगम प्रक्रिया और कार्यक्रम के नाम से किया जाता है उस सबका नियंत्रण रखने का एकमात्र उपाय मूल्यांकन माना जाता है। इसलिए निश्चित तौर पर बालकों के सर्वांग विकास के लिए आयोजित सर्वांग शिक्षा के प्रतिफलों का मूल्यांकन करने के लिए एक सर्वांग उपागम को अपनाने के सभी प्रयास किए जाने चाजिए। बालकों के सभी विकासात्मक आयामों (शारीरिक, मानसिक, सामाजिक, संवेगात्मक, नैतिक, भाषात्मक और कलात्मक) तथा व्यवहारगत पक्षों (संज्ञानात्मक, भावात्मक तथा क्रियात्मक) में प्रस्फुटित होने वाले अधिगम एवं व्यवहारगत प्रतिफलों का मापन एवं मूल्यांकन समुचित रूप से किया जाना चाहिए और इसके लिए मूल्यांकन के विविध प्रकार के उपकरणों, तकनीकों तथा साधनों की सहायता लेनी चाहिए।

इस प्रकार से विकासशील बालकों के सर्वांग विकास की व्यवस्था करने एवं सुविधाएं प्रदान करने के लिए सभी सम्बन्धी पक्षों, जिनका हित उससे सम्पादित होता है, के सहयोग और समन्वित प्रयास की जरूरत होती है। शिक्षा अधिकारियों, विद्यालय प्रशासकों, अध्यापकों, माता-पिता या अभिभावकों और विद्यार्थियों, सभी को नई पीढ़ी के सर्वांग विकास के लिए योजना बनाने तथा उसका क्रियान्यवन करने के लिए सभी आवश्यक उपाय अपनाने के लिए एक साथ मिलकर आगे बढ़ना चाहिए। शिक्षकों को अपने विद्यार्थियों की सर्वांग विकास की जरूरतों का पोषण करने की दृष्टि से अपने ज्ञान का नवीनीकरण और अपना विकास करना होगा, विद्यार्थियों को अपने स्वयं के तथा समाज के कल्याण के लिए सर्वांग शिक्षा के महत्व का अनुभव कर, अपने सर्वांगीण तथा सर्वांग विकास के लिए, वे सब प्रयास करने होंगे तथा स्वयं आगे बढ़कर मेहनत करनी होगी जो उसके लिए जरूरी है।

5

वैयक्तिक विकास के आयाम
(Dimensions of Individual Development)

विषय प्रवेश (Introduction)

जैसा कि हम जानते हैं कि हमारी जीवन प्रक्रिया हमारे जन्म से लगभग 9 माह पूर्व ही गर्भाधान की प्रक्रिया के साथ ही हमारी मां के गर्भ से शुरू हो जाती है। इस तरह जहां तक मानव विकास का प्रश्न है उससे संबंधित प्रक्रिया की शुरुआत मां के गर्भ में ही हो जाती है। 9 माह का यह विकास काल, गर्भ काल या गर्भावस्था (Pre-natal Stage) के नाम से जाना जाता है। जन्म के पश्चात जो विकास होता है उसे जन्म के उपरान्त के विकास (Post- Natal Development) का नाम दिया जाता है। यह विकास प्रक्रिया बालक के व्यक्तित्व के सभी आयामों-शारीरिक, बौद्धिक या मानसिक, संवेगात्मक, सामाजिक, आध्यात्मिक या चारित्रिक में व्यक्ति की सभी वय अवस्थाओं-शैशव, बाल्यकाल, किशोरावस्था, युवावस्था, प्रौढ़ावस्था तथा वृद्धावस्था में अनवरत रूप से चलती रहती है। परन्तु जहां तक विद्यालीय शैक्षणिक प्रयोजन का सम्बन्ध है, गर्भावस्था, युवावस्था, प्रौढ़ावस्था एवं वृद्धावस्था में होने वाले विकास के अध्ययन से इसका कोई सरोकार नहीं होता है। इस दृष्टि से प्रस्तुत अध्याय में हम शैशव, बाल्यकाल तथा किशोरावस्था में होने वाले बहु-आयामी विकास की ही चर्चा करना चाहेंगे। इसके लिए शुरूआत अब हम शारीरिक विकास से कर रहे हैं।

शारीरिक विकास (Physical Development)

शारीरिक विकास से अभिप्राय (Meaning of the Physical Development)

हमारे शारीरिक ढांचे और आंतरिक तथा बाह्य अवयवों में जन्म से लेकर मृत्यु तक कुछ न कुछ परिवर्तन आते रहते हैं। परिवर्तनों की इस प्रक्रिया को ही शारीरिक वृद्धि और विकास का नाम दिया जाता है। सामान्यतया इस प्रकार के परिवर्तन निम्नलिखित दिशाओं में देखने को मिलते हैं :

1. डील-डौल एवं बाह्य ढांचे से संबंधित परिवर्तन (Change in gross physical structure of physique): इस प्रकार के परिवर्तनों में ऊंचाई, भार, शारीरिक अनुपात आदि ऊपरी दिखाई देने वाले सभी प्रकार के परिवर्तन शामिल किए जा सकते हैं।

2. आंतरिक अवयवों में होने वाले परिवर्तन (Changes in internal organs): इसके अन्तर्गत शरीर के सभी महत्वपूर्ण संस्थानों जैसे स्नायु संस्थान, श्वसन संस्थान, पाचन संस्थान, रक्त संस्थान, उत्सर्जन और उत्पादक आदि महत्वपूर्ण संस्थानों तथा विभिन्न ग्रन्थियों की कार्य प्रणाली और क्षमता से संबंधित सभी प्रकार के परिवर्तन शामिल किए जा सकते हैं।

शारीरिक वृद्धि और विकास की प्रक्रिया व्यक्तित्व के उचित समायोजन और विकास के मार्ग में एक महत्वपूर्ण भूमिका निभाती है। प्रारंभ में शिशु सब तरह से दूसरे की कृपा पर निर्भर रहता है। उसे अपनी सभी प्रकार की शारीरिक आवश्यकताओं की पूर्ति के लिए मां-बाप तथा परिवार के सदस्यों पर आश्रित रहना पड़ता है। शारीरिक वृद्धि और विकास

की प्रक्रिया के फलस्वरूप आए हुए परिवर्तनों के माध्यम से धीरे-धीरे वह अपनी शारीरिक आवश्यकताओं को पूरा करने में समर्थ बनता जाता है। इस क्षेत्र में आई हुई आत्म-निर्भरता उसे अपने व्यक्तित्व के अन्य पक्षों में भी पर्याप्त स्वावलम्बी बनने में सहायता करती है और इस तरह वह धीरे-धीरे पूर्ण परिपक्वता (Maturity) की ओर अग्रसर होता चला जाता है।

बालकों की शारीरिक वृद्धि और विकास का सामान्य रूप
(General Pattern of Physical Growth and Development of the Children)

बालकों में व्यक्तिगत भेदों की कोई सीमा नहीं और इस कारण उसके वृद्धि और विकास के किसी भी पहलू में एकरूपता की बात भी कुछ अटपटी सी लगती है, परन्तु फिर भी शारीरिक वृद्धि और विकास की सामान्य अवस्थाओं के अन्तर्गत सामान्य बच्चों में होने वाले विभिन्न शारीरिक परिवर्तनों के बारे में कुछ अच्छी जानकारी एकत्रित की जा सकती है। अग्रलिखित पंक्तियों में संक्षिप्त रूप से यही सब कुछ करने का प्रयत्न किया जा रहा है।

1. ऊंचाई और भार में वृद्धि का सामान्य रूप (Normal growth in terms of height and weight): जन्म के समय बच्चे की ऊंचाई 19 या 20 इंच तथा भार 7 या 8 पौंड के लगभग होता है। उस समय लड़के लड़कियों की अपेक्षा भार और ऊंचाई दोनों में ही आगे होते हैं। पहले दो वर्षों में दोनों की ही ऊंचाई और भार में तेजी से वृद्धि होती है। तीसरे वर्ष से वृद्धि की यह गति कुछ कम हो जाती है और पूर्व बाल्यावस्था तक यही हाल रहता है। पांच वर्ष तक एक सामान्य बालक की ऊंचाई उसके जन्म के समय की ऊंचाई की लगभग दो गुनी तथा भार लगभग पांच गुना हो जाता है। किशोरावस्था के आगमन के साथ-साथ एक बार फिर शैशवावस्था की तरह भार और ऊंचाई दोनों की वृद्धि में तीव्रता आती है। लड़कियां, लड़कों की अपेक्षा किशोरावस्था में जल्दी प्रवेश करती हैं, अत: 10 और 12 वर्ष के बीच ऊंचाई और भार दोनों में ही लड़कियां अपनी आयु के लड़कों से अधिक आगे निकली होती हैं लेकिन इस मुकाबले में वे बहुत समय तक आगे नहीं रह पातीं तथा किशारोवस्था की समाप्ति होते होते लड़के लड़कियों से बाजी मार लेते हैं। सामान्यतया यह अनुमान लगाया जाता है कि लड़के और लड़कियां दोनों ही किशोरावस्था की समाप्ति तक अपने अधिक से अधिक भार और ऊंचाई की सीमा तक पहुंच जाते हैं, परंतु भार के बारे में निश्चित रूप में कुछ नहीं कहा जा सकता क्योंकि इसमें बहुत अधिक घटा-बढ़ी होती रहती है।

बालक के वजन के बारे में यह कहा जा सकता है कि यह जन्म के बाद के पहले वर्षों में तेजी से बढ़ता है। 4 वर्ष की आयु तक बालक का वजन अपने पूरे वजन का 30% हो जाता है। 8 वर्ष की आयु तक उसके वजन में कुल 10% भाग और शामिल हो जाता है तथा लगभग 9 वर्ष तक उसका जितना भी वजन होना होता है, हो लेता है।

विभिन्न आयु वर्ग के लड़के तथा लड़कियों में ऊंचाई तथा भार में औसतन वृद्धि किस प्रकार होती हैं इसका बहुत कुछ अनुमान निम्न तालिका द्वारा लगाया जा सकता है।

आयु	औसत ऊंचाई (से. मी. में)		औसत भार (कि.ग्राम में)	
	लड़कियां	लड़के	लड़कियां	लड़के
3 महीने से कम	55.0.	56.2	4.2	4.5
3 महीना	60.9	62.7	5.6	6.7
6 महीना	64.4	64.9	6.2	6.9
9 महीना	66.7	69.5	6.6	7.4
1 वर्ष	72.5	73.9	7.8	8.4
2 वर्ष	80.1	81.6	9.6	10.1
3 वर्ष	87.2	88.8	11.2	11.8
4 वर्ष	94.5	96.0	12.9	13.5
5 वर्ष	101.4	102.1	14.5	14.8
6 वर्ष	107.4	108.5	16.0	16.3
7 वर्ष	112.8	113.9	17.6	18.0
8 वर्ष	118.2	119.8	19.4	19.7
9 बर्ष	122.9	123.7	21.3	21.5
10 वर्ष	128.4	124.4	23.6	23.5
11 वर्ष	133.6	122.4	26.4	25.9
12. वर्ष	139.6	138.3	29.8	28.5
13 वर्ष	143.9	144.6	33.3	32.1
14 वर्ष	147.5	150.1	36.8	35.7
15 वर्ष	149.6	155.5	38.8	39.6
16 वर्ष	151.0	161.4	42.4	45.7
17 वर्ष	151.5	161.4	42.4	45.7
18 वर्ष	151.7	163.1	42.4	47.4
19 वर्ष	151.7	163.5	42.4	48.1

(Source— Growth and Development of Indian infants and children, Technical Report series No. 18, Indian council of Medical Research, 1972.)

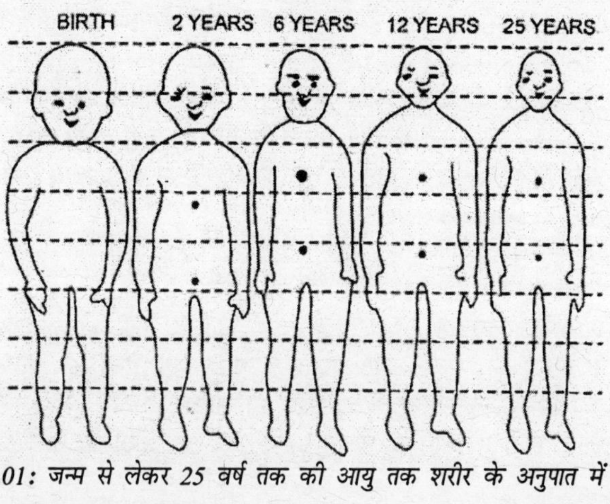

चित्र 5.01: जन्म से लेकर 25 वर्ष तक की आयु तक शरीर के अनुपात में परिवर्तन

2. शारीरिक अनुपात में परिवर्तन (Change in Body Proportion): अपने आकार में वृद्धि होने के साथ-साथ बच्चों के शारीरिक अवयवों के अनुपात में भी उल्लेखनीय परिवर्तन दृष्टिगोचार होते हैं। उदाहरण के लिए, जन्म के समय बच्चे का सिर उसके शरीर की सम्पूर्ण लम्बाई का 1/4 भाग होता है और वह आकार में हाथ पैरों की तुलना में अधिक बड़ा दिखाई देता है, परन्तु जैसे-जैसे बच्चा बड़ा होता चला जाता है उसका सिर अपने अनुपात में छोटा होता चला जाता है और किशोरावस्था की समाप्ति तक यह शारीरिक लम्बाई के 1/8 भाग के बराबर ही रह जाता है। सिर के अतिरिक्त टोंगें, बाजू तथा शरीर के अन्य अवयवों के अनुपात में भी तेजी से परिवर्तन आते चले जाते हैं।

3. आंतरिक अंगों में वृद्धि और विकास (Growth and Development of Internal Organs): जन्म के बाद से ही शरीर के समस्त आंतरिक अवयवों में वृद्धि और विकास की प्रक्रिया प्रारंभ हो जाती है जिसके फलस्वरूप बच्चा अपनी बढ़ती हुई आवश्यकताओं को पूरा करने में पर्याप्त स्वावलम्बी बनता जाता है। नीचे कुछ महत्वपूर्ण अंगों की वृद्धि और विकास का संक्षिप्त रूप से वर्णन किया जाएगा।

(i) स्नायु संस्थान (Nervous System): मां के गर्भ और जीवन के प्रथम चार वर्षों में स्नायु संस्थान तेजी से विकसित होता है। इस विकास के फलस्वरूप जन्म से पूर्व ही स्नायु कोशिकाओं की संख्या और आकार में पर्याप्त वृद्धि हो जाती है। जन्म के बाद के वर्षों में नवीन कोशिकाओं का निर्माण नहीं होता, अपितु कोशिकाओं में जो कुछ अपरिपक्वता रह जाती है, उसे पूरा करने के लिए ही विकास कार्य चलता रहता है। चार वर्ष के बाद स्नायु संस्थान से संबंधित विकास की प्रक्रिया धीमी गति से चलती रहती है।

(ii) मांसपेशी संस्थान (Muscular System): यद्यपि जन्म के पश्चात् मांसपेशी तन्तुओं का निर्माण नहीं होता, फिर भी उसका समुचित रूप से विकास होता रहता है। बच्चे की मांसपेशियों हड्डियों से भली-भांति नहीं जुड़ी रहतीं और प्रौढ़ों की अपेक्षा वे अधिक नाजुक भी होती हैं, परन्तु धीरे-धीरे उनकी आकृति, आकार एवं संरचना में अन्तर आता चला जाता है और वे अधिक से अधिक दृढ़ और शक्तिशाली होती जाती हैं।

(iii) रक्त परिभ्रमण और श्वसन संस्थान (Circulatory and Respiratory Systems): जीवन के प्रारंभिक वर्षों में फेफड़े और हृदय दोनों ही आकार में बहुत छोटे होते हैं। आयु के साथ-साथ उनका आकार और वजन बढ़ता जाता है और किशोरावस्था की समाप्ति तक उनका पर्याप्त विकास हो जाता है। आकार और वजन बढ़ता जाता है और किशोरावस्था की समाप्ति तक उनका पर्याप्त विकास हो जाता है। आकार, वजन आदि बढ़ने के साथ-साथ उनकी कार्य-क्षमता में भी यथेष्ट वृद्धि हो जाती है। रक्त वाहिनी शिराओं और धमनियों (Veins and Arteries) में वृद्धि फेफड़ों और हृदय की तरह नहीं होती। जहां किशोरावस्था से पहले उनका विकास तेजी से होता है वहां किशोरावस्था के पश्चात् विकास की यह गति बहुत कम हो जाती है।

(iv) पाचन संस्थान (Digestive System): प्रौढ़ों की तुलना में बच्चों के पेट का आकार बहुत छोटा होता है। जहां प्रौढ़ों का पेट थैले (Bag) जैसी आकृति का होता है वहां बच्चे का पेट नली जैसी आकृति (Tubular Shape) का होता है। इसी कारण बच्चों के पेट में एक साथ न केवल कम भोजन समा सकता है, बल्कि वह प्रौढ़ों की अपेक्षा खाली भी जल्दी हो जाता है। इसी कारण बच्चों को प्रौढ़ों की अपेक्षा अधिक बार भोजन ग्रहण करने की आवश्यकता होती है। अधिक भोजन ग्रहण करने के अतिरिक्त उन्हें अपने विकास

की तीव्र गति को यथावत् बनाए रखने के लिए अधिक सन्तुलित और शक्तिजन्य आहार की आवश्यकता होती है।

(v) लिम्फैटिक संस्थान (Lymphatic System) : इस संस्थान का कार्य अनावश्यक पदार्थों जैसे पसीना, मल-मूत्र इत्यादि को बाहर निकालना और शरीर के अन्दर पैदा होने वाले रोगाणुओं का विनाश करना है। जन्म के बाद से ही इस संस्थान का पर्याप्त विकास होने लगता है और 11-12 वर्ष की अवस्था तक यह अपने शिखर पर पहुंचा जाता है। इसी कारण इन्हीं वर्षों में मृत्यु दर (Death Rate) सबसे कम देखने को मिलती है। 12 वर्ष के पश्चात् इस संस्थान के विकास की गति में क्रमशः गिरावट आने लगती है।

(vi) प्रजनन संस्थान (Reproductive System) : प्रजनन अंगों का विकास शरीर के अन्य अवयवों की अपेक्षा न होकर एक अलग ही रूप में होता है। बाल्यवास्था में इनकी वृद्धि और विकास की गति बहुत धीमी होती है। धीरे-धीरे इसमें वृद्धि होती जाती है, परन्तु किशोरावस्था के आगमन के साथ-साथ यह पर्याप्त गति पकड़ लेती है तथा किशोरावस्था के अन्त तक जो कुछ भी वृद्धि और विकास होना होता है, हो जाता है।

अगर शारीरिक वृद्धि और विकास के उपरोक्त खाते का ठीक प्रकार से अवलोकन किया जाए तो हमें निष्कर्ष के रूप में निम्न बातें मिलती हैं–

(a) पहले दो या तीन वर्षों में शारीरिक वृद्धि और विकास की गति बहुत तीव्र होती है।

(b) इसके पश्चात् के वर्षों में किशोरावस्था के शुरू होने तक यह मन्द गति से आगे बढ़ता रहता है।

(c) किशोरावस्था के पहले तीन वर्षों में इस गति में शैशवावस्था की तरह की तीव्रता देखने को मिलती है।

(d) बाद के वर्षों में परिपक्वता (Maturity) ग्रहण करने तक वृद्धि और विकास की गति में पुनः गिरावट आने लगती है।

शारीरिक वृद्धि और विकास को प्रभावित करने वाले कारक (Factors Affecting the Physical Growth and Development)

शारीरिक वृद्धि और विकास के मार्ग में वंशानुक्रम एवं वातावरण दोनों ही संयुक्त रूप से पर्याप्त सहायक सिद्ध होते हैं। ऐसे वंशानुक्रम तथा वातावरण सम्बन्धी कुछ महत्वपूर्ण तत्वों या कारकों का उल्लेख नीचे किया जा रहा है

1. गर्भाधान के समय वंशानुक्रम द्वारा ग्रहण की गई पैतृक विशेषताएं और गुण।
2. अकेले एक बच्चे का अथवा एक साथ कई बच्चों का जन्म।
3. गर्भकाल में माता की शारीरिक और मानसिक अवस्था।
4. गर्भावस्था में माता के माध्यम से बच्चे को प्राप्त होने वाली पोषक सामग्री।
5. माता के द्वारा बच्चों को सामान्य अथवा असामान्य रूप से जन्म देना।
6. जन्म देने के समय माता का स्वास्थ्य और उसकी देखभाल।
7. जन्म के बाद शिशु और माता की देखभाल।
8. जन्म के पश्चात् के वर्षों में शिशु का पोषण।
9. शारीरिक दोषों एवं न्यूनता की उपस्थिति अथवा अनुपस्थिति।
10. शारीरिक, सामाजिक और सांस्कृतिक परिस्थितियां तथा वातावरण।
11. आत्माभिव्यक्ति और खेल-कूद, व्यायाम तथा मनोरंजन के अवसर।
12. बालक का संवेगात्मक और सामाजिक समायोजन।

13. पर्याप्त अथवा अपर्याप्त निद्रा एवं विश्राम।
14. पर्याप्त अथवा अपर्याप्त चिकित्सा सुविधायें

शारीरिक वृद्धि और विकास का महत्व और उसकी शैक्षिक उपयोगिता (Importance of Physical Growth and Development and its Educational Significance)

वृद्धि और विकास के शारीरिक, मानसिक, संवेगात्मक, सामाजिक और नैतिक पहलू एक-दूसरे से बहुत अधिक संबंधित हैं। अतः किसी के पहलू से संबंधित वृद्धि और विकास को पर्याप्त मात्रा में प्रभावित करते हैं। शारीरिक वृद्धि और विकास के सम्बन्ध में भी यह बात पूरी तरह ठीक है। इस दिशा में होने वाली वृद्धि और विकास, वृद्धि और विकास के अन्य पक्षों की पूरी तरह प्रभावित करती है। उदाहरण के रूप में स्नायु संस्थान में होने वाली वृद्धि और विकास मानसिक शक्तियों के विकास में सहायक होते हैं। संवेगात्मक और सामाजिक समायोजन भी एक सीमा तक शारीरिक वृद्धि और विकास के ऊपर आधारित होता है। शारीरिक रूप से स्वस्थ और सामान्य बालकों को प्रायः उनकी मित्र मण्डली या वय-समूह में समुचित स्थान मिल जाता है जबकि ऐसे बच्चे जो बहुत पतले, मोटे, लम्बे, कुरूप और विकलांग आदि होते हैं। उनकी खिल्ली उड़ाई जाती है तथा उनके साथी उन्हें अपने मित्र के रूप में स्वीकार करने में कन्नी काटते हैं। परिणामस्वरूप वे कई प्रकार की संवेगात्मक और सामाजिक समायोजन सम्बन्धी समस्याओं के शिकार हो जाते हैं। दूसरी ओर देखा जाए तो शरीर के सभी अन्तरंग और बाह्य अवयवों की सन्तुलित वृद्धि और विकास के सभी पहलुओं और मानव-व्यवहार के सभी पक्षों को प्रभावित करता हुआ देखा गया है।

इस प्रकार के शारीरिक विकास व्यक्तित्व के सभी पक्षों के विकास में अपनी महत्वपूर्ण भूमिका निभाता है। अतः इस पर पूरा-पूरा ध्यान दिया जाना आवश्यक है। बच्चों के व्यक्तित्व का सर्वांगीण विकास करना शिक्षा का एक महत्वपूर्ण उद्देश्य है। बच्चों की शारीरिक वृद्धि और विकास अध्यापक को इस उद्देश्य की पूर्ति में पूरा सहायोग दे सकते हैं। इसलिए अध्यापक को शारीरिक वृद्धि और विकास की प्रक्रिया से अपने आपको परिचित करना अत्यन्त आवश्यक हो जाता है। विशेष तौर पर इस प्रकार का ज्ञान उसे निम्न रूप में सहायक सिद्ध हो सकता है

1. शारीरिक रूप से असामान्य बच्चों से वह परिचित हो सकता है। उनके मनोविज्ञान और समायोजन सम्बन्धी समस्याओं से भी वह अवगत हो सकता है। इस प्रकार के ज्ञान द्वारा वह ऐसे बच्चों को उचित सामाजिक एवं संवेगात्मक समायोजन तथा शिक्षण ग्रहण करने में सहायता कर सकता है।

2. बालकों के समुचित विकास के लिए उनके शारीरिक स्वास्थ्य और विकास का ध्यान रखना भी अध्यापक का परम कर्त्तव्य होता है। शारीरिक वृद्धि और विकास की प्रक्रिया से परिचित होने से उसे इस कार्य में सहायता मिल सकती है।

3. बच्चों की रूचियां, आवश्यकताएं, इच्छायें, दृष्टिकोण और एक तरह से उसका सम्पूर्ण व्यवहार शारीरिक वृद्धि और विकास पर निर्भर करता है। इस दृष्टिकोण से एक बच्चा वृद्धि और विकास की विभिन्न अवस्थाओं के किसी भी वर्ग विशेष में किस प्रकार का व्यवहार करेगा, इसका अनुमान लगाया जा सकता है। उदाहरण के लिए बाल्यावस्था में होने वाले शारीरिक विकास से परिचित हो जाने के बाद उनकी शारीरिक, संवेगात्मक और सामाजिक आवश्यकताओं को समझने में बहुत सहायता मिलती है। इस प्रकार के

ज्ञान द्वारा अध्यापकों के लिए बालकों को उनके भली-भांति समायोजित होने, उनकी समस्याओं को सुलझाने और आवश्यकताओं को पूरा करने में आसानी हो सकती है।

4. बच्चों की शारीरिक वृद्धि और विकास के सामान्य ढांचे से परिचित होकर अध्यापक यह जान सकता है कि एक विशेष आयु स्तर पर बच्चों से क्या आशा की जा सकती है? इस प्रकार के ज्ञान द्वारा अध्यापकों को विद्यालय की पाठान्तर क्रियाओं, समय विभाग चक्र, पढ़ाने की विधियों, पाठ्य पुस्तक, सहायक सामग्री और पढ़ने के लिए उपयुक्त स्थान, फर्नीचर और वातावरण आदि का चुनाव करने में पर्याप्त सहायता मिल सकती है।

इस प्रकार से शारीरिक वृद्धि और विकास की प्रक्रिया का ज्ञान अध्यापक को अपने उद्देश्यों की पूर्ति में बहुत अधिक सहयोग दे सकता है। इस ज्ञान द्वारा न केवल वह अपने कार्य को विद्यार्थियों की आवश्यकता के अनुसार ढाल सकता है बल्कि वह उन्हें अपने स्वास्थ्य को बनाए रखने और शारीरिक योग्यताओं और क्षमताओं को पर्याप्त विकसित करने में भी भरपूर सहयोग दे सकता है।

बौद्धिक या मानसिक विकास (Intellectual or Mental Development)

बौद्धिक अथवा मानसिक विकास का अर्थ
(Meaning of Intellectual or Mental Development)

पहले अध्याय में हम देख चुके हैं कि किस प्रकार शारीरिक वृद्धि और विकास के फलस्वरूप बालकों की शारीरिक क्षमताओं, योग्यताओं और सामर्थ्य में पर्याप्त वृद्धि के दृष्टिकोण से सभी आन्तरिक व बाह्य शारीरिक अवयवों में निरन्तर परिवर्तन होते रहते हैं। इस प्रकार की वृद्धि और विकास के परिणामस्वरूप वे ऐसे-ऐसे परिश्रम सम्बन्धी कार्य कर सकते हैं अथवा ऐसे खेल खेल सकते हैं जिन्हें खेलने में अपनी शैशवावस्था या छोटी अवस्था में अपने आपको असमर्थ पाते थे। इसी प्रकार बच्चे अपने शैशव या बाल्यकाल में ऐसे कार्य भी नहीं कर सकता जिन्हें करने के लिए अधिक विकसित मानसिक शक्तियों की आवश्यकता होती है। जैसे-जैसे बच्चा बड़ा होता जाता है, वैसे वैसे उसकी मानसिक योग्यताएं और क्षमताएं बढ़ती जाती हैं और वह ऐसी समस्याओं को जिन्हें वह बचपन में नहीं सुलझा पाता था, आसानी से सुलझाने लगता है। इस प्रकार से मानसिक अथवा बौद्धिक विकास से तात्पर्य बालक की उन सभी मानसिक योग्यताओं और क्षमताओं में वृद्धि और विकास से है जिसके परिणामस्वरूप वह अपने निरन्तर बदलते हुए वातावरण में ठीक प्रकार समायोजन करता है और बड़ी-बड़ी कठिन तथा उलझनपूर्ण समस्याओं को सुलझाने में अपनी मानसिक शक्तियों को पूरी तरह समर्थ पाता है।

वास्तव में संवेदना (Sensation), प्रत्यक्षीकरण (Perception), कल्पना (Imagination), स्मरण शक्ति, तर्क शक्ति, विचारशक्ति, निरीक्षण, परीक्षण और सामान्यीकरण शक्ति, बुद्धि और भाषा सम्बन्धी योग्यता, समस्या समाधान योग्यता (Problem Solving Ability) और निर्णय लेने की क्षमता आदि सभी प्रकार की मानसिक और बौद्धिक शक्तियां, योग्यतायें और क्षमतायें हमारी मानसिक वृद्धि और विकास की प्रक्रिया द्वारा ही नियन्त्रित होती हैं। ये सभी मानसिक शक्तियां अथवा योग्यताएं एक दूसरे से बहुत संबंधित हैं। इनमें से किसी का भी अपने आप में अकेले होना किसी दूसरे को प्रभावित किए हुए विकसित होना संभव नहीं है। इसलिए, जब भी किसी स्तर पर किसी बालक के मानसिक विकास की बात करते हैं तो उस समय हमारा तात्पर्य इन सभी योग्यताओं, क्षमताओं और शक्तियों के समन्वित विकास से ही होता है।

मानसिक विकास के विभिन्न क्षेत्रों या पहलुओं में होने वाली वृद्धि और विकास (Growth and Development in various areas and aspects of Mental Development)

जैसा कि ऊपर कहा जा चुका है, बालक के मानसिक अथवा बौद्धिक विकास के अन्तर्गत उसकी समस्त मानसिक योग्यताएं और शक्तियां सम्मिलित होती हैं। इन योग्यताओं अथवा शक्तियों का विकास बच्चे में धीरे-धीरे ही होता है। जन्म के पश्चात् ये किस प्रकार पनपती हैं, यह जानकारी बहुत ही रोचक एवं उपयोगी सिद्ध हो सकती है। यद्यपि मानसिक शक्तियों और योग्यताओं के क्षेत्र में बच्चा समान रूप से आगे बढ़ता रहता है, परन्तु किसी आयु अथवा अवस्था विशेष में इन योग्यताओं और शक्तियों में विकास की गति कम अथवा अधिक होती रहती है।

वृद्धि और विकास की विभिन्न अवस्थाओं में होने वाली मानसिक वृद्धि और विकास को ध्यान में रखकर आगे के पृष्ठों में मानसिक विकास के विभिन्न पहलुओं या दूसरे शब्दों में विभिन्न महत्वपूर्ण मानसिक योग्यताओं और शक्तियों के क्षेत्र में बच्चा अपनी आयु के साथ-साथ किस प्रकार आगे बढ़ता है, इस बात की चर्चा की जाएगी।

1. संवेदना और प्रत्यक्षीकरण (Sensation and Perception) **:** संवेदना और प्रत्यक्षीकरण, दोनों ही मानसिक विकास के महत्वपूर्ण पहलू माने जाते हैं। आंख, कान, नाक, जीभ और त्वचा आदि ज्ञानेन्द्रियों के द्वारा हमें जो कुछ भी अनुभूति होती है उसे संवेदना (Sensation) कहा जाता है। जब संवेदनाओं से कोई निश्चित अर्थ निकालने की चेष्टा की जाती है तो वे प्रत्यक्षीकरण (Perception) का रूप धारण कर लेती है। प्रारंभ में बच्चा संवेदना और प्रत्यक्षीकरण दोनों में ही बहुत पिछड़ा हुआ होता है। उसकी ज्ञानेन्द्रियां इतनी अधिक विकसित नहीं होती। फलस्वरूप न तो वह वस्तुओं की पहचान कर सकता है और न उनसे कोई विशेष अर्थ ग्रहण कर पाता है। बच्चे की दृष्टि भी पहले पहल स्थिर नहीं होती। दीपक की लौ तथा अन्य रंग बिरंगी वस्तुओं की ओर अपनी दृष्टि जमाए रहना संवेदना के विकसित होने की प्रारंभिक अवस्था मानी जा सकती है। इसके पश्चात् वह व्यक्तियों और वस्तुओं के अन्तर को समझने और उन्हें पहचानने लग जाता है। अब यह परिचित तथा अपरिचित में भी भेद कर सकता है। इस प्रकार से धीरे-धीरे वह अपने वातावरण से परिचित होने लगता है और उसमें निहित वस्तुओं और व्यक्तियों को पहचान कर उनको भली भांति जानने, अर्थ ग्रहण करने तथा उनसे प्रयोजन सिद्ध करने की चेष्टा करने लगता है। धीरे-धीरे यह वस्तुओं के प्रत्यक्ष सम्पर्क में आकर उनके नाम या कोई ध्वनि विशेष के माध्यम से ही अपनी प्रतिक्रिया व्यक्त करना प्रारंभ कर देता है।

इस प्रकार से जब वह अपनी ज्ञानेन्द्रियों का उपयोग करना प्रारंभ कर देता है तो उसकी अपने चारों ओर के वातावरण के विषय में अधिक से अधिक जानने की जिज्ञासा भी बहुत बढ़ जाती है। वह प्रत्येक घटना या वस्तु को क्यों, क्या और कौन जैसे प्रश्नों से जोड़ कर अनगिनत प्रश्न पूछने का प्रयास करता है। प्रारंभ में बच्चों में समय, स्थान, आकार, गति और दूरी से संबंधित प्रत्यक्षीकरण विकसित नहीं होते। इसी कारण उसे दूर जाती हुई वास्तविक रेलगाड़ी अपनी खिलौना रेलगाड़ी जैसी दिखाई देती है। दूरी के बारे में प्रत्यक्षीकरण योग्यता के अभाव में जब वह मेज पर प्लेट इत्यादि वस्तुएं रखना चाहता है तो उन्हें वह मेज की दूरी या ऊंचाई से नीचे या इधर-उधर छोड़ देने का भूल कर बैठता है। धीरे-धीरे उसकी प्रत्यक्षीकरण योग्यता विकसित होने लगती हैं। जैसे-जैसे वह किशोरावस्था की ओर पग बढ़ाता है, ज्ञानेन्द्रियों की कार्यकुशलता और क्षमता अपने शिखर पर पहुंच जाती है

और उसके प्रत्यक्षीकरण का ढंग सुव्यवस्थित और विवेकपूर्ण बन जाता है। अब उसके प्रत्यक्षीकरण (Perception) अनुभव अधिक निश्चित, अर्थपूर्ण एवं विस्तृत हो जाते हैं तथा उनके ऊपर उसकी आवश्यकताओं, रूचियों और मानसिक तैयारी के अतिरिक्त उसके विश्वासों, विचारों तथा आदर्शों इत्यादि की गहरी छाप पड़नी प्रारंभ हो जाती है। इसके अतिरिक्त अब प्रत्यक्षीकरणों की निश्चित रूप से स्थूल वस्तुओं से संबंधित करने की आवश्यकता नहीं पड़ती।

2. सम्बोध या संप्रत्यय निर्माण (Concept Formation): बच्चों में सम्बोधों या संप्रत्ययों का निर्माण होना भी उनके मानसिक विकास का एक महत्वपूर्ण पहलू है। सम्बोध या संप्रत्यय एक प्रकार से ऐसे सामान्यीकृत विचार हैं जो एक व्यक्ति द्वारा विभिन्न प्रत्यक्षीकरण अथवा प्रत्यक्ष अनुभवों के माध्यम से आगमनात्मक तर्क प्रणाली का प्रयोग करते हुए विभिन्न व्यक्तियों तथा प्रक्रियाओं के बारे में बना लिए जाते हैं।

संप्रत्यय निर्माण में विभेदीकरण (Discrimination) और सामान्यीकरण (Generalization) से संबंधित दोनों प्रकार की योग्यताओं का उपयोग होता है। वस्तुओं अथवा मनुष्यों को पहचान कर विभेदीकरण कर सकने की योग्यता बच्चे में बहुत शीघ्र विकसित होने लगती है। बाद में जब वह अपने प्रत्यक्षीकरण सम्बन्धी अनुभवों के आधार पर सामान्य निष्कर्ष निकालने का प्रयत्न करना प्रारंभ कर देती है तब संप्रत्यय निर्माण प्रक्रिया प्रारंभ हो जाती है। संप्रत्यय निर्माण में सभी प्रकार के पूर्ण तथा वर्तमान अनुदेश बहुत अधिक महत्व रखते हैं। बाल्यावस्था के प्रारंभ में वास्तविक वस्तुओं के द्वारा ग्रहण किए गए स्थूल अनुभव संप्रत्यय निर्माण में बहुत सहयोग देते हैं। इनकी सहायता से बच्चों के अन्दर विभिन्न संप्रत्ययों का निर्माण हो जाता है।

जब बच्चा कुछ और बड़ा हो जाता है तो उसमें स्थूल तथा प्रत्यक्ष अनुभवों के द्वारा भी संप्रत्ययों का निर्माण होने लगता है। अब वह किसी वस्तु या व्यक्ति या प्रक्रिया के बारे में पुस्तकों से पढ़ कर या अपने अध्यापक द्वारा सुनकर अथवा चित्र या फोटोग्राफ में देख कर ही निश्चित धारणा बनाना प्रारंभ कर देता है। बाद के वर्षों में बालकों में न केवल नए-नए संप्रत्ययों का निर्माण होता है बल्कि उसके अंदर पहले से ही विद्यमान पुराने संप्रत्ययों को भी नवीन रूप मिलता रहता है। नवीन अनुभवों का कसौटी पर खरा न उतरने के कारण त्याग भी करना पड़ता है।

सामान्यतया संप्रत्ययों के विकसित होने की प्रक्रिया में स्थूल से सूक्ष्म की ओर, अस्पष्टता से स्पष्टता की ओर और अनिश्चित से निश्चित की ओर चला जाता है। इसी कारण बच्चों के संप्रत्यय अस्पष्टता अनिश्चितता और अपर्याप्तता से युक्त होते हैं। मानसिक विकास की बात करते हैं तो उस समय हमारा तात्पर्य इन सभी योग्यताओं, क्षमताओं और शक्तियों के समन्वित विकास से ही होता है।

उदाहरण के तौर पर बच्चे में समय सम्बन्धी संप्रत्यय का सर्वथा अभाव होता है। क्रो व क्रो (Crow and Crow) ने इसके बारे में विचार व्यक्त करते हुए लिखा है –"समय अपने इस रूप में जैसा कि समझा जाता है बच्चों के लिए कुछ भी महत्व नहीं रखता। उसे *'आज', 'कल' और अगले सप्ताह में कोई अन्तर दिखाई नहीं देता। समय की अवधि के सूचक वे सभी शब्द उसे शब्द मात्र ही प्रतीत होते हैं।*" (1968, p. 73) इसी प्रकार बच्चे में स्थिति, दूरी गहराई आदि से संबंधित संप्रत्यय भी बहुत अस्पष्ट एवं अल्प विकसित अवस्था में होते हैं, परन्तु जैसे-जैसे वह बड़ा होता जाता है परिपक्वता ग्रहण करने के फलस्वरूप वे अधिक से अधिक स्पष्ट, विशिष्ट और निश्चित होते चले जाते हैं।

3. भाषा विकास (Language Development): व्यक्ति की मानसिक वृद्धि और विकास में भाषा का विकास भी महत्वपूर्ण योगदान देता है। भाषा विकास के प्रारंभिक चरण में बच्चे बोलना सीखने का प्रयत्न करते हैं। शुरू-शुरू में रोने, किलकारी भरने, चिल्लाने आदि से सम्बन्धित ध्वनियों द्वारा उनकी यह इच्छा व्यक्त होती है। प्रथम वर्ष में वह केवल कुछ शब्दों का उच्चारण ही सीख पाता है, परन्तु उसके पश्चात् बोलने सम्बन्धी शब्दकोश में बहुत तेजी से वृद्धि होती है। अनुकरण की प्रक्रिया इस कार्य में सहायता करती है। बच्चा अपने परिवेश में अपने से बड़ों तथा साथियों का अनुकरण कर शीघ्रता से बोलना सीखता है। बोलने और सीखने की इस प्रक्रिया में बच्चों में तुतलापन, हकलाहट और रूक-रूक कर बोलने जैसे दोष भी उत्पन्न हो सकते हैं। अत: एव माता-पिता और अध्यापकों को बच्चों के इस समय के बोलने के प्रयत्नों पर पूरा-पूरा ध्यान देना चाहिए।

जहां तक भाषा सम्बन्धी शब्दकोश का प्रश्न है, इसकी उपस्थिति बचपन में बहुत सीमित मात्रा में होती है। जैसे-जैसे आयु बढ़ती है वैसे-वैसे परिपक्वन और औपचारिक तथा अनौपचारिक शिक्षा के माध्यम से इसके कलेवर में निरन्तर वृद्धि होती रहती है।

यदि पढ़ने सम्बन्धी रूचियों और आदतों को ठीक प्रकार से बनाए रखा जाए तो व्यक्ति न केवल युवा और प्रौढ़ावस्था में बल्कि वृद्धावस्था में भी अपने शब्द भण्डार में यथेष्ट वृद्धि करने में सक्षम हो सकता है।

शब्दकोश में वृद्धि और बोलने सीखने के साथ-साथ वाक्य निर्माण और भावों द्वारा अपने भावों की अभिव्यक्ति करने के ढंग में भी पर्याप्त कुशलता आने लगती है। बाल्यावस्था के प्रारंभ में बच्चे प्रश्नों का उत्तर केवल एक शब्द में देने का प्रयत्न करते हैं। उस समय उनकी भाषा में संज्ञा शब्दों की भरमार होती है। कुछ समय पश्चात् धीरे-धीरे वे विशेषण, सर्वनाम, क्रिया, विशेषण आदि अन्य विन्यासों का प्रयोग भी अच्छी तरह सीख लेते हैं और उनके उत्तर अब भाषा रचना की दृष्टि से संक्षिप्त और अधूरे होने की अपेक्षा लम्बे, गूढ़ और सशक्त होने लगते हैं।

4. स्मरणशक्ति का विकास (Development of Memory): मानसिक विकास का एक अन्य महत्वपूर्ण पहलू स्मरण शक्ति है। जन्म के समय बच्चों में स्मरण शक्ति कितनी मात्रा में होती है, इसके बारे में निश्चित रूप से कुछ कहा नहीं जा सकता। आयु में वृद्धि होने पर परिपक्वता और अनुभवों के माध्यम से इसका धीरे-धीरे विकास होने लगता है। हरलॉक (Hurlock) और श्वार्टज (Schwarzt) ने विकास की इस प्रक्रिया पर टिप्पणी करते हुए लिखा है –"*शुरू के छ: महीने के बच्चे जो बातें उन पर गहरा प्रभाव छोड़ती हैं, केवल उन्हीं को स्मरण रखते हैं, परन्तु साल के अन्त तक उनमें वास्तविक स्मरण शक्ति विकसित होने के लक्षण प्रकट होने लगते हैं। प्रथम वर्ष में तो वे प्रत्यक्ष वस्तुओं के सम्पर्क में आने पर उनसे संबंधित बातों को याद रख सकते हैं। बोलना आ जाने के बाद, प्राय: दो वर्ष के पश्चात् वे विचारों के रूप में भी बहुत कुछ स्मरण रख सकते हैं। प्रथम दो वर्षों में परिस्थितियों की अपेक्षा व्यक्ति और वस्तुओं से संबंधित स्मरण शक्ति ही अधिक अच्छी पाई जाती है। बाल्यकाल के शुरू में तीन से लेकर छ: वर्ष तक बच्चे की स्मरण शक्ति के आधार पर कुछ दिन पहले सुनी हुई कहानी अथवा अपने पूर्व अनुभवों को सुनाने में समर्थ हो जाते हैं।*" (1964 p. 98)

इस प्रकार के बाल्यावस्था के प्रारंभ से ही बच्चों में स्मरण शक्ति के चिन्ह स्पष्ट दिखाई देने लग जाते हैं, परन्तु छोटी अवस्था में बच्चों की स्मरण शक्ति रट्टू तोते की

तरह की होती है। वे किसी भी चीज को बिना सोचे समझे बार-बार दोहरा कर अथवा रट कर याद करने का प्रयत्न करते हैं। बाल्यावस्था के बाद के वर्षों और किशोरावस्था में स्मरण शक्ति धीरे-धीरे तर्क और सूझ-बूझ पर निर्भर होने लगती है और प्रौढ़ावस्था के अंतिम वर्षों में, स्मरण शक्ति कम होना प्रारंभ कर देती है। किस विशेष आयु से ऐसा होना प्रारंभ होता है, यह बात निश्चित रूप से नहीं कही जा सकती। आयु और स्वास्थ्य के अतिरिक्त घटनाएं, परिस्थितियां और संवेगात्मक कारक भी स्मरण शक्ति को खो बैठने या उसमें कमी आ जाने के लिए उत्तरदायी ठहराए जा सकते हैं।

5. समस्या समाधान योग्यता का विकास(Development of Problem Solving Ability): समास्या समाधान करने की योग्यता भी मानसिक विकास का एक महत्वपूर्ण पहलू है। व्यक्ति सामने किसी न किसी रूप में अनगिनत समस्याएं रहती हैं। उनका समाधान करने के लिए इस प्रकार की योग्यता की आवश्यकता होती है। सोचने विचारने और तर्क करने दोनों ही प्रकार की शक्तियां समस्या के समाधान किसी न किसी रूप में अनगिनत समस्याएं रहती हैं। उनका समाधान करने के लिए इस प्रकार की योग्यता की आवश्यकता होती है। सोचने विचारने और तर्क करने दोनों ही प्रकार की शक्तियां समस्या के समाधान में सहायक सिद्ध होती हैं। इसलिए समस्या समाधान योग्यता, सोचने विचारने और तर्क करने की शवित पर निर्भर करती है। सोचने, विचारने और तर्क करने की शक्ति 2½ और 3 वर्ष की आयु से ही विकसित होनी प्रारंभ हो जाती, परन्तु इस आयु में बच्चे की विचार शक्ति सूक्ष्म नहीं होती। वह अमूर्त्त विचारों (Abstract ideas) का चिन्तन करने में प्राय: असमर्थ होता है। ऐसी पेचीदा समस्याओं को, जिनमें सूक्ष्म विचार शक्ति, कल्पना शक्ति और अधिक संगठन तर्क शक्ति की आवश्यकता होती है, सुलझा सकने की आशा उससे नहीं की जा सकती। लेकिन धीरे-धीरे आयु बढ़ने के साथ-साथ उसमें अमूर्त विचारों का चिन्तन करने और सूक्ष्म के साथ सम्बन्ध बनाने की योग्यता आने लगती है। अब वह मौलिक तथा अमूर्त्त विचारों, काल्पनिक चित्रों, सूत्रों तथा संकेतों की सहायता से विभिन्न समस्याओं को सुलझाने में समर्थ बन जाता है।

इस विवेचन से यह स्पष्ट हो जाता है कि प्रारंभिक अवस्था में बच्चों के सामने हल करने के लिए ऐसी सरल और उपयोगी समस्याएं प्रस्तुत की जानी चाहिए जो उनके वातावरण से संबंधित हों तथा जिनके हल के लिए काल्पनिक या अमूर्त विचार, चिन्तन याा सूक्ष्म पर्यवेक्षण की कम से कम आवश्यकता पड़ती हो। फिर जैसे-जैसे उनकी उम्र बढ़ती जाए, उनके सामने कठिन और कठिनतर समस्याएं रखी जानी चाहिएं। इस प्रकार से बच्चों में धीरे-धीरे समस्या समाधान योग्यता विकसित की जानी चाहिए।

उपरोक्त पहलुओं के अतिरिक्त मानसिक विकास और वृद्धि की दिशा में ध्यान (Attention), कल्पना शक्ति, निष्कर्ष निकालने और निर्णय पा लेने की क्षमता आदि का भी अपना एक विशेष महत्व है। बच्चों में ये विशेष शक्तियां और योग्यताएं भी जैसे-जैसे उसकी आयु बढ़ती जाती है, ऊपर वर्णन की गई मानसिक योग्यताओं की तरह परिपक्वन और शिक्षा के माध्यम से धीरे-धीरे पनपती रहती हैं।

मानसिक वृद्धि और विकास को प्रभावित करने वाले कारक (Factors affecting Mental Growth and Development)

वंशानुक्रम और वातावरण दोनों ही मानसिक वृद्धि और विकास को अधिक से अधिक प्रभावित करने की चेष्टा करते हैं। जीवन की किसी भी अवस्था में एक व्यक्ति का मानसिक

विकास उसके वंशानुक्रम और वातावरण की सम्मिलित देन कहा जा सकता है। गर्भाधान के समय अपने माता-पिता के माध्यम से मानसिक विशेषताओं और गुणों के रूप में जो कुछ भी वंशानुगत पूंजी उसे प्राप्त होती है वह भविष्य में उसकी मानसिक वृद्धि और विकास की दिशा में एक ठोस आधार का कार्य करती है। इस आधार के ऊपर अपनी आयु में वृद्धि के साथ-साथ बच्चा अपने भौतिक, सामाजिक और शैक्षिक वातावरण के सहारे मानसिक वृद्धि और विकास रूपी भव्य प्रासाद के निर्माण में संलग्न रहता है।

वास्तव में देखा जाए तो परिपक्वन (Maturation) और सीखना (Learning) दोनों ही मानसिक वृद्धि और विकास को नियंत्रित करने में महत्वपूर्ण भूमिका निभाते हैं। परिपक्वन द्वारा शारीरिक वृद्धि और विकास में होने वाली यह वृद्धि मानसिक वृद्धि और विकास को काफी प्रभावित करती है। जन्म के समय मस्तिष्क और स्नायु संस्थान दोनों ही बहुत अविकसित होते हैं। जन्म के पश्चात इनमें तेजी से वृद्धि और विकास प्रारंभ हो जाता है और जैसे-जैसे इनमें परिपक्वता आती जाती है, वैसे-वैसे बच्चे की मानसिक शक्तियां और योग्यताएं बढ़ती जाती है। इस प्रकार से स्नायु संस्थान मानसिक विकास को एक निश्चित दिशा प्रदान करने में पूरी तरह से सहायक सिद्ध होता है।

सीखने की प्रक्रिया भी, चाहे वह औपचारिक शिक्षा के माध्यम से हो और चाहे वह अनौपचारिक शिक्षा अथवा व्यक्तिगत अनुभवों के ऊपर आधारित हो, स्वाभाविक रूप से परिपक्वन के परिणामस्वरूप होने वाली मानसिक वृद्धि और विकास को अपनी चरम सीमा तक पहुंचने में पूरी तरह सहायक सिद्ध होती है। मानसिक वृद्धि और विकास में इसकी भूमिका की तुलना शारीरिक वृद्धि और विकास की दिशा में शारीरिक व्यायाम द्वारा उठाए जाने वाले लाभ से की जा सकती है जैसा कि सोरेन्सन (Sorenson) ने लिखा है-" *एक बच्चे की टांगें, भुजाएं और शरीर स्वास्थ्यप्रद खेल द्वारा सशक्त बन जाता है। हम यह परिणाम निकाल सकते हैं कि मस्तिष्क और स्नायु संस्थान दोनों ही पढ़ने, गणना करने, स्मरण रखने, बोलने, कल्पना करने और अन्य मानसिक क्रियाओं को करते रहने में होने वाले अभ्यास और मानसिक व्यायाम द्वारा उन्नत और अधिक सक्षम बन जाते हैं।*" 1948, p. 32

मानसिक विकास और शिक्षा *(Mental Development and Education)*

विभिन्न अवस्थाओं में मानसिक वृद्धि और विकास के स्वरूप का लाभ और मानसिक योग्यताओं और क्षमताओं में आयु के साथ-साथ होने वाले परिवर्तनों की अमूल्य जानकारी अध्यापक के लिए बहुत ही उपयोगी सिद्ध हो सकती है। इस उपयोगिता को संक्षिप्त रूप में निम्न प्रकार व्यक्त किया जा सकता है।

1. विभिन्न आयु स्तरों पर पाठ्यक्रम सम्बन्धी और सहगामी क्रियाओं तथा अनुभवों के चयन और नियोजन में इससे सहायता मिल सकती है।

2. किस विधि और तरीके से पढ़ाया जाए, सहायक सामग्री तथा शिक्षण साधन किस प्रकार प्रयोग में लाए जाएं, शैक्षणिक वातावरण किस प्रकार का हो, यह सब निश्चित करने में भी अध्यापक को इससे सहायता मिलती है।

3. विभिन्न अवस्थाओं और आयु-स्तर पर बच्चों की मानसिक वृद्धि और विकास को ध्यान में रखते हुए उपयुक्त पाठ्य पुस्तकें तैयार करने में भी इससे सहायता मिल सकती है।

4. इसकी सहायता से अध्यापक को यह ज्ञात हो जाता है कि एक विशेष प्रकार की पढ़ाई और कार्य जिन्हें करने के लिए कुछ विशेष विकसित मानसिक शक्तियों की आवश्यकता होती है, उपयुक्त समय पर उन शक्तियों के विकसित होने पर ही प्रारंभ कराने

चाहिए। अनावश्यक शीघ्रता और देरी, दोनों ही इस अवस्था में हानिकारक सिद्ध हो सकती हैं।

5. इस प्रकार के ज्ञान द्वारा अध्यापक अपने शिष्यों की मानसिक शक्तियों और क्षमताओं के पूर्ण विकास में पूर्ण सहयोग प्रदान कर सकता है। वह उन्हें समाधान और सृजनात्मक अभिव्यक्ति के लिए पर्याप्त प्रशिक्षण दे सकता है। बिना सोचे समझे तोते की तरह रटने और अन्धों की तरह इधर-उधर हाथ मार कर कार्य में सफल होने के लिए प्रयास करने की अपेक्षा तर्क शक्तियों तथा सूझ-बूझ के आधार पर याद रखने और अन्य कार्य सम्पन्न करने में भी वह उनकी सहायता कर सकता है। उनके निरीक्षण, प्रत्यक्षीकरण, सामान्यीकरण सम्बन्धी योग्यता को विकसित करने में भी उनकी मानसिक शक्तियों की वृद्धि और विकास के स्तर को ध्यान में रखते हुए वह उनकी पूरी मदद कर सकता है। इस तरह से एक अध्यापक मानसिक वृद्धि और विकास के सभी पहलुओं और उनके विभिन्न स्तरों पर होने वाले सामान्य और विशिष्ट परिवर्तन को ध्यान में रखते हुए अपने शिष्यों को मानसिक वृद्धि और विकास के पथ पर अच्छी स्तर से अग्रसर कर सकता है। वह न केवल उनकी मानसिक शक्तियों और योग्यताओं के विकास में ही सहायता करता है, बल्कि इन्हें इन शक्तियों और योग्यताओं का उसके स्वयं और समाज के लाभ को ध्यान में रखते हुए विवेक और बुद्धिमत्तापूर्ण उपयोग करने में भी समर्थ बना सकता है।

संवेगात्मक विकास (Emotional Development)

संवेगात्मक विकास की अवधारणा (The Concept of Emotional Development)

संवेगात्मक विकास मानव वृद्धि और विकास का एक महत्वपूर्ण पहलू है। प्रेम, क्रोध, भय, घृणा और संवेग बच्चे के व्यक्तित्व और विकास में महत्वपूर्ण-भूमिका निभाते हैं। व्यक्ति का संवेगात्मक व्यवहार केवल उसके शारीरिक वृद्धि और विकास को ही प्रभावित नहीं करता बल्कि बौद्धिक, सामाजिक, नैतिक और सौन्दर्यबोध के विकास पर भी यथेष्ट प्रभाव डालता है। संवेगों की मानव जीवन में इस बहुमुखी उपयोगिता के कारण उनके बारे में पूरी तरह जानना अति आवश्यक हो जाता है। संवेग क्या हैं? इनका उद्गम (Origin) क्या है? इनका विकास कैसे होता है? व्यक्ति को ये किस प्रकार प्रभावित करते हैं। संवेगात्मक विकास को कौन-कौन से महत्वपूर्ण कारक प्रभावित करते हैं? संवेगों को किस प्रकार ठीक तरह प्रशिक्षित किया जा सकता है? इस प्रकार के कुछ प्रश्नों के उत्तरों के माध्यम से ही हम संवेगात्मक विकास की अवधारणा से परिचित होना चाहेंगे।

संवेग क्या हैं? संवेग का अर्थ (What are Emotions ? Meaning of Emotion)

संवेग शब्द अंग्रेजी के इमोशन (Emotion) शब्द का हिंदी रूपान्तर है। शब्द व्युत्पत्ति के अनुसार E motion शब्द की उत्पत्ति लेटिन भाषा के शब्द Emovere से मानी जाती है जो 'उत्तेजित करने', 'हलचल मचाने' 'उथल-पुथल या क्रांति उत्पन्न करने' जैसे अर्थों में प्रयुक्त होता है।

वुडवर्थ (Woodworth) ने इन अर्थों से प्रेरणा ग्रहण करके Emotion अर्थात् संवेग को निम्न शब्दों में परिभाषित करने का प्रयत्न किया है

> "संवेग किसी प्राणी की गतिमान और हलचलपूर्ण अवस्था है। व्यक्ति को यह स्वयं अपनी भावनाओं की उत्तेजनापूर्ण स्थिति प्रतीत होती है। दूसरे व्यक्ति को यह उत्तेजित अथवा अशांत मांस पेशियों और ग्रंथियों की एक क्रिया के रूप में दिखाई देती है।"
> (1945. p. 410)

क्रो व क्रो (Crow and Crow) ने संवेगों की परिभाषा इस प्रकार से दी है

"संवेग वह भावात्मक अनुभूति है जो व्यक्ति की मानसिक और शारीरिक उत्तेजनापूर्ण अवस्था तथा सामान्यीकृत आंतरिक समायोजन के साथ जुड़ी होती है और जिसकी अभिव्यक्ति ऊपरी व्यवहार के द्वारा होती है। (1972, p. 83)

मकडूगल (Mcdougall) ने मूल प्रवृत्तियों (Instincts) को जन्मजात प्रवृत्तियां मानते हुए उन्हें सभी प्रकार के संवेगों को जन्म देने वाला कहा है। उसके अनुसार मूलप्रवृत्तिजन्य व्यवहार के तीन पक्ष होते हैं–

(a) ज्ञानात्मक पक्ष (Cognitive Aspect)

(b) भावात्मक पक्ष (Affective Aspect)

(c) क्रियात्मक पक्ष (Conative Aspect)

उदाहरण के रूप में जब बच्चा किसी सांड को अपनी ओर आता हुआ देखता है तब उसके मूलप्रवृत्तिजन्य व्यवहार में उपरोक्त तीनों पक्ष देखने को मिलते हैं। पहले तो वह सांड का प्रत्यक्षीकरण करता है। यह जानकर कि यह सांड है, उसे भय नामक संवेग की अनुभूति होती है। इस अनुभूति के परिणामस्वरूप वह भाग कर अपनी प्राण-रक्षा करने का प्रयत्न करता है। इस प्रकार के उदाहरणों के आधार पर मकडूगल ने यह निष्कर्ष निकाला कि मूलप्रवृत्तिजन्य उत्तेजना के समय होने वाली भावात्मक अनुभूति को ही संवेग कहा जाता है। उसने मुख्य रूप से 14 मूलप्रवृत्तियों की चर्चा की और स्पष्ट रूप से संवेगों को इन मूलवृत्तियों से विकसित होते हुए दिखाया। कौन से संवेग के साथ कौन सी मूल प्रवृत्तियां जुड़ी हैं, इसका ज्ञान निम्न तालिका से हो सकता है–

क्रमांक (S.No.)	*मूलप्रवृत्ति (Instinet)*	*संबंधित संवेग (Emotions accompanying it)*
1.	पलायन या भागना (Escape)	भय (Fear)
2.	युयुत्सा, युद्धप्रियता (Combat)	क्रोध (Disgust)
3.	निवृत्ति (Repulsion)	घृणा (Disgust)
4.	जिज्ञासा (Curiosity)	आश्चर्य (Wonder)
5.	शिशुरक्षा (Parental)	वात्सल्य, स्नेह (Tender Emotion, Love)
6.	शरणागति (Appeal)	विषाद (Disatress)
7.	रचनात्मकता (Construction)	सृजनात्मक भावना (Feeling of Creativeness)
8.	संचयप्रवृत्ति (Aquisition)	स्वामित्व की भावना (Feeling of Ownership)
9.	सामूहिकता (Gregariousness)	एकाकीपन (Feeling of Loneliness)
10.	काम (Sex, Mating)	कामुकता (Lust)
11.	आत्मगौरव (Self Assertion)	श्रेष्ठता की भावना (Positive Self-feeling or Elation)
12.	दैन्य (Submissino)	आत्महीनता (Negative Self-feeling)
13.	भोजनान्वेषण (Food Seeking)	भूख (Appetite)
14.	हास (Laughter)	आमोद (Amusement)

उपरोक्त परिभाषाओं और संवगों की उत्पत्ति सम्बन्धी व्याख्या के माध्यम से हमें संवगों की विशेषताओं के बारे में कुछ निम्न प्रकार का ज्ञान हो सकता है

1. संवेगात्मक अनुभूतियों के साथ कोई न कोई मूल प्रवृत्ति अथवा मूलभूत आवश्यकता

जुड़ी रहती है (The emotional experiences are associated with some instincts or biological drives) – जब मूलभूत आवश्यकताओं की संतुष्टि होती है अथवा उसकी सन्तुष्टि में बाधा पड़ती है तो उस समय संवेग अपना-अपना कार्य प्रारंभ कर देते हैं।

2. सामान्य रूप से संवेग की उत्पत्ति प्रत्यक्षीकरण के माध्यम से ही होती है। किसी भी संवेगात्मक अनुभूति के लिए पदार्थ या परिस्थिति के रूप में किसी सशक्त उद्दीपक (Strong Stimulus) की आवश्यकता होती है। शरीर में होने वाले सभी प्रकार के अनुकूल या प्रतिकूल परिवर्तनों द्वारा संवेगों की मात्रा और गति दोनों में ही तीव्रता आती है।

3. किसी भी संवेग के जाग्रत होने के लिए भावनाओं (Feeling) का होना आवश्यक है। भावनाओं का उफान ही उत्तेजनापूर्ण स्थिति पैदा करके व्यक्ति को कुछ करने के लिए मजबूर करता है। भावनाएं जब इतनी अधिक बलवती हो जाती हैं कि वे व्यक्ति के मस्तिष्क को बेचैन कर उसे तत्काल कार्यवाही करने के लिए पूरी तरह उत्तेजित कर दें तब वे संवेग का रूप धारण कर लेती हैं। इस तरह कुछ न कुछ करने की वेगवती इच्छा संवेगात्मक अनुभवों की एक मुख्य विशेषता मानी जाती है।

4. प्रत्येक संवेगात्मक अनुभूति व्यक्ति में कई प्रकार के शारीरिक और शरीर सम्बन्धी परिवर्तनों को जन्म देती है। इनमें से कुछ को जिनकी अभिव्यक्ति बाह्य व्यवहार के माध्यम से होती है, आसानी से देखा जा सकता है। आंख की पुतलियों का फैलना, उनके डोरे लाल होना, चेहरा लाल होना, आँसू बहना, हृदय और नाड़ी की गति धीमी अथवा तेज होना, गला रूंध जाना, शरीर के रोंगटे खड़े हो जाना, थर-थर कांपना, भागने का प्रयत्न करना अथवा संवेग जाग्रत करने के लिए उत्तरदायी व्यक्तियों या वस्तुओं पर आक्रमण करना आदि सभी इस प्रकार के परिवर्तन हैं। दूसरे प्रकार के वे परिवर्तन हैं जिन्हें आसानी से देखा नहीं जा सकता और शरीर के भीतर घटित होते हैं। रक्त संचार, पाचन, श्वसन आदि संस्थानों और ग्रंथियों (Glands) की कार्यप्रणाली और क्षमता में अन्तर आ जाना इस प्रकार के परिवर्तनों के कुछ उदाहरण हैं। इस प्रकार के परिवर्तनों के माध्यम से यह पहचानना कि कौन व्यक्ति क्रोधित है, भयभीत है अथवा किसी अन्य संवेग का शिकार है, आसान होता है।

इन विशेषताओं के अतिरिक्त संवेगों के सम्बन्ध में कुछ और महत्वपूर्ण बातें कही जा सकती हैं जो निम्न हैं

(i) प्रत्येक जीवित प्राणी को संवेगों की अनुभूति होती है।

(ii) व्यक्ति को अपनी वृद्धि और विकास की हर अवस्था में इनकी अनुभूति होती है।

(iii) सभी व्यक्ति संवेगात्मक रूप से एक जैसे नहीं होते। संवेगों की मात्रा और अभिव्यक्ति के ढंग में पर्याप्त अन्तर पाया जाता है।

(iv) एक ही संवेग विभिन्न प्रकार के उद्दीपन, चेष्टाओं, वस्तुओं और क्रियाओं के द्वारा जाग्रत किया जा सकता है।

(v) संवेग तुरन्त ही जाग्रत हो जाते हैं परंतु उनका अन्त धीरे-धीरे होता है। कोई भी संवेग एक बार जाग्रत होने पर काफी लंबे समय तक बना रहता है और जाते-जाते अपना प्रभाव संवेगात्मक मूड (Emotional Mood) के रूप में छोड़ जाता है।

(vi) संवेगों में स्थानान्तरणता (Transferability) का गुण भी पाया जाता है। अपने अफसर से बिना अपराध झिड़की या डांट फटकार खाने पर उत्पन्न क्रोध घर में बच्चों या पत्नी के साथ बुरा व्यवहार करने के रूप में अभिव्यक्त होता है।

(vii) एक संवेग अपने तरह के कई संवेगों को जन्म दे सकता है।

(viii) संवेगों के आगृत होने और बुद्धि में ऋणात्मक सह-सम्बन्ध (Negative Correlation) पाया जाता है। तीक्ष्ण और कुशाग्र बुद्धि संवेगों की आंधी को रोकने का प्रयास करती है तो दूसरी ओर संवेगों का बहाव, बुद्धि सम्बन्धी दीवार को ढहाकर मनुष्य को कर्त्तव्यविमूढ़ तथा विवेकशून्य बना देता है।

संवेगों के प्रकार (Kinds of Emotions)

अगर हम विभिन्न संवेगों द्वारा व्यक्ति विशेष पर पड़ने वाले प्रभावों का विश्लेषण करें तो हम यह निष्कर्ष निकाल सकते हैं कि वे अनुकूल और प्रतिकूल दोनों प्रकार का ही प्रभाव छोड़ सकते हैं। कोई एक संवेग व्यक्ति के लिए कितना लाभदायक अथवा हानिकारक सिद्ध हो सकता है, यह कुछ निम्न बातों पर निर्भर करता है

(i) संवेगात्मक अनुभवों की आवृत्ति (Frequency) और तीव्रता (Intensity)।

(ii) संवेग जागृत करने वाले उद्दीपन (Stimulus) की प्रकृति और संबंधित परिस्थितियां तथा अवसर।

(iii) संवेगात्मक अनुभव या संवेग विशेष की प्रकृति अथवा प्रकार जैसे घटक का संवेगात्मक अनुभूति की दिशा में काफी महत्व है। सभी प्रकार के संवेगों को मोटे तौर पर दो भागों में बांटा जा सकता है। इनमें से एक को सकारात्मक संवेग (Positive Emotions) तथा दूसरे को नकारात्मक संवेग (Negative Emotions) का नाम दिया जाता है।

भय, क्रोध, ईर्ष्या आदि विषादयुक्त संवेग जो व्यक्ति और समाज के लिए अहितकर सिद्ध होते हैं, नकारात्मक संवेग (Negative Emotions) कहलाते हैं जबकि प्रेम, आमोद, सृजनात्मकता आदि मन को आल्हादित करने वाले संवेग जो व्यक्ति और समाज दोनों के लिए हितकर तथा उपयोगी सिद्ध होते हैं, सकारात्मक संवेग (Positive Emotions) कहलाते हैं। दोनों प्रकार के संवेगों के सकारात्मक और नकारात्मक नामकरण से यह नहीं सोच लिया जाना चाहिए कि सकारात्मक संवेग हर अवस्था में अच्छे ही होते हैं और नकारात्मक संवेग बुरे। संवेगों के प्रभाव का मूल्यांकन करते समय उनकी तीव्रता, आवृत्ति, उद्दीपक की प्रकृति और संबंधित परिस्थितियों के ऊपर भी पूरा-पूरा ध्यान देने की आवश्यकता है। अति सदैव ही बुरी होती है। संवेग चाहे वे सकारात्मक हों या नकारात्मक, उनकी अधिक तीव्रता अथवा अत्यधिक आवृत्ति अहितकर ही सिद्ध होती है। दूसरी ओर बुरे समझे जाने वाले नकारात्मक संवेग (Negative Emotions) बहुत ही उपयोगी तथा हितकर सिद्ध हो सकते हैं। उदाहरण के तौर पर भय के संवेग द्वारा व्यक्ति अपने आपको आने वाले खतरे का सामना करने के लिए तैयार कर सकता है। एक बच्चा जिसमें भय का संवेग ठीक प्रकार से विकसित नहीं होता, सांप को पकड़ने, कुत्ते के मुंह में अंगुली डालने, छत से छलांग लगाने आदि दु:साहसपूर्ण कार्यों से अपने जीवन को खतरे में डालता रहता है।

विकास की विभिन्न अवस्थाओं में संवेगात्मक विकास (Emotional Development during different Stages of Development)

विकास अपने सामान्य रूप में आयु बढ़ने के साथ-साथ होने वाले परिवर्तनों का ही दूसरा नाम है। इस दृष्टिकोण से संवेगात्मक विकास में निम्न प्रकार के परिवर्तन देखने को मिलते हैं।

(a) जन्म के पश्चात् बच्चे में धीरे-धीरे विभिन्न संवेगों का जन्म होता रहता है।
(b) बचपन में संवेगों को जागृत करने वाले उद्दीपक (Stimulus) की प्रवृत्ति में भी बाद में पर्याप्त अन्तर आता चला जाता है।
(c) संवेगों के अभिव्यक्त करने का ढंग भी परिवर्तित हो जाता है।

इन सब परिवर्तनों को ध्यान में रखते हुए विभिन्न अवस्थाओं में होने वाले संवेगात्मक विकास का अग्रलिखित रूप में वर्णन किया जा सकता है।

शैशवावस्था में संवेगात्मक विकास *(Emotional Development during Infancy)*

1. अपने जन्म के समय से ही अपनी चीख पुकार और हाथ पैर चलाने के द्वारा बच्चा अपने अन्दर संवेगों की उपस्थिति का आभास देता है। परन्तु इस अवस्था में उसमें कौन-कौन से विशेष संवेग विद्यमान रहते हैं, इस बात के कोई निश्चित प्रमाण नहीं मिलते।
2. वास्तव में अगर देखा जाए तो जैसा कि श्रीमती हरलाक (Hurlock) लिखती हैं –"*जन्म के समय और उससे कुछ देर बार संवेगात्मक व्यवहार के प्रथम दर्शन शक्तिशाली उद्दीपकों के प्रति सामान्य उत्तेजना के रूप में होते हैं। इस समय शिशु में कोई ऐसे स्पष्ट निश्चित संवेगात्मक पैटर्न* (Emotional Patterns) का पता नहीं चलता जिन्हें विशेष संवेगात्मक अवस्थाओं के रूप में पहचाना और जाना जा सकता हो।" (1959, p. 216)
   इस तरह से प्रारंभिक अवस्था में बच्चा किसी भी उद्दीपन के प्रति बिना उसको जाने पहचाने सामान्य उत्तेजना के रूप में अपनी संवेगात्मक अभिव्यक्ति करता है।
3. सामान्य उत्तेजना व्यक्त करने की यह अन्धावस्था कुछ समय पश्चात् समाप्त हो जाती है। अब शिशु की सामान्य उत्तेजना के द्वारा उसके हर्ष और विषाद का अनुमान लगाया जा सकता है। अचानक होने वाली जोर की आवाज और शोरगुल, गीला बिछौना, अधिक ठंडी और गर्म चीजों का स्पर्श, भूख आदि उद्दीपकों के प्रति शिशु की प्रतिक्रिया विषादयुक्त होती है। दूसरी ओर प्यार से थपथपाना, गोदी में लेकर प्यार करना और मां द्वारा स्तन पान कराना आदि उद्दीपकों के प्रति उसकी क्रिया आनन्दमय चेष्टाओं के रूप में प्रकट होती है।
4. स्पिटज (Spitz) के अनुसार सामान्य उत्तेजना की आनन्दायक तथा विषादमय दो प्रकार की अलग-अलग अनुक्रियाओं (Responses) को अभिव्यक्ति निम्न प्रकार से होती है: "पहले दो मास में शारीरिक उद्दीपकों द्वारा हर्ष और विषाद की उत्पत्ति होती है। तीसरे माह में बड़ों के हंसने या उनसे खेलने के परिणामस्वरूप वह मुस्कराने का प्रयास करता है और इस तरह मनोवैज्ञानिक उद्दीपन के परिणामस्वरूप उसमें आनन्दमयी अनुक्रिया (Pleasant Response) होती है। कुछ समय बाद यह देखा जाता है कि अगर शिशु को अकेला छोड़ दिया जाए तो वह बहुत दुखी होकर रोने लग जाता है और इस तरह से मनोवैज्ञानिक उद्दीपकों के माध्यम से उसमें विषाद की उत्पत्ति होने लगती है।" (Hurlock. E.B. 1959, p. 217)
5. जैसा कि ऊपर कहा गया है, छः मास की अवस्था तक संवेगात्मक व्यवहार आनन्द और विषादयुक्त अनुक्रियाओं तथा चेष्टाओं के माध्यम से व्यक्त होता है। इस तरह से शिशु में इस अवस्था तक हर्ष और विषाद नामक दो संवेगों का ही अस्तित्व पाया जाता है। जब शिशु छः माह का हो जाता है तब वह नकारात्मक संवेग ग्रहण करता

है। फलस्वरूप आने वाले महीनों में भय, घृणा, क्रोध, ईर्ष्या आदि संवेग उसमें अपना घर बना लेते हैं। 10 और 12 माह के शिशु में प्रेम, सहानुभूति, आमोद, आत्म-गौरव आदि सकारात्मक संवेग उत्पन्न हो जाते हैं। 2 वर्ष तक शिशु में जैसा कि 1931 में ब्रिज (Bridge) द्वारा किए गए अध्ययन से पता चलता है, प्रायः सभी सकारात्मक और नकारात्मक संवेग अपना घर बना लेते हैं तथा उन्हें अच्छी तरह से पहचाना जा सकता है।

6. शैशवावस्था में संवेगों की अभिव्यक्ति में भी निरन्तर निखार आता रहता है। शुरू-शुरू में मुखमुद्रा और शारीरिक चेष्टाओं के माध्यम से यह पहचान नहीं की जा सकती कि शिशु किस संवेग को अभिव्यक्त कर रहा है। केवल माता ही अपने बच्चे के रोने और चिल्लाने का प्रयोजन समझ सकती है। बाद में धीरे-धीरे बच्चों द्वारा अभिव्यक्त संवेगों को बाह्य लक्षणों से पहचाना जा सकता है। इसके अतिरिक्त शैशवावस्था के प्रारंभिक महीनों में संवेगात्मक रूप से उत्तेजित करने वाली परिस्थितियों में शिशु अपनी प्रतिक्रिया तेजी से व्यक्त करता है। लेकिन जैसे-जैसे वह बाल्यावस्था की ओर बढ़ता है उसका चीखना-चिल्लाना और हाथ पैर चलाना कम होता जाता है। धीरे-धीरे आयु के बढ़ने के साथ-साथ वह अपने संवेगों की अभिव्यक्ति गत्यात्मक क्रियाओं के माध्यम से न कर भाषा के द्वारा करने लगता है।

बाल्यावस्था में संवेगात्मक विकास (Emotional Development during Childhood)

जैसा कि ऊपर बताया गया है बाल्यावस्था के प्रारंभ काल तक बच्चे में प्रायः सभी संवेगों का जन्म हो चुका होता है। अतः बाल्यावस्था में कोई नवीन संवेगों की उत्पत्ति न होकर संवेग जागृत करने वाली परिस्थितियों और उद्दीपकों की प्रकृति और संवेगों को अभिव्यक्त करने के ढंग में परिवर्तन होते रहते हैं। इस दृष्टिकोण से बाल्यकाल में बच्चे में निम्न परिवर्तन दिखाई देते हैं–

1. शैशवावस्था में बच्चा बहुत स्वार्थी होता है। वह अपनी ही हित साधना में लीन रहता है। अतः इस अवस्था में बच्चे के संवेग प्रायः भूख, प्यास, नींद, मां-बाप का स्नेह, खिलौनों की इच्छा आदि तत्काल आवश्यकताओं द्वारा ही संचालित होते हैं। लेकिन जैसे-जैसे वह बड़ा होता चला जाता है उसकी दुनिया भी बड़ी होती जाती है और अब उसके संवेग अनेक प्रकार के उद्दीपकों और परिस्थितियों द्वारा जागृत होना प्रारंभ कर देते हैं। बालक के संवेगात्मक व्यवहार को स्कूल या वातावरण, हमजोलियों के साथ उसका सम्बन्ध और अन्य वातावरण सम्बन्धी कारक प्रभावित करते हैं। उसकी रुचियों और अनुभवों का क्षेत्र भी विस्तृत हो जाता है, और इन नवीन रूचियों और अनुभवों से उसके संवेगात्मक व्यवहार को एक नई दिशा मिलती है। एक ओर जहां उसके संवेग नवीन उद्दीपकों से जुड़ जाते हैं वहीं दूसरी ओर कुछ पुराने उद्दीपकों द्वारा संवेगों को जागृत करने की क्षमता प्रायः समाप्त हो जाती है। अब वह कपड़े पहनना अथवा स्नान करने में, हाथ-पैर पटकने जैसी चेष्टाएं नहीं करता और न अब उसे अपरिचितों से भय ही लगता है।
2. इस अवस्था में संवेगों की अभिव्यक्ति के ढंग में भी पर्याप्त परिवर्तन दिखाई देता है। शैशवावस्था में संवेगात्मक व्यवहार में आन्धी और तूफान की सी गति होती है और यह प्रायः चीखने-चिल्लाने, हाथ-पटकने आदि गत्यात्मक क्रियाओं द्वारा व्यक्त होता है। लेकिन बाल्यावस्था और विशेष रूप से उसके आखिरी वर्षों में बालक अपने संवेगों की अभिव्यक्ति उचित माध्यम से करने का प्रयास करता है। संवेगात्मक रूप

से अब उसमें कुछ स्थिरता एवं गंभीरता आने लगती है। परिवर्तनों के मूल में कई कारण हैं, प्रथम तो बाल्यावस्था में बालक को अपनी भावनाओं के प्रकाशन के लिए भाषा का माध्यम मिल जाता है, दूसरे अब वह अधिक सामाजिक हो जाता है और यह अनुभव करने लगता है कि अब उसे डरना या बात-चीत में रोना अथवा गुस्सा होना शोभा नहीं देता। तीसरे, उसमें बुद्धि का पर्याप्त विकास हो जाने के कारण अब वह अपने संवेगात्मक उफान पर नियंत्रण स्थापित करने में समर्थ बन जाता है।

इस प्रकार से बच्चा बाल्यकाल में पदार्पण करने के साथ संवेगात्मक स्थिरता और परिपक्वता की ओर बढ़ना प्रारंभ करता है और बाल्यकाल की समाप्ति तक अपने इस ध्येय में बहुत कुछ सफलता प्राप्त कर लेता है।

किशोरावस्था में संवेगात्मक विकास
(Emotional Development during Adolescence)

किशोरावस्था में एक बार फिर संवेगात्मक सन्तुलन बिगड़ जाता है। इस समय संवेगों में आन्धी और तूफान की सी गति और प्रचण्डता होती है। इसलिए किशोरावस्था को प्रायः तूफान और तनाव का समय माना जाता है। जीवन की किसी अन्य अवस्था में संवेगात्मक शक्ति का प्रवाह इतना भीषण नहीं होता जितना कि इस अवस्था में पाया जाता है। एक किशोर के लिए अपने संवेगों पर नियंत्रण रखना बहुत कठिन होता है। यौनि-ग्रन्थियों के तेजी से क्रियान्वित होने और शारीरिक शक्ति में पर्याप्त वृद्धि हो जाने के कारण बाल्यावस्था में पाई जाने वाली संवेगात्मक स्थिरता और शांति भंग हो जाती है। वे संवेगात्मक दृष्टिकोण से बहुत चंचल और अस्थिर हो जाते हैं। शिशु की तरह किशोर क्षण में रूष्ट और क्षण में तुष्ट दिखाई देते हैं। जरा-जरा सी बात पर बिगड़ पड़ना, उत्तेजित हो जाना, निराश हो कर आत्महत्या पर उतारू हो जाना, प्रथम दृष्टि में एक-दूसरे को दिल दे बैठना आदि किशोरों के संवेगात्मक व्यवहार की सामान्य विशेषताएं हैं।

इन सब बातों को देखते हुए इस अवस्था में संवेगों को ठीक प्रकार प्रशिक्षित करने और संवेगात्मक शक्तियों को अनुकूल दिशा में प्रवाहित करने की अत्यन्त आवश्यकता है। हैडो रिपोर्ट (Hodow Report) ने इस आवश्यकता को अग्रलिखित शब्दों में व्यक्त करने का प्रयत्न किया है–

> "*युवाओं की धमनियों में 11 से 12 वर्ष की अवस्था से ही एक ज्वार उमड़ना प्रारंभ हो जाता है, इसे किशोरावस्था के नाम से पुकारा जाता है। यह ज्वार बाढ़ का रूप धारण कर सकता है परन्तु अगर इस प्रचण्ड जल प्रवाह को पूरी शक्ति के साथ अनुकूल दिशा में प्रवाहित किया जाए तो यह अपने निश्चित लक्ष्य पर पहुंच सकता है।*" (Ross j.S., 1951, p. 153)

प्रौढ़ावस्था में संवेगात्मक विकास (Emotional Development during Adulthood)

प्रौढ़ावस्था में संवेगात्मक विकास अपनी चरम सीमा पर पहुंच जाता है। इस अवस्था में प्रायः सभी व्यक्तियों में संवेगात्मक रूप से परिपक्वता आ जाती है। संवेगात्मक परिपक्वता क्या है, यह जानने का प्रयत्न नीचे किया जा रहा है:

संवेगात्मक परिपक्वता का अर्थ (Meaning of Emotional Maturity)

संक्षिप्त रूप में उस व्यक्ति को संवेगात्मक रूप से परिपक्व कहा जा सकता है जो अपने संवेगों पर उचित अंकुश रखते हुए उन्हें भली भांति अभिव्यक्त कर सके। ऐसे व्यक्ति

में कुछ निम्न विशेषताएं पाई जाती हैं:

(i) उसके व्यवहार में प्राय: सभी संवेगों के दर्शन हो सकते हैं और उनके द्वारा कब किस संवेग की अभिव्यक्त हो रही है, इसका ज्ञान भी भली भांति हो सकता है।

(ii) संवेगों की अभिव्यक्ति में भी पर्याप्त सुधार हो जाता है। अब वह अपने संवेगों की अभिव्यक्ति समाज के नियम और आचरण संहिता का ध्यान रख कर करने लगता है।

(iii) वह अपने संवेगों पर अंकुश रख सकता है। अब वह व्यर्थ में ही नहीं उफन पड़ता। उसमें अपनी भावनाओं को छुपाने और संवेगात्मक उफान को नियंत्रित करने की क्षमता आ जाती है।

(iv) अब वह कोरी आदर्शवादिता के चक्कर में न पड़ कर अपना दृष्टिकोण अधिक से अधिक यथार्थवादी बनाने का प्रयत्न करता है। अपने स्वप्न संसार में न खो कर अब वह वास्तविक जीवन की कठिनाइयों का सामना करना चाहता है।

(v) भावनाओं और संवेगों के प्रवाह में न बह कर अब वह अपनी बौद्धिक और मानसिक शक्तियों का ठीक प्रयोग करने लगता है।

(vi) अब वह अपने गलत व्यवहार पर पर्दा डालने का प्रयत्न नहीं करता। न वह इसके लिए कोई तर्क या जिरह करता है और न दूसरों को इसके लिए उत्तरदायी ठहराना चाहता है।

(vii) उसमें पर्याप्त आत्मसम्मान और स्वाभिमान होता है। वह कोई भी ऐसा कार्य नहीं करना चाहता जिससे उसके स्वाभिमान को ठेस लगे या आत्म-सम्मान पर आंच आए।

(viii) वह मात्र अपने ही हित साधन में संलग्न नहीं रहता। वह दूसरों का ध्यान रखता है और सामाजिक सम्बन्धों को बनाए रखने का प्रयत्न करता है। समाज के नियमों और आचार संहिता के अनुकूल चलने का प्रयास करता है।

(ix) वह अपने संवेगों को समय और स्थिति के अनुरूप ठीक प्रकार से व्यक्त करने में पूरी तरह समर्थ होता है। अगर उसके आत्म-सम्मान पर आंच आती है अथवा किसी निर्दोष व्यक्ति पर अत्याचार होता है तब समय की पुकार सुनकर उसमें क्रोधित होने की सामर्थ्य भी होती है। दूसरी ओर अगर उसे अपनी असावधानी और गलती के परिणामस्वरूप अपने से बड़ों से डांट फटकार सुननी पड़ती है तब उसमें अपने क्रोध को काबू में रखने की भी यथेष्ट शक्ति पाई जाती है। परिपक्व संवेगात्मक व्यवहार में अधिक से अधिक स्थायीपन पाया जाता है। ऐसा व्यक्ति एक क्षण में कुछ तथा दूसरे क्षण में कुछ इस प्रकार का व्यवहार करता हुआ नहीं पाया जाता।

संवेगात्मक परिपक्वता का और अधिक पूर्ण अर्थ समझने के दृष्टिकोण से मैं यहां अर्थर टी. जरसिल्ड (Arthur T. Jersild) को उद्धृत करना चाहूंगा। उनके अनुसार संवेगात्मक परिपक्वता का अर्थ मात्र प्रतिबंध या अंकुश लगाना नहीं है। विस्तुत अर्थ की ओर लक्ष्य करके वे लिखते हैं, ''संवेगात्मक परिपक्वता द्वारा शक्तियों के विकास और उनको अच्छी तरह उपयोग में ला सकने की बात कहनी चाहिए। अपने विस्तृत अर्थ में संवेगात्मक परिपक्वता यह संकेत करती है कि किस सीमा तक व्यक्ति ने अच्छी तरह जीने के लिए अपनी शक्तियों और योग्यताओं को पहचान कर उन्हें विभिन्न वस्तुओं का उपभोग कर सकने

तथा दूसरों के साथ प्रेम और सहानुभूति दिखाने या सुख दुःख बांटने आदि कार्यों में ठीक प्रकार से प्रयोग में लाना सीखा है। दुःख और विषाद के अवसर पर यह उपयुक्त शोक संवेदना व्यक्त कर सके और बिना किसी झूठमूठ बहाने का आश्रय लिए हुए भयभीत होने के समय अपनी डर की भावना को खुले रूप में व्यक्त कर सके, इस प्रकार की क्षमताओं का विकसित होना संवेगात्मक परिपक्वता का चिन्ह है।" (Skinner, C.E., 1969, p. 281)

बालकों और प्रौढ़ों के संवेगात्मक व्यवहार की तुलना
(Comparison between Emotionality of Childhood and Adulthood)

बालकों और प्रौढ़ों के संवेगात्मक व्यवहार में काफी अंतर पाया जाता है। इस अंतर को कुछ मुख्य विशेषताओं के आधार पर आगे स्पष्ट किया जा रहा है:

1. संवेगों की तीव्रता (Intensity of Emotions): बालकों के संवेगों में आंधी तूफान की सी तीव्रता पाई जाती है। संवेगात्मक अवस्था में उनका अपने ऊपर नियन्त्रण नहीं रहता। वे जब रोते हैं तो फूट-फूट कर रोते हैं, तथा जब क्रोधित होते हैं तो पूरी तरह से अपने होष हवास खो बैठते हैं। बालकों की तुलना में प्रौढ़ौं के संवेगात्मक व्यवहार में काफी संयम पाया जाता है। वे ज्वालामुखी पर्वतों की भांति अचानक नहीं फूट पड़ते।

2. संवेगों की सोंक्षप्तता (Briefness of the Emotions): आन्धी तूफान अकस्मात् जितनी तेजी से आते हैं उतनी ही तेजी से समाप्त भी हो जाते हैं। ठीक यही हालत बालकों के संवेगों की है। वे किसी भी संवेग के लम्बे समय तक शिकार नहीं होते हैं। उनके संवेग क्षणिक (Momentary) और संक्षिप्त (Brief) होते हैं। जबकि प्रौढ़ों के संवेग एक बार उनकी अनुभूति होने पर काफी लम्बे समय तक चलते हैं और जाते-जाते भी वे अपना प्रभाव विशेष प्रकार के मूड (Mood) में छोड़ जाते हैं।

3. संवेगों की परिवर्तनशीलता (Transitoriness of Emotions): बच्चों के संवेग अस्थिर होते हैं और उनमें परिवर्तनशीलता का गुण भी पाया जाता है। उनके व्यवहार का एक प्रकार के संवेगात्मक व्यवहार से दूसरे में परिवर्तित हो जाना बहुत ही स्वाभाविक और सहज बात है। वे एक क्षण में रूष्ट और दूसरे में तुष्ट हो जाते हैं। आंसू बहाते हुए और फूट-फूट कर रोते हुए बच्चे को केवल एक टॉफी या खिलौना देकर अथवा गोदी में लेकर पुचकारने से ही हंसते हुए देखा जा सकता है। थोड़ी देर में ही उनका क्रोध प्रेम में, ईर्ष्या सहयोग या मेल में और हंसी विषाद या रोने में परिवर्तित हो सकती है। बालकों की तुलना में प्रौढ़ों के संवेगों में पर्याप्त स्थिरता पाई जाती है। उनके संवेगात्मक व्यवहार में इतनी शीघ्रता से परिवर्तन नहीं आते।

4. संवेगों की आवृत्ति (Frequency of Emotion): अगर यह देखा जाए कि एक दिन अथवा एक निश्चित अवधि में बच्चे अथवा प्रौढ़ व्यक्ति कितने प्रकार के संवेगों का शिकार होते हैं अथवा उनमें एक विशेष संवेग की पुनरावृत्ति कितनी बार होती है तो यह आसानी से पता चल सकता है कि अपनी संवेगात्मक अस्थिरता, परिवर्तनशीलता और संक्षिप्ता के गुणों के फलस्वरूप बालक अपने व्यवहार में संवेगों की संख्या और उनकी आवृत्ति के दृष्टिकोण से प्रौढ़ों से काफी आगे होते हैं। परन्तु जैसे-जैसे वे बड़े होते हैं वे समायोजन की दिशा में कदम बढ़ाते हैं और उसके व्यवहार में संवेगों की असंयमित बाढ़ कम दिखाई देती है और उनमें अब बात-बात में रोना, झगड़ना, क्रोध करना, किलकारियां भरना आदि कम होता चला जाता है।

5. संवेगात्मक अवस्था का पता लगाना (Detection of Emotionality): बालक भोले और निष्कपट होते हैं। प्रौढ़ों की तरह अपनी भावनाओं और संवेगों को छुपाने का हुनर इन्हें नहीं आता। अत: उनकी चेष्टाओं, मुद्रा तथा हाव-भाव से उनकी संवेगात्मक अवस्था का आसानी से पता लगाया जा सकता है। भीतर से क्रोध में जलते रहने पर भी मुस्कराहट बिखेर लेना, ईर्ष्या होने पर भी प्रेम प्रदर्शित करना, रोने पर भी हर्ष व्यक्त करना बालकों की अपेक्षा प्रौढ़ों को ही अधिक आता है। इस तरह प्रौढ़ों की संवेगात्मक अवस्था का पता लगाना टेढ़ी खीर होता है।

6. संवेगात्मक अभिव्यक्ति में अन्तर (Difference in Emotional Expression): जैसा कि पहले बताया जा चुका है एक शिशु को अपने संवेगों के उग्र और भीषण प्रवाह को नियन्त्रित करना बहुत ही कठिन होता है। इस अवस्था में प्राय: संवेगों की अभिव्यक्ति चीखने, चिल्लाने, वस्तुओं को फैंकने, तोड़फोड़ करने, मारने पीटने, भागने आदि गामिक क्रियाओं (Motor activities) के माध्यम से ही होती है। जैसे-जैसे वह बड़ा होता जाता है संवेगों की अभिव्यक्ति में पर्याप्त सुधार आता है। सामाजिक सम्पर्क और प्रशिक्षण से उसका संवेगात्मक व्यवहार संतुलित, संयमित और सामाजिक होता चला जाता है। परिपक्वता ग्रहण करने पर संवेगों की अभिव्यक्ति के लिए वह भावनाओं की बाढ़ में न बहकर बुद्धि और अनुभव का सहारा लेना अधिक पसन्द करता है। इसके अतिरिक्त प्रौढ़ अपने संवेगों को नियंत्रण में रख किसी दूसरे उपयुक्त समय के लिए सुरक्षित भी रख सकते हैं और इस प्रकार से वे बालकों की अपेक्षा अपने संवेगों की ठीक प्रकार से ठीक समय पर व्यक्त करने में अधिक प्रवीण होते हैं।

संवेगात्मक विकास को प्रभावित करने वाले कारक
(Factors influencing Emotional Development)

बच्चों का संवेगात्मक विकास अनेक कारकों द्वारा प्रभावित होता है। इसमें से कुछ मुख्य कारण नीचे दिए जा रहे हैं:

1. स्वास्थ्य एवं शारीरिक विकास (Health and Physical Development): शारीरिक विकास एवं स्वास्थ्य का संवेगात्मक विकास के साथ बहुत गहरा सम्बन्ध है। आंतरिक और बाह्य दोनों प्रकार की शारीरिक न्यूनताएं कई प्रकार की संवेगात्मक समस्याओं को जन्म दे सकती है। स्वस्थ एवं हृष्ट-पुष्ट बच्चों की अपेक्षा प्राय: कमजोर अथवा बीमार बच्चे संवेगात्मक रूप से अधिक असंतुलित एवं असमायोजित पाए जाते हैं। संतुलित संवेगात्मक विकास के लिए विभिन्न ग्रन्थियों का ठीक प्रकार काम करना अत्यन्त आवश्यक है जो केवल स्वस्थ एवं ठीक ढंग से विकसित होते हुए शरीर में ही संभव हो सकता है। इस प्रकार से शारीरिक विकास की दशा और उस के स्वास्थ्य का बच्चे के संवेगात्मक विकास पर गहण प्रभाव पड़ता है।

2. बुद्धि (Intelligence): समायोजन करने की योग्यता के रूप में बालक के संवेगात्मक समायोजन और स्थिरता की दिशा में बुद्धि महत्वपूर्ण भूमिका निभाती है। इस सम्बन्ध में मेल्टजर (Meltzer) ने अपने विचार प्रकट करते हुए लिखा है– "सामान्य रूप से अपनी ही उम्र के कुशाग्र बालकों की अपेक्षा निम्न बुद्धि स्तर के बालकों में कम संवेगात्मक संयम पाया जाता है। विचार शक्ति, तर्क शक्ति आदि बौद्धिक शक्तियों के सहारे ही व्यक्ति अपने संवेगों पर अंकुश लगा कर उनको अनुकूल दिशा देने में सफल हो सकता है। अत: प्रारंभ से ही बच्चों की बौद्धिक शक्तियां, बच्चों के संवेगात्मक विकास को दिशा प्रदान करने में लगी रहती है।"

3. पारिवारिक वातावरण और आपसी सम्बन्धी (*Family Atmosphere and Relationships*): परिवार के वातावरण और आपसी सम्बन्धों का भी बच्चें के संवेगात्मक विकास के साथ गहरा सम्बन्ध है जो कुछ बड़े करते हैं उसकी छाप बच्चों पर अवश्य पड़ती है।

अतः परिवार में बड़ों का जैसा संवेगात्मक व्यवहार होता है बच्चे भी उसी तरह का व्यवहार करना सीख जाते हैं। अशांतिमय कलह, लड़ाई-झगड़े से युक्त पारिवारिक वातावरण, क्रोध, भय, चिन्ता, ईर्ष्या आदि कलुषित संवेगों को ही जन्म दे सकते हैं जबकि प्रेम, दया सहानुभूति और आत्मसम्मान से भरपूर वातावरण द्वारा बच्चे में उचित और अनुकूल संवेग अपनी जड़ जमाते हैं। माता-पिता तथा अन्य परिजनों के द्वारा उसके साथ किया जाने वाला व्यवहार भी उसके संवेगात्मक विकास को प्रभावित करता है। यहां तक कि परिवार में बच्चों अथवा भाई-बहनों की संख्या, उसकी पहली, दूसरी या आखिरी सन्तान होना, परिवार की सामाजिक और आर्थिक स्थिति, माता-पिता द्वारा उसकी उपेक्षा या आवश्यकता से अधिक देखभाल और लाड़-दुलार आदि बातें भी बच्चे के संवेगात्मक विकास को बहुत अधिक प्रभावित करती हैं।

4. विद्यालय का वातावरण और अध्यापक (*School Atmosphere and Teacher*): विद्यालय का वातावरण भी बालकों के संवेगात्मक विकास पर पूरा-पूरा प्रभाव डालता है। स्वस्थ और अनुकूल वातावरण के द्वारा बच्चों को अपना संवेगात्मक संतुलन बनाए रखने और अपना उचित समायोजन करने में बहुत आसानी होती है। विद्यालय के वातावरण में व्याप्त सभी बातें जैसे विद्यालय की स्थिति, उसका प्राकृतिक एवं सामाजिक परिवेश, अध्यापन का स्तर, पाठान्तर क्रियाओं और सामाजिक कार्यों की व्यवस्था, मुख्याध्यापक एवं अध्यापकों के पारस्परिक सम्बन्ध और अध्यापकों का स्वयं का संवेगात्मक व्यवहार आदि बालकों के संवेगात्मक विकास को पर्याप्त रूप से प्रभावित करती हैं।

5. सामाजिक विकास और हमजोलियों के साथ सम्बन्ध (*Social Development and Peer-group Relationship*): सामाजिक विकास और संवेगात्मक विकास का भी आपस में गहरा सम्बन्ध है। बच्चा जितना अधिक सामाजिक होगा, संवेगात्मक रूप से वह उतना ही परिपक्व और संयमशील बनेगा। सामाजिक रूप से अविकसित अथवा उपेक्षित बच्चों को अपने संवेगात्मक समायोजन में बहुत कठिनाइयों का सामना करना पड़ता है। समाजीकरण की प्रक्रिया (Process of Socialization) में बच्चों का ठीक-ठीक संवेगात्मक विकास और संवेगात्मक व्यवहार अपेक्षित है। उसका पोषण बच्चे में उचित सामाजिक गुणों के विकास पर भी निर्भर करता है और इस दृष्टि से सामाजिक विकास संवेगात्मक विकास को प्रभावित करने में पूरी-पूरी भूमिका निभाता है।

6. आस पड़ोस, समुदाय और समाज (*Neighbourhood, Community and Society*): परिवार और विद्यालय के अतिरिक्त बच्चों का अपना पड़ोस, समुदाय और समाज जिसमें वह रहता है, उसके संवेगात्मक विकास को बहुत प्रभावित करते हैं। अपने संवेगात्मक व्यवहार से संबंधित सभी बच्छे बुरे संवेग और आदतों को वह इन्हीं सामाजिक संस्थाओं के माध्यम से ग्रहण करता है। एक साहसी और निर्भय जाति या समुदाय में पैदा होने वाले अथवा ऐसे वातावरण में पलने वाले बच्चों में भी साहस और निर्भयता के गुण आ जाना स्वाभाविक ही है। जिस समाज में बड़े लोग शीघ्र ही उत्तेजित होकर गाली-गलौच और मारपीट करते रहते हैं उनके बच्चे भी अनायास ऐसी ही संवेगात्मक कमजोरियों के

शिकार हो जाते हैं। भय, ईर्ष्या, घृणा, क्रोध, प्रेम, सहानुभूति, दया आदि सभी तरह के अच्छे और बुरे संवेगात्मक गुण अच्छे बुरे सामाजिक परिवेश के ही परिणाम होते हैं।

इस प्रकार के संवेगात्मक विकास को प्रभावित करने वाले कारकों को दो मुख्य श्रेणियों में विभाजित किया जा सकता है। पहली श्रेणी में शारीरिक, मानसिक और सामाजिक विकास जैसे कारक हैं जिन्हें पूरे तौर से व्यक्तिगत माना जा सकता है। दूसरी श्रेणी में माता-पिता, परिवार, विद्यालय, पास-पड़ोस, समुदाय और समाज जैसे महत्वपूर्ण सामाजिक कारक आते हैं। व्यक्तिगत और सामाजिक, दोनों ही प्रकार के कारक बच्चे के संवेगात्मक विकास को प्रभावित करने में कोई कसर नहीं छोड़ते। इसलिए बच्चे के संवेगात्मक विकास को यथाविधि बनाए रखने में माता-पिता और अध्यापकों द्वारा दोनों ही प्रकार के कारकों का पूरा-पूरा ध्यान रखा जाना चाहिए।

संवेगों को प्रशिक्षित करने की विधियां **(Methods for the Training of Emotions)**

संवेग बालकों के व्यक्तित्व के विकास में महत्वपूर्ण भूमिका निभाते हैं। उनका शारीरिक, मानसिक, सामाजिक तथा नैतिक, सभी प्रकार का विकास और व्यवहार उनके संवेगों द्वारा प्रभावित होता है। पूर्व-अनुभव और प्रशिक्षण के अभाव में संवेग अपने उन्मुक्त रूप में व्यक्ति और समाज, दोनों के लिए अहितकर सिद्ध हो सकते हैं। इन्हें समाज और व्यक्ति दोनों के लिए उपयोगी बनाने के लिए इनको भली-भांति प्रशिक्षित किया जाना आवश्यक है। साधारण तौर पर इस कार्य के लिए कुछ निम्न विधियां अपनाई जाती हैं।

1. दमन या निषेध (Repression or Inhibition): इस विधि में बच्चे के अवांछित संवेगात्मक व्यवहार की रोकथाम और उसमें परिवर्तन लाने के लिए दंड और कठोर नियंत्रण का प्रयोग किया जाता है। संवेगों की असामाजिक और असंयमित अभिव्यक्ति पर प्रतिबन्ध लगाए जाते हैं। इन प्रतिबन्धों को तोड़ने पर डांट फटकार, दण्ड और अन्य दमनात्मक तरीकों को काम में लाया जाता है। यह विधि बच्चे को अपनी भावनाओं को दबा कर संवेगात्मक अनुभूति की अनुचित अभिव्यक्ति पर रोक लगाने में समर्थ बनाती है। परन्तु इनका अत्यधिक और अनियंत्रित प्रयोग बच्चों के व्यक्तित्व को ठीक प्रकार से उभरने नहीं देता। अतः इसका प्रयोग बहुत सोच समझकर किया जाना चाहिए।

2. परिश्रमशीलता या मानसिक व्यस्तता (Industriousness or Mental Occupation): खाली दिमाग शैतान का घर माना जाता है। बेकार बैठे हुए मन गलत रास्तों पर भटकता है। अतः किसी उपयोगी कार्य में लगे रह कर शारीरिक या मानसिक रूप से व्यस्त रहना संवेगों को नियंत्रित और संयमित करने का एक अच्छा साधन बन सकता है।

इस विधि में इसी बात का ध्यान रख कर बालकों को घर और विद्यालय में रचनात्मक और उपयोगी कार्यों में व्यस्त रखा जाता है।

3. मार्गान्तरीकरण और शोधन (Redirection and Sublimation): मार्गान्तरीकरण और शोधन के द्वारा संवेगात्मक शक्ति के प्रबल प्रवाह को अनुकूल दिशा में मोड़ने का प्रशंसनीय कार्य किया जाता है। इन दोनों प्रक्रियाओं में साधारण सा अंतर है। जहां मार्गान्तीकरण में संवेगों की प्रकृति में कोई परिवर्तन नहीं होता, केवल संवेगों की अभिव्यक्ति में ही अंतर आता है, वहां शोधन द्वारा संवेगों की अपनी प्रकृति और स्वभाव बदलकर नवीन रूप धारण कर लेते हैं और उनकी अभिव्यक्ति की दिशा भी बदल जाती है। तुलसी और कालिदास की कामुकता का भक्तिभाव में परिवर्तित होने की प्रक्रिया शोधन का एक बहुत अच्छा उदाहरण है। संवेगात्मक प्रशिक्षण की सभी विधियों में मार्गान्तरीकण और शोधन विधि

ही सर्वश्रेष्ठ मानी जाती है क्योंकि इस विधि द्वारा बच्चे के व्यक्तित्व को बिना कोई हानि पहुंचाए उसकी संवेगात्मक शक्तियों को एक उचित रचनात्मक मोड़ प्रदान किया जा सकता है। किसी भी उग्र स्वभाव के उदंड बच्चे की संवेगात्मक शक्ति को कमजोर बच्चों की रक्षक बना कर या समाज और राष्ट्र के शत्रुओं से जूझने के लिए प्रेरित कर एक अनुकूल मोड़ प्रदान किया जा सकता है। इस तरह से भय, ईर्ष्या, कामुकता आदि संवेगात्मक अनुभूतियों को भी उचित रूप में मोड़ा जा सकता है।

4. रेचन(Catharsis): इस विधि में संवेगात्मक शक्ति पर प्रतिबन्ध या अंकुश न लगाकर उसे स्वतन्त्र अभिव्यक्ति के उपयुक्त अवसर प्रदान किए जाते हैं। जब तक बच्चे को स्वतन्त्र अभिव्यक्ति का अवसर नहीं मिलता उसमें विभिन्न संवेग, घटाओं की भांति उमड़ते-घुमड़ते रहते हैं। स्वतन्त्र अभिव्यक्ति के माध्यम से बच्चे अपने संवेगों का प्रकाशन कर अपनी सहज और स्वाभाविक अवस्था को प्राप्त हो जाते हैं। परिणामस्वरूप उनमें कोई मनोविकार और अनावश्यक मनो-ग्रन्थियां जन्म नहीं लेती और वे मानसिक रूप में घटित अनावश्यक तनाव तथा संघर्ष से बच जाते हैं। विद्यालय में की जाने वाली विभिन्न पाठान्तर क्रियाएं तथा उपयोगी रोचक कार्य, त्योहार, सामाजिक उत्सव तथा मेल इस दिशा में काफी मूल्यवान सिद्ध हो सकते हैं। इसके अतिरिक्त पठन पाठन और अपने कार्यों को करने में बच्चों को पर्यापत स्वतन्त्रता देकर भी बालकों का संवेगात्मक अभिरेचन किया जा सकता है तथा उनके संवेगों को ठीक मोड़ प्रदान किया जा सकता है।

बच्चों के संवेगात्मक विकास के लिए अध्यापक क्या करें?
(What can the Teachers do in Bringing Balanced Emotional Development of Children?)

संवेगात्मक विकास को प्रभावित करने वाले व्यक्तिगत और सामाजिक्र–दोनों प्रकार के कारकों की चर्चा हम पहले कर चुके हैं। अगर इन कारकों का भली-भांति ध्यान रखा जाए तो अध्यापक वर्ग बालकों के सन्तुलित संवेगात्मक विकास में अपनी भूमिका अच्छी तरह निभा सकता है। अध्यापकों द्वारा अपना उत्तरदायित्व कैसे निभाया जाए, इसकी चर्चा निम्न पंक्तियों में की जा रही है:

1. संवेगात्मक विकास के लिए जैसा कि पहले कहा जा चुका है, स्वास्थ्य और शारीरिक विकास पर पूरा-पूरा ध्यान देने की आवश्यकता है। स्वस्थ और नीरोग कैसे रहा जाए, इस बात बच्चों को भली-भांति ज्ञान कराया जाना चाहिए। माता-पिता और राज्याधिकारियों के सहयोग से बच्चों के संतुलित आहार और खान-पान की उचित व्यवस्था की जानी चाहिए। अध्यापकों को अभिभावकों के साथ सम्पर्क स्थापित कर उन्हें उनके बच्चों की शारीरिक कमजोरियों, न्यूनताओं, बीमारियों आदि से अवगत कराना चाहिए तथा उनके निराकरण के लिए घर, विद्यालय और चिकित्सालयों द्वारा उचित प्रबंध की व्यवस्था होनी चाहिए।

2. बच्चों के संवेगात्मक विकास पर पारिवारिक वातावरण भी बहुत प्रभाव डालता है। अत:, अध्यापकों को उन्हें अनुकूल पारिवारिक वातावरण प्रदान करने का पूरा-पूरा प्रयत्न करना चाहिए। बच्चों के अधिक निकट आकर अध्यापकों को उनके संवेगात्मक व्यवहार को उनके पारिवारिक वातावरण के संदर्भ में समझने का प्रयत्न करना चाहिए तथा इसी को ध्यान में रखते हुए उनके माता-पिता तथा अभिभावक वर्ग को उनके बच्चों के कल्याण के लिए उचित परामर्श देने का प्रयत्न करना चाहिए तथा अपने स्वयं के व्यवहार के द्वारा भी उन्हें संवेगात्मक संतुलन बनाने में पूरी सहायता देनी चाहिए।

3. विद्यालय के परिवेश और क्रिया कलापों को उचित प्रकार से संगठित कर अध्यापक बच्चों के संवेगात्मक विकास में भरपूर योगदान दे सकते हैं। इसके लिए उसे निम्न बातों को ध्यान में रखना चाहिए।

(i) बच्चों की संवेगात्मक शक्तियों के उचित प्रकाशन और अभिव्यक्ति के लिए उन्हें पाठान्तर क्रियाओं तथा रोचक क्रियाओं (Hobbies) के माध्यम से उचित अवसर प्रदान किए जाने चाहिए।

(ii) पाठ्यक्रम और अध्यापन विधियां यथेष्ट रूप में परिवर्तनशील, प्रगतिशील और बाल केन्द्रित होनी चाहिए।

(iii) बालकों को अपने अध्यापकों से पर्याप्त स्नेह और सहयोग मिलना चाहिए। प्रत्येक अवस्था में बालकों के स्वाभिमान का ध्यान रखा जाना चाहिए तथा भूलकर भी उनका अपमान एवं अवज्ञा नहीं की जानी चाहिए। जहां तक हो सके अध्यापकों को बच्चे की सभी प्रकार की संवेगात्मक विकास आवश्यकताओं की पूर्ति के लिए पूरा-पूरा प्रयत्न करना चाहिए।

(iv) बालकों के संवेगों को संयमित एवं प्रशिक्षित करने के लिए अध्यापक द्वारा उपयुक्त विधियों का प्रयोग किया जाना चाहिए। जैसे भी हो बच्चे के संवेगात्मक तनाव को समाप्त करने की चेष्टा की जानी चाहिए तथा उसके अन्दर किसी भी प्रकार की अनावश्यक मानसिक ग्रन्थियों और विकारों को पनपने का अवसर नहीं दिया जाना चाहिए।

(v) धार्मिक और नैतिक शिक्षा को विद्यालय कार्यक्रम में महत्वपूर्ण स्थान दिया जाना चाहिए। जहां तक हो सके 'सादा जीवन और उच्च विचार' को बच्चों के जीवन का एक मूल-मंत्र बनाया जाना चाहिए।

(vi) अध्यापक बच्चों के लिए आदर्श होते हैं। वे उनके हर आचरण का अनुकरण करने का प्रयत्न करते हैं। अतः, अध्यापक को स्वयं अपना उदाहरण प्रस्तुत कर बालकों को संवेगात्मक रूप से अधिक संतुलित और संयमित बनाने का प्रयत्न करना चाहिए।

(vii) बच्चों के संतुलित सामाजिक विकास की ओर भी पूरा-पूरा ध्यान दिया जाना चाहिए। उन्हें अपनी मित्र-मण्डली, वय-समूह तथा सामाजिक परिवेश में उचित स्थान मिलना चाहिए।

(viii) अध्यापकों द्वारा बालकों को संवेगात्मक व्यवहार सामान्य है या असामान्य है, इस बात का अच्छी तरह से अध्ययन किया जाना चाहिए। अगर उन्हें उसमें कुछ असामान्यता का आभास हो तो समय से पहले योग्य व्यक्तियों की सहायता लेकर उसके निराकरण और रोकथाम के लिए पूरा प्रयत्न करना चाहिए।

(ix) सीखने की प्रक्रिया में संवेगों की रचनात्मक भूमिका की ओर भी अध्यापक का ध्यान रहना आवश्यक है। संतुलित और संयमित संवेगात्मक व्यवहार और भावनाएं न केवल शारीरिक विकास के लिए एक अमूल्य टॉनिक का कार्य करती हैं बल्कि ज्ञान और कौशल अर्जित करने के लिए भी उचित वातावरण का निर्माण करती हैं। अतः अध्यापकों को विद्यार्थियों को शिक्षा ग्रहण कराने में संवेगात्मक रूप से सक्रिय साझीदार बनाने का प्रयत्न करना चाहिए।

सामाजिक विकास (Social Development)

सामाजिक विकास क्या है? (What is Social Development)

मानव को अपनी एक अपूर्व विशेषता के कारण अन्य वर्ग से भिन्न माना जाता है। वह विशेषता यह है कि वह एक सामाजिक प्राणी है। समाज उसके लिए जल, वायु तथा भोजन की तरह ही एक आवश्यक वस्तु है। वह समाज में रहकर जीना चाहता है और सामाजिक सम्बन्धों को बनाने तथा दूसरों के साथ समायोजन करने की चेष्टा करता है। लेकिन इसका यह अर्थ नहीं है कि मानव शिशु में इस प्रकार के सामाजिक गुण और व्यावहारिक विशेषताएं जन्मजात होती हैं। वृद्धि और विकास के अन्य पहलुओं की तरह सामाजिक गुण भी बच्चे में धीरे-धीरे पनपते हैं। इन गुणों के विकास की प्रक्रिया जो बच्चे के सामाजिक व्यवहार में वांछनीय परिवर्तन लाने का कार्य सम्पन्न करती है, सामाजिक विकास अथवा समाजीकरण के नाम से जानी जाती है। सामाजिक विकास या समाजीकरण मानव वृद्धि और विकास की सम्पूर्ण प्रक्रिया में महत्वपूर्ण स्थान रखता है, यहां तक कि हम किसी को व्यक्ति (Person) कह कर तभी पुकारते हुं जब वह सामाजिक विकास या समाजीकरण की प्रक्रिया में से होकर गुजर चुका हो।

सामाजिक विकास या समाजीकरण के अर्थ को स्पष्ट रूप से समझने के लिए हमें कुछ निम्नलिखित परिभाषाओं से और अधिक सहायता मिल सकती है–

सोरेन्सन (Sorenson)

> "सामाजिक वृद्धि और विकास से हमारा तात्पर्य अपने साथ और दूसरों के साथ भली-भांति चले चलने (समायोजन करने) संबंधी अपेक्षित योग्यता से हैं।"
>
> (By social growth and development we mean increasing ability to get along well with oneself and others. 1948, p. 50)

इस प्रकार से सोरेन्सन यह स्पष्ट करते हैं कि सामाजिक विकास की प्रक्रिया के दौरान व्यक्ति की सामाजिक योग्यताओं और कौशल में बढ़ोतरी होती है। इन बढ़ी हुई योग्यताओं और क्षमताओं के सहारे वह सामाजिक सम्बन्धों को अच्छी तरह निभाने में कुशल बनता चला जाता है। वह अपने व्यवहार में वांछित परिवर्तन लाने की चेष्टा करता है तथा दूसरों के साथ समायोजन करने और हिल-मिल कर प्रेम से रहने की लालसा रखता है।

फ्रीमैन एवं शौवल (Freeman and Showel)

> "सामाजिक विकास सीखने की वह प्रक्रिया है जो समूह के स्तर, परंपराओं तथा रीति-रिवाजों के अनुकूल अपने आप को ढालने तथा एकता, मेलजोल और पारस्परिक सहयोग की भावना भरने में सहायक होती है।"
>
> (Social development is the process of learning to confirm to group standards, mores and traditions and becoming imbued with a sense of oneness, inter-communication and co-operation. Hurlock. E.B. 1959 p. 259)

यह परिभाषा निम्न बातों पर जोर देती है–

(i) सामाजिक विकास वह प्रक्रिया है जिसके द्वारा एक व्यक्ति अपने समूह विशेष में अपना ठीक प्रकार से समायोजन करने के लिए सभी प्रकार के आवश्यक ज्ञान, कौशल और अभिवृत्तियों को अर्जित कर पाता है।

(ii) सामाजिक विकास के फलस्वरूप समूह के प्रति भक्ति-भाव और आस्था को जन्म मिलता है और पारस्परिक निर्भरता, सहयोग और एकता के बंधन मजबूत होते हैं।

(iii) सामाजिक विकास की प्रक्रिया व्यक्ति को सामाजिक मान्यताओं, रीति-रिवाज और परंपराओं के अनुकूल आचरण करने में पूरी-पूरी सहायता करती है। इस तरह से उसे अपने सामाजिक परिवेश में ठीक प्रकार से समायोजित होने में समर्थ बनाती है।

श्रीमती हरलॉक (Mrs. Hurlock)

"सामाजिक विकास से अभिप्राय सामाजिक सम्बन्धों में परिपक्वता प्राप्त करने से है।" (Social development means the attaining of Maturity in social relationship. 1959, p. 257)

इस छोटी सी परिभाषा में गहरा अर्थ छुपा हुआ है। यह संकेत करती है कि जैसे संवेगात्मक विकास के फलस्वरूप संवेगात्मक परिपक्वता ग्रहण करना अन्तिम लक्ष्य होता है, इसी प्रकार सामाजिक विकास का लक्ष्य भी बच्चे में सामाजिक परिपक्वता लाना होना चाहिए। एक व्यक्ति को अपने सामाजिक व्यवहार को सुधारने और उसमें प्रगति लाने के लिए सभी प्रकार के अवसर उपलब्ध होने चाहिए ताकि वह सामाजिक सम्बन्धों को ठीक प्रकार से बनाए रख सके और अपने सामाजिक परिवेश में अपना समायोजन कर सके।

उपरोक्त विचारों के आधार पर हम इस निष्कर्ष पर पहुंचते हैं कि सामाजिक विकास और समाजीकरण वह प्रक्रिया है–

(i) जो शिशु के पहले पहल दूसरे व्यक्तियों के सम्पर्क में आने के साथ-साथ ही शुरू हो जाती है और जीवन-पर्यन्त चलती रहती है।

(ii) जिसमें सामाजिक परिवेश से संबंधित शक्तियां व्यक्ति के सामाजिक व्यवहार के अनुकूल परिवर्तन लाती रहती हैं।

(iii) जो व्यक्ति को विभिन्न सामाजिक गुणों और विशेषताओं को सीखने तथा अर्जित करने में सहायता करती है।

(iv) जो इस प्रकार के सीखने और अर्जन द्वारा व्यक्ति को सामाजिक परिवेश में ठीक प्रकार से समायोजित होने तथा सामाजिक सम्बन्धों को भली भांति निभा सकने में पूर्ण सक्षम बनाती है।

विकास की विभिन्न अवस्थाओं में सामाजिक विकास (Social Development during Different Stages of Development)

A. *शैशवावस्था में सामाजिक विकास (Social Development in Infancy)*

जन्म के समय शिशु का व्यवहार सामाजिक विकास से काफी दूर होता हे। वह अत्यधिक स्वार्थी होता है। उसे केवल अपनी शारीरिक आवश्यकताओं की पूर्ति करने की लौ लगी रहती है तथा दूसरों के हित चिन्तन की वह कुछ भी परवाह नहीं करता। वह इस आयु में गुड्डे-गुड़ियों, खिलौने, मूर्तियों आदि निर्जीव पदार्थों तथा पशु-पक्षी, मनुष्य आदि सजीव प्राणियों में कोई अंतर नहीं समझ पाता।

बच्चों में सामाजिक व्यवहार के प्रथम लक्षण उस समय प्रकट होते हैं जब वह वस्तुओं और व्यक्तियों में अन्तर करने लगता है। इस अवस्था में वह अपनी मूल आवश्यकताओं की पूर्ति के लिए प्रौढ़ व्यक्तियों पर निर्भर करता है। इसलिए साधारणतया बच्चे का सामाजिक सम्पर्क पहले पहल प्रौढ़ व्यक्तियों के साथ ही जुड़ता है। श्रीमती हरलॉक (Mrs. Hurlock) ने अपनी पुस्तक 'बाल मनोविज्ञान' (Child Psychology) में प्रौढ़ों के सम्पर्क के फलस्वरूप प्रथम दो वर्ष में होने वाली सामाजिक विकास की प्रक्रिया को बड़े अच्छे ढंग से प्रस्तुत किया है। उनके विचारों का सार हम नीचे दे रहे हैं–

आयु की अवधि (Duration of Age)	सामाजिक व्यवहार का रूप (Pattern of Social behaviour)
पहले माह की अवधि में	बालक ध्वनि और अन्य ध्वनियों में अन्तर समझने में समर्थ होता है।
दूसरे माह की अवधि में	बालक-ध्वनि या आवाज को पहचानने लगता है और व्यक्तियों का मुस्कान के साथ स्वागत करता है।
तीसरे माह में	अपनी माता को पहचानता है और उससे अलग होने पर दुखित होता है।
चौथे माह में	व्यक्तियों के चेहरों को अलग-अलग रूप से पहचान कर ध्यान देना शुरू करता है। उसे व्यक्तियों का साथ अच्छा लगता है।
पांचवें माह में	हंसने और डांट-फटकार पर अलग-अलग प्रक्रिया करता है और प्यार तथा क्रोध की आवाज समझने लगता है।
छठे और सातवें माह में	परिचितों का मुस्कान के साथ स्वागत करता है जबकि अपरिचितों को देख कर भय की अनुभूति दिखाता है।
आठवें और नौवें माह में	दूसरों की बोली, हावभाव, मुद्रा तथा अंग संचालन की नकल करने का प्रयत्न करता है।
दसवें और ग्यारहवें माह में	अपनी छाया के साथ क्रीड़ा करता है, यहां तक कि उसका इस प्रकार चुम्बन करता है जैसे कि वह कोई दूसरा शिशु हो।
बारहवें माह में	न-न कहने अथवा किसी और तरह से मना करने पर किसी कार्य को न करने के लिए मान जाता है।
दूसरे वर्ष की अवधि में	बड़ों के दिन-प्रतिदिन के कार्यों में हाथ बंटाने का प्रयत्न करता है तथा धीरे-धीरे परिवार का एक सक्रिय सदस्य बन जाने का प्रयास करता है।

अन्य शिशुओं तथा बालकों के साथ सम्पर्क में आने के फलस्वरूप शिशुओं का सामाजिक विकास (Social Development of Infants as a result of contact with other Infants and Children)

शिशुओं के सामाजिक व्यवहार का अध्ययन करने पर पता चलता है कि उनका प्रारंभिक व्यवहार बहुत ही स्वार्थ और अंह से भरा हुआ है। वे अपने खिलौनों से दूसरों को खेलते हुए नहीं देख सकते। वे चाहते हैं कि जो कुछ भी है सब उन्हीं के लिए है। किसी अन्य शिशु या बालक का हस्तक्षेप पसंद नहीं करते। परन्तु लगभग 12वें माह से लेकर 18वें माह के बीच शिशु का ध्यान खेलने वाले साथियों की ओर उन्मुख हो जाता है। अब खिलौनें के लिए लड़ना कम हो जाता है और मिलजुल कर खेलने की भावना जोर पकड़ने लगती है। 3 वर्ष का बच्चा अपने पास जो कुछ है उसमें से दूसरों को बांटना या मिलजुल कर खेलना, खाना इत्यादि सीख लेता है। अब वह सामूहिक और संगठित खेलों में रुचि लेने लगता है। 6 वर्ष की आयु तक बालक और बालिकाएं बिना किसी लैंगिक भेदभाव के एक दूसरे के साथ हिलमिल कर खेलते रहते हैं।

संवेगों की भांति सामाजिक व्यवहार की प्रारंभिक अवस्था में शिशुओं में नकारात्मक सामाजिक गुणों (Negative Social Qualities) का समावेश पाया जाता है। प्रथम दो वर्ष में अनुकरण, दब्बूपन, लज्जाशीलता, प्रतिद्वन्द्विता, ईर्ष्या और संग्रह सम्बन्धी लालच, ये सभी प्रवृत्तियां हावी रहती हैं। धीरे-धीरे सकारात्मक और नकारात्मक-दोनों ही प्रकार के सामाजिक गुणों का प्रभाव बच्चों में अच्छी तरह देखा जा सकता है।

B. *बाल्यावस्था में सामाजिक विकास (Social Development during Childhood)*

शिशुओं के सामाजिक सम्पर्क का दायरा बहुत ही सीमित होता है। अतः सामाजिक विकास के दृष्टिकोण से उनसे बहुत अधिक आशा नहीं की जा सकती। बाल्यावस्था में प्रवेश करने के साथ-साथ अधिकांश बच्चे विद्यालय में जाना प्रारंभ कर देते हैं और अब उनका सामाजिक दायरा बहुत विस्तृत बनता चला जाता है। इस अवस्था में उनके सामाजिक व्यवहार में कुछ निम्न परिवर्तन दृष्टिगत होते हैं–

1. इस अवस्था में बालकों में सामाजिक चेतना का यथेष्ट विकास हो जाता है। उनकी सामाजिक दुनिया बड़ी और विस्तृत हो जाती है। दूसरों के साथ समायोजन के लिए आवश्यक सामाजिक गुण भी उनमें पनपने लगते हैं।
2. अब वह अपने माता-पिता तथा अन्य बड़ों की छत्रछाया से अपने आपको मुक्त कर स्वतंत्र होने की कामना करता है और उनके साथ कम से कम समय बिताना चाहता है। वास्तव में अब उनके साथ खेलने-कूदने में कोई आनन्द नहीं आता। उसे अपनी आयु के बच्चों के साथ खेलना अधिक अच्छा लगता है।
3. अब वह अपनी अवस्था के बच्चों के किसी न किसी गिरोह (Gang) का सक्रिय सदस्य बन जाता है। इस गिरोह की गतिविधियों का बालक पर गहरा प्रभाव पड़ता है। इसके आदर्श और मान्यताएं उसके लिए बहुत ही प्रिय होते हैं तथा वह हर प्रकार से इस गिरोह में अपना एक गौरवपूर्ण स्थान बनाना चाहता है।
4. अपने समूह या गिरोह विशेष के प्रति बालकों में गहरी आस्था या भक्ति-भाव पाया जाता है। दूसरी ओर पीढ़ियों के दृष्टिकोण तथा विचारों में अन्तर के कारण माता-पिता तथा गुरुजनों की मान्यताओं का बालकों की टोली या गिरोह की मान्यताओं तथा आदर्शों से प्रायः टकराव होता रहता है। अतः बालकों के सामने समायोजन सम्बन्धी नवीन समस्याएं उत्पन्न हो जाती हैं।
5. इस आयु में बालक और बालिकाओं में एक-दूसरे से अलग-अलग रहने की प्रवृत्ति पाई जाती है। आदतों, रुचियों और अभिरूचियों में पर्याप्त अन्तर होने के कारण दोनों ही अपने अलग-अलग समूह बना कर खेलना-कूदना पसंद करते हैं।
6. बाल्यकाल की अन्तिम अवस्था में अर्थात् 11वें और 12वें वर्ष की आयु में बालक गिरोहावस्था (Gang Age) के शिखर (Peak) पर पहुंच जाता है। अब उसमें अपनी टोली, समूह या गिरोह विशेष के प्रति अन्ध-भक्ति पैदा हो जाती है। परिणामस्वरूप वह अन्य गिरोह या समूहों, यहां तक कि अपने माता-पिता और गुरुजनों के साथ संघर्षरत दिखलाई पड़ता है। यह विशेष टोली या गिरोह उसमें विभिन्न प्रकार के अच्छे और बुरे सामाजिक गुणों का विकसित करता है।

C. *किशोरावस्था में सामाजिक विकास (Social Development during Adolescence)*

किशोरावस्था तीव्र परिवर्तन और समायोजन की अवस्था है। सामाजिक विकास के दृष्टिकोण से इस अवस्था के बच्चे में बहुत कुछ परिवर्तन और विशेषताएं दिखाई पड़ती हैं। इनमें से कुछ की चर्चा नीचे की जा रही है।

1. किशोरावस्था में लिंग सम्बन्धी चेतना (Sex-consciousness) तीव्र हो जाती है। फलस्वरूप लड़के और लड़कियां एक-दूसरे के प्रति आकर्षण का अनुभव करते हैं। तरह-तरह की वेशभूषा, केश विन्यास, हाव भाव द्वारा वे विपरीत लिंग के सदस्यों का ध्यान अपनी ओर आकर्षित करने का प्रयत्न करते दिखलाई पड़ते हैं। उनके मन में एक

दूसरे के निकट आने, मित्र बनाने तथा यहां तक कि यौन सम्बन्ध स्थापित करने की लालसा उत्पन्न होने लगती है। इस अवस्था में इस तरह सामाजिक व्यवहार की कुंजी प्राय: यौन सम्बन्धी आवश्यकताओं और अभिलाषाओं के हाथ में चली जाती है।

2. इस आयु में अधिकतर किशोर और किशोरियां अपने वय-समूह (Peer Group) से सक्रिय सदस्य होते हैं। उनमें समूह के प्रति असीम भक्ति और आस्था पाई जाती है। वे अपने समूह के विचार, व्यवहार के ढंग, आदतें और दृष्टिकोण अपनाने का प्रयत्न करते हैं। वे अपने दल या समूह के लिए हर प्रकार का त्याग करने को उद्यत रहते हैं। समूह के प्रति श्रद्धा के कारण प्राय: उनका उनके माता-पिता या गुरुजनों के साथ संघर्ष भी छिड़ा रहता है।
3. समूह के प्रति उत्पन्न भक्ति भावना अब केवल टोली या गिरोह विशेष तक ही सीमित नहीं रहती बल्कि यह विद्यालय, समुदाय, प्रान्त और राष्ट्र तक व्यापक बन जाती है। सहानुभूति, सहयोग, सद्भावना, परोपकार और त्याग का अद्भुत सामंजस्य इस अवस्था में देखने को मिलता है और इसके लिए किशोरावस्था को अधिकांश शहीद और देशभक्तों को उत्पन्न करने का श्रेय मिलता है।
4. किशोरावस्था में मैत्री सम्बन्धों में भी अत्यधिक वृद्धि दिखलाई पड़ती है। बाल्यावस्था की मित्रता से जो केवल खेलकूद की दुनिया तक ही सीमित होती है, यह मित्रता कुछ अधिक व्यापक और स्थिर होती है। कभी-कभी तो यह मित्रता जीवन भर के आत्मीय सम्बन्धों में बदल जाती है।
5. किशोरावस्था संवेगों की तीव्र अभिव्यक्ति की अवस्था है। किशोरों का सामाजिक व्यवहार, उसके संवेगों के अधीन होता है। किशोर स्वभाव से ही संवेदनशील, कल्पना और आदर्शों की दुनिया में विचरण करने वाला, भावुक तथ समाज सुधारक होता है। वह पीड़ितों और शक्तिहीनों के प्रति पूरी सहानुभूति रखता है और उसके लिए कुछ करना चाहता है। यही कारण है कि सामाजिक बुराइयों और अन्याय का प्रतिकार करने के लिए किशोर लड़के और लड़कियाँ ही प्राय: क्रांति के कर्णधार बनते हुए दिखाई देते हैं।
6. किशोरावस्था में विशिष्ट रुचियों और सामाजिक सम्पर्क का क्षेत्र भी अत्यधिक विस्तृत होता है। वैयक्तिक विशेषताओं के अतिरिक्त संस्कृति, परिवार की सामाजिक और आर्थिक स्थिति, यौन सम्बन्धी स्वतंत्रता और जानकारी इत्यादि उनकी सामाजिक रुचियों और सामाजिक सम्बन्धों को प्रभावित करती है। किशोरों में रुचियों और सामाजिकता के दृष्टिकोण से वैयक्तिकता भी बहुत अधिक देखने को मिलती है। कुछ तो अधिक मिलनसार और सामाजिक होते हैं जबकि कुछ को सामाजिक सम्पर्क से दूर भागते हुए अधिक से अधिक एकान्त का इच्छुक पाया जाता है।

अन्त में यह कहा जा सकता है कि किशोरावस्था अत्यधिक सामाजिक चेतना, बढ़ते हुए सामाजिक सम्बन्धों और प्रगाढ़ मित्रता की अवस्था है। इस अवस्था में व्यक्ति को सामाजिक समायोजन तथा सामाजिक गुणों का अर्जन करने के लिए पर्याप्त अवसर तथा रुचियों एवं अभिरुचियों का विशाल क्षेत्र मिलता है। इस अवस्था के दौरान व्यक्ति अपने आपको अपने सामाजिक जीवन में एक उत्तरदायित्वपूर्ण प्रौढ़ व्यक्ति की भूमिका निभाने के लिए पूरी तरह तैयार करता है। इस अवस्था के अन्त तक प्राय: बालक सामाजिक रूप से परिपक्व (Socially Mature) हो जाता है।

सामाजिक विकास को प्रभावित करने वाले कारक
(Factors affecting Social Development)

बच्चे को सामाजिक रूप से अच्छी तरह विकसित होने में किस प्रकार सहायता की जाए, यह एक विचारणीय प्रश्न है। इसके लिए यह सोचना अधिक उपयोगी है कि ऐसे कौन से तत्व या कारक हैं जो बच्चे के सामाजिक विकास को प्रभावित अथवा नियंत्रित करते हैं। इन सभी कारकों या तत्वों में से कुछ तो व्यक्तिगत हैं और कुछ वातावरण से संबंधित हैं। यह कारक क्या हैं और किस प्रकार से सामाजिक विकास को प्रभावित करते हैं, इसकी चर्चा नीचे की जा सकती है।

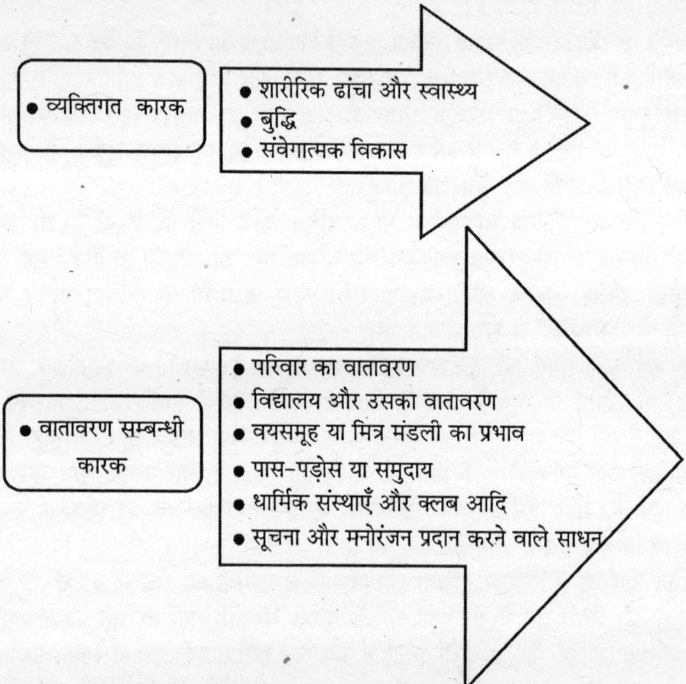

चित्र 5.2: सामाजिक विकास को प्रभावित करने वाले कारक

A. व्यक्तिगत कारक (Personal Factors)

1. शारीरिक ढांचा और स्वास्थ्य (Bodily Structure and Health): सामाजिक व्यवहार व्यक्ति के अपने शारीरिक ढांचे और स्वास्थ्य पर बहुत कुछ निर्भर करता है। एक स्वस्थ और सामान्य डीलडौल वाले बच्चे में आत्म-विश्वास होता है और वह आत्म गौरव से युक्त होता है। उसमें कठिन से कठिन सामाजिक परिस्थितियों में अपने आप को समायोजित करने की पूरी योग्यता और क्षमता होती है। वह सहयोगी प्रवृत्ति का होता है तथा हर अवस्था में खुश रहने का प्रयत्न करता है। दूसरों के साथ मिलकर कार्य करने में उसे कोई असुविधा नहीं होती। इसके विपरीत एक बीमार, शक्तिहीन अथवा किसी प्रकार के शारीरिक दोषों या न्यूनताओं से ग्रस्त बच्चा हीन भावना का शिकार होने के कारण अपने सामाजिक समायोजन में कठिनाई अनुभव करता है। इसलिए सामाजिक विकास के लिए यह आवश्यक हो जाता है कि बच्चों के शारीरिक विकास की ओर शुरू से ही यथेष्ट ध्यान दिया जाए।

2. बुद्धि (Intelligence): बुद्धि की परिभाषा उचित समय पर उचित निर्णय लेने और नवीन परिस्थितियों में ठीक प्रकार अपना समायोजन कर सकने की योग्यता और क्षमता के रूप में दी जाती है। इस प्रकार की योग्यता और क्षमता कुशल सामाजिक व्यवहार के लिए अत्यन्त आवश्यक होती है। अत: बौद्धिक विकास का सामाजिक विकास से बहुत निकट का सम्बन्ध है। कोई व्यक्ति जितना अधिक बुद्धिमान होता है, वह उतना ही सफलतापूर्वक सामाजिक परिवेश में अपने आप को समायोजित कर अधिक सामाजिक सिद्ध होता है।

3. संवेगात्मक विकास (Emotional Development): बच्चे के संवेगात्मक और सामाजिक विकास में धनात्मक सह-सम्बन्ध (Positive Correlation) पाया जाता है। संवेगात्मक समायोजन और परिपक्वता को सामाजिक परिपक्वता का एक बहुत ही महत्वपूर्ण अंग माना जाता है। जो व्यक्ति अपने संवेगों को समय का विचार करते हुए ठीक मात्रा में व्यक्त करने की क्षमता रखते हैं वे सामाजिक रूप से अधिक स्वस्थ एवं कुशल पाए जाते हैं। इसके विपरीत संवेगात्मक रूप से जिन व्यक्तियों का समायोजन ठीक प्रकार नहीं हो पाता वे सामाजिक बुराइयों और दोषों से ग्रस्त रहते हैं। अत:, बच्चों के संवेगों को उचित प्रशिक्षण देने तथा उनके संवेगात्मक विकास को उचित दिशा प्रदान करने का हर संभव प्रयत्न किया जाना चाहिए ताकि वे अपने सामाजिक विकास में कोई कठिनाई अनुभव न करें।

वातावरण सम्बन्धी कारक (Environmental Factors)

1. परिवार का वातावरण (Family Environment): बच्चे के समाजीकरण में परिवार सब से अधिक महत्वपूर्ण भूमिका निभाते हैं। घर का वातावरण और आपसी पारिवारिक सम्बन्ध बच्चे के सामाजिक विकास पर गहरा प्रभाव डालते हैं। बच्चा अपने माता-पिता परिवार के अन्य सदस्यों से सामाजिकता के प्रारंभिक पाठ पढ़ता है। जाने अनजाने वह उनके व्यवहार का अनुकरण करता है और इस तरह अच्छे या बुरे सामाजिक गुणों और आदतों को ग्रहण करता है जो उसके साथ कभी-कभी जीवन-पर्यन्त चलती रहती हैं। घर में बच्चों की संख्या, परिवार के आपसी सम्बन्ध, माता-पिता और परिवार के सदस्यों का बच्चे के प्रति किया जाने वाला व्यवहार, परिवार की आर्थिक और सामाजिक स्थिति, पारिवारिक मूल्य, परंपराएं और मान्यताएं आदि सभी बातें बच्चे के विकास पर प्रभाव डालती हैं।

ऐसे परिवार में जहां बच्चे को स्वस्थ सामाजिक वातावरण मिलता है और जहां बच्चे की मूल-भूत आवश्यकताओं की पूर्ति होती रहती है, सामाजिक रूप से स्वस्थ एवं संतुलित बच्चों को जन्म मिलता है। लेकिन ऐसे घरों में जहां पारिवारिक सम्बन्धों में कटुता और खिंचाव पाया जाता है, तथा परिवार के बड़े लोगों में सामाजिक कुसंस्कार और बुराइयां व्याप्त होती हैं, वहां बच्चों में भी अवांछित सामाजिक बुराइयां और दोष घर कर जाते हैं। इसलिए बच्चों के उचित सामाजिक विकास के लिए यह आवश्यक हो जाता है कि स्वस्थ एवं सुन्दर पारिवारिक वातावरण प्रदान करने के लिए उनके माता-पिता का अधिक सहयोग प्राप्त किया जाए।

2. विद्यालय और उसका वातावरण (School and its atmosphere): बच्चों के सामाजिक विकास में विद्यालय किस प्रकार कार्य करता है और बच्चे को किस प्रकार का सामाजिक परिवेश वहां मिल पाता है, इस बात पर भी निर्भर करता है। विद्यालय में अध्यापकगण और विद्यार्थियों के पारस्परिक सम्बन्ध, उनके द्वारा संचालित क्रियाएं और विभिन्न कार्यक्रम, उनके आदर्श, सिद्धांत तथा मान्यताएं, अध्यापक और साथ में पढ़ने वाले विद्यार्थियों का

सामाजिक व्यवहार और गुण-दोष आदि सभी बातें बच्चे के सामाजिक विकास को प्रभावित करती हैं। स्वस्थ सामाजिक और प्रजातान्त्रिक वातावरण से युक्त विद्यालय विद्यार्थियों में स्वस्थ एवं उपयोगी सामाजिक गुणों का विकास करता है जबकि अस्वस्थ एवं सामाजिक बुराइयों से ग्रस्त विद्यालय का वातावरण विद्यार्थियों को समाज का कोढ़ बना देता है। अतः, अध्यापकों और संबंधित अधिकारियों को बच्चे के उचित सामाजिक विकास के लिए विद्यालय के वातावरण को अधिक से अधिक स्वस्थ एवं प्रेरणादायक बनाने का प्रयत्न करना चाहिए। उन्हें अपने स्वयं के व्यवहार के द्वारा सामाजिक गुणों और विशेषताओं से युक्त उचित आदर्श बच्चों के सामने रखना चाहिए तथा पाठान्तर क्रियाओं, उचित शिक्षण विधियों और व्यक्तिगत सम्पर्क के माध्यम से बच्चों को उनके उचित सामाजिक विकास में भरपूर सहायता देनी चाहिए।

3. वय समूह या मित्र मण्डली का प्रभाव (Influence of the Peer Group or Friend circle): सामाजिकता विकसित करने के दृष्टिकोण से बच्चों के अपने वय-समूह या मित्र-मण्डली का भी बहुत महत्व है। संगत का असर पड़े बिना नहीं रहता। जैसे जिसके साथी होते हैं वह वैसा ही बन जाता है। वय-समूह या मित्र-मण्डली के जो आदर्श होते हैं और समूह के सदस्यों का जैसा व्यवहार है, वैसे ही गुण और आदर्श बच्चा अपनाने के लिए बाध्य हो जाता है। विभिन्न प्रकार के सामाजिक गुण और अवगुणों को अर्जित करने में मित्र-मण्डली या वय-समूह महत्वपूर्ण भूमिका निभाता है। सहयोग, त्याग, सद्‌भावना, सहानुभूति, समूह भक्ति, सामूहिक हित का ध्यान रखने, नेतृत्व करने और किसी को नेता मानकर उसके पीछे चलने तथा कर्त्तव्य और अधिकार का पारस्परिक सम्बन्ध समझने आदि बहुमूल्य सामाजिक गुणों को विकसित करने में वय-समूह या टोली बहुत सहायता करती है। अतः अध्यापक और माता-पिता को बच्चों के मित्रों और साथियों पर नजर रखकर उन्हें बुरी-संगति से बचाने का प्रयत्न करना चाहिए। बच्चों के वय-समूह और मित्र-मण्डली को ऊंचे आदर्शों की ओर उन्मुख कर सामाजिक बुराइयों और दोषों से ग्रस्त होने से बचाने का भी प्रयत्न होना चाहिए। प्रत्येक बच्चा जिस वय-समूह टोली का सदस्य है, उसमें उसको उचित स्थान या सम्मान मिल रहा है या नहीं, इसके ऊपर भी ध्यान देने की आवश्यकता है। इसके अतिरिक्त बच्चों को अपने मित्रों, साथियों तथा सहपाठियों के साथ कार्य करने के अवसर देकर सामाजिक रूप से समायोजित होने में पूरी-पूरी सहायता की जानी चाहिए।

4. पास-पड़ोस और समुदाय (Neighbourhood and the Community): जैसे-जैसे बच्चा बड़ा होता है वह घर के आंगन को लांघ कर पड़ोस और जिस समुदाय में वह पैदा हुआ है उसके सम्पर्क में आता है। पड़ोसियों की रुचियों, आदतों और गुण तथा अवगुणों का बच्चे के सामाजिक जीवन पर प्रत्यक्ष और अप्रत्यक्ष रूप से गहरा प्रभाव पड़ता है। प्रत्येक समुदाय और समाज में अपने रहन-सहन, खाने-पीने, बोलने-चालने और अन्य सांस्कृतिक और सामाजिक क्रिया-कलापों को करने का एक विशेष ढंग होता है। जिसको बच्चा अनायास ही ग्रहण कर लेता है और वह उसी तरह से व्यवहार करने लगता है। इस प्रकार से बच्चों के सामाजिक व्यवहार को दिशा प्रदान करने में पड़ोस, समुदाय तथा समाज एक महत्वपूर्ण भूमिका निभाते हैं।

5. धार्मिक संस्थायें और क्लब इत्यादि (Religious Institutions and Clubs etc.): विभिन्न धार्मिक संस्थाएं जैसे मन्दिर, मस्जिद, गिरजाघर और सामाजिक क्लब इत्यादि बच्चों के

सामाजिक विकास को प्रभावित करते हैं। समाज के सदस्यों के इकट्ठे होकर विचार विनिमय करने, एक दूसरे के सम्पर्क में आने तथा पारस्परिक सम्बन्धों को बढ़ाने के दृष्टिकोण से इन स्थानों का बहुत महत्व है। इन धार्मिक और सामाजिक स्थानों में जिस तरह का वातावरण होता है और इन संस्थाओं के जो आदर्श, परम्पराएं और मान्यताएं होती हैं उनकी व्यक्तियों के सामाजिक व्यवहार को उचित और अनुचित दिशा प्रदान करने में बहुत हाथ रहता है।

6. सूचना और मनोरंजन प्रदान करने वाले साधन (Means of Information and Entertainment): समाचारपत्र एवं पत्रिकाओं, पुस्तको, रेडियो, सिनेमा, टेलीविजन तथा इन्टरनैट आदि सूचना और मनोरंजन प्रदान करने वाले साधनों का बच्चे के सामाजिक विकास के दृष्टिकोण से काफी महत्व है। सूचना देने वाले साधन अपने पाठक अथवा श्रोताओं को सामाजिक संरचना तथा मूल्यों और मान्यताओं में होने वाले परिवर्तनों से परिचित कराते रहते हैं। ये जनमानस में सामाजिक कुरीतियों, बुराइयों और कुसंस्कारों के प्रति घृणा पैदा कर उनका उन्मूलन करने का प्रयास भी करते हैं और इस तरह व्यक्तियों के सामाजिक व्यवहार को वांछित दिशा प्रदान करने में भरपूर सहयोग देते हैं। जनसमूह का मनोरंजन करने वाले साधन जैसे रेडियो, सिनेमा, टेलीविजन इत्यादि भी समाज के सदस्यों के व्यवहार एवं आचरण पर गहरा प्रभाव डालते हैं। सिनेमा के पर्दे पर जो कुछ नायक और नायिका करते हैं, उनका अनुकरण नई पीढ़ी बहुत शीघ्रता से कर लेती है। इस तरह इन साधनों द्वारा जीवन मूल्यों, आदर्शों, रहन-सहन, खान-पान तथा बोल-चाल के तरीकों एवं सामाजिक व्यवहार के अन्य पहलुओं में महत्वपूर्ण परिवर्तन लाने का कार्य निरन्तर चलता रहता है। जनसमूह को अत्यधिक प्रभावित करने वाले इन साधनों को मनमाने ढंग से कार्य करने की छूट देना किसी भी अवस्था में उचित नहीं ठहराया जा सकता। इनके द्वारा किसी भी प्रकार का अवांछनीय प्रभाव बच्चों और युवकों पर न पड़े, इस बात का पूरा-पूरा ध्यान रखा जाना चाहिए तथा प्रत्यक्ष अथवा अप्रत्यक्ष रूप में सभी प्रकार से इन साधनों को बहुमूल्य प्रजातान्त्रिक मूल्यों और सामाजिक गुणों को ग्रहण करने का साधन बनाया जाना चाहिए।

भाषा विकास (Language Development)

भाषा का अर्थ (Meaning of Language)

भाषा एक ऐसा सांकेतिक साधन है जिसके द्वारा विचारों तथा भावों का संप्रेषण, अभिव्यक्ति और आदान-प्रदान अच्छी तरह किया जा सकता है। भाषा का यह अर्थ काफी व्यापक है। इसमें मुखात्मक अभिव्यक्ति, हाव-भाव, संकेतों का प्रयोग तथा कलात्मक अभिव्यक्तियाँ आदि सभी शामिल हैं। इस तरह इशारों से अपनी बात करना, हाथ-पैर, आंख, नाक, सिर, भौं इत्यादि के संचालन से अपने विचारों एवं भावों का प्रकाशन करना सभी बातें भाषा के ही विभिन्न रूप कहे जा सकते हैं। परन्तु अगर वास्तविकता में भाषा का सही सटीक अर्थ समझा जाए तो वह इतना अधिक विस्तृत न होकर संक्षिप्त और सरल ही होता है। इस अर्थ में भाषा शारीरिक, आंगिक तथा क्रियात्मक संकेत न रहकर मात्र ध्वन्यात्मक संकेत रह जाती है। इस दृष्टि से भाषा को शब्दों एवं ध्वनियों का ऐसा सार्थक समूह माना जा सकता है जिसके द्वारा विचारों एवं भावों की अभिव्यक्ति तथा संप्रेषण में अधिक से अधिक सहायता मिलती है।

बालकों में भाषा का विकास (Language Development among Children)

भाषा को अन्य कौशंलों की तरह अर्जित किया जाता है। यह अर्जन बालक के जन्म के बाद प्रारंभ हो जाता है। अनुकरण, वातावरण के साथ अनुक्रिया, तथा शारीरिक, सामाजिक एवं मनोवैज्ञानिक आवश्यकताओं की पूर्ति की मांग इसमें विशेष भूमिका निभाती है। यह विकास धीरे-धीरे परन्तु एक निश्चित क्रम में होता है जिसे समझने के लिए यहां निम्न वर्णन प्रस्तुत किया जा रहा है।

वास्तविक भाषा विकास से पहले ही अवस्था (Stage Prior to Actual Language Development): इस अवस्था में एक तरह से बालक ध्वन्यात्मक संकेतों से युक्त भाषा को समझने और प्रयोग करने के लिए अपने आपको तैयार करता हुआ प्रतीत होता है जिसकी अभिव्यक्ति उसकी निम्न प्रकार की चेष्टाओं तथा क्रियाओं के रूप में होती है।

(i) सबसे पहले चरण के रूप में जन्म लेते ही वह रोने, चिल्लाने तथा क्रन्दन करने की क्रियाएं एवं चेष्टा करने लगता है।

(ii) इस रोने चिल्लाने के साथ-साथ ही शनैः शनैः अन्य ध्वनियां आवाजें भी निकलती हैं जो जम्भाई लेना, सरसराना, घुर-घुराना तथा सांसों के आने-जाने के रूप में प्रस्फुटित होती है। ये ध्वनियां पूर्णतः स्वाभाविक, स्वचलित एवं नैसर्गिक होती हैं इन्हें सीखा नहीं जाता।

(iii) इसके पश्चात बालकों में बड़बड़ाने (Babbling) की क्रियाएं तथा चेष्टाएं शुरू हो जाती है। दो-तीन माह के बालकों को भी इस प्रकार के व्यवहार में समर्थ पाया जाता है। इस बड़बड़ाने के माध्यम से बालक स्वर (Vowels) तथा व्यंजन (Consonant) ध्वनियों के अभ्यास का अवसर पाते हैं। वे जो कुछ दूसरों से सुनते हैं तथा जैसा उनकी समझ में आता है उसी रूप में वे उन्हीं ध्वनियों को किसी न किसी रूप में दोहराते है। इनके द्वारा स्वरों जैसे अ, ई उ, ऐ को व्यंजनों, त, म, क, न आदि से पहले उच्चारित किया जाता है। इन स्वर तथा व्यंजन ध्वनियों को वे दुहरा-दुहरा कर बोलते है और उसी को बालक का बड़बड़ाना कहा जाता है। जैसे-आ-आ, ऊ-ऊ, मा-मा, दा-दा, पा-पा, ना-ना, गी-गी आदि का उच्चारण। उनके इस बड़बड़ाने के बड़े विशेष अर्थ होते हैं। कई बार उनकी बड़बड़ाहट की ये ध्वनियां किसी शब्दकोष में नहीं मिलती परन्तु मां-बाप तथा निकट के लोग वह समझ जाते हैं जो बच्चा कह रहा होता है।

(iv) हाव-भाव तथा इशारों की भाषा (Gestures) बड़बड़ाने तथा ध्वनि संकेतों की सहायता लेने का प्रयत्न करने के साथ-साथ ही बालकों को हाव-भाव, संकेतों तथा इशारों में अपनी बात कहने का प्रयत्न करता हुआ भी पाया जाता है। "गूंगे की बात गूंगा ही जाने या उसके घर वाले" इस कहावत को चरितार्थ करते हुए बालक जो भी हाव-भाव तथा इशारे करते हैं उसके मां-बाप तथा घनिष्ट उसे समझने का प्रयास कर लेते हैं। इस तरह भूख लगने, भूख की संतुष्टि होने, गोदी में उठाने, उसके पास आने आदि बातों को कहने हेतु वे निश्चित प्रकार के हाव-भाव तथा संकेतों का प्रयोग करते हुए देखे जाते हैं। यह उनकी वह अवस्था होती है जिसमें उन्हें शब्दों या भाषा का बोलना नहीं आता अथवा बोलने से संबंधित उनकी शुरूआत होती है। अतः इस अवस्था में वे प्रायः एक दो स्वर-व्यंजन ध्वनियां निकाल कर उसकी पूर्ति अपने हाव-भाव तथा चेष्टाओं से करते दिखाई देते हैं।

वास्तविक भाषा विकास की अवस्था (Stage Related to Actual Language Development): तैयारी की अवस्था से गुजरने के बाद बालकों में वास्तविक भाषा विकास (जिसमें ध्वनि युक्त भाषा का बोलना तथा समझना आदि सम्मलित होता है) का कार्य प्रारंभ हो जाता है। यह अवस्था 1 वर्ष के हो जाने अथवा उससे एक-दो माह पहले ही शुरू हो जाती हे। पहले बालक में मौखिक अभिव्यक्ति के रूप में भाषा का विकास होता है। वह शब्दों, वाक्यों तथा इनमें बनी भाषा को बोलना तथा समझना सीखता है, उसके मौखिक शब्द भंडार में वृद्धि होती है तथा उसमें मौखिक अभिव्यक्ति के विभिन्न साधनों पर अधिकार जमाने की योग्यताओं और कुशलताओं में वृद्धि होती रहती है। विद्यालय में प्रवेश करने तथा लिखित भाषा की शिक्षा ग्रहण करने के फलस्वरूप उसमें लिखने, पढ़ने सम्बन्धी विभिन्न कुशलताओं का विकास भी प्रारंभ हो जाता है। इस तरह भाषा के मौखिक एवं लिखित रूपों से संबंधित विभिन्न कौशलों के अर्जन तथा विकास में धीरे-धीरे उसके कदम बढ़ते जाते है और वह भाषा को विचार विनियम का साधन ही नहीं बल्कि ज्ञान प्राप्त करने तथा शिक्षा ग्रहण करने का माध्यम बनाकर अपना सर्वांगीण विकास करने में पूरी तरह समर्थ हो जाता है। बालक के भाषा विकास की उसकी विभिन्न आयु अवधियों में किस प्रकार की प्रगति होती है इस बात को समझने के लिए हम उनके भाषा सम्बन्धी विकास को निम्न प्रमुख आयामों के अन्तर्गत अध्ययन करना चाहेंगे।

A. मौखिक शब्दावली का विकास (Development of Oral Vocabulary)
B. मौखिक अभिव्यक्ति या वाक शक्ति का विकास (Development of Oral Expression or Speech Power)
C. पढ़ने सम्बन्धी योग्यता या अभिव्यक्ति का विकास (Development of Reading Ability or Written Expression)
D. लिखने सम्बन्धी योग्यता या अभिव्यक्ति का विकास (Development of Writing Ability or Written Expression)

(A) *मौखिक शब्दावली या शब्द भण्डार का विकास (Dvelopment of Oral Vocabulary):* बालक के भाषा विकास में उस भाषा से संबंधित शब्द उनके भण्डार का बड़ा ही महत्वपूर्ण योगदान होता है। शब्दों से ही आगे जाकर वाक्य बनते हैं और वाक्यों से भाषा के उस रूप का निर्माण होता है जिसे विचार तथा भावों के संप्रेषण और विनियम के लिए काम में लाया जा सकता है। भाषा के इस शब्द भण्डार का विकास बालक में धीरे-धीरे ही होता है। जन्म के पश्चात जैसे ही वह ध्वनियों का उच्चारण करने तथा उनके अर्थ को समझने योग्य हो जाता है, उसमें शब्दों को ग्रहण करना तथा उच्चारण करने की क्षमता आने लगती है। प्रत्येक नया शब्द जो वह ग्रहण या उच्चारण करता है, वह उसके किसी न किसी प्रयोग तथा आवश्यकता की पूर्ति का साधन बनता जाता है और यही बात उसे उचित रूप में पुनर्वलन (Reinforcement) प्रदान करती रहती है। फलस्वरूप वह नए-नए शब्द समझता और उच्चारित करता जाता है और उसके शब्द भण्डार में वृद्धि होती चली जाती है।

बालकों के शब्द भण्डार में शनैः शनैः किस तरह वृद्धि होती है, इस प्रक्रिया का कई मनोवैज्ञानिक तथा भाषा शास्त्रियों द्वारा अध्ययन किया गया है। यहां हम प्रसिद्ध मनोवेज्ञानिक स्मिथ (Smith, 1950) थोमसन (Thomson 1962) तथा लिपसिट (Lipsit, 1966) के अनुसन्धानों से संबंधित शब्द विकास आंकड़ों को प्रस्तुत कर रहे है जो बालक की आयु में बुद्धि के साथ-साथ उस की शब्दावली के विकास को भी दर्शाते हैं।

बालकों की आयु	बालकों का शब्द भण्डार
जन्म के 8 माह तक	0
9 माह से 12 माह तक	तीन या चार शब्द
1½ वर्ष	10 से 12 शब्द
2 वर्ष	272 शब्द
2½ वर्ष	450 शब्द
3 वर्ष	1 हजार शब्द
3½ वर्ष	1250 शब्द
4 वर्ष	1600 शब्द
5 वर्ष	2100 शब्द
11 वर्ष	50000 शब्द
14 वर्ष	80000 शब्द
16 वर्ष	1 लाख से अधिक

इस प्रकार हम देखते हैं कि बालक जैसे ही 5 वर्ष की अवस्था के बाद विद्यालय जाने की आयु में प्रवेश करता है तथा विद्यालय की शिक्षा ग्रहण करता है उसके शब्द भण्डार में तेजी से वृद्धि होने लगती है। शब्द भण्डार की यह वृद्धि बालकों के मानसिक तथा सामाजिक विकास और सीखने के लिए मिलने वाले उपयुक्त वातावरण तथा अवसरों पर बहुत कुछ निर्भर करती है बालकों का शब्द भण्डार उसी हिसाब से शीघ्रता से बढ़ता रहता है।

शब्दों की संख्या में वृद्धि होने के साथ-साथ बालकों के शब्द भण्डार के विकास में निम्न और मुख्य विशेषताएं देखने को मिलती है:

1. बालकों के शब्द भण्डार में दो प्रकार के शब्दों का संकलन होता है एक तो, वे शब्द जिन्हें बालक सक्रिय रूप में प्रयोग में लाता है तथा उनके अर्थ को भली-भांति समझता है तथा दूसरे वे शब्द जिनका प्रयोग वह स्वयं तो नहीं करता परन्तु जब वे दूसरों द्वारा बोले जाते हैं तो उनका मतलब वह समझ लेता है। प्रत्येक स्तर पर इन दूसरे प्रकार के शब्दों की ही बहुतायत बालक के शब्द कोष में ज्यादा रहती है।

2. बालकों के शब्द भण्डार को शब्दों में प्रयोग के महत्व को ध्यान में रखते हुए दो मुख्य वर्गों में बांटा जा सकता है—सामान्य शब्द भण्डार (General Vocabulary) तथा विशिष्ट शब्द भण्डार (Special Vocabulary)। पहले वर्ग में ऐसे शब्द शामिल होते है जिन्हें उनके द्वारा सभी सामान्य परिस्थितियों में प्रयोग में लाया जाता है तथा दूसरे वर्ग में वे शब्द आते है जिनका प्रयोग बालकों द्वारा विशिष्ट परिस्थितियों या अवसरों पर किया जाता है। सामान्य शब्द भण्डार की वृद्धि करते समय बालक में पहले संज्ञाओं से संबंधित शब्दों का विकास होता है उसके बाद क्रियाओं, विशेषणों, सर्वनाम आदि अन्य व्याकरण शब्द उसकी शब्दावली में आते हैं। विशिष्ट शब्द भण्डार के विकास में आयु के साथ-साथ वृद्धि होती है। उसके अतिरिक्त जिस बालक को अपने वातावरण के साथ अधिक क्रिया करने और अनुभव करने के जिस प्रकार के अवसर मिलते है, उसकी जैसी शिक्षा-दीक्षा तथा लालन-पालन होता है उसी के हिसाब से उसे विशेष शब्दों को सीखने का ज्यादा अवसर मिलता है बालकों की विशिष्ट शब्दों युक्त शब्दावली में मुख्यतया निम्न शब्द देखने को मिल सकते हैं:

(i) रंगों से संबंधित शब्द (ii) समय से संबंधित शब्द जैसे कल, आज, परसो, सुबह, शाम, जाड़ा, गर्मी, बरसात, दिन, रात आदि (iii) पशु पक्षियों, साग सब्जियों तथा फलों के नाम (iv) शरीर के विभिन्न भागों जैसे आंख, कान, नाक, हाथ, पैर आदि (v) रुपये पैसों से संबंधित शब्द (vi) नाप-तौल से संबंधित शब्द (vii) अशिष्ट गन्दे और गाली-गलोच से संबंधित शब्द (viii) शिष्टाचार से संबंधित शब्द जैसे धन्यवाद, श्रीमान, आप, जी आदि (ix) वाहनों तथा मनोरंजन के साधनों, टी. वी. और फिल्मी दुनिया से संबंधित शब्द (x) गुप्त शब्द भण्डार जिसमें उसकी गुप्त भाषा के शब्द, हाव-भाव तथा संकेत शामिल होते है जिनकी सहायता में वह अपने हम उम्रों तथा साथियों से गुप्त मन्त्रणा या मनोरंजन करता है।

3. बालकों के शब्दकोष में पहले वे शब्द आते हैं जो उसकी शारीरिक आवश्यकताओं को पूरा करें तथा बाद में वे आते हैं जो उसकी तात्कालिक मनोवैज्ञानिक आवश्कताओं को पूरा करें। इन शब्दों का दायरा पहले मां-बाप, भाई-बहिन तथा परिवार के वातावरण तक ही सीमित रहता है। बाद में जैसे-जैसे बालक बड़ा होता है तथा अन्य लोगों के संपर्क में आता है, विद्यालय जाना शुरू करता है तथा अन्य शैक्षिक एवं सामाजिक क्रियाओं में भाग लेता है उसका यह शब्द भण्डार अपने और अपने परिवार तक ही सीमित न रहकर काफी विस्तृत होता चला जाता है। पुस्तकों को पढ़ने, पत्र-पत्रिकाओं, रेडियों, टेलीविजन, फिल्म आदि साधनों का उपयोग करने तथा भ्रमण आदि से उसके शब्द भण्डार में तेजी से वृद्धि होती हुई देखी जा सकती है।

(B) *मौखिक अभिव्यक्ति या वाक-शक्ति का विकास (Development of Oral Expression or Speech Power)*: बालक की मौखिक अभिव्यक्ति तथा भाषा सम्बन्धी वाक-शक्ति के विकास में ध्वनियों का उच्चारण, ध्वनि युक्त शब्दों का उच्चारण, उनके अर्थों या सतलब को समझना आदि बातें आधार का कार्य करती है। बचपन में जन्म से ही इस बारे में प्रयत्न शुरू हो जाते हैं। ध्वनियों के अस्पष्ट तथा सार रहित उच्चारण की प्रक्रिया के पश्चात् बालकों के शब्द विकास की प्रक्रिया प्रारंभ हो जाती है। साथ ही वे दूसरों के द्वारा की गई ध्वनियों तथा शब्दों का अर्थ भी ग्रहण करने लग जाते है। इस प्रकार के शब्द ग्रहण करने को बालक की भाषा सम्बन्धी आकलन योग्यता (Comprehension Ability) का नाम दिया जाता है। इस प्रकार की योग्यता का विकास होना वाक शक्ति तथा मौखिक अभिव्यक्ति में बालकों की बहुत मदद करता है। अतः यह स्थिति बालकों में पहले ही आती है और उसी वजह से बालक शब्दों के अर्थ को उन्हें बोलने से पहले से ही समझना शुरू कर देता है। पानी लो, मुन्ने के लिए दूध लाओ, उसका खिलौना कहां है आदि शब्दों तथा वाक्यों को सुनते ही उनके कान खड़े हो जाते हैं और वे उसका अर्थ समझकर प्रतिक्रिया व्यक्त करने का प्रयत्न करते देखे जाते हैं। इस तरह हाव-भाव और आवाजों के माध्यम से उनका अर्थ समझ जाना, वाक शक्ति एवं मौखिक अभिव्यक्ति के विकास का पहला ठोस चरण माना जा सकता है।

ध्वनियों, संकेतों, हाव-भाव, शब्दों तथा वाक्यों आदि का अस्पष्ट तथा स्पष्ट अर्थ समझने और अनुमान लगाकार उनके प्रति अनुक्रिया व्यक्त करने के पश्चात् वाक शक्ति के विकास में दूसरा बड़ा कदम शब्दावली का विकास तथा उसका उच्चारण करना है। उच्चारण की प्रक्रिया अस्पष्ट ध्वनियों से प्रारंभ होती है। आठ माह के बाद बच्चा एक या दो शब्दों से युक्त सरल ध्वनियों के उच्चारण का उचित प्रयत्न करने लगता है। धीरे-धीरे उसके शब्द भण्डार में भी वृद्धि होने लगती है और उनका सही उच्चारण भी करने लगता

है। प्रारंभिक वर्षों में प्रयत्न करते हुए भी ध्वनियों तथा शब्दों का ठीक उच्चारण नहीं कर पाता। अपूर्ण तथा अस्पष्ट उच्चारण जिसे वह तोतली भाषा में बोलता है, शुरू में अच्छा ही लगता है परन्तु यह स्थिति ज्यादा देर तक नहीं रहनी चाहिए। उसके उपयुक्त सुधार में प्रयत्न करने में ही भलाई रहती है अन्यथा बच्चों में हकलाना, तुतलाना तथा गलत उच्चारण का दोष रह जाता है।

प्रारंभिक अवस्था में बच्चों से जितने शब्द आते हैं उनका जल्दी-जल्दी उच्चारण करने में उन्हें काफी आनन्द आता है। उच्चारण की यह प्रक्रिया पहले निरर्थक ध्वनियों तथा बड़बड़ाहट से प्रारंभ होती है। छः माह का बालक जब इस प्रकार की भाषा बोल रहा होता है तो उसकी इस विशिष्ट भाषा को समझना काफी टेढ़ी खीर होता है। यही अटपटी तथा अर्थहीन भाषा उसकी वास्तविक तथा सार्थक भाषा और सही उच्चारण की आधारशिला होती है। मा-बाप तथा अन्य परिवार के निकटतम सदस्यों द्वारा जब इस प्रकार की अटपटी भाषा शब्द और ध्वनियों को सुना जाता है तो वे बालक को प्रयाप्त प्रेरणा और प्रोत्साहन देते हैं, उसके सामने शब्दों को बोलते है तथा शब्दों के अर्थ से संबंधित क्रियाएं एवं भाव व चेष्टाओं का प्रदर्शन करते हैं। इस प्रकार के प्रयत्नों से बालकों में शब्द ग्रहण करने और उनमें उच्चारण करने की योग्यता का विकास होता है।

शुरुआत पूरे वाक्य के स्थान पर एक शब्द बोलने से होती है। उदाहरण के लिए बालक यह कहने के स्थान पर कि उसे पानी पीना है, या प्यास लगी है सिर्फ पानी या मम शब्द का उच्चारण करता है। धीरे-धीरे वह दो शब्दों को जोड़कर बोलना सीखता है और दो वर्ष की आयु की समाप्ति तक वह तीन शब्दों तक वाक्यों जैसे दूध दे दो, मम दे दो, अम्मा पास चो, आदि कहना सीख जाता है। इसके बाद जैसे-जैसे उसकी आयु बढ़ती जाती है तथा उसकी शब्दावली में जो शब्द आते हैं वह विभिन्न शब्दों के उच्चारण कर सरल वाक्य बोलना सीख जाता है। शुरू में वाक्य काफी छोटे तथा अपूर्ण होते हैं। पांच वर्ष की आयु तक इसमें काफी सुधार हो जाता है और विद्यालय जाने से पूर्व ही वह मिश्रित और संयुक्त वाक्यों का प्रयोग करने लगता है।

विद्यालय जाने के पश्चात् उसकी मौखिक अभिव्यक्ति तथा वाक-शक्ति में तेजी से विकास होना प्रारंभ हो जाता है। इसका कारण यही होता है कि यहां उसके अनुभवों का दायरा काफी विस्तृत हो जाता है। परिणाम स्वरूप उसको मौखिक अभिव्यक्ति तथा आपसी वार्तालाप व विचार विनियम के अवसर भी बहुत मिलते हैं। भाषा शिक्षण के लिए गंभीर प्रयत्न भी पाठ्यक्रम सम्बन्धी विषयों तथा क्रियाओं के माध्यम से होने लगते हैं और परिणाम स्वरूप बालकों की मौखिक अभिव्यक्ति या बोलने सम्बन्धी योग्यताओं में पर्याप्त वृद्धि होती पाई जाती है। इस प्रकार की वृद्धि सभी बालकों में समान हो ऐसी बात नहीं है। व्यक्तिगत भेदों के अलावा, उनका जिस तरह लालन-पालन होगा, जैसे विद्यालयों में वे पढ़ते हैं, जिन बच्चों के साथ वह खेलते, रहते या पढ़ते लिखते हैं, जिस तरह के अनुभव उन्हें अपने वातावरण या शिक्षा के द्वारा प्रदान किए जाते है वे उसी अनुपात की वाक-शक्ति या मौखिक अभिव्यक्ति के धनी बनते हैं।

(C) *पढ़ने सम्बन्धी योग्यता का विकास (Development for Reading Ability)*: पढ़ने सम्बन्धी या पाठन योग्यता से तात्पर्य बालक की उस भाषा सम्बन्धी योग्यता और क्षमता से है जिसके माध्यम से वह लिखे हुए (Written) तथा मुद्रित (Printed) भाषा संकेतों, शब्दों तथा वाक्यों आदि को ठीक प्रकार पहचान कर उनके अर्थों को शीघ्रतापूर्वक भली-भांति

ग्रहण कर लेता है। इस तरह लिखित और मुद्रित सामग्री के द्वारा निहित भावों को ग्रहण करने की क्षमता पढ़ने सम्बन्धी योग्यता कहलाती है।

बालकों में पढ़ने सम्बन्धी योग्यता का विकास उस समय से ही संभव है जब उनकी इन्द्रियां ज्ञान ग्रहण करने में सक्षम होने लगती हैं। वस्तुओं की पहचान कर सकने की क्षमता उन्हें अक्षरों की पहचान और बोध कराने में सहायक होती है। अक्षर ज्ञान कराना यानी उन्हें पहचान कर निश्चित नाम देना पढ़ने सम्बन्धी योग्यता ग्रहण करने का पहला चरण कहा जा सकता है। प्राय: तीन वर्ष के बालक में इस प्रकार की क्षमता का विकास हो जाता है कि वह अनार, अमरूद या आम के चित्र को देखकर और फिर से 'अ' अक्षर से अनुबन्धित करके छोटे 'अ' से अनार या अमरूद के रूप में पहचानना और संबोधित करना प्रारंभ कर देता है।

इस तरह अक्षर ज्ञान बालक के पढ़ने सम्बन्धी योग्यता का पहला चरण है जिसे प्रयास एवं प्रशिक्षण द्वारा बालक 3-4 वर्ष की अवस्था में पूरा कर सकते हैं। पूरी वर्णमाला को सीखते-सीखते बालक को 1-2 वर्ष और लग सकते हैं। यह सब इस बात पर निर्भर करता है कि उसे अक्षर ज्ञान कब से शुरू कराया जाता है, उसके लिए इसके साथ कितना परिश्रम किया जाता है तथा उसकी मानसिक क्षमताएं कितना उसे आगे बढ़ने देती हैं।

अक्षर ज्ञान के बाद शब्द बोध का नम्बर आता है। जो बालक अक्षर ज्ञान जितना पहले कर लेते हैं शब्द बोध में पहल उन्हीं के द्वारा होती है। सबसे पहले ये बालक मात्रा रहित दो अक्षरों या वर्णों से बनने वाले शब्दों को पढ़ना सीखते हैं जैसे घर, चल, कर आदि। इसके पश्चात् मात्रा युक्त शब्दों, दो से अधिक अक्षरों वाले शब्दों को और उसके बाद संयुक्त अक्षरों या वर्णों वाले शब्दों को पढ़ना सीख जाते हैं। उन्हें ठीक तरह पढ़ना सीखने के साथ-साथ वे उनका अर्थ भी ग्रहण करने लगते हैं।

अक्षर ज्ञान तथा शब्द बोध के बाद वाक्यों को पढ़ने की बारी आती है। इस कार्य में पहले वे छोटे और सरल वाक्यों को पढ़ना सीखते है और तत्पश्चात् अभ्यास के अनुसार कठिन तथा लम्बे वाक्यों को पढ़ना और उनका अर्थ ग्रहण करना सीखते हैं। इस कार्य में कक्षा में कराए गए सस्वर वाचन की प्रमुख भूमिका रहती है। प्राय: दूसरी कक्षा में पढ़ रहे बालकों में जिनकी औसत आयु लगभग 7 वर्ष होती है इस प्रकार की योग्यता का विकास हो जाता है।

वाक्यों को पढ़ना सीखने के पश्चात् उनमें पुस्तक आदि में वर्णित बातों को उचित गति से पढ़ने की योग्यता होने लगती है। धीरे-धीरे वे स्वतंत्र रूप से पढ़ते हुए पढ़ी हुई बातों का अर्थ ग्रहण करने में सक्षम बनते जाते हैं। इनकी यह सक्षमता बहुत बातों जैसे अभ्यास, प्रशिक्षण, रूचि और अभिप्रेरणा, मानसिक योग्यता, शब्द भण्डार आदि पर निर्भर करती है। सामान्यतया इस प्रकार की योग्यता चौथी-पांचवी कक्षा के बालकों (औसत आयु 10 वर्ष) में विकसित हो जाती है।

इसके पश्चात् जैसे-जैसे पढ़ने के अवसर मिलते जाते हैं उनकी पढ़ने की योग्यता में वृद्धि होती चली जाती है। निर्वाध गति से पढ़ने और उसका अर्थ समझने के साथ-साथ उनका दृष्टि विराम (Eye Span) भी विस्तृत हो जाता है। अब वे विराम चिन्हों पर पूरा ध्यान देते हैं, गूढार्थ एवं भावार्थों को ग्रहण करते हैं तथा अपरिचित शब्दों के अर्थ को भी अनुमान से मालूम करके लिखित भाषा को पूरी तरह समझ लेने का प्रमाण देने लगते हैं।

(D) *लिखने सम्बन्धी योग्यता या अभिव्यक्ति का विकास* (*Development of Writing*

Ability or Written Expression): लिखने सम्बन्धी योग्यता या अभिव्यक्ति से तात्पर्य बालक की उस भाषा सम्बन्धी योग्यता और क्षमता से है जिसके माध्यम से वह अपने भावों एवं विचारों को लिपिबद्ध कर सकने में सक्षम बनता है तथा मौखिक अभिव्यक्ति के स्थान पर उन्हें किसी सांकेतिक लिपि, अक्षरों, वर्णों और इन वर्णों से बनने वाले वाक्यों के रूप में लिखकर प्रकट करता है।

लिखने सम्बन्धी इस योग्यता का विकास बालकों में भाषा सम्बन्धी वाचन तथा पठन योग्यता के बाद होता है। लिखने की क्रिया, पढ़ने की क्रिया से कठिन होती है क्योंकि इसमें अक्षरों, वर्णों तथा शब्दों की आकृति की पहचान के साथ-साथ इन आकृतियों को ज्यों की त्यों बनाने का कौशल भी आना चाहिए। इस कौशल के अर्जन में समय लगता है, इसके लिए विशेष प्रयास भी करना पड़ता है तथा इस प्रयास में सफलता भी तभी मिलती है जबकि बालकों में लिखने के लिए आवश्यक उनके हाथ की अंगुलियों की मांसपेशियों का उचित सन्तुलन बनाए रखने की क्षमता न विकसित हो जाए। कलम, चाक, पेन, पेंसिल किसी भी लेखन सामग्री के प्रयोग बिना लेखन संभव नहीं और इन वस्तुओं का प्रयोग बालकों के उचित शारीरिक विकास तथा शारीरिक क्षमता की मांग करता है। उचित ध्यान तथा मानसिक शक्तियों, समझ बूझ आदि पर भी वह निर्भर करता है और यही कारण है कि शैशव अवस्था में बालकों को लेखन क्रिया का अभ्यास कराने की बात नहीं सोची जाती।

बालकों में खिलने सम्बन्धी योग्यता को विकसित होने का प्रथम चरण एक तरह से उन्हें लिखित सामग्री को पढ़ना सिखाने से ही प्रारंभ हो जाता है। लिखे हुए अक्षर तथा वर्णों की पहचान कर उन्हें ध्वन्यात्मक संकेतों द्वारा अभिव्यक्ति देकर वे जब पढ़ना तथा बोलना प्रारंभ कर देते हैं तो उनका लिखित भाषा के प्रति आकर्षण बढ़ जाता है। लिखे शब्दों, संकेतों का अर्थ ग्रहण करना आने से उनमें उन शब्दों तथा वाक्यों के प्रति रूचि तथा निकटता बढ़ जाती है। वे अक्षरों तथा शब्दों की बनावट पर ध्यान देने लगते हैं। यही समय होता है जब उनमें लिखित भाषा की अक्षर आकृतियों को उसी रूप में चित्रित करने के लिए आकर्षण पैदा किया जाए। इस तरह बालकों की लिखने सम्बन्धी योग्यता की शुरूआत उनकी लिपि संकेतों-अक्षरों-शब्दों आदि की आकृतियों की पहचान और उनके प्रति रुचि तथा आकर्षण पैदा होने के रूप में होती है।

लिखने सम्बन्धी योग्यता के वास्तविक विकास की शुरुआत का सिलसिला बालक में जब प्रारंभ होता है तब उसकी हाथ की अंगुलियों की मांसपेशियों में इतनी शक्ति तथा सन्तुलन आ जाता है कि वे सामग्री को ठीक तरह सम्भालकर आवश्यक आकृतियों की रचना में समर्थ बन जाए। 3-4 वर्ष का बालक इस योग्य हो जाता है कि उससे कलम या पेंसिल पकड़वा कर अक्षर बनवाया जा सके।

बालक का हाथ पकड़वाकर लिखना सिखाने के पश्चात् उसे अपने आप लिखने सम्बन्धी क्षमता के विकास की बारी आती है। अध्यापकों या माता-पिता के द्वारा पेंसिल से कागज पर जो अक्षर लिखे जाते हैं अथवा जिस रूप में अक्षर आकृतियां बनाई जाती हैं बालक इनका अनुकरण कर लिखना प्रारंभ करते हैं। इस दिशा में बालकों में अक्षर या वर्णमाला के वर्णों को लिखना सीखने की पहले बारी आती है। इससे अक्षरों को एक-एक कर वे लिखना सीखते हैं और इस कार्य को प्रायः 5 वर्ष की अवस्था तक वे कर लेते हैं।

एकाकी अक्षरों की रचना सीख लेने के पश्चात् उनमें संयुक्त अक्षरों तथा इन अक्षरों

के वाक्यों को लिखने सम्बन्धी योग्यता का विकास होता है। पढ़ने की तरह ही वे पहले एक-एक अक्षर से लिखना सीखते हैं और फिर दो तथा तीन अक्षरों से बनने वाले सरल शब्दों तथा इन शब्दों से बनने वाले वाक्यों को लिखने का अभ्यास करते हैं। इस प्रकार के लेखन का अभ्यास कराने में प्रायः अनुलिपि की सहायता ली जाती है। अनुलिपि से तात्पर्य बालकों द्वारा अध्यापक या सिखाने वाले व्यक्ति के लेखन का ज्यों का त्यों अनुकरण करने से होता है। पहली कक्षा में पढ़ने वाले बालक इस कार्य में ठीक तरह समर्थ हो जाते हैं।

आगे की कक्षाओं में प्रतिलिपि श्रुतलिपि दोनों की ही सहायता से लेखन शक्ति का विकास करते हैं। पुस्तकों में लिखी हुई रचना को नकल करके लिखते हैं। अध्यापक द्वारा श्यामपट्ट पर जो लिखा तथा बोला जाता है उसकी नकल करके लिखते हैं तथा अध्यापक द्वारा उन्हें धीरे-धीरे बोलकर जो बात लिखाई जाती है उसे लिखने का प्रयत्न करते हैं। इस रूप में लिखने सम्बन्धी योग्यता का विकास बालकों में दूसरी, तीसरी कक्षा तक हो ही जाता है।

लेखन योग्यता के विकास का अलग चरण स्वतंत्र रूप से लिखकर अपनी भावनाओं तथा विचारों के प्रकाशन से सम्बन्ध रखता है। निबन्ध लिखना, पत्र लिखना, कहानी, नाटक, वृतांत, कविता, आलोचना, समालोचना आदि के रूप में लिखित अभिव्यक्ति करना इसी चरण में आता है। बालकों में इस योग्यता का विकास तीसरी चौथी कक्षा में प्रारंभ हो जाता है परन्तु पहले की उनकी रचनाओं में नकल की ही प्रवृत्ति ज्यादा दिखाई देती है मौलिक रचनाओं की बात उनकी मानसिक शक्तियों तथा अनुभवों का दायरा बढ़ने के बाद ही आती है। हां बालक में जब इस प्रकार की मौलिकता या सृजनात्मकता आ जाती है तो उसकी लेखन योग्यता के विकसित होने का यह सर्वोच्च चरण होता है। किशोरावस्था के समाप्त होते होते प्रायः बालकों में इस प्रकार की योग्यता का विकास हो जाता है। परन्तु इसका अच्छा स्तर होना बालक की अपनी प्रकृति और उसे मिलने वाले अभिव्यक्ति के अवसरों पर निर्भर करता है।

भाषा विकास को प्रभावित करने वाले तत्व या कारक
(Factors Influencing Language Development)

जैसे कि पहले के पृष्ठों में चर्चा की जा चुकी है बालक में भाषा का विकास उसके जन्म के पश्चात् ही शुरू होता है इस दृष्टि से भाषा के विकास में आनुवंशिकता (Heredity) की कोई विशेष भूमिका नहीं प्रतीत होती। होता भी ऐसा ही है, भाषा जन्म-जात नहीं होती उसका अर्जन होता है। गुण-सूत्रों (Chromosomes) तथा जीन्स के माध्यम से भाषा गत योग्यताओं का एक पीढ़ी से दूसरी में हस्तांतरण नहीं होता। परन्तु आनुवंशिकता की कोई भी भूमिका भाषा विकास के कार्य में न हो यह बात पूरी ठीक नहीं हैं। शारीरिक और मानसिक क्षमताओं के रूप में बालकों को बहुत सी बात अपने वंशक्रम तथा आनुवंशिकता से प्राप्त होती हैं, इन क्षमताओं का सामान्य, सामान्य से नीचे तथा ऊपर होना बालक को ऐसा आधार प्रदान करता है जिसके ऊपर उसके भाषा विकास की आगे की नींव जाती है। अगर बालक के स्वर यंत्र, फेफड़े, होंठ, जीभ, दांत में कोई खराबी जन्म-जात होती है अथवा वह जन्म से ही शारीरिक या मानसिक रूप से विकलांग होता है तो उसका प्रभाव भाषा विकास पर अवश्य ही पड़ता है। इस प्रकार की बात किसी के वश की बात नहीं है। कुछ बालकों का जन्म से ही ऐसा होना स्वाभाविक सी बात है। अतः उनमें भाषा

गत योग्यताओं के उचित और सामान्य विकास की अपेक्षा भी नहीं की जानी चाहिए तथा जैसे भी हो उनके उचित संवेगात्मक विकास तथा समायोजन की ही चेष्टा की जानी चाहिए।

जन्म के पहले के कारण आनुवांशिकता को अगर एक दृष्टि से अलग कर दिया जाए तो बालक के भाषा के विकास में उसके अपने व्यक्तित्व, लालन-पालन, शिक्षा-दीक्षा तथा वातावरण सम्बन्धी कारकों की सामग्री को अच्छी तरह देखा तथा समझा जा सकता है। बालक के भाषा विकास को प्रभावित करने वाले इन विभिन्न कारकों की भूमिका को निम्न रूप में चित्रित किया जा सकता है।

1. शारीरिक स्वास्थ (Physical Health): बालक के भाषा विकास को उसका शारीरिक स्वथ्य काफी प्रभावित करता है। शारीरिक रूप से स्वस्थ बालक भाषा अर्जित करने में शक्ति लगा सकते हैं जबकि अस्वस्थ एवं बीमार बालकों को भाषा सीखने की सुविधा से काफी वंचित रहना पड़ता है। शारीरिक स्वास्थ्य बालक का जितना ठीक तथा सामान्य होगा उसके शारीरिक अंग तथा अवयव उतनी ही अच्छी तरह से कार्य करेंगे। विशेषकर स्वर यन्त्र, होंठ, जीभ, दांत, मस्तिष्क, स्नायु संस्थान आदि का सबल, स्वस्थ एवं सामान्य होना भाषा विकास में विशेष भूमिका निभाता है और यह सभी अच्छे शारीरिक स्वास्थ्य के द्वारा ही संभव हो सकता है।

2. मानसिक स्वास्थ (Mental Health): बच्चे की भाषा के उचित विकास के लिए उसकी सामान्य मनोस्थिति का होना आवश्यक है। जो बच्चे मानसिक रूप से स्वस्थ होते हैं उन्हें भाषा के अर्जन में समस्याओं का सामना नहीं करना पड़ता है। चिन्ता, परेशानी, तनाव तथा संघर्ष से गुजर रहे बच्चों के भाषा के विकास में काफी दिक्कत रहती है और प्राय: उनकी मानसिक अवस्था उनमें वाणी तथा भाषा सम्बन्धी कई प्रकार की विकृतियों जैसे तुतलाना, हकलाना, अभद्र एवं अश्लील भाषा का प्रयोग करना आदि को जन्म दे सकती है।

3. परिपक्वता (Maturation): भाषा का विकास आयु की वृद्धि तथा इस वृद्धि से नैसर्गिक रूप में प्राप्त शारीरिक परिपक्वता पर बहुत निर्भर करता है। बोलने, पढ़ने तथा लिखने के लिए बालकों के शारीरिक अंगों, उनकी क्षमताओं तथा मानसिक विकास को एक विशेष स्तर पर पहुंचने की आवश्यकता होती है। परिपक्वता के इस स्तर पर पहुंचकर ही वे भली-भांति भाषा अर्जन में सफल हो सकते हैं। यही कारण है कि 8-10 महीने से पहले कितना भी प्रयास क्यों न किया जाए बालक को बोलना नहीं सिखाया जा सकता है। इसी प्रकार जब तक बालक में अंगुलियों की मांसपेशियों सम्बन्धी उचित नियन्त्रण क्षमता न आ जाए उसे लिखना सीखना कठिन ही होता है।

4. *बुद्धि एवं मानसिक विकास (Intelligence and Mental Development)*: भाषा के अर्जन का बालकों की मानसिक क्षमताओं, योग्यताओं तथा उनके विकास से गहरा सम्बन्ध है। बुद्धि तथा मानसिक क्षमताओं का सामान्य से कम होना भाषा विकास में रोड़ा पैदा कर सकता है तो दूसरी ओर बुद्धि एवं मानसिक विकास की गति सामान्य होने से बालक को भाषा विकास में काफी सहायता मिलती है। अधिक प्रखर बुद्धि वाले मेधावी बालकों में भाषा सम्बन्धी योग्यता का विकास काफी तेज गति से होता देखा जा सकता है। वे मौखिक, वाक्य तथा लेखन सम्बन्धी भाषाई योग्यता में काफी आगे बढ़े हुए रहते हैं।

5. *सामाजिक विकास (Social Development)*: बालक में सामाजिक विकास तथा उसकी सामाजिक सामायोजन क्षमता पर भी उसकी भाषा का विकास काफी कुछ निर्भर करता

है। जो बच्चे, शर्मीले अलग-थलग रहते हैं तथा जिन्हें मिलने जुलने के सामाजिक अवसर कम उपलब्ध होते हैं वे अपने अन्य साथियों की तुलना में भाषा विकास में पीछे रह जाते हैं।

6. *संवेगात्मक विकास (Emotional Development)*: संवेगों की अभिव्यक्ति-भावनाओं तथा विचारों की अभिव्यक्ति से जुड़ी रहती है। भाषा भी इसी प्रकार की अभिव्यक्ति का साधन है। अतः संवेगात्मक विकास तथा भाषात्मक विकास का काफी गहरा सम्बन्ध होता है। जो बच्चे अपने संवेगात्मक विकास की दृष्टि से आगे और समायोजित होते रहते हैं भाषा अर्जन में भी उन्हें आगे निकलता हुआ पाया जाता है। इसके विपरीत संवेगात्मक रूप से अविकसित एवं कुसमायोजित बालक भाषा सम्बन्धी अनेक समस्याओं, दोषों तथा विकारों के शिकार बन जाते हैं। उदाहरण के लिए क्रोधी और जल्दबाज बालक उच्चारण तथा लेखन सम्बन्धी गलतियां अधिक करते पाए जाते हैं जबकि शांत, संयमित बालकों में इस प्रकार की गलतियों की संभावना कम रहती है।

7. *पारिवारिक वातावरण (Family Environment)*: भाषा अनुकरण से सीखी जाती है और इस दृष्टि से बालक की माता-भाषा सिखाने में उसकी पहली गुरू होती है। परिवार में बालक के निकट रहने वाले बड़े भाई, बहिन, पिता, संबंधिन्यों आदि की भूमिका भी बालक के भाषा विकास में जल्दी ही शुरू हो जाती है। बालक जिस अस्पष्ट तथा निरर्थक वर्णों का पहले-पहले उच्चारण करता है अथवा द, म, ब, कुछ भी इस प्रकार की ध्वनि करता है उसी रूप में वह बोलने में प्रगति करता दिखाई पड़ता है। बड़ों के होठों को हिलते हुए, ध्वनि करते हुए, तथा वस्तु एवं क्रियाओं के साथ-साथ जिन ध्वनि तथा नामों का उच्चारण वह सुनता है उसके द्वारा उन्हीं की नकल की जाती है। अब अगर उसे शुद्ध उच्चारण सुनने के अवसर परिवार में मिलते हैं तो उसका उच्चारण भी शुद्ध बनने लगता है। इसी तरह परिवार में जितने शिक्षित और भाषा को अच्छी तरह जानने वाले व्यक्ति होते हैं वे जिस ढंग से बालक के संपर्क में आते हैं बालक की भाषा भी उसी रूप में समृद्ध, सुसंस्कृत एवं शिष्ट बन जाती है। विपरीत अवस्था में उसकी भाषा में भी विपरीत गुणों का समावेश हो जाता है। पारिवारिक वातावरण एक दूसरे ढंग से भी बालक के भाषा विकास को प्रभावित कर सकता है। बालक के शारीरिक, मानसिक, संवेगात्मक तथा सामाजिक विकास और समायोजन की, परिवार ही आधार भूमि है। उसकी मूलभूत आवश्यकताएँ भी यहीं से पूरी होती हैं। उचित विकास तथा समायोजन यहां उसे भाषा विकास के लिए अपेक्षित स्तर एवं व्यक्तित्व सम्बन्धी विशेषताओं को ग्रहण करने में मदद करता है। वहीं विपरीत बातें उनके भाषा सम्बन्धी विकास के मार्ग में बाधाएं खड़ी कर सकती हैं। उसके अतिरिक्त परिवार का उचित वातावरण, भाषा अधिगम तथा अनुभवों को अर्जित करने में भी सहायक होता है। उचित प्रेरणा, प्रशंसा तथा प्रोत्साहन बालक में भाषा विकास को काफी सहायता पहुंचा सकते हैं। इसके विपरीत परिवार के अशांतिपूर्ण कलह, आपसी झगड़े तथा अन्य बातों से घिरे हुए अस्वस्थ एवं नकारात्मक वातावरण में बालक को अधिगम के उचित अवसर प्राप्त नहीं हो पाते और परिणाम स्वरूप भाषा में ऐसे बच्चे भी पीछे रहते देखे जा सकते हैं।

8. *सामाजिक-आर्थिक स्तर (Social-Economic Status)*: भाषा विकास पर बालकों के सामाजिक आर्थिक स्तर का भी प्रभाव पड़ता है। उच्च सामाजिक आर्थिक स्तर के बालकों को इसी कारण सभी आयु वर्गों में निम्न सामाजिक-आर्थिक स्तर के बालकों से भाषा विकास में आगे निकलता हुआ देखा जाता है। इसका कारण यही होता है कि

ऊंचे सामाजिक-आर्थिक स्तर, संपन्न परिवार तथा ऊंची जाति के बालकों को भाषा विकास सम्बन्धी समृद्ध अवसरों तथा सुविधाओं की उपलब्धि यथेष्ट मात्रा में रहती है। इसके विपरीत निम्न सामाजिक-आर्थिक स्तर वाले बालकों को जो भाषा अपने स्तर के समाज में अधिक अनुकरण करने को मिलती है वे उसी को अधिक सीखते हैं और इस तरह गाली-गलोच, अशिष्ट तथा अशोभनीय भाषा का निम्न वर्ग द्वारा प्रयोग किए जाने पर इस वर्ग के बालकों को यह भी सब कुछ अनुकरण करने को मिलता है। उनकी शब्दावली वैसी ही होती है तथा भाषा सम्बन्धी अभिव्यक्ति के स्वस्थ एवं उचित अवसर न मिलने के कारण वे भाषा विकास में पीछे रह जाते हैं।

9. संगीसाथी तथा मित्र मण्डली (Peergroup and Friend Circle): अनुकरण से भाषा का अर्जन करने में बालक के संगी-साथी तथा मित्र-मंडली का भी महत्वपूर्ण योगदान रहता है। घर के बाहर अधिक समय तो बालक का इन्हीं के साथ बीतता है अतः बालक यह भाषा सीखता है जिसे उसके संगी साथी तथा मित्र लोग बोलते हैं। पंजाबी भाषी माता-पिता तथा परिवार का बालक हरियाणवी शब्दों का जब घर में प्रयोग करता है तो मां-बाप को आश्चर्य होता है। परन्तु यह स्वाभाविक ही है मां-बाप इतनी लंबी अवधि के बाद भी हरियाणा में रहते हुए हरियाणवी नहीं बोल पाते जबकि उत्तर प्रदेश, बिहार महाराष्ट्र, बंगाल, पंजाब से आए हुए इस परिवार का छोटा सा बालक साफ हरियाणवी में वार्तालाप कर लेता है जबकि उसकी शिक्षा का माध्यम भी हरियाणवी नहीं होता है। वह सब संगी साथियों तथा मित्र मंडली का ही प्रभाव होता है। इसी प्रकार बालक में उच्चारण सम्बन्धी अच्छाई-बुराइयों तथा शिष्ट एवं अशिष्ट भाषा के विकसित होने में भी बहुधा इस मित्र-मंडली तथा पास पड़ोस के वातावरण की ही भूमिका होती है।

10. समाज तथा समुदाय (Society and Community): भाषा के अर्जन में समाज तथा समुदाय का वातावरण जिसका बालक सदस्य होता है एक प्रमुख भूमिका निभाता है। बालक वही भाषा सीखने के लिए प्रेरित तथा उन्मुख होता है जो उसके समाज तथा समुदाय की होती है। एक एंग्लो-इंडियन समाज तथा समुदाय के सदस्य बालक में अंग्रेजी से लदी हिन्दुस्तानी बोलने की प्रवृत्ति का स्वतः ही विकास हो जाता है। बालक की शब्दावली, बोलने का ढंग, लिखित अभिव्यक्ति सभी उसे अपने समाज या समुदाय की भाषा को अंगीकार करने की ओर ले जाते हैं। हमें स्पष्ट ज्ञान हो जाता है कि इस बालक की भाषा पर उत्तर प्रदेश, बिहार या राजस्थान की हिंदी का प्रभाव है या बंगाली, पंजाबी तथा हरियाणवी का।

11. विद्यालयी शिक्षा और उसका वातावरण (School Education and Environment): घर-परिवार पास पड़ोस, संगी साथियों तथा समुदाय के अतिरिक्त सामाजिक परिवेश की जिस बात का बालक के भाषा विकास पर काफी गहरा असर पड़ता है वह विद्यालय का वातावरण और उसमें प्राप्त भाषा विकास के शिक्षण अधिगम अवसर होते हैं। स्वस्थ एवं प्रेरणादायक वातावरण प्रदान करने की दृष्टि से विद्यालयों में पर्याप्त विभिन्नताएं पाई जाती हैं। अतः बालक के भाषा विकास पर इस बात का काफी प्रभाव पड़ता है कि उसे किस प्रकार के विद्यालयों में शिक्षा ग्रहण करने के अवसर शुरू से मिलते रहते हैं। बोलने, पढ़ने, लिखने तथा भाषा सम्बन्धी सभी प्रकार की अभिव्यक्ति को आगे बढ़ाने में विद्यालयों के वातावरण तथा इसमें प्राप्त शिक्षा की प्रभावपूर्ण भूमिका रहती है। विद्यालय में किस प्रकार के अध्यापक, सीखने और सिखाने की किस प्रकार की परिस्थितियां हैं, पाठांतर क्रियाओं के माध्यम से भाषा सम्बन्धी विकास और अभिव्यक्ति के आगे बढ़ाने में किस

प्रकार के अनुभव विद्यार्थियों को प्रदान किए जाते हैं, भाषा शिक्षण के लिए किस प्रकार की विधियों, साधनों तथा क्रियाओं को विद्यालयों में प्रयुक्त किया जाता है, अध्यापक-विद्यार्थी तथा विद्यार्थी–विद्यार्थी के बीच किस प्रकार के सम्बन्ध हैं, पढ़ने वाले बालक किस प्रकार की भाषा का प्रयोग करते हैं, आदि ऐसी बहुत सी बातें हैं जिनके ऊपर बालक की भाषा का उचित विकास निर्भर करता है।

12. अधिगम स्तर तथा अधिगम में सहायक तत्व (Learning Potential and Factors Affecting Learning): भाषा सीखी जाती है उसका अधिगम होता है, अत: भाषा के विकास में अधिगम और उसकी प्रक्रिया में सहायक तत्वों की प्रधान भूमिका रहना स्वाभाविक ही है। सभी बालक एक जैसी गति से नहीं सीखते जो जल्दी सीखते हैं, उनमें भाषा का विकास अन्यों की तुलना में जल्दी और अधिक अच्छा हो जाता है। बालक में सीखने का स्तर जैसा होगा वैसा ही भाषा अर्जन उसके द्वारा किए जाने की संभावना रहती है। इस स्तर के अतिरिक्त और भी कुछ ऐसे तत्व या परिस्थितियां होती है जो एक बालक को दूसरे से भाषा अर्जन में आगे या पीछे रह जाने का कारण बन जाती है। रुचि और अभिप्रेरणा, आकांक्षा स्तर (Level of Aspiration) स्वस्थ प्रतिस्पर्धा और सहयोग के लिए प्रदत्त अवसर, प्रशंसा तथा प्रोत्साहन, अभिगम का वातावरण तथा भाषा को सिखाने के लिए प्रयुक्त की जाने वाली विधियां एवं प्रेरणादायक घर और विद्यालय का वातावरण तथा भाषा को सिखाने के लिए प्रयुक्त की जाने वाली विधियां एवं क्रियाएं, मां-बाप, परिवार के सदस्य, अध्यापक तथा समाज जिस प्रकार की सीखने सम्बन्धी परिस्थितियाँ तथा वातावरण बालक को प्रदान करता है उसे सिखाने में जिस तरह रुचि दिखाता है तथा विधियों को प्रयोग में लाता है बालक का भाषा विकास उसी गति से आगे अपना रास्ता पकड़ लेता है। मनोरंजन, सैर-सपाटे, सामाजिक क्रियाएं, त्योहार तथा उत्सव, मेले और प्रदर्शनी इत्यादि के रूप में उसे भाषा अर्जन की जो सुविधाएं तथा अवसर मिलते हैं, बालक का भाषा विकास अधिगम में सहायक इन तत्वों से भी प्रभावित होता है। इसके अतिरिक्त बालक के भाषा अर्जन या अधिगम में निर्देशन, परामर्श तथा मार्ग दर्शन की भी पर्याप्त भूमिका रहती है। उचित और समय पर बालक को दिया हुआ इस प्रकार का मार्गदर्शन तथा निर्देशन बालक की अधिगम प्रक्रिया का ऐसा मार्ग प्रशस्त कर सकता है कि उसके भाषा विकास को उचित ऊंचाइयों पर पहुंचाया जा सके।

नैतिक एवं चारित्रिक विकास (Moral and Character Development)

नैतिकता का विकास या चरित्र निर्माण किसी भी शिक्षा व्यवस्था या बालकों के पालन-पोषण का प्रमुख उद्देश्य माना जाता है। संसार के सभी धर्म तथा संप्रदायों की मूलभूत धारणायें तथा दर्शन भी अपने अनुयायियों में नैतिकता के विकास तथा चरित्र निर्माण की बात जोर शोर से करते हुए नजर आते हैं। सारी दुनिया के समाज तथा समुदाय एक आवाज में यह कहते हुए पाये जाते हैं कि मानव मात्र का कल्याण वैयक्तिक तथा सामाजिक दोनों ही रूपों में अपने सदस्यों के उचित नैतिक विकास तथा चरित्र निर्माण के द्वारा ही संपन्न हो सकता है और इस कार्य हेतु उनके लालन-पालन तथा शिक्षा के प्रारंभिक वर्षों से ही उचित प्रबंध किए जाने चाहियें। प्रश्न उठता है कि यह नैतिकता या चरित्र क्या होता है? क्या वह आनुवंशिक है अथवा अर्जित अधिगम व्यवहार है? हममें इसका विकास कैसे होता है। हम अपने बालकों में नैतिकता के विकास और चरित्र निर्माण हेतु क्या कुछ कर सकते हैं? इस प्रकार के कुछ विशेष प्रश्नों के उत्तर इस अध्याय में आगे प्राप्त करने का प्रयत्न करेंगे।

चरित्र क्या है? (What is Character?)

चरित्र क्या है? इसको विभिन्न विद्वानों ने भिन्न-भिन्न प्रकार से अपनी शब्दावली में बांधने का प्रयत्न किया है। इसमें कुछ के प्रयत्नों को उदाहरण रूप में नीचे दिया जा रहा है:

सेमुअल स्माइल्स (Samuel Smiles)

"चरित्र आदतों का पुन्ज है।" (Character is the bundle of habits.) 1973, p. 153

बोनहेम (Boenheim)

"जब हम सशक्त चरित्र की बात करते हैं तब हमारा तात्पर्य संकल्प या इच्छा शक्ति की सशक्तता से होता है।"

("When we talk of a strong character, we mean strength of will." 1946 p. 35)

मक्डूगल (Mcdougall)

स्थायी भाव चरित्र की इकाइयां हैं और चरित्र स्थायी भावों की एक व्यवस्था अथवा संगठन है।

("Units of character are the sentiments and character is the system or organisation of sentiment." 1949, p. 417)

डमविले (Dumvile)

"ऐसी सभी प्रवृत्तियों के योग को जो एक व्यक्ति में पाई जाती हैं उसके चरित्र के नाम से जाना जाता है।"

("Character is the sum of all the tendencies which an individual possesses." 1938, p. 311)

आइए, अब हम इन परिभाषाओं का विश्लेषण करें।

1. चरित्र को केवल आदतों का पुन्ज कहना उचित नहीं हैं जब कोई कार्य चाहे उसे कितनी ही बार क्यों न किया जाए, एक सी परिस्थितियाँ होने पर बार-बार लगभग एक जैसे ढंग से ही सम्पन्न होता रहता है तो उसे 'आदत' की संज्ञा दे दी जाती है। आदत पकने पर कोई भी कार्य यन्त्रवत बहुत ही सहज स्वाभाविक ढंग से होता रहता है। परन्तु मनुष्य का जीवन इतना सरल और मशीन की तरह बिलकुल एक लकीर या धुरी पर घूमने वाला नहीं होता। अत: किसी भी प्रकार से मनुष्य के चरित्र को केवल घिसी पिटी आदतों का पुन्ज नहीं कहा जा सकता। यह सच है कि अच्छी और बुरी आदतें चरित्र के अच्छे या बुरे होने में सहायक सिद्ध होती हैं। परन्तु मात्र आदतों के इकट्ठे होने से ही चरित्र का निर्माण नहीं होता। चरित्र में आदतों के अतिरिक्त और भी बहुत कुछ होता है।

2. दूसरी भाषा में इच्छा शक्ति या संकल्प को चरित्र का पर्यायवाची मान लेने की ओर संकेत किया गया है। इच्छा शक्ति मनुष्य को निर्णय लेने की क्षमता प्रदान करती है और उचित समय पर उचित निर्णय लेना अच्छे चरित्र का लक्षण होता है। व्यक्ति की इच्छा शक्ति जितनी दृढ़ होती है, उसका चरित्र उतना ही ऊंचा पाया जाता है। इस प्रकार इच्छा शक्ति, चारित्रिक संरचना में एक महत्वपूर्ण तत्व तो अवश्य है परन्तु यह किसी भी तरह के चरित्र का पर्यायवाची नहीं माना जा सकता। चरित्र को केवल इच्छाशक्ति तक ही सीमित नहीं रखा जा सकता। यह इससे काफी विस्तृत और बड़ी धारणा है।

3. मक्डूगल (Mc Dougall) ने स्थायीभावों की व्यवस्था और संगठन को चरित्र का नाम दिया है। आइए देखें, इससे उसका तात्पर्य क्या है।

स्थायीभाव का अर्थ (Meaning of the Term Sentiment)

वेलेन्टाइन (Valentine) ने स्थायीभाव की परिभाषा निम्न शब्दों में दी है–

> ''किसी वस्तु या व्यक्ति के प्रति संवेगात्मक प्रवृत्तियों और भावनाओं को बहुत कुछ स्थायी और संगठित व्यवस्था को स्थायीभाव कहते हैं।''
>
> ("A sentiment is more or less permanent and organised system of emotional tendencies and impulses centred about an object or person." 1965, p. 156)

इस प्रकार स्थायीभावों के निर्माण में किसी एक वस्तु, विचार या व्यक्ति से संबंधित अनेक संवेग मिल कर एक स्थायी संरचना बनाते हैं। स्थायीभाव एक प्रकार से एक अर्जित प्रवृत्ति है और इसे विकास की प्रक्रिया तथा पर्यावरण की देन कहा जा सकता है। उदाहरण के रूप में एक व्यक्ति अपनी पत्नी के प्रति हर्ष, विषाद, कामुकता और स्वामित्व की भावना आदि कई प्रकार के संवेग रख सकता है। वे सभी संवेग मिल कर एक स्थायी संरचना में परिवर्तित हो जाते हैं और फलस्वरूप व्यक्ति में अपनी पत्नी के प्रति एक विशेष स्थायीभाव घर कर लेता है।

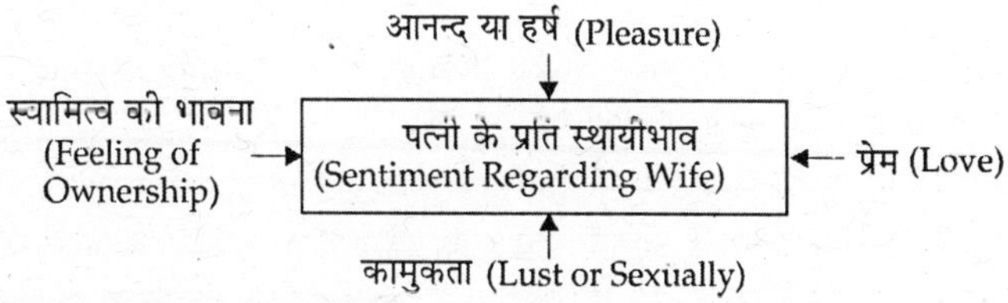

स्थायीभाव और संवेग में अंतर
(Difference between Sentiment and Emotion)

संवेगों के संग्रह मात्र को स्थायीभाव की संज्ञा नहीं दी जा सकती। जहां संवेग अस्थायी होते हैं वहां स्थायीभाव स्थायी होते हैं। संवेगों में जहां किसी भी प्रकार की निर्णय क्षमता काम में नहीं आती वहां स्थायीभावों के निर्माण में बुद्धि अपनी पूरी–पूरी भूमिका निभाती है।

एक व्यक्ति के चरित्र की पहचान उसके स्थायीभावों की प्रकृति और उसके संगठन अथवा व्यवस्था के माध्यम से ही होती है।

कुछ महत्वपूर्ण स्थायीभाव (Some Important Sentiments)

कुछ महत्वपूर्ण स्थायीभाव निम्नलिखित हैं:

1. देशभक्ति का स्थायीभाव (Patriotic Sentiment)
2. नैतिक स्थायीभाव (Moral Sentiment)
3. धार्मिक स्थायीभाव (Religious Sentiment)
4. सामाजिक स्थायीभाव (Social Sentiment)
5. बौद्धिक स्थायीभाव (Intellectual Sentiment)
6. सौन्दर्यात्मक स्थायीभाव (Aesthetic Sentiment)
7. आत्मसम्मान का स्थायीभाव (Self Regarding Sentiment)

अन्तिम आत्मसमान का स्थायीभाव सभी स्थायीभावों में सर्वोच्च स्थान रखता है और प्रधान या स्वामी स्थायीभाव (Master Sentiment) के नाम से जाना जाता है। इस स्थायीभाव के माध्यम से ही व्यक्ति अपने तथा अपने जीवनदर्शन के बारे में पूरी तरह से विचार बनाता है। सामाजिक और नैतिक ढांचे के प्रति हमारी सभी तरह की प्रतिक्रियाएं और हमारे

दृष्टिकोण इसी स्थायीभाव के द्वारा स्वीकृत होकर संचालित होते रहते हैं। जब हम इस प्रकार सोचते हैं कि "मैं एक ईमानदार व्यक्ति हूं, मुझे रिश्वत नहीं लेनी चाहिए"; "अथवा मैं एक प्राध्यापक हूं, मुझे सड़क के किनारे खड़े होकर चाट इत्यादि नहीं खानी चाहिए" तो इस प्रकार की सोचने की प्रक्रिया में आत्मसम्मान का स्थायीभाव महत्वपूर्ण भूमिका निभाता है और इसी के द्वारा हमारी व्यवहार सम्बन्धी चेष्टाओं और चरित्र सम्बन्धी गुणों को दिशा मिलती है। एक व्यक्ति के चरित्र में हमें उसके विभिन्न स्थायीभावों का एक सुगठित संगठन देखने को मिलता है। जब तक व्यक्ति के स्थायीभाव बिखरे हुए होते हैं और उनमें संगठन और व्यवस्था की कमी दिखाई देती है तब तक उसे किसी भी प्रकार के चरित्र से विभूषित नहीं किया जा सकता। इसके अतिरिक्त विभिन्न स्थायीभावों के संगठन को आवश्यक स्थायी रूप देने में आत्मसम्मान के स्थायीभाव की अपेक्षा नहीं की जा सकती। यह सभी स्थायीभावों के शासक के रूप में चरित्र निर्माण की प्रक्रिया में महत्वपूर्ण भूमिका निभाता है। अत: चरित्र को आत्मसम्मान के स्थायीभाव द्वारा निर्देशित विभिन्न स्थायीभावों को एक संतुलित व्यवस्था और संगठन के रूप परिभाषित करना उचित ही जान पड़ता है।

चौथी परिभाषा अवश्य ही एक व्यापक दृष्टिकोण प्रस्तुत करती है। यह बताती है कि चरित्र व्यक्ति की जन्मजात और अर्जित सभी प्रकार की प्रवृत्तियों का पूर्ण योग है। मोटे तौर पर इसमें निम्न बातें सम्मलित हैं :

(i) चरित्र निर्माण की प्रक्रिया में मूलप्रवृत्तियां जो जन्म जात होती हैं मूलाधार का कार्य करती हैं। कोई भी व्यक्ति अपनी जीवन यात्रा इन्हीं प्रवृत्तियों के माध्यम से प्रारंभ करता है।

(ii) आयु और अनुभव के बढ़ने के साथ-साथ मूलप्रवृत्ति जन्य व्यवहार (Instinctive behaviour) के स्थान पर आदतें अपना स्थान ग्रहण कर लेती हैं। इस स्तर पर ये आदतें व्यक्ति के व्यवहार को यन्त्रवत बना देती हैं परन्तु वे किसी भी हालत में उसके व्यवहार और चरित्र को नियंत्रित और संचालित नहीं कर सकतीं।

(iii) आगे जाकर मूलप्रवृत्तियों के द्वारा संवेगों की उत्पत्ति होती है और ये संवेग व्यक्तित्व और चरित्र के विकास में महत्वपूर्ण भूमिका निभाते हैं। प्राय: किसी भी वस्तु, व्यक्ति या विचार के प्रति केन्द्रित बहुत सारे संदेश मिलकर एक समूह अथवा संगठन का निर्माण करते हैं। जब यह संगठन अथवा संरचना व्यक्ति के मस्तिष्क में कुछ स्थायी रूप ग्रहण कर लेता है तो हम यह कहते हैं कि उसमें उस व्यक्ति, वस्तु या विचार के प्रति एक स्थायीभाव (Sentiment) का निर्माण हो गया है।

(iv) अंतिम अवस्था में बहुत से संवेग मिलकर एक व्यवस्था अथवा संगठन का निर्माण करते हैं। इस संगठन और व्यवस्था के संभालने का उत्तरदायित्व बुद्धि और आत्मसम्मान के स्थायीभाव के कन्धों पर ही होता है।

उचित रूप से संगठित स्थायीभावों की यह व्यवस्था जिसे चरित्र का नाम दिया जाता है पूरी तरह से एक अर्जित प्रवृत्ति ही है। वास्तविक रूप में व्यक्ति के चरित्र निर्माण की तुलना भवन निर्माण से की जा सकती है। मूलवृत्तियां इस कार्य में आधार का कार्य करती हैं। स्थायीभाव चरित्र रूपी भवन की दीवारें और छत हैं जिनके निर्माण के लिए संवेग रूपी ईंटों का प्रयोग किया जाता है। आत्मसम्मान का स्थायीभाव इन ईंटों को जोड़ने वाले सीमेन्ट का कार्य सम्पादित करता है। इस प्रकार से चरित्र के लिए भवन की भांति आधार एवं निर्माण सामग्री की आवश्यकता पड़ती है। अत: जो कुछ भी जन्मजात और अर्जित व्यक्ति के पास होता है उसे चरित्र की संज्ञा देना उचित ही है।

निष्कर्ष रूप में हम रॉस (Ross) के शब्दों में यह कह सकते हैं कि "संगठित आत्म ही वास्तव में चरित्र है।" (Character is just the organised self. 1951 p. 129) मूलप्रवृत्तियाँ, संवेग, आदतें, स्वभाव, संकल्प शक्ति और स्थायीभाव–ये सभी चरित्र के तत्व हैं। किसी व्यक्ति में इन सभी तत्वों के एक स्थायी मानसिक संरचना के रूप में होने वाले संगठन को उसके चरित्र की संज्ञा दी जाती है। इस प्रकार से किसी के चरित्र का अध्ययन करते समय उसकी आदतों, अभिप्रेरणाओं, संकल्पों, स्थायीभावों, बुद्धि, आत्मबोध और व्यक्तित्व को प्रभावित करने वाले अन्य कारकों के ऊपर सोचा जाना अति आवश्यक है। सामाजिक परिस्थितियों में एक व्यक्ति का व्यवहार उसके अपने चरित्र द्वारा संचालित होता है। अत: *चरित्र की परिभाषा अंतिम रूप में इस प्रकार दी जा सकती है कि यह वह वैयक्तिक संगठन एवं स्थिर मानसिक संरचना है जो व्यक्ति के सामाजिक व्यवहार को निर्धारित करती है।*

चरित्र या नैतिकता के स्तर (Levels of Character or Morality)

जैसा कि ऊपर स्पष्ट किया जा चुका है नैतिकता या चरित्र वंशानुगत न होकर पूरी तरह वातावरण और उसके प्रभावों की ही देन है, उसका अर्जन होता है वंशानुक्रम धरोहर की तरह हस्तान्तरण नहीं। बालक जब पैदा होता है तो उसमें नैतिकता या अनैतिकता को लेकर कुछ नहीं होता। उस कोरी स्लेट पर जो कुछ वातावरण के प्रभावों द्वारा नैतिकता या अनैतिकता के रूप में लिखा जाता है, वह उसी रूप में नैतिक या अनैतिक बन जाता है। यह कार्य जन्म से शुरू हो जाता है और मृत्युपर्यन्त चलता ही रहता है। प्रश्न उठता है कि बालकों में नैतिक विकास या चरित्र निर्माण का यह कार्य कैसे आगे बढ़ता है? विकास की विभिन्न अवस्थाओं में बालकों में किस प्रकार की नैतिकता का विकास संभव है, उसका क्या स्तर होता है? आदि आदि। क्रोनवेक (Cronbach) ने इस सम्बन्ध में पांच नैतिक स्तरों की चर्चा की है। नैतिकता के इन पांचों स्तरों से संबंधित आवश्यक बातों की हम आगे चर्चा करने जा रहे हैं।

1. *पूर्व नैतिक स्तर (Amoral Level)*: नैतिकता का यह स्तर बालकों में जन्म से लेकर दो वर्ष की आयु तक विद्यमान रहता है। इसमें बालक से किसी प्रकार की नैतिकता या चारित्रिक मूल्यों को धारण करने की बात ही नहीं उठती क्योंकि इस स्तर पर उसे यह समझ नहीं होती कि उसके ऐसा करने से किसी अन्य को नुकसान या परेशानी होगी। क्या अच्छा है क्या बुरा, यह बात उसकी समझ से बाहर ही होती है। उसे अपनी इच्छाओं, भावनाओं तथा संवेगों पर नियन्त्रण करना नहीं आता और परिणामस्वरूप वह अपनी मर्जी का मालिक बनकर इच्छित व्यवहार करने की जिद पकड़ता रहता है चाहे उसके लिए उसे रोने, चिल्लाने, मारने-पीटने, तोड़ने जैसे कोई भी अनैतिक मार्ग क्यों न अपनाना पड़े।

2. *स्व केन्द्रित स्तर (Self Centred Level)*: नैतिकता का यह स्तर बालक के तीसरे वर्ष से शुरू होकर 6 वर्ष तक पाया जाता है। इस स्तर के बालक की सभी व्यावहारिक क्रियायें अपनी वैयक्तिक आवश्यकताओं और इच्छाओं की पूर्ति के चारों और केन्द्रित रहती है। उसके लिए वही नैतिक होता है जो उसके स्व यानी आत्म-कल्याण से जुड़ा हुआ हो। फिर चाहे उससे किसी और का कैसा भी अहित या नुकसान होता रहे उसे उसकी कोई परवाह नहीं होती। बाल्यकाल के नैतिक विकास से जुड़ी हुई यह स्व-केन्द्रित अवस्था जब किसी व्यक्ति में अधिक गहरे ढंग से प्रवेश कर उसके व्यक्तित्व का अंग बन जाती है तो ऐसा व्यक्ति वयस्क और प्रौढ़ होने पर भी अपनी महज स्वार्थ पूर्ति से आगे नहीं

देख पाता और दूसरों के हित को नजरअंदाज करते हुए विभिन्न प्रकार के असामाजिक और अमर्यादित आचरणों को करते हुए पाया जाता है।

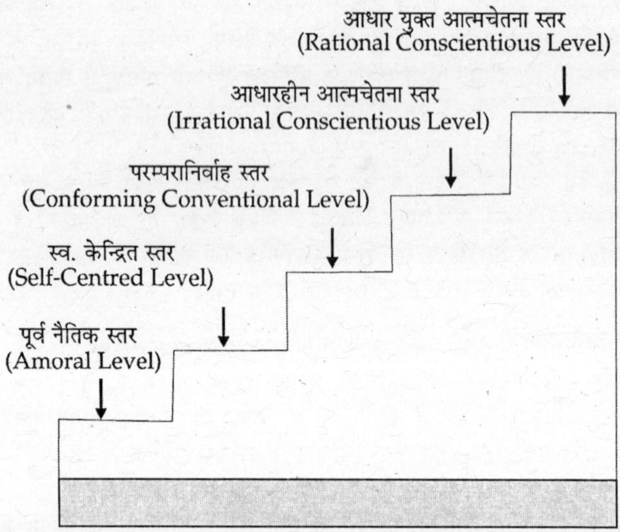

चित्र 5.2: चरित्र या नैतिकता के स्तर (Levels of Character or Morality)

3. *परम्परानिर्वाह स्तर (Conforming Conventional Level)*: सातवें वर्ष से लेकर किशोरावस्था के प्रारंभिक काल का सम्बन्ध इस स्तर से है। इस स्तर का बालक सामाजिकता के गुणों को धारण करता हुआ देखा जाता है अत: उसमें समाज के बनाए नियमों, परंपराओं तथा मूल्यों के निर्वहन सम्बन्धी नैतिकता का विकास होता हुआ देखा जा सकता है। इस अवस्था में उसे अच्छाई–बुराई का ज्ञान हो जाता है और वह यह समझने लगता है कि उसके किस प्रकार के आचरण या व्यवहार से दूसरों का अहित होगा या ठेस पहुंचेगी। वह अपने मां बाप, गुरुजन तथा अध्यापकों को नाराज नहीं करना चाहता और इसलिए उनकी कही हुई बातों तथा नियमों को अपनाकर अपने व्यवहार को मान्य परंपराओं तथा नैतिकता के दायरे में ही रखना चाहता है। इसके अतिरिक्त कई बार वह नियमों तथा परंपराओं के उल्लंघन के फलस्वरूप उसे जो परिणाम भुगतने होंगे उनके डर से भी नियमों तथा परंपराओं द्वारा मान्यता प्राप्त व्यवहार एवं आचरणों को अपनाने के लिए बाध्य रहता है। यही बात आगे चलकर उसे समाज तथा देश के कायदे कानूनों का भय वश पालन करते रहने की आदत विकसित करने का कारण बनती है।

4. *आधारहीन आत्मचेतना स्तर (Irrational Conscientious Level)*: यह स्तर किशोरावस्था से जुड़ा हुआ है। नैतिक विकास के इस स्तर पर बालकों में सामाजिक, शारीरिक तथा मानसिक विकास अपनी ऊंचाईयों को छूने लगता है और उनमें आत्म चेतना का प्रादुर्भाव हो जाता है। यह मेरा आचरण है, मैं ऐसे व्यवहार करता हूं, इसकी उसे अनुभूति होने लगती है तथा अपने व्यवहार आचरण और व्यक्तित्व सम्बन्धी गुणों की स्वयं ही आलोचना करने की प्रवृत्ति उसमें पनपने लगती है। पूर्णता की चाह उसमें स्वयं से असंतुष्ट रहने का मार्ग प्रशस्त कर देती है। यही असंतुष्टि उसे समाज तथा परिवेश में जो कुछ गलत

हो रहा है (जैसा वह समझता है) उसे बदल डालने या परंपराओं के प्रति विद्रोही रुख अपनाने को उकसाती है। इस तरह यहां उसका व्यवहार फ्रायड की शब्दावली में उसके सुपर ईंगों (Super ego) से संचालित होता हुआ देखा जा सकता है। पूर्णता तथा नैतिकता को अपना आदर्श मानने की बात उसे समाज की वास्तविकता तथा व्यावहारिकता से काफी दूर ले जाती है और परिणामस्वरूप इस अवस्था में उसके व्यवहार पर तर्क और प्रयोजन के स्थान पर भावनाओं का अधिक प्रभाव रहता है। उदाहरण के लिए जो बात वह सही समझता है वह उसी पर आरूढ़ रहना चाहता है चाहे उसके लिए उसे फांसी पर ही क्यों न चढ़ा दिया जाए। इस प्रकार का आचरण और व्यवहार नैतिक मूल्यों को धारण करने का बहुत ही अच्छा आधार और तार्किक मान्यता प्रस्तुत करता है। यही कारण है कि सत्य पर आरूढ़ रहकर समाज और देश के लिए कुर्बानी देने वाले नवयुवकों को तैयार करने का कार्य इस प्रकार के नैतिक विकास स्तर द्वारा अच्छी तरह से किया जा सकता है। परन्तु परेशानी तभी होती है जबकि किशोरों का व्यवहार आधारहीन विचारधारा पर आधारित होकर मात्र उनकी भावनाओं का खिलौना बनकर या तो उनके लिए ही आत्मघाती साबित होता है अथवा उससे समाज के हित चिन्तन की बजाय बुराइयों को ही जन्म मिलता है। अतः जब तक व्यवहार को पर्याप्त कारण और आधार न मिल जाए तब तक उसे नैतिकता या चारित्रिक विकास का पर्याय नहीं माना जाना चाहिए।

5. *आधार युक्त आत्मचेतना स्तर (Rational Conscientious Level)*: नैतिक या चारित्रिक विकास का यह चरम स्तर और अवस्था है। भलीभांति परिपक्वता ग्रहण करने के बाद ही इस प्रकार का विकास संभव है। अब यहां जिस प्रकार के नैतिक आचरण और चारित्रिक मूल्यों की बात व्यक्ति विशेष में की जाती है उसके पीछे केवल उसकी भावनाओं का प्रवाह मात्र ही नहीं होता बल्कि वह अपनी मानसिक शक्तियों का उचित प्रयोग करता हुआ अच्छी तरह सोच समझकर किसी व्यवहार या आचरण विशेष को अपने व्यक्तित्व गुणों में धारण करता हुआ पाया जाता है। उदाहरण के लिए वह भावनाओं में बहकर अहिंसावादी होने या युद्ध विरोधी होने सम्बन्धी मूल्य को आत्मसात् नहीं करता। उसका इस सम्बन्ध में जो भी नैतिक आचरण होता है वह परिस्थिति विशेष की आवश्यकताओं को देखते हुए किसी ठोस तार्किक आधारभूमि पर आधारित होता है। अगर उसके देश पर विदेशी आक्रमण हो रहा हो या आतंकवादी गतिविधियाँ हो रही हों तो युद्ध करने और शस्त्र उठाने की बात को वह नैतिक मूल्यों के दायरे में ही रखना चाहेगा, परन्तु आक्रमण कर दूसरे देश की भूमि को हथियाने की बात अब भी उसके लिए अनैतिक ही बनी रहेगी। इस तरह नैतिक विकास की इस चरम अवस्था में पहुंचकर व्यक्ति का नैतिक आचरण पूरी तरह उसकी संज्ञानात्मक शक्तियों (Cognitiver power), तथा सम्बन्धों की सीमाओं को समझता हुआ पूरी तरह तर्कसम्मत एवं विचारयुक्त बन जाता है। इस प्रकार का चारित्रिक और नैतिक विकास ही व्यक्ति विशेष के लिए आदर्श माना जा सकता है।

नैतिक विकास या चरित्र निर्माण में शिक्षा की भूमिका
(Role of Education in Moral Development/Character Formation)

शिक्षा के क्षेत्र में नैतिक या चारित्रिक विकास की महत्ता को कभी भी कम नहीं आंका जा सकता। शिक्षा तभी सार्थक है जब वह सुयोग्य एवं उत्तरदायित्वों को समझने वाले नागरिकों का निर्माण कर सके और यह कार्य चरित्र निर्माण के बिना सम्पन्न नहीं हो सकता। इसलिए चाहे शिक्षा की कोई भी प्रणाली क्यों न हो अथवा कोई स्तर या अवस्था

क्यों न हो, नैतिक विकास और चरित्र निर्माण प्रत्येक स्तर और अवस्था में शिक्षा का एक मुख्य और आवश्यक उद्देश्य माना जाता है। आइए देखें, किस प्रकार शिक्षा बच्चों के चरित्र का ठीक-ठीक विकास करने में सहायक सिद्ध होती है और अध्यापक तथा विद्यालय बच्चों के नैतिक विकास तथा चरित्र निर्माण में किस प्रकार अपना सहयोग प्रदान कर सकते हैं। सामान्यतया इस कार्य में कुछ निम्न सुझाव एवं तकनीक काफी उपयोगी सिद्ध हो सकती हैं:

1. मूल प्रवृत्तियों और संवेगों का उचित प्रशिक्षण (Proper Training of Instinct and Emotions): मूल प्रवृत्तियां चरित्र की आधारशिलाएं हैं। इसलिए नैतिक विकास और चरित्र निर्माण की दिशा में सबसे पहला कार्य मूलप्रवृत्तियों का शोधन और उन्नयन करना है। व्यवहार को प्रभावित करने वाले विभिन्न संवेग मूलप्रवृत्तियों से ही पोषित होते हैं। इस तरह मूलप्रवृत्तियाँ और संवेग दोनों मिलकर मानव चरित्र को अच्छा और बुरा मोड़ प्रदान करने की सामर्थ्य रखते हैं। इसलिए सुंदर और स्वस्थ चरित्र के लिए बच्चे की मूलप्रवृत्तियों और उसके संवेगों के उचित शोधन और प्रशिक्षण की आवश्यकता है। उदाहरण के लिए युद्धप्रियता नामक मूलप्रवृत्तियों और क्रोध के संवेग को शोधन और प्रशिक्षण के फलस्वरूप देशभक्ति तथा पीड़ितों एवं शोषित पर दया दिखलाने जैसे उपयोगी कार्यों की ओर मोड़ा जा सकता है और इस तरह नैतिक विकास और चरित्र निर्माण का कार्य भली-भांति संपन्न किया जा सकता है।

2. इच्छा या संकल्प शक्ति का प्रशिक्षण (Training of Will Power): निर्णय शक्ति और उचित समय पर उचित निर्णय लेने की क्षमता – दोनों सशक्त नैतिकता एवं चरित्र के बहुमूल्य तत्व हैं और इन दोनों तत्वों को इच्छा तथा संकल्प शक्ति द्वारा ही जीवन मिलता है। अतः बालकों की इच्छाओं तथा संकल्प शक्ति को दृढ़ बनाने के लिए हर संभव उपाय किए जाने चाहिएं। दृढ़ संकल्प के अभाव में चारित्रिक कमजोरियां व्यक्तित्व पर हॉवी हो जाती हैं और व्यक्ति उन्हें छोड़ देने का झूठा वायदा करता रहता है जबकि इच्छा या संकल्प शक्ति की दृढ़ता उसे चारित्रिक बुराइयों को छोड़ कर अच्छाइयों को ग्रहण करने में पूरी-पूरी सहायता कर सकती है।

3. अच्छी आदतों का विकास (Development of Good Habits): चरित्र को आदतों का पुंज कहा गया है। अच्छी और बुरी आदतें व्यक्ति को अच्छे और बुरे रास्ते पर ले जाकर उसके चरित्र को सामाजिक रूप से वांछित और अवांच्छित बनाने का कार्य करती है। अतः बालकों में शुरू से ही अच्छी-अच्छी आदतें डालने का प्रयास किया जाना चाहिए। बुरी आदतें चरित्र के लिए घुन का कार्य करती हैं, बच्चों को यथासंभव इनसे छुटकारा दिलाने का प्रयन्न करना चाहिए ताकि उनका नैतिक विकास समुचित रूप से आगे बढ़ सके।

4. उचित आदर्शों का विकास (Development of Worthy Ideals): व्यक्ति की अपनी मान्यतायें, मूल्य और आदर्श उसकी नैतिकता तथा चरित्र को प्रतिबिबिंत करते हैं। किसी एक परिस्थिति में वह जैसा व्यवहार करता है उसके पीछे उसके जीवन के लक्ष्य और आदर्शों की छाप होती है। जितने ऊंचे और अच्छे जीवन मूल्य और आदर्श होंगे उसकी नैतिकता का स्तर एवं चरित्र उतना ही सशक्त और उत्तम होगा। इसलिए बालकों को उचित आदर्श एवं जीवन मूल्य अपनाने के लिए प्रेरित किया जाना चाहिये।

5. उचित स्थायीभावों का विकास एवं संगठन (Organisation and Development of

Proper Sentiments): नैतिकता या चरित्र को स्थायीभावों की एक व्यवस्था एवं संगठन का नाम दिया जाता है। इसलिए बच्चों में स्वरूप और सुंदर स्थायी भावों के निर्माण और उनके स्थायी संगठन के बारे में प्रयत्न किए जाने चाहियें। इसके लिए सबसे पहले अच्छे स्थायीभावों जैसे देशभक्ति का स्थायीभाव, नैतिक स्थायीभाव, सामाजिक स्थायीभाव, बौद्धिक स्थायीभाव, सौन्दर्यात्मक स्थायीभाव और आत्म-सम्मान के स्थायीभाव आदि के विकास के लिए प्रयत्न किए जाने चाहियें। आत्मसम्मान के पश्चात् ये सभी, सकारात्मक और अनुकूल स्थायीभाव के माध्यम से अच्छी प्रकार संगठित किए जाने चाहियें। वास्तव में चरित्र की सशक्तता, आत्मसमान या आत्म-गौरव के स्थायीभाव पर निर्भर करती है। अतः बच्चों में इस स्थायीभाव को ठीक प्रकार विकसित करने के लिए हर संभव प्रयत्न किए जाने चाहिए। इस महत्वपूर्ण स्थायीभाव के विकास के लिए निम्न बातों पर ध्यान देना उपयोगी सिद्ध हो सकता है:

(i) बच्चे की वैयक्तिकता (Individuality) का पूरा-पूरा सम्मान किया जाना चाहिए।

(ii) बच्चे को अपने दिन प्रतिदिन के कार्यों को करने के लिए आवश्यक स्वतन्त्रता प्रदान की जानी चाहिए।

(iii) उसे अपना कार्य अपने आप करने के लिए प्रोत्साहित किया जाना चाहिए। उसमें आत्मविश्वास की भावना भरने का प्रयत्न करना चाहिए।

(iv) बच्चा अपने आपको सुरक्षित अनुभव करे तथा उसे उचित प्यार और स्नेह मिलता रहे। इसके लिए अनुकूल प्रयत्न किए जाने चाहियें।

(v) घर, विद्यालय और सामाजिक जीवन में अपने उत्तरदायित्व को भली-भांति निभा सकने के लिए बच्चों को उचित प्रशिक्षण और प्रेरणा दी जानी चाहिए।

6. सुझाव और नैतिक विकास (Suggestion and Moral Development): नैतिक और चारित्रिक विकास में सुझावों का भी बहुत महत्व है। बच्चे भोले होते हैं। उन पर सुझावों का गहरा प्रभाव पड़ता है। अतः सुझावों को नैतिक विकास के कार्य में भली-भांति प्रयोग में लाया जा सकता है। लेकिन जहां तक संभव हो बच्चों के व्यवहार में अनुकूल परिवर्तन लाने के लिए सकारात्मक सुझाव (Positive Suggestion) की ही सहायता ली जानी चाहिए। इसके लिए बच्चों को सुंदर एवं स्वस्थ कहानियां सुनाई जा सकती हैं तथा महान् व्यक्तियों के संस्मरण और जीवन वृत्तान्तों से उन्हें परिचित कराया जा सकता है। अध्यापक और माता-पिता को स्वयं अपने रहन-सहन और व्यवहार के द्वारा जीते जागते उदाहरण बच्चों के सम्मुख रखने चाहिएं।

नैतिक विकास या चरित्र निर्माण की दिशा में कदम रखने के पश्चात् बच्चों को बराबर यह बताते रहना कि वे यथेष्ट रूप में उन्नति कर रहे हैं, उनका चारित्रिक स्तर ऊंचा उठ रहा है, वे उत्तम और अति उत्तम बन रहे हैं, बहुत लाभदायक सिद्ध होता है। इस प्रकार के आत्म-सुझावों द्वारा वे नैतिक विकास की सीढ़ियां सफलतापूर्वक चढ़ सकते हैं।

7. अनुकरण और नैतिक विकास (Imitation and Moral Development): बच्चा स्वभाव से ही अनुकरण अवश्य करता है। उसके लिए माता-पिता, अन्य बड़े लोग तथा अध्यापक आदर्श होते हैं। वह जाने अनजाने उनका अनुकरण करता रहता है। इसलिए यह आवश्यक हो जाता है कि अध्यापक, माता-पिता और समाज के अन्य उत्तरदायित्वपूर्ण व्यक्तियों द्वारा अपने व्यवहार और चरित्र को लेकर अच्छे उदाहरण बच्चों के सामने रखे जाएं। उन्हें इस बात का ध्यान रहना चाहिए कि बालकों को किसी भी तरह का कोई स्वस्थ और प्रेरक

वातावरण मिलना चाहिए तथा उन्हें बुरी संगत और बुरी बातों के दुष्प्रभाव से बचाया जाना चाहिए।

8. पुरस्कार और दण्ड का समुचित प्रयोग (*Proper use of Reward and Punishment*): नैतिक विकास तथा चरित्र निर्माण में पुरस्कार और दण्ड दोनों का ही महत्वपूर्ण स्थान है। आज के मनोवैज्ञानिक और प्रजातांत्रिक युग में बच्चों के चरित्र निर्माण के लिए उन्हें दण्ड देना अच्छा नहीं समझा जाता। यह कहा जाता है कि डांट फटकार, निन्दा, ताड़ना, जुर्माना, मारपीट आदि दण्डों के द्वारा बच्चों के मन में तरह-तरह की कुंठायें घर कर लेती हैं और इस तरह से बजाय लाभ के हानि की संभावना अधिक रहती है। इस प्रकार के उपायों को नकारात्मक (Negative) माना जाता है जिनके द्वारा बच्चों में डर बिठाकर उन्हें बुरा व्यवहार करने से रोका जा सकता है। परन्तु इसके द्वारा उनमें अच्छा व्यवहार कर सकने की क्षमता, योग्यता और अभिवृत्ति (Attitude) का विकास नहीं किया जा सकता। दण्ड के विषय में इस प्रकार के विचार बहुत कुछ ठीक हैं परन्तु फिर भी शिक्षा प्रणाली में इसके प्रयोग को समाप्त कर देना ठीक नहीं जान पड़ता। आदर्श की बात और है परन्तु वास्तविकता यही है कि भय के बिना बच्चों को नैतिक गिरावटों तथा चारित्रिक बुराइयों से दूर नहीं रखा जा सकता। कई बार तो अच्छी बातें सीखने के लिए तैयार करने में भी दण्ड का प्रयोग बहुत उपयोगी सिद्ध होता है। परन्तु फिर भी जहां तक हो सके दण्ड का प्रयोग उसी अवस्था में किया जाना चाहिए जबकि समझाने बुझाने और अन्य सकारात्मक उपायों जैसे पुरस्कार, प्रशंसा, प्रोत्साहन आदि का उन पर कोई प्रभाव पड़ता न दिखाई दे।

9. नैतिक और धार्मिक शिक्षा प्रदान करना (*Providing Moral and Religious Education*): नैतिक विकास में नैतिक और धार्मिक शिक्षा की उपयोगिता भी असंदिग्ध है। अत: विद्यालय पाठ्यक्रम में इसे आवश्यक स्थान प्रदान किया जाना चाहिए। अब प्रश्न यह उठता है कि भारत जैसे धर्म निरपेक्ष राज्य में धार्मिक शिक्षा का स्वरूप क्या हो। इस प्रकार की शिक्षा बहुत ही संकुचित और रूढ़िवादी धार्मिकता पर आधारित नहीं होनी चाहिए। वास्तव में इसे विभिन्न धर्मों की धर्मान्ध और परम्परागत आचार संहिता से दूर रह कर नैतिक और मानवीय मूल्यों की प्राप्ति को अपना ध्येय बनाना चाहिए। ऐसी शिक्षा द्वारा 'सभी धर्म अच्छे हैं, तथा सभी धर्मों का ईश्वर एक ही है। हम सब एक ही ईश्वर–चाहे वह राम हो या रहीम, ईसा या मुहम्मद–की सन्तान हैं'' आदि भावनायें बच्चों के अन्दर भरी जानी चाहिए।

रोचक कहानी और कथानकों के माध्यम से बच्चों को नैतिक शिक्षा सरलतापूर्वक दी जा सकती है। इस दिशा में हितोपदेश और पन्चतंत्र की कहानियां बहुत उपयोगी सिद्ध हो सकती हैं। महान व्यक्तियों की जीवनगाथा और संस्मरणों को भी उपयोग में लाया जा सकता है। इतिहास, साहित्य और सामाजिक विषयों की पुस्तकों में नैतिक विचार उत्पन्न करने वाले पाठ शामिल किए जा सकते हैं। इसके अतिरिक्त प्रार्थना सभा, महान् पुरूषों के प्रवचन एवं नैतिकता सम्बन्धी व्याख्याओं तथा अन्य पाठान्तर क्रियाओं के माध्यम से बच्चों में नैतिक और धार्मिक भाव उत्पन्न करके उनके चरित्र को ऊंचा उठाया जा सकता है।

10. बच्चों का सामाजिक विकास (*Social Development of Child*): सामाजिक विकास और नैतिक विकास में धनात्मक सहसम्बन्ध (Positive correlation) है। सामाजिक रूप से विकसित एक बच्चा सदैव ही समाज के आदर्शों और मूल्यों के अनुकूल व्यवहार करने का प्रयत्न करता है और इसलिए वह अपने चरित्र पर कोई भी धब्बा नहीं लगने देना चाहता।

इस प्रकार से सामाजिकता का विकास चरित्र निर्माण की दिशा में एक महत्वपूर्ण रचनात्मक कदम माना जा सकता है। इस दृष्टिकोण से सामाजिक विकास की ओर पूरा ध्यान देने की आवश्यकता है। उनके आवश्यक सामाजिक गुणों का समावेश हो सके तथा वे सामाजिक सम्बन्धों का अच्छी तरह निर्वाह कर समाज के उत्तरदायित्वपूर्ण सदस्यों की भांति व्यवहार कर सकें, इस लक्ष्य की प्राप्ति के लिए माता-पिता तथा अध्यापकों द्वारा उन्हें पूरा-पूरा सहयोग दिया जाना चाहिये।

11. बच्चे का उचित मानसिक विकास (Proper Mental Development of the Child): नैतिक विकास और सामाजिक विकास में भी गहरा सम्बन्ध है। नैतिकता में निहित विभिन्न तत्वों के संयोजन में बुद्धि एक महत्वपूर्ण भूमिका निभाती है। एक व्यक्ति किसी एक विशेष परिस्थिति में किस प्रकार व्यवहार करेगा और किस प्रकार जीवन की वास्तविकताओं का सामना करेगा, यह बहुत कुछ उसकी मानसिक योग्यताओं और समझताओं पर निर्भर करता है। अतः बच्चों की सोचने-विचारने की शक्ति, कल्पना शक्ति, स्मरण शक्ति, एकाग्रता आदि विभिन्न मानसिक शक्तियों के विकास के लिए समुचित कदम उठाये जाने चाहियें।

12. नैतिक विकास में विद्यालय, परिवार और समाज का उत्तरदायित्व (Role of School, Family and Society in Moral Development): नैतिक विकास तथा चरित्र निर्माण में वातावरण सम्बन्धी शक्तियां महत्वपूर्ण भूमिका निभाती हैं। घर, विद्यालय और सामाजिक परिवेश में जो कुछ भी घटित होता है उसका प्रभाव बच्चे के चरित्र पर अवश्य पड़ता है। सबसे पहले नैतिकता का प्रथम पाठ बच्चा अपने पारिवारिक परिवेश में अपने माता-पिता तथा परिवार के सदस्यों से सीखता है। घर में अतिरिक्त पास पड़ोस, समुदाय तथा सामाजिक परिवेश की अन्य शक्तियां भी बच्चे के चरित्र को प्रभावित करती हैं। जब वह विद्यालय जाता है तब विद्यालय का वातावरण, साथ पढ़ने वाले विद्यार्थियों तथा शिक्षकों के व्यवहार एवं चरित्र की छाप उस पर अवश्य पड़ती है। अतः यह आवश्यक है कि परिवार, विद्यालय तथा सामाजिक परिवेश की अन्य इकाईयों द्वारा बालकों को स्वस्थ एवं प्रेरणादायक सामाजिक वातावरण प्रदान किया जाए ताकि बच्चे अपने नैतिक विकास के लिए आवश्यक सुंदर एवं स्वस्थ आदतों और गुणों को ग्रहण कर सकें।

वास्तव में ध्यान से देखा जाए तो नैतिक विकास तथा चरित्र-निर्माण एक बृहत कार्य है। इसे भली-भांति संपन्न करने के लिए इसे प्रभावित करने वाले सभी व्यक्ति और सामाजिक शक्तियों का एकजुट हो जाना अत्यन्न आवश्यक है। जो कुछ भी साधन हमारे पास हैं तथा जो भी विधियां और तकनीक काम में लाई जा सकती है उन सबका प्रयोग इस कार्य के लिए किया जाना चाहिये। स्किनर (Skinner) और हरीमन (Harriman) इन्हीं विचारों को अनुमोदित करते हुए लिखते हैं:

> "ऐसा कोई पाठ्यक्रम या विधि नहीं है जो कि जादू के जोर से नैतिक विकास या चरित्र का निर्माण कर सके। इसके विपरीत घर, चर्च, खेलने के मैदान अथवा विद्यालय में होने वाला प्रत्येक अनुभव नैतिक विकास के लिए एक अवसर प्रदान करता है।" (1937 p. 261)

वस्तुतः नैतिक विकास एक सर्वांगीण विकास होने के नाते बहुमुखी प्रयास चाहता है। अतः नैतिक विकास को प्रभावित करने वाले सभी कारकों या तत्वों के ऊपर पूरा पूरा ध्यान रखते हुए एक सुगठित और संतुलित योजना तैयार की जानी चाहिए तथा उसे पूरी ईमानदारी और तत्परता के साथ क्रियान्वित किया जाना चाहिए।

विकास के विभिन्न आयामों में पारस्परिक सम्बन्ध
(Inter-relationship among Diffrent Dimensions of Development)

बालक के विकास में विभिन्न आयामों–शारीरिक, मानसिक, सामाजिक, संवेगात्मक, भाषात्मक और नैतिक सभी आपस में काफी उच्चस्तरीय पारस्परिक सम्बन्ध प्रदर्शित करते हैं। बालक के विकास के किसी एक पक्ष या आयाम में होने वाला दूसरे सभी पक्षों को प्रभावित करता है और उनके साथ गहरा सम्बन्ध रखता है। एक दूसरे के साथ इनका यह आपसी पारस्परिक सम्बन्ध इतना प्रभावित करता है कि यदि किसी एक पक्ष का विकास सामान्य रूप से नहीं होता है तो यह दूसरे पक्षों के विकास में बाधक बन जाता है तो दूसरी तरह किसी एक पक्ष में होने वाला समुचित विकास अन्य पक्षों के विकास पर भी अनुकूल प्रभाव डालता है। आइए, देखें कि बालक के विकास के विभिन्न आयामों में किस प्रकार की पारस्परिक निर्भरता पाई जाती है।

A. शारीरिक विकास तथा अन्य आयामों के विकास की अन्तःनिर्भरता

1. जिस बालक का शारीरिक विकास (Physical Development): समुचति ढंग से हो रहा होता है उसमें गामक क्रियाओं के संपादन की क्षमता और योग्यताएं अच्छी तरह से विकसित रहती हैं। चलना, भागना, कूदना, फांदना, चढ़ना, उतरना आदि पैरों के कौशल तथा पकड़ना, फेंकना, संभालना आदि हाथ की सभी क्रियाओं को वह बालक अपनी आयु के अनुसार करने में समर्थ बनता जाता है। इस प्रकार की क्रियाएं उसके शारीरिक विकास में महत्वपूर्ण योगदान देती हैं। इसके विपरीत जो बालक कमजोर, बीमार तथा शारीरिक विकास की दृष्टि से पिछड़े रहते हैं उनके गामक विकास का मार्ग भी अवरुद्ध सा रहता है। खड़े होने, चलने, भागने, दौड़ने, पकड़ने, संभालने, हाथ तथा पैर से कोई भी गति का कार्य करने की सभी क्षमताओं तथा योग्यताओं के विकास में वे प्रायः पिछड़े हुए ही दिखाई देते हैं।

2. मानसिक तथा संज्ञानात्मक विकास (Mental or Cognitive Development) का भी शारीरिक विकास से गहरा सम्बन्ध देखने को मिलता है। जो बालक मानसिक दृष्टि से आगे बढ़े हुए होते हैं, उनमें इतनी समझ विकसित हो जाती है कि वे इसका उपयोग शारीरिक स्वास्थ्य को बनाए रखने तथा शारीरिक दृष्टि से अच्छी तरह विकसित होने के प्रयत्नों में कर सके। मानसिक विकास से उन्हें अपने तथा अपने वातावरण के साथ समायोजित होने में भी काफी मदद मिलती है और यह बात उनके शारीरिक स्वास्थ्य के उचित संरक्षण तथा शारीरिक विकास में बहुत लाभदायक सिद्ध हो सकती है।

अन्तःनिर्भरता के रूप में बालक का शारीरिक विकास भी उसके मानसिक विकास को अनेक दृष्टि से प्रभावित करता हुआ देखा जा सकता है। यह कहावत कि "स्वस्थ शरीर में स्वस्थ मन तथा मस्तिष्क का निवास होता है", बालक के शारीरिक विकास का उसके मानसिक विकास पर पड़ने वाले प्रभाव की ओर ही स्पष्ट रूप से संकेत करती है। होता भी ऐसा ही है, स्वस्थ शरीर एवं समुचित शारीरिक विकास के मालिक बालकों में ही एक स्वस्थ एवं सक्षम मानसिक संयंत्र कार्य कर रहा होता है। उनका स्नायु संस्थान, नाड़ी संस्थान तथा मस्तिष्क काफी विकसित, समन्वित एवं सजग पाया जाता है तथा उनकी मानसिक क्षमताएं एवं योग्यतायें भी इसी कारण अपेक्षाकृत अच्छे रूप में बढ़ी हुई पाई जाती हैं।

3. बालक के सामाजिक विकास तथा शारीरिक विकास में भी काफी गहरा सम्बन्ध देखने को मिलता है। जो बच्चे किन्हीं अन्य बालकों के साथ सामाजिक सम्बन्ध बनाने, उनके साथ खेलने-कूदने, मित्रता करने आदि बातों में पीछे रह जाते हैं तथा जो एकाकी तथा अलग-थलग जीवन जीने के आदी हो जाते हैं उनके शारीरिक विकास पर भी इसका प्रतिकूल प्रभाव पड़ता है। खेलकूद तथा अन्य सामाजिक गतिविधियों में भाग न लेने से उन्हें अपनी शारीरिक क्षमताओं तथा शक्तियों के विकास हेतु उपयुक्त अवसर नहीं प्राप्त होते। मनोरंजन तथा अपनी शक्तियों के उचित प्रकाशन के अवसर भी उन्हें कम मिलते हैं और इस दृष्टि से उनके मानसिक एवं शारीरिक स्वास्थ्य पर प्रतिकूल प्रभाव ही पड़ता है और उनका शारीरिक विकास इसी अनुपात में प्रतिकूल रूप में प्रभावित होता जाता है।

दूसरी ओर बालकों का उचित सामाजिक विकास उन्हें शारीरिक रूप से विकसित होने के पर्याप्त अवसर तथा सुविधायें प्रदान करने की क्षमता रखता है। परिणामस्वरूप ऐसे बच्चे खेलकूद, मनोरंजन तथा सभी स्वास्थ्यवर्धक बातों में आगे बढ़े हुए दिखाई देते हैं।

अन्त: निर्भरता के दूसरे पक्ष में बालकों के शारीरिक विकास का उनकी सामाजिकता के विकास में प्रत्यक्ष और अप्रत्यक्ष रूप से गहरा योगदान रहता है। शारीरिक रूप से विकसित स्वस्थ एवं सबल बालकों से सभी बालक मित्रता बनाना चाहते हैं। इन बालकों का खेलकूद, शारीरिक क्रियाओं, सामाजिक क्रियाओं तथा कार्य अनुभव क्रियाओं में काफी अच्छा योगदान रहता है। इस दृष्टि से इन्हें सामाजिक समायोजन तथा सामाजिक विकास के अवसर अन्य शारीरिक रूप से अविकसित बालकों की अपेक्षा सदैव ही अधिक मिलते हैं और अपने समूह में अच्छी सामाजिक प्रतिष्ठा तथा सम्मान प्राप्त होता रहता है। परिणामस्वरूप उनका सामाजिक विकास उनके शारीरिक विकास से सदैव ही अनुकूल ढंग से प्रभावित होता रहता है।

4. बालकों के शारीरिक विकास तथा संवेगात्मक विकास के पारस्परिक सम्बन्धों को भी अच्छी तरह जाना और समझा जा सकता है। जहां बालकों का उचित शारीरिक विकास उनके उपयुक्त संवेगात्मक विकास में सहायक होता है वहाँ बालक के उपयुक्त संवेगात्मक विकास का उसके शारीरिक विकास पर भी उपयुक्त प्रभाव पड़ता है।

व्यावहारिक जीवन में हम देखते हैं कि जो बालक शारीरिक रूप से स्वस्थ, सबल, सक्षम तथा नीरोग रहते हैं और जिनका शारीरिक विकास उनकी अपनी आयु की दृष्टि से ठीक प्रकार चलता रहता है उनमें संवेगों का विकास तथा संवेगात्मक व्यवहार की अभिव्यक्ति भी उपयुक्त ढंग से होती है।

दूसरी ओर जो बालक संवेगात्मक रूप से ठीक प्रकार आगे बढ़ रहे होते हैं उनके शारीरिक विकास को भी उनके इस प्रकार के विकास तथा व्यवहार से उपयुक्त आधार तथा अनुकूल परिस्थितियां प्राप्त होती रहती हैं। जो बालक नकारात्मक संवेगों जैसे क्रोध, ईर्ष्या, घृणा, वैमनस्य, भय, चिन्ता आदि से जरूरत से ज्यादा प्रभावित नहीं होते तथा जिनमें सकारात्मक संवेगों तथा व्यवहार जैसे प्रेम, दया, हास-परिहास, विनोदप्रियता आदि की उचित मात्रा में उपयुक्त अभिव्यक्ति देखने को मिलती है, वे शारीरिक विकास तथा अच्छे शारीरिक स्वास्थ्य की प्राप्ति की दिशा में उपयुक्त ढंग से आगे बढ़ते हुए दिखाई देते हैं। इसके विपरीत जो बालक चिन्तित रहते हैं, जिनमें आशंका तथा भय की मात्रा अधिक होती है, जो बात-बात पर क्रोधित होते रहते हैं या ईर्ष्या तथा वैमनस्य की आग में झुलसते

रहते हैं उनके स्वास्थ्य तथा शारीरिक विकास पर भी इसका प्रतिकूल प्रभाव ही पड़ता है।

5. भाषा-विकास तथा शारीरिक विकास में भी काफी गहरा पारस्परिक सम्बन्ध देखने को मिल सकता है।

शारीरिक विकास की दिशा तथा मात्रा में ठीक अनुपात में रहने से बालक को अपनी आयु के हिसाब से भाषा विकास का रास्ता तय करने में आसानी होती है। अतः बालक को अपने भाषा विकास में उचित उसका अच्छा स्वास्थ्य भी जरूरी होता है। वाक् तन्त्र, गले, फेफड़े, स्नायु संस्थान आदि का उचित विकास बालक को उच्चारण सम्बन्धी कुशलता प्राप्त करने में मदद करता है। उसकी सुनने की शक्ति का विकास उसे भाषा को ठीक प्रकार सुनकर सही अनुसरण करने की क्षमता प्रदान करता है। देखने, चलने, स्पर्श करने आदि इन्द्रिय क्षमताओं का विकास, उसे ठीक प्रकार ज्ञान प्राप्त करके, उसे भाषा को सही रूप में अभिव्यक्त करने की क्षमता देता है। अपनी शारीरिक सामर्थ्य के अनुसार ही कोई अच्छा और अधिक देरी तक संभाषण देने की क्षमता अर्जित करता है। लेखन सम्बन्धी योग्यता में भी बालक को शारीरिक क्षमता का विकास मदद करता है। इस तरह भाषा सम्बन्धी सभी प्रकार का विकास बालक के शारीरिक विकास से अनुकूल तथा प्रतिकूल ढंग से प्रभावित होता रहता है।

दूसरी ओर बालक को अपने भाषा विकास से शारीरिक विकास तथा शारीरिक स्वास्थ्य अर्जित करने में मदद मिल सकती है। भाषा का उचित विकास उसे अपनी बात कहने तथा दूसरों की बात सुनने-समझने में पूरी मदद करता है। शारीरिक विकास तथा शारीरिक स्वास्थ्य से संबंधित जो भी बातें बालक को मौखिक या लिखित रूप में भाषा के माध्यम से समझाई जाती है वह उसे भाषा के उचित विकास के सहारे ही अच्छी तरह ग्रहण करने में समर्थ हो सकता है। भाषा विकास उसे दूसरे बालकों के साथ सम्बन्ध बनाने, खेल, कूद तथा अन्य शारीरिक क्रियाओं में ठीक प्रकार से भाग लेने में भी समर्थ बनाती हैं। इसके अभाव में वह अलग-थलग पड़कर उन क्रियाओं में सामूहिक रूप से भाग नहीं ले पाता जिनके माध्यम से उचित शारीरिक विकास की अधिक संभावनायें रहती हैं।

B. मानसिक विकास तथा अन्य आयामों के विकास की अन्तःनिर्भरता
(Interdependence of Cognitive Development and other Aspects)

मानसिक या संज्ञानात्मक विकास का भी विकास के अन्य आयामों के साथ बहुत ही गहरा अन्तः सम्बन्ध पाया जाता है। संज्ञानात्मक विकास जहां सभी प्रकार के विकास मार्गों को प्रकाश देता है वहां दूसरे आयामों के विकास द्वारा संज्ञानात्मक विकास की मंजिलों को तय करना आसान हो जाता है।

अन्तः सम्बन्ध के पहले पक्ष में हम यह पाते हैं कि बालक के उचित मानसिक तथा संज्ञानात्मक विकास से अन्य आयामों के विकास को बहुत बल मिलता है। मानसिक या संज्ञानात्मक योग्यताओं तथा क्षमताओं का उचित विकास बालक को मानसिक दृष्टि से इतना समर्थ, सबल तथा योग्य बना देता है कि उसमें अपना भला-बुरा सोचने, समझने, विभेद करने, सही समय पर सही निर्णय लेने, दूसरों से ठीक प्रकार संप्रेषण कर सकने आदि से संबंधित आवश्यक विवेक जाग्रत रहता है। परिणामस्वरूप वे उसी दिशा में चलते हैं जिससे उन्हें अपने शारीरिक, गामिक, सामाजिक, संज्ञानात्मक, भाषात्मक तथा नैतिक विकास की मंजिलों को ग्रहण करने में सुविधा होती रहे और वे अपने तथा अपने वातावरण से भलीभांति समायोजित होकर अपने विकास-पथ पर चलते रहें।

अन्तः सम्बन्ध के दूसरे पक्ष में यह भी अच्छी तरह देखा जा सकता है कि बालक का मानसिक तथा संज्ञानात्मक विकास उसके व्यक्तित्व के अन्य आयामों के विकास की प्रकृति से अनुकूल तथा प्रतिकूल ढंग से प्रभावित होता रहता है। स्वस्थ शरीर में स्वस्थ मन और मस्तिष्क का निवास होता है और इसी दृष्टि से जिन बालकों का शारीरिक और गामक विकास उपयुक्त ढंग से गति करता हुआ मिलता है उनके मानसिक विकास को भी उसी ढंग से अनुकूल रूप में प्रभावित होता हुआ पाया जाता है। भाषात्मक तथा सामाजिक विकास भी अवसरों तथा उपुयक्त वातावरण की ऐसी दुनिया के निर्माण हेतु सहयोग देते हुए पाये जाते हैं जिससे बालक की संज्ञानात्मक तथा मानसिक शक्तियों के विकास को पूरा आधार तथा प्रशिक्षण मिलता रहे। संवेगात्मक विकास भी संवेगों के उचित विकास तथा संवेगात्मक व्यवहार के उचित प्रशासन के माध्यम से बालक के उचित तथा अवरोधपूर्ण मानसिक विकास का माध्यम बन जाता है। क्रोधी, ईर्ष्यालु, शंकालु तथा भीरु स्वभाव, बालक के उचित मानसिक तथा संज्ञानात्मक विकास में रोड़े ही अटका सकता है जबकि सहनशीलता, क्षमा, दया, प्रेम तथा सहयोग आदि संवेगात्मक व्यवहार से युक्त बालक को बौद्धिक रूप से सजग तथा सबल बनने में सदैव मदद मिलती रह सकती है।

C. सामाजिक विकास तथा अन्य आयामों के विकास की अन्तःनिर्भरता *(Interdependence of Social Development and other Aspects)*

बालक का सामाजिक विकास जहां उसके शारीरिक, गामिक, बौद्धिक, भाषात्मक तथा संवेगात्मक विकास पर बहुत कुछ निर्भर करता है वहां वह इन सभी प्रकार के विकासों में बालक की यथाशक्ति सहायता भी करता है। अन्तःसम्बन्ध के इस पहले दौर में हम बालक के सामाजिक विकास को दूसरे आयामों के विकास से निम्न प्रकार प्रभावित होता हुआ देख सकते हैं:

जिस बालक का शारीरिक तथा गामिक विकास जितना अधिक होता है वह अपने उसी अनुपात में शारीरिक तथा गामिक क्रियाओं में भाग लेने सम्बन्धी कुशलता अर्जित करके उतना ही लोकप्रिय तथा सामाजिक बनने की क्षमता अर्जित कर लेता है और परिणामस्वरूप उसके सामाजिक विकास को इससे पर्याप्त बल मिलता है।

जिस बालक का मानसिक, संवेगात्मक तथा भाषात्मक विकास उपयुक्त ढंग से होता है उसमें दूसरों के साथ समायोजन करने की योग्यता एवं क्षमता उतनी ही अच्छी तरह से विकसित हो जाती है। परिणामस्वरूप ऐसे बालकों में सामाजिकता तथा समाज विकास सम्बन्धी गुण और विशेषताओं का अर्जन दूसरे अन्य बालकों की अपेक्षा (जिनमें मानसिक, संवेगात्मक तथा भाषात्मक विकास ठीक तरह नहीं हो पाता) अधिक अच्छी तरह से होता है।

अन्त सम्बन्धों के दूसरे पक्ष में बालक का सामाजिक विकास उसके व्यक्तित्व के अन्य आयामों के विकास को गंभीर रूप से प्रभावित करता हुआ पाया जाता है। प्रायः देखा गया है कि जो बच्चे सामाजिक रूप से ठीक ढंग से विकसित और समायोजित नहीं पो पाते उनकी इस कमी से उनके व्यक्तित्व के अन्य आयामों का विकास मार्ग अवरुद्ध हो जाता है। उनका शारीरिक, गामिक, संवेगात्मक, मानसिक तथा भाषात्मक विकास नकारात्मक रूप से प्रभावित होता है। ऐसे बच्चे अलग-थलग पड़कर एकाकी जीवन जीने को मजबूर होते हैं, उन्हें खेलने-कूदने, सामाजिक तथा रुचिकर क्रियाओं में भाग लेने के अवसर नहीं के बराबर ही मिलते हैं और अगर मिलते भी हैं तो इससे उनकी समस्या और भी बढ़ जाती है तथा कुसमायोजन का शिकार होकर वे अपने व्यक्तित्व के अन्य

आयामों के विकास में प्राय: पीछे ही रहते देखे जाते हैं। इसके विपरीत एक भलीभांति सामाजिक विकास को प्राप्त होता हुआ बालक अपने आपसे तथा अपने वातावरण से ठीक तरह समायोजित होता हुआ अपने व्यक्तित्व के अन्य आयामों से संबंधित विकास मार्गों पर भी भलीभांति आगे बढ़ता हुआ पाया जाता है। मिलनसार, सबके साथ सहयोग और समायोजन करने की उसकी आदत तथा कुशलता उसे मानसिक, शारीरिक, संवेगात्मक तथा भाषात्मक दृष्टि से विकसित और सामर्थ्यवान बनाने का मार्ग प्रशस्त करती रहती है।

D. संवेगात्मक विकास तथा अन्य आयामों के विकास की अन्त:-निर्भरता (Interdependence of Emotional Development and other Aspects)

बालक के संवेगात्मक तथा अन्य आयामों के विकास में भी पर्याप्त अन्त:निर्भरता पाई जाती है। अन्त:सम्बन्ध के पहले दौर में बालक का संवेगात्मक विकास उसके व्यक्तित्व के अन्य आयामों के विकास पर निम्न प्रकार से निर्भर रहता हुआ देखा जा सकता है:

जिन बालकों का शारीरिक तथा गत्यात्मक विकास उनकी आयु के अनुसार ठीक गति से आगे बढ़ता रहता है उन्हें सामाजिक तथा क्रियात्मक कार्यों को करने के अधिक उपयुक्त अवसर प्राप्त होते रहते हैं। इससे उन्हें अपने संवेगों को उचित रूप से परिष्कृत करने, उनका भलीभांति मार्गान्तरीकरण करने तथा संवेगात्मक व्यवहार में संतुलन बनाए रखने में उचित सहायता मिलती रहती है। उनका सामाजिक विकास भी उन्हें उनके इस प्रकार के संतुलन तथा समायोजन में काफी मदद करता है। सामाजिकता उन्हें समाज की मान्यता तथा समूह की व्यवस्था के अनुसार आचरण करने को विवश तथा प्रेरित करती है और उन्हें अपने संवेगों को उचित रूप से नियंत्रण में रखने तथा उनकी यथानुकूल अभिव्यक्ति करने की आवश्यकता अनुभव कराती रहती है। भाषात्मक विकास से वे उचित विचार विनिमय द्वारा अपनी बात कह सकते हैं तथा दूसरों की सुन तथा समझ सकते हैं। अत: अपने संवेगों की अभिव्यक्ति के लिए भाषा उनके लिए एक अच्छा और सशक्त साधन बन जाता है। अब उन्हें इस कार्य हेतु गामक या शारीरिक क्रियाओं का सहारा नहीं लेना पड़ता। इस तरह भाषा का विकास बालकों को अपनी संवेगात्मक अभिव्यक्ति का उचित मार्ग अपनाने में मदद करता है। दूसरी ओर भाषा से उनकी सौन्दर्यात्मक, काव्यात्मक तथा कलात्मक रूचियों तथा आवश्यकताओं को भी पोषण मिलता है और यह बात आगे चलकर उनके संवेगों को प्रशिक्षित करने तथा उनकी संवेगात्मक अभिव्यक्ति को उचित दिशा प्रदान करने में सहायक होती है।

संज्ञानात्मक तथा मानसिक विकास का भी बालक के संवेगात्मक विकास पर काफी गहरा प्रभाव पड़ता है। जो बालक मानसिक रूप से चुस्त, सजग तथा विवेकपूर्ण होते हैं उन्हें संवेगों की लहर बेकार में ही अपने साथ बहा नहीं ले जाती। वे अपने संवेगों के प्रदर्शन में उचित सूझबूझ तथा विवेक का सहारा लेते हैं। इसके विपरीत बौद्धिक दृष्टि से पिछड़े बालकों में विवेकपूर्ण निर्णय लेने की क्षमता का विकास न होने से संवेगात्मक व्यवहार में सदैव ही अपरिपक्वता तथा दोष पाये जाते हैं।

अन्त: निर्भरता के विपरीत दौर में बालक के संवेगात्मक विकास का अन्य आयामों के विकास पर भी अनुकूल तथा प्रतिकूल प्रभाव पड़ता हुआ देखा जा सकता है। संवेगात्मक रूप से स्थिर तथा परिपक्व बालक ऐसा व्यवहार करते हैं जिनसे उन्हें अपने आपसे तथा अपने वातावरण के साथ समायोजित होने में कोई विशेष कठिनाई नहीं होती। ऐसे बालक अधिक अच्छे रूप से अपना सामाजिक, भाषात्मक, संज्ञानात्मक, शारीरिक तथा गामक

विकास करने में संवेगात्मक रूप से अस्थिर बालकों की तुलना में कहीं ज्यादा आगे बढ़े हुए पाये जाते हैं। एक संवेगात्मक रूप से अस्थिर, क्रोधी, आक्रामक, डरपोक, द्वेषी, चिन्तित तथा दुखी रहने वाले बालक का साथ भला कौन पसंद करेगा। उसे सामूहिक खेलों को खेलने में कितनी कठिनाई होगी, यह अच्छी तरह समझा जा सकता है। संवेगात्मक अस्थिरता तथा संवेगों का अनियन्त्रित बहाव, किसी को भी विवेकशून्य बना देता है फिर इससे बच्चे कैसे बच सकते हैं और यही बात उनके बौद्धिक या संज्ञानात्मक विकास के लिए आत्मघाती सिद्ध हो सकती है। इसी तरह संवेगों पर नियन्त्रण की कमी उन्हें भाषा को एक अच्छे विचार विनिमय साधन के रूप में प्रयोग करने में बाधक सिद्ध होती रहती है और परिणामस्वरूप उनमें अनेक भाषा विकार, जल्दी-जल्दी बोलना, हकलाना, तुतलाना, अस्पष्ट बोलना, कही या लिखी बात को ठीक ढंग से नहीं समझना आदि के विकसित होने की अधिक संभावना रहती है।

E. भाषात्मक विकास तथा अन्य आयामों के विकास की अन्त:निर्भरता (Interdependence of Language Development and other Aspects)

बालक के भाषात्मक विकास तथा उसके व्यक्तित्व में अन्य आयामों के विकास में भी काफी गहरे अन्त:सम्बन्ध देखने को मिलते हैं।

➤ शारीरिक, गामिक, संज्ञानात्मक, सामाजिक तथा संवेगात्मक विकास के किसी भी पहलू को लेकर देखें तो हमें स्पष्ट विदित हो सकता है कि इनमें से प्रत्येक का प्रचुर प्रभाव बालक के भाषात्मक विकास पर प्रत्यक्ष तथा अप्रत्यक्ष रूप से पड़ता ही रहता है। शारीरिक और गामक विकास बालकों को अपनी शारीरिक तथा गत्यात्मक क्रियाओं के संपादन हेतु उचित शक्ति और सामर्थ्य प्रदान करता है। उन्हें अपनी सभी इन्द्रियों, नाड़ियों, नाड़ी, केन्द्रों, मस्तिष्क आदि की क्रियाप्रणाली पर नियंत्रण तथा इनकी गतिविधियों में समन्वय करने की पर्याप्त क्षमता इसी प्रकार के विकास द्वारा आती है। बोलने के लिए वाकतन्त्र की सजगता और सबलता चाहिये, लिखने के लिए उंगलियों, हथेली, कलाई की मांसपेशियों में पर्याप्त समन्वय तथा आवश्यक क्षमता चाहिये, सुनने के लिए विकसित श्रवणेंद्रिय, चाहिये, पढ़ने के लिए स्वस्थ एवं सजग आंखें तथा शारीरिक स्वस्थता चाहिये। इस तरह से भाषात्मक विकास तभी अच्छी तरह संभव है जबकि उसके लिए शारीरिक तथा गामक विकास से उपयुक्त आधार निर्मित कर दिया गया हो।

➤ मानसिक विकास का भाषात्मक विकास पर पूरा-पूरा प्रभाव पड़ता हुआ भी भलीभाँति देखा जा सकता है। चिन्तन एवं विचार शक्ति, कल्पना शक्ति, निरीक्षण शक्ति, विभेदीकरण शक्ति, निर्णय शक्ति, स्मरण शक्ति आदि बौद्धिक विकास के किसी भी पक्ष को लेकर चला जाए तो यह जानने में दिक्कत नहीं होगी कि बालक में इस प्रकार की शक्तियों तथा क्षमताओं का विकास किस तरह से उसके भाषात्मक विकास को एक उचित गति तथा दिशा प्रदान करने का कार्य कर सकता है।

➤ सामाजिक विकास भी बालक के भाषा विकास को अनुकूल या प्रतिकूल दिशा तथा गति प्रदान करने की क्षमता रखता है। जिस रूप में, दिशा तथा दशा में बालकों का सामाजिक विकास होगा वे उसी रूप में भाषा का अपने लिये निर्माण तथा विकास कर सकेंगे। सामाजिक रूप से अविकसित बालकों को अनुकरण द्वारा सीखने के अवसर कम प्राप्त होंगे और फलस्वरूप वे भाषात्मक रूप से अविकसित ही रहेंगे। भाषा का अधिक प्रयोग तथा उसकी ज्यादा जानकारी वे तभी रख सकेंगे जबकि वे सामाजिक रूप से अधिक

घुले-मिले हों तथा समाज में उन्हें उचित रूप से मान्यता मिलती रहे।

➤ भाषा विकास में बालकों को अपने संवेगात्मक विकास से भी उसकी प्रकृति के अनुसार अनुकूल तथा प्रतिकूल सहायता मिलती रहती है। संवेगात्मक रूप से अस्थिर तथा अपरिपक्व बालकों में भाषा के विकास सम्बन्धी सहजता और सामान्यता के दर्शन कम ही होते हैं जबकि इसके विपरीत संवेगात्मक रूप में स्थिर तथा परिपक्व बालकों में भाषा ज्ञान तथा प्रकाशन में काफी स्थिरता, सहजता तथा सामान्यता देखने को मिलती है।

यह तो हुई भाषात्मक विकास को अन्य आयामों के विकास द्वारा गति तथा दिशा प्रदान करने की बात। दूसरी ओर पलट कर देखा जाए तो बालक का भाषात्मक विकास भी सभी रूपों में उसके अन्य आयामों के विकास को प्रभावित करने की पूरी क्षमता रखता है। यथा

➤ भाषा विचार विनिमय का सशक्त साधन है। ज्ञान प्राप्ति का सहज द्वार है। इसके द्वारा प्राप्त ज्ञान बालक के शारीरिक, गामिक, सामाजिक, मानसिक तथा संवेगात्मक विकास का साधन तो बनेगा ही, इस बात में कहीं किसी को संदेह रहना ही नहीं चाहिए। होता भी ऐसा ही है। प्रत्यक्ष तथा अप्रत्यक्ष अनुभवों की प्राप्ति में भाषा पूरा सहयोग करती है और यह सहयोग बालकों के सभी प्रकार का विकास का मार्ग प्रशस्त करता है। शारीरिक विकास के लिए क्या चाहिये, सामाजिकता का पाठ कैसे पढ़ा जा सकता है, संवेगात्मक रूप से स्थिर तथा परिपक्व बनने के लिए कैसा व्यवहार करना चाहिये, ये सभी बातें भाषा के विकास द्वारा सहज बनती चली जाती है। मानसिक विकास का तो सारा का सारा मार्ग ही भाषा के उचित विकास द्वारा खुलता है। इसलिए किसी भी बुद्धि परीक्षण में बालक में भाषा विकास के स्तर के मापन को महत्वपूर्ण स्थान दिया जाता है। जो बालक भाषा की दृष्टि से विकसित होते हैं उनका मानसिक तथा बौद्धिक विकास भी दूसरों की तुलना में कहीं ज्यादा नजर आता है। इस तरह किसी भी रूप में देखें, बालक में होने वाले भाषात्मक विकास का उसके वृद्धि एवं विकास के सभी आयामों पर किसी न किसी तरह से यथेष्ट प्रभाव पड़ता हुआ नजर आ सकता है।

सारांश रूप में देखा जाए तो बालक की वृद्धि एवं विकास के सभी आयामों में बहुत ही गहरे और आत्मीय सम्बन्ध पाये जाते हैं। एक की वृद्धि और विकास का बाकी के सभी आयामों में हो रही वृद्धि एवं विकास पर यथेष्ट रूप से प्रभाव पड़ता रहता है। एक में पायी जाने वाली कुछ भी कमी दूसरे आयामों के विकास को भी प्रतिकूल ढंग से प्रभावित करती है। अतः सभी दृष्टि से इस दिशा में संतुलित एवं समन्वित विकास के उद्देश्य को लेकर ही आगे बढ़ने के प्रयत्न होने चाहियें। किसी भी एक आयाम की वृद्धि और विकास की उपेक्षा करना काफी अहितकर सिद्ध हो सकता है—इस बात को बालकों के हित-चिन्तन करने वाले सभी कार्यक्रमों में पूरी-पूरी मान्यता मिलनी चाहिए।

6

विकास के सिद्धांत
(Theories of Development)

विषय प्रवेश (Introduction)

मां के गर्भ में गर्भाधान के तुरन्त बाद ही हम सबकी जीवन लीला प्रारंभ हो जाती है और आज जो हमें अपना आकार, रंगरूप तथा शारीरिक, मानसिक, सामाजिक, सांस्कृतिक, संवेगात्मक रूप से व्यवहार करने सम्बन्धी योग्यताऐं और क्षमतायें प्राप्त हैं उन सबके पीछे वृद्धि एवं विकास की प्रक्रिया ही कार्य करती रही है। प्रश्न उठता है कि हमारे व्यक्तित्व विकास के विभिन्न आयामों-शारीरिक, मानसिक या संज्ञानात्मक, संवेगात्मक, सामाजिक-सांस्कृतिक तथा भाषा सम्बन्धी विकास का कार्य किस तरह आगे बढ़ता है। ऐसी कौन सी बातें या कारक हैं जो बालकों के इस प्रकार के विकास कार्य को प्रभावित या संचालित करती हैं। इस प्रकार के प्रश्नों के समाधान का ही प्रयत्न अनुसन्धान कार्य में रह मनोवैज्ञानिक शिक्षा शास्त्री तथा समाज शास्त्रियों द्वारा अपने-अपने ढंग से किया जाता रहा है। जिसके फलस्वरूप उन्होंने विभिन्न प्रकार के सिद्धांतों का प्रतिपादन कर यह बताने की चेष्टा की है कि बालकों के व्यक्तित्व के किसी एक पक्ष या आयाम का विकास किस क्रम में तथा किस रूप में होता है। इस अध्याय में हम विभिन्न विद्वानों तथा जिन प्रमुख विकास सिद्धांतों की चर्चा करना चाहेंगे वे हैं:

A. पियाजे का संज्ञानात्मक विकास सिद्धांत
(Piaget's Theory of Cognitive Development)

B. इरिक्सन का मनो-सामाजिक विकास सिद्धांत
(Erickson's Theory of Psycho-social Development)

C. कोहलबर्ग का नैतिक विकास सिद्धांत
(Kohlberg's Theory of Moral Development)

पियाजे का संज्ञानात्मक विकास सिद्धांत
(Piaget's Theory of Cognitive Development)

जीन पियाजे (Jean Piaget) स्विटजरलैण्ड निवासी एक मनोवैज्ञानिक थे। इनकी रुचि यह जानने की थी कि बालकों में वृद्धि का विकास किस विशेष ढंग से होता है। इसके लिए उन्होंने अपने स्वयं के बच्चों को अपनी खोज का विषय बनाया। बच्चे जैसे-जैसे बड़े होते गए, उनके मानसिक विकास सम्बन्धी क्रियाओं का वे बड़ी बारीकी से अध्ययन करते रहे। इस अध्ययन के परिणामस्वरूप उन्होंने जिन विचारों का प्रतिपादन किया उन्हें पियाजे के मानसिक या संज्ञानात्मक विकास के सिद्धांत के नाम से जाना जाता है।

पियाजे की सैद्धांतिक अवधारणायें या मान्यतायें
(Piaget's Theoretical Notions)

पियाजे ने मानव मस्तिष्क की संज्ञानात्मक प्रणाली की संरचना, कार्यप्रणाली और विकास को समझते हेतु एक उचित प्रारूप विकसित किया। उसने इस कार्य हेतु अपनी एक सैद्धांतिक अवधारणा हमारे सामने रखी कि हमारे शरीर के शारीरिक अंगों की तरह हमारे मस्तिष्क के दो पक्ष/पहलू होते हैं-इनमें से एक को हम संज्ञानात्मक संरचना (Cognitive Structure) का नाम दे सकते हैं और दूसरे को संज्ञानात्मक कार्यप्रणाली या व्यवहार का।

संज्ञानात्मक संरचना (Cognitive Structure)

अन्य प्रजातियों से अलग, मानव शिशु कुछ जन्मजात प्रवृत्तियों (instincts) तथा सहज प्रवृत्तियों (reflexes) जैसे चूसना, देखना, पहुंचना तथा पकड़ना को लेकर पैदा होता है। इस तरह शिशु के पास प्रारंभ में संज्ञानात्मक संरचना के रूप में ये चार प्रकार की संज्ञानात्मक योग्यतायें–क्षमतायें पाई जाती हैं जिनमें उसे चूसने, देखने, पहुंचने तथा पकड़ने जैसे गामक क्रियाओं के संपादन में मदद मिलती है। पियाजे ने इन योग्यताओं और क्षमताओं को शीमाज (Schemas) का नाम दिया और कहा कि ये चारों हमारे संज्ञानात्मक विकास के मूलाधार हैं। ये शीमाज क्या है, इसे समझने हेतु हम कोई शीमा (Schema) जैसे चूसने से संबंधित शीमा (Sucking Schema) को लेकर चलते हैं। इस शीमा से तात्पर्य वस्तुओं को चूसने सम्बन्धी हमारी सामान्य संज्ञानात्मक योग्यता या क्षमता से है यह शिशु के लिए उपलब्ध एक ऐसी मानसिक या संज्ञानात्मक संरचना है जो उसे सभी तरह की वस्तुओं को चूसने में मदद करती है जैसे मां का स्तन, एक चम्मच, एक खिलौना आदि। इस तरह किसी शीमा (Schema) विशेष से अभिप्राय: सामान्य योग्यता या क्षमता के रूप में विद्यमान बालक के संज्ञानात्मक संरचना की उस मूलभूत इकाई से है जो उसे किसी विशेष प्रकार के संज्ञानात्मक व्यवहार (जैसे चूसना, पकड़ना, गणना करना आदि) के संपादन में मदद करती है।

पियाजे के अनुसार इस तरह शिशु अपने संज्ञानात्मक विकास की यात्रा विभिन्न प्रकार के शीमाज (Schemas) से संरचित संज्ञानात्मक संरचना से शुरू करता है। चूसने, देखने, पहुंचने तथा पकड़ने जैसे कार्यों में सहायक चार शीमाज तो उसके पास जन्मजात होते हैं। इसमें आगे अन्य शीमाज जैसे-जैसे वह बड़ा होता है, वातावरण जन्य अनुभवों के आधार पर जुड़ते चले जाते हैं और इस तरह हमारे मस्तिष्क की संज्ञानात्मक संरचना किसी भी विकास अवस्था में हमारे जन्मजात तथा अर्जित शीमाज का ही कुल योग और प्रतिफल होती है।

संज्ञानात्मक कार्यप्रणाली (Cognitive Functioning)

यह बात सर्वविदित है कि किसी वस्तु या मशीन की संरचना उसकी कार्यप्रणाली के निर्धारण में महत्वपूर्ण भूमिका निभाती है। इस दृष्टि से एक बालक के पास शीमाज के रूप में जो भी जमा पूंजी अपनी संज्ञानात्मक संरचना से काम लेने हेतु होती है वही यह निर्धारित करती है कि वह अपने भौतिक तथा सामाजिक वातावरण में उपलब्ध बातों से कैसे निपटेगा। यहां अब उसके लिए यह आवश्यक हो जाता है कि वह अपने आपको जीवित रखने तथा अपनी वृद्धि एवं विकास की यात्रा को ठीक ढंग से चलाये रखने हेतु अपने वातावरण (भौतिक या सामाजिक) के साथ ठीक प्रकार समायोजित रहे। जितनी अच्छी तरह से वह समायोजित होता रहेगा उसे उसी सीमा तक संज्ञानात्मक रूप से विकसित कहलाने का गौरव मिलता रहेगा। पियाजे के अनुसार इस तरह संज्ञानात्मक विकास की चाभी बालक के द्वारा अपने वातावरण के साथ की जाने वाली उस अन्तःक्रिया से है जिसके माध्यम से वह अपने आपको अपने वातावरण के साथ समायोजित करता रहता है। इस तरह की समायोजन सम्बन्धी कार्य प्रणाली को ठीक तरह आगे बढ़ाने में पियाजे के अनुसार दो मुख्य प्रक्रियाओं आत्मसातीकरण (Assimilation) तथा समायोजीकरण (Accomodation) की प्रमुख भूमिका होती है। आत्मसातीकरण में बालक अपने परिवेशजन्य परिस्थितियों से निपटने हेतु अपनी संज्ञानात्मक संरचना में पहले से ही उपस्थित शीमाज की सहायता लेता

है। नये खिलौने को भी मुंह में रख कर चूसना यह आत्मसातीकरण ही है। शीमाज के रूप में उसके पास चूसने से संबंधित शीमा है वह सभी वस्तुओं को मुंह में डालकर चूसने की कोशिश करता है। पुराने खिलौनों से वह ऐसे ही खेलता है और इसलिए जब उसके पास कोई नया खिलौना लाया जाता है तो वह अपने पूर्व अनुभवों को ध्यान में रखते हुए इस खिलौने को भी चूसने का प्रयत्न करता है। इस तरह आत्मसातीकरण प्रक्रिया बालक से यह अपेक्षा करती है कि उसके पास पूर्व संज्ञानात्मक संरचना के रूप में जो कुछ भी है वह उसी से किसी नवीन परिस्थिति का सामना करे। यहां अभी किन्हीं नये शीमाज के अर्जन तथा संज्ञानात्मक संरचना के फैलाव या विकास की जरूरत बालक को महसूस नहीं होती, परन्तु ऐसी अवस्था में जब नया खिलौना इतना बड़ा हो कि न तो बालक उसे हाथ से पकड़ सके और न वह मुंह में रखा जा सके तो निस्संदेह बालक को अब अपनी वर्तमान संज्ञानात्मक संरचना में कुछ परिवर्तन करने की आवश्यकता अनुभव होगी। नयी चुनौती का मुकाबला करने के लिए उसे अपने सोचने और कार्य करने के ढंग में परिवर्तन लाना होगा। फलस्वरूप बालक अब खिलौने को चूसने के बजाय उसे धक्का देकर खेलना चाहेगा। इसी को समायोजीकरण (Accomodation) कहा जाता है क्योंकि यहां अब बालक नई परिस्थिति से निपटने के लिए नये ढंग से सोचने और व्यवहार करने हेतु अपने में उचित बदलाव लाने की कोशिश करता है। वह पूर्व अनुभव के आधार पर ही नई परिस्थिति से जूझने में नहीं लगा रहता। यह सोचकर तथा पाकर कि अब पहले उपलब्ध संज्ञानात्मक संरचना से नई परिस्थिति से नहीं निपटा जा सकता वह अपनी संज्ञानात्मक संरचना में नये शीमाज को स्थान देने का प्रयत्न करता है। इस तरह जहां आत्मसातीकरण प्रक्रिया (Process of assimilation) में बालक अपने पूर्व ज्ञान तथा अनुभवों के आधार पर ही अपनी अनुक्रिया व्यक्त कर प्रस्तुत परिस्थिति से निपट लेता है वहीं समायोजीकरण (Accomodation) में जब उसका काम पूर्व ज्ञान तथा अनुभवों से नहीं चलता तो उसे अपनी वर्तमान संज्ञानात्मक संरचना में अनुकूल परिवर्तन लाकर सोचने तथा काम करने के नये तरीके अपनाने पड़ते हैं। उदाहरण के लिए जब पहली बार बालक को निप्पल वाली दूध की बोलत की बजाय गिलास में दूध दिया जाता है तो पहले तो वह आत्मसातीकरण प्रक्रिया को अपनाते हुए अपना पहला जैसा ही व्यवहार (चूसना) करने की कोशिश करता है परन्तु फिर सफलता न मिलने पर नये ढंग से सोचने और परिस्थिति अनुसार व्यवहार करने को प्रेरित होकर समायोजीकरण (Accomodation) की प्रक्रिया को अपनाता है और इस तरह अपने संज्ञानात्मक संरचना को आगे विकास के पथ पर ले जाने में सफल होता रहता है।

संज्ञानात्मक विकास में सहायक उपरोक्त अपनी दो अवधारणाओं आत्मसातीकरण तथा समायोजीकरण के अतिरिक्त पियाजे ने एक तीसरी अवधारणा संतुलनीकरण (Equilibration) को भी सामने रखा। पियाजे ने स्पष्ट किया कि अपने आपको ठीक प्रकार समायोजित रखने के लिए हमें स्वयं तथा हमारे वातावरण की बदलती हुई परिस्थितियों के बीच सामजंस्य तथा संतुलन कायम रखना होता है। इस संतुलन को बनाए रखने में आत्मसातीकरण तथा समायोजीकरण दोनों प्रक्रियाएँ ही हमारी सहयोगी हैं। जब आत्मसातीकरण से कार्य नहीं चलता तब समायोजीकरण की प्रक्रिया अपनानी पड़ती है। दूसरे शब्दों में जब वर्तमान में उपलब्ध संज्ञानात्मक संरचना सामने बड़ी चुनौती के लिए पर्याप्त सिद्ध नहीं होती (उपलब्ध शीमाज अपर्याप्त और अक्षम सिद्ध होते हैं) यानी पूर्व ज्ञान और अनुभवों के आधार पर समस्या का हल नहीं निकलता, तब संज्ञानात्मक संरचना का समायोजीकरण की प्रक्रिया

अपनाकर विस्तार करना आवश्यक हो जाता है कि फलस्वरूप पुराने अनुभव और तरीकों के स्थान पर सोचने के तथा कार्य करने के नये ढंगों को जन्म मिलता है, समस्या का समाधान ढूंढ लिया जाता है और जो बेचैनी तथा छटपटाहट नयी परिस्थिति तथा समस्या विशेष का हल पुराने तरीके अपनाकर वर्तमान संज्ञानात्मक संरचना के जरिये नहीं मिलने के कारण हो रही थी उस पर विराम लग जाता है तथा बालक का अपने तथा अपनी वातावरण जन्य परिस्थिति के साथ बिगड़ा संतुलन फिर कायम हो जाता है। इस तरह नयी चुनौतियाँ तथा समस्यायें बालक को अपने परिवेश में मिलती रहती है। इनसे उसका वातावरण के प्रति संतुलन डगमगा जाता है। इसी को ठीक बनाए रखने के लिए संज्ञानात्मक संरचना में उपरोक्त बदलाव तथा सुधार लाने की प्रक्रिया आत्मसातीकरण तथा समायोजीकरण के माध्यम से चलती रहती है और बालक का संज्ञानात्मक विकास आगे बढ़ता रहता है।

इस प्रकार से पियाजे ने बालकों की मानसिक तथा संज्ञानात्मक संरचना तथा कार्यप्रणाली पर प्रकाश डालने हेतु अपनी सैद्धांतिक मान्यताओं के माध्यम से निष्कर्ष रूप से आगे तीन महत्वपूर्ण तथ्य हमारे सामने रखे।

1. जन्म जात मूल प्रवृत्तियों (Inherited instincts) तथा सहज प्रवृत्तियों (Reflexes) के रूप में वंशानुक्रम (Heredity) के द्वारा प्रदत्त मूलभूत संज्ञानात्मक संरचना या बुनियाद जिस पर आगे चलकर संज्ञानात्मक विकास रूपी महल खड़ा होता है।

2. विकास काल में स्वाभाविक बुद्धि एवं विकास की प्रक्रिया (परिपक्वन) के माध्यम से मूलभूत संज्ञानात्मक संरचना और उसकी कार्यप्रणाली में आने वाले परिवर्तन और विकास जिनमें अनुभवों, शिक्षण और प्रशिक्षण आदि की भूमिका नहीं के बराबर होती है।

3. अनुभवों (भौतिक तथा सामाजिक वातावरण के साथ होने वाली अंतः क्रिया शिक्षण तथा प्रशिक्षण सम्बन्धी प्रयत्न आदि) के माध्यम से आत्मसातीकरण (Assimilation), समायोजीकरण (Accomodation) तथा संतुलनीकरण (Equilibration) प्रक्रियाओं को काम में लाते हुए समय विशेष पर मौजूद संज्ञानात्मक संरचना तथा कार्यप्रणाली में आने वाले परिवर्तन एवं विकास।

मानसिक या संज्ञानात्मक विकास की अवस्थायें
(Stages of Mental or Cognitive Development)

जैसा कि ऊपर देखा जा चुका है पियाजे ने बालकों में होने वाले संज्ञानात्मक विकास के स्पष्टीकरण हेतु संज्ञानात्मक संरचना तथा उसकी कार्यप्रणाली से संबंधित अपनी अनूठी अवधारणों को हमारे सामने रखते हुए इस बात पर जोर दिया कि बच्चों में बुद्धि का विकास उनके जन्म के साथ जुड़ा हुआ है। प्रत्येक बालक अपने जन्म के समय कुछ जन्मजात प्रवृत्तियों (Basic Instincts) एवं सहज क्रियाओं (Reflex Actions) को करने सम्बन्धी योग्यताओं जैसे चूसना (Sucking), देखना (Looking), वस्तुओं को पकड़ना (Grasping) वस्तुओं तक पहुंचना (Reaching) आदि को लेकर पैदा होता है। अतः जन्म के समय बालक के पास बौद्धिक संरचना (Cognitive Structure) के रूप में इसी प्रकार की क्रियाओं को करने की क्षमता होती है। परन्तु जैसे-जैसे वह बड़ा होता है उसके सामने समायोजन (अपने और अपने वातावरण के बीच संतुलन कायम रखने) सम्बन्धी समस्यायें आती रहती है। इनके समाधान में आत्मसातीकरण (Assimilation) तथा समायोजीकरण (Accomodation) की प्रक्रियायें उसका साथ देती हैं, फलस्वरूप उसकी बौद्धिक या संज्ञानात्मक संरचना और कार्यप्रणाली में वांछित परिवर्तन आते रहते हैं और उसके संज्ञानात्मक विकास का

पहिया आगे बढ़ता रहता है और वह बुद्धिमान बनता चला जाता है। बालकों में आयु और अवस्था विशेष के अनुसार होने वाला यह संज्ञानात्मक विकास सामान्य रूप से एक क्रमबद्ध तरीके से संपन्न होता है। पियाजे ने इस प्रकार के संज्ञानात्मक विकास के लिए चार चरणों या अवस्थाओं (Stages) की चर्चा की है। नीचे हम इन्हीं का संक्षिप्त विवरण प्रस्तुत करने जा रहे हैं:

1. इन्द्रियजनित गामक अवस्था (Sensory Motor Stage)

मानसिक विकास जन्म से लेकर लगभग दो वर्ष तक की अवधि में पूरा होता है। इस अवस्था में बालक की मानसिक क्रियाएं उनकी इन्द्रियजनित गामक क्रियाओं के रूप में ही संपन्न होती हैं। उन्हें भूख लगी है, इस बात को वे रो कर व्यक्त करते है। किसी भी वस्तु को जो उन्हें चाहिए उसे दिखाकर अपनी बात कहते हैं। इस प्रकार से इस अवस्था के बालक भाषा के अभाव में अपने चारों ओर के वातावरण को अपनी इन्द्रियजनित गामक क्रियाओं और अनुभवों के माध्यम से ही जानते हैं। उन्हें विचारों के रूप में जो कुछ कहना और समझना होता है उसकी गामक क्रियाओं (Motor activities) के रूप में ही अभिव्यक्ति होती है। किसी भी वस्तु का अस्तित्व बच्चे के सामने तभी तक होता है जब तक वह वस्तु उसकी आंखों के सामने रहे। आंखों से ओझल होते ही वह वस्तु उनके लिए समाप्त हो जाती है। ''खिलौने को चिड़िया ले गई'' (जबकि वह छुपा लिया गया है) और इस बात को शिशु बालक सत्य मान लेता है परन्तु जैसे-जैसे वह इस चरण की समाप्ति यानी 2 वर्ष की आयु को छूता है, उसकी वस्तुओं के बारे में उस प्रकार की धारणा में परिवर्तन होना शुरू हो जाता है। अब अगर आप किसी चादर या पीठ पीछे करके किसी वस्तु को छुपाकर यह कहें कि उसे बिल्ली या चिड़िया ले गई तो वह आपकी बात न मानकर उसे चादर या आपके पीछे खोजने का प्रयत्न करेगा क्योंकि उसे धीरे-धीरे यह समझ आने लगती है कि वस्तुओं का अपेक्षाकृत कुछ स्थायी अस्तित्व होता है। इसी तरह वे धीरे-धीरे यह भी समझने लगते हैं कि सभी वस्तुओं का अपना अलग स्वतन्त्र अस्तित्व होता है जो कि उनके स्वयं के अस्तित्व से अलग होता है।

2. पूर्व-संक्रियात्मक अवस्था (Pre-Operational Stage)

इस अवस्था का समय काल 2 वर्ष से लेकर सात वर्ष के मध्य होता है। इस दौरान बालकों में भाषा का विकास ठीक प्रकार प्रारंभ हो जाता है। अभिव्यक्ति का माध्यम अब भाषा बनने लग जाती है, गामक (Motor) क्रियायें नहीं। वस्तुओं के बारे में सोचने-विचारने के लिए अब भाषा तथा अन्य तरीकों का प्रयोग प्रारंभ हो जाता है। इस काल में मानसिक विकास की कुछ विशेषतायें देखने को मिलती हैं:

– बालक अपने परिवेश की विभिन्न वस्तुओं को पहचानने और उनमें भेद करना प्रारंभ कर देते हैं। वस्तुओं को नाम से जानने लगते हैं। उनमें संप्रत्यय निर्माण (Concept formation) की प्रक्रिया प्रारंभ हो जाती है। वे वस्तुओं को समूहों में विभाजित कर उन्हें नाम देना शुरू कर देते हैं। परन्तु शुरू के वर्षों में उनका संप्रत्यय निर्माण कार्य अधूरा और दोषपूर्ण ही होता है। वे सभी पुरुषों को 'पापा' तथा स्त्रियों को 'मम्मी' कह कर पुकारते हैं तथा सभी चार पैरों वाले प्राणियों को टोमी (उनका कुत्ता) अथवा गाय आदि के नाम से संबोधित करते हैं। 5 वर्ष के हो जाने तक उनकी इस प्रकार की भ्रांतियां दूर हो जाती हैं। अब वे विभिन्न

पारिवारिक व्यक्ति जैसे बूआ, दादी, दादाजी, चाचाजी आदि में भेद करना समझ जाते हैं तथा गाय, भैंस, घोड़े, बकरी आदि का अलग-अलग अर्थ समझ जाते हैं।

– शुरू के वर्षों में उनमें सजीव तथा निर्जीव वस्तुओं में भेद करने की क्षमता नहीं होती। वे चोट खाने या गिर जाने पर दरवाजे या फर्श को मार कर इस लिए चुप हो जाते हैं कि उन्होंने उनको भी इसी तरह मार दिया ओर अब वे भी उसकी तरह रो रहे हैं। एक बालिका की गुड़िया को भी उसी तरह गर्मी और सर्दी लगती है जैसे कि उसको लगती है, वह भी उसकी तरह दूध पीती है, आदि-आदि। धीरे-धीरे बालकों में समझ आने लगती है और इस अवस्था को पार करने से पहले ही वे सजीव तथा निर्जीव में पूरी तरह भेद करने और सभी वस्तुओं को अपने से अलग जानने और समझने की क्षमता से युक्त हो जाते हैं।

– शुरू में इस अवस्था के बालक काफी ज्यादा आत्मकेन्द्रित (Self-Centered) होते हैं। संसार में जो कुछ विद्यमान है वह सब उनके लिए ही है ऐसा उनका विश्वास होता है। मम्मी-पापा सब उनके हैं, उन पर किसी और का अधिकार नहीं है। सारे खिलौने उनके लिए हैं। यहां तक कि चांद और तारे भी उन्हीं के माता-पिता तथा सगे-सम्बन्धी हैं जो उन्हीं के लिए चमकते हैं। धीरे-धीरे सामाजिकता का दायरा बढ़ने पर बच्चा इस प्रकार की आत्मकेन्द्रितता को त्याग कर दूसरों के साथ अपनी वस्तुओं का लेन-देना करना सीखने लगता है और उनमें दूसरों को अपने जैसा समझने की बात घर करने लगती है।

– इस अवस्था के बालकों में अच्छी तरह सोचने, समझने तथा तर्क करने की शक्ति का पूरी तरह अभाव पाया जाता है। वे कल्पनाशील तो होते हैं, परन्तु अपनी कल्पना-शक्ति से कुछ सृजन या निर्माण करने की क्षमता उनमें नहीं होती। वे हवाई किले बनाते हैं तथा अपनी सपनों की दुनिया में खोये रहते हैं। उन्हें कल्पना की उड़ान भरने वाला जादूगर, परियों तथा राजरानी की कहानियां सुनना या पढ़ना अच्छा लगता है। उनका खिलौना हवाई जहाज उन्हें जहां वे चाहें, ले जा सकता है आदि ऐसी बातें कहते हुए उन्हें सुना जा सकता है। इस प्रकार इस अवस्था के बालकों में तर्क-शक्ति पर आधारित चिन्तन करने की बात नहीं पैदा होती।

– इस आयु के बच्चों में दो जिन महत्वपूर्ण क्षमताओं का अभाव पाया जाता है वे हैं। (i) विपरीत या पलट करके सोचने की शक्ति (Ability to Reverse) तथा (ii) वस्तुओं को उन की संख्या व परिणाम के संदर्भ में सही रूप से समझने की शक्ति (Ability of Conservation in Numbers and Quantity)। पहली योग्यता के अभाव में वह यह समझने में असफल रहता है कि उसके घर से स्कूल उतनी ही दूर है जितना कि स्कूल से उसका घर अथवा उसके एक बहन है तो उसकी बहन का भी एक भाई होना चाहिये आदि-आदि। दूसरी योग्यताओं के अभाव में वह जिस प्रकार की गलती करता है उसे हम निम्न दो प्रयोगों के आधार पर स्पष्ट करना चाहेंगे।

प्रयोग 1. अगर बालक को 7-7 गोलियों के दो सैट दिए जाए तथा उसे स्वयं ही इन सैटों की गोलियों को दो अलग-अलग पंक्तियों में निम्न प्रकार सजाने के लिए कहा जाए।

(पहला सेट)

(दूसरा सेट)

इस तरह दोनों सेटों की 7-7 गोलियों को दो पंक्तियों में सजाने के बाद पूर्व संक्रियात्मक अवस्था के इस बालक से यह पूछा जाए कि बताओ इन दोनों पंक्तियों में से किस पंक्ति में अधिक गोलियां है तो वह यही कहेगा कि नीचे की पंक्ति में अधिक गोलियां हैं।

इस बात से यह स्पष्ट संकेत मिलता है कि बालक में अभी वस्तुओं की संख्या से संबंधित संरक्षण योग्यता (ability regarding conservation in numbers) विकसित नहीं हुई है।

प्रयोग 2. अगर पूर्व संक्रियात्मक अवस्था (2–7 years) के बालक के सामने दो कांच के बर्तन लिये जाएं जिनमें से एक पतला लम्बा हो तथा दूसरा नाटा व चौड़ा। अगर चौड़े आकार के बर्तन में से दूध पतले लंबे बर्तन का दूध पहले वाले से ज्यादा है जबकि वस्तुस्थिति ऐसी नहीं है, वही दूध दूसरे बर्तन में उसी के सामने डाला गया है।

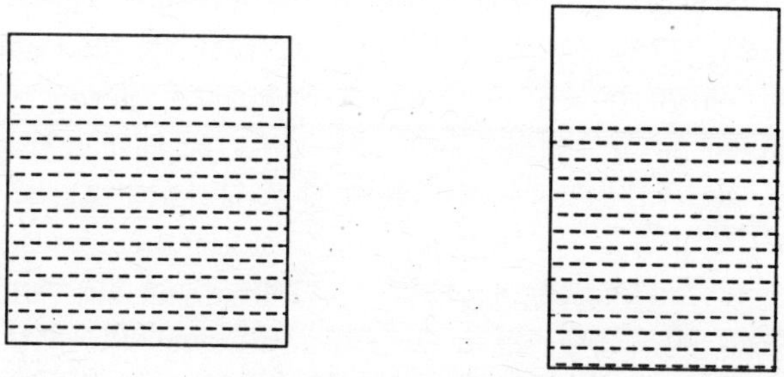

प्रयोग चरण 1 : प्रयोज्य कहता है कि दोनों बर्तनों के दूध की मात्रा समान है।

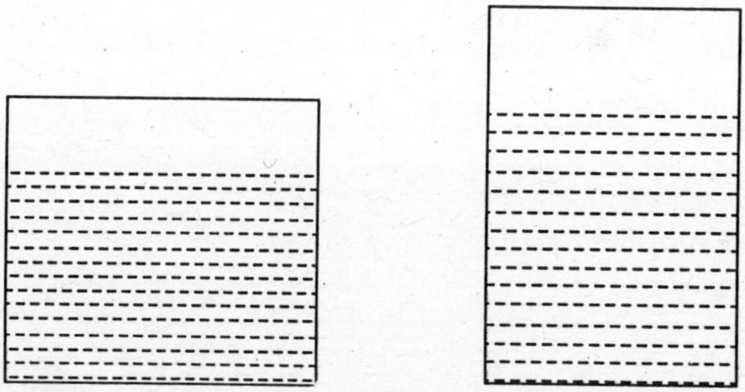

प्रयोग चरण 2 : प्रयोज्य कहता है कि लम्बे बर्तन में दूध ज्यादा है।

उपरोक्त प्रयोगिक क्रिया के माध्यम से हमें यह स्पष्ट संकेत मिल सकता है कि पूर्व संक्रियात्मक अवस्था के इस बालक में अभी परिमाण सम्बन्धी योग्यता (ability regarding conservation in quantity) का विकास नहीं हुआ है

3. मूर्त संक्रियात्मक अवस्था (Concrets Operational Stage)

इस अवस्था का समय काल 7 वर्ष से 11 के बीच होता है। बालकों में होने वाले इस अवस्था के मानसिक विकास में निम्न मुख्य बातें देखने को मिलती हैं:

- उनमें वस्तुओं को पहचानने, उनका विभेदीकरण करने, वर्गीकरण करने तथा उपयुक्त नाम या वर्गीकरण द्वारा समझने और व्यक्त करने की क्षमता विकसित हो जाती है। उनमें विभिन्न प्रकार के संप्रत्ययों (Concept) का निर्माण हो जाता है।
- वे वस्तुओं के बीच समानता, सम्बन्ध, असमानता, दूरी और विसंगतता (discrepancies) को समझने लगते हैं। शुरू में इस प्रकार की उनकी समझ केवल मूर्त्त या स्थूल रूप तक ही सीमित होती है जैसे नौ सेब, तीन सेबों से कितने अधिक होते हैं। कुत्ते या बिल्ली में अगर वे उनके सामने हो तो उन में निहित अंतरों को वे स्पष्ट कर सकते हैं आदि-आदि। परन्तु धीरे-धीरे वे वस्तुओं के अमूर्त्त रूप के आधार पर भी चिन्तन करना प्रारंभ कर देते हैं।
- उनका चिन्तन अब अधिक क्रमबद्ध एवं तर्कसंगत होना प्रारंभ कर देता है। हवाई उड़ान भरना कम हो जाता है और वे यथार्थ की दुनिया को समझना शुरू कर देते हैं।
- अब उनमें यह समझ आ जाती है कि कोई वस्तु किसी से जितनी अधिक या कम दूर या भारी हल्की होती है दूसरी भी उसी के हिसाब से दूरी या वजन रखती है। अतः अब वे वजन या दूरी के मापों को अच्छी तरह समझ सकते हैं। इसी तरह अब वह पहले की तरह यह गलती भी नहीं करते कि पतले बर्तन में रखा गया कोई भी उतना ही तरल पदार्थ चौड़े बर्तन से अधिक होता है अथवा फैला कर रखी गई गोलियां पास-पास रखी उतनी ही गोलियों से संख्या में अधिक हो जाती हैं।

इस प्रकार 11 वर्ष की आयु तक पहुंचते-पहुंचते बालक मानसिक विकास की काफी उपयुक्त सीमाओं को पार कर लेते हैं, परन्तु उनकी सभी प्रकार की मानसिक क्रियाओं में वस्तुओं का प्रायः मूर्त्त या स्थूल रूप ही प्रयोग में लाया जाता है। अमूर्त्त चिन्तन करने की योग्यता के विकास के लिए मानसिक विकास की अगली अवस्था का इन्तजार करना होता है।

4. अमूर्त्त संक्रियात्मक अवस्था (Formal Operational Stage)

इस अवस्था का समय काल 11 वर्ष से 15 वर्ष के बीच होता है। बालकों में इस अवस्था के मानसिक विकास सम्बन्धी मुख्य बातों को निम्न रूप में समझा जा सकता है।

- सभी प्रकार के संप्रत्ययों का समुचित विकास हो जाता है।
- भाषा सम्बन्धी योग्यता तथा संप्रेषणशीलता का विकास अपनी ऊंचाई को छूने लगता है।
- विचारने, सोचने, तर्क करने, कल्पना करने तथा निरीक्षण, अवलोकन, परीक्षण, प्रयोग आदि के द्वारा उचित निष्कर्ष निकालने की पर्याप्त क्षमता विकसित हो जाती है।
- स्मरण शक्ति रटने पर आधारित न होकर तर्क एवं समझ पर आधारित होने लगती है।
- चिन्तन अब मूर्त्त नहीं रहता, अमूर्त्त बन जाता है। वस्तुओं के स्थूल रूप का अब चिन्तन प्रक्रिया के लिए उपस्थित रहना अनिवार्य नहीं होता। कल्पना करो कि ABC एक त्रिभुज है, तार में विद्युत प्रवाहित हो रही है आदि-आदि बातों को अब उनके विद्यमान न होने पर भी समझा और सोचा जा सकता है।
- कल्पना शक्ति को सृजन या निर्माण कार्य के लिए अच्छी तरह उपयोग में लाया जा सकता है।

- समस्या समाधान योग्यता का उचित विकास हो जाता है। फलस्वरूप इस आयु के बालकों में समस्या का उचित विश्लेषण (Analysis) कर उसके संभावित हल की खोज करने की क्षमता पैदा हो जाती है।
- प्रयास एवं त्रुटि (Trial and Error) विधि के स्थान पर बौद्धिक शक्तियों के प्रयोग द्वारा सीखने की आदत विकसित हो जाती है।
- संश्लेषण, विश्लेषण, नियमीकरण तथा सूक्ष्म सिद्धांतों की स्थापना सम्बन्धी उच्च मानसिक क्षमताओं का समुचित विकास हो जाता है।
- अन्वेषणशीलता, मौलिकता, रचनात्मकता आदि सृजन में सहायक आवश्यक बौद्धिक क्षमताओं का विकास हो जाता है।

इस तरह से बौद्धिक विकास की इस अंतिम अवस्था को पार करते-करते किशोर और किशोरियों अपनी मानसिक योग्यता और क्षमताओं के विकास की विशाल ऊंचाइयों को छूने का प्रयत्न करते हैं। जो कुछ भी कमियां रह जाती हैं उसे फिर अनुभव की पतवार लेकर आयु के बढ़ने के साथ-साथ व्यक्ति पूरा करता रहता है और अपने जीवन सागर की कठिनाइयों को इसी बौद्धिक सम्पदा के सहारे हल करता जाता है।

पियाजे के सिद्धांत की आलोचनात्मक समीक्षा
(Critical Evaluation of Piaget's Theory)

पियाजे के संज्ञानात्मक विकास सिद्धांत की कुछ विद्वानों ने निम्न बातों को लेकर आलोचना की है:

1. संज्ञानात्मक विकास के जिस प्रारूप को पियाजे द्वारा हमारे सामने रखा गया है वह जैसा उसने दावा किया है उस तरह न तो सार्वभौमिक है और न उसी रूप में सदैव संपन्न होता है। पियाजे का सिद्धांत 1920-40 की अवधि से योरोपियन बालकों के अध्ययन पर आधारित है। योरोप तथा बाहर होने वाले बाद में अनुसंधानों ने यह निष्कर्ष निकाला है कि बालकों के संज्ञानात्मक विकास सम्बन्धी पियाजे द्वारा सुझाई गई चारों विकास अवस्था बालकों द्वारा जिस आयु विशेष की अवधि में तय की जाती है उनमें पियाजे द्वारा निश्चित आयु वर्षों को लेकर काफी भिन्नतायें पाई जाती हैं। कुछ बच्चे जल्दी ही उन विकास मंजिलों को तय कर लेते हैं तथा कुछ देर से।

2. पियाजे का यह कहना कि अपने संज्ञानात्मक विकास में क्रमबद्ध तरीके से बालकों को एक अवस्था से दूसरी अवस्था में प्रवेश करना होता है। परन्तु यह देखा गया है कि विशेष आयु अवधि में बालकों की संज्ञानात्मक क्षमता में वृद्धि ठीक इस क्रम में हो यह जरूरी नहीं है।

3. पियाजे का यह कहना है कि मूर्त संक्रियात्मक अवस्था (Concrete operational Stage) से पहले बालक क्रमबद्ध एवं तार्किक ढंग से चिन्तन करने में असमर्थ होते हैं और साथ में उनमें अंहकार तथा आत्मकेन्द्रिता का बाहुल्य रहता है, ठीक नहीं है। विभिन्न अनुसंधानात्मक अध्ययनों ने यह प्रमाणित कर दिया है कि इस अवस्था से काफी पहले के आयु वर्ग के बालक तार्किक और क्रमबद्धता के ढंग से चिन्तन करने की क्षमता रखते हैं और उनमें दूसरों की भावनाओं तथा विचारों का आदर करने की प्रवृत्ति पाई जाती है।

4. पियाजे के दावे पर कि मूर्त संक्रियात्मक अवस्था (Concrete operational Stage) से पहले बालक संख्या या परिणाम सम्बन्धी संरक्षण योग्यता (ability to conserve) नहीं रखने पर भी अगुली उठाई गई हैं। बहुत सारे अनुसंधानात्मक अध्ययनों ने यह सिद्ध कर

दिया है कि अगर बालकों को इस अवस्था से पहले ही अच्छी तरह प्रशिक्षण दिया जाए तो उनमें संरक्षण योग्यता जैसी अति विकसित संज्ञानात्मक क्षमताओं की उपस्थिति निश्चित की जा सकती है।

5. पियाजे ने बालकों के संज्ञानात्मक क्षमताओं के विकास को उनके स्वाभाविक वृद्धि एवं विकास से जोड़ने का प्रयत्न किया है और यह बताने की चेष्टा की है कि जब तक बालक एक निश्चित परिपक्वन स्तर पर नहीं पहुंचते उनमें उस परिपक्वन स्तर से जुड़ी हुई संज्ञानात्मक क्षमता नहीं विकसित होती। अपने इन विचारों के कारण पियाजे की एक ऐसे वंशक्रमवादी तथा परिपक्वन वादी के रूप में आलोचना की जाती है जिसने बालकों के मानसिक विकास में परिपक्वन को जरूरत से अधिक महत्व दिया है। परन्तु देखा जाए तो पियाजे की ऐसी आलोचना एक पक्षीय ही है जैसा कि पियाजे ने अपने संज्ञानात्मक विकास सिद्धांत में यह अच्छी तरह से स्पष्ट कर दिया है कि परिपक्वन तथा वंशानुक्रम द्वारा निर्धारित मूल प्रवृत्तियां एवं सहज प्रवृतियां तो केवल मात्र वह भूमि तथा बुनियाद प्रदान करते हैं, संज्ञानात्मक विकास रूपी महल का ढांचा तो फिर भौतिक तथा सामाजिक वातावरण के साथ होने वाली अंत: क्रिया के माध्यम से ही खड़ा होता है। पियाजे की इस धारणा की पुष्टि उसके निम्न कथन (इन हेल्डर एवं पियाजे 1958) द्वारा भलीभांति हो सकती है।

> ''स्नायु संस्थान की परिपक्वता किसी अवस्था विशेष में किन क्षमताओं का विकास संभव है और किसका असंभव यह पूरी तरह निर्धारित करने के अलावा और भी बहुत कुछ कर सकती है। परिपक्वता द्वारा इंगित इन संभावनाओं को वास्तविकता में बदलने में किसी सामाजिक परिवेश विशेष की आवश्यकता से मुंह नहीं मोड़ा जा सकता। इससे स्पष्ट हो जाता है कि इन संभावनाओं को वास्तविकता में बदलने के कार्य में वृद्धि और कमी बालक विशेष की उपलब्ध सांस्कृतिक तथा शैक्षिक परिस्थितियों पर निर्भर करती है।''
>
> (The maturation of the nervous system can do not more than determine the totality of possibilities and impossibilities at a given stage. A particular social environment remains indispensable for the realization of these possibilities. It follows that their realization can be accelerated or retarded as a function of cultural and educational conditions.)

अगर हम पियाजे के संज्ञानात्मक सिद्धांत के संदर्भ में ऊपर की गई समीक्षा पर ठीक प्रकार ध्यान दें तो हमें समझने में देर नहीं लगेगी कि इस सम्बन्ध में की गई आलोचनाओं में से बहुत सारी एक पक्षीय हैं। जैसा कि पियाजे द्वारा इस सम्बन्ध में दिए गए उपरोक्त स्पष्टीकरण से मालूम हो सकता है कि यह कहना कि पियाजे का सिद्धांत संज्ञानात्मक विकास में वातावरण सम्बन्धी प्रभावों को महत्व नहीं देता ठीक नहीं हैं। इसी तरह संज्ञानात्मक विकास की कुछ निश्चित अवस्थाओं का उल्लेख कर पियाजे का मतलब यही नहीं था कि सभी देशों और संस्कृतियों के बालक आवश्यक रूप से इन अवस्थाओं को पियाजे द्वारा निर्धारित आयु वर्षों में ही तय करते हैं। जैसा कि वह किसी बालक के संज्ञानात्मक विकास में जैविक वंशक्रम की विरासत, परिपक्वन तथा वातावरण जन्य अनुभवों तीनों को उनके समन्वित रूप से महत्व देना चाहता है तो इस दृष्टि से यह साफ हो जाता है कि बौद्धिक या संज्ञानात्मक विकास सम्बन्धी किसी एक या अन्य अवस्थाओं में पहुंचने में बालकों में आयु वर्षों को लेकर विभिन्नतायें अवश्य ही देखने को मिलेगी। कुछ बच्चे

दूसरों के मुकाबले कम आयु में ही संज्ञानात्मक विकास की उच्च और उच्चतर मंजिलें तय करते हुए पाये जा सकते हैं। अब केवल इस बात से लेकर कि पियाजे ने संवेगात्मक विकास की विभिन्न अवस्थाओं से गुजरने के लिए जो आयु वर्ष, अवधियां निश्चित की थी वे आज के समय में सभी देशों और संस्कृतियों में बालकों के लिए उचित नहीं बैठती, पियाजे के सिद्धांत की बहुमुखी उपयोगिता से मुंह नहीं मोड़ा जा सकता। चाहे आयु वर्षों तथा अवधि को लेकर कितनी भी भिन्नतायें पियाजे द्वारा निर्धारित संज्ञानात्मक विकास अवस्थाओं को तय करने हेतु हमें देखने को मिले एक बात जिसकी सार्वभौमिकता तथा एकरुपता से इन्कार नहीं किया जा सकता है वह यह है कि सभी बालक चाहे वे किसी भी संस्कृति और देश से संबंधित क्यों न हो पियाजे द्वारा बनाई गई चार संज्ञानात्मक विकास अवस्थाओं में पियाजे द्वारा निर्धारित क्रम से ही गुजरते हैं हां यह बात अलग है कि वैयक्तिक भेदों के फलस्वरूप कोई कम तथा कोई ज्यादा आयु में किसी विशेष संज्ञानात्मक अवस्था में से गुजरता पाया जाए।

पियाजे के सिद्धांत की शैक्षिक उपयोगिता तथा योगदान
(Educational Utlity and Contribution of Piaget's Theory)

बाल मनोविज्ञान तथा संज्ञानात्मक विकास के क्षेत्र में अन्तर्राष्ट्रीय ख्याति प्राप्त प्रसिद्ध विद्वान जीन पियाजे ने अपने संज्ञानात्मक विकास सिद्धांत के माध्यम से शिक्षा जगत को बहुत कुछ देने का प्रयत्न किया है। उनके सिद्धांत की शैक्षिक उपयोगिता तथा योगदान को संक्षेप में निम्न प्रकार लिपिबद्ध किया जा सकता है।

1. पियाजे के संज्ञानात्मक सिद्धांत ने बुद्धि की व्यावहारिक दृष्टि से व्याख्या करने तथा परिभाषित करने में काफी अच्छी भूमिका निभाई है। जन्म से ही व्यक्ति विशेष को अपने अस्तित्व की रक्षा तथा अपने वातावरण के साथ समायोजन करने के लिए सतत संघर्ष करना पड़ता है। बुद्धि अपनी संज्ञानात्मक संरचना और कार्य प्रणाली के रूप में उसे इस कार्य में काफी सहायक सिद्ध होती है। इसलिए व्यक्ति विशेष की बुद्धि का मापन उसकी इस समायोजन क्षमता (अपने और अपने वातावरण के बीच तालमेल बिठाने) के आधार पर ही किया जा सकता है। जिसका प्रदर्शन वह किसी समय और परिस्थिति विशेष में करता हुआ हमें दिखाई देता है। पियाजे ने इस तरह बुद्धि को एक गतिमान प्रक्रिया के रूप में हमारे सामने रखा है जिसके द्वारा किसी एक समय तथा परिस्थिति विशेष में समायोजन योग्यता या क्षमता के रूप में एक विशेष भूमिका निभाई जाती है। जैसे-जैसे बालक बड़ा होता है उसकी समायोजन क्षमता बढ़ती जाती है और फलस्वरूप उसके बौद्धिक या संज्ञानात्मक विकास में प्रगति होती रहती है।

2. पियाजे के संज्ञानात्मक सिद्धांत ने बालक में अधिगम तथा विकास में अभिप्रेरकों तथा अभिप्रेरणा के महत्व को अच्छी तरह उजागर किया है। अपनी एक अवधारणा संतुलनीकरण (Equilibration) के माध्यम से पियाजे ने यह बताने की कोशिश की हम अपनी क्षमताओं और अपने वातावरण की मांगों के बीच संतुलन बनाए रखने की हर संभव कोशिश करते रहते हैं क्योंकि इस प्रकार के संतुलनीकरण से हमें संतुष्टि मिलती है। जब तक ऐसा नहीं होता हम इसके लिए सतत संघर्ष करते रहते हैं। इस तरह व्यक्ति के व्यवहार को लगातार क्रियाशीलता प्रदान करने में पियाजे द्वारा प्रतिपादित संतुलनीकरण (Equilibration) की अवधारणा की तुलना फ्रायड द्वारा प्रतिपादित यौन संतुष्टि (Sex-gratification) तथा युंग द्वारा प्रतिपादित आत्मसाक्षातीकरण या आत्माभिव्यक्ति से की जा सकती है।

3. पियाजे का सिद्धांत पाठ्यक्रम नियोजन तथा अध्ययन क्रम की संरचना हेतु हमें काफी महत्वपूर्ण ज्ञान तथा परामर्श देता हुआ दिखाई दे सकता है। किसी क्षेत्र विशेष के बालक अपने संज्ञानात्मक विकास की किसी विशेष अवस्था में एक विशेष आयु सीमा के अन्तर्गत ही प्रवेश करते हैं, इस दृष्टि से उनके लिए जो भी पाठ्यक्रम और सिलेबस बनाया जाए वह उनके परिपक्वन स्तर तथा मानसिक योग्यताओं से मेल खाता हुआ ही होना चाहिए। दूसरे शब्दों में एक पाठ्यक्रम तभी उपयुक्त माना जा सकता है जब वह सही समय पर सही अधिगम अनुभव प्रदान करे। उदाहरण के लिए पहली और दूसरी कक्षा के विद्यार्थियों को विश्व का भूगोल पढ़ाना ठीक नहीं है क्योंकि अपने संज्ञानात्मक विकास को लेकर अभी उनके देश, राज्य और यहां तक शहरों से संबंधित वे अवधारणायें विकसित नहीं हुई है जिनकी आवश्यकता उन्हें विश्व की भौगोलिक जानकारी हेतु चाहियें। इसलिए इन कक्षाओं में उन्हें स्थानीय भूगोल जो उन्हें उनके पास-पड़ोस, विद्यालय, कक्षा-कक्ष सम्बन्धी परिवेश से परिचित कराने में सहायक हो, पढ़ाया जाना ही ज्यादा ठीक रहता है। इसी तरह चौथी या पांचवी कक्षा के विद्यार्थियों को बीज गणित (algebra) पढ़ाना भी उचित नहीं ठहराया जा सकता क्योंकि अभी इस आयु वर्ग के बालकों में बीजगणित से संबंधित सूक्ष्म अवधारणाओं को समझने की योग्यता नहीं विकसित होती। पाठ्यक्रम के विकास में इस तरह की गलतियों से बचने का परामर्श देते हुए पियाजे का सिद्धांत स्पष्ट रूप से यह कहता हुआ प्रतीत होता है कि पाठ्यक्रम में उन्ही अधिगम अनुभवों को स्थान मिलना चाहिये जो विद्यार्थियों के संज्ञानात्मक विकास और उसके परिवेश सम्बन्धी आवश्यकताओं के अनुकूल हों।

4. पियाजे का सिद्धांत अध्यापकों तथा माता-पिता के लिए यह बताने में काफी मूल्यवान सिद्ध हो सकता है किसी आयु विशेष में बालकों को विचार प्रक्रिया तथा अन्य संज्ञानात्मक क्षमताओं का क्या स्वरूप होता है। साथ ही बालकों की संज्ञानात्मक संरचना और कार्यप्रणाली में आयु की वृद्धि के साथ जिस प्रकार के परिवर्तन आते रहते हैं उनसे भी उनका परिचय हो जाता है। इस प्रकार का ज्ञान उन्हें बालकों के साथ उचित व्यवहार करने तथा उनकी शिक्षा और प्रशिक्षण को सही दिशा प्रदान करने में भलीभांति सहायक सिद्ध हो सकता है।

5. पियाजे के सिद्धांत का एक काफी बड़ा योगदान अपने तीन प्रमुख अवधारणाओं आत्मसातीकरण, समायोजीकरण तथा संतुलनीकरण के माध्यम से बालकों के वांछित अधिगम तथा विकास हेतु उपयुक्त परिस्थितियां प्रदान करने सम्बन्धी सुझाव देना है। पियाजे के अनुसार बालक का अधिगम और विकास बालक की संज्ञानात्मक संरचना और उसके वातावरण जन्य अनुभवों की पारस्परिक अंत: क्रिया का परिणाम होता है। सर्वोत्तम अधिगम हेतु बालकों को प्रदान की जाने वाली विषय वस्तु तथा अधिगम अनुभव इस प्रकार के होने चाहियें कि एक तरफ तो वे उनकी वर्तमान संज्ञानात्मक संरचना में अच्छी तरह आत्मसात (assimilate) हो जाएं तो दूसरी तरफ वे इतने अलग तथा कठिन हों कि उनके अर्जन हेतु समायोजीकरण (Accomodation) की प्रक्रिया का सहारा लेना आवश्यक हो जाए। इस तरह पियाजे का सिद्धांत स्पष्ट रूप से यह संकेत देता है कि बालकों को जो भी अधिगम अनुभव प्रदान किए जाए वे कुछ अर्थों में नवीन तथा चुनौती पूर्ण होने चाहिये ताकि बालकों को समायोजीकरण (Accomodation) की प्रक्रिया को अपनाकर कुछ नया सीखने का मौका मिले परन्तु साथ ही इन अनुभवों का बालकों के पूर्व ज्ञान तथा अनुभवों से उचित सम्बन्ध बने रहना भी काफी आवश्यक है ताकि विद्यार्थियों द्वारा नये अनुभवों

का अच्छी तरह आत्मसातीकरण करके अच्छी तरह से ग्रहण करने में सुविधा हो।

6. पियाजे का सिद्धांत बालकों के संज्ञानात्मक विकास हेतु भौतिक तथा सामाजिक वातावरण सम्बन्धी अनुभवों को काफी आवश्यक ठहराता है और इस दृष्टि से यह अध्यापकों, माता-पिता तथा समाज के अन्य सदस्यों, जो किसी भी तरह बालक की शिक्षा, विकास तथा प्रगति से जुड़े हुए हैं, से यह अपेक्षा करता है कि वे बालक के सर्वोत्तम विकास तथा वांछित अधिगम हेतु उसे अच्छे से अच्छा उचित वातावरण तथा प्रेरणादायक परिस्थितियां उपलब्ध करायें।

7. पियाजे का सिद्धांत छोटे बच्चों की शिक्षा (नर्सरी तथा किन्डरगार्टन स्वर) के संदर्भ में निम्न सुझाव प्रस्तुत करता हुआ दिखाई दे सकता है।

(i) नर्सरी तक किन्डरगार्टन स्तर के बालकों का चिन्तन स्थूल या मूर्त चिन्तन (Concrete thinking) होता है अतः उन्हें नयी बातों को समझाने और नये अधिगम अनुभव प्रदान करने हेतु स्थूल वस्तुओं (Concrete objects), प्रयोगों तथा क्रियात्मक कार्यों की सहायता लेना आवश्यक होता है। उदाहरण के लिए अगर उन्हें ¼ नामक भिन्न की अवधारणा से परिचित कराना है तो किसी सेब को 4 बराबर भागों में विभाजित कर और फिर उसके किसी एक भाग को ¼ से संबोधित कर, चार भागों में से एक के रूप में समझाना अधिक उचित रहता है।

(ii) अध्यापक को चाहिये कि वह स्वयं ही विद्यार्थियों को सभी कुछ बताने या पढ़ाने की चेष्टा न करे बल्कि उनको स्वयं ज्ञान की खोज करने को अभिप्रेरित करे। इस कार्य हेतु उन्हें ऐसी अधिगम परिस्थितियां, साधन तथा सामग्री बालकों को सुलभ कराने की ओर ध्यान देना चाहिए जिससे वे स्वयं के अपने प्रयत्नों से वांछित अधिगम अनुभवों की प्राप्ति कर सकें।

8. पियाजे का सिद्धांत यह बताने का कार्य भी करता है कि इन्द्रियजनित गामक अवस्था (Sensory motor stage) के बाद बालकों में भाषा विकास होने के फलस्वरूप अब उनकी चिन्तन प्रक्रिया पूरी तरह भाषा से ही निर्देशित और क्रियान्वित रहती है। इस समय भी ऐसे बालक हो सकते हैं जो भाषा को अपने चिन्तन का साधन या माध्यम बनाने की बजाय अशाब्दिक माध्यम जैसे आकृतियों, सम्बन्धों तथा अन्य चिन्ह एवं संकेतों को प्राथमिकता देते हों अथवा उन्हीं पर आश्रित हों इस तरह शिक्षण अधिगम प्रक्रिया शाब्दिक संप्रेषण के उपयोग तक ही सीमित नहीं रहनी चाहिये परन्तु इसमें अशाब्दिक संप्रेषण सम्बन्धी बातों को भी (अधिगम परिस्थितियों तथा अधिगमकर्त्ता की आवश्यकताओं के परिप्रेक्ष्य में) ठीक तरह शामिल किया जाना चाहिए।

9. अंत में परन्तु काफी महत्वपूर्ण योगदान पियाजे के सिद्धांत का इस बात को लेकर है कि इसने शिक्षा और उसकी प्रक्रिया के वैयक्तीकरण (Individualization) पर जोर दिया। इसने यह कहते हुए कि बालक को दिए जाने वाले अधिगम अनुभव उसकी संज्ञानात्मक संरचना के हिसाब से तय किए जाने चाहियें, जहां एक तरफ बाल केन्द्रित शिक्षा का का मार्ग प्रशस्त किया तो वहीं दूसरी ओर बालकों को दिए जाने वाले अधिगम अनुभवों में उनके संज्ञानात्मक विकास को ध्यान में रखते हुए उचित विभिन्नता लाने की बात पर जोर देते हुए शिक्षा तथा उसकी प्रक्रिया का समुचित वैयक्तीकरण करने की बात हमारे सामने रखी।

इरिक्सन का मनोसामाजिक सिद्धांत

(Erikson's Theory of Psycho-Social Development)

प्रसिद्ध मनोवैज्ञानिक ईरिक इरिक्सन जर्मनी के रहने वाले थे। उन्होंने अपने युवावस्था के प्रारंभिक वर्ष कला के अध्ययन में तथा योरोप भ्रमण में व्यतीत किए। अपने योरोप भ्रमण के दौरान उनकी मुलाकात वियाना में प्रसिद्ध मनोविश्लेषक साइमन्ड फ्रायड के साथ हुई और इसके साथ ही उन्हें फ्रायड से मनोविश्लेषण विषय अध्ययन करने के सम्बन्ध में निमंत्रण भी प्राप्त हुआ। यहीं से उनके एक अलग कार्यक्षेत्र की शुरूआत हुई। इसी उद्देश्य की पूर्ति हेतु वे अमेरिका जाकर बस गए। इससे उन्हें अपने देश जर्मनी में हिटलर द्वारा प्रताड़ित करने के भय से भी मुक्ति मिल गई। अमेरिका में उन्होंने मानव विकास सम्बन्धी आदिवासी अमेरिकन परंपराओं का अध्ययन किया और फिर एक मनोविश्लेषक के रूप में इस अध्ययन कार्य को आगे बढ़ाने का प्रयत्न किया। फलस्वरूप 1950 में उन्होंने अपने मनोसामाजिक सिद्धांत को सबके सामने रखा।

अपने सिद्धांत का प्रतिपादन करते हुए इरिक्सन ने स्पष्ट किया कि व्यक्ति विशेष का विकास उसके और उसके सामाजिक वातावरण में परस्पर चलने वाली अन्तः क्रिया का परिणाम होता है। अपने जन्म के समय से ही शुरू हो जाने वाला उसका यह सामाजिक विकास विभिन्न विकास अवस्थाओं तथा आयु वर्षों में से गुजरने के साथ ही उसके सामने इन अवस्थाओं की अपनी जरूरतों को पूरा करने के संदर्भ में काफी अलग सी मुश्किलें तथा संघर्षमयी स्थितियां (जिन्हें इरिक्सन द्वारा क्राइसिसेज़ आफ लाइफ यानी जीवन संकट अथवा परेशानियां कहा गया है) खड़ी करता रहता है। व्यक्ति विशेष अपनी तरह से अवस्था विशेष से जुड़ी हुई आवश्यकताओं को यथासंभव पूरा करने के अपने प्रयासों के द्वारा किसी अवस्था विशेष की संघर्षमयी स्थितियों यानी जीवन संकट से उबरने की कोशिश करता रहता है। परन्तु बालक के विकास के साथ-साथ समाज या सामाजिक वातावरण की मांगें उत्तरोत्तर बढ़ती ही जाती हैं। इसलिए, अपने विकास की हर एक अवस्था (शैशवकाल से लेकर वृद्धावस्था तक) में व्यक्ति विशेष के सामने कोई एक अलग सा नया संकट खड़ा होता रहता है जो उससे आवश्यक रूप से यह अपेक्षा करता है कि वह अवस्था विशेष में होने वाले विकास को लेकर जो नई चुनौतियां तथा परेशानियां सामने आई है उसके उचित समाधान हेतु यथासंभव प्रयास किए जाएं। जिस ढंग से व्यक्ति विशेष विकास अवस्थाओं की मांगों से जुड़ी हुई इन संघर्षमयी स्थितियों या जीवन संकटों से निपटता है उसी के अनुरूप उसका व्यक्तित्व ढलता रहता है और उसके व्यवहार में सकारात्मकता या नकारात्मकता की छाप स्पष्ट झलकने लगती है। इरिक्सन ने अपने मनोसामाजिक सिद्धांत में व्यक्ति के विकास से संबंधित विभिन्न विकास अवस्थाओं तथा आयु वर्षों में अवतरित होने वाली आठ ऐसी संघर्षमयी स्थितियों या जीवन संकटों (Crises of life) का जिक्र किया है और फिर इनका सम्बन्ध व्यक्ति विशेष के पूरे जीवन काल में व्याप्त आठ विभिन्न मनोसामाजिक विकास अवस्थाओं से जोड़ा है। इन विकास अवस्थाओं से व्यक्ति विशेष लगभग किन आयु अवधियों से गुजरता है इस बात को आगे तालिका 6.1 में दिखाया गया है।

तालिका 6.1 मनो-सामाजिक विकास सम्बन्धी अवस्थाओं की आयु अवधि
(Age Span for the Stages of Psysho-Social Development)

मनो-सामाजिक विकास अवस्था *(Stages of Psysho-Social Development)*	*विशिष्ट आयु या अवधि* *(Stages Age Period)*
1. विश्वास बनाम अविश्वास (Trust vs Mistrust)	जन्म से लेकर 1½ वर्ष तक
2. स्वायत्तता बनाम लज्जा एवं शंका (Autonomy vs Shame and Doubt)	1½ वर्ष से लेकर 3 वर्ष तक
3. पहल बनाम अपराध बोध (Initiative vs Guilt)	3 वर्ष से लेकर 6 वर्ष तक
4. अध्यव्यवसाय बनाम हीनता (Industry vs Inferioroty)	6 वर्ष लेकर 12 वर्ष तक
5. पहचान बनाम भूमिका भ्रांति (Intimacy vs Isolation)	किशोरावस्था (12-20 वर्ष)
7. उत्पादनशीलता या सृजनात्मकता बनाम जड़ता (Generativity or creativity vs stagnation)	वयस्कावस्था या प्रौढ़ावस्था (45-65 वर्ष)
8. अहं संतुष्टि बनाम हताशा (Ego integrity vs despair)	उत्तर प्रौढ़ावस्था या वृद्धावस्था (65 वर्ष से मृत्यु तक)

तालिका में दिया गया उपरोक्त विभाजन इस बात का संकेत दे रहा है कि मानव जीवन की किस अवस्था या आयु अवधि में किस तरह की संघर्षमयी परिस्थितियों या संकटों से गुजरना पड़ेगा। साथ ही इनसे संबंधित व्यक्ति के मनोसामाजिक विकास की विभिन्न अवस्थाओं का भी यहां उल्लेख किया है। व्यक्ति विशेष में किस अवस्था या आयु अवधि विशेष में किस प्रकार के व्यक्तित्व सम्बन्धी गुण तथा विशेषतायें पाई जा सकती है इसका भी स्पष्ट संकेत हमें यहां दिख रहा हैं। इन गुणों या विशेषताओं के दो विपरीत रूप यहां दिखाए गए हैं जो यह प्रकट करते हैं कि अगर व्यक्ति अपनी जीवन अवधि की किसी एक अवस्था या आयु वर्षों से संबंधित एक विशेष प्रकार की संघर्षमयी परिस्थिति या संकट से सफलतापूर्वक उबर जाता है तब उसमें सकारात्मक व्यक्तित्व का विकास होता है अन्यथा वह नकारात्मक व्यक्तित्व गुणों से आक्रान्त होने पर मजबूर हो जाता है। अब क्योंकि इस प्रकार के व्यक्तित्व गुण और समायोजन के ढंगों (जो व्यक्ति विशेष के मनोवैज्ञानिक स्वरूप का निर्धारण करते हैं) का अर्जन व्यक्ति विशेष के अपने और अपने सामाजिक वातावरण की पारस्परिक अन्तःक्रिया के फलस्वरूप होता है, फलस्वरूप विकास की इस प्रक्रिया को मनोसामाजिक विकास तथा विकास अवस्थाओं को मनो सामाजिक विकास अवस्थाओं का नाम दिया जाता है। हमारे मनोसामाजिक विकास से संबंधित इन अवस्थाओं की न तो एकदम शुरूआत होती है और न एकदम इनका अंत। एक अवस्था को पार कर ही दूसरी अवस्था में प्रवेश करता है। अगर एक अवस्था से संबंधित संघर्षमय परिस्थिति या संकट (Crisis) से उभरने की बात उस अवस्था विशेष में नहीं बनती तो वह फिर किसी न किसी रूप में आगे आने वाली विकास अवस्थाओं को भी प्रभावित करती रहती है। इस सम्बन्ध में मनो-सामाजिक विकास की इन अवस्थाओं में क्या कुछ होता रहता है इसका परिचय अब हम आगे प्राप्त करने का प्रयत्न करेंगे।

पहली अवस्था : विश्वास बनाम अविश्वास (जन्म से 1½ वर्ष तक)

अपने जन्म से 1½ वर्ष की अवधि में एक शिशु को विश्वास बनाम अविश्वास जन्म संघर्षपूर्ण परिस्थिति या संकट से गुजरना पड़ता है। इस समय अवधि में बालक अपनी आवश्यकताओं की पूर्ति हेतु अपनी मां या उसकी देखभाल करने वालों के ऊपर पूरी तरह आश्रित रहता है। जिस तरह बालक का लालन पालन किया जाता है और वह जिस रूप में अपने आपको सुरक्षित और आरामदायक परिस्थिति में महसूस करता है उसी रूप में वह अपनी मां तथा देखभाल करने वाले अन्य व्यक्तियों और इसके फलस्वरूप उस सामाजिक वातावरण या परिस्थितियों में जिनमें वह पल रहा है, विश्वास या अविश्वास रखने लगता है। अपने परिवेश के प्रति विकसित इस विश्वास या अविश्वास को लेकर ही बालक फिर अपने विकास की अगली अवस्था में प्रवेश करता है और यह बात उसके विकसित व्यक्तित्व और अर्जित व्यवहार में भी आगे स्पष्ट झलकती है।

द्वितीय अवस्था : स्वायत्तता बनाम लज्जा एवं शंका (1½ वर्ष-3 वर्ष)

प्रथम अवस्था में अपने परिवेश के प्रति वांछित विश्वास और सुरक्षा की भावना से ओतप्रोत होकर एक बालक अब यहां अपने विकास की दूसरी अवस्था में पदार्पण करता दिखाई दे सकता है। उसके पास इस आयु विशेष में होने वाले गामक विकास के फलस्वरूप कुछ गामक कौशल भी होते हैं और अर्जित की गई भाषा भी। इन्हीं की सहायता से अब वह पहले की विकास अवस्था से जुड़ी हुई आश्रितता का परित्याग कर स्वायत्तता तथा आत्मनिर्भरता की ओर कदम बढ़ाने के लिए लालायित रहता है। अब वह अपने परिवेश को जानने समझने में रुचि लेने लगता है और जो कुछ उसने अपनी योग्यताओं और क्षमताओं के रूप में अर्जित किया है उसकी सार्थकता अथवा असमर्थता की परख करने के प्रयत्नों में रत रहता है। परन्तु यहां अब उसे अपने इस प्रकार की स्वायत्तता तथा आत्मनिर्भरता के उपभोग के संदर्भ में अपने रास्ते में आने वाली परेशानियों से भी जूझना पड़ सकता है। यहां अब उसे अपनी विभिन्न प्रकार की स्वतंत्र गतिविधियों जैसे चलना, चौड़ना, कूदना, छलांग लगाना, वस्तुओं को संभालना, उचित रूप से व्यवहार करने के तरीके तथा उचित भाषा का प्रयोग करना सीखना आदि के विषय में अपेक्षित देखभाल और नियन्त्रण की जरूरत होती है। परन्तु इसका अर्थ यह नहीं है कि उसे आत्मनिर्भरता की ओर कदम उठाने के लिए आवश्यक सभी प्रकार की स्वतंत्रता से वंचित कर दिया जाए। सुरक्षा जितनी आवश्यक हो उसका ध्यान रखते हुए बालक को यहां ऐसे अवसर तो अवश्य ही प्रदान किए जाने चाहिये जिनसे एक ओर तो उसके कदम स्वायत्तता तथा आत्मनिर्भरता की ओर बढ़ें और दूसरी ओर अपनी विकसित क्षमताओं और योग्यताओं की भी सामर्थ्य और असमर्थता का भी ठीक आभास हो जाए।

अब वे बालक जिन्हें किसी कारणवश आत्मनिर्भर बनने सम्बन्धी आवश्यक परिस्थितियां नहीं उपलब्ध होतीं या मां बाप का उनकी सुरक्षा के बारे में बहुत अधिक चिंता करना, जरूरत से ज्यादा अनुशासन और पाबंदियां बच्चों पर लादना, उनके प्रति अनुदार होना ऐसी कुछ बातें हो सकती हैं जिनके परिणामस्वरूप बालक अपनी योग्यताओं और क्षमताओं के प्रति शंकालु (doubtful) रहते हैं, अपने आप कुछ भी करने से डरते और हिचकिचाते हैं और यही बात उन्हें दूसरों के सामने लज्जा या शर्मिन्दगी महसूस करने की ओर ले जाती है। कुछ मायनों में इस प्रकार की शंका या लज्जा अगर वह अपनी सीमा में रहे तो हानिप्रद नहीं होती। क्योंकि उचित रूप से अपनी क्षमताओं के बारे में रखी जाने वाली

शंका बालक को अपनी सामर्थ्य के मुताबिक ही काम करने में सहायक बनाती है और शर्मिन्दगी तथा लज्जा की अनुभूति उसे गलत कार्य करने से रोकती है। इसलिए मनोसामाजिक विश्वास की इस अवस्था में बालकों को इस तरह उचित सहायता की जानी चाहिए कि वे एक तरफ तो अपने सामाजिक परिवेश की आवश्यकताओं के संदर्भ में आवश्यक स्वायत्तता तथा आत्मनिर्भरता ग्रहण करने में कामयाब हो सके तो दूसरी और उन्हें अपने अनुचित प्रयासों तथा मां-बाप और बड़ों के अनुचित व्यवहार के कारण अनावश्यक रूप से अपनी योग्यताओं के प्रति शंकाशील बनने तथा अपने व्यवहार के कारण शर्मिन्दगी उठाने की नौबत न आये।

तीसरी अवस्था : पहला बनाम अपराध बोध (3-6 वर्ष)

जब बालक को अपने परिवेश तथा अपनी क्षमताओं पर विश्वास हो जाता है और वह आत्मनिर्भरता का पाठ पढ़ लेता है तो उसमें स्वतः ही अपने वातावरण के प्रति सक्रिय रूप से अन्तः क्रिया करने की शुरूआत होने लगती है। अब वह अपने वातावरण की हर चीज के बारे में जानने को बेहद उत्सुक हो उठता है, उनके बारे में तरह-तरह के प्रश्न पूछता है और विविध प्रकार के क्रियाकलापों के बारे में सोचना और करना शुरू कर देता है। उसकी शारीरिक और मानसिक इस प्रकार की गतिविधियों के संपादन सम्बन्धी पहल अब जिस अनुपात में माता-पिता तथा अन्य उपलब्ध सामाजिक परिवेश सम्बन्धी राहूलियतों के माध्यम से पुनर्बलित, प्रोत्साहित या हतोत्साहित की जाती है उसी अनुपात में बालकों में बड़े होकर शारीरिक और मानसिक गतिविधियों में पहल कर बढ़ चढ़ कर भाग लेने की प्रवृत्ति और इससे संबंधित आवश्यक क्षमताओं के विकास का रास्ता खुल जाता है।

अगर मां-बाप, अभिभावकों द्वारा उसकी क्षमताओं पर उचित अविश्वास न होने के कारण (उसे अभी छोटा समझने की वजह से) उसकी की जाने वाली इस प्रकार की पहल के लिए उसे हतोत्साहित किया जाता है, अनुचित आलोचना करके उसकी खिंचाई की जाती है, छोटी-छोटी उसकी गलतियों और असावधानियों को तूल देकर उससे मारपीट तथा अन्य सजा सुनाई जाती है तो अवश्य ही ये बातें उसे अपराधबोध से ग्रस्त कर आने वाले ज़ीवन के कार्यकलापों के नियोजन तथा क्रियान्वयन हेतु उचित पहल करने में हिचकिचाने तथा असमंजस में रहने जैसी स्थितियों को जन्म देने वाली सिद्ध हो सकती है। यद्यपि यह बात भी सही है कि असफल होने पर सही समय पर सही निर्णय नहीं लेने अथवा अपनी गतिविधियों के नियोजन तथा क्रियान्वयन में गलतियां कर बैठने के कारण उसे अपराध बोध की अनुभूति होती है परंतु इससे उन्हें अपनी गलतियों और असफलता से सीखने का मौका भी मिलता है। परंतु इस स्वीकारोक्ति तथा पाठ को गहरे अपराध बोध में बदलना (अपनी गलतियों को याद करके अपने आपको कोसते रहना) बालक के सही व्यक्तित्व विकास के लिए काफी हानिप्रद सिद्ध हो सकता है। इसलिए यह जरूरी है कि इस अवस्था की "पहल बनाम अपराध बोध" नामक विषय परिस्थिति या चुनौती का उपयुक्त समाधान तलाश किया जाए। इसे संभव बनाने के लिए हमें चाहिये कि हम उसके द्वारा विभिन्न प्रकार की गतिविधियों को संपादन करने की उसकी पहल को उचित रूप से प्रोत्साहित करने के लिए एक ओर तो अपना समुचित पर्यवेक्षण तथा मार्गदर्शन प्रदान करें तथा दूसरी ओर उसमें अपनी गतिविधियों का मूल्यांकन कर उनसे पुनबर्लित होने या उनमें आवश्यक सुधार लाते रहने की अच्छी आदतें विकसित करने में उसकी पूरी मदद करें।

चौथी अवस्था : अध्यवसाय बनाम हीनता (6-12 पर्ष)

अपनी इस अवस्था से संबंधित आयु अवधि में पहुंचते-पहुंचते सभी बालक प्राथमिक विद्यालयों में शिक्षा ग्रहण करने लगते हैं। यहां इन्हें तरह-तरह की बातें पढ़नी और सीखनी होती हैं। फलस्वरूप अध्यापकों तथा विद्यालय परिवेश सम्बन्धी हालातों की वजह से उनमें अधिक से अधिक काम करने, अच्छे से अच्छे परिणाम दिखाने का दबाव बढ़ता चला जाता है। दूसरी ओर माता-पिता तथा अभिभावकों की भी उनसे (उनकी आयु में बढ़ोत्तरी होने के साथ-साथ) अब अपेक्षायें काफी बढ़ जाती है। वे एक ओर तो उनसे पढ़ाई में आगे रहने की उम्मीद करते हैं तथा दूसरी ओर यह भी चाहते हैं कि वे उनके घर परिवार तथा रोजगारों से संबंधित कार्यों में भी हाथ बंटायें। इससे अतिरिक्त विद्यालय जाने वाले इन बालकों को अपने सहपाठियों से भी विद्यालय तथा अन्य सामाजिक परिस्थितियों में बेहतर कर दिखाने हेतु लगातार प्रतियोगिता में बना रहना पड़ता है। अब अगर बालक विद्यालय घर तथा सामाजिक परिवेश सम्बन्धी इन परिस्थितियों में कुछ अच्छा कर दिखाने में सफल रहता है और उसकी गामक समर्थता तथा बौद्धिक उपब्धियों की वजह से प्रशंसा होती है तो उसमें ज्यादा से ज्यादा मेहनत करके अच्छे से अच्छे परिणाम लाने सम्बन्धी बातें घर कर जाएंगी। परिणामस्वरूप ऐसे बालक जिन्दगी में ज्यादा से ज्यादा मेहनत करके ज्यादा से ज्यादा पाने तथा प्रगति की ऊंची से ऊंची मंजिलें तय करने के लिए पूरी तरह अभिप्रेरित रहेंगे। दूसरी ओर अगर किसी वजह से बालक का उपलब्धि या निस्पति स्तर अपने सहपाठियों की तुलना में काफी कम रहता है अथवा इससे उनके अध्यापकों तथा मां-बाप को संतुष्टि नहीं मिलती तो बालक स्वयं अपनी नजरों में गिरता जाता है और उसमें हीनता की भावना घर कर लेती है।

विद्यार्थियों तथा विद्यालय अधिकारियों द्वारा यहां अब बालकों में अध्यवसाय बनाम हीनता सम्बन्धी इस निकट परिस्थिति तथा चुनौती से ठीक तरह निपटने में सहायता की जा सकती है। बालक के लिए विद्यालय ही वह स्थान है जहां सफलता और असफलता से उसका सही रूप में साक्षात्कार होता है। इसलिए अध्यापक तथा विद्यालय अधिकारियों का यह कर्त्तव्य बन जाता है कि वे कक्षाकक्ष तथा विद्यालय की गतिविधियों एवं वातावरण को इस प्रकार नियोजित एवं संगठित करें कि विद्यार्थी सदैव ही अपने बारे में सकारात्मक दृष्टिकोण अपनाकर अपनी योग्यता और क्षमताओं में विश्वास रखना सीखे तथा निराशा और हीन भावनाओं से अपने आपको सदैव दूर रखें।

पांचवी अवस्था : पहचान बनाम भूमिका भ्रांति (12-19 वर्ष)

किशोरावस्था के आगमन से शुरू होने वाली यह अवस्था बालकों को ऐसी विकट स्थिति में डाल देती हैं कि एक तरफ तो वे अपनी स्वयं की पहचान बनाने के लिए जी जान से उतारू रहते हैं तो दूसरी ओर वे यही नहीं समझ पाते कि ऐसा करने में उन्हें किस प्रकार भी भूमिका निभानी चाहिये। अपनी भूमिका को लेकर वे दोराहे पर खड़े दिखाई देते हैं। इस बात में पूरी सचाई रहती है और यह होना नितान्त स्वाभाविक है कि किशोरावस्था तक पहुंचते-पहुंचते बालकों में अपने पूर्व विकास के आधार पर अपने और अपने परिवेश में विश्वास रखना, स्वायत्तता या आत्मनिर्भरता, पहल करना तथा अपनी प्रगति के लिए पूरी मेहनत करना आदि योग्यताओं और क्षमताओं का समावेश हो जाता है और फलस्वरूप उन्हें अपनी पहचान बनाने की आवश्यकता जोर शोर से महसूस होने लगती है। उनके

शरीर तथा मानसिक प्रक्रिया में अकस्मात आने वाले परिवर्तनों तथा सामाजिक परिवेश द्वारा उनसे की जाने वाली अपेक्षायें उनसे इस प्रकार के प्रश्नों को पूछने के लिए उकसाती है कि मैं क्या हूं?, मुझे क्या होना है?, क्या मैं वही हूं जो पहले हुआ करता था?, मुझे क्या करना चाहिये और मेरा व्यवहार किस तरह का होना चाहिए? आदि आदि।

इरिक्सन का इस सम्बन्ध में यह कहना है कि इस अवस्था में एक किशोर की अपनी पिछली विकास अवस्थाओं के आधार पर अपनी पहचान बनाने से संबंधित जो अटूट लालसा होती है उसके पीछे (i) उसके शरीर में होने वाले आकस्मिक परिवर्तन तथा (ii) अपने आगामी शिक्षा तथा भविष्य के बारे में किसी निर्णय पर पहुंचने से संबंधित चिन्ता और दबाव ही होते हैं। फलस्वरूप किशोर अपनी नई पहचान तथा नयी भूमिका तलाश करने में प्रयासरत रहता है। इसीलिये उसे विभिन्न प्रकार के यौनगत, रोजगार तथा शिक्षा सम्बन्धी विकल्प तलाशते हुए यह मालूम करता पाया जाता है कि वह क्या है तथा क्या हो सकता है।

व्यक्ति विशेष अपनी एक पहचान बनाने के इन प्रयासों में कितना सफल होगा अब यह इस बात पर निर्भर करता है कि उसे अपनी पिछली विकास अवस्थाओं से संबंधित चुनौतियों, विकट परिस्थितियों तथा उलझनों को सुलझाने में किस सीमा तक कामयाबी मिलती है। उसकी इस संदर्भ में नाकामयाबी उसे अपनी भूमिका के विषय में भ्रमित कर सकती है और फलस्वरूप व्यक्ति विशेष अपने आपको ढूंढने और अपनी दृष्टि तथा दूसरों की दृष्टि में अपनी एक विशेष पहचान बनाने में कामयाब नहीं हो पाता। तब वह दिगभ्रमित सा हो जाता है और यह नहीं जान पाता कि उसे स्वयं क्या करना चाहिये तथा उसका व्यवहार कैसा होना चाहिये। वह अपने शैक्षिक तथा व्यावसायिक जिंदगी के बारे में कोई निर्णय लेने तथा दोस्त बनाने में नाकामयाब नजर आता है। आत्म साक्षात्कार (Self-identification) करने सम्बन्धी असमर्थता तथा भूमिका भ्रांति उसे गलत रास्ते पर डाल सकती है और वह बच्चों की तरह व्यवहार करने, दुश्चरित्र और असामाजिक तत्वों की भूमिका में अपने आपको उतारने की गलती करता हुआ दिखाई दे सकता है। अगर दूसरी ओर किशोरों का मनोसामाजिक विकास उन्हें अपनी पहचान देने में कामयाब रहता है तो इससे किशोरों को जो कुछ वे कर रहे हैं उसे करने के लिए उनमें पर्याप्त आत्म विश्वास जागृत होता है, संवेगात्मक रूप से वे समायोजित रहते हैं और उन्हें अपने और अपने वातावरण के साथ पटरी बिठाने में आसानी रहती है।

शिक्षक और अभिभावक किशोरों को उनके इस संकट ''पहचान बनाम भूमिका भ्रान्ति'' से उभारने में उचित रूप से सहायक सिद्ध हो सकते हैं। उन्हें चाहिये कि उनके किशोर बालक जो अपनी एक पहचान बनाने के लिए प्रयासरत हैं, उनके अपने रूप में (अच्छाईयों तथा बुराईयों दोनों के साथ) स्वीकार करें। दूसरी बात जो सभी किशोर चाहते हैं कि अब उन्हें बालक नहीं बल्कि एक जिम्मेदार वयस्क व्यक्ति के रूप में देखा जाना चाहिये। उनकी इस चाहत को भी ध्यान में रखकर उनसे बच्चों की तरह व्यवहार करना छोड़ देना चाहिए। उनके साथियों तथा बाहर वालों के समक्ष उनसे व्यवहार करते समय यह ध्यान रखा जाना चाहिये कि किसी भी तरह उनके अहं (जो पहचान तथा भूमिका उन्होंने अपने लिये अपने मन में बना रखी है) को किसी भी तरह ठेस न लगे। उन्हें उनकी योग्यताओं के अनुरूप वैयक्तिक या सामूहिक रूप से जिम्मेदारी के काम सौंपें जाएं तथा उनके चरित्र, किए जाने वाले कार्यों तथा वायदों पर विश्वास करके चला जाए।

छटी अवस्था : अन्तरंगता बनाम अकेलापन (20-45 वर्ष)

मनोसामाजिक विकास की इस छटी अवस्था का सम्बन्ध व्यक्ति विशेष की पूर्व-वयस्क अवस्था से संबंधित आयु वर्षों से होता है। इस अवस्था में वह अपनी चाहत के किसी व्यक्ति के साथ अन्तरंग सम्बन्ध स्थापित करने में प्रयासरत रहता है। इरिक्सन (1950) ने इस बारे में अपनी टिप्पणी करते हुए लिखा है:

"एक युवा वयस्क जो अपनी एक पहचान बनाने के प्रयासों से अभी-अभी उभरा है वह अब अपनी पहचान को दूसरों की पहचान में आत्मसात कर उनसे अन्तरंग सम्बन्ध जोड़ने के लिए लालायित रहता है। इस अवस्था में उसमें ऐसी सक्षमता नजर आती है कि वह ठोस सम्बन्ध कायम करने तथा अच्छा सहयोगी बनने की भूमिका का निर्वाह कर सके तथा अपने अंदर ऐसी नैतिक सामर्थ्य जुटा सके कि वह इस प्रकार के सहयोगी रहने व बनने के वायदों को किसी भी कीमत पर पूरा करता हुआ दिखाई दे।"

इस तरह इस अवस्था में व्यक्ति अपनी पहचान को दूसरों की पहचान में आत्मसात कर उनसे घनिष्ट सम्बन्ध स्थापित करता हुआ दिखाई देता है। उसके इन सम्बन्धों में इतनी प्रगाढ़ता आ जाती है कि उसमें अहं तथा तेरा-मेरा मन की भावना बिलकुल नहीं रहती। इस तरह के प्रगाढ़ सम्बन्धों के उदाहरण रूप में हम पति-पत्नी, अन्तरंग दोस्तों तथा एक आदर्श शिक्षक शिष्य के मध्य पाने वाले सम्बन्धों का उल्लेख कर सकती हैं। इस तरह की सर्वोच्च अन्तंरगता तथा एक दूसरे में विलय की भावना के दर्शन कामेच्छा तृप्ति करते हुए प्रेमी जोड़ों में संभोग की चरम अवस्था में अच्छी तरह लक्षित हो सकते हैं। दूसरे तरह की ऐसी घनिष्टता और अन्तरंगता वहां देखी जा सकती है जहां लोगों को अपनी मित्रता निभाने तथा परिवार के सदस्यों के साथ देने के लिए हर प्रकार के त्याग करता हुआ पाया जाता है।

अन्तरंगता के ठीक विपरीत हम अकेलेपन को पाते हैं। जहां अन्तरंगता में सम्बन्धों का अटूट बंधन प्रगाढ़ता तथा घनिष्ठता होती है वहां अकेलेपन में सम्बन्धों के नाम पर पूर्ण रिक्तता होती है। जब कोई किसी से भरोसे लायक घनिष्ट सम्बन्ध नहीं बना पाता अथवा जब बने बनाए सम्बन्ध किसी कारणवश तार-तार हो जाते हैं तब व्यक्ति विशेष में अकेलापन घर करने लगता है, उसके दूसरों से सम्बन्ध खत्म हो जाते हैं और वह सबसे अलग-थलग पड़ जाता है। ऐसा होना न तो उसके हित में है और न समाज के। सम्बन्धों को बनाने और उनमें प्रगाढ़ता लाने के यहां कुछ-कुछ उपाय अश्वय किए जाने चाहिये। परन्तु इससे यह अर्थ नहीं लगाया जाना चाहिये कि अकेलापन सभी तरह से अवांछनीय या हानिप्रद है। किसी भी तरह का कुछ न कुछ एकांत और अकेलापन व्यक्ति विशेष की अपनी वैयक्तिकता तथा छवि को बनाए रखने तथा उसके व्यक्तित्व को वांछित दिशा प्रदान करने में महत्वपूर्ण भूमिका निभा सकता है। परन्तु अगर यह बात सीमा से बाहर हो जाए तब यह दूसरों से अच्छे सम्बन्ध बनाने में पहले करने तथा बने सम्बन्धों को टिकाये रखने में बाधक बनकर व्यक्ति विशेष को अपने में ही सिमट कर रह जाने तथा एकान्त और अकेलेपन की ओर धकेल सकती है। इसलिए यहां अब यह आवश्यक हो जाता है कि इस अवस्था विशेष की एक बड़ी चुनौती तथा विषम परिस्थिति "अन्तरंगता बनाम अकेलेपन" के भंवर जाल से ठीक प्रकार निपटा जाए। यह ठीक तरह संभव है अगर हम अपनी दो तरह की एक दूसरे के विपरीत खड़ी हुई आवश्यकता—अंतरंग सम्बन्ध बनाने की आवश्यकता तथा अपनी वैयक्तिकता को बनाए रखने की आवश्यकता की पूर्ति में

उचित संतुलन कायम रख सकें। जितनी अच्छी तरह से हम ऐसा कर सकेंगे उतनी ही अच्छी तरह से हम अपने आपसे और अपनी दुनिया जिसमें हम रहते हैं उससे समायोजन कर सकेंगे।

सातवीं अवस्था : उत्पादनशीलता या सृजनशीलता बनाम जड़ता (45-65 वर्ष)

इस अवस्था तक पहुंचता-पहुंचता व्यक्ति अपने व्यवसाय विशेष में अच्छी तरह पैर फैला लेता है। अब वह अपनी व्यावसायिक दुनिया, नई पीढ़ी तथा समाज को कुछ अपनी ओर से देने के लायक बन जाता है। फलस्वरूप अपने आप कुछ नया कर दिखाने तथा अपने क्षेत्र में अपने कार्यों द्वारा भरसक योगदान देने आदि की इच्छा उसमें जाग्रत होती है। वह अपनी उत्पादनशीलता तथा सृजनात्मकता तथा आने वाली पीढ़ी को रास्ता दिखाने सम्बन्धी अपनी इस चाहत को भी पूरा करना चाहता है। इस प्रकार की अपनी इच्छा और चाहत को पूरा करने के लिए उसके द्वारा अपने बच्चों को आगे बढ़ाने, दूसरे युवा लोगों का मार्गदर्शन करने अथवा किसी न किसी ऐसी रचनात्मक, उत्पादक या प्रयोजनपूर्ण गतिविधियों में प्रयासरत होने की कोशिश की जाती है जिससे समाज, देश या मानवता का भला हो। केवल अपने बारे में या अपने घर परिवार तथा घनिष्ट मित्रों के बारे में ही न सोचकर तथा इस संकीर्ण दायरे से कुछ बाहर निकलकर अब उसका ध्यान आने वाली पीढ़ी को अपनी ओर से कुछ कर जाने की तरफ होता है।

वह अपने बालकों के अलावा, अपने विद्यार्थियों, अधीन कर्मियों तथा सामान्य रूप से सभी युवा व्यक्तियों को अपना जीवनदर्शन देकर जीवन में आगे बढ़ने तथा अपने कैरियर में सफल होने के गुण सिखाने का प्रयत्न करता है। इस तरह से वह अपने आत्म के विस्तार तथा अपने आत्म का समाज के अच्छे सदस्यों के आत्म के साथ आत्मसातीकरण या विलय के प्रयत्नों के रत होता दिखाई देता है।

उत्पादनशीलता या सृजनात्मकता के ठीक विपरीत इस अवस्था में कुछ व्यक्तियों को आत्मकेन्द्रितता, अहं तथा स्वार्थपरता से भी बहुत अधिक ग्रस्त पाया जाता है। परिणामस्वरूप वे अपने ही लिये जीते और मरते पाये जाते है, दूसरों के लिए कुछ करने या समाज के लिए कुछ देने जैसे भावों का उनमें अभाव ही रहता है। इसके अतिरिक्त वे समाज के उत्पादक, उपयोगी तथा सृजनशील अंग के रूप में विकसित न होकर जड़ता (Stagnation) से ग्रस्त हो जाते हैं। न वे कुछ नया करना चाहते हैं और न आने वाली पीढ़ी को उचित मार्गदर्शन द्वारा आगे बढ़ने में सहायता करने की उनमें कोई चाहत होती है। इस तरह की निष्क्रियता या जड़ता दिखाने की बात स्वयं उसके तथा समाज के लिए कई प्रकार से हानिप्रद सिद्ध हो सकती है। परन्तु कुछ समय के लिए अगर निष्क्रिय रहने तथा जड़ता ग्रहण करने की बात हो तो यह व्यक्ति को जो कुछ किया है उसे भली भांति नियंत्रित एवं संगठित करने, उसका मूल्यांकन कर आगे के लिए सबक लेने तथा अपनी शक्तियों को पूर्णजीवन देकर नये उत्साह से उत्पादन या सजृन में जुटने में उचित सहायता कर सकती है परन्तु इसकी अतिशयता व्यक्ति को आत्मकेन्द्रित, स्वार्थी तथा उच्च प्रकार की असामाजिक प्रवृत्तियों की ओर धकेल सकती है। इसीलिए भलाई इसी में है कि उनकी उत्पादनशीलता तथा निष्क्रयता या जड़ता सम्बन्धी दो विपरीत आवश्यकताओं में आवश्यक संतुलन बनाकर रखा ज़ाए जिससे वे एक ओर तो अपनी विकसित योग्यताओं और क्षमताओं के बलबूते पर उत्पादन और सृजनात्मक कार्यों में अपना भरपूर योगदान देते रहे तो दूसरी ओर निष्क्रियता एवं जड़ता के क्षणों में अपने उत्पादन तथा सृजन को संगठित करने तथा ऊर्जा का संचय

करने में इस प्रकार समर्थ बन सकें कि वे आगे आने वाले समय में नई पीढ़ी तथा समाज के प्रति अपने उत्तरदायित्वों को पूरे जोश से निभा सकें।

आठवीं अवस्था में : अहं संतुष्टि बनाम हताशा (65 वर्ष से मृत्यु तक)

मनोसामाजिक विकास की इस अवस्था का सम्बन्ध व्यक्ति की वृद्धावस्था (old age) से है। इस अवस्था में व्यक्ति अपने जीवन काल की अन्तिम संघर्षमय परिस्थिति तथा चुनौती "अहं संतुष्टि बनाम हताशा" के चक्रव्यूह में फंसा पाया जा सकता है। पिछली सभी अवस्थाओं को सफलतापूर्वक पार करके ही कोई इस अवस्था तक पहुंचता है। सभी अवस्थाओं में उसे किसी न किसी प्रकार की चुनौती या उलझन भरी परिस्थिति से जूझना पड़ता है और इन सबसे अच्छी तरह निपटकर यहां तक पहुंचना अब उसे कुछ सीमा तक संतोष या संतुष्टि का अनुभव कराता है।

अहं संतुष्टि से भी यहां यही आशय है कि व्यक्ति जब पीछे मुड़कर अपने अतीत पर नजर डालता है और उसने जो कुछ किया है उससे वह संतुष्टि का अनुभव करता है तो इससे उसके अहं की संतुष्टि ही होती है। मैंने कुछ किया, मैं कुछ कर पाया, यह बात उसमें अपने प्रति आदर यानी उसके दृष्टिकोण को उसके स्वयं के प्रति सकारात्मक बनाने में बहुत मदद करती है। जब व्यक्ति स्वयं ठीक महसूस करता है तो उसे सभी जगह अच्छाईयां नजर आने लगती हैं और उसका दृष्टिकोण दूसरों के प्रति भी सकारात्मक बन जाता है। इस प्रकार अपने आप से तथा दुनिया से संतुष्ट व्यक्ति को अब अपने अतीत से कोई शिकायत नहीं होती। वह यही सोचता है कि उन परिस्थितियों में जो कुछ भी हो सका ठीक हुआ। दूसरी ओर वे व्यक्ति जो पिछली अवस्थाओं की चुनौतियों तथा उलझन भरी परिस्थितियों/संकटों (Crises of life) से ठीक तरह नहीं निपट पाये उनकी सोच यहां अब काफी नकारात्मक पाई जा सकती है। उन्हें अपने अतीत में झांककर निराशा हाथ लगती है। ऐसा हो गया, ऐसा नहीं होना चाहिये, मुझे ऐसा न करके ऐसा करना चाहिये था, यही सोच-सोचकर वे पश्चाताप की अग्नि में जलते रहते हैं और अपने विगम इतिहास को लेकर अपने से काफी नाराज और दुखी दिखाई देते हैं। जीवन में इतना लाम्बा रास्ता तय करने के बाद अब वह यह सोचते हैं कि उनकी जिंदगी ठीक तरह नहीं बीती और अब तो उनके पास अपनी भूलें सुधारने तथा कुछ नया हट कर करने का समय ही कहां बचा है, यही बात अब उन्हें पूरी तरह हताशा की ओर धकेल देती है। इन व्यक्तियों को ही मृत्यु का भय हर समय सताता रहता है। दूसरी ओर वे व्यक्ति जिन्हें अपने अतीत पर कोई पश्चाताप नहीं होता और जो अपने किए पर गौरवान्वित या संतुष्टि का अनुभव करते हैं वे जीवन और मरण को एक स्वाभाविक प्रक्रिया मानकर डर-डर कर नहीं जीते बल्कि अपनी आखिरी सांस तक अपनी जिन्दगी को पूरी तरह से जीते हैं।

दूसरी ओर देखा जाए तो असंतुष्टि और हताशा आवश्यक रूप से व्यक्तित्व का नकारात्मक पहलू नहीं है। किसी काम से या किसी बात से हमारा संतुष्ट होना या न होना नितान्त सामान्य और स्वाभाविक है। हम अपनी जिन्दगी में हमारे द्वारा की जाने वाली कई भूलों तक कमियों का स्मरण कर पछताते हैं। परन्तु यह बात इतनी अधिक नहीं बढ़ जानी चाहिये कि इससे हममें अपने स्यवं के प्रति नफरत या हीनता के भाव पैदा हो जाएं तथा हम निराशा और हताशा के अंधेरों में खो जाएं। इसलिए यह आवश्यक है कि वृद्धावस्था से अहं संतुष्टि तथा हताशा के बीच भली भांति संतुलन कायम करने का प्रयत्न किया जाए ताकि जिन्दगी के इस आखिरी पड़ाव में व्यक्ति अपने और अपनी दुनिया के प्रति

सकारात्मक आशावादी दृष्टिकोण अपनाते हुए दुनिया और समाज के लिए उपयोगी बनकर अपने शेष दिनों को सम्मानपूर्वक जीये।

इरिक्सन की उपरोक्त वर्णित सभी आठों मनो-सामाजिक विकास अवस्थाओं की लंबी यात्रा को जिसे व्यक्ति विशेष द्वारा अपने संपूर्ण जीवन में तय किया जाता है अपनी विशेष चुनौतियों तथा संकट घड़ियों (Crises of life) से जुड़ी आवश्यकताओं एवं अपेक्षाओं के परिप्रेक्ष्य में जिस तरह भलीभांति संक्षिप्त रूप में प्रस्तुत किया जा सकता है उसका एक प्रयास जो कुछ भी अभी तक इस बारे में कहा गया है उसके सार रूप में हम आगे तालिका 6.2 के माध्यम से कर रहे हैं ताकि पाठकों को इरिक्सन के इस बहुउपयोगी मनो-सामाजिक सिद्धांत की आधारभूत धारणाओं को अच्छी तरह समझने में यथासंभव सहायता की जा सके।

तालिका 6.2 इरिक्सन की मनोसामाजिक विकास सम्बन्धी अवस्थायें

(व्यक्ति विशेष की विशिष्ट आवश्यकताओं और अपेक्षाओं के संदर्भ में)

मनोसामाजिक विकास अवस्था	*व्यक्ति और उसकी आयु अवधि*	*आवश्यकतायें एवं अपेक्षायें*
1. विश्वास बनाम अविश्वास (Trust vs Mistrust)	शिशु (Infant) (जन्म से 1½ वर्ष तक)	अपनी अधिक से अधिक देखभाल और अपने लिये ज्यादा आराम की गारन्टी चाहता है ताकि उसका अपने, दूसरों के तथा परिवेश के प्रति आवश्यक विश्वास बना रहे।
2. स्वायत्तता बनाम लज्जा एवं शंका (Autonomy vs Shame and Doubt)	नन्हा बालक (Toddler) (1½ वर्ष से 3 वर्ष तक)	अपने आत्म सम्मान का बचाव करते हुए अपने भौतिक परिवेश पर स्वामित्व स्थापित करने का प्रयत्न करता है।
3. पहल बनाम अपराध-बोध (Initiative vs Guilt)	प्राथमिक विद्यालय में प्रवेश लेने से पहले का बालक (Pre-schooler) –3 वर्ष से 6 वर्ष तक	दूसरों का अनुसरण न कर स्वयं पहल करने की चेष्टा करता है। आत्म-चेतना तथा लैंगिक पहचान की ओर कदम बढ़ाता है।
4. अध्यवसाय बनाम हीनता (Industry vs Inferiority)	पूर्व किशोरावस्था का बालक (Per-adolescent child) –6 वर्ष से 12 वर्ष तक	अपने कौशलों में वांछित निपुणता लाकर आत्म-विश्वास तथा आत्म प्रतिष्ठा अर्जित करने का प्रयत्न करता है।
5. पहचान बनाम भूमिका भ्रांति (Identity vs Role Confusion)	किशोरावस्था (Adolescence) –12 से 20 वर्ष तक	बालक, साथी, भाई-बहन, विद्यार्थी, खिलाड़ी तथा कार्यकर्ता आदि अपनी भूमिकाओं में तालमेल

		बिठाते हुए किसी अनुकरणीय आदर्श से प्रेरणा ग्रहण करते हुए तथा सहपाठियों से प्रतिस्पर्धा करते हुए अपनी एक विशिष्ट पहचान बनाने में प्रयासरत रहता है।
6. अन्तरंगता बनाम अकेलापन (Intimacy vs Isolation)	पूर्व वयस्क (Young Adult) –20 से 45 वर्ष तक	पति-पत्नी, माता-पिता तथा प्रेमी युगल के रूप में एक दूसरे के साथ आत्मीय सम्बन्ध बनाने और प्रतिबद्धता निभाने सम्बन्धी क्षमता अर्जित करता है।
7. उत्पादनशीलता या सृजनात्मकता बनाम जड़ता (Generativity or creativity vs stagnation)	वयस्कावस्था या प्रौढ़ावस्था (Middle age adult) –45 से 65 वर्ष तक	व्यवसाय, परिवार तथा अन्य सामाजिक क्षेत्र में अपनी उत्पादनशीलता तथा सृजनात्मकता के माध्यम से संतुष्टि पाने का प्रयत्न करता है।
8. अहं संतुष्टि बनाम हताशा (Igo Integrity vs Despair)	उत्तर प्रौढ़ावस्था या वृद्धावस्था (Older Adult) –65 वर्ष से मृत्यु तक	अपने जीवन की उपलब्धियों पर नजर डालता है, आयु के साथ आने वाली कमियों से निपटता है और मृत्यु का सामना करने के लिये आवश्यक तैयारियों में जुटा रहता है।

कोहलबर्ग का नैतिक विकास सिद्धांत
(Kohlberg's Theory of Moral Development)

हारबर्ड विश्वविद्यालय के प्रसिद्ध मनोवैज्ञानिक लोरेन्स कोहलबर्ग का जन्म 1927 में न्यूयार्क के ब्रोन्सविले स्थान पर हुआ था। उन्होंने यह सोचकर शिकागों में मनोविज्ञान की स्नातक स्तर की पढ़ाई करने का इरादा किया था कि व आगे जाकर चिकित्सक मनोवैज्ञानिक बनेंगे। लेकिन इस दौरान उसकी पियाज़े द्वारा किए जा रहे कार्यों में रुचि पैदा हो गई और वह पियाजे के द्वारा बालकों के नैतिक विकास सम्बन्धी कार्य को आगे बढ़ाने हेतु बालकों तथा किशोरों का उनकी नैतिक विचार प्रक्रिया तथा विकास के संदर्भ में साक्षात्कार करने में जुट गया। अपने इन अध्ययन प्रयासों के द्वारा उसने व्यक्तियों में उनके जीवन से लेकर अंत तक की अवधि में होने वाली नैतिक निर्णय क्षमता के विकास से संबंधित एक महत्वपूर्ण सिद्धांत को जन्म दिया। अपने अध्ययन के लिए प्रयुक्त इस प्रतिदर्श (Sample) में कोहलबर्ग ने विभिन्न सांस्कृतिक और सामाजिक परिवेश, घर-परिवार तथा देशों के विभिन्न आयु वर्ग के सैंकड़ों बालकों तथा किशोरों को शामिल करने का प्रयत्न किया। नैतिकता तथा नैतिकता के बारे में निर्णय लेने सम्बन्धी जो विचार कोहलबर्ग ने अपने नैतिक विकास सिद्धांत के माध्यम से सबके सामने रखें वे इनके बारे में वे आम प्रचलित इस मान्यता से काफी भिन्न थे कि बालक अपने माता-पिता तथा अन्य गुरुजनों से ही नैतिकता का पाठ पढ़ते हैं। कोहलबर्ग (1968) के अनुसार, "जैसे ही हम बालकों से नैतिकता के सम्बन्ध में बात करते हैं तो हम यह पाते हैं कि वे अनेक ऐसे तरीकों

से भी अपना नैतिक निर्णय लेते हैं जो उन पर बाहर से नहीं लादे जाते और कम से कम जिनका सम्बन्ध प्रत्यक्ष रूप से माता-पिता, अध्यापकों तथा यहां तक कि उनके समवयस्क साथियों से नहीं होता।''

(As soon as we talk with children about morality, we find that they have many ways of making judgements which are not internalized from the outside, and which do not come in any direct and obvius way from parents, teachers and even peers.)

इस सम्बन्ध में कोहलबर्ग ने आगे यह भी स्पष्ट किया कि बालक की संज्ञानात्मक प्रक्रियाओं जैसे उनकी सोच तथा विचार शक्ति भी बालकों के द्वारा लिये जाने वाले नैतिक निर्णयों सम्बन्धी विकास में काफी महत्वपूर्ण भूमिका निभाती हैं। दूसरे शब्दों में यह अच्छी तरह कहा जा सकता है कि जिस रूप में बालकों द्वारा अपने नैतिक निर्णय लिये जाते हैं वह उनके बौद्धिक विकास के स्तर, उनके लालन-पालन एवं उनके द्वारा अर्जित अधिगम अनुभवों इन सभी के सम्मिलित प्रभाव का प्रतिफल होता है।

मनुष्य मात्र की नैतिक विकास सम्बन्धी प्रक्रिया का अध्ययन करने के लिए कोहलबर्ग ने पहले तो नैतिक विकास को व्यक्ति विशेष का एक ऐसी योग्यता तथा क्षमता के रूप में परिभाषित किया जो उनसे न्याय तथा अन्याय, भले या बुरे में भेद करने में मदद करती है और फिर बालकों में इस प्रकार की योग्यता तथा क्षमता के स्तर का पता लगाने हेतु उसने उनके नैतिकता सम्बन्धी दृष्टिकोणों के अध्ययन पर अपना ध्यान केन्द्रित किया ओर इसके लिए अपने द्वारा बनाए गए एक नैतिक निर्णय परीक्षण (Test of Moral judgement) का प्रयोग किया। इस परीक्षण में उसने विभिन्न प्रकार के नैतिक धर्म संकटों (Moral dilemmas) से युक्त घटनाओं को बालकों के सामने प्रस्तुत करते हुए उनके नैतिक निर्णय की जांच हेतु कुछ इस प्रकार के प्रश्न किए जैसे क्या उस व्यक्ति के द्वारा जो अपनी मरती हुई पत्नी के लिए दवा ख़रीदने की आर्थिक स्थिति में नहीं है, दवा के लिए चोरी करना ठीक है? क्या एक महत्वपूर्ण व्यक्ति की जान बचाने के लिए अनेक सामान्य व्यक्तियों की जान को दांव पर लगाना उचित कहा जा सकता है। क्या कष्ट से तड़पते हुए किसी व्यक्ति को डाक्टर द्वारा जहर के इंजेक्शन देकर मारना उचित है? आदि आदि। अपने अध्ययन के प्रतिदर्श में शामिल बालकों की साक्षात्कार लेने हेतु उनमें उचित रुचि तथा आकर्षण पैदा करने के लिए उसने नैतिक धर्म संकटों से युक्त घटनाओं को रोचक कहानियों तथा व्याख्यात्मक वर्णन द्वारा प्रस्तुत करने की चेष्टा की। उदाहरण रूप में यहां हम एक ऐसी कहानी या विवरण को प्रस्तुत कर रहे हैं।

हेन्ज ने दवा की चोरी की (Heinz steals the Drug)

यूरोप में एक महिला एक विशेष प्रकार के केन्सर से पीड़ित होने के कारण मृत्यु की कगार पर थी। डाक्टर के परामर्श के मुताबिक केवल एक ही दवाई ऐसी थी जो उसकी जिन्दगी बचा सकती थी। वह एक ऐसे रेडियम के रूप में थी जिसे उसी शहर के एक दवाई विक्रेता द्वारा अभी हाल ही में आविष्कृत किया गया था। दवाई को बनाने में यद्यपि काफी खर्च आता था परन्तु दवाई विक्रेता उसकी लागत से 10 गुनी कीमत वसूल रहा था। वह रेडियम के लिए 200 डालर खर्च कर रहा था परन्तु दवा की एक छोटी सी खुराक की कीमत उसने 2000 डालर रखी हुई थी। बीमार औरत के पति हेन्ज में इस दवा को ख़रीदने को सामर्थ्य नहीं थी। वह अपने सभी परिचितों के पास सहायता के लिए पहुंचा परन्तु अपने भरसक प्रयास के बावजूद कुल 1000 डालर ही इकट्ठे कर

पाया। उसने दवाई विक्रेता से प्रार्थना की उसकी पत्नी मरण शैय्या पर है और वह उसे यह दवाई की खुराक 1000 डालर में ही दे दे अथवा अभी इतना ही ले ले शेष 1000 डालर वह बाद में चुकता कर देगा। लेकिन दवाई विक्रेता ने इस बात को नकारते हुए उसे उत्तर दिया कि "नहीं, मैंने इस दवाई की खोज की है और मैं इससे पूरी कमाई करना चाहूंगा।" ऐसा सुनकर हेन्ज के धैर्य की सीमा समाप्त हो गई और अपनी मरती हुई पत्नी के लिए दवा उपलब्ध करने हेतु उसने रात के अंधेरे में दवा विक्रेता के स्टोर का ताला तोड़कर चोरी करने की कोशिश की। क्या हेन्ज का ऐसा करना उचित था? (कोहलवर्ग, 1963, p. 19)

इस प्रकार के नैतिक धर्म संकटों से युक्त किसी घटना विशेष को किसी बालक या व्यक्ति विशेष के सामने रखकर कोहलबर्ग ने उसे अपने कुछ विशेष प्रश्नों के उत्तर प्राप्त करने हेतु भली भांति प्रेरित किया। कोहलबर्ग मात्र इस बात से संतुष्ट नहीं था कि प्रयोज्य (Subject) द्वारा उसके प्रश्न का उत्तर हां या ना में दिया जाए जैसे हेनरी का ऐसा करना ठीक था अथवा ठीक नहीं था। उसे यह जानने में विशेष रुचि थी कि प्रयोज्य (Subject) के द्वारा जो उत्तर दिया जा रहा है उसके पीछे क्या औचित्य है ताकि प्रयोज्य के नैतिक विकास स्तर की थाह पाने हेतु उसमें निहित नैतिक सोच के स्तर की पकड़ की जा सके। अपने इस उद्देश्य की पूर्ति हेतु कोहलबर्ग ने आगे बढ़कर अपने प्रयोज्य से कुछ इस प्रकार के प्रश्न किए जैसे आप ऐसा क्यों सोचते हैं कि हेन्ज द्वारा दवाई चुराना ठीक था। ठीक नहीं था? कुछ ओर अधिक जानने हेतु कोहलबर्ग ने कुछ और प्रश्नों का चुनाव कर रखा था जैसे क्या आप यह सोचते हैं कि दवाई चुराने का हेन्ज का हक बनता था? क्या इससे औषधि विक्रेता के अधिकारों का हनन नहीं हो रहा था? हेन्ज को पकड़े जाने पर जज द्वारा उसे क्या सजा सुनाई जानी चाहिये? इस तरह से कोहलबर्ग ने अपने प्रयोज्यों से तरह-तरह के प्रश्न पूछे ताकि प्रयोज्य विशेष द्वारा दिए गए किसी उत्तर के औचित्य को परखने का पूरा-पूरा अवसर प्राप्त हो सके।

अंत में उन सभी उत्तरों का जो कोहलबर्ग को अपने प्रयोज्यों से प्राप्त हुए, विश्लेषण करके वह इस निष्कर्ष पर पहुंचा कि पियाज़े की संज्ञानात्मक विकास अवस्थाओं की तरह नैतिक मूल्यों के विकास की भी कुछ निश्चित एवं सार्वभौमिक अवस्थायें होती है और बालक का एक अवस्था से दूसरी अवस्था में पदार्पण करना उसके माता-पिता, गुरुजन तथा साथी बालकों के नैतिक मूल्यों के अर्जन पर नहीं बल्कि उसकी स्वयं की संज्ञानात्मक योग्यताओं पर निर्भर करता है। उसने आगे नैतिक विकास के तीन विभिन्न स्तरों का उल्लेख किया तथा प्रत्येक स्तर पर बालक या व्यक्ति विशेष के नैतिक विकास सम्बन्धी दो अवस्थाओं की चर्चा की। कोहलबर्ग द्वारा प्रदत्त नैतिक विकास के इन तीन स्तरों तथा उनसे जुड़ी हुई अवस्थाओं को नीचे तालिका 6.3 में दिखा गया है।

तालिका 6.3 : कोहलबर्ग ने नैतिक विकास सम्बन्धी तीन स्तर तथा छः अवस्थायें

स्तर-I	पूर्व नैतिक या पूर्व-पारंपरिक नैतिकता (4-10 वर्ष)
अवस्था-1 :	सजा से बचने हेतु आज्ञापालन की अवस्था
अवस्था-2 :	इनाम तथा अन्य लाभों के लालच में अनुपालन करने की अवस्था
स्तर II	पारंपरिक नैतिकता (10-13)

अवस्था-3 :	अच्छे अन्तः वैयक्तिक सम्बन्ध (पारस्परिक सम्बन्ध बनाए रखने तथा दूसरों की स्वीकृति पाने की अवस्था)
अवस्था-4 :	सामाजिक व्यवस्था बनाए रखना (उच्च अधिकारीगण या सामाजिक संगठनों के द्वारा लगाये गए प्रतिबंध से बचने हेतु आज्ञापालन की अवस्था।)
स्तर -III	स्व-मान्य नैतिक सिद्धांतों पर आधारित उत्तर-पारंपरिक नैतिकता (13 वर्ष में या अधेड़/प्रौढ़ावस्था में अथवा कभी नहीं)
अवस्था-5 :	सामाजिक अनुबंध तथा वैयक्तिक अधिकार (जनतांत्रिक रूप से स्वीकृत नियमों तथा सामुदायिक कल्याण सम्बन्धी रीतियों की अनुपालन सम्बन्धी अवस्था)
अवस्था-6 :	सार्वभौमिक नैतिक सिद्धांत (सार्वभौमिक नैतिक सिद्धांतों तथा अपनी आत्मा की आवाज पर चलने की अवस्था)

आइए अब हम कोहलबर्ग द्वारा वर्णित इन सभी नैतिक विकास स्तर तथा अवस्थाओं से ठीक तरह परिचित होने का प्रयत्न करें।

स्तर-I पूर्व नैतिक या पूर्व-पारंपरिक नैतिकता (4-10 वर्ष)
(Pre-Moral or Per-convention Morality)

नैतिकता के इस स्तर पर बालकों में क्या सही है अथवा क्या गलत और क्या अच्छा है अथवा क्या बुरा इस तरह के निर्णय लेने की शुरूआत हो जाती है। परन्तु मानदंड जिन्हें वह इस प्रकार की नैतिकता सम्बन्धी निर्णय लेने के लिए प्रयुक्त करता है वे अभी दूसरों के ही होते हैं। (या तो उन्हें मां-बाप या गुरुजनों द्वारा नियमों के रूप में लागू किया जाता है अथवा स्वयं अपने व्यवहार में दिखाया जाता है) वह प्रायः इस प्रकार के निर्णय या तो सजा से बचने के लिए लेता है अथवा किसी इनाम और अन्य प्रकार के लाभों/रियायतों का लालच उसे यह करने को प्रेरित करता है। इस स्तर पर होने वाला नैतिक विकास निम्न दो चरणों या अवस्थाओं में से गुजरता हुआ पाया जाता है।

अवस्था 1. सजा से बचने हेतु आज्ञापालन की अवस्था
(Stage of Obedience for Avoiding Punishment)

प्रारंभ में बालकों की नैतिकता का नियन्त्रण और नियमन सजा मिलने के डर पर आधारित रहता है। वह अपने माता-पिता तथा गुरुजनों की आज्ञा केवल डांट-फटकार और सजा के डर से ही मानता है। कोहलबर्ग द्वारा प्रतिपादित यह प्रथम नैतिक विकास अवस्था पियाजे द्वारा प्रतिपादित प्रथम नैतिक विकास चरण या अवस्था–हेटरोनोमस अवस्था से मेल खाती है। यहां बालक यह मानकर चलता है कि जिनके पास अधिकार और शक्तियां है (जैसे माता-पिता, गुरुजन आदि) उनके द्वारा कुछ निश्चित नियम तथा कायदे कानून बनाए गए हैं जिनका उसके द्वारा बिना किसी आपत्ति के अक्षरशः पालन करना जरूरी है। अगर पूर्व वार्णित हेन्ज सम्बन्धी घटना कहानी का यहां पुनः स्मरण किया जाए तो इस अवस्था का बालक अपने नैतिक विकास स्तर के हिसाब से यही कहेगा कि हेन्ज को दवाई चुराने के लिए इसलिए दोषी कहा जाना चाहिये क्योंकि "ऐसा करना कानून/नियम के विरुद्ध है" अथवा "आपको नहीं मालुम कि चोरी करना बुरी बात है।" अगर इस सम्बन्ध में

उससे आगे और कुछ कहने के लिए कहा जाए जैसे चोरी करना बुरी बात क्यों है? तो उसका स्पष्ट यही जवाब होगा कि आप नहीं जानते इससे कितनी बड़ी सजा मिलती है।"

अवस्था 2. इनाम तथा अन्य लाभों के लालच में अनुपालन करने की अवस्था (Stage of Conforming to obtain rewards and favour in return)

नैतिक विकास की इस अवस्था में बालक यह जान जाते हैं कि क्या अच्छा है और क्या बुरा। ऐसा निर्णय लेने के लिए कोई ऐसा सर्वमान्य निश्चित नियम नहीं होता जिसे अधिकारीगण/बड़ों द्वारा सबके लिए निर्धारित कर रखा हो। सबकी इसमें अलग-अलग राय हो सकती है। जैसे अगर हेन्ज सम्बन्धी घटना को ही लिया जाए तो क्या उचित है और क्या अनुचित इसके बारे में जहां हेन्ज यह सोच सकता है कि उसका इन परिस्थितियों में दवाई की चोरी करना बिलकुल जायज है वहीं दवाई विक्रेता इसे अपने अधिकारों पर हनन, अपनी असुरक्षा तथा होने वाले नुक्सान की दृष्टि से बिल्कुल गलत करार देकर हेन्ज को कड़ी से कड़ी सजा दिलाने के हक में दिखाई दे सकता है। दूसरे अन्य व्यक्तियों की राय यहां अगर ली जाए तो किसी को यह उचित तथा न्याय संगत दिखाई देगा तो कुछ इसे गलत करार देकर हेन्ज को जेल में सींखचों में बंद करने की सिफारिश करते पाये जाएंगे। कोहलबर्ग (1963, p. 24) को इस अवस्था से बालकों का साक्षात्कार करते हुए उसकी नैतिक सोच के बारे में यही निष्कर्ष निकाला कि ये बालक अब जान जाते हैं कि "नैतिकता से जुड़ी हुई सब बातें शाश्वत नहीं बल्कि सापेक्ष होती हैं। सभी व्यक्ति अपनी-अपनी तरह से क्या अच्छा है, क्या बुरा यह निर्णय लेने के लिए स्वतन्त्र होते हैं।

यहां हेन्ज के बारे में ही देख लीजिये एक बालक ने बिलकुल अलग सा जवाब देते हुए कहा "हेन्ज को दवा अवश्य चुरानी चाहिए थी अगर वह अपनी पत्नी को आगे जीवित देखना चाहता था परन्तु उसे उस अवस्था में यह करने की कोई जरूरत नहीं थी जब अगर वह किसी और कम उम्र की सुंदर स्त्री से शादी करने के लिए इच्छुक था।"

इस तरह देखा जाए तो इस अवस्था से बालकों में कोई निश्चित मूल्य नहीं होते। वे मौके के हिसाब से क्या सही है और क्या गलत है इसके बारे में निर्णय अपने-अपने हिसाब से लेते हैं। ज्यादातर उनके ये निर्णय उनकी स्वार्थपूर्ति पर आधारित होते हैं। उनके लिए वही बात अच्छी है जिससे उन्हें किसी न किसी तरह का फायदा होने की गुंजाइश रहती है। वे किसी का कहना इसलिए मानते हैं यह बात उसके लिए फायदेमंद है, इससे उसको उनकी आवश्यकताओं को पूरा करने का मौका मिलता है।

स्तर II पारंपरिक नैतिकता (10-13 वर्ष) (Conventional Morality)

नैतिक अवस्था के इस दूसरे स्तर पर भी बालकों की नैतिक सोच एवं निर्णय की आधारभूमि दूसरों को क्या अच्छा लगता है और क्या बुरा, इसी पर विराजमान रहती है। उसके लिए वही नैतिक या अनैतिक होता है जिसका विधान समाज में निहित नियम, कायदे कनूनों, आचार संहिता, परंपराओं तथा रीतिरिवाजों द्वारा उसके सामने होता है। चोरी करना अथवा अपनी जिंदगी से मुक्ति पाने की इच्छा रखने वाले व्यक्ति को दयावश मारना इस प्रकार की बातें उनके द्वारा अनैतिक करार दी जाएंगी क्योंकि न तो समाज इन्हें मान्यता देता है और न कानून। इस प्रकार से पारंपरिक नैतिकता के स्तर के बालक के लिए नैतिक वही होता है जो उसे समाज में बड़े अधिकारियों तथा कानून की किताबों द्वारा निर्धारित किया जाता है। इस स्तर की नैतिकता में निम्न दो अवस्थायें लक्षित होती हैं।

अवस्था 3 : अच्छे वैयक्तिक अंतः सम्बन्ध
(Good Interpersonal Relationships)

पारम्परिक नैतिकता स्तर के पहले चरण में बालक के नैतिक निर्णयों के मूल में यह भावना कार्य करती है कि वह ऐसे काम न करे जिनसे दूसरे नाराज हो। दूसरे शब्दों में वह 'एक अच्छा लड़का' या 'एक अच्छी लड़की के रूप में अपनी तस्वीर दूसरों के सामने रखने की यथा संभव कोशिश करता है। इस उद्देश्य हेतु वह दूसरों की पसंद-नापसंद तथा इरादों को भांपता रहता है और उन्हीं के मुताबिक व्यवहार चेष्टाओं में संलग्न रहना चाहता है। कोहलबर्ग ने अपने अनुसंधान कार्य के दौरान यही पाया कि उसके बहुत सारे प्रयोज्य (Subjects) इस बात पर एकमत थे कि हेन्ज ने चोरी करके ठीक किया। वह एक अच्छा आदमी था क्योंकि कोई भी पति चुपचाप रहकर अपनी पत्नी को मौत से लड़ते हुए नहीं देख सकता। इस सम्बन्ध में प्रयोज्यों द्वारा दिए गए उत्तरों में से अपने एक प्रयोज्य डॉन (13वर्ष) के उत्तर को कोहलबर्ग (1963: 25) ने निम्न प्रकार प्रस्तुत किया है।

"वास्तव में यह दवा विक्रेता का कसूर था, उसका व्यवहार अनुचित था, वह बहुत ज्यादा कीमत वसूल कर रहा था ओर उसे किसी की जान की भी परवाह नहीं थी। हेन्ज अपनी पत्नी से बहुत प्यार करता था और उसकी जान बचाना चाहता था। मैं सोचता हूं कि कोई भी ऐसा ही करेगा। मेरे विचार में वे उसे जेल में बंद नहीं करेंगे। जज सब बातों को ध्यान में रखेगा और देखेंगा कि दवा विक्रेता बहुत ज्यादा कीमत वसूल रहा था।"

अपने प्रयोज्यों द्वारा दी गई इस प्रकार की प्रतिक्रियाओं के आधार पर कोहलबर्ग ने यह निष्कर्ष निकाला कि 10 से 13 वर्ष की आयु के ये प्रयोज्य अपनी ऐसी प्रतिक्रियाओं के माध्यम से यह प्रमाणित कर रहे थे कि उनकी नैतिक सोच का स्तर अभी पारंपरिक (Conventional) ही हैं। वे सभी इसी बात पर जोर दे रहे थे कि हेन्ज ने वही किया जो इस हालात में किसी के द्वारा किया जाना चाहिये था यानी उनके विचार में हेन्ज के द्वारा किया गया कार्य इसलिए ठीक था क्योंकि समाज में ज्यादातर ऐसा ही होता है और अधिक से अधिक लोगों द्वारा ऐसा करना स्वाभाविक ही नजर आता है।

अगर इस सम्बन्ध में पियाज़े तथा कोहलबर्ग के नैतिक विकास सिद्धांतों में समानता और असमानता तलाश करने का प्रयत्न किया जाए तो यह पता लगाने में कोई कठिनाई नहीं होगी कि जहां तक बाल्यावस्था में होने वाले नैतिक विकास का प्रश्न है इस विकास को कोहलबर्ग ने अपनी तीन प्रारंभिक अवस्थाओं तथा पिजाए ने अपनी दोनों अवस्थाओं या नैतिक विकास से संबंधित चरणों के तहत हमारे सामने लाने का प्रयास किया है और उनके इन प्रयासों में काफी कुछ साम्य दिखाई देता है। दोनों के द्वारा प्रतिपादित नैतिक विकास सिद्धांतों में बालकों के नैतिक विकास क्रम में काफी एकरूपता नजर आती है। दोनों में विकास का प्रारंभिक स्तर बालकों द्वारा बिना कोई प्रश्न किए आदेशों की अनुपालना से शुरू होता है, फिर उनके नैतिक दृष्टिकोण मे इस प्रकार की सार्वभौमिकता गायब हो जाती है और वे परिस्थिति अनुसार अपने हित चिन्तन की दृष्टि से नैतिकता को परिभाषित करने लगते हैं और फिर उन्हें कार्य के गलत होने पर भी उसमें निहित नेक इरादों के कारण गलती करने वालों के प्रति सहानुभूति झलकने लगती है। इन सभी समानताओं के विद्यमान होते हुए जो एक मात्र बड़ी असमानता यहां दिखाई दे सकती है वह यह है कि जो बातें पियाजे ने अपने पूरे सिद्धांत में नैतिक विकास की दोनों अवस्थाओं या चरणों का वर्णन करते हुए कही तथा अपने अनुसंधान कार्य को बाल्यावस्था तक के ही विकास

तक सीमित रखा वहीं कोहलबर्ग ने जो कुछ पियाजे ने कहा था उसे अपने अपनी तीन प्रारंभिक विकास अवस्थाओं के वर्णन में ही प्रस्तुत कर दिया तथा बाद की अन्य तीन अवस्थाओं में बाल्यावस्था के बाद होने वाले नैतिक विकास को अपना अध्ययन विषय बनाया।

अवस्था 4 : सामाजिक व्यवस्था बनाए रखना (Maintaining Social Order)

कोहलबर्ग के अनुसार तृतीय अवस्था में बालकों की नैतिक सोच दो व्यक्तियों में पाये जाने वाले पारस्परिक सम्बन्धों (विशेषकर परिवार के सदस्यों या अच्छे दोस्तों के साथ जहां एक दूसरे की आवश्यकताओं तथा भावनाओं को समझने और एक दूसरे के लिए कुछ करने के ईमानदारी से प्रयत्न किए जाते हैं) के परिप्रेक्ष्य में ठीक तरह कार्य करती है। परन्तु चौथी अवस्था में प्रवेश करते ही बालक अपने में होने वाले सामाजिक विकास के फलस्वरूप परिवार या दोस्तों तक ही सीमित नहीं रहता वह पूरे समाज का हो जाता है और इसलिए समाज के साथ अच्छी तरह समायोजित होने की उसकी आवश्यकता आवश्यक रूप से बढ़ जाती है। अब वह समाज के नियमों, आचार विचारों तथा कायदे-कानूनों के अन्तर्गत काम करने को महत्व देने लगता है ताकि समाज में कानून और व्यवस्था बनाए रखने में उसकी उचित प्रयोज्यों द्वारा दिए गए उत्तरों की ओर हमारा ध्यान दिलाते हुए कहता है कि उसके बहुत से प्रयोज्यों ने स्पष्ट रूप से यह स्वीकार किया कि यही ठीक है कि हेन्ज का चोरी करने के पीछे जो उद्देश्य था वह कल्याणकारी था परन्तु इस बात को लेकर उसके द्वारा चोरी करने का अपराध कम नहीं हो जाता। क्या होगा अगर हम सब अपने-अपने हिसाब से कानून की धज्जियां उड़ाने लग जाएं चाहे इसके पीछे कितना भी कल्याण.कारी प्रयोजन छुपा हो? इससे तो पूरी तरह अराजकता फैल जाएगी, फिर बताओ समाज किस तरह चलेगा।

इस प्रकार से बालकों की अपने नैतिक विकास की इस चौथी अवस्था में नैतिक सोच तथा निर्णय लेने का कार्य पूरे समाज के कल्याण और हित चिन्तन से जुड़ा हुआ दिखाई देता है। उनकी नैतिकता की परिभाषा का दर्शन अब समाज के बनाए हुए नियम, कायदे कानून तथा आचार संहिता और समाज में चली आ रही परंपराओं तथा रीतिरिवाजों से निर्देशित और अनुप्रेरित रहता है। चाहे इसमें समाज के हित की लोक कल्याण भावना छुपी हो अथवा वे समाज की नाराजगी (जिसमें उनके मां-बाप, गुरुजन तथा समाज के अन्य सम्मानित सदस्य, कानून और न्याय से जुड़े अधिकारीगण शामिल होते हैं) का डर एवं समाज द्वारा स्थापित नैतिकता और अनैतिकता की परिभाषाओं के संदर्भ में ही अपने व्यवहार का निरुपण करते हुए दिखाई देते हैं।

स्तर III : स्व-मान्य नैतिक सिद्धांतों पर आधारित उत्तर-पारंपरिक नैतिकता (Post Conventional Morality involving self accepted moral principles) –13 वर्ष तथा उसके पश्चात्

नैतिक विकास का यह स्तर व्यक्ति के नैतिक विकास का सर्वोच्च स्तर कहलाता है, यहां अब व्यक्ति की नैतिक सोच और निर्णय को नियमित एवं नियंत्रित करने की कुंजी किसी बाहरी व्यक्ति संस्था या समाज द्वारा बनाए गए कायदे कानूनों में नहीं बल्कि व्यक्ति विशेष में ही निहित पाई जाती है। कोई बात सही है या गलत इस बात का फैसला इस आधार पर नहीं लिया जाता कि दूसरों द्वारा या समाज विशेष के बनाए गए नियमों,

कायदे-कानूनों अथवा चली आ रही परंपराओं तथा रीतिरिवाजों द्वारा इस सम्बन्ध में क्या कहा जाता है बल्कि इस बात पर होता है कि उसके स्वयं का अन्तरमन इस बारे में क्या कहता है। उसके लिए नैतिकता की परिभाषा अब दूसरों द्वारा नहीं दी जाती बल्कि इसके पीछे अब वे नियम सिद्धांत एवं मूल्य होते हैं जो स्वयं उसके द्वारा अपनी विकसित मानसिक सोच, जागरुकता तथा अनुभवों के आधार पर बनाए जाते हैं। परन्तु नैतिक विकास के इस स्तर पर पहुंचना कोई सामान्य बात नहीं है। किसी को तो इसकी किशोरावस्था के शुरू या बीच ही में उपलब्धि हो जाती है किसी को इसके लिए अधेड़ या प्रौढ़ावस्था के आखिरी वर्षों तक इन्तजार करना पड़ता है और किसी को यह अपनी जिंदगी में नसीब ही नहीं होता। नैतिक विकास के इस उच्चतम स्तर का सफर भी निम्न दो चरणों या अवस्थाओं से गुजरता हुआ दिखाई देता है।

अवस्था 5 : सामाजिक अनुबंध तथा वैयक्तिक अधिकार
(Social Contracts and Individual Rights)

इस अवस्था में प्रवेश करते हुए, जैसा कि कोहलबर्ग का मत है, व्यक्ति विशेष के मन में यह प्रश्न उठता है कि अच्छे समाज की परिभाषा क्या है? मूल रूप में वे यह मानते हैं कि अच्छे समाज का दर्जा उस समाज को दिया जा सकता है जिसमें रहने वाले व्यक्ति किसी एक ऐसे सामाजिक अनुबंध में बंधे हो जिसके तहत वे स्वतंत्र रूप से कार्य करते हुए समाज का आवश्यक हित चिन्तन कर सकें। वे यह मानते हैं कि समाज में रहने वाले सभी विचारवान व्यक्ति इंन दो बिन्दुओं पर अवश्य ही सहमत होंगे। जैसे : (i) अपने लिये कुछ मूलभूत अधिकारों जैसे स्वतंत्रता, तथा जीवन सुरक्षा और (ii) अनुचित नियमों/कानून में परिवर्तन तथा समाज में सुधार लाने हेतु एक जनतंत्रात्मक प्रक्रिया या तरीके की आवश्यकता। अपने इस प्रकार के विचारों को कुछ ठोस आधार देने हेतु कोहलबर्ग ने एक बार अपने प्रयोज्यों (Subject) द्वारा हेन्ज से जुड़ी हुई घटना के सम्बन्ध में दिए गए उत्तरों पर ध्यान केन्द्रित करने की बात हमारे सामने रखी। उसके प्रयोज्यों में अधिकांश ने अपने उत्तरों द्वारा यह कहने की कोशिश की कि "वे सामान्य तौर पर नियम या कानून का उल्लंघन करने में विश्वास नहीं करते; ये तो एक ऐसे सामाजिक अनुबंध होते हैं जिन्हें निभाने के लिए हम प्रतिबद्ध हैं जब तक कि इनमें जनतांत्रिक ढंग से कोई बदलाव नहीं लाया जाता। फिर भी उसकी पत्नी का जीवित रहने का अधिकार एक नैतिक अधिकार है जिसकी रक्षा की जानी चाहिये।"

इस प्रकार से इस अवस्था में व्यक्ति विशेष की नैतिकता उस स्तर के नैतिक सोच पर पहुंच जाती है कि जहां वह किसी अधिकारी या कानून की बात तभी मानता है जब वह तार्किक दृष्टि से उन सिद्धांतों या उसूलों को स्वीकार कर लें जिन पर अधिकारी विशेष द्वारा जारी किया गया आदेश निर्भर करता है। व्यक्ति की इस स्तर पर सोच नितांत तार्किक तथा विवेकपूर्ण हो जाती है और उसकी नैतिकता की परिभाषा में मानव अधिकारों, समाज कल्याण तथा विश्व बंधुत्व जैसे मानवीय तथा सामाजिक गुणों का समावेश हो जाता है। उदाहरण के लिए इस स्तर से संबंधित कोई व्यक्ति मानव अधिकार संरक्षण के परिप्रेक्ष्य में यह कहता हुआ पाया जा सकता है कि मृत्यु की कामना करने वाले व्यक्ति को मौत प्रदान करने की बात उसी व्यक्ति पर छोड़ देनी चाहिये जो अपने जीवन से तंग आकर मौत की पुकार लगा रहा हो, इसके लिए अगर जरूरत हो तो समाज विशेष के भले के लिए संबंधित कानून में भी परिवर्तन किया जा सकता है।

अवस्था 6 : सार्वभौमिक नैतिक सिद्धांत (Universal Moral Principles)

नैतिक विकास की यह अवस्था नैतिक सोच तथा विकास की सबसे अंतिम और चरम अवस्था है। अपने नैतिक विकास सिद्धांत को प्रतिपादित करते हुए कोहलबर्ग ने इस अवस्था के नैतिक विकास को अपने इस विश्वास के आधार पर कल्पना की कि व्यक्ति के नैतिक विकास में एक मुकाम ऐसा भी होना चाहिये जिसमें नैतिकता को उन सार्वभौमिक नैतिक सिद्धांत या शाश्वत मूल्यों के हिसाब से परिभाषित किया जा सकता हो जिसका प्रमाण महात्मा गांधी तथा मार्टिन लूथर किंग जैसे चरित्रवान महान पुरुषों ने अपने जीवन को जीकर दिया है। नैतिकता पूर्ण उनके जीवन में शाश्वत मूल्यों तथा सार्वभौमिक एवं सर्वमान्य नैतिक सिद्धांतों जैसे स्वतंत्रता, समानता, विश्ववंधुत्व, जीयो और जीने दो, न्याय तथा दूसरों के प्रति आदर भाव की स्पष्ट झलक देखने को मिल सकती है। इस प्रकार की नैतिकता में व्यक्ति खुद के लिए ही नहीं जीता बल्कि उसे अपने से ज्यादा दूसरों के हित की परवाह रहती है। कोहलबर्ग के अनुसार हम इस अवस्था में पहुंच सकते हैं अगर हम हालातों को दूसरों के नजरिये से देखना शुरू कर दें। हेन्ज की कहानी में ही देख लीजिये, नैतिकता के इस सर्वोच्च रूप के दर्शन तभी संभव हैं कि जब समस्या का उपयुक्त और न्यायोचित समाधान सभी की सहमति से हो सके। इसके लिए निश्चित रूप से सभी को (दवा विक्रेता, हेन्ज और उसकी पत्नी तथा कानून) यहां पैदा हुए हालातों को दूसरों के नजरिये से देखना पड़ेगा। अगर वे सभी ऐसा करते हैं तो निस्संदेह ही आखिर में वह इस बात पर अवश्य ही एकमत होते दिखाई देंगे कि छोटी-छोटी बातों जैसे ज्यादा कमाई, परंपरागत नियम और कानूनों को ताक पर रखकर एक जान बचाने जैसे विशाल उद्देश्य की पूर्ति हेतु वही करना ठीक रहेगा जिससे हेन्ज की पत्नी की जान बच सके। इस प्रकार से नैतिक विकास की छटी अवस्था में आसीन व्यक्ति विशेष के नैतिक निर्णयों को नियमित एवं नियंत्रित करने वाली शक्तियां उसके स्वयं के अंदर विराजमान रहती हैं। इस समय जो उसकी नैतिक सोच या फैसले होते हैं उनकी चाबी उसके अन्तःकरण तथा उसके द्वारा मान्य शाश्वत मूल्यों तथा सार्वभौमिक सिद्धांतों (जैसे सभी के लिए न्याय, समानता, स्वतंत्रता, आदरभाव) में निहित रहती है। वह वही करता है जो उसका अंतःकरण करने के लिए कहता है चाहे इसमें उसे दूसरों का विरोध, समाज की भर्त्सना तथा कानून की अवज्ञा करने की त्रासदी का सामना क्यों न करना पड़े।

कोहलबर्ग द्वारा सुझाई गई उपरोक्त नैतिक विकास सम्बन्धी अवस्थाओं के विवरण द्वारा अब यह अच्छी तरह से समझा जा सकता है कि यद्यपि बालक बहुत छोटी उम्र में ही क्या सही है और क्या गलत इस तरह का निर्णय लेने सम्बन्धी योग्यता का प्रमाण देकर अपने नैतिक विकास की यात्रा प्रारंभ करते हुए दिखाई दे सकते हैं परंतु नैतिकता के वास्तविक धरातल पर अपने पैर जमाने हेतु उन्हें किशोरावस्था या कभी-कभी प्रौढ़ावस्था का इन्तजार भी करना पड़ सकता है। इस तृतीय अवस्था तक सभी पहुंच जाए इसकी भी कोई गारंटी नहीं है। बहुत से वयस्क व्यक्ति अपनी नैतिक सोच या विचार क्षमता को लेकर कोहलबर्ग द्वारा सुझाई गई द्वितीय नैतिक अवस्था को भी पार नहीं कर पाते। अगर उचित आंकड़े-इकट्ठे किए जाएं तो यह आसानी से पता लग सकता है कि आज के इस भौतिकवादी युग में हम में से बहुत कम ऐसे हें जो कोहलबर्ग द्वारा इंगित नैतिक विकास की पांचवी अवस्था तक पहुंच पायें और उनमें से भी बहुत ही कम ऐसे होंगे जिन्हें छटी अवस्था सम्बन्धी नैतिकता का वास्तविक हकदार समझा जाए यानी वे इस स्तर की नैतिकता

की मांग के अनुरूप ही बौद्धिक रूप से सक्षम और विवेकशील हों, उनके नैतिक विर्णय केवल मात्र उनकी आत्मा की आवाज से नियंत्रित हों तथा उनमें अपने इन निर्णयों पर डटे रहने का असीम साहस हो चाहे इसके लिए उन्हें कैसे भी कुर्बानी क्यों न देनी पड़े।

कोहलबर्ग के नैतिक विकास सिद्धांत की समीक्षा
(Evaluation of the Kohlberg's Theory of Moral Development)

अच्छाईयां (Positive attributes)

कोहलबर्ग के नैतिक विकास सिद्धांत की उसकी कुछ निम्न अच्छाईयों के कारण प्रशंसा की जाती है।

1. कोहलबर्ग को वह पहला मनोवैज्ञानिक तथा अनुसंधानकर्ता कहलाने का गौरव प्राप्त है जिसने पहली बार मानव, नैतिक विकास की प्रक्रिया के संदर्भ में व्यापक और पूर्ण नैतिक विकास सिद्धांत को सबके सामने रखकर यह स्पष्ट करने का प्रयत्न किया कि जीवन पर्यन्त चलने वाली हमारी नैतिक विकास यात्रा बहुत ही सुनिश्चित एवं क्रमबद्ध पड़ावों यानी अवस्थाओं से गुजरती है। एक अवस्था में होने वाले विकास स्तर को उपलब्ध करके ही व्यक्ति विशेष आगे की विकास अवस्था में प्रवेश कर सकता है। इस तरह किसी एक अवस्था के नैतिक विकास हेतु पिछली अवस्थाओं का नैतिक विकास से वांछित आधार भूमि का तो कार्य करता है परन्तु हर अवस्था विशेष की एक अनूठी नैतिक सोच होती है जो उसे उस अवस्था विशेष के नैतिक स्तर तक पहुंचाने में मदद करती है।

2. कोहलबर्ग ने अपने नैतिक विकास सिद्धांत द्वारा हमारे नैतिक विकास के उच्चतर स्तर को नैतिक सोच तथा विचार प्रक्रिया के क्रमिक विकास का काफी महत्वपूर्ण विवरण देने का प्रयास किया है और अपने इस स्पष्टीकरण का आधार पियाजे द्वारा सुझाई गई संज्ञानात्मक विकास प्रक्रिया को बनाया है।

नैतिक विकास की उत्तर-पारंपरिक नैतिक अवस्था में जिस प्रकार के उच्चतर नैतिक सोच या विचार प्रक्रिया की जरूरत होती है वह व्यक्ति विशेष द्वारा तब तक नहीं अपनाई जा सकती जब तक कि उसने पियाजे द्वारा वर्णित संज्ञानात्मक विकास की औपचारिक संक्रियात्मक अवस्था (formal operational stage) में प्रवेश नहीं किया हो। संज्ञानात्मक रूप से सूक्ष्म चिन्तन तथा समझ विकसित होने पर ही व्यक्ति विशेष सामाजिक व्यवस्था को ठीक तरह से कायम रखने के लिए बनाए गए कायदे-कानूनों की औचित्यता सम्बन्धी बारीकियों को जानकर उनकी अनुपालना करने के लिए आगे आ सकता है। इसलिए यह स्पष्ट हो जाता है कि इस प्रकार की नैतिकता किशोरावस्था के आगमन से पहले इसलिए विकसित नहीं हो सकती कि इसमें पूर्व बालकों में इसके लिए अपेक्षित मानसिक या संज्ञानात्मक विकास नहीं हो पाता। इस तरह हम देख सकते हैं कि कोहलबर्ग ने पियाजे द्वारा प्रतिपादित सृजनात्मक विकास अवस्थाओं को स्वीकार करते हुए यह दिखाने का प्रयास किया है कि व्यक्ति के नैतिक विकास में उसके संज्ञानात्मक विकास की अहं भूमिका रहती है। परंतु इसी दशा में आगे अपने विचार प्रकट करते हुए कोहलबर्ग ने यह भी स्पष्ट किया है कि बौद्धिक विकास नैतिक विकास की पूरी गारन्टी नहीं दे सकता। एक व्यक्ति बौद्धिक रूप से बहुत अधिक आगे निकला हुआ हो सकता है परन्तु अपनी नैतिक सोच तथा विचारों के कारण वह अपने नैतिक विकास से संबंधित पिछली अवस्थाओं को ही पार नहीं कर पाता। इसलिए बौद्धिक रूप से सबल व्यक्तियों का नैतिक रूप से दुर्बल दिखाई देना कोई अपवाद नहीं है।

3. पियाजे की संज्ञानात्मक विकास अवस्थाओं में पायी जाने वाली संज्ञानात्मक सोच तथा विचार प्रक्रिया को अपनी नैतिक अवस्थाओं की नैतिक सोच या विचार प्रक्रिया को स्पष्ट करने हेतु काम में लाने के अतिरिक्त कोहलबर्ग ने पियाजे की संतुलनीकरण तथा असंतुलनीकरण (Disequilibrium) सम्बन्धी अवधारणाओं को भी अपने बालकों में विकसित होने वाली उच्चतर नैतिक सोच तथा विचार प्रक्रिया को समझने हेतु प्रयोग में लाने का सफल प्रयास किया। जैसा कि हम जानते हैं कि पियाजे ने यह प्रतिपादित किया कि जब बालक किसी प्रकार नये अधिगम अनुभव का आत्मसातीकरण (Assimilation) करने में अपने आपको असमर्थ पाता है तो यह बात उसे अनुक्रिया करने का कोई नया ढंग अपनाने के लिए अनुप्रेरित करती है। पियाजे के पद चिन्हों पर चलते हुए कोहलबर्ग ने भी अपने नैतिक विकास सिद्धांत में यह प्रतिपादित किया कि व्यक्ति विशेष नैतिक विकास की एक अवस्था से निकलकर उसके आगे की अवस्था में तभी प्रवेश करता है जब उस अवस्था में वह यह पाता है कि इस अवस्था का नैतिक चिन्तन और विचार प्रक्रिया उसे वह सब कुछ नहीं दे पा रही जिसकी जरूरत उसे किसी प्रकार के नैतिक निर्णय लेने में अब पड़ रही है। इस प्रकार का असंतोष या असंतुलनीकरण महसूस करने से ही वह कुछ नया अपनाने के लिए आगे की नैतिक विकास अवस्था में पहुंचने के लिए तत्पर दिखाई दे सकता है।

4. कोहलबर्ग ने अपने नैतिक विकास सिद्धांत द्वारा बालकों के नैतिक विकास में अनुभवों, सामाजिक अन्तः क्रिया तथा दूसरों के व्यवहार का अवलोकन और अनुकरण कर सीखने की प्रक्रिया के महत्व को भी भलीभांति सबके सामने रखा। कोहलबर्ग ने पूरी तरह स्पष्ट किया कि नैतिकता एक अर्जित व्यवहार है नैतिक सोच तथा विचार प्रक्रिया का विकास बालक में धीरे-धीरे क्रमबद्ध रूप से विभिन्न नैतिक विकास अवस्थाओं के रूप में उसमें और उसके सामाजिक परिवेश में विद्यमान कारकों के बीच होने वाली अन्तःक्रिया के माध्यम से ही होता है।

5. कोहलबर्ग का नैतिक विकास सिद्धांत अपने आप में इतना अधिक व्यापक एवं विस्तृत है कि उसने हमारी नैतिकता से संबंधित किसी भी स्तर के विकास को अनछुआ नहीं छोड़ा। नैतिक विकास के उस उच्चतम स्तर के विकास को भी उसने अपने वर्णन और स्पष्टीकरण का विषय बनाया जिसमें व्यक्ति अपने समाज तथा समाज के बनाए गए कायदे-कानूनों, रीति रिवाज तथा परंपराओं को चुनौती देता हुआ ऐसे बदलाव लाने के लिए अपना सब कुछ न्यौछावर करने को तत्पर रहता है जिनसे समाज की प्रगति का पहिया ठीक ढंग से आगे बढ़ता रहे और मानवता की प्रतिष्ठा हो। इस प्रकार कोहलर के नैतिक विकास सिद्धांत हमें अपने चरित्रवान महान पुरुषों तथा समाज सुधारकों के नैतिक विकास स्तर से परिचित कराकर यह प्रेरणा देता हुआ नजर आता है कि हम नैतिकता की ऊंचाईयों को छूकर किस प्रकार समाज, राष्ट्र और विश्व कल्याण के लिए अपना योगदान दे सकते हैं।

कमियां तथा कमजोरियां (Negative Attributes)

कोहलबर्ग के नैतिक विकास सिद्धांत की उसकी कुछ निम्न कमियों तथा कमजोरियों की वजह से आलोचना की जाती है।

1. कोहलबर्ग के नैतिक विकास सिद्धांत की एक बड़ी कमजोरी यह है कि इसमें नैतिक व्यवहार के विकास सम्बन्धी प्रक्रिया को चर्चा का विषय न बनाकर मात्र नैतिक सोच तथा विचार प्रक्रिया के विकास की ही बात की गई है। किसी का किसी अवस्था

विशेष नैतिक विकास सम्बन्धी स्तर क्या है इसका पता तो उसके द्वारा किए जाने वाले नैतिक व्यवहार से अच्छी तरह लगाया जा सकता है उसकी नैतिक सोच के स्तर से नहीं। अगर कोहलबर्ग द्वारा किए गए अनुसंधान कार्य को ही लिया जाए तो यहां यह पाया जा सकता है कि कोई बालक अपने नैतिक सोच तथा विचारों की काफी उच्च अवस्था पर विराजमान हो (जैसा कि उसके द्वारा दिए गए उन उत्तरों से प्रकट होता है कि जो उसने किसी नैतिक धर्मसंकट से संबंधित घटना के बारे में अपने विचार व्यक्त करने को दिए हो) परंतु दूसरी ओर यह जरूरी नहीं है कि वह अपने इस नैतिक विकास के अनुरूप ही इस प्रकार की नैतिकता को वास्तविक जीवन में व्यवहार करते हुए प्रदर्शित करने में सफल हो। इस तरह बालकों की सोच कुछ ओर ही सकती है और उनके व्यवहार करने का ढंग कुछ और। बालक अपने विकास अवस्था के विभिन्न आयु वर्षों में तरह-तरह की बातें नैतिक सोच तथा नैतिक निर्णयों के बारे में पढ़ और सीख सकते हैं परन्तु यह जरूरी नहीं कि वे इन सब को अपने व्यवहार में भी उतार सके। कोहलबर्ग का सिद्धांत यह बताने में असमर्थ रहा है कि क्या नैतिक सोच विचार तथा नैतिक विकास दोनों ही आवश्यक रूप से हाथ में हाथ मिलाते हुए एक साथ विकसित होते हैं अथवा यहां कुछ कमी होती है।

2. कोहलबर्ग ने नैतिक विकास की विभिन्न अवस्थाओं का उल्लेख कर ऐसी सीमा रेखायें खींचने का प्रयत्न किया है कि विभिन्न आयु वर्षों में व्यक्तियों में कुछ विशिष्ट प्रकार की नैतिकताओं या नैतिक विकास का प्रादुर्भाव होता है। परन्तु व्यावहारिक रूप से इस प्रकार के निश्चित नैतिकता प्रारूप के दर्शन हमें अपने आप में तथा अन्य व्यक्तियों में देखने को नहीं मिलते। अपनी जिंदगी के किसी एक मोड़ पर आयु अवधि तथा जीवनावस्था में एक व्यक्ति-परिस्थिति अनुसार कई प्रकार की नैतिकता—पूर्व पारंपरिक, पारंपरिक तथा उत्तर-पारंपरिक का अपने नैतिक व्यवहार में प्रदर्शन करता हुआ पाया जा सकता है। इस तरह हमारा नैतिक व्यवहार अधिकतर परिस्थिति निर्देशित ही होता है हम किसी एक विशेष आयु तक कोहलबर्ग द्वारा सीमाबद्ध अवस्था अन्य विशिष्ट व्यवहार के संपादन तक ही सीमित नहीं रहते। इसलिए कोहलबर्ग के सिद्धांत द्वारा इस बात पर जोर देना ठीक नहीं है कि व्यक्ति अपनी एक आयु अवधि में एक निश्चित प्रकार की नैतिकता से ही जुड़ा होता है।

3. कोहलबर्ग के सिद्धांत की इस संदर्भ में भी आलोचना की जाती है कि कोहलबर्ग ने बालकों के नैतिक विकास का वर्णन करने हेतु जो आयु सीमा रेखायें खींची हैं बालकों का नैतिक विकास उससे मेल नहीं खाता। जैसा कि स्मेतानों (1981) ने अपने निरीक्षण के द्वारा स्पष्ट किया है कि आज के बच्चे नैतिकता संबंधी मानक जो कोहलबर्ग ने निर्धारित किए थे उनसे काफी आगे निकले हुए दिखाई देते हैं। स्कूल जाने से पूर्व ही बालकों में भले बुरे, उचित अनुचित सही-गलत आदि के बारे में निणर्य लेने हेतु स्वयं उनकी स्थापित की हुई मान्यतायें तथा मानक होते हैं चाहे इस सम्बन्ध में माता-पिता तथा बड़ों द्वारा उन्हें कुछ भी कहा जाए और चाहे उनके द्वारा अपने निर्णयों के आधार पर किए गए कार्यों का कुछ भी परिणाम हो।

4. यह भी कहा जाता है कि कोहलबर्ग ने केवल मात्र पश्चिमी संस्कृति के सांचे में ढले हुए व्यक्तियों की नैतिक सोच तथा विचार प्रक्रिया का विभिन्न आयु अवधियों के संदर्भ में अध्ययंन किया था। उसके इस तरह के एक पक्षीय सांस्कृतिक अध्ययन को

दूसरी संस्कृतियों विशेषकर विकासशील देशों, ग्रामीण और पिछड़े इलाकों तथा जन जाति के बालकों या व्यक्तियों के नैतिक स्तर का वर्णन/ मापन करने के लिए कैसे प्रयुक्त किया जा सकता है।

5. कारोल गिलीगेन (Carol Gilligan, 1987) ने कोहलबर्ग के सिद्धांत पर लैंगिग पक्षपात का आरोप लगाये हुए कहा है कि इसमें स्त्रियों में होने वाले नैतिक विकास की कोई उचित वर्णन नहीं मिलता है। गिलीगेन के अनुसार यह शायद इसलिए हुआ है कि कोहलबर्ग ने अपने अध्ययन प्रतिदर्शों में जो प्रयोज्य चुने थे वे सभी पुरुष थे इसलिए उसके द्वारा विकसित नैतिक सिद्धांत का पुरुषों के नैतिक विकास सम्बन्धी व्याख्या तक ही सीमित रह जाना नितान्त स्वाभाविक है। गिलीगेन अपने इस आरोप के पक्ष में दलील देते हुए लिखती है कि जहां कोहलबर्ग द्वारा सुझाई गई नैतिक अवस्थाओं में अधिकारों तथा नियमों के औचित्य तथा न्याय-अन्याय से संबंधित पुरुष प्रधान व्यक्तित्व विशेषताओं को ही नैतिकता स्तरों का मानक बनाने का प्रयत्न किया गया है वहां विशिष्ट प्रकार की स्त्रियोचित तथा नारी प्रधान विशेषताओं जैसे जरूरत मंदों की सेवा तथा देखभाल करना, दयालुता, सहिष्णुता तथा विनम्रता आदि की पूरी तरह अनदेखी की गई है।

6. कोहलबर्ग की उत्तर-पारंपरिक नैतिकता सम्बन्धी अवधारणा भी उसके सिद्धांत की आलोचना का कारण बनी है। कोहलबर्ग ने यहां अपनी आत्मा की पुकार से नैतिक निर्णय लेने की बात कही है। व्यावहारिक दृष्टि से सोचा जाए तो इस प्रकार की नैतिकता समाज में स्थापित आचार संहिता तथा कानून व्यवस्था के खिलाफ खुला विद्रोह है। इससे सामाजिक व्यवस्था के चरमराने का खतरा पैदा हो जाता है। समाज में रहने वाले व्यक्तियों के लिए नैतिकता के अपने-अपने मानक तथा मानदंड निर्धारण कर समाज के नियमों तथा कानून की हालत बताना किसी भी अवस्था में उचित नहीं ठहराया जा सकता। सभी लोगों में गांधी तथा मार्टिन लूथर किंग के पद चिन्हों पर चलने की योग्यता, क्षमता तथा पर हित चिन्तन की भावना नहीं पाई जा सकती और न इतना संयम, धैर्य तथा आत्म नियंत्रण पाया जा सकता है। इस तरह कोहलबर्ग द्वारा इस प्रकार की नैतिकता को नैतिकता की उत्कृष्टता तथा पराकाष्ठा बताकर आदर्श रूप में ग्रहण करने की प्रेरणा देना सही नहीं कहा जा सकता।

7. अंत में यही कहा जा सकता है कि कोहलबर्ग का नैतिक विकास सिद्धांत सही मायने में इतना सक्षम और व्यापक नहीं है जिसके द्वारा चाहे कोई भी परिस्थिति क्यों न हो उससे संबंधित व्यवहार के नैतिक या अनैतिक होने का निर्णय लिया जा सके। यद्यपि कोहलबर्ग यह दावा करता है कि नैतिक विकास सम्बन्धी उसकी छः अवस्थाओं में होने वाला विकास व्यक्ति को उचित निर्णय लेने वाली उन क्षमताओं से युक्त कर देता है जिनके सहारे वह अपनी जिंदगी में आने वाली नैतिक समस्याओं या नैतिक निर्णय लेने सम्बन्धी चुनौतियों से अच्छी तरह निपट सकता है। परंतु व्यवहार में ऐसा नहीं है आज के इस प्रगतिशील और निरन्तर परिवर्तित समाज में ऐसे बहुत से नैतिक निर्णय प्रश्न चिन्ह बन कर हमारे सामने खड़े हो सकते हैं जिनके उचित समाधान में कोहलबर्ग द्वारा उसकी अवस्था विशेष में विकसित, नैतिक सूझबूझ कुछ भी काम न आ सके। ऐसा एक उदाहरण 'गर्भपात' को नैतिक या अनैतिक करार देने का है। इसी तरह से किसी भी प्रकार का घोर अनिष्टकारी तथा समाज विरोधी आचरण करने पर मृत्युदंड देना कितना सही है अथवा गलत, इस बात पर अपनी राय व्यक्त करना है। इस तरह के नैतिक निर्णयों पर आम सहमति बनाना संभव नहीं है और इसलिए

यह नहीं कहा जा सकता कि इस प्रकार के नैतिक निर्णयों के लिए कोहलबर्ग द्वारा सुझाई गई किस अवस्था की नैतिकता यहां उचित रूप से सहायक सिद्ध हो सकती है। इस प्रकार से यह अच्छी तरह नहीं समझा जा सकता है कि कोहलबर्ग द्वारा प्रतिपादित नैतिक विकास सिद्धांत और इसमें सुझाया गया मार्ग सभी प्रकार की नैतिक समस्याओं तथा चुनौतियों के लिए उचित हल प्रस्तुत करने में सक्षम है।

कोहलबर्ग के सिद्धांत को उपरोक्त वर्णित कमियों और आलोचनाओं के दृष्टिगत यह नहीं समझ लिया जाना चाहिए कि कोहलबर्ग का सिद्धांत अपनी कोई उपयोगिता नहीं रखता। इस सम्बन्ध में अगर अब हम कोहलबर्ग द्वारा अपने नैतिक विकास सिद्धांत द्वारा दिए गए योगदान तथा उसकी कमियों और आलोचनाओं की निष्पक्ष रूप से समीक्षा करें तो हम यह पायेंगे कि हर सिद्धांत की तरह कोहलबर्ग द्वारा प्रतिपादित सिद्धांत में भी कुछ कमियां पाई जा सकती हैं परन्तु ये कमियां ऐसी नहीं है जिनके आधार पर कोहलबर्ग द्वारा मानव नैतिक विकास को समझने में दिए गए उसके योगदान को कम करके आंका जाए। बालकों और किशोरों के नैतिक विकास की उनके मानसिक तथा सामाजिक विकास में विस्तृत एवं अनुसंधान आधारित व्याख्या करने में कोहलबर्ग के सिद्धांत को ही अब तक के नैतिक विकास सिद्धांतों में सबसे उपयुक्त और व्यावहारिक माना जा सकता है। उसने इस संदर्भ में केवल पियाजे के द्वारा किए गए अधूरे कार्य को ही पूरा नहीं किया बल्कि हमारे सामने मानव जीवन की शुरू से अंत तक होने वाली संपूर्ण नैतिक विकास यात्रा का संपूर्ण चित्र उसकी वैयक्तिकता तथा सामाजिकता दोनों को ही ध्यान में रखते हुए अच्छी तरह प्रस्तुत करने का अनुपम प्रयास किया। निस्संदेह इस दृष्टि से हम सभी उसके द्वारा दिए गए योगदान के काफी ऋणी रहेंगे।

कोहलबर्ग के नैतिक विकास सिद्धान्त के शैक्षिक निहितार्थ
(Educational Implications of Kohlberg's Moral Development Theory)

कोहलबर्ग द्वारा प्रतिपादित नैतिक विकास सिद्धांत माता-पिता शिक्षकों तथा विद्यार्थियों को अपने-अपने उत्तरदायित्वों को निभाने में काफी सहयोगी सिद्ध हो सकते हैं। उनकी इस प्रकार की शैक्षिक उपयोगिता को निम्न रूप में प्रस्तुत किया जा सकता है।

1. नैतिक विकास सभी तरह से एक अर्जित प्रक्रिया है। कोहलबर्ग (1968) ने इस बारे में स्पष्ट रूप से संकेत दिया है कि नैतिक विकास परिपक्वन (स्वाभाविक वृद्धि एवं विकास) का प्रतिफल नहीं है। यह आनुवंशिकता से प्रभावित तथा निर्देशित नहीं होता। अतः हम बड़ों तथा अध्यापकों को चाहिये कि वे किसी भी परिस्थिति में बालक के नैतिक विकास तथा उसकी नैतिक सूझबूझ के लिए आनुवंशिकता को नहीं कोसे।

2. बालक अपने विकास के शुरूआती वर्षों में (4 या 5 वर्ष तक) न तो नैतिक होता है और न अनैतिक। इन दोनों के स्थान पर वह नैतिकता से परे दिखाई देता है क्योंकि उसमें उचित-अनुचित तथा भले-बुरे की पहचान करने सम्बन्धी नैतिक सोच का नितान्त अभाव पाया जाता है। वह बिना पूछे या बताये दूसरों की चीजें इसलिए उठा लेता है क्योंकि ऐसा करने में उसे कोई बुराई नजर नहीं आती। अब यहां माता-पिता, अध्यापक तथा अन्य सभी बड़ों को सावधान रहने की जरूरत है ताकि बालक द्वारा अनजाने में की गई गलती या अपराध (चूंकि यहां वह नहीं जानता कि वह कोई बुरा या समाज विरोधी आचरण कर रहा है) को तूल न देकर उसके ऐसे व्यवहार को पुनर्बलित करने और चोरी जैसी बुरी आत में बदलने से रोकें।

3. कोहलबर्ग की नैतिक विकास सम्बन्धी पहली तीनों अवस्थाओं से संबंधित बालक नियमों के शाश्वत स्वरूप तथा बड़ों की आज्ञा पालन करना अपना धर्म समझते हैं। वे आंख बंद कर उनके बनाए गए नियमों का बिना कोई सवाल किए अक्षरश: पालन करने के हिमायती होते हैं। इसलिए हम बड़ों को चाहिये कि इन अवस्थाओं तथा आयु वर्ग के बालकों को कायदे कानून तथा व्यवहार मानक तय करने में पूरी सावधानी बरतें। नियम जो एक बार बना दिए जाएं उनमें जल्दी-जल्दी कोई बदलाव नहीं लायें तथा बिना किसी पक्षपात और भेदभाव के उनको सभी के लिए लागू किया जाए। ध्यान रहे कि ऐसा करना यहां काफी जरूरी है क्योंकि बालकों में अब तक अपने आप इस प्रकार की सोच या समझ विकसित नहीं होती कि उनके लिए क्या अच्छा है और क्या बुरा। विकास की इस अवस्था में तो यही ठीक रहता है कि बालकों को वैयक्तिक तथा सामाजिक रूप से किस प्रकार का व्यवहार करना चाहिये। इससे संबंधित उचित नियम, आचार संहिता तथा आदर्श उनके सामने रख दिए जाएं और उनसे उनका अनुपालन तथा अनुकरण भलीभांति कराया जाए।

4. किशोरावस्था के आगमन से पहले की आयु वर्षों से संबंधित बालक नैतिकता के बारे में केवल स्थूल रूप में सोचने विचारने में समर्थ होते हैं। उन्हें तो बताने की बजाय यह दिखाया जाना चाहिये कि किस प्रकार का व्यवहार एवं आचरण नैतिकता के दायरे में आता है। इसलिए बाल्यावस्था से संबंधित बालकों के सामने हम बड़ों के द्वारा अपने व्यवहार तथा आचरण के माध्यम से ऐसे प्रतिमान (Models) रखे जाने चाहियें जिनके अवलोकन एवं अनुकरण से उनमें वांछित नैतिकता का विकास हो सके। नैतिकता सम्बन्धी सूक्ष्म अवधारणायें सभी बालकों के पहुंच के बाहर होती हैं। इसलिए उनसे आत्मा, कर्मों के फल भोग, धर्म और ईश्वर का विधान इत्यादि बातों को जानने और समझने की आशा करना व्यर्थ ही है।

5. अपनी मानसिक योग्यताओं में वृद्धि होने के फलस्वरूप किशोरावस्था के बालक अब ये नहीं मानते कि नियमों में बदलाव नहीं लाया जा सकता उनकी अनुपालना उसी रूप में अक्षरश: होनी चाहिये। इसलिए अब किशोरावस्था के इन बालकों से यह अपेक्षा नहीं की जा सकती कि वे बिना कोई प्रश्न पूछे और प्रतिवाद किए चुपचाप नियमों की अनुपालना तथा बड़ों का कहना मानते रहेंगे। इसलिए इस स्तर पर अब नियमों की अनुपालना तथा बालकों के नैतिक आचरण को लेकर काफी सतर्क रहना चाहिये। उनसे आंखे बंदकर नियमों की अनुपालना तथा नैतिकता की दुहाई देकर इच्छित कार्य कराना ठीक नहीं है जब तक कि उनको ऐसा करने से संबंधित अच्छाई बुराई तथा इसमे निहित औचित्य को जानने-समझने का मौका न दिया जाए। उन्हें इस बारे में प्रश्न करने तथा अपनी शंकाओं के समाधान हेतु पूरी स्वतंत्रता एवं उचित अवसर प्रदान किए जाने चाहियें। नैतिकता से जुड़ी हुई बातों तथा प्रकरणों पर खुले मंच पर गोष्ठियों, भाषण प्रतियोगिताओं तथा पैनल वार्त्ताओं के रूप में खुली चर्चा भी होनी चाहिए ताकि किशोरों को नैतिकता से अच्छी तरह से समझकर अपनाने में पूरी-पूरी मदद की जा सके।

6. नैतिक विकास सम्बन्धी इन सिद्धांतों के अनुसार मां-बाप तथा अध्यापकों को बालकों का रूख नैतिकता की ओर मोड़ने के लिए उन्हें यह समझाना और व्यावहारिक रूप में दिखाना भी काफी लाभदायक हो सकता है कि अच्छा व्यवहार अच्छे व्यवहार को तथा बुरा व्यवहार बुरे व्यवहार को जन्म देता है। अगर कोई बात आपको चुभती है तो फिर दूसरों को भी अवश्य ही चुभेगी। इस तरह की भावनाओं और विचारों को प्रोत्साहित

करना बालकों में अच्छी बातों तथा आदतों के समावेश का उपयुक्त साधन बन सकता है।

7. कोहलबर्ग ने इस बात पर काफी जोर दिया है कि नैतिक शिक्षा के उद्देश्य विद्यार्थियों को उसके आगे की अवस्था में होने वाले नैतिक विकास के प्रारंभिक स्तर तक पहुंचाने में उचित सहायता प्रदान करना है। उसके अनुसार ऐसा करने का सबसे व्यावहारिक तरीका यही है कि उसके सामने मौखिक कथानकों के रूप में या दिन प्रतिदिन की वास्तविक/अनुरूपित घटनाओं/परिस्थितियों के माध्यम से ऐसे नैतिक धर्मसंकट (Moral dilemma) प्रस्तुत किए जाएं कि उसे अपनी विकसित नैतिक सोच तथा सूझबझू का यथा शक्ति प्रयोग करते हुए नैतिक निर्णय लेने के लिए प्रतिबद्ध होना पड़े। इस समय बालक विशेष द्वारा अपनी विकास अवस्था के अनुरूप ही उचित प्रयास किए जा सकते हैं परन्तु वह जब यह पाता है कि इस अवस्था तक अर्जित नैतिक सोच तथा सूझबूझ यहां उसकी सहायता नहीं कर पा रही है वह बरबस ही नैतिक विकास से अगले स्तर को प्राप्त करने के लिए अभिप्रेरित हो जाता है। कोहलबर्ग की बालक को नैतिक निर्णय सम्बन्धी ऐसे धर्मसंकट में डालकर आगे अपने नैतिक विकास हेतु अभिप्रेरित करने की तकनीक पियाजे द्वारा प्रतिपादित संतुलनीकरण (Eqilibration) की अवधारणा से मेल खाती है। पियाजे के अनुसार जब कोई नई बात पुराने ज्ञान के आधार पर समझ नहीं आती तो उसका इस प्रकार आत्मसातीकरण (Assimilation) नहीं होने के कारण बालक उसे करने तथा समझने के नये तरीके सीखने के लिए समायोजीकरण (Accomodation) के लिए अभिप्रेरित हो जाता है ताकि नयी बात नहीं सीख सकने के कारण जो असंतुलन पैदा हो गया था उसको दूर किया जा सके। इस प्रकार से पियाजे तथा कोहलबर्ग दोनों ही इस प्रकार के धर्म संकट या चुनौतीपूर्ण परिस्थिति बालक के सामने लाने के पक्षधर हैं जिससे वह अपने नैतिक विकास के स्तर में आगे कुछ बढ़ोत्तरी करने हेतु भलीभिांति अभिप्रेरित होता हुआ दिखाई दे। इससे अध्यापकों को भी यह सीख मिलती है कि वे बालकों के सामने ऐसी परिस्थितियों तथा अवसरों का सृजन करें जहां वे नैतिकता सम्बन्धी विचारों तथा अवधारणाओं का मंथन करते नजर आये तथा नैतिक निर्णयों को लेने सम्बन्धी धर्मसंकटों तथा चुनौतियों से उन्हें गुजरना पड़े ताकि वे संभावित उचित विकल्पों की तलाश में अपने नैतिक विकास के अगले पड़ाव की राह पकड़ सकें।

8. कोहलबर्ग का नैतिक विकास सिद्धांत हमें इस तथ्य से अवगत करवाता हैं और फिर उससे आवश्यक प्रेरणा लेने के लिए अनुप्रेरित करता है कि हम नैतिकता के उस स्तर तक भी पहुंच सकते हैं जिस पर देश और समाज के लिए कुछ कर गुजरने वाले शहीद और महान पुरुष जैसे गांधी, लिंकन, मार्टिन लूथर किंग, सुभाष चन्द्र बोस तथा भगत सिंह पहुंच चुके थे। बालक एवं युवा अपनी आत्मा की आवाज तथा अपने द्वारा मान्य नैतिक सिद्धांतों पर चलते हुए समाज की कुरीतियों, गलत मान्यताओं तथा कायदे कानूनों के विरुद्ध बिगुल बजाते हुए नयी सामाजिक व्यवस्था बनाने में अपना योगदान दे सकें, इस प्रकार की नैतिकता से भरपूर पीढ़ियों को तैयार करने के कार्य अब उस उचित प्रकार की उच्च स्तरीय शिक्षा-दीक्षा से ही संभव हो सकता है जिसमें नैतिक विकास के उच्चतर स्तर को प्राप्त करने का लक्ष्य बनाया जाए। इस कार्य हेतु बालकों के सामने इन महान पुरुषों तथा कर्मयोगियों के नैतिक जीवन सम्बन्धी उदाहरण रखे जाने चाहियें तथा उन्हें वर्तमान समाज की व्यवस्था तथा आचार-विचार पर भी विचारों के आदान-प्रदान करने की समुचित आजादी भी दी जानी चाहिए। यह तो है कि हम कदाचित ही कोई

दूसरा गांधी, लिंकन, लूथर किंग या मदर टैरेसा पैदा कर सकें परन्तु हम इस कार्य के लिए प्रयत्न तो कर सकते हैं और इन प्रयत्नों की थोड़ी बहुत कामयाबी भी हमारे समाज, राष्ट्र या विश्व का कल्याण करने में कितनी सार्थक सिद्ध हो सकती है इस बात की कल्पना ही हमें कोहलबर्ग द्वारा सुझाये गए इस उच्चतम नैतिक स्तर के विकास हेतु भलीभांति अभिप्रेरित कर सकती है।

व्यगोत्स्की का सामाजिक-सांस्कृतिक विकास सिद्धांत (Vygotsky's Socio-Cultural Theory of Development)

लेव व्यगोत्स्की (1896-1934) एक रशियन मनोवैज्ञानिक थे जिन्होंने मनोविज्ञान के क्षेत्र में उसी समय अपने अध्ययन ओर अनुसन्धानों को सबके सामने रखा जिस समय में स्विटजरलैंड निवासी जीन पियाजे द्वारा 1920-30 के मध्य अपने विचारों का प्रतिपादन किया जा रहा था। लेव व्यगोत्स्की द्वारा प्रतिपादित बालकों के विकास सम्बन्धी सिद्धांत को सामाजिक-सांस्कृतिक विकास सिद्धांत की संज्ञा दी जाती है कि इस सिद्धांत का प्रतिपादन करते हुए व्यगोत्स्की ने स्पष्ट किया कि किसी एक प्रनियम (जैसे पियाजे द्वारा वर्णित सन्तुलनीकरण) (Equilibration) द्वारा विकासशील बालकों के विकास के बारे में स्पष्टीकरण नहीं दिया जा सकता। उनके विकास को सभी प्रकार से उन्हें उपलब्ध सामाजिक-सांस्कृतिक वातावरण के परिप्रेक्ष्य में ही समझना उचित रह सकता है। होता भी ऐसा ही है क्योंकि बालकों के व्यक्तित्व के सभी पक्षों (उच्च संज्ञानात्मक क्षमताओं के विकास सहित) में चलने वाली विकास धारा उनके सामाजिक-सांस्कृतिक परिवेश सम्बन्धी अन्तः क्रियाओं में से ही होकर गुजरती है। सामाजिक-सांस्कृतिक अन्तःक्रियाओं का यह स्वरूप बालकों के विकास को किस प्रकार से प्रभावित करता है। इस सम्बन्ध में व्योत्सकी ने निम्न बातें सामने रखी हैं।

1. बालक का विकास उसके सामाजिक सांस्कृतिक परिवेश में होने वाले अधिगम का प्रतिफल है (*Development as a function of learner carried out in socio-cultural environment*): व्यगोत्स्की के अनुसार व्यक्तित्व के सभी आयामों में होने वाला विकास बालकों के उनके अपने अनुभवों तथा अधिगम प्रयत्नों का परिणाम होता है। बालक अपने अनुभव तथा अधिगम प्रयासों से अपने व्यवहार में जिस प्रकार के परिवर्तन लाते है, यानी जिस प्रकार के ज्ञान, कौशल, रूचि, अभिरूचि तथा अभिवृत्तियों का उनमें विकास होता है उसी के अनुसार उनके शारीरिक, मानसिक, सामाजिक, सांस्कृतिक, संवेगात्मक, नैतिक तथा भाषागत विकास का रास्ता बनता जाता है। जहां पियाजे की यह धारणा थी कि बालकों में आवश्यक विकास प्रक्रिया का प्रारंभ पहले होता है और इस प्रकार के विकास के बाद ही किसी प्रकार का अधिगम कार्य उनके द्वारा संभव होता है वहीं व्यगोत्स्की ने यह स्पष्ट किया कि बालकों द्वारा सामाजिक अधिगम (सामाजिक अन्तःक्रिया के माध्यम से अधिगम अर्जन) पहले सम्पन्न होता है और इसी के परिणाम स्वरूप उनका विकास आगे बढ़ता है। बालक जो कुछ भी अपने सामाजिक और सांस्कृतिक वातावरण से अन्तः क्रिया करते हुए सीखते हैं उसी के फलस्वरूप उनमें व्यक्तित्व के विभिन्न पक्षों से संबंधित विकास का कार्य सम्पन्न होता है। अपने विकास हेतु बालकों द्वारा जो अधिगम किया जाता है उसका संपादन व्यगोत्स्की के अनुसार दो स्तरों पर होता है। पहले चरण में इसका संपादन दूसरों के साथ अन्तःक्रिया करने से होता है और दूसरे चरण में इसे अपनी संज्ञानात्मक या मानसिक संरचना में आत्मसात करने का प्रयत्न किया जाता है। इस सम्बन्ध में अपने

विचार प्रकट करते हुए व्यगोत्स्की ने लिखा है:

> "बालक के सांस्कृतिक विकास सम्बन्धी प्रत्येक कार्य ओर बात दो स्तरों पर संपन्न होती है, पहले सामाजिक स्तर पर और फिर वैयक्तिक स्तर पर यानी पहले व्यक्तियों के मध्य (अंतः मनोवैज्ञानिक प्रक्रिया के रूप में) तथा फिर व्यक्ति विशेष के अन्दर (अन्तरा मनोवैज्ञानिक प्रक्रिया के रूप में) संपन्न होता है। यह बात बालक द्वारा किसी चीज पर इच्छापूर्वक विशेष रूप से ध्यान देने, तर्कसंगत स्मृति का परिचय देने तथा अवधारणाओं का निर्माण करने आदि बातों पर भी पूरी तरह लागू होती है। सही अर्थों में सभी प्रकार की उच्च स्तरीय व्यवहार क्रियाओं के संपादन की क्षमता व्यक्तियों के साथ बास्तविक अंत:क्रिया या संपर्क के माध्यम से ही आती है।"
>
> (Every function in the child's cultural development appears twice: first, on the social level, and later, on the individual level; first between people (inter psychological) and then inside the child (intra-psychological). This applies equally to voluntary attention, to logical memory, and to the formation of concepts. All the higher functions originate as actual relationship between indivduals. (Vygitsky, 1978; 57)

2. *व्यगोत्स्की के बालकों के संज्ञानात्मक तथा सामाजिक-सांस्कृतिक विकास के सम्बन्ध में विचार (Vygotsky's views about children's Cognitive and Socio-cultural Development)*: व्यगोत्स्की के अनुसार बालकों का संज्ञानात्मक तथा सामाजिक-सांस्कृतिक विकास एक दूसरे से काफी जुड़ा रहता है। बालक का जिस प्रकार का सामाजिक-सांस्कृतिक विकास होता है उसी के अनुरूप उसके संज्ञानात्मक विकास का कार्य आगे बढ़ता है। इस तरह से बालक के संज्ञानात्मक और बौद्धिक विकास पर बालक के द्वारा अपने सामाजिक एवं सांस्कृतिक वातावरण के साथ अंत:क्रिया करते हुए जिस प्रकार का अधिगम होता है उसी के परिणामस्वरूप उसके संज्ञानात्मक तथा बौद्धिक विकास का मार्ग प्रशस्त होता है। इस तरह व्यगोत्स्की ने बालक के विकास में सामाजिक-सांस्कृतिक कारकों तथा बालक विशेष के साथ की जाने वाली अंत: क्रिया तथा पारस्परिक सम्बन्धों पर काफी बल दिया है। इस सम्बन्ध में उसकी जो धारणायें रही है उनका संक्षिप्त परिचय आगे दिया जा रहा है।

(i) बालकों द्वारा अपने संज्ञानात्मक विकास में सांस्कृतिजन्य साधनों/उपकरणों का प्रयोग किया जाता है (Children make use of culturally determined tools for intellectual adaptation): पियाजे ने यह बताने की चेष्टा की कि प्रत्येक बालक में उसके बौद्धिक या संज्ञानात्मक विकास सम्बन्धी यात्रा की शुरूआत कुछ जन्मजात गति तथा सहज क्रियाओं (Motor and Reflex action) जैसे- चूसना (Sucking), देखना (Looking), वस्तुओं को पकड़ना (Gasping) तथा वस्तुओं तक पहुंचना (Reaching) आदि को लेकर होती है। व्यगोत्स्की ने इसके स्थान पर यह कहा कि बालक अपने बौद्धिक या संज्ञानात्मक विकास की यात्रा जिन चार साधनों (Tools) की मदद से आरंभ करता है वे हैं (i) ध्यान या अवधान (Attention), (ii) संवेदना (Sensation), (iii) प्रत्यक्षीकरण (Perception) तथा (iv) स्मृति (Memory)। व्यगोत्स्की ने इन्हें बालक के बौद्धिक/संज्ञानात्मक विकास तथा अनुकूलन के लिए मूल साधन (Basic tools for Intellectual Adoption) बताया। व्यगोत्स्की के अनुसार बालक विशेष का संज्ञानात्मक बौद्धिक विकास उसी रूप में आगे बढ़ता है जिस रूप में उसके पास इन चारों साधनों को उपयोग में लाने की योग्यता और क्षमता होती है। जैसे-जैसे इन चारों साधनों से संबंधित क्षमताएं उसमें बढ़ती रहती है वैसे-वैसे ही वह संज्ञानात्मक विकास की सीढ़ियां चढ़ता रहता है। इन चारों साधनों का बालक के सामाजिक

एवं सांस्कृतिक वातावरण तथा उससे होने वाली अंत:क्रियाओं से काफी नजदीकी रिश्ता रहता है। ध्यान देते हुए संवेदना एवं प्रत्यक्षीकरण द्वारा अनुभूत जानकारी को स्मृति में धारण करके जिस रूप में उपयोग करना बालक के लिए संभव हो पाता है यह बात बालक के सामाजिक एवं सांस्कृतिक परिवेश से मिलने वाले पृष्ठ-पोषण पर निर्भर करती है। वह प्राप्त जानकारी से वही अर्थ निकालता है जो उसे उसका सामाजिक एवं सांस्कृतिक विकास तथा परिवेश सम्बन्धी अनुभव निकालने की सामर्थ्य एवं योग्यता देते हैं। इसलिए व्यगोत्स्की ने पूरी तरह यह स्पष्ट किया कि बालकों के संज्ञानात्मक विकास को किसी भी रूप में उसके सामाजिक एवं सांस्कृतिक विकास तथा पृष्ठभूमि से अलग करके नहीं समझा जा सकता। सामाजिक एवं सांस्कृतिक पृष्ठभूमि, मिलने वाले अनुभव तथा विकास ही फिर बालकों के ध्यान, संवेदना, प्रत्यक्षीकरण तथा स्मृतिजन्य क्षमताओं में यथानुकूल वृद्धि कराते हुए बालकों को उच्चतर मानसिक प्रक्रियाओं (Higher Mental Function) के संपादन में उत्तरोत्तर देकर सफल बनाने का कार्य करते हैं।

(ii) बालकों के संज्ञानात्मक विकास पर बालकों की सामाजिक अंत:क्रिया का प्रभाव (*Effects of Social Influences on Child's Cognitive Development*): पियाजे की तरह व्यगोत्स्की का भी यह विश्वास था कि बालक स्वभाव से ही जिज्ञासु होते हैं और इनकी जिज्ञासा उन्हें सदैव ही कुछ-न-कुछ जानने खोजने तथा नई समझ विकसित करने में मदद करती रहती है। परन्तु जहां पियाजे ने कुछ जानने और खोजने के लिए केवल स्वयं के प्रयत्नों को ही एक मात्र साधन बताया वहीं व्यगोत्स्की ने बालक में समझ विकसित कर उसको विकास के मार्ग पर चलाने में समाज और संस्कृति की भूमिका को अति आवश्यक समझने की बात कही। उसने स्पष्ट किया कि बालक स्वयं के प्रयासों, निजी अनुभवों तथा दूसरों के व्यवहार की नकल करने से कुछ आसान बातों को तो अपने आप सीख सकता है परन्तु कठिन बातों/ज्ञान/कौशलों को जानने, समझने और ठीक तरह प्रयास में लाने हेतु उसे अपने से ज्यादा जानकार तथा अनुभवी व्यक्तियों जैसे माता-पिता, शिक्षक तथा गुरुजनों के विधिवत निर्देशन तथा सीख की आवश्यकता होती है। बालक अपने से अधिक जानकारी और बुद्धिमान व्यक्तियों से जो सामाजिक अंत:क्रिया करते हैं उसी के प्रभाव के फलस्वरूप वे समुचित अधिगम अर्जन करने में समर्थ हो पाते हैं। बालक सामाजिक अंत:क्रिया के माध्यम से अपने से बड़ों तथा जानकार व्यक्तियों से किस प्रकार उचित अधिगम अर्जन करते हैं इसे स्पष्ट करने हेतु शेफर (Shaffer, 1996) ने एक छोटी लड़की द्वारा पहली बार टुकड़ों को जोड़कर एक दिया हुआ आकार बनाने सम्बन्धी दृष्टांत प्रस्तुत किया है।

वह छोटी लकड़ी टुकड़ों को जोड़कर दिया हुआ चित्र/आकृति बनाने का प्रयत्न करती है परन्तु वह अकेली इसमें सफल नहीं हो पाती। इसके बाद उसका पिता उसके साथ बैठता है और उसे टुकड़ों को सही जोड़कर आकृति विशेष को बनाने सम्बन्धी गुण बताता है, कुछ का प्रदर्शन करता है तथा कुछ को करने के लिए बेटी को प्रोत्साहित करता है। जब-जब बालिका द्वारा ठीक दिशा में प्रयास किए जाते हैं तब आगे करने हेतु पिता की तरफ से उचित प्रतिपुष्टि और प्रोत्साहन मिलता रहता है। जब पिता यह समझ लेता है कि बाकी का सारा कार्य बालिका द्वारा ठीक प्रकार कर लिया जाएगा तब वह उसे स्वयं ही कार्य पूरा करने के लिए छोड़ देता है। कार्य ठीक तरह पूरा होने पर वह उसी तरह का कार्य (टुकड़ों को जोड़कर दूसरी दी हुई आकृति बनाने) अपनी बेटी से स्वयं अपने आप करने को कहकर उसे इस प्रकार के निर्माण में पर्याप्त क्षमता विकसित करने का प्रयत्न करता है।

(iii) बालकों के विकास से संबंधित व्यगोत्स्की द्वारा प्रतिपादित एम.के.ओ. तथा जेड. पी.डी. की अवधारणा (Concepts of MKO and ZPD): सामाजिक अंत:क्रिया से जुड़ी हुई प्रक्रियाओं से बालक किस प्रकार अधिगम अर्जन करता है तथा उसका वांछित विकास कैसे होता है इसे स्पष्ट करने हेतु व्यगोत्स्की द्वारा विकसित दो अवधारणाओं एम.के.ओ. तथा जेड.पी.डी. का काफी महत्वपूर्ण स्थान है। आइए इन अवधारणाओं की प्रकृति और व्यगोत्स्की द्वारा इनके उपयोग पर ध्यान दिया जाए।

मोर नालेजेबल अदर या एम.के.ओ. (More Knowledgable Other or MKO): किसी विशेष कार्य, प्रक्रिया या संप्रत्यय विशेष के संपादन या जानकारी के संदर्भ में जिसे बालक की अपेक्षा अधिक जानकारी और ज्ञान हो उसे मोर नालेजेबल अदर (MKO) की संज्ञा दी जाती है। सामान्यतया ऐसे ज्यादा जानकार व्यक्तियों के रूप में बालकों के माता-पिता, अध्यापकों तथा अन्य बड़ी आयु के व्यक्तियों को समझा जा सकता है। परंतु यहां बालक विशेष के उन हमउम्र साथियों तथा सहपाठियों को भी इसके दायरे में लाया जा सकता है जो उससे अधिक जानकारी, समय, तथा कौशल से युक्त हों। कई मामलों में तो बालकों को प्रौढ़ों से अधिक नालेजेबल या ज्ञानवान समझा जा सकता है जैसे मोबाइल टेबलेट का प्रयोग में लाने तथा नया वीडियो गेम आदि को देखने के बारे में जानकारी।

जॉन ऑफ प्रोक्सीमल डेवलपमेंट या जेड.पी.डी. (Zone of Proximal Development or ZPD): व्यगोत्स्की के अनुसार किसी भी स्तर या परिस्थिति में बालक का संज्ञानात्मक तथा सामाजिक एवं सांस्कृतिक विकास उसे उपलब्ध जॉन ऑफ प्रोक्सीमल डेवलपमेंट (ZPD) पर निर्भर करता है।

जेड.पी.डी.नाम की व्यगोत्स्की की इस अवधारणा का सम्बन्ध बालक विशेष की जानकारी और ज्ञान में पाए जाने वाले उस अन्तर से होता है जो बालक के द्वारा स्वयं किए गए प्रयत्नों तथा कुशल और अधिक जानकार साथियों के निर्देशन में किए जाने वाले प्रयत्नों के बीच पाया जाता है। (देखिए चित्र न. 6.1) इस प्रकार से जेड.पी.डी. उस क्षेत्र विशेष का प्रतिनिधित्व करता है जिसके दायरे में कोई बालक विशेष अपने से अधिक कुशल और जानकार व्यक्ति के सानिध्य या सहायता से किसी समस्या विशेष का समाधान कर सकता है। प्रोक्सीमल (Proximal) शब्द का सरल भाषा में अर्थ है, अगला (Next)। इसके दो मतलब निकाले जा सकते हैं। पहला यह बालक के लिए समस्या समाधान या अपने व्यवहार में अपेक्षित सुधार लाने में जो व्यक्ति ज्ञान और जानकारी में उससे एक कदम आगे हो, काफी उपयोगी और हितकारी सिद्ध हो सकता है। ऐसे व्यक्तियों (माता-पिता, शिक्षक, गुरुजन तथा होशियार सहपाठियों) के निर्देशन और देख-रेख में बालक को अपने संज्ञानात्मक तथा सामाजिक विकास के रास्ते पर आगे बढ़ने में उचित सहायता मिल सकती है। अपने दूसरे अर्थ में प्रोक्सीमल या अगले से तात्पर्य बालक के विकास या अधिगम की उस अगली सीमा तक है जहां तक उसके इस विकास का अधिगम अर्जन को ज्ञानवान व्यक्ति की देखरेख या निर्देशन द्वारा ले जाना संभव हो सकता है। जोन ऑन प्रोक्सीमल डेवलपमेंट (ZPD) के नाम वाली यह परिधि सीमा (जिसके भीतर बालक के ज्ञान और कुशलता प्राप्ति की संभावना रहती है) बालक से जुड़ी हुई बहुत-सी बातों जैसे उसकी आयु, वैयक्तिकता, घर और परिवार, समाज और संस्कृति का प्रभाव आदि पर निर्भर करती है। जैसे-जैसे बालक बड़ा होता है और उसका सामाजिक एवं सांस्कृतिक परिवेश से अंत:क्रिया करने का दायरा बढ़ता है और बड़ों का निर्देशन, सानिध्य तथा पथ-प्रदर्शन उसे प्राप्त होता है उसकी जे.पी.डी. बढ़ता जाता

है, वह अधिक से अधिक कठिन और पेचीदा बातों को सीख सकता है तथा उसके मानसिक एवं सामाजिक विकास में उत्तरोत्तर प्रगति आती रहती है।

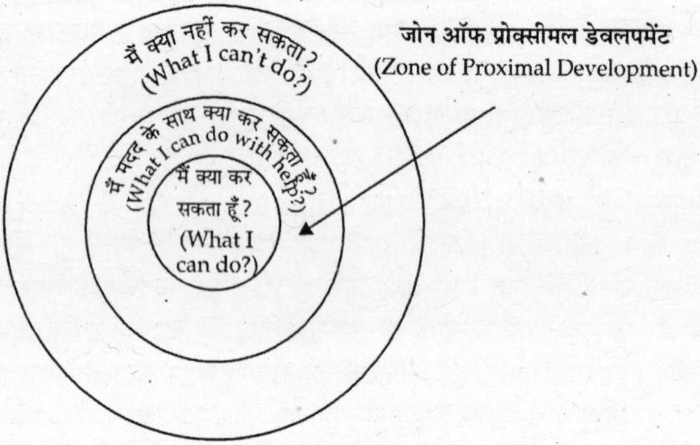

चित्र 6.1: जोन ऑफ प्रोक्सीमल डेवलपमेंट (ZPD) की अवधारणा

इस तरह व्यगोत्स्की ने जेड.पी.डी. (ZPD) के संप्रत्यय को सामने लाकर यह स्पष्ट करने का प्रयत्न किया कि बालकों को उनके अधिगम पथ पर आगे बढ़ाने या उनका मानसिक/सामाजिक विकास करने के संदर्भ में यह देखा जाना चाहिए कि वे अपने आप क्या कुछ कर सकते हैं और क्या नहीं। फिर इसके बाद उनके जे.पी.डी. क्षेत्र या अधिगम सीमा की थाह पाकर उन्हें आवश्यक निर्देशन/परामर्श देकर उन्हें किसी कार्य या व्यवहार विशेष को क्रियान्वित करने में समर्थ बनाना चाहिए और फिर वे अगर उस कार्य को एक बार कर लें तो उन्हें ऐसे दूसरे कार्यों को करने के लिए अकेला छोड़ देना चाहिए। जैसे पहले दिए हुए उदाहरण में वस्तुओं के टुकड़ों की सहायता से दी हुई कोई आकृति नहीं बना पाने में असमर्थ बालिका को उसके पिता द्वारा आवश्यकतानुसार सहायता दी गई और उसे यह करने में समर्थ बनाया तथा एक बार सीख लेने के बाद उसे टुकड़ों (Pieces) की सहायता से ऐसी अन्य आकृतियों का निर्माण करने को कहा गया।

(iv) बालकों के संज्ञानात्मक तथा सामाजिक विकास में भाषा की भूमिका (Role of Language in the Cognitive and Social Development of Chidren): बालकों के संज्ञानात्मक तथा सामाजिक विकास में भाषा को अधिक महत्व देने की बात व्यगोत्स्की ने सामने रखी।

व्यगोत्स्की के अनुसार किसी भी समाज या संस्कृति में भाषा बच्चे के बौद्धिक एवं सामाजिक विकास का सशक्त साधन है। इसमें कोई संदेह नहीं कि बालकों में भाषा का अर्जन आपसी वार्तालाप और संप्रेक्षण के माध्यम से होता है और यह फिर उसके उचित संज्ञानात्मक तथा सामाजिक विकास में निम्न बातों की वजह से काफी लाभदायक सिद्ध होता है

1. जितनी अच्छी तरह से बालक को भाषा का ज्ञान होता है उतना ही वह अपने सामाजिक एवं सांस्कृतिक परिवेश में दूसरों के साथ अंत:क्रिया और संप्रेषण करने के काबिल बनता जाता है। यह काबिलियत उसके उचित सामाजिक एवं सांस्कृतिक विकास के लिए समुचित रास्ता खोलती है।

2. भाषा का विकास उसे मानसिक विकास के पथ पर अग्रसर करने में मदद करता है। जिसके पीछे यह बात है कि वह अपने से अधिक बड़े या ज्ञानवान व्यक्ति से कुछ

सीखने और अपने मानसिक विकास में आवश्यक सहायता प्राप्त करने हेतु अच्छी तरह संप्रेषण कर सकता है और दूसरे वह मानसिक कार्यों को ठीक तरह से पूरा करने हेतु आवश्यक आन्तरिक चिंतन के लिए भाषा को एक साधन के रूप में अच्छी तरह प्रयोग में ला सकता है। बालक भाषा को एक साधन के रूप में अपने चिन्तन, मानसिक कार्यों के सम्पादन तथा संज्ञानात्मक विकास हेतु कैसे प्रयोग में लाते हैं, इस सम्बन्ध में व्यगोत्स्की (1987) ने भाषा की भूमिका को अच्छी तरह से स्पष्ट करने के लिए भाषा के निम्न तीन स्वरूपों की चर्चा की है

(i) *सामाजिक बातचीत (Social Speech)* : यह एक प्रकार का बाह्य संप्रेषण है जिसे बालक दूसरों के वार्तालाप के लिए प्रयुक्त करते हैं। सामान्यत: इस प्रकार की बातचीत बालकों में दो वर्ष की आयु से शुरू हो जाती है।

(ii) *व्यक्तिगत या निजी बातचीत (Private Speech)* : लगभग तीन वर्ष के बालक इस प्रकार की बातचीत में संलग्न रहते हुए पाए जाते हैं। भाषा के इस रूप में बालक स्वयं अपने आप से बात करते हुए दिखाई देते हैं और इस प्रकार से बातें करना उसके मानसिक कार्यों के संपादन में सहायक सिद्ध होता है।

(iii) *आंतरिक बातचीत (Inner Speech)* : सामान्यत: सात वर्ष की आयु के बाद बालकों का स्वयं अपने आप से बातचीत करने सम्बन्धी निजी बातचीत का स्वरूप बदल जाता है और वह बाह्य न होकर आंतरिक रूप धारण कर लेती है। अब वे यहां मन ही मन में बिना दूसरों को कुछ सुनाए हुए अपने आप से वार्ता करते हुए पाए जाते हैं। इनकी यह बातचीत स्वयं से चुपचाप अन्त:मन में ही होती है, किसी और को नहीं सुनाई देती है। इस आंतरिक बातचीत के माध्यम से वे अब ऐसा उपयुक्त चिन्तन कर सकते हैं जिससे हाथ में लिए गए मानसिक कार्य या सामाजिक व्यवहार के संपादन में इन्हें आवश्यक सहायता मिले।

बालकों में भाषा का विकास कैसे और कब होता है इस बारे में व्यगोत्स्की की धारणा पियाजे से काफी भिन्न रही। पियाजे ने जहां यह कहा कि भाषा अपने विकास के लिए विचारों पर निर्भर करती है और इस तरह बालक का संज्ञानात्मक विकास पहले होता है तथा भाषा का विकास बाद में, वहीं व्यगोत्स्की ने इस सम्बन्ध में यह बताया कि बालक के शुरूआती विकास चरण के (2 वर्ष की अवस्था) विचार तथा भाषा दो अलग-अलग प्रणालियों के रूप में रहते हैं। यहां बालकों से भाषा के अर्जन हेतु विचारों के मानसिक विकास की जरूरत नहीं होती, वे दूसरों से अंत:क्रिया या संप्रेषण करते हुए भाषा के प्रथम रूप सामाजिक बातचीत (Social Speech) का अर्जन करते हैं।

दो वर्ष के बाद बालकों में भाषा के दूसरे रूप व्यक्तिगत या निजी बातचीत के अर्जन की प्रक्रिया शुरू होती है। यहां अब विचारों और भाषा में सहयोग तथा अंत:निर्भरता की कहानी शुरू हो जाती है। परिणामस्वरूप विचार तथा मौखिक अभिव्यक्ति/शब्दों में बदल जाते हैं और बातचीत या अपने द्वारा कहे गए मौखिक वचन/कथन बालकों के विचार अभिव्यक्ति के लिए काम में लाने लगते हैं। भाषा का यह स्वरूप व्यगोत्स्की के अनुसार निजी (Personal) और बाह्य (External) होता है। इसे वह दूसरों से वार्तालाप के लिए काम में नहीं लाता बल्कि स्वयं अपने आप से अंत:क्रिया या संप्रेषण करने (Self-talk) के लिए ही इसे प्रयुक्त करता है। अपने आप से की जाने वाली उस निजी बातचीत का उद्देश्य दूसरों के साथ संप्रेषण न होकर अपने विचारश्रृंखला का नियमन करना होता है। यानी

किसी काम व्यवहार को करते हुए यह सोचना होता है कि वह कार्य कैसे करना है और किस क्रम से करना है। इस क्रम सम्बन्धी बातों को ही बालक खुले में बोल-बोल कर कहते रहते हैं।

व्यगोत्स्की, (Vygotsky) ने भाषा के इस स्वरूप की महत्ता पर प्रकाश डालते हुए कहा है कि निजी बातचीत (Private Speech) बालक द्वारा किए जाने वाले कार्य की सहगामिनी ही नहीं होती बल्कि बालक के द्वारा अपने संज्ञानात्मक प्रक्रियाओं के गान और क्रियान्वयन हेतु भी इसे एक आवश्यक साधन के रूप में काम में लाया जाता है। क्या करना है और किस क्रम में करना है इस तरह के चिन्तन हेतु वह भाषा के इस स्वरूप का प्रयोग करता है।

भाषा के विकास का तीसरा स्वरूप आंतरिक बातचीत (Inner Speech) है जिसका दौर निजी बातचीत के दौर के बाद लगभग 7 वर्ष की आयु में शुरू हो जाता है। अब यहां भाषा सामाजिक विकास की तरह ही मानसिक विकास में बहुत बड़ी सार्थक भूमिका निभाना प्रारंभ कर देती है। अब बालक के चिंतन में भाषा का बाह्य रूप यानी बोल-बोल कर बताना कि अब क्या और कैसे करना है, के स्थान पर इसे मन ही मन में अपने आप से कहने की बात शुरू हो जाती है जो शक्ति बाह्य रूप से बोलने में खर्च होती थी वह आंतरिक रूप से सोचने में खर्च होती है और परिणामस्वरूप अब भाषा को चिन्तन के एक अधिक सशक्त साधन के रूप में प्रयोग में लाया जा सकता है। बालकों के भाषा विकास के इस उन्नत स्वरूप तथा मानसिक विकास में इसकी सार्थक भूमिका पर प्रकाश डालते हुए व्यगोत्स्की (Vygotsky, 1962: 49) ने निम्न टिप्पणी की है।

> "आंतरिक बातचीत बाह्य बातचीत का आंतरिक पहलू नहीं है बल्कि स्वयं अपने आप में एक अलग प्रक्रिया है। अपने इस अलग रूप में भी यह बातचीत ही है जिसमें विचार और शब्द दोनों रहते हैं। परंतु जहां बाह्य बाचीत में विचार शब्दों में निहित रहते हैं वहीं आंतरिक बातचीत में शब्द लुप्त होकर विचारों को सामने लाने का कार्य करते हैं। आंतरिक बातचीत इस तरह अपने विशुद्ध अर्थों में और कुछ नहीं बल्कि चिन्तन ही है।" ("Inner Speech is not the interior aspect of external speech—it is a function in itself. It still remain speech, i.e., thought connected with words. But while in external speech thought is embodied in speech, in inner speech words die as they bring forth thought. Inner speech is, to a large extent, thinking in pure meaning.")

शैक्षिक/कक्षा कक्ष निहितार्थ (Educational/ Classroom Implication)

व्यगोत्स्की द्वारा प्रतिपादित विकास सम्बन्धी सामाजिक सांस्कृतिक सिद्धांत से जुड़े हुए शैक्षिक/कक्षा कक्ष निहितार्थ का संक्षेप में निम्न प्रकार उल्लेख किया जा सकता है।

1 व्यगोत्स्की के अनुसार बालक शुरू से ही अपने संज्ञानात्मक/बौद्धिक अनुकूल और विकास हेतु अपने में निहित चार योग्यताओं (i) ध्यान या अवधान, (ii) संवेदना, (iii) प्रत्यक्षीकरण तथा (iv) स्मृति का उपयोग करते हुए पाए जाते हैं। कक्षा कक्ष अधिगम और अनुदेशन में भी इन चारों योग्यताओं को एक उपयुक्त शिक्षण-अधिगम साधन के रूप में प्रयोग में लाना काफी हितकारी सिद्ध हो सकता है। अतः व्यगोत्स्की से सहमत होते हुए ये सभी प्रयत्न किए जाने चाहिए जिनसे बालकों में इन चारों प्रकार की योग्यताओं/क्षमताओं को अधिक से अधिक अच्छे रूप में विकसित कर इन्हें विद्यालय तथा विद्यालय से बाहर अनुभव की गई तथा सीखी गई बातों को अच्छी तरह ग्रहण कर उपयेाग में लाने की वांछित सफलता

प्राप्त हो सके। बालक जब भी किसी वस्तु या प्रक्रिया का प्रेक्षण करें तब उनमें इसे अच्छी तरह करने हेतु उपयुक्त अवधान संवेदना और प्रत्यक्षीकरण सम्बन्धी योग्यताओं की उपस्थिति रहे, सीखी हुई बातों को अपनी स्मृति में धारण करते हुए वे आवश्यकता पड़ने पर उनका उचित उपयोग कर सके, इस तरह की क्षमता वृद्धि ही हमारे कक्षाकक्ष अनुदेशन और अधिगम का उद्देश्य होना चाहिए।

2. व्यगोत्स्की के अनुसार बालकों के मानसिक विकास का उनकी सामाजिक तथा सांस्कृतिक पृष्ठभूमि, परिवेश तथा अंत:क्रिया से नजदीकी रिश्ता रहता है। इसलिए कक्षाकक्ष में किए जाने वाले कार्यों–अनुदेशन तथा अधिगम को कभी भी इन बातों से अलग हटकर नहीं सोचा जाना चाहिए। कक्षाकक्ष उद्देश्यों की पूर्ति तभी अच्छी तरह हो सकती है जब सामाजिक और सांस्कृतिक परिवेश सम्बन्धी प्रभाव भी अनुकूल दिशा में यात्रा करें। दूसरे यह बात भी ध्यान में रखनी चाहिए कि जब कोई बालक विद्यालय में शिक्षा ग्रहण करने आता है या कर रहा होता है तो उसके साथ उसकी अपनी व्यक्तिगत मानसिक क्षमताओं तथा सामाजिक कुशलताओं के रूप में एक अलग पहचान होती है तथा सभी बालकों में इसे लेकर व्यक्तिगत विभिन्नताएं देखने को मिल सकती हैं, हमें उनकी इन विभिन्नताओं, जो बालक के सामाजिक एवं सांस्कृतिक परिवेश की देन होती हैं, को ध्यान में रखकर ही उनके अधिगम तथा मानसिक एवं सामाजिक विकास पर अग्रसर करने के प्रयत्न करने चाहिए।

3. मोर नालेजेवल अदर (MKO) तथा जेड.पी.डी. (ZPD) जैसी अवधारणाओं के माध्यम से व्यगोत्स्की ने जो विचार व्यक्त किए वे बालकों के अधिगम और विकास के लिए काफी महत्व रखते हैं। बालकों में जिज्ञासावश कुछ न कुछ जानने और समझने की स्वाभाविक आदत होती है और वे बड़ों की नकल कर या अपने अनुभव के आधार पर स्वत: अपने प्रयत्नों से कुछ न कुछ सीखते भी रहते हैं। परंतु उनके इस प्रकार के सीखने या स्वत: अपने प्रत्यनों से नई बातों का पता लगाने और निर्माण करने की एक सीमा होती है। कठिन, नई और पेचीदा बातों को जानने, समस्याओं का समाधान करने हेतु उन्हें बड़ों तथा अपने से अधिक जानकार और कुशल सहपाठियों के सहयोग, निर्देशन तथा परामर्श की जरूरत होती है और यह उन्हें अपनी कक्षाकक्ष परिस्थितियों में अध्यापकों तथा योग्य सहपाठियों से मिलना चाहिए। इस दिशा में भी अच्छे शिक्षण, प्रशिक्षण और निर्देशन हेतु व्यगोत्स्की की इस चेतावनी और परामर्श पर भी यहां अवश्य ध्यान दिया जाना चाहिए कि (i) बालकों के उचित अधिगम तथा सही विकास के लिए यह आवश्यक है कि उन्हें अपने से अधिक जानकार और ज्ञानवान व्यक्ति द्वारा दी जाने वाली सहायता इस प्रकार दी जाए कि बालक इस सहायता पर आश्रित न रहकर अपनी आगामी अधिगम तथा विकास यात्रा अपने प्रयत्नों से ही करे (ii) बालक को कितनी दूर उसके अधिगम या विकास पथ पर चलने के लिए सहायता दी जाए, इस दूरी का निर्धारण उसकी वास्तविक अधिगम या विकास क्षमता के आधार पर ही किया जाना चाहिए। हम शिक्षण, प्रशिक्षण और निर्देशन द्वारा अपनी मनमर्जी का विकास बालक के लिए तय नहीं कर सकते, यह सब-कुछ उसकी अपनी मूलभूत योग्यताओं तथा व्यक्तिगत चेष्टाओं पर आधारित रहता है कि वह इस सहायता से कितना आगे जा सकेगा।

4. व्यगोत्स्की के एम.के.ओ. (MKO) तथा जेड.पी.डी. (ZPD) से संबंधित विचार कक्षाकक्ष शिक्षण और प्रशिक्षण प्रक्रिया में इस तथ्य को भी प्रकाश में लाते हैं कि शिक्षक और प्रशिक्षकगण को सही अर्थों में बालकों से अधिक जानकार, ज्ञानवान, प्रशिक्षित तथा

कुशल होना चाहिए तभी वे जो वह नहीं जानता और जिसकी रचना स्वयं अपने प्रयत्नों से नहीं कर सकता उसे जानने, समझने, करने और बनाने में उचित रूप से अपना क्रियात्मक सहयोग दे सकते हैं। यह सहायता कब, कितनी कैसे और किस रूप में दी जाए, इन सबके लिए उन्हें अपेक्षित रूप से योग्य और प्रशिक्षित होना आवश्यक है। साथ ही व्यक्तिगत ध्यान देकर उचित सहायता प्रदान करने में मानीटर प्रणाली तथा साथियों के पारस्परिक सहयोग की बात भी कक्षाकक्ष व्यवस्था में काफी अच्छे परिणाम कर सकती है। अतः इसकी उपयोगिता को अच्छी तरह ध्यान में रखा जाना चाहिए।

5. व्यगोत्स्की द्वारा जेड.पी.डी. (ZPD) सन्दर्भित विचार बालकों के कक्षा शिक्षण हेतु पाठ्यक्रम तथा अधिगम अनुभवों के निर्धारण हेतु भी उचित मार्गदर्शन प्रदान करने हेतु काम में लाए जा सकते हैं। बालकों की जेड.पी.डी. यानी उन्हें शिक्षण/प्रशिक्षण द्वारा क्या कुछ सिखाया तथा इनका कितना कुछ विकास किया जा सकता है उनकी आयु, पूर्णज्ञान तथा सामाजिक एवं सांस्कृतिक परिवेश सम्बन्धी बातों से जुड़ी रहती है। अतः किस आयु तथा परिवेश विशेष में विद्यार्थी कितना कुछ सीखने में समर्थ है, किस स्तर का विकास उनसे अपेक्षित है, इसी बात का पर्याप्त रूप से सोच-समझकर ही उनके पाठ्यक्रम तथा अधिगम अनुभव दिए जाने के बाद में निर्णय लिए जाने चाहिए।

6. व्यगोत्स्की के मतानुसार बालक के अधिगम एवं मानसिक और सामाजिक विकास में भाषा का प्रमुख योगदान रहता है। अधिगम एवं वार्तालाप बातचीत के रूप में भाषा (चाहे उसका प्रयोग शाब्दिक, अशाब्दिक या लिखित किसी रूप में किया जाए) व्यक्तियों के बीच उनके विचारों, भावनाओं, अभिवृत्तियों, रुचियों तथा इच्छा-अनिच्छा के आदान-प्रदान करने के काम आती है और इस तरह यह उनके मध्य आवश्यक सामाजिक अंतःक्रिया, सहयोग तथा सद्भावना को बढ़ाने में प्रमुख योगदान देती है। सामाजिक बातचीत (Social Speech) के रूप में भाषा का यह रूप बालक के सामाजिक विकास तथा अधिगम अर्जन में काफी सहयोग देता है अतः शिक्षकों तथा माता-पिता को बालकों में भाषा के इस प्रारूप को अच्छी तरह विकसित करने का प्रयत्न करना चाहिए। भाषा का दूसरा प्रारूप जिसे व्यगोत्स्की ने व्यक्तिगत या निजी बातचीत (Private Speech) काम दिया है स्वयं से वार्तालाप (Self-talk) करने के रूप में बालकों को उनके किए जाने वाले किसी रूप से अभिप्रेरित और तैयार करता है। परन्तु बालक जैसे ही और बड़ा होकर मानसिक और सामाजिक रूप से अधिक विकसित होता है वैसे ही उसकी अपने आप से की जाने वाली निजी बातचीत (Private Speech), आंतरिक बातचीत (Inner Speech) में बदल जाती है, जो कुछ अब बालक बाह्य रूप में करना चाहता है वह उसके द्वारा आंतरिक बातचीत द्वारा मन ही मन में क्रियान्वित तथा दोहराया जाता है। इसलिए भाषा के रूप में अर्जन बालकों को उच्च स्तरीय विचार प्रक्रियाओं तथा व्यवहार के संपादन हेतु एक सशक्त साधन के रूप में कार्य करता है। इसलिए बालकों की बढ़ती आयु के साथ अध्यापकों और माता-पिता को चाहिए कि वे बालकों की स्वयं के लिए किए जाने वाले वार्तालाप (Self Talk) की बाह्य अभिव्यक्ति की अपेक्षा उनकी आंतरिक अभिव्यक्ति में बालकों को पूरा सहयोग दें। वे उनकी भाषा के इस उन्नत रूप जिसे आंतरिक बातचीत (Inner Speech) कहा जाता है को इस तरह विकसित तथा प्रयोग में लाने के लिए बालकों की सहायता करें जिससे वे इसका उपयोग अपने उचित अधिगम तथा मानसिक एवं सामाजिक विकास के लिए कर सकें।

7

विकासात्मक कार्य एवं उनके निहितार्थ
(Developmental Tasks and Their Implications)

विकासात्मक कार्यों से तात्पर्य **(Meaning of the Term Developmental Tasks)**

विकासात्मक कार्य, इस संप्रत्यय तथा पदावली का सबसे पहले प्रयोग अमेरिका के शिकागो विश्वविद्यालय के प्रोफेसर रॉबर्ट हेविगहर्स्ट (Robert Havighurst) ने निम्न प्रकार से परिभाषित करते हुए किया था :

> "विकासात्मक कार्य से अभिप्राय उस कार्य से है जिसे व्यक्ति अपने जीवन की किसी एक अवस्था में करते हुए देखा जा सकता है। इन कार्यों का सफल संपादन जहां उसे आनन्द प्रदान करके आगे के विकासात्मक कार्यों के सफल सम्पादन की ओर ले जाता है वहीं इनके सम्पादन में मिली असफलता उन्हें विषादमय बनाकर आगामी कार्यों के सम्पादन में कठिनाई खड़ी कर देती है।"
>
> (Development task is one which arises at a certain period in the life of the individual, successful accomplishment of which leads to his happiness and success with later tasks, while failure leads to unhappiness and difficulty with later tasks. —Havighurst, R.J., 1972)

उपरोक्त परिभाषा का अगर ठीक प्रकार विश्लेषण किया जाए तो विकासात्मक कार्यों के अर्थ स्पष्टीकरण के संदर्भ में हमें निम्न तथ्यों की प्राप्ति हो सकती है:

1. विकासात्मक कार्य आवश्यक रूप से व्यक्ति के विकास और उसकी विकासात्मक अवस्था (जन्म से लेकर किशोरावस्था की समाप्ति) से जुड़े रहते हैं यानी जन्म से किशोरावस्था तक ही व्यक्ति विकासात्मक कार्यों को अंजाम दे सकता है।
2. विकासात्मक कार्य निश्चित रूप से व्यक्ति की आयु और उसकी विकास अवस्थाओं से जुड़े रहते हैं। अपनी आयु और विकास अवस्था या काल के हिसाब से ही व्यक्ति कुछ निश्चित प्रकार के विकासात्मक कार्य और ज्ञानात्मक, क्रियात्मक तथा भावात्मक व्यवहार प्रदर्शन कर पाने में समर्थ हो पाता है।
3. अपनी उम्र तथा विकास काल के हिसाब से व्यक्ति में जिस प्रकार के विकासात्मक कार्यों के सम्पादन की अपेक्षा होती है उस अपेक्षा पर वह किस सीमा तक खरा उतरता है इस बात पर ही उसका स्वयं से तथा अपने वातावरण से उपयुक्त रूप से समायोजित होना निर्भर करता है।
4. जो व्यक्ति अपनी आयु तथा विकासकाल से संबंधित विकासात्मक कार्यों को सफलतापूर्वक सम्पादित करने में समर्थ रहता है वह सुखी रहता है तथा उसके आगामी विकासात्मक कार्यों को करने हेतु पर्याप्त उत्साह रहता है, परन्तु दूसरी ओर अगर उसे कार्यों के सम्पादन में असफलता मिलती है तो उसका वर्तमान तो नैराश्य और विषादपूर्ण बनता ही है, भविष्य के विकासात्मक कार्यों को ठीक प्रकार से कर सकने में भी संशय की स्थिति आ जाती है।
5. इस तरह जीवन के आनन्द प्राप्ति और समायोजित रहने का मूल मंत्र है, विकासात्मक कार्यों की जानकारी और इन्हें इनसे संबंधित विकास कालों में ठीक प्रकार से सम्पादित करने में समर्थ विधियों एवं तकनीकों का समुचित ज्ञान।

अपने इस रूप में विकासात्मक कार्यों के अर्थ तथा प्रकृति से परिचित होने के बाद कुछ और भी ऐसे पहलू रह जाते हैं जिनका आवश्यक परिचय बालकों तथा किशोरों के समुचित कल्याण हेतु अध्यापकों के लिए अत्यन्त आवश्यक है। आइए इन सभी पर एक-एक करके विचार किया जाए।

विकासकाल में संपन्न विभिन्न विकासात्मक कार्य (Identifying and Naming of the Developmental Tasks)

विकासकाल जिसमें बालक का विकास होता है उसकी अवस्था जन्म से लेकर किशोरावस्था की समाप्ति तक मानी जाती है। इस पूरी अवधि में बालक वृद्धि एवं विकास की विभिन्न अवस्थाओं जैसे शैशव, पूर्व बाल्यकाल, उत्तर बाल्यकाल तथा किशोरावस्था को पार करता हुआ विभिन्न आयु स्तरों तथा विकास अवस्थाओं में विभिन्न प्रकार के विकासात्मक कार्यों को सम्पन्न करता हुआ पाया जाता है। ये सभी कार्य निश्चित रूप से आयु विशेष तथा विकास अवस्था विशेष से जुड़े हुए रहते हैं। किसी एक आयु वर्ग अथवा अवस्था वर्ग से संबंधित बालकों में एक विशेष प्रकार के विकासात्मक कार्यों को सम्पादित करने की ही अपेक्षा की जाती है। यह कार्य और व्यवहार क्रियाएं, बालक के तीनों प्रकार के व्यवहार पक्षों–ज्ञानात्मक, क्रियात्मक तथा भावात्मक से अपना सम्बन्ध रख सकती हैं। दूसरे शब्दों में, बालक द्वारा अपने विकास काल की अवधि में तीनों प्रकार के ज्ञानात्मक, क्रियात्मक एवं भावात्मक विकासात्मक कार्य सम्पन्न किए जाते हैं जो उसके समायोजन तथा प्रगति में सहायक बनकर उसे भविष्य को ठीक तरह जीने, अपने तथा समाज के साथ समायोजित होने तथा समाज और राष्ट्र की प्रगति में साझीदार बनने में पूरी मदद करते हैं। तीनों व्यवहार क्षेत्रों से जुड़े हुए इस प्रकार के विकासात्मक कार्य जो बालक द्वारा अपने विकासकाल में सम्पादित किए जाते हैं उनकी सूची स्वाभावतः काफी लंबी होनी चाहिये और है भी ऐसा ही। परन्तु यहां इनकी प्रकृति को समझने की दृष्टि से उदाहरणस्वरूप इन्हें निम्न प्रकार वर्गीकृत किया जा रहा है–

1. क्रियात्मक विकासात्मक कार्य (*Conative Developmental Tasks*): रेंगना, बैठना, खड़ा होना, चलना, सवारी करना, कूदना, भागना, फेंकना, पकड़ना, मल-मूत्र विसर्जन पर नियंत्रण रखना, कंघी करना, कपड़े पहनना, खाना, पीना, चबाना, काटना, फैलना, रोकना, झुकना, थामना, घुटने के बल बैठना, संतुलन बनाए रखना, टुकड़े-टुकड़े करना, फोड़ना, गोता लगाना, तैरना, चखकर, सूंघकर, सुनकर, देखकर तथा स्पर्श करके अनुभूति करना, लिखना, पढ़ना, उपकरणों तथा औजारों को प्रयोग में लाना, नाचना, थिरकना, झूमना, गीत गाना, वाद्य यन्त्रों को बजाना, निशाना साधना, चिढ़ाना, मुखाकृति बनाना, हावभाव प्रदर्शन करना, अभिनय करना विभिन्न प्रकार के उन्नत उपकरणों एवं साधनों को प्रयोग में लाना आदि।

2. ज्ञानात्मक विकासात्मक कार्य (*Cognitive Developmental Tasks*): पहचानना, प्रत्यासमरण करना, पुनः प्रस्तुत करना, चयन करना, सूची बनाना, वर्गीकरण करना, विभक्त करना, मापना, गिनना, पढ़ाना, लिखना, विभेदीकरण करना, नाम देना, रेखांकित करना, व्याख्या करना, उदाहरण देना, संकेत करना, अर्थापन या स्पष्टीकरण करना, निर्णय लेना, न्याय करना, सारांशित करना, अनुवाद करना, संशोधित करना, समाधान निकालना, निष्कर्ष निकालना, उपयोग में लाना, सामान्यीकरण करना, सिद्ध करना, गणना करना, संश्लेषण तथा विश्लेषण करना, तुलना करना, अन्तर बताना, पुष्टि करना, तर्क देना, संगठित करना,

आलोचना तथा समालोचना करना, मूल्यांकन करना, जांच करना, समर्थन या विरोध करना, निश्चित करना आदि।

3. भावात्मक विकासात्मक कार्य (Affective Developmental Tasks) : स्वीकार करना, ध्यान देना, अनुसरण करना, निरीक्षण करना, पसन्द करना, आग्रह करना, मदद करना, वाद-विवाद करना, विकसित करना, आज्ञा पालन करना, उपस्थित करना, पूरा करना, प्रदर्शित करना, भाग लेना, संबंधित करना, योजना बनाना, विभिन्न प्रकार की रुचियों, अभिवृत्तियों, अभिक्षमताओं (वस्तुओं व्यक्तियों, स्थान और विचारों से जुड़ी हुई) का प्रदर्शन करना, सोचने-विचारने के कार्य करना तथा अनुभव करने से संबंधित विशेष प्रकार की आदतों तथा शैली का प्रदर्शन करना, सामाजिक और संवेगात्मक परिपक्वता और व्यवहार, व्यक्तिगत एवं सामाजिक समायोजन, नैतिक और चारित्रिक दृष्टि से एक विशेष प्रकार के स्तर का प्रदर्शन आदि।

विकासात्मक कार्यों की आवश्यकता अनुभव करने वाले स्रोत या कारक (Sources Contributing towards the Upsurge of Developmental Tasks)

बालक से किसी एक आयु या विकास स्तर पर विशेष प्रकार के विकासात्मक कार्यों का सम्पादित करने की अपेक्षा क्यों की जाती है इसके पीछे कुछ विशेष कारक या परिस्थिति विशेष की आवश्यकताओं का हाथ रहता है। संक्षेप में हम इन्हें निम्न प्रकार व्यक्त कर सकते हैं–

1. परिपक्वन (Maturation) : जैसे-जैसे बच्चे की आयु में वृद्धि होती है उसमे कई दृष्टि से परिपक्वता (Maturity) आती जाती है। जो उसके ज्ञानात्मक, क्रियात्मक एवं भावात्मक व्यवहार में अपने आप झलकने लगती है। आयु के बढ़ने के साथ ही उससे अनेक प्रकार के विकासात्मक कार्यों को सम्पादित करने की अपेक्षा स्वतः ही होने लगती है। जैसे–बच्चा कुछ बड़ा होने पर यह आशा करता है कि अब उसे रेंगने, खड़े होने, चलने-फिरने तथा चढ़ने-उतरने आदि कार्यों का सम्पादन करना चाहिए।

2. भौतिक, सामाजिक तथा सांस्कृतिक परिवेश से समायोजन (Adjustment to the Physical, Social and Cultural Environment) : बहुत से विकासात्मक कार्य ऐसे होते हैं जिनकी आवश्यकता आयु बढ़ने के साथ-साथ अपने भौतिक, सामाजिक तथा सांस्कृतिक परिवेश में अपने आपको समायोजित होने के लिए बालक को पड़ती रहती है। भौतिक वातावरण उससे ठीक प्रकार समायोजित होने हेतु विशेष प्रकार के विकासात्मक कार्यों की मांग कर सकता है। पहाड़ों, रेगिस्तानी इलाकों तथा समुद्र तटीय बस्तियों में रहने वाले बालक इस प्रकार कुछ विशेष प्रकार के विकासात्मक कार्यों को सम्पादित करने की आवश्यकता अनुभव कर सकते हैं। इसी तरह एक विशेष प्रकार का सामाजिक एवं सांस्कृतिक वातावरण बालकों से उससे अपने आपको समायोजित होने की दृष्टि से कुछ विशेष प्रकार के विकासात्मक कार्यों की मांग कर सकता है। उन्हें कोई विशेष भाषा सीखनी पड़ सकती है, किन्हीं विशेष प्रकार के आधुनिक उपकरणों के रोजमर्रा के इस्तेमाल का ढंग सीखना पड़ सकता है, किसी विशेष प्रकार का नृत्य तथा खान-पान का ढंग अपनाना पड़ सकता है आदि-आदि।

3. अपने आप से समायोजित होना (Adjustment to One's self) : बहुत से विकासात्मक कार्य ऐसे भी हो सकते हैं जिन्हें करने की आवश्यकता बालक विशेष को इसलिए पड़ सकती है कि उसे करने से उसे अपने आप से समायोजित होने में सहायता मिलती है।

हर बालक की अपनी कुछ अलग आवश्यकताएं, रुचियां, अभिरुचियां, पसंद-नापसन्द, जीवन दर्शन अभिवृत्तियां, जीवन शैली तथा आकांक्षाएं होती हैं। जिनकी सफल संतुष्टि उसे अपने आपसे समायोजित करने हेतु आवश्यक होती है। अपने ऐसे उद्देश्यों की पूर्ति ही अब यह मांग रखने लगती है कि वह अपने आयु तथा विकास अवस्था के अनुकूल किन्हीं विशेष विकासात्मक कार्यों को करने हेतु आगे बढ़े। उदाहरण के लिए अगर उसे किसी विशेष व्यवसाय या प्रशिक्षण कोर्स में प्रवेश लेना है तो उसे ऐसा करने में अपने आपको सक्षम बनाने हेतु किन्हीं विशेष विकासात्मक कार्यों को सफलतापूर्वक करने के लिए आगे आना ही पड़ेगा।

इस प्रकार हम देखते हैं कि बालक विशेष द्वारा जो भी विकासात्मक कार्य किए जाते हैं उन्हें सम्पादन करने के लिए उनके पीछे जो कारण या कारक शक्तियां कार्य करती हैं वे या तो परिपक्वन या उसके अपने तथा अपने परिवेश से समायोजित होने की मांग पर ही निर्भर होती हैं।

आयु स्तर और विकासात्मक कार्य (Critical Ages and Development Tasks)

जैसा कि पहले बताया जा चुका है कि विकासात्मक कार्यों का सीधा सम्बन्ध बालकों की आयु तथा जीवन अवस्थाओं से होता है। भिन्न-भिन्न आयु वर्गों तथा जीवन अवस्थाओं जैसे शैशव, बचपन तथा किशोर अवस्था में बालकों के विकासात्मक कार्यों का स्तर भिन्न-भिन्न ही होता है। किस प्रकार के विकासात्मक कार्य किसी एक भौतिक और सामाजिक तथा सांस्कृतिक परिवेश से संबंधित बालकों द्वारा सम्पादित किए जाएंगे यह इस बात पर बहुत कुछ निर्भर करता है कि उसकी आयु कितनी है, और वह जीवन की किस विशेष अवस्था—शैशव, बचपन या किशोर अवस्था से गुजर रहा है। किसी एक निश्चित आयु तथा विकास की एक विशेष अवस्था में पदार्पण के पश्चात् ही किसी बालक से उस आयु तथा जीवनकाल से संबंधित विकासात्मक कार्यों को सम्पादित करने की अपेक्षा की जा सकती है। अतः हमें यह बात अवश्य ध्यान में रखनी चाहिए कि जब तक बालक उस विशेष आयु या जीवन अवस्था में प्रवेश न पा ले तब तक उस आयु को विकास काल से संबंधित विकासात्मक कार्यों के सम्पादन हेतु अधिगम या प्रशिक्षण प्रदान करने का प्रयत्न नहीं करना चाहिये। परन्तु हां, साथ में यह भी ध्यान रखना चाहिए कि विकासात्मक कार्यों के सम्पादन हेतु जो विशेष आयु सीमा तथा जीवन काल सीमा होती है वह पार न हो जाए। ऐसा करने पर बालक उन विकासात्मक कार्यों को सफलतापूर्वक नहीं कर पाता जिनकी उससे किसी विशेष आयु वर्ग या जीवन काल में आशा की जा सकती थी। उदाहरण के लिए कच्चे उम्र में ही जिमनास्टिक कसरतों का प्रशिक्षण दिया जाना ठीक रहता है। बड़ी उम्र का होने पर इनका सम्पादन, आयु तथा जीवन अवस्था विशेष के लिए निर्धारित विकासात्मक कार्यों की सूची से बाहर हो जाता है और परिणामस्वरूप हमें निराशा ही हाथ लगती है।

विकासात्मक कार्यों की जानकारी का प्रयोजन एवं लक्ष्य (Purposes and Goals of the Knowledge of Developmental Tasks)

किसी विशेष आयु और विकास काल में किस प्रकार के विकासात्मक कार्य बालकों द्वारा सम्पादित किए जाने चाहिएं, इस तरह का ज्ञान बालकों, अध्यापकों, माता-पिता तथा समाज के उन सभी सदस्यों को अवश्य ही होना चाहिए जो किसी न किसी रूप में बालकों

की प्रगति और कल्याण से जुड़े हुए हैं। इस तरह के ज्ञान एवं जानकारी से सामान्यतया निम्न प्रकार के प्रयोजनों एवं लक्ष्यों की पूर्ति संभव है–

वृद्धि उन्मुख बालकों के सामान्य व्यवहार प्रतिमान से परिचय–
ज्ञानात्मक, क्रियात्मक तथा भावात्मक कार्यों के प्रदर्शन द्वारा

⇩

बालकों को उनके मन और दृष्टिकोण के निर्माण में सहायता देना–
ताकि वे अपने जीवन काल में विभिन्न समयों पर उचित विकासात्मक कार्यों को कर सकें।

⇩

शिक्षकों और अभिभावकों को उचित निर्देशन प्रदान करना–
ताकि वे अपने बालकों को उनके उचित वृद्धि और विकास में समुचित सहायता दे सकें।

⇩

समाज और सांस्कृतिक समूहों को ऐसी सहायता देना और समर्थ बनाना–
जिनसे वे विकासशील बालकों, समाज में आने वाले परिवर्तनों के संदर्भ में उनके विकासात्मक कार्य तय कर सकें।

⇩

बालकों को अपने कर्त्तव्य एवं उत्तरदायित्वों की अग्रिम योजना बनाने में सहायता देना–
ताकि वे अपनी परिपक्वता स्तरों की माँग के अनुसार अपने लक्ष्य निर्धारित कर सकें।

चित्र 7.1: विकासात्मक कार्यों की जानकारी के प्रयोजन एवं लक्ष्य

1. किसी एक विशेष सामाजिक और सांस्कृतिक पृष्ठभूमि से युक्त समूह विशेष की अपने बालकों से एक विशेष आयु तथा जीवन अवस्था में किस प्रकार के विकासात्मक कार्यों के सम्पादन की अपेक्षाएं हो सकती हैं, इससे संबंधित औसत मापदण्ड आसानी से प्राप्त हो जाता है।
2. बालकों को यह पता चल जाता है कि उनकी आयु का विकास अवस्था के स्तर को ध्यान में रखते हुय उनसे किस प्रकार के विकासात्मक कार्यों को किस सीमा तक अच्छी तरह सम्पादित करने की अपेक्षा की जाती है। अत: उनका मानसिक दृष्टिकोण तथा कार्यों को करने में रुझान तथा इच्छाशक्ति उन्हीं के अनुरूप बन जाती है।
3. मां-बाप और अध्यापकों को स्पष्ट मार्गदर्शन प्राप्त हो जाता है कि वे आयु और

जीवन काल स्तर की दृष्टि से बालकों से किस प्रकार के विकासात्मक कार्यों की अपेक्षा रखें तथा उन्हें अपने बालकों को इस दिशा में ठीक तरह आगे बढ़ने के लिए कुछ करने की आवश्यकता है।

4. समाज और सांस्कृतिक विशेष से संबंधित समूह को अपनी परिस्थितियों, आवश्यकताओं तथा जीवन अवस्था विशेष के लिए विभिन्न प्रकार के विकासात्मक कार्यों की सूची और उनके सम्पादन का स्तर तय करने में मदद मिल सकती है।
5. किस आयु तथा जीवन काल विशेष में किस प्रकार के विकासात्मक कार्य किए जाने हैं, इसकी जानकारी बालकों, माता-पिता तथा अध्यापकों को इस दृष्टि से भी काफी उपयोगी सिद्ध हो सकती है कि वे अपने-अपने हिसाब से इन विकासात्मक कार्यों के सम्पादन की सफलता में अपना-अपना उत्तरदायित्व ठीक प्रकार निभाने में समर्थ बन सकते हैं। इन विकासात्मक कार्यों हेतु किस प्रकार का परिपक्वता स्तर चाहिये, किस प्रकार का शारीरिक, मानसिक, सामाजिक, संवेगात्मक तथा नैतिक विकास चाहिए; इस प्रकार का ज्ञान सभी के प्रयत्नों की दिशा को एक सही अन्जाम दे सकता है। बालकों का विकासात्मक कार्यों के सम्पादन की दृष्टि से इस समय क्या स्तर है तथा आगे की आयु और जीवन कालों में उससे क्या अपेक्षित है, इस बात ही जानकारी शिक्षा के विकास तथा प्रयत्नों के लिए योजना तैयार करने वाले मनीषकों तथा स्वयं विद्यार्थियों के लिए भी एक काफी सशक्त प्रेरणा तथा मार्गदर्शन स्रोत सिद्ध हो सकती है।

विकासात्मक कार्यों में सामाजिक तथा सांस्कृतिक ढांचे की भूमिका (Role of Cultural and Social Pattern in Developmental Tasks)

यह सही है कि विकासात्मक कार्य बालकों की आयु विशेष तथा जीवन अवस्था विशेष से विशेष रूप से जुड़े हुए होते हैं परन्तु साथ में जिस समाज तथा संस्कृति विशेष से बालक जुड़े रहते हैं उसकी भूमिका भी कुछ कम नहीं आंकी जा सकती विकासात्मक कार्य बालकों द्वारा वे ही सम्पादित किए जाते हैं जिनकी उपस्थिति या छाप बालकों के सामने उस समाज या संस्कृति विशेष में पहले से ही एक मॉडल के रूप में रहती है या समाज विशेष को अपने आपमें आवश्यक परिवर्तन लाने के लिए उन्हें अपनी नई पीढ़ी से सम्पादन कराने की आवश्यकता महसूस होती है। इस तरह वर्तमान परिस्थितियां तथा भविष्य की आवश्यकता किसी समाज विशेष के बालकों द्वारा सम्पन्न किए जाने वाले विकासात्मक कार्यों की रूप रेखा तय करती है। उदाहरण के लिए, मछुआरों के समाज में बालकों के विकासात्मक कार्य मछली पालन तथा समुद्र तट के परिवेश से जुड़ी हुई बातों का ही प्रतिनिधित्व करेंगे और इसी तरह सपेरे तथा जनजातियों के समाज एवं सांस्कृतिक परिवेश से जुड़े बच्चों के विकासात्मक कार्य उन्हीं समाजों की आवश्यकताओं तथा संरचनाओं के अनुरूप ही होंगे। इसके विपरीत अधिक उन्नत तथा विकसित समाज और वैज्ञानिक तथा तकनीकी प्रगति की दौड़ में आगे रहने वाले भू-भागों से संबंधित बालकों से उस समाज की वैसी ही प्रगतिशील आकांक्षाएं होंगी और उन बालकों के विकासात्मक कार्य निःसन्देह पिछड़े समाज और राष्ट्रों से बहुत कुछ बातों में अधिक तकनीकी, वैज्ञानिक और प्रगतिशील होंगे। यही कारण है कि विकास काल में बालकों से अपेक्षित विकासात्मक कार्यों में समाज और संस्कृति की अपनी संरचना और आवश्यकताओं के अनुसार बहुत अधिक विभिन्नताएं देखने को मिलती हैं और यह स्वाभाविक भी है।

विकास की विभिन्न अवस्थाओं के विकासात्मक कार्य
(Developmental Tasks of Various Stages of Development)

विकास काल का प्रारंभ बालक के जन्म से माना जाता है और उसका अन्त किशोरावस्था के अंत तक। जन्म और किशोरावस्था के मध्य हम विकास की विभिन्न अवस्थाओं (Stages) के रूप में मुख्यतया शैशवावस्था (जन्म से दो वर्ष तक), पूर्व बाल्यावस्था (तीन से पांच वर्ष तक), उत्तर बाल्यावस्था (छः से बारह वर्ष तक), किशोरावस्था (तेरह से अठारह वर्ष तक) की ही चर्चा करते हैं। इन सभी विकास अवस्थाओं में बालकों से जिस प्रकार के विकासात्मक कार्यों के सम्पादन की प्रायः भारतीय समाज एवं संस्कृति के परिप्रेक्ष्य में हमें जिस तरह की अपेक्षा होती है उसे नमूने के तौर पर निम्न प्रकार लिपिबद्ध किया जा सकता है:

1. *शैशवावस्था के विकासात्मक कार्य (Developmental Tasks of Infancy)*

- रेंगना, खड़ा होना, चलना, दौड़ना, कूदना, फेंकना, आदि सीखना
- साधारण रूप से खाने-पीने आदि की क्रियाओं को सीखना
- बोलना तथा बातें करना सीखना
- शारीरिक रूप से अपना सन्तुलन बनाए रखना सीखना
- मल-मूत्र के विसर्जन पर नियंत्रण करना सीखना
- अपने चारों ओर के भौतिक परिवेश के बारे में जानने की चेष्टा करना
- खिलौने से खेलना सीखना
- तीन पहियों की साइकिल चलाना सीखना
- वस्तु, व्यक्तियों और घटनाओं पर ध्यान देना सीखना
- वस्तुओं और व्यक्तियों में पहचान करना सीखना
- सामग्री और भौतिक परिवेश में स्थित वस्तुओं के संदर्भ में साधारण संप्रत्ययों का निर्माण करना सीखना
- कविताएं और कहानियां सुनाना सीखना
- दूसरों के व्यवहार और क्रिया-कलापों का अनुकरण करना सीखना
- अपने संवेगात्मक व्यवहार में सभी तरह के सकारात्मक एवं नकारात्मक संवेगों को धारण करना
- धीरे-धीरे खेल सामग्री की अपेक्षा अपने साथियों पर अधिक ध्यान देना सीखना
- अपने हम उम्र तथा अन्य बड़े बालकों के साथ समय व्यतीत करने में रुचि लेना
- अपना माता-पिता, भाई-बहिन तथा अन्य के साथ भावनात्मक रूप से रिश्ता बनाने की ओर बढ़ना।

2. *पूर्व बाल्यकाल के विकासात्मक कार्य*
(Developmental Tasks of Early Childhood)

- विभिन्न गामक कौशलों (Motor Skills) जैसे-चलना, दौड़ना, कूदना-फांदना, चढ़ना-उतरना, तीन पहियों की साइकिल चलाना, रस्सी कूदना, फेंकना, पकड़कर छलांग लगाना आदि में प्रवीणता अर्जित करना
- बोलने, सुनने, पढ़ने, लिखने आदि भाषायी कौशलों से संबंधित आधारभूत समझ रखना
- लिंग-भेद और यौन आचरण सम्बन्धी कुछ साधारण बातों की जानकारी
- भले-बुरे, सही-गलत व्यवहार में अन्तर समझना तथा आत्म चेतना का उदय

- सामाजिक और प्राकृतिक परिवेश सम्बन्धी उचित संप्रत्ययों का निर्माण
- मां-बाप के साये से बाहर निकल अपने साथी बालकों की संगत को पसंद करना
- 'मैं' की भावना के स्थान पर 'हम' की भावना तथा सामूहिक खेलों और कार्यों को महत्व देना।
- वस्तुओं में समानता, असमानाता की तलाश करने की योग्यता में वृद्धि और उसी के अनुरूप तुलना करने की योग्यता का विकास
- अपने संवेगों की बाह्य अभिव्यक्ति पर उचित नियंत्रण करना सीखना।

3. *उत्तर बाल्यावस्था के विकासात्मक कार्य*
(Developmental Tasks of Later Childhood)

- विभिन्न प्रकार के इन्डोर और आउटडोर गेम्स (Indoor and Outdoor Games) को खेलने हेतु आवश्यक शारीरिक और गामक कौशलों का अर्जन
- अपने हम उम्र साथियों के साथ समायोजित होना
- उचित यौन व्यवहार और भूमिका निर्वाह की शिक्षा लेना
- स्वयं के प्रति उचित दृष्टिकोण एवं मान्यता बनाना
- संप्रेषण एवं भाषा कौशलों में प्रवीणता अर्जित करने तथा गणना, आलेख और रचना कार्य में सहायक आवश्यक दक्षता का विकास करना
- वस्तुओं, व्यक्तियों, विचारों तथा प्रक्रियाओं के बारे में स्थूल तथा सूक्ष्म आधारों को विकसित करना
- आत्म-चेतना, नैतिकता और मूल्यों का विकास होना
- तर्क, चिन्तन और समस्या समाधान सम्बन्धी क्षमताओं का विकास होना
- समूह के प्रति भक्तिभाव और लगाव उत्पन्न होगा।

4. *किशोरावस्था के विकासात्मक कार्य (Developmental Tasks of Adolescence)*

- सभी प्रकार के खेलकूदों में अच्छी तरह भाग ले सकने हेतु आवश्यक शारीरिक, गामक तथा बौद्धिक क्षमताओं का समुचित विकास होना
- सभी प्रकार के शारीरिक और मानसिक कार्यों को अच्छी तरह सम्पादित करने हेतु आवश्यक योग्यताओं तथा शारीरिक और मानसिक क्षमताओं का समुचित विकास होना
- कठिन और पेचीदा मानसिक कार्यों एवं प्रक्रियाओं के सम्पादन हेतु आवश्यक मानसिक और संज्ञानात्मक योग्यताओं का विकसित होना
- स्थूल या सूक्ष्म कार्य व्यापार हेतु सभी तरह के आवश्यक संप्रत्ययों का विकास होना
- अपने रंग-रूप तथा शारीरिक बनावट से सन्तुष्ट होकर अपने को अपने सहज रूप में स्वीकार करना सीखना
- अपने लिंगानुसार अपेक्षित भूमिका निभाना सीखना
- अपने साथी लड़के या लड़कियों से नवीन सम्बन्ध या सहयोग स्थापित करने में पहल करना सीखना
- यौन व्यवहार में परिपक्वता अर्जित करना
- अपनी एक अलग पहचान बनाने की ओर बढ़ना
- अधिक आत्मनिर्भरता की ओर उचित कदम बढ़ाना
- वस्तुओं, व्यक्तियों, स्थान और मूल्यों के प्रति आवश्यक स्थायी भाव विकसित होना

- सामाजिक उत्तरदायित्व, नागरिक कर्त्तव्यों को समझकर जनतांत्रिक जीवन जीने के ढंग सीखना
- अपने समुदाय, सामाजिक समूह, संस्कृति, प्रदेश और राष्ट्र के प्रति लगाव और समर्पण भाव में वृद्धि होना
- समाज, देश, धर्म और मानवता के लिए बड़ी से बड़ी कुर्बानी देने को तैयार करने की भावना पैदा होना
- अपने भविष्य को ध्यान में रखते हुए आगे के शैक्षणिक तथा व्यावसायिक कोर्सों में प्रवेश हेतु अपनी योग्यता तथा क्षमता में वृद्धि करने के प्रति जागरूक रहना
- अपनी विशिष्ट रुचियों तथा अभिरुचियों की सन्तुष्टि हेतु आवश्यक कुशलताओं और दक्षताओं का अर्जन करना
- मानसिक, संवेगात्मक तथा सामाजिक परिपक्वता की ऊंचाईयों को छूने के लिए प्रयत्न करना
- भविष्य में एक उत्तरदायित्वपूर्व, परिपक्व एवं सफल सदस्य के रूप में सामाजिक भूमिका निर्वाह के लिए चेष्टा करना।

इस प्रकार से प्रत्येक समाज और सांस्कृतिक समूह अपने-अपने बालकों से उनकी आयु और जीवनकाल के हिसाब से विशेष प्रकार के विकासात्मक कार्यों के सम्पादन की अपेक्षा करता है और इसी दृष्टिकोण से इन कार्यों के सम्पादन हेतु उन्हें आवश्यक रूप से तैयार करने के लिए विभिन्न प्रकार की औपचारिक तथा अनौपचारिक शिक्षा का प्रबंध करता है। बालकों द्वारा इन कार्यों का उचित सम्पादन उन्हें अपनी आयु और अवस्था विशेष में अपने आपसे तथा अपने वातावरण के साथ समायोजित होने में पूरी-पूरी सहायता करता है। इस तरह न केवल किशोरावस्था तक के कार्यों की अपेक्षित कार्यों की सूची किसी समाज या समूह विशेष द्वारा अपने सदस्यों को जारी की जा सकती है बल्कि प्रौढ़ों तथा वृद्धों के व्यवहार को भी समाज या समूह अपेक्षित बनाने हेतु ऐसे कार्य और व्यवहार क्रियाओं को निश्चित किया जा सकता है कि जिनसे उनकी अपने आप से और परिवेश से समायोजन में उचित सहायता की जा सके।

विकासात्मक कार्यों के निहितार्थ (Implications of Developmental Tasks)

जैसा कि पहले कहा जा चुका है, विकासात्मक कार्य पूर्ण रूप से व्यक्ति की आयु और अवस्था से जुड़े रहते हैं। विकासशील बच्चों का भला या कल्याण, विकास तथा प्रगति उनके विकास, विशिष्ट आयु और अवस्थाओं पर उनसे जिनकी आशा की जाती है उन विकासात्मक कार्यों के सफलतापूर्वक क्रियान्वयन पर निर्भर करते हैं। माता-पिता तथा अध्यापकों को अपने बच्चों की आयु और अवस्था विशेष से संबंधित विकासात्मक कार्यों को समुचित रूप से क्रियान्वयन एवं प्रदर्शित करने के लिए अपने विकासशील बच्चों को समुचित अवसर एवं सुविधाएं प्रदान करने में बहुत ही सावधान रहना चाहिए। यह बात विकासशील आयु अर्थात् शैशवावस्था से किशोरावस्था तक की पूरी अवधि से संबंधित बच्चों की देखभाल करने के लिए भी उतनी ही सत्य सिद्ध होती है।

एक माध्यमिक विद्यालय के अध्यापक के रूप में चूंकि आपका सम्बन्ध किशोरावस्था के बच्चों से ज्यादा है, इसलिए यहां हम मुख्य रूप से किशोरावस्था से संबंधित विकासात्मक कार्यों के निहितार्थ पर ज्यादा ध्यान केन्द्रित करेंगे। इसी अध्याय में पहले प्रदान की गई किशोरावस्था के विकासात्मक कार्यों की सूची पर एक नजर डालने से हम यह निष्कर्ष

निकाल सकते हैं कि एक किशोर से निम्न विकासात्मक कार्यों की आशा की जाती है–

- अपने शारीरिक एवं संज्ञानात्मक विकास की सर्वोच्च सीमा प्राप्त करना।
- अपने संवेगात्मक एवं सामाजिक विकास के सम्बन्ध में समुचित संवेगात्मक एवं सामाजिक परिपक्वता प्राप्त करना।
- अपने भावी जीवन में एक परिपक्व लड़का/लड़की की भूमिका अदा करने के लिए अपने आपको तैयार करना।
- अपने समुदाय/समाज की मांग के अनुसार आवश्यक नागरिक भावना एवं नैतिकता प्राप्त करना।
- अपनी रुचि के व्यवसाय या पाठ्यक्रम में प्रवेश लेकर आर्थिक रूप से आत्म-निर्भरता प्राप्त करने के लिए अपने आपको तैयार करना।
- विपरीत लिंग के सदस्यों के साथ समुचित सामंजस्य और यौन व्यवहार में परिपक्वता प्राप्त करना।

एक किशोर से उपरोक्त प्रकृति के जिन विकासात्मक कार्यों की आशा की जाती है उसके लिए हम अध्यापकों और माता-पिता का कर्त्तव्य है कि हम वह सब कार्य करें, जिनसे ठीक प्रकार से ये सब विकासात्मक कार्य करना हमारे किशोर बालक-बालिकाओं के लिए संभव हो सके। हम इस सम्बन्ध में जो कुछ कार्य कर सकते हैं उन्हें निम्न प्रकार से संक्षेप में व्यक्त किया जा सकता है:

- किशोरों के उचित संज्ञानात्मक विकास के लिए समुचित पाठ्य एवं सहपाठ्य तथा औपचारिक एवं अनौपचारिक अनुभव प्रदान करना।
- किशोरों का शारीरिक विकास, शक्ति एवं सामर्थ्य अधिकाधिक सीमा तक पहुंचने की दृष्टि से किशोरों को सभी आवश्यक अवसर एवं सहायता प्रदान करना।
- अपने जीवन में अपने शैक्षिक, व्यावसायिक तथा वैयक्तिक सामंजस्य और प्रगति के लिए किशोरों को आवश्यक शैक्षिक, व्यावसायिक और वैयक्तिक मार्गदर्शन तथा परामर्श प्रदान करना।
- किशोरों को आवश्यक यौन शिक्षा प्रदान करने के लिए व्यवस्था करना।
- किशोरों की आवश्यकताओं, रुचियों, अभिवृत्तियों एवं महत्वाकांक्षाओं को पूरा करने के लिए आवश्यक ध्यान देना।
- एक परिपक्व उत्तरदायित्वपूर्ण वयस्क की भूमिका अदा करने के लिए आवश्यक संवेगात्मक, नैतिक और सामाजिक परिपक्वता प्राप्त करने के लिए किशोरों की सहायता करना के लिए वांछित पाठ्यक्रम सम्बन्धी एवं सह-पाठ्य अनुभव तथा आवश्यक औपचारिक एवं अनौपचारिक अवसर प्रदान करना।
- किशोरों को अपने विकासात्मक कार्यों को समुचित रूप से क्रियान्वित करने में उनकी सहायता करने के लिए किशोरों के सम्मुख आदर्श उदाहरण प्रस्तुत करना चाहिए तथा अध्यापक को स्वयं को भी एक आदर्श मॉडल के रूप में व्यवहार करना चाहिए।
- यदि जरूरत हो तो किशोरों को अपनी गल्ती सुधारने तथा उपचारात्मक शिक्षण के लिए भी उचित कदम उठाने चाहिए।

8

व्यवहारवादी विचारधारा और अधिगम

(Behaviourism Perspective and Learning)

व्यवहारवाद क्या है? (What is Behaviourism?)

व्यवहारवाद मनोविज्ञान के एक सम्प्रदाय या सिद्धांत का प्रतिनिधित्व करता है जो (1) एक व्यक्ति की वैयक्तिकता के बारे में जानने के लिए व्यवहार के अध्ययन, तथा (2) सभी प्रकार के व्यवहार–संज्ञानात्मक, भावात्मक एवं क्रियात्मक– के अर्जन के लिए अनुबंधन की विधि के प्रयोग पर जोर देता है।

व्यवहारवाद-ऐतिहासिक उद्भव एवं विकास
(Historical Evolution and Development of Behaviourism)

सामान्य रूप से अमेरिकन मनोवैज्ञानिक जॉन बी वाटसन (John B. Watson 1878-1950) को व्यवहारवाद के नाम से प्रसिद्ध मनोविज्ञान सिद्धांत के जनक के रूप में जाना जाता है। हालांकि उनके समकालीन प्रसिद्ध रूसी मनोवैज्ञानिक इवान पावलोव (Ivan Pavlov, 1849-1936) वास्तव में व्यवहारवाद में पाए जाने वाले विचारों और दृष्टिकोणों से युक्त उपयोगी प्रयोगों को करने वाले अग्रदूत माने जाते हैं।

एक नवीन सिद्धांत के रूप में व्यवहारवाद, मानव व्यवहार का अध्ययन करने के लिए तत्कालीन प्रचलित अन्तःदर्शन (Introspection) या आत्म निरीक्षण (Self observation) की विधि से एक दम प्रतिकूल या विरोधी के रूप में सामने आया।

इसने अपना विचार रखा कि मस्तिष्क या चेतना जिसका न तो हम निरीक्षण कर सकते हैं और न ही जिसका वैज्ञानिक ढंग से परीक्षण कर सकते हैं, उसे व्यक्ति की वैयक्तिकता के बारे में जानने के लिए अध्ययन का विषय नहीं बनाया जाना चाहिए। इसका स्थान हमारे प्रेक्षणीय या देखने योग्य तथा मापनीय व्यवहार को ले लेना चाहिए।

इस प्रकार व्यवहार का अध्ययन करने की विधि के रूप में व्यवहारवाद पूरी तरह से बाह्य या प्रेक्षणीय व्यवहार पर अपना ध्यान केन्द्रित करता है। इस उद्देश्य के लिए यह मानव की चिन्तन, भावनाएं तथा इच्छा शक्ति के साथ सभी क्रियाओं को व्यवहार के उस स्तर तक सीमित कर देता है जिसका निरीक्षण किया जा सके और वस्तुनिष्ठतापूर्वक जिसको रिकार्ड किया जा सके। इसलिए एक व्यवहारवादी, भय की अनुभूति (क्योंकि इसका मापन नहीं हो सकता है) में रुचि नहीं लेता है बल्कि भय के प्रभाववश हृदय की धड़कन और रक्त के दबाव में होने वाले परिवर्तन की ओर ध्यान देता है क्योंकि वे वस्तुनिष्ठ ढंग से मापन करने के योग्य होते हैं। जैसा कि वाटसन ने प्रतिपादन किया है, व्यवहारवाद का सिद्धांत शास्त्रीय अनुबंधन के सिद्धांत के प्रतिपादक रूसी मनोवैज्ञानिक इवान पावलोव (1849-1936) के निष्कर्षों पर आधारित है।

इवान पावलोव ने अपने शास्त्रीय अनुबंधन के प्रयोग में एक कुत्ते का इस प्रकार अनुबंधन किया कि पहले तो वह घंटी की आवाज सुनकर यह समझने लगा कि अब उसके लिए खाना आ रहा है, परन्तु बाद में वह खाना लाने वाले की पदचाप तथा खाने की महक सूंघ कर ही वही क्रियाएं (मुंह से लार आना) करने लगा जो कि पहले वह घंटी

की आवाज सुनकर तथा खाना देखकर करता था। अपने इस प्रयोग से उसने यह निष्कर्ष निकाला कि सभी प्रकार का व्यवहार वातावरण में उपस्थिति किसी उद्दीपन के लिए प्रतिक्रिया है। वाटसन ने इसी उपागम का प्रयोग मानव व्यवहार के क्षेत्र में किया। ग्यारह (11) महीने के अल्बर्ट नाम के छोटे बच्चे के साथ किए गए अपने प्रसिद्ध प्रयोग में उसने बच्चे का व्यवहार इस प्रकार अनुबन्धित किया कि पहले तो बच्चे को चूहा दिखाया तथा साथ ही एकदम से तेज आवाज की, इससे बच्चा आवाज के साथ चूहा देखते ही चूहे से डर जाता था पर बाद में चूहे के न होने पर भी केवल तेज आवाज से डरने लगा। इस प्रकार उसने निष्कर्ष निकाला कि व्यवहार वातावरण के किसी उद्दीपन के प्रति प्रदर्शित केवल एक प्रतिक्रिया है। किसी विशेष तरीके से हम कैसे व्यवहार करते हैं तथा वह व्यवहार क्यों करते हैं इसको हम आदत निर्माण तथा अनुबंधन की प्रक्रिया से भली-भांति प्रदर्शित कर सकते हैं और उसकी व्याख्या कर सकते हैं। इस प्रकार बच्चे के व्यवहार का निरूपण करने के लिए जन्मजात विभिन्नताएं या वंशानुक्रम की शक्तियां नहीं बल्कि वातावरणीय प्रभाव द्वारा अनुबंधन उत्तरदायी होता है।

व्यवहारवाद में इस प्रकार का मनुष्य मात्र को एक ऐसी जटिल मशीन और उसकी व्यवहार क्रिया को एक ऐसी यान्त्रिक प्रक्रिया का रूप देने का प्रयत्न किया जिसमें वह एक विशेष प्रकार के उद्दीपकों से यन्त्रचालित एक विशेष प्रकार की उद्दीपन प्रक्रिया दोहराता रहता है। व्यवहारवाद में व्यक्तियों द्वारा किए जाने वाले व्यवहार को वातावरणजन्य शक्तियों की देन ही बताया और यह बताने की कोशिश की कि इसमें आनुवंशिकता का या जन्मजात व्यक्तिगत भेदों का कोई स्थान नहीं होता।

उद्दीपन अनुक्रिया, अध्यापक अनुक्रिया के स्वत: करण तथा वातावरणजन्य प्रभावों की अपनी अभूतपूर्व अवधारणा की वजह से ही 1926 में वाटसन निम्न प्रकार की उद्घोषणा करने का साहस कर सका:

"यदि मुझे भलीभांति जानकारी युक्त स्वस्थ एक दर्जन बच्चे दिए जाएं और उनका पालन-पोषण अपने ढंग से करने की मुझे स्वतंत्रता दी जाए तो मैं वादा करता हूं कि मैं उनमें से अनायास ही किसी एक का चुनाव करके, उन्हें अपने ढंग से प्रशिक्षित करके डाक्टर, वकील, कलाकार, अच्छी व्यवसायी, यहां तक कि भिखारी या चोर कुछ भी बना दूंगा।"

इस प्रकार वाटसन और उसके अनुयायियों द्वारा प्रस्तुत किए गए व्यवहारवाद के सिद्धांत ने दूसरे भौतिक एवं प्राकृतिक विज्ञान की तरह मनोविज्ञान को भी भौतिकवादी, यान्त्रिक, निर्णयवादी तथा वस्तुनिष्ठ बनाकर मनोविज्ञान के क्षेत्र में एक नए युग का सूत्रपात किया। परन्तु इसमें अनेक प्रकार की कमियां, सीमाएं तथा कमजोरियां पाई गईं। इस कारण से वह आलोचना का विषय बना और समकालीन मनोवैज्ञानिकों जैसे-लाश्ले (Lashley), टॉलमेन (Tolman), हल और स्किनर (Hull and Skinner) द्वारा इसमें कई परिवर्तन और सुधार लाए गए। जबकि लेशले शरीर विज्ञान (Neurophysiology) के लिए कार्य कर रहे थे और टॉलमेन सोद्देश्य व्यवहारवाद (Purposive Behaviourism) में विश्वास करते थे तब वर्तमान युग के अमेरिकन व्यवहारवादी बी.एफ. स्किनर (B.F. Skinner) ने अधिगम की एक नई प्रणाली पर जोर दिया जिसे क्रिया प्रसूत अनुबंधन (operant conditioning) नाम से जाना जाता है जो कि पावलोव और वाटसन द्वारा प्रतिपादित अनुबंधन के प्रकार से एकदम भिन्न है। उसने व्यवहार परिवर्तन के कार्य के बारे में जो कुछ बताया और पुरस्कार

के प्रनियम का प्रयोग करते हुए जिस शिक्षण प्रक्रिया का वर्णन किया, उसने मनोविज्ञान, शिक्षा और चिकित्सा के क्षेत्र को महत्वपूर्ण रूप से प्रभावित किया।

व्यवहारवाद के उद्भव की कुछ मुख्य घटनाएं
(Important Events in the Evolution of Behaviourism)

- पावलोव (1897) ने कुत्तों के पाचन का मौलिक रूप से अध्ययन करने के बाद अनुबंधन पर एक प्रयोग के परिणामों को प्रकाशित कराया।
- वाटसन (1913) ने मनोविज्ञान के व्यवहारिक सम्प्रदाय (शास्त्रीय अनुबंधन) को शुरू किया और "साइकोलोजी एज द बिहेवियरिस्ट व्यूज इट" (Psychology as the Behaviourist views it) नाम से एक लेख (Article) प्रकाशित किया।
- वाटसन और रायनर (1920) ने एक अनाथ बालक अलबर्ट बी (An Orphan boy Albert B.) को सफेद चूहे से भयभीत होने का अनुबंधन किया।
- वाटसन और उसके सहायक रोसेली रायनर (Rosalie Rayner) ने अपना प्रसिद्ध प्रयोग "लिटिल अलबर्ट" (Little Albert) सम्पन्न किया।
- थार्नडाइक (Thorndike) 1905 ने प्रभाव के नियम (Law of Effect) को प्रस्तुत किया।
- स्किनर (1936) ने द बिहेवियर ऑफ ओर्गेनिज्म (The behaviour of organism) लिखा और क्रियाप्रसूत अनुबंधन एवं निरूपण की अवधारणा प्रस्तुत की।
- क्लार्क हल (Clark Hull, 1943) का व्यवहार के सिद्धांत (Principles of behaviour) प्रकाशित हुआ।
- बी.एफ. स्किनर (1948) ने व्यवहारवादी प्रनियमों पर आधारित एक यूटोपियन (Utopian) समाज का वर्णन करते हुए वाल्डन टू (Walden Two) प्रकाशित कराया।
- बन्डूरा (1963) ने एक पुस्तक "सोशियल लर्निंग थ्योरी एंड पर्सनेलिटी डेवलपमेंट" नाम से प्रकाशित की जिसमें संज्ञानात्मक और व्यावहारिक फ्रेमवर्क दोनों को समन्वित किया।
- बी.एफ. स्किनर (1971) के बियोन्ड फ्रीडम एन्ड डिगनिटी (Beyond Freedom and dignity) नामक पुस्तक प्रकाशित की जिसमें उसने यह दावा किया कि स्वतंत्र इच्छा एक विभ्रम (illusion) है।

व्यवहारवाद की मुख्य बातें और विशेषताएं
(Main Characteristics and Features of Behaviourism)

व्यवहारवाद के सिद्धांत से संबंधित मुख्य विचार और धारणाएं निम्न रूप से वर्णित की जा सकती हैं :

1. अधिगमकर्त्ता की प्रकृति (Nature of the learner): बच्चा जब जन्म लेता है तो उसका मस्तिष्क टबूला रासा (Tubula Rasa) अर्थात् एक कोरी स्लेट (a blank slate) की तरह होता है। उसकी अपनी कोई स्वतंत्र इच्छा नहीं होती है। उसका वातावरण उसके व्यवहार का निर्धारण करता है। अधिगमकर्त्ता के व्यवहार का निरूपण करने में उसकी आनुवंशिकता की कोई भूमिका नहीं होती है।

2. वातावरण सब कुछ है (Environment is everything): व्यक्ति के व्यवहार का निरूपण करने में व्यक्ति का वातावरण प्रमुख भूमिका अदा करता है और उसके व्यक्तित्व के विकास को दिशा और दशा (dimensions) प्रदान करता है। व्यक्ति और उसका व्यवहार पूरी तरह से वातावरण के साथ उसकी अन्तःक्रिया का परिणाम होता है।

3. मानव एवं पशुओं के अधिगम में समानता होती है (Similarity between human and animal learning): व्यवहारवाद का प्रतिपादन करने वालों का यह विश्वास था कि मानव के अधिगम और अन्य पशुओं एवं पक्षियों के अधिगम में बहुत कम अंतर होता है। इसलिए अधिगम सम्बन्धी शेष कार्य पशु-पक्षियों पर संपन्न किया जा सकता है और उसके परिणामों का मानव पर सामान्यीकरण किया जा सकता है।

4. मनोविज्ञान को विज्ञान मानना चाहिए (Psychology should be considered as a science): व्यवहारवाद मनोविज्ञान को व्यवहार के विज्ञान के रूप में परिभाषित करता है। इसने अधिकारिक रूप से यह बताने का प्रयास किया कि मनोविज्ञान को एक विज्ञान माना जाना चाहिए क्योंकि मनोविज्ञान में हम नियंत्रित परिस्थितियों में व्यवस्थित एवं वस्तुनिष्ठ निरीक्षण के द्वारा मनुष्यों एवं पशुओं के व्यवहार का वैज्ञानिक अध्ययन कर सकते हैं। इस सम्बन्ध में अपना दृष्टिकोण प्रकट करते हुए वाटसन ने कहा है:

> "व्यवहारवादी दृष्टिकोण के अनुसार मनोविज्ञान प्राकृतिक विज्ञान की एक विशुद्ध वस्तुनिष्ठ प्रयोगवादी शाखा है। इसका सैद्धांतिक लक्ष्य है... भविष्यवाणी करना एवं नियंत्रण रखना।"
>
> (Psychology is a behaviourist views, it is a purely objective experimental branch of natural science. Its theoretical goal is... prediction and control. Watson, 1913, P. 158)

5. प्रेक्षणीय व्यवहार पर केन्द्रण (Focussing on observable behaviour): व्यवहारवाद व्यक्ति के आंन्तरिक व्यवहार (व्यक्ति के मन और चेतना के भीतर क्या चल रहा है) और आंतरिक घटनाएं जैसे चिंतन एवं भावनाएं आदि के विपरीत व्यक्ति के निरीक्षण योग्य व्यवहार के अध्ययन पर ध्यान केन्द्रित करता है। इस उद्देश्य से ही व्यवहारवाद तर्क प्रस्तुत करता है कि यह केवल निरीक्षण योग्य व्यवहार ही है जिसको वस्तुनिष्ठ एवं वैज्ञानिक रूप में मापा जा सकता है। इसलिए केवल यह ही एकमात्र तत्व या बात है जिसे मनोवैज्ञानिकों एवं शोधकर्त्ताओं द्वारा प्रयोगात्मक एवं वैज्ञानिक अध्ययन का विषय बनाया जा सकता है।

6. उद्दीपन-अनुक्रिया के रूप में व्यवहार (Behaviour as a stimulus-response mechanism): व्यवहारवाद के अनुसार सभी प्रकार का व्यवहार, चाहे वह कितना भी जटिल क्यों न हो, एक सरल उद्दीपन-अनुक्रिया के रूप में सीमित किया जा सकता है। विज्ञान के रूप में मनोविज्ञान का पूर्ण उद्देश्य इस उद्दीपन-अनुक्रिया की प्रक्रिया या यांत्रिकी के चारों तरफ ही केन्द्रित होता है। जैसा कि वाटसन ने कहा है–

> "यदि उद्दीपक ज्ञात है तो प्रतिक्रिया क्या होगी इसकी भविष्यवाणी की जा सकती है। और अगर अनुक्रिया अथवा प्रतिक्रिया ज्ञात है तो यह कहा जा सकता है कि वह परिस्थिति या उद्दीपन क्या है जिसकी वजह से ऐसा हुआ है।"
>
> ("To predict, given the stimulus, what reaction will take place, or given the reaction. State what the situation or stimulus is that has caused the reaction." Watson, 1930, P.11)

व्यवहारवादी विचारधारा की समीक्षा
(Evaluation of the Behaviouristic Perspective)

मनोविज्ञान के एक सम्प्रदाय या सिद्धांत के रूप में व्यवहारवाद की इसके समर्थकों और विरोधियों के द्वारा जहां एक ओर तो सराहना की गई है तो दूसरी ओर समान रूप से आलोचना भी की जाती रही है।

आलोचना (Criticism)

मनोविज्ञान के अन्य संप्रदायों या सिद्धांतों के प्रतिपादकों एवं विश्वास करने वालों ने निम्न कमियों और दोषों की ओर ध्यान आकर्षित करते हुए व्यवहारवाद के विरोध में आवाज उठाई :

- व्यवहारवाद मानव व्यवहार का अध्ययन करने का केवल एक आयामी उपागम है। और व्यवहारवादी सिद्धांत व्यक्ति की स्वतंत्र इच्छा और आंतरिक प्रभाव जैसे-व्यक्ति का मूड, विचार और भावनाओं की तरफ कोई ध्यान नहीं देते हैं।
- व्यवहारवाद अन्य प्रकार के अधिगम को कोई महत्व नहीं देता, विशेष रूप से वह अधिगम जो पुनर्बलन और दंड के प्रयोग के बिना होता हो।
- व्यक्ति और पशु विशेष नई सूचनाएं या नवीन ज्ञान से परिचित होने के बाद अपने व्यवहार में परिवर्तन लाने की क्षमता रखते है चाहे इस सम्बन्ध में उनका पूर्व व्यवहार किसी भी प्रकार के पुनर्बलन में भली-भांति जड़ पकड़ चुका हो।

  बहुत से आलोचक विशेष रूप से मानवतावाद में विश्वास रखने वाले पशुओं पर की गई शोध पर आधारित व्यवहारवाद के प्रयोगात्मक परिणामों का मनुष्यों पर प्रयोग करने में अपना संदेह या शक प्रकट करते हैं। वे इन परिणामों को एकदम से अस्वीकार करते हैं क्योंकि उनका विचार है कि मानव सृष्टि का उत्कृष्ट प्राणी है और उसकी तुलना पशुओं से नहीं की जा सकती है।
- व्यवहार जिसे व्यवहारवाद में अध्ययन का विषय बनाया जाता है वह केवल निरीक्षण योग्य बाह्य व्यवहार तक ही सीमित होता है। इस प्रकार के अध्ययन में चिन्तन तथा भावनाओं या अनुभूतियों के रूप में उपस्थित आंतरिक व्यवहार, अचेतन एवं अर्द्धचेतन व्यवहार की उपेक्षा की जाती है। व्यक्ति के व्यवहार का सम्पूर्ण रूप से वर्णन केवल उसके व्यवहार के सभी पक्षों का अध्ययन करने के उपरान्त ही किया जा सकता है। महत्वपूर्ण बात यह है कि व्यक्ति का जन्म एक कोरी स्लेट (Tabula Rasa) के रूप में नहीं होता है। उनके जन्म के समय से ही उनमें कुछ जन्मजात मूल प्रवृत्तियां, सहज आवेग, प्रवृत्तियां एवं कामनाएं या इच्छाएं होती हैं।
- मनुष्य वंशक्रम और वातावरण दोनों की ही देन है। व्यक्ति के व्यक्तित्व की वृद्धि और विकास में उसका वंशक्रम एक प्रमुख आधार प्रदान करता है। व्यवहारवादियों द्वारा वंशक्रम की भूमिका को पूरी तरह नकारना एकदम से अनुचित है क्योंकि वंशक्रम से प्राप्त वसीयत (गुणसूत्र एवं पित्र्येकों का योगदान) व्यक्ति के वृद्धि और विकास में तथा उसके व्यवहार का निरूपण करने में एक निर्णायक की भूमिका का निर्वाह करते हैं।
- संज्ञानात्मक मनोवैज्ञानिक (Cognitive Psychologists) भी व्यवहारवादियों की यांत्रिक उद्दीपन-अनुक्रिया उपागम के प्रति अपनी अस्वीकृति प्रकट करते हैं। उनका कहना है कि एस.आर. या आर-एस प्रक्रिया संज्ञानात्मक प्रक्रियाएं जैसे-चिंतन, स्मृति, समस्या समाधान आदि का स्थान नहीं ले सकती हैं।

व्यवहारवाद के गुण और शिक्षा जगत को देन
(Merits and Contributions of Behaviourism to Education)

इतनी आलोचना और विरोध के बावजूद व्यवहारवाद को मानव व्यवहार तथा अधिगम प्रक्रिया को समझने के लिए नए युग का सूत्रपात करने का श्रेय दिया जाता है। शिक्षा

के क्षेत्र में इसके योगदान तथा इसकी उपयोगिता को संक्षेप में निम्न रूप से अभिव्यक्त किया जा सकता है:

1. व्यवहारवादियों ने व्यवहार के अध्ययन के अन्तर्गत मुख्य रूप से इस बात पर जोर दिया कि व्यवहार करते समय व्यक्ति वास्तव में क्या करते हैं और उनके इस प्रकार के किए जाने वाले व्यवहार का निरीक्षणकर्त्ताओं द्वारा किस प्रकार निरीक्षण किया जाता है। उन्होंने इस सम्बन्ध में दार्शनिकता का चोला नहीं पहना जैसा कि उनके पूर्ववर्ती व्यवहार को समझने में किया करते थे जैसे कि कोई क्या और कैसे सोचता है, और अनुभव करता है? उन्होंने वर्तमान में घटित व्यवहार को ही जांचने और परखने पर जोर दिया और इस तरह व्यवहार के अध्ययन के लिए वैज्ञानिक पद्धति को अपनाने की बात कहीं। इस तरह अन्तः-दर्शन विधि के स्थान पर वैज्ञानिक तथा वस्तुगत निरीक्षण विधियों को व्यवहार अध्ययन के लिए प्रयुक्त करने पर जोर दिया।
2. व्यवहारवादियों ने वंशक्रम के योगदान के स्थान पर वातावरण के योगदान को बालकों के व्यवहार निरूपण और व्यक्तित्व विकास हेतु ज्यादा महत्व दिया। इसी के फलस्वरूप शिक्षा, प्रशिक्षण और समायोजन के क्षेत्र में बालकों को अच्छी से अच्छी अधिगम परिस्थितियां, सुविधाएं और अवसर प्रदान करने का दौर प्रारंभ हुआ।
3. व्यवहारवादियों के द्वारा किए जाने वाले प्रयोगों और परीक्षणों के आधार पर असामान्य और बीमार व्यक्तियों, बाल एवं किशोर अपराधियों, कुसमायोजित, पिछड़े हुए एवं समस्यात्मक बालकों की शिक्षा एवं समायोजन सम्बन्धी तरीकों में भी व्यापक परिवर्तन आए। मुख्य रूप से व्यवहारवादियों ने जिस प्रकार के व्यवहार परिमार्जन कार्यक्रमों तथा व्यवहार निरूपण तकनीकों तथा व्यवहार चिकित्सा की बात शुरू की, उससे इस क्षेत्र में काफी कुछ नवीन परिवर्तन दृष्टिगोचर हुए।
4. व्यवहारवादियों को मन जैसी अवधारणा के अस्तित्व पर कोई विश्वास नहीं था और न वे कोई ऐसा समझते थे कि मन और शरीर में किसी प्रकार के कोई सम्बन्ध होते हैं। इस दृष्टि से मानव व्यवहार को मन का अध्ययन करके समझने की बात को उन्होंने पूरी तरह नकार दिया इस तरह मन और मस्तिष्क का अध्ययन करने वाली बहुत सी बातें जैसे-संवेदना, संवेग, प्रत्यक्षीकरण आदि बातें मनोविज्ञान और शिक्षा की पुस्तकों में से गायब हो गई और उनके स्थान पर व्यवहारवादी अवधारणा से संबंधित नवीन बातें जैसे-उद्दीपन अनुक्रिया, आदतें, अधिगम, अनुबंधन इत्यादि को स्थान मिलने लगा।
5. व्यवहारवादियों ने पशुओं और पक्षियों के व्यवहार के अध्ययन को शामिल करके मनोविज्ञान के क्षेत्र और व्यवहार अध्ययन की विधियों में काफी बढ़ोत्तरी ला दी। उन्होंने पशु-पक्षियों पर किए जाने वाले प्रयोगों को मानव अधिगम और विकास को समझने के लिए प्रयुक्त किया।
6. वांछनीय व्यवहारों के अर्जन और अवांछनीय व्यवहार के मुक्ति पाने हेतु व्यवहारवादियों ने पुनर्बलन और प्रोत्साहन के उपयोग की महत्ता पर बल दिया। उन्होंने दुखद अनुभूतियों तथा दंड देने की प्रथा पर अंकुश लगाने की बात कही।
7. व्यवहारवादियों ने व्यवहार के निरूपण तथा नई बातों को सीखने और समझने में अभिप्रेरणा की भूमिका, उद्देश्य एवं प्रयोजनशीलता के महत्व पर विशेष जोर दिया।
8. व्यवहारवादियों के अपने विचारधारा तथा अधिगम और व्यवहार को ठीक तरह से

जानने और समझने के अपने दृष्टिकोण के फलस्वरूप अधिगम और अनुदेशन के क्षेत्र में कई नए अन्वेषणों को जन्म मिला। इनमें मुख्य रूप से हम अभिक्रमित अधिगम, वैयक्तिक स्व-अनुदेशन कार्यक्रम, शिक्षण मशीन तथा कम्प्यूटर सहाय-अनुदेशन आदि का नाम ले सकते हैं।

व्यवहारवाद तथा व्यवहारवादी अधिगम
(Behaviourism and Behaviouristic Learning)

मनोविज्ञान के एक सम्प्रदाय और सिद्धांत के रूप में व्यवहारवाद ने शिक्षण अधिगम प्रक्रिया को और भी ज्यादा संतोषजनक तथा उत्पादक ढंग से चलाने में अध्यापकों और अधिगमकर्त्ताओं की सहायता करने के लिए अनेक उपयोगी अधिगम सिद्धांतों का प्रतिपादन करने का महत्वपूर्ण एवं प्रशंसनीय कार्य किया। व्यवहारवाद के सम्प्रदाय से संबंधित मनोवैज्ञानिक और विचारकों द्वारा प्रतिपादित इस प्रकार के अधिगम सिद्धांतों में से कुछ का उल्लेख निम्न तालिका से किया जा रहा है :

सिद्धांत का नाम	*प्रमुख प्रतिपादक*
1. अधिगम का प्रयत्न और त्रुटि का सिद्धांत	ई. एल. थोर्नडाइक (1874-1949)
2. शास्त्रीय अनुबंधन का सिद्धांत	इवान पावलोव (1849-1936)
	जे. बी. वाटसन (1878-1958)
3. क्रियाप्रसूत अनुबंधन का सिद्धांत	बी. एफ. स्किनर (1904-1990)
4. निकटता अनुबंधन का सिद्धांत	ई. आर. गुथरी (1886-1959)
5. क्रमबद्ध व्यवहार सिद्धांत	क्लार्क एल. हल (1884-1952)
6. सामाजिक अधिगम सिद्धांत	अलबर्ट बन्डूरा (1925-)

ऊपर वर्णित ये सभी अधिगम सिद्धांत व्यवहारवाद के सिद्धांत के द्वारा बनाए गए विचारों को अपने-अपने ढंग से प्रयुक्त करने और प्रतिपादित करने का प्रयास करते हैं। यहां पर उदाहरणस्वरूप केवल प्रथम चार व्यवहारवादी अधिगम सिद्धांतों-प्रयत्न और त्रुटि का सिद्धांत, शास्त्रीय अनुबंधन का सिद्धांत, क्रिया प्रसूत अनुबंधन का सिद्धांत तथा निकटता अनुबंधन सिद्धांत की हम इस अध्याय के आने वाले पृष्ठों में चर्चा करने जा रहे हैं।

थोर्नडाइक का संयोजनवाद अथवा सीखने की प्रयास एवं त्रुटि विधि
(Thorndike's Connectionism or Trial and Error Learning)

थोर्नडाइक ने मुर्गियों, चूहों और बिल्लियों पर अपने प्रयोग किए तथा इन प्रयोगों के आधार पर सीखने सम्बन्धी अपने नियमों तथा सिद्धांतों का प्रतिपादन किया। इन प्राणियों को उसने सीखने सम्बन्धी विभिन्न परिस्थितियों में रखा और उनकी सीखने की प्रक्रिया का गंभीरतापूर्वक अध्ययन किया। उसके द्वारा किए गए एक प्रयोग को उदाहरण के लिए आगे प्रस्तुत किया जा रहा है।

थोर्नडाइक ने एक भूखी बिल्ली को एक उलझन संदूक (Puzzle Box) में बंद कर दिया। संदूक इस प्रकार बनाया गया था कि उसमें केवल एक दरवाजा था जो कि लीवर के ठीक प्रकार दबने से खुल सकता था। संदूक से बाहर कुछ दूरी पर भोजन सामग्री के रूप में एक मछली रख दी गई। मछली की गंध ने इस परिस्थिति में एक शक्तिशाली अभिप्रेरक (Motive) का कार्य किया और बिल्ली संदूक से बाहर आने के लिए हर संभव प्रयत्न करने में जुट गई। इस स्थिति को स्वयं थोर्नडाइक (Thorndike) के शब्दों में सुनिए,

"यह प्रत्येक छिद्र में से रास्ता खोजने का प्रयत्न करती है, सलाखों या तारों में पंजा मारती है और मुंह से काटती है। प्रत्येक छिद्र में यह अपना पंजा अड़ाती है और जहां-जहां पहुंचती है वहीं नोचती काटती है।" इस प्रकार बिल्ली ने सभी तरह से उल्टे सीधे पंजे चलाए तथा उछल-कूद की। इन उल्टे-सीधे प्रयत्नों के फलस्वरूप एक बार संयोगवश उसका पंजा लीवर पर ठीक तरह से पड़ गया और दरवाजा खुल गया। बिल्ली ने बाहर निकल कर अपनी भूख शांत कर ली।

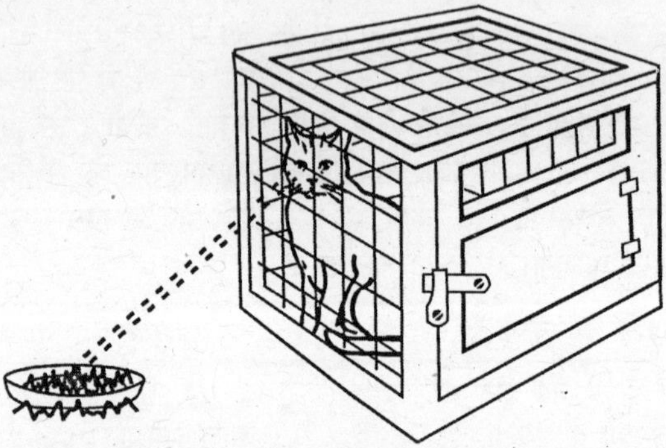

चित्र 8.1 थोर्नडाइक की बिल्ली बाहर आने का प्रयास करते हुए

दूसरी बार फिर प्रयोग को दोहराया गया, बिल्ली को भूखा रख कर उसी संदूक में बंद कर दिया गया। मछली की गंध ने फिर बिल्ली को संदूक से बाहर आने के लिए अभिप्रेरित किया तथा बिल्ली ने फिर वही उल्टी-सीधी उछल-कूद नोचना, खरोंचना शुरू कर दिया तथा पहले की तरह ही अब भी काफी प्रयत्नों के बाद लीवर पर पैर अचानक पड़ने से दरवाजा खुला। परन्तु इस बार दरवाजा खुलने में कम समय लगा। इस प्रकार की प्रयोग सम्बन्धी क्रिया कई बार दोहराई गई और यह पाया गया कि बिल्ली के उल्टे-सीधे प्रयत्नों की संख्या धीरे-धीरे कम होती गई और उसे बाहर निकलने में जितना समय लगता था उसकी मात्रा घटती चली गई, यहां तक कि बिल्ली ने बिना कोई त्रुटि किए पहली बार में ही लीवर को ठीक प्रकार दबा कर दरवाजा खोल दिया। इस प्रकार से प्रयास करते-करते बिल्ली दरवाजा खोलना सीख गई।

यह प्रयोग सीखने की प्रक्रिया में निम्न सोपानों की उपस्थिति का संकेत दिया है:

1. *चालक (Drive) या अभिप्रेरक (Motive)*: प्रस्तुत प्रयोग में भूख ने चालक या अभिप्रेरक का कार्य किया। गंध ने बिल्ली को और अधिक उत्तेजित बना दिया।
2. *लक्ष्य (Goal)*: संदूक से बाहर निकल कर मछली खाना।
3. *लक्ष्य प्राप्ति में बाधा (Block in achieving goal)*: संदूक से बाहर निकलने का रास्ता बंद था।
4. *उल्टे-सीधे प्रयत्न (Random movements)*: बिल्ली ने बाहर निकलने के लिए सभी तरह के उल्टे-सीधे प्रयत्न किए।
5. *संयोगवश सफलता मिलना (To get chance success)*: अपने उल्टे-सीधे प्रयत्नों को करते रहने में संयोगवश उसका एक प्रयत्न सफल हो गया।
6. *सही प्रयत्न का चुनाव (Selection of proper movement)*: उल्टे-सीधे (सही-गलत) प्रयत्नों में से दरवाजा खुलने को जो सही तरीका था उसे बिल्ली द्वारा चुन लिया गया।

7. *स्थिरता (Fixation)*: अन्त में बिल्ली ने सभी गलत प्रयत्नों को छोड़ कर सही प्रयत्न करना सीख लिया और वह बिना किसी त्रुटि के पहले ही प्रयास में दरवाजा खोलना सीख गई।

थोर्नडाइक ने उपरोक्त प्रयोग में बिल्ली द्वारा खोलना सीखने की विधि को प्रयास एवं त्रुटि विधि अथवा प्रयत्न एवं भूल विधि (Trial and Error Method) की संज्ञा दी। उसने कहा कि सीखने में हम निरन्तर प्रयास करते हुए अपनी त्रुटियों को कम करते जाते हैं और इस तरह से गलत अनुक्रियाओं (Incorrect Responses) के स्थान पर सही अनुक्रियाओं (Correct Responses) को व्यक्त करना सीख जाते हैं।

थोर्नडाइक के सीखने के नियम *(Thorndike's Laws of Learning)*

थोर्नडाइक ने अपने प्रयत्न एवं त्रुटि सिद्धांत को आधार बना कर सीखने सम्बन्धी कई नियमों का प्रतिपादन किया। इनमें से कुछ मुख्य नियमों की चर्चा नीचे की जा रही है–

1. तत्परता का नियम (Law of Readiness): इस नियम को प्रस्तुत करते हुए थोर्नडाइक (Thorndike) ने लिखा है,

> ''जब कोई संवहन इकाई संवहन के लिए तैयार हो तो उसे संवहन में संतोष मिलता है। परन्तु जब कोई संवहन इकाई संवहन के लिए तैयार न हो तब उसके लिए संवहन कष्टप्रद होता है। जब कोई संवहन इकाई संवहन के लिए तैयार हो तो उसे ऐसा न करने देना भी कष्टप्रद होता है।''
>
> ("When any conduction unit is reday to conduct, for it to do so is satisfying. When any conduction unit is not in readiness to conduct for it to conduct is annoying. When any conduction unit is in readiness to conduct for it not to do so is annoying.")

यह नियम सीखने की प्रक्रिया में भाग ले रहे व्यक्ति की मनोस्थिति को प्रकाश में लाता है। जिस काम को सिखाया जा रहा है उसे सीखने के लिए अगर मन में उत्कृष्ट अभिलाषा हो तो उसे सीखने में बहुत आसानी होती है। अगर जिसे हम सीखना न चाहें उसे बलपूर्वक सिखाने का प्रयत्न किया जाए तो उसे सीखना कष्टप्रद होता है। अतः सीखने वाले की मनोस्थिति का सीखने की प्रक्रिया पर गहरा प्रभाव पड़ता है। तत्परता का यह नियम हमें यह चेतावनी देता है कि जब तक बच्चे में किसी कार्य को करने या सीखने की पर्याप्त रुचि या इच्छा दिखाई न दे तब उसे करने या सीखने के लिए बाध्य नहीं किया जाना चाहिए। दूसरी ओर यह भी संकेत देता है कि अगर बच्चा किसी कार्य विशेष को किसी समय या अवस्था में सीखना या करना चाहता है तो उस कार्य विशेष को करने या सिखाने का बहुमूल्य अवसर कभी भी व्यर्थ नहीं खोया जाना चाहिए। इस तरह तत्परता का यह नियम अधिगम की प्रक्रिया में बच्चे की रुचि, अभिरुचि तथा अभिप्रेणा के महत्व को स्थापित करने का प्रयास करता है।

2. प्रभाव का नियम (Law of Effect): थोर्नडाइक (Thorndike) ने इसे निम्न शब्दों में प्रस्तुत किया है:

> ''जब एक परिस्थिति और अनुक्रिया के बीच एक संशोधनशील संयोग बनता है और उसके साथ ही या परिणामस्वरूप अवस्था उत्पन्न होती है तो उस संयोग की शक्ति बढ़ जाती है। जब इस संयोग के साथ या इसके बाद दुःखदायी स्थिति पैदा होती है तो उसकी शक्ति घट जाती है।''
>
> ("When a modifiable connection between situation and response is made

and is accompanied or followed by a satisfying state of affairs, that connection's strength is, other thing being equal, increased. When a modifiable connection between situation and response is made and accompanied or followed by an annoying state of affairs, its strength is decreased.")

सरल शब्दों में यह कहा जा सकता है कि सीखने के परिणामस्वरूप बच्चे को जब संतोष मिलता है अथवा आनन्द की अनुभूति होती है तो उस समय सीखने की क्रिया भली भांति सम्पन्न हो सकती है। इसके विपरीत जब सीखने के फलस्वरूप कोई संतोष नहीं मिलता बल्कि पीड़ा या दुःख की अनुभूति होती है तब सीखने की क्रिया में गतिरोध उत्पन्न हो जाता है। मानव स्वभाव ऐसा है कि हम अपने सुखद अनुभव और सफलताओं को सदैव याद रखने का प्रयत्न करते हैं जबकि कटु अनुभव, पीड़ा और असफलताओं को भूल जाना चाहते हैं। इसलिए सीखने के परिणामस्वरूप जो सन्तुष्टि-असन्तुष्टि, प्रसन्नता-अप्रसन्नता अथवा सुख-दुःख की अनुभूति होती है, उसके ऊपर सीखने की प्रक्रिया की सफलता अथवा असफलता निर्भर करती है।

दूसरे शब्दों में थोर्नडाइक का यह नियम सीखने की प्रक्रिया में पुरस्कार और दंड के महत्व को प्रकाश में लाता है। बच्चे के सीखने पर यदि उसे कोई पुरस्कार दिया जाए उसकी प्रशंसा की जाए तो उसे आगे और अधिक सीखने को प्रोत्साहन तथा अभिप्रेरणा मिलती है जबकि किसी भी तरह का दण्ड और भय उसे आगे सीखने के लिए न केवल निरुत्साहित करता है बल्कि उस कार्य को सीखने के प्रति उसमें एक विशेष प्रकार की अरुचि और प्रतिकूल भाव उत्पन्न कर देता है।

3. अभ्यास का नियम (Law of Exercise): इस नियम के अन्तर्गत दो उपनियम हैं, जिन्हें क्रमशः उपयोग का नियम (Law of Use) तथा अनुपयोग का नियम (Law of Disuse) के नाम से जाना जाता है। इन उपनियमों की भाषा इस प्रकार है :

उपयोग का नियम (Law of Use) : "जब एक संशोधनशील संयोग एक परिस्थिति और अनुक्रिया के बीच बनता है तो अन्य सब बातें समान होने पर उसे संयोग की शक्ति बढ़ जाती है।"

"When a modifiable connection is made between a situation and response that connection's strength is, other thing being equal, increased."

अनुपयोग का नियम (Law of Use) : "जब कुछ समय एक परिस्थिति और अनुक्रिया के बीच एक संशोधनशील संयोग नहीं बनता तो उस संयोग की शक्ति घट जाती है।"

"When a modifiable connection in not made between a situation and response, during a length of time that connection's strength is decreased."

सरल शब्दों में उपयोग का नियम यह बताता है कि यदि सीखने की किसी क्रिया को बार-बार दोहराया जाए तो वह अधिक प्रभावपूर्ण और स्थायी बन जाती है। लेकिन अगर सीखने वाली क्रिया को दोहराने के अवसर न मिलें तो इस प्रकार का सीखना विस्मृति के गर्भ में चला जाता है। इस प्रकार से उपयोगिता का नियम, सीखने की प्रक्रिया में अभ्यास और पुनरावृत्ति के महत्व को प्रकाश में लाता है।

प्रभाव और अभ्यास के नियमों का परिवर्तित रूप (Changed form of the 2nd and 3rd Laws): अपने कार्यकाल के अन्तिम वर्षों में थोर्नडाइक ने प्रभाव और अभ्यास के नियमों में आवश्यक परिवर्तन किए।

उसने एक मनुष्य की आंखों पर पट्टी बांध कर उससे 3 इंच लम्बी सीधी रेखा खींचने

को कहा। इस कार्य को बार-बार आवृत्ति कराई गई। परन्तु यह देखा गया कि केवल दोहराने मात्र से कार्य करने के तरीके में कोई सुधार नहीं आता। इस आधार पर थोर्नडाइक इस निर्णय पर पहुंचा कि सीखने की क्रिया में बिना उचित प्रशंसा, प्रोत्साहन या पुरस्कार की सहायता लिए हुए केवल मात्र दोहराने या अभ्यास से काम नहीं चलता। पुरस्कार मिलने पर अधिगम (Learning) साधारण दोहराने या अभ्यास से कई गुणा अधिक सशक्त होता है। अतः सीखने की क्रिया में अभ्यास के साथ-साथ परिणाम के संतोषजनक होने अथवा उसे पुरस्कृत किए जाने के ऊपर अधिक ध्यान दिया जाना चाहिए।

प्रभाव के नियम के विषय में थोर्नडाइक सोचने लगे कि सीखने की प्रक्रिया में पुरस्कार और दण्ड का प्रभाव एक सा नहीं होता और न परस्पर विरोधी होता है। प्रशंसा या पुरस्कार का परिणाम ताड़ना या दण्ड से अधिक प्रभावशाली होता है। प्रसन्नता तथा संतोष मिलने से संयोग जितना दृढ़ होता है, असन्तोष या अप्रसन्नता में वह उतना निर्बल नहीं होता। अतः सीखने की प्रक्रिया में निन्दा, ताड़ना या दण्ड के स्थान पर प्रशंसा, शाबाशी और पुरस्कार के प्रयोग से आशातीत सफलता होती है।

थोर्नडाइक के उपरोक्त तीनों नियमों – तत्परता, प्रभाव तथा अभ्यास के नियम-का अध्ययन अध्यापन प्रक्रिया में बहुत ही महत्वपूर्ण स्थान है। कुछ जानी-मानी सूक्तियां और कहावतें इन्हीं नियमों की सत्यता को प्रकट करती हैं :

1. एक घोड़े को पानी के पास ले जाया जा सकता है परन्तु पीने के लिए बाध्य नहीं किया जा सकता। (You can lead a horse to water but you cannot make him drink.)
2. सफलता से बढ़कर कोई पुरस्कार नहीं। (Nothing succeeds like success.)
3. करत-करत अभ्यास के जड़मति होत सुजान (Practice makes a man perfect.)

थोर्नडाइक द्वारा सुझाए गए कुछ और नियम
(Some Other Laws of Learning Given by Thorndike)

1. बहुरूपी अनुक्रिया या विविध प्रतिक्रियाओं का नियम (Law of Multiple Response or Varied Reactions): यह नियम बताता है कि जब सीखने वाले के सामने कोई नवीन समस्या उत्पन्न होती है तो उस समस्या को सुलझाने के लिए उसके मस्तिष्क में कई विचार उठते हैं तथा वह कई प्रकार से उस हल करने के बारे में सोचता है। इस तरह उसके व्यवहार में बहुरूपी अनुक्रियाएं तथा विविध प्रतिक्रियाएं देखने को मिलती हैं। वह एक के बाद दूसरा उपाय या तरीका प्रस्तुत समस्या को हल करने के लिए तब तक प्रयोग में लाता रहता है जब तक कि किसी उपाय से उसे पूरी सफलता न मिल जाए।

2. तत्परता और अभिवृत्ति का नियम (Law of Set and Attitude): इस नियम के अनुसार सीखने की प्रक्रिया प्राणी की संपूर्ण मनोवृत्ति अथवा तत्परता पर आधारित होती है। सीखने वाला एक कार्य को उस समय तक ठीक तरह से नहीं सीख पाता जब तब कि उसका इस कार्य के बारे में एक स्वस्थ दृष्टिकोण अथवा अभिवृत्ति विकसित नहीं हुई हो।

3. समानता का नियम (Law of Analogy): इस नियम के अनुसार एक व्यक्ति किसी नवीन परिस्थिति में अपनी अनुक्रिया (Response) व्यक्त करने के लिए पूर्व अनुभवों की सहायता लेता है। तुलना करके वह देखता है कि नवीन परिस्थितियों में अथवा किसी पूर्व परिस्थितियों में कितनी समानता है। इस समानता के आधार पर वह नवीन परिस्थितियों में ऐसी अनुक्रियाओं को दोहराता है जो समान परिस्थितियों में पहले सफल हो चुकी हों।

4. सहचारी स्थान परिवर्तन का नियम (Law of Associative Shifting): यह नियम सीखने

वाले की अनुक्रिया के स्थान परिवर्तन से संबंधित है। इस नियम के अन्तर्गत थोर्नडाइक ने यह घोषणा की कि कोई भी संभव अनुक्रिया (Response) किसी भी उद्दीपन (Stimulus) से प्रतिबद्ध या अनुबन्धित की जा सकती है। अपने विचारों को स्पष्ट करने के लिए थोर्नडाइक ने एक प्रयोग प्रस्तुत किया। इस प्रयोग में एक भूखी बिल्ली को खाना देने के साथ "खड़े हो जाओ" (Stand up) का आदेश देकर खड़ा होने को कहा गया। यह क्रिया कई बार दोहराई गई। बाद में केवल खड़े हो जाओ (stand up) कहा गया और खाना नहीं दिया गया। यह देखा गया कि खाने के अभाव में भी केवल "खड़े हो जाओ" कहने से ही बिल्ली खड़ी हो जाती है। इस तरह जो अनुक्रिया प्रारंभ में खाने और आदेश दोनों के लिए थी वह केवल आदेश के प्रति होने लगी। थोर्नडाइक के सहचारी स्थान परिवर्तन के इस नियम ने ही आगे जा कर अनुबंधन सिद्धांत (Theory of Conditioning) को जन्म दिया।

थोर्नडाइक के सिद्धांत और उसके विभिन्न नियमों का शैक्षिक महत्व (Educational Implications of Thorndike's Theory and his various Laws of Learning)

थोर्नडाइक के प्रयास एवं त्रुटि सिद्धांत का पर्याप्त शैक्षणिक महत्व है। उसने सीखने की प्रक्रिया को अपने प्रयोगों एवं परीक्षणों के आधार पर पूरी तरह स्पष्ट करने की कोशिश की है। उसने बताया कि केवल पशु-पक्षी में ही नहीं बल्कि मनुष्यों में भी सीखने की प्रक्रिया प्रायः बार-बार प्रयत्न करने और भूल सुधार कर आगे बढ़ने के रूप में सम्पन्न होती है। एक बच्चा जब गणित के प्रश्नों को हल करता है तब वह प्रयास एवं त्रुटि सिद्धांत को प्रयोग में लाता देखा जा सकता है। समस्या को हल करने के प्रयास में पहले वह एक विधि को अपनाने की चेष्टा करता है। थोड़ी देर बाद कार्य में सफलता न मिलने पर दूसरी विधि को अपनाता है। इस तरह अंत में प्रयास एवं त्रुटि सिद्धांत का पालन करते हुए अपनी समस्या को हल करने में समर्थ हो जाता है। विषयों को सीखने में ही नहीं बल्कि अनुसंधान एवं आविष्कारों में भी इस सिद्धांत की उपयोगिता असन्दिग्ध ही है। उदाहरण के लिए हम आर्कमिडीज सिद्धांत के आविष्कार के बारे में सोच सकते हैं। आर्कमिडीज अपने सम्राट द्वारा सौंपी हुई एक समस्या समाधान के लिए बहुत चिन्तित था। उससे कह दिया गया था कि यदि वह समस्या को हल न कर सका तो उसका सिर धड़ से अलग कर दिया जाएगा। इस प्रकार की आज्ञा उसके लिए एक शक्तिशाली अभिप्रेरक या चालक (Drive) का कार्य कर रही थी। समस्या की गहराई और कठिनता उसके कार्य में बाधक सिद्ध हो रही थी। उसे हल करने के लिए उसने बहुत सोचा तथा प्रयोग किए। इन प्रयत्नों में से एक प्रयत्न अकस्मात् जब वह स्नान कर रहा था, सफल हो गया। इस प्रकार उल्टे-सीधे प्रयत्नों को करते रहने तथा त्रूटिपूर्ण समाधानों का त्याग करते हुए अन्त में उसे संयोगवश सफलता मिल गई। इस सफलता के आधार पर उसने अपने नाम से प्रसिद्ध "आर्कमिडीज सिद्धांत" दुनिया के सामने रखा।

इस तरह सीखने तथा ज्ञान की खोज में प्रयास एवं त्रुटि का सिद्धांत महत्वपूर्ण स्थान रखता है। लेकिन सीखने की प्रक्रिया में इसके प्रयोग को अधिक मान्यता और प्रोत्साहन नहीं दिया जाना चाहिए। वस्तुतः थोर्नडाइक के इस सिद्धांत में यांत्रिकता की गंध आती है। यह सिद्धांत सीखने की क्रिया में बिना सोचे-समझे अंधेरे में इधर-उधर हाथ मारने या ऊल-जलूल चेष्टा करने की प्रवृत्तियों को जन्म देता है। यह ठीक नहीं है। मानव एक सूझ-बूझ वाला विकसित प्राणी है। उसका अज्ञानी और नासमझ पशुओं की तरह बिना

अपनी मानसिक शक्तियों को उपयोग में लाए हुए अनगिनत त्रुटि करते हुए सीखना कदापि श्रेयस्कर नहीं समझा जा सकता। प्रयत्न अवश्य किए जाने चाहिए परन्तु उन प्रयत्नों में सूझ-बूझ तथा अन्तःदृष्टि अवश्य होनी चाहिए। तभी सीखने के क्रिया अधिक सुगम एवं प्रभावपूर्ण सिद्ध हो सकती है।

जहां तक थोर्नडाइक द्वारा सुझाए गए सीखने सम्बन्धी विभिन्न नियमों का प्रश्न है, यह अच्छी तरह से कहा जा सकता है कि थोर्नडाइक ने इन नियमों के द्वारा अध्ययन-अध्यापन क्षेत्र को बहुत कुछ देने का प्रयत्न किया है। उदाहरण के लिए इन नियमों की देन के रूप में कुछ निम्न तथ्य सामने रखे जा सकते हैं:

1. अध्यापक को इस बात को समझने का प्रयत्न करना चाहिए कि उसके विद्यार्थियों को कौन-कौन सी बातें याद रखनी चाहिए। जिन बातों को याद रखना है उनसे संबंधित उद्दीपन और अनुक्रियाओं के संयोग को पुनरावृत्ति, अभ्यास कार्य और प्रशंसा तथा पुरस्कार आदि की सहायता लेते हुए अधिक दृढ़ बनाने का प्रयत्न करना चाहिए। दूसरी ओर जिन बातों को भुलाना है उनसे संबंधित उद्दीपन और अनुक्रियाओं के संयोग को, अनुपयोग और निन्दा, ताड़ना और दण्ड आदि कष्टप्रद परिणामों द्वारा शक्तिशाली बनाने का प्रयत्न किया जाना चाहिए।
2. सीखने से पहले बच्चे को सीखने के लिए तैयार करना अत्यन्त आवश्यक है। जिस बात को बच्चा सीखना चाहता है कि उसमें उसकी पर्याप्त रुचि तथा अभिरुचि का होना अत्यन्त आवश्यक है। अतः बच्चे को सीखने के लिए भली-भाँति अभिप्रेरित किया जाना चाहिए।
3. कोई भी नई बात सीखने के लिए पहले जो कुछ भी सीखा जाता है अथवा अनुभव प्राप्त किए जाते हैं वह एक बुनियादी आधार का काम देता है। इसलिए अध्यापक को अपने विद्यार्थियों के पूर्व ज्ञान और अनुभवों का समुचित उपयोग करना चाहिए। एक परिस्थिति में जो कुछ भी सीख लिया जाता है उसे दूसरी समान परिस्थितियों में पूरी तरह उपयोग में लाने के प्रयत्न भी किए जाने चाहिए।
4. बच्चे को अपना कार्य स्वयं करने के लिए प्रोत्साहित किया जाना चाहिए। समस्या का हल एकदम बच्चे के सामने रख देने की अपेक्षा उसे स्वयं हल खोजने के कार्य में लगाया जाना चाहिए। उसके द्वारा हर संभव प्रयत्न करते हुए तथा अपनी त्रुटियों को सुधारते हुए समस्या का सही समाधान ढूंढा जाना चाहिए। थोर्नडाइक के नियमों द्वारा सुझाया गया यह तथ्य ठीक है परन्तु आगे इसके दुष्प्रभाव से बचने के लिए बच्चे को अनावश्यक स्वतंत्रता एवं ढील नहीं देनी चाहिए। वह अपना समय और शक्ति व्यर्थ में न खोए तथा अपनी त्रुटियों को बार-बार दोहराता न रहे, इस बात की ओर भी ध्यान देना चाहिए तथा प्रयास के समय सूझ-बूझ तथा मानसिक शक्तियों का समुचित उपयोग करने की आवश्यकता पर जोर देना चाहिए।

इस प्रकार से शिक्षा की दुनिया में थोर्नडाइक ने अपने नियमों और सिद्धांतों के द्वारा बहुत कुछ देने का प्रयास किया है। इनके द्वारा अधिगम को पूरी तरह से उद्देश्यपूर्ण एवं लक्ष्य निर्देशित (Goal Directed) बनाने तथा अभिप्रेरणा (Motivation) को सीखने की प्रक्रिया का बहुमूल्य अंग बनाने का प्रयत्न किया गया है। अधिगम में अभ्यास कार्य तथा पुनरावृत्ति के महत्व को समझने तथा प्रशंसा, प्रोत्साहन और पुरस्कार आदि के मूल्य को ठीक ढंग से परखने में थोर्नडाइक ने बहुत ही सूझ-बूझ का परिचय दिया है।

वाटसन एवं पावलोव का शास्त्रीय अनुबंधन का सिद्धांत
(Watson's and Pavlov's Theory of Classical Conditioning)

कुत्ते, चूहे, बिल्ली आदि प्राणियों पर किए गए अपने विभिन्न प्रयोगों द्वारा वाटसन और पावलोव जैसे मनोवैज्ञानिकों ने अधिगम प्रक्रिया को समझने के लिए अनुबन्धित या प्रतिबद्ध अनुक्रिया नामक सिद्धांत (Conditioned Response Theory) को जन्म दिया। इस सिद्धांत को साधारण रूप में अनुबंधन द्वारा सीखना (Learining by Conditioning) कहा जाता है। अनुबंधन का प्राचीनतम रूप होने के कारण इसे शास्त्रीय विशेषण भी प्रदान किया जाता है और फलस्वरूप इस प्रकार के अधिगम को शास्त्रीय अनुबंधन का नाम भी दिया जाता है। अनुबंधन क्या है और यह सिद्धांत क्या कहता है, यह समझने के लिए इन मनोवैज्ञानिकों द्वारा किए जाने वाले कुछ प्रयोगों को समझना अधिक उचित होगा।

पावलोव द्वारा किया गया एक प्रयोग (Experiment by Pavlov): पावलोव द्वारा किए गए एक प्रयोग में एक कुत्ते को भूखा रख कर उसे प्रयोग करने वाली मेज के साथ बांध दिया गया। इस कुत्ते की लार गन्थियों का आप्रेशन कर दिया गया ताकि उसकी लार की बूंदों को परखनली में एकत्रित करके लार की मात्रा भी मापी जा सके। स्वत: चालित यांत्रिक उपकरणों की सहायता से कुत्ते को भोजन देने की व्यवस्था थी। प्रयोग का प्रारंभ इस प्रकार किया गया –घंटी बजने के साथ ही कुत्ते के सामने भोजन प्रस्तुत किया गया। भोजन को देख कर कुत्ते के मुंह में लार लाना स्वाभाविक ही था। इस लार को कांच की नली द्वारा परखनलिका में एकत्रित किया गया। इस प्रयोग को कई बार दोहराया गया और एकत्रित लार की मात्र का माप लिया जाता रहा।

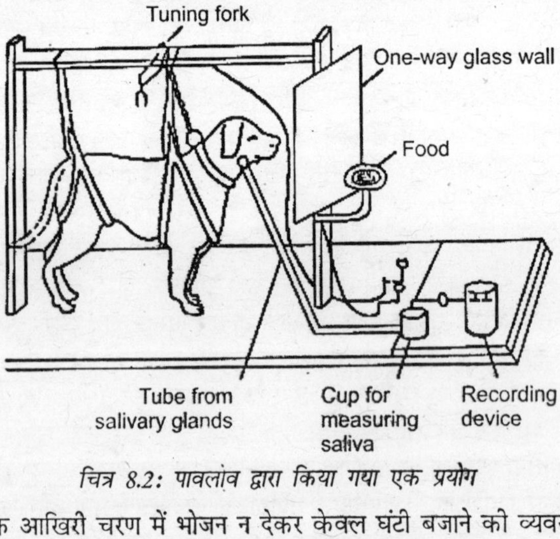

चित्र 8.2: पावलोव द्वारा किया गया एक प्रयोग

प्रयोग के आखिरी चरण में भोजन न देकर केवल घंटी बजाने की व्यवस्था की गई। इस अवस्था में भी कुत्ते के मुंह में लार टपकी जिसकी मात्रा का माप किया गया। इस प्रयोग के द्वारा यह देखने को मिला कि भोजन सामग्री जैसे प्राकृतिक उद्दीपन (Natural Stimulus) के अभाव में भी घंटी बजने जैसे कृत्रिम उद्दीपन (Artificial Stimulus) के प्रभावस्वरूप कुत्ते ने लार टपकाने जैसी स्वाभाविक अनुक्रिया (Natural Response) व्यक्त की।

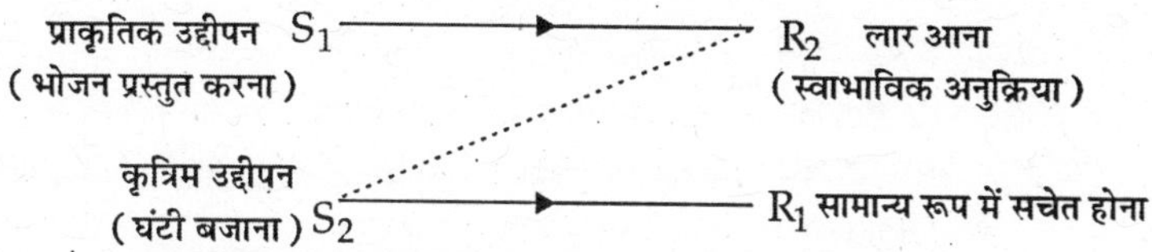

चित्र 8.3 पावलोव के प्रयोग का चित्रात्मक प्रस्तुतीकरण

इस प्रयोग में कुत्ते ने यह सीखा कि जब घंटी बजती है तब खाना मिलता है। सीखने के इसी प्रभाव के कारण घंटी बजने पर उसके मुंह से लार निकलनी प्रारंभ हो जाती है। पावलोव ने इस प्रकार के सीखने को अनुबंधन द्वारा सीखना (Learning by Conditioning) कहा। इस प्रकार के सीखने में किसी प्राकृतिक उद्दीपन (Natural Stimulus) जैसे भोजन, पानी, लैंगिक संसर्ग (Sexual contact) आदि के साथ एक कृत्रिम उद्दीपन (Artificial Stinulus) जैसे घंटी की ध्वनि, कोई रंगीन प्रकाश, आदि प्रस्तुत किया जाता है। कुछ समय बाद जब प्राकृतिक उद्दीपन को हटा लिया जाता है तो यह देखा जाता है कि कृत्रिम उद्दीपन से भी वही अनुक्रिया होती है जो प्राकृतिक उद्दीपन से होती है। इस प्रकार अनुक्रिया (Response) कृत्रिम उद्दीपन के साथ अनुबंधित (Conditioned) हो जाती है।

वाटसन द्वारा किया गया प्रयोग (Experiment Performed by Watson): वाटसन नामक मनोवैज्ञानिक ने स्वयं अपने 11 माह के पुत्र अलबर्ट के साथ एक प्रयोग किया। उसे खेलने के लिए एक खरगोश दिया। बच्चे ने इसे बहुत पसन्द किया। विशेषकर उसने नरम-नरम बालों पर हाथ फेरना उसे बहुत अच्छा लगा। इसी प्रयोग के दौरान कुछ समय पश्चात् बच्चे ने जैसे ही खरगोश को छुआ, एक तरह की डरावनी ध्वनि पैदा की गई और इस क्रिया को जब-जब वह खरगोश को छूता था बार-बार दोहराया गया। इसका परिणाम यह हुआ कि डरावनी आवाज के न किए जाने पर भी बच्चे को खरगोश को देखने से ही डर लगने लगा। इस तरह भय की अनुक्रिया खरगोश (कृत्रिम उद्दीपन) के साथ अनुबंधित हो गई और इस अनुबंधन के फलस्वरूप उसने खरगोश से डरना सीख लिया। प्रयोग को आगे बढ़ाने पर देखा गया कि बच्चा खरगोश से ही नहीं बल्कि ऐसी सभी चीजों जैसे (रुई के गोले, समूर का कोट आदि) से डरने लगा जिनमें खरगोश के बाल जैसी नरमी और कोमलता हो।

ऐसे प्रयोगों के आधार पर और पावलोव आदि मनोवैज्ञानिकों ने यह निष्कर्ष निकाला कि सभी प्रकार की सीखने की क्रियाओं को अनुबंधन प्रक्रिया (Process of conditioning) के माध्यम से अच्छी तरह समझा जा सकता है।

अनुबंधन सिद्धांत की शैक्षिक उपयोगिता
(Educational Implications of the Theory of Conditioning)

अनुबंधन सिद्धांत अपने आप को मनोवैज्ञानिक प्रयोगशाला की दुनिया तक ही सीमित नहीं रखता। सीखने-सिखाने के व्यावहारिक क्षेत्र में भी इस सिद्धांत की उपयोगिता असंदिग्ध है जिसका अनुमान नीचे दिए हुए तथ्यों के आधार पर भली-भांति हो सकता है:

1. अनुबंधन के फलस्वरूप भय, प्रेम और घृणा आदि के भाव आसानी से जाग्रत किए जा सकते हैं। उदाहरण के तौर पर अगर एक सामान्य बच्चे के साथ गणित का एक अध्यापक अपनी कक्षा में ठीक व्यवहार नहीं करता, प्रायः वह बात-बात

में उसकी खिल्ली उड़ाता है अथवा उसे मारता-पीटता है। ऐसी अवस्था में धीरे-धीरे बच्चा उस अध्यापक, यहां तक कि उसके द्वारा पढ़ाए जा रहे विषय के प्रति भी घृणा एवं भय के भाव तथा अभिवृत्तियां विकसित कर लेता है। दूसरी ओर, अध्यापक द्वारा बच्चों के साथ किया गया सहानुभूतिपूर्ण व्यवहार और उसके पढ़ाने के रोचक एवं प्रभावपूर्ण तरीके के अनुबंधन के फलस्वरूप बच्चों पर बहुत ही अच्छा प्रभाव पड़ता है। वे विषय में रुचि प्रदर्शित करने लगते हैं तथा अध्यापक को भी स्नेह और आदर की दृष्टि से देखने लगते हैं।

2. अध्ययन-अध्यापन प्रक्रिया में दृश्य-श्रव्य सामग्री के प्रयोग द्वारा तरह-तरह की बातें सिखाने में भी अनुबंध सिद्धांत को अच्छी तरह उपयोग में लाया जा सकता है। उदाहरण के लिए अगर बच्चे को कोई शब्द जैसे 'बिल्ली' कहना सिखलाना हो तो अध्यापक लिखे हुए शब्द 'बिल्ली' के साथ उसका चित्र भी दिखाता है। अब जब लिखे हुए शब्द के साथ बिल्ली का चित्र दिखाया जाता है तो अध्यापक उसकी ओर इशारा करके 'बिल्ली' कहता है और बच्चे को भी बिल्ली कहने के लिए कहा जाता है। कुछ समय पश्चात् बिल्ली का चित्र नहीं दिखाया जाता, केवल लिखा हुआ शब्द 'बिल्ली' दिखाया जाता है। चित्र न होने पर भी इस लिखे हुए शब्द को बच्चा बिल्ली कह कर सम्बोधित करता है और इस तरह बिल्ली कहने की अनुक्रिया कृत्रिम उद्दीपन, लिखे हुए शब्द के साथ अनुबंधित हो जाती है और बच्चा अनुबंधन क्रिया के परिणामस्वरूप बिल्ली कहना सीख जाता है।
3. उचित आदतों, रुचियों, अभिरुचियों, अभिवृत्तियों, सौन्दर्यात्मक भावनाओं आदि के समुचित विकास में अनुबंधन की प्रक्रिया अध्यापकों के लिए बहुत लाभदायक सिद्ध हो सकती है। इसकी सहायता से बच्चों को न केवल ठीक प्रकार से व्यवहार करना सिखाया जा सकता है बल्कि व्यवहार सम्बन्धी बहुत सी गलत आदतों, अभिवृत्तियों, अन्धविश्वासों, भव और मानसिक तनावों से पीछा छुड़ाने में भी यह सिद्धांत बहुत मदद कर सकता है। एक बच्चा जो किसी वस्तु विशेष से डरता है उसी वस्तु से आनन्द प्राप्त करने के योग्य बनाया जा सकता है। दूसरे बच्चे की, जो बिल्ली द्वारा रास्ता काटने या अचानक किसी के छींक देने को अपशकुन मानता है ऐसे अन्धविश्वासों से छुटकारा दिलाने के कार्य में सहायता की जा सकती है। इस प्रकार से अनुबंधन सिद्धांत सीखने की विभिन्न प्रतिक्रियाओं में बच्चे की हर स्तर पर पूरी सहायता करता है और अध्यापक और माता-पिता को भी अपना कर्त्तव्य निभाने में पूरी-पूरी मदद कर सकता है।

सक्रिय अनुबंधन का सिद्धांत (Theory of Operant Conditioning)

अधिगम के सिद्धांतों में सक्रिय अनुबंधन के नाम से जाने-जाने वाले सिद्धांत के प्रतिपादक अमेरिकन मनोवैज्ञानिक बी. एफ. स्किनर हैं। इन्होंने अपने इस सिद्धांत की रचना के लिए चूहे, कबूतर आदि प्राणियों पर काफी महत्वपूर्ण प्रयोग किए। उनके कुछ प्रयोगों की झांकी आगे प्रस्तुत की जा रही है:

स्किनर द्वारा किए गए प्रयोग (Experiments done by Skinner)

चूहों पर प्रयोग करने के लिय स्किनर महोदय ने एक विशेष संयन्त्र बनाया। यह संयन्त्र स्किनर बाक्स के नाम से प्रसिद्ध है। थोर्नडाइक ने बिल्लियों के साथ किए जाने वाले

प्रयोगों में उलझन पेटी (Puzzle Box) का उपयोग किया था। स्किनर बाक्स को उसी का एक यथानुकूल संशोधित रूप समझा जा सकता है। स्किनर के द्वारा किए गए एक प्रयोग में विशेष रूप से अंधकार युक्त एवं शब्द विहीन इस बाक्स में भूखे चूहे को ग्रिल युक्त संकरे रास्ते से गुजर कर लक्ष्य तक पहुंचना होता था।

चित्र 8.4: स्किनर बाक्स में एक चूहा

प्रयोग प्रारंभ करने से पूर्व चूहे को निश्चित दिनों तक भूखा रख कर उसे भोजन प्राप्त करने के लिए सक्रिय रहने का प्रबंधन कर लिया जाता था। व्यवस्था ऐसी की गई थी कि जैसे ही चूहा उपयुक्त मार्ग पर अग्रसर होता, लीवर पर चूहे का पैर पड़ता था, खट् की आवाज होती थी (अथवा प्रकाश युक्त बल्ब जलता था) और उसे प्याले में कुछ खाना प्राप्त हो जाता था। लीवर को दबाने से होने वाली आवाज और प्राप्त हुआ भोजन पुनर्बलन (Reinforcement) का कार्य करता था। इस प्रकार चूहे द्वारा लक्ष्य प्राप्ति के लिए किए जाने पर सही व्यवहार अथवा अनुक्रिया का लीवर दबाने से उत्पन्न आवाज और प्याले में उपस्थित थोड़े से खाने द्वारा पुनर्बलन होने का प्रयास इस प्रयोग में किया गया। चूहे द्वारा सक्रिय रह कर जैसे-जैसे पुनर्बलन मिलता चला गया, वैसे-वैसे ही सही अनुक्रिया करने और लक्ष्य तक पहुंचने की प्रक्रिया में तीव्रता आती चली गई।

कबूतरों पर प्रयोग करने के लिए स्किनर ने एक अन्य विशेष संयन्त्र, जिसे कबूतर पेटिका (Pigeon Box) कहा जाता है, का उपयोग किया। कबूतरों के साथ किए जाने वाले अपने एक प्रयोग में स्किनर ने यह लक्ष्य समाने रखा कि कबूतर दाहिनी ओर एक पूरा चक्कर लगा कर एक सुनिश्चित स्थान पर चोंच मारना सीख जाए। इस प्रयोग में कबूतर पेटिका में बंद भूखे कबूतर ने जैसे ही दाहिनी ओर घूम कर सुनिश्चित स्थान पर चोंच मारी, उसे अनाज का एक दाना प्राप्त हुआ। इस दाने द्वारा कबूतर को अपने सही व्यवहार की पुनरावृत्ति के लिए पुनर्बलन प्राप्त हुआ और उसने फिर दाहिनी और घूम कर चोंच मारने की अनुक्रिया की। परिणामस्वरूप उसे फिर अनाज का एक दाना प्राप्त हुआ। इस प्रकार धीरे-धीरे कबूतर ने दाहिनी ओर सर घुमा कर चोंच मारने की क्रिया द्वारा भोजन प्राप्त करने का ढंग सीख लिया।

चित्र 8.5 कबूतर पेटिका में कबूतर

अपने इसी प्रकार के प्रयोगों द्वारा स्किनर ने अधिगम के क्षेत्र में एक नए सिद्धांत सक्रिय अनुबंधन को जन्म दिया। उसने निष्कर्ष निकाला कि हमारे सीखने सम्बन्धी व्यवहार को सक्रिय अनुबंधन संचालित करता है। हमारा व्यवहार और अनुक्रिया बहुत कुछ सीमा तक सक्रिय व्यवहार का ही रूप होती है। आइए, अब यह जानने का प्रयत्न किया जाए कि सक्रिय व्यवहार (Operant Behaviour) और सक्रिय अनुबंधन क्या कुछ होता है।

सक्रिय व्यवहार (Operant Behaviour)

अधिगम के क्षेत्र में स्किनर से पूर्व के मनोवैज्ञानिकों की यह धारणा था कि अनुक्रिया या व्यवहार के मूल में अवश्य ही कोई न कोई ज्ञात उद्दीपन (Known Stimulus) होता है। स्किनर ने अपने प्रयोगों के आधार पर यही सिद्ध किया कि बहुत सी अनुक्रियाएं ऐसी होती हैं जिनको हम ज्ञात उद्दीपन से नहीं जोड़ सकते। इस आधार पर उसने दो प्रकार की अनुक्रियाओं या व्यवहारों की चर्चा की।

ऐसे सभी व्यवहार अथवा अनुक्रियाओं को जो किसी ज्ञात उद्दीपन के कारण होती हैं, उसने अनुक्रिया व्यवहार (Respondent Behaviour) की संज्ञा दी तथा उन व्यवहार अथवा अनुक्रियाओं को जो किसी ज्ञात उद्दीपन के कारण नहीं होती, इन्हें सक्रिय व्यवहार (Operant Behaviour) का नाम दिया।

अनुक्रिया व्यवहार के उदाहरण के रूप में सभी प्रकार के सहज व्यवहार, जैसे पिन चुभने पर हाथ का तुरन्त खींचना, खाना दिखाई देने पर लार आना और तीव्र प्रकाश में आंखों की पुतलियों का गिरना आदि का नाम लिया जा सकता है जबकि सक्रिय व्यवहार में बच्चे द्वारा एक खिलौने को छोड़ कर दूसरे को खेलने के लिए लेना, किसी व्यक्ति द्वारा अपने हाथ या पांव को यूं ही इधर-उधर हिलाना, खड़े होकर इधर-उधर चहल-कदमी करना, कुछ खाना, लिखना-पढ़ना आदि, इस प्रकार के व्यवहार शामिल हैं जिनके लिए कोई ज्ञात कारण या उद्दीपन नजर नहीं आता।

इस तरह से अनुक्रिया व्यवहार में अनुक्रिया के लिए उत्तरदायी उद्दीपन की महत्वपूर्ण भूमिका रहती है जबकि सक्रिय व्यवहार में कोई भी ज्ञात उद्दीपन व्यवहार का कारण नहीं बनता। यहां व्यवहार की कुंजी उद्दीपन के हाथ में न होकर अनुक्रिया या व्यवहार द्वारा उत्पन्न परिणामों के पास होती है। इस तरह सक्रिय व्यवहार स्वयं द्वारा व्यवहार करने पर निर्भर करता है। यहां व्यक्ति को पहले कुछ न कुछ करना होता है। इसके पश्चात् ही उसे परिणाम के रूप में कुछ न कुछ प्रकार की प्राप्ति होती है और उसके व्यवहार को पुनर्बलन मिलता है।

सक्रिय अनुबंधन क्या है? (Operant Conditioning)

स्किनर के अनुसार सक्रिय अनुबंधन से अभिप्राय एक ऐसी अधिगम प्रक्रिया से है जिसके द्वारा सक्रिय व्यवहार की सुनियोजित पुनर्बलन (Planned Reinforcement Schedules) द्वारा पर्याप्त बल मिल जाने के कारण वांछित रूप में जल्दी-जल्दी पुनरावृत्ति होती रहती है और सीखने वाला अंत में जैसा व्यवहार सिखाने वाला चाहता है, वैसा सीखने में समर्थ होता है।

अधिगम की इस प्रक्रिया में सीखने वाले को पहले कोई न कोई क्रिया करनी पड़ती है जैसे चूहे द्वारा लीवर दबाने या कबूतर द्वारा दाहिनी ओर घूम कर निश्चित स्थान पर चोंच मारने की क्रिया। यही व्यवहार (Operant Behaviour) पुनर्बलन (Reinforcement) उत्पन्न करने में माध्यम (Instrumental) का कार्य करता है। भोजन, पानी आदि के रूप में पुरस्कार की प्राप्ति होने पर सीखने वाले उसी व्यवहार की यह पुनरावृत्ति उसे फिर पुरस्कार पुनर्बलन प्राप्त कराती है और फिर वह अधिक गति से अपने व्यवहार की पुनरावृत्ति करता है। इस तरह से अंत में सीखने वाला वांछित व्यवहार सीख लेता है।

कई बार यह आवश्यक नहीं होता कि जिस तरह के व्यवहार को हम सिखाना चाहते हैं और उसे पुनर्बलन प्रदान करना चाहते हैं वैसा ही अपेक्षित व्यवहार सीखने वाला शुरू

से करना प्रारंभ कर दे। उस दिशा में सक्रिय अनुबंधन की प्रक्रिया के पहले चरण में उचित पुनर्बलन द्वारा सीखने वाले को वांछित व्यवहार करने की दिशा में धीरे-धीरे मोड़ा जाता है। इसे मनोविज्ञान की भाषा में व्यवहार का रूपण (Shaping of Behaviour) कहते हैं। उदाहरण के लिए स्किनर के कबूतर वाले प्रयोग को ही लेते हैं। लक्ष्य है कबूतर को दाहिनी ओर पूरा चक्कर लगाकर सुनिश्चित स्थान पर चोंच मारना सिखाना। इस प्रकार का वांछित व्यवहार कबूतर जब करेगा तब उसे अनाज के दाने द्वारा पुनर्बलन दिया जाएगा, ऐसा सोचना भूल होगी जैसे ही वह निश्चित स्थान के थोड़ा भी निकट आता दिखाई दे, दाहिनी ओर घूमने का प्रयत्न करे अथवा सही चोंच मारने की क्रिया के निकट हो, उसे अपने इस प्रकार के सभी प्रयत्नों और व्यवहारों के लिए क्रमशः पुनर्बलन प्राप्त होता रहना चाहिए ताकि वह पहली बार वांछित व्यवहार करने में सफल हो सके। चूहे को भी सही रास्ते का चुनाव करने, लीवर दबाने का प्रयास करने आदि संबंधित प्रथम वांछित व्यवहार अपनाने के लिए धीरे-धीरे पुनर्बलन द्वारा सही मोड़ प्रदान किया जा सकता है। एक बार जब इस प्रकार के वांछित व्यवहार की शुरूआत हो जाए तो इसकी पुनरावृत्ति पुनर्बलन के समुचित आयोजन द्वारा तब तक करते रहना चाहिए जब तक सीखने वाला अपेक्षित व्यवहार को ठीक प्रकार सीख कर उसमें कुशलता न अर्जित कर ले।

सक्रिय व्यवहार एवं पुनर्बलन (Operant Conditioniny and Reinforcement)

पुनर्बलन सक्रिय व्यवहार को बल प्रदान करके वांछित व्यवहार के रूप में सीखने के कार्य में भरपूर सहायता देता है। व्यवहार अथवा अनुक्रिया के घटने के पश्चात् उसे पुनर्बलन प्रदान करने से तात्पर्य कुछ इस प्रकार के आयोजन से है, जिसके द्वारा उस प्रकार की अनुक्रिया अथवा व्यवहार के पुनः घटित होने की संभावना को बढ़ा दिया जाए। किसी भी प्राणी द्वारा की गई किसी अनुक्रिया अथवा व्यवहार को हम दो प्रकार से पुनर्बलित कर सकते हैं। कुछ देकर जिसे पाना उसे अच्छा लगे अथवा उसके पास से कुछ हटा कर जिसका हटना उसे अच्छा लगे। पहले प्रकार के पुनर्बलन को धनात्मक पुनर्बलन (Positive Reinforcement) कहते हैं जैसे भोजन, पानी, लैंगिक सम्पर्क, धन-दौलत, मान सम्मान, प्रशंसा एवं सामाजिक स्वीकृति आदि की प्राप्ति। दूसरे प्रकार का पुनर्बलन ऋणात्मक पुनर्बलन (Negative Reinforcement) कहलता है। बिजली के आघात, डरावनी आवाज, अपमान एवं डांट-फटकार आदि से बचना दूसरे पुनर्बलन के उदाहरण है।

सक्रिय अनुबंधन द्वारा प्राणी को वांछित व्यहार सिखाने की दिशा में पुनर्बलन अपनी भूमिका अच्छी तरह तभी निभा सकता है जबकि उसे यथोचित रूप में दिया जा सके। उस दिशा में मुख्य रूप से निम्न चार प्रकार का पुनर्बलन आयोजन (Reinforcement Schedule) प्रयोग लाया जाता है :

1. सतत पुनर्बलन आयोजन (Continuous Reinforcement Schedule): यह शत-प्रतिशत पुनर्बलन आयोजन है जिसमें सीखने वाले की प्रत्येक सही अनुक्रिया या व्यवहार को पुनर्बलित (पुरस्कृत) किया जाता है।

2. निश्चित अन्तराल पुनर्बलन आयोजन (Fixed Interval Reinforcement Schedule): इस आयोजन में सीखने वाले को एक निश्चित समय के पश्चात् पुनर्बलन दिया जाता है। जैसे किस प्रयोग में चूहे को 3 मिनट के बाद भोजन का कुछ अंश प्रदान करना, किसी नौकर को एक सप्ताह के बाद वेतन देना आदि।

3. निश्चित अनुपात पुनर्बलन आयोजन (Fixed Ration Reinforcement Schedule): इस

आयोजन में यह निश्चित करके पुनर्बलन प्रदान किया जाता है कि कितनी बार सही अनुक्रिया करने पर पुनर्बलन दिया जाए। उदाहरण के लिए कबूतर को 50 बार सही चोंच मारने पर एक दाना देना, पूछे जाने वाले प्रश्नों में प्रत्येक तीन के ठीक उत्तर देने पर पुरस्कार देना आदि।

4. परिवर्तनशील पुनर्बलन आयोजन (Variable Reinforcement Schedule): कई बार पुनर्बलन प्रदान करने में निश्चित अन्तराल और अनुक्रियाओं के निश्चित अनुपात को ध्यान में नहीं रखा जाता बल्कि उसे किसी भी समय कितनी भी अनुक्रियाओं के पश्चात् प्रदान कर दिया जाता है। इस प्रकार के पुनर्बलन आयाजोन को परिवर्तनशील पुनर्बलन आयोजन का नाम दिया जाता है।

पुनर्बलन आयोजन के उपरोक्त प्रकारों की उपयुक्तता के बारे में अगर सोचा जाए तो सतत या अविछिन्न पुनर्बलन (Continuous Reinforcement) द्वारा जितनी शीघ्रता से व्यवहार को पुनर्बलित किया जाता है उतनी ही शीघ्रता से पुनर्बलिन न करने पर व्यवहार के विलुप्तिकरण (Extinction) की संभावना बढ़ जाती है। सीखे हुए वांछित व्यवहार को कम से कम भूलने अथवा उसके विलुप्तिकरण की संभावना को कम करने की दिशा में परिवर्तनशील पुनर्बलन (Variable Reinforcement) आयोजन सबसे अधिक उपयुक्त रहता है। इस तरह से पुनर्बलन के आयोजन में शुरुआत शत-प्रतिशत पुनर्बलन द्वारा की जानी चाहिए। इसके पश्चात् निश्चित अन्तराल अथवा निश्चित अनुपात पुनर्बलन का प्रयोग किया जाना चाहिए तथा अन्त में सीखे हुए वांछित व्यवहार को स्थायी रूप प्रदान करने की दिशा में परिवर्तनशील पुनर्बलन का उपयोग किया जाना चाहिए।

सक्रिय अनुबंधन और शास्त्रीय अनुबंधन में अन्तर
(Difference between Operant Conditioning and Classical Conditioning)

वाटसन एवं पावलोव जैसे व्यवहारवादियों द्वारा प्रतिपादित शास्त्रीय अनुबंधन को स्किनर ने अनुक्रिया अनुबंधन (Respondent Conditioning) की संज्ञा दी है। इस प्रकार के अनुबंधन या अनुक्रिया व्यवहार (Respondent Behaviour) सम्बन्धी अधिगम में वांछित अनुक्रिया तथा व्यवहार उत्पन्न करने में उद्दीपन (Stimulus) को केन्द्रीय भूमिका रहती है। इसलिए उसे उद्दीपनजन्य अनुबंधन (Type S-Conditioning) कह कर भी पुकारा जाता है।

दूसरी ओर सक्रिय अनुबंधन, सक्रिय व्यवहार सम्बन्धी अधिगम में सहायक होता है। इस प्रकार के अधिगम में अनुक्रिया (Response) की केन्द्रीय भूमिका रहती है। इसलिए इसे अनुक्रियाजन्य अनुबंधन (Type R-Conditioning) कह कर भी पुकारा जाता है।

उद्दीपनजन्य शास्त्रीय अनुबंधन में प्राकृतिक उद्दीपक (Natural Stimulus) अथवा कृत्रिम उद्दीपक (Artificial or Substituted Stimulus) अनुबंधित अनुक्रिया (Conditioned Response) उत्पन्न करने में सहायक होता है और इस तरह अधिगम किसी न किसी रूप में उद्दीपन से जुड़ा होता है। अतः, इस प्रकार के अनुबंधन में सिखाने वाले के सामने समस्या यह रहती है कि वह अधिक उपयुक्त उद्दीपकों का चुनाव कैसे करे ताकि वांछित अनुक्रिया होती रहे।

दूसरी ओर अनुक्रियाजन्य सक्रिय अनुबंधन में सिखाने वाले के सामने समस्या यह रहती है कि सीखने वाले द्वारा की जा सकने वाली सभी संभावित अनुक्रियाओं अथवा व्यवहारों में से वांछित अनुक्रिया अथवा व्यवहार को कैसे उत्पन्न किया जाए और इस प्रकार उत्पन्न सही व्यवहार अथवा अनुक्रिया को अनुबंधन द्वारा सबल बना कर स्थायित्व कैसे प्रदान किया जाए।

उपरोक्त विवरण को ध्यान में रखते हुए शास्त्रीय अनुबंधन और सक्रिय अनुबंधन के अन्तर को सार रूप में निम्न प्रकार दिखाया जा सकता है :

शास्त्रीय अनुबंधन *(Classical Conditioning)*	*सक्रिय अनुबंधन* *(Operant Conditioning)*
1. शास्त्रीय अनुबंधन अनुक्रिया व्यवहार सम्बन्धी अधिगम में सहायक सिद्ध होता है।	1. सक्रिय अनुबंधन सक्रिय व्यवहार सम्बन्धी अधिगम में सहायक सिद्ध होता है।
2. इस प्रकार के अधिगम में वांछित अनुक्रिया अथवा व्यवहार उत्पन्न करने में उद्दीपक (Stimulus) की केन्द्रीय भूमिका रहती है। इसलिए इसे उद्दीपनजन्य अनुबंधन (Type S-Conditioning) भी कहते हैं।	2. इस प्रकार के अधिगम में अनुक्रिया (Response) की केन्द्रीय भूमिका रहती है। इसलिए इसे अनुक्रियाजन्य (Type R-Conditioning) भी कहा जाता है।
3. इसमें अनुबंधन प्रक्रिया की शुरुआत किसी विशेष उद्दीपक द्वारा कोई निश्चित अनुक्रिया उत्पन्न करने द्वारा होती है।	3. इन अनुबंधन में शुरुआत सीखने वाले की उन अनुक्रियाओं को लेकर होती है जो स्वाभाविक रूप से होती हैं अथवा जिन्हें सिखाने वाले द्वारा विशेष रूप से सीखने वाले द्वारा कराने का प्रयत्न किया जाता है।
4. इस प्रकार के अनुबंधन में अनुबंधन की शक्ति अनुबंधित अनुक्रिया की सामर्थ्य (Magnitude of Conditioned Response) पर निर्भर करती है। प्रयोगों में इसकी माप संभव है जैसे पावलोव के प्रयोग में कुत्ते द्वारा गिराई जाने वाली लार की मात्रा के द्वारा अनुबंधन शक्ति का अंदाजा लगाया जा सकता है।	4. इस प्रकार के अनुबंधन में अनुबंधन की शक्ति को अनुक्रिया दर (Response Rate) द्वारा प्रदर्शित किया जाता है। प्रयोगों में इसकी माप संभव है। उदाहरण के लिए स्किनर के चूहे वाले प्रयोग में लीवर को एक ऐसी रिकार्डिंग प्रणाली से जोड़ा जा सकता है जिससे चूहे द्वारा लीवर दबाने की अनुक्रिया की दर का रेखीय चित्र (Graph) प्राप्त हो सके।
5. इस प्रकार के अनुबंधन में ताड़ना अथवा दंड (Punishment) को बुरी आदतें छुड़ाने एवं अवांछनीय व्यवहार को भूल जाने (De-Conditioning) के रूप में उपयोग में लाया जाता है।	5. सक्रिय अनुबंधन ताड़ना अथवा दंड को वांछनीय व्यवहार सिखाने अथवा अवांछनीय व्यवहार को सुधारने के लिए उपयोग में लाने का सख्त विरोधी है। विकल्प के रूप में यह चाहता है कि वांछनीय व्यवहार को पुनर्बलन द्वारा सुदृढ़ किया जाए तथा अवांछनीय व्यवहार की ओर न कोई ध्यान दिया जाए और न किसी तरह से उसे पुनर्बलित या प्रोत्साहित किया जाए।
6. इस अनुबंधन में सीखने वाला जरा भी स्वतंत्र नहीं है। जिस तरह का उद्दीपन उसके सामने होता है वह वह वैसा ही व्यवहार करने के लिए विवश होता है।	6. इस प्रकार के अनुबंधन में सीखने वाले को अनुक्रिया करने की काफी कुछ स्वतंत्रता होती है।
7. इस अनुबंधन में अनुक्रिया उत्पन्न करने	7. इस अनुबंधन में व्यवहार अथवा अनुक्रिया

के लिए किसी ज्ञात उद्दीपन (Known Stimulus) का होना नितांत आवश्यक हैं।	के लिए न तो किसी ज्ञात उद्दीपन की आवश्यकता है और न उसके लिए किसी कारण के खोज की।
8. इस प्रकार के अनुबंधन में पुनर्बलन का प्रयोग सीखने वाले द्वारा की गई अनुक्रिया अथवा व्यवहार के पहले किया जाता है।	8. इस प्रकार के अनुबंधन में शुरुआत व्यवहार अथवा अनुक्रिया द्वारा होती है और उसके बाद उसे बल प्रदान करने के लिए पुनर्बलन दिया जाता है।

सक्रिय अनुबंधन सिद्धांत की शैक्षणिक उपयोगिता
(Educational Implications of Theory of Operant Conditioning)

सक्रिय अनुबंधन सिद्धांत रचनात्मक उपयोग की दृष्टि से शैक्षणिक जगत में काफी महत्वपूर्ण स्थान रखता है। शैक्षणिक उपयोग के संदर्भ में मोटे तौर पर कुछ बातें अच्छी तरह कही जा सकती हैं:

1. सक्रिय अनुबंधन सिद्धांत अच्छे परिणामों की दृष्टि से एक अध्यापक से यह अपेक्षा करता है कि वह सीखने की प्रक्रिया और परिस्थितियों को इस प्रकार नियंत्रित और आयोजित करें कि सीखने वाला उचित पुनर्बलन द्वारा निरन्तर आगे बढ़ने को प्रोत्साहित होता रहे तथा उसे सीखने में कम से कम असफलता और निराशा का सामना करना पड़े।

2. सक्रिय अनुबंधन सिद्धांत का उपयोग व्यवहार परिमार्जन (Behaviour Modification) कार्य में बहुत अच्छी तरह से किया जा सकता है। जिस बच्चे के व्यवहार में अपेक्षित परिवर्तन लाना है उसके बारे में पहले तो यह पता लगाया जाना चाहिए कि उसके लिए क्या कुछ एक अच्छे पुनर्बलन का कार्य कर सकता है। जैसे ही अपेक्षित व्यवहार की ओर बच्चे के कदम पड़ें, तुरंत ही उपयुक्त पुनर्बलन द्वारा इस व्यवहार को प्रोत्साहित किया जाना चाहिए। ऐसा करने से बच्चे द्वारा अपेक्षित व्यवहार की पुनरावृत्ति अवश्य होगी। इसे पुनर्बलन दिया जाएगा। परिणामस्वरूप बच्चा अपेक्षित व्यवहार की ओर तेजी से अग्रसर होगा और पुनर्बलन के संतुलित उपयोग द्वारा अच्छी तरह से अपेक्षित व्यवहार को सीखने में समर्थ हो जाएगा।

3. व्यक्तित्व के समुचित विकास के लिए सक्रिय अनुबंधन सिद्धांत का अच्छी तरह उपयोग किया जा सकता है। हेरगनहान (Hergenhahn) के अनुसार, "*हम अपने आप में वही होते हैं जिसके लिए हमें प्रोत्साहित या पुरस्कृत किया जाता है। जिसे हम व्यक्तित्व कहते हैं वह और कुछ नहीं बल्कि समय-समय पर प्राप्त उन पुनर्बलनों का परिणाम है जिससे हम और हमारा व्यवहार एक निश्चित सांचे में ढल जाता है। उदाहरण के लिए एक अंग्रेज बच्चा छोटी आयु में ही अंग्रेजी अच्छी तरह से बोलना इसलिए सीख जाता है क्योंकि जब पहली बार उसने अंग्रेजी भाषा जैसी ध्वनियां निकाली होंगी तो उसके प्रयत्नों को पूरा प्रोत्साहन मिला होगा। अगर यही बच्चा किसी जापानी या रूसी परिवार में पैदा होता तो फिर अंग्रेजी का स्थान जापानी या रूसी भाषा ने ले लिया होता क्योंकि इस अवस्था में उसे वैसा प्रयास करने पर अपने परिवेश द्वारा पुनर्बलन या प्रोत्साहन मिलता है।*" (Hergenhahn, B.R. 1967, p. 87)

4. सक्रिय अनुबंधन सिद्धांत के अनुसार अनुक्रिया की उपयुक्तता एवं कार्य की सफलता अभिप्रेरणा का सबसे अच्छा स्रोत है। चूहे और कबूतर को भोजन की प्राप्ति एक अच्छा अभिप्रेरक है और विद्यार्थी को अपने सही उत्तर की जानकारी सीखने के कार्य में एक

सशक्त पुनर्बलन का कार्य करती है। प्रशंसा के दो शब्द, अध्यापक के प्रोत्साहित करने वाले हाव-भाव, सफलता की अनुभूति, अधिक अंक और पुरस्कार, इच्छित कार्य करने की स्वतंत्रता आदि सभी ऐसे पुनर्बलन हैं जिनके द्वारा विद्यार्थी पूरी तरह अनुप्रेरित हो कर अधिक उत्साह से सीखने की ओर अग्रसर हो सकता है। इस तरह सक्रिय अनुबंधन ने अभिप्रेरण के लिए वांछित अनुक्रिया और उपयुक्त पुनर्बलन को स्थान देकर अभिप्रेरण के क्षेत्र में आंतरिक अभिप्रेरणा की अपेक्षा बाह्य अभिप्रेरकों को महत्वपूर्ण स्थान दिलाने का प्रयत्न किया है।

5. सक्रिय अनुबंधन सिद्धांत के अनुसार ताड़ना या दंड (Punishment) न तो वांछित व्यवहार को सीखने में मदद कर सकता है और न बुरी आदतों अथवा व्यवहार को त्यागने में। दंड के द्वारा कुछ समय के लिए बच्चा गलत व्यवहार करना छोड़ सकता है परन्तु जैसे ही दंड का भय अथवा उसका प्रभाव समाप्त होता है, बुरे व्यवहार की पुनरावृत्ति होने लगती है। इसलिए सक्रिय अनुबंधन दंड के स्थान पर वांछित व्यवहार को पुनर्बलन प्रदान कर सुदृढ़ करने और अवांछनीय व्यवहार की उपेक्षा कर उसे विलुप्त (Extinguish) करने का विकल्प प्रस्तुत करता है।

6. सक्रिय अनुबंधन सिद्धांत के अनुसार अधिगम में अधिक से अधिक सफलता तभी मिल सकती है जबकि

(a) सीखने की सामग्री को इस तरह आयोजित किया जाए कि सीखने वाले को अधिक से अधिक सफलता और कम से कम असफलता का सामना करना पड़े।

(b) सही अनुक्रिया अथवा उत्तरों के लिए उसे तेजी से पुनर्बलन प्राप्त होता रहे।

(c) सीखने वाले को स्वयं उसकी अपनी गति से सीखने का अवसर मिले।

उपरोक्त सभी बातों को सक्रिय अनुबंधन सिद्धांत ने ही जन्म दिया है और इसके परिणामस्वरूप आज शैक्षणिक जगत् में अभिक्रमित अनुदेशन (Programmed Learning), शिक्षण मशीनों (Teaching Machines) और कम्प्यूटर निर्देशित शिक्षण (Computer Assisted Instructions) ने अपनी जड़ें गहरी करनी प्रारंभ कर दी हैं।

गुथरी का सानिध्य या समीपस्थ अनुबंधन
(Guthrie's Contiguous Conditioning)

एडविन रे गुथरी (1886- 1959) नामक प्रसिद्ध व्यवहारवादी मनोवैज्ञानिक वाशिंगटन (अमेरिका) स्थित विश्वविद्यालय में मनोविज्ञान के प्रोफेसर थे। वे जहां अपने समकालीन मनोवैज्ञानिकों की कई सैद्धांतिक मान्यताओं जैसे थोर्नडाइक द्वारा प्रतिपादित चयन (Selection), संयोजन (Connection) तथा सहचारी विस्थापन (Associate shifting), वाटसन एवं पावलोव द्वारा प्रतिपादित शास्त्रीय अनुबंधन आदि से भलीभांति प्रभावित थे वहीं उन्होंने इन सबसे अलग हटकर अपने ही एक नये अधिगम सिद्धांत को जन्म देने का कार्य किया। उन्होंने अधिगम हेतु एक नया प्रतिमान या उपागम प्रस्तुत किया जिसमें पावलोव के शास्त्रीय अनुबंधन उनके अपने द्वारा सुझाए गए अस्थायी किस्म के सामीप्य (उद्दीपक एवं अनुक्रिया का पारस्परिक साथ) का सुन्दर संश्लेषण देखने को मिला। उनके द्वारा अधिगम के बारे में प्रस्तुत इस अधिगम सिद्धांत को गुथरी के सन्निहित या समीपस्थ अनुबंध सिद्धांत के नाम से जाना जाता है। आइए इसके जन्म तथा प्रकृति के बारे में अच्छी तरह परिचित हुआ जाए।

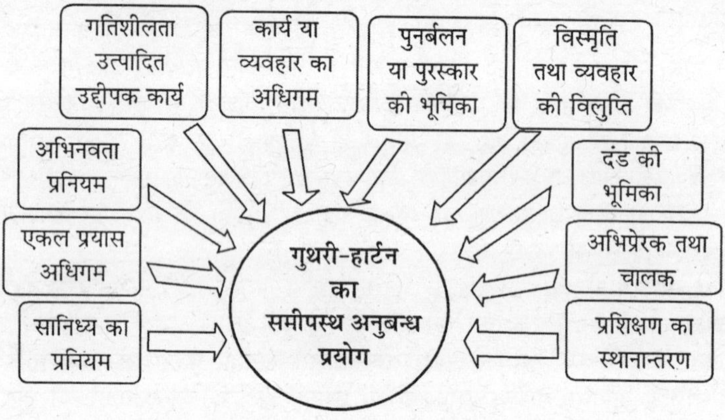

चित्र 8.6: गुथरी का समीपस्थ अनुबंधन प्रयोग

गुथरी-हार्टन का प्रयोग (The Guthrie-Horton Experiment)

गुथरी ने अपने अधिगम सिद्धांत को विकसित करने हेतु जी.पी. हार्टन के साथ मिलकर एक उलझन पेटी (Puzzle Box) (जैसी थोर्नडाइक द्वारा काम में लाई गई थी) को बिल्लयों के साथ प्रयोग करने के लिए उपयोग किया। प्रयोग के दौरान उसने बिल्ली को एक ऐसे बॉक्स में रखा जिसमें बॉक्स के बीच बाहर निकलने का दरवाजा था। बिल्ली को दरवाजे में से बाहर निकलने हेतु एक लीवर को किसी तरफ से किसी रूप में दबाना था। बाक्स रूपी पिंजरे के बाहर बिल्ली के स्वादिस्ट भोज का प्रबन्ध था जिसकी प्राप्ति उसे पिंजरे से बाहर निकल कर ही हो सकती थी। गुथरी एवं हार्टन ने अपने प्रयोग के दौरान अनेक बिल्लियों के लगभग 800 बार पिंजरे से बाहर निकलने सम्बन्धी प्रक्रिया का सावधानी से निरीक्षण किया और यह पाया सभी बिल्लियों ने उलझन पेटी के पिंजरे के बाहर निकलने हेतु अलग-अलग प्रकार के सीखने सम्बन्धी व्यवहार का प्रदर्शन दिया। किसी ने बाहर निकलने का कौन सा तरीका सीखा इसकी पहचान इस बात से की गई कि जैसे ही वह बाहर आई उसने अपने बाहर निकलने हेतु अंतिम चरण में किस प्रकार की अनुक्रिया की। उदाहरण के लिए अगर एक बिल्ली ने लीवर को दबाने हेतु अपने एक पंजे (दायें या बायें) का उपयोग किया तब यह पाया गया कि बिल्ली को जब भी दुवारा पिंजरे में बंद किया गया तो उसने उसी पंजे को उसी तरह लीवर को दबाकर बाहर निकलने का प्रयत्न किया जैसे उसके द्वारा अपने पहले प्रयास में किया गया था। बिल्लियों ने कभी नए तरीके से बाहर निकलने के प्रयत्न नहीं किए बल्कि जो कुछ उन्होंने अपने पहले प्रयास में सीखा था उसी की पुनरावृत्ति उनके द्वारा होती रही। बिल्लियों के इस प्रकार के व्यवहार में उसे रुढ़िवादिता नजर आई। अपने इस प्रकार के प्रयोगों के आधार पर गुथरी ने अपने कुछ निष्कर्ष निकालते हुए अधिगम व्यवहार के स्पष्टीकरण हेतु कुछ आधारभूत प्रनियमों का सृजन किया। इन निष्कर्षों तथा प्रनियमों को हम विस्तार से आगे प्रस्तुत कर रहे हैं।

1. सानिध्य का प्रनियम (Law of Contiguity): गुथरी के द्वारा प्रतिपादित यह नियम ही उसके द्वारा प्रतिपादित उसके अनूठे अधिगम सिद्धांत की वास्तविक आधार शिला है गुथरी ने इस बात पर जोर दिया कि वे सभी नियम जिनका संबंध उद्दीपक तथा अनुक्रिया के जुड़ाव या साहचर्य प्रदर्शित करने से है इसी एक अकेले सानिध्य के प्रनियम से ही

अवतरित होते हैं। अपने इस नियम का स्पष्टीकरण उसने निम्न दो रूपों में किया है:

(i) उद्दीपन अपने जिस सम्मिलित रूप में किसी व्यवहार क्रिया से जुड़े होते हैं उनका उसी रूप में पुनः प्रस्तुतीकरण उसी प्रकार की व्यवहार क्रिया को जन्म देता है।
(A combination of stimuli which has accompanied a movement will on its recurrencetend to be followed by the movement)

(ii) जिस तरह की जानकारी या ज्ञान होता है उसी की परिणिति कार्य में रूप में होती है।''
(What is being noticed becomes a signal for what is being done–1959)

सानिध्य के प्रनियम की उपरोक्त व्याख्या के अनुसार अनुक्रिया करने के समय जो उद्दीपन कार्य कर रहा होता है वह अपनी पुनरावृत्ति पर किसी अन्य समय पर भी उसी प्रकार की अनुक्रिया उत्पन्न करता है और इसीलिये अगर किसी एक परिस्थिति में हमारे द्वारा कुछ किया जाय तो अगर हमें पुनः ऐसी ही स्थिति का सामना करना बड़े तो हम वही करते हैं जो हमारे द्वारा पूर्वघटित परिस्थिति में किया गया था। ऐसा होने के पीछे उपस्थित उद्दीपन (या उद्दीपन समूह) तथा अनुक्रिया के बीच एक घनिष्ट साहचर्य बना रहना माना जा सकता है और उनके साहचर्य का श्रेय उन दोनों के बीच पाई जाने वाली उस समीपस्थता या सानिध्य (contiguity) को दिया जा सकता है जो उद्दीपन (उद्दीपन समूह) तथा अनुक्रिया के बीच दिखाई देता है।

2. एकल प्रयास अधिगम (One Trial Learning): व्यवहारवादियों में अधिकांश आवृत्ति प्रनियम (Law of Frequency) पर विश्वास करते हैं जिसके अनुसार एक अधिगम कार्य की जितनी अधिक पुनरावृत्ति होती है उतनी ही अच्छी तरह से उसके संपादन को सीखा जा सकता है। इसी को आधार बनाकर थोर्नडाइक ने अधिगम में सफलता पाने हेतु पुनरावृत्ति तथा अभ्यास कार्य पर अधिक जोर दिया। इसी रूप में वाटसन तथा पैवलोव ने भी वांछित अनुक्रिया के अनुबंधन हेतु अनुबंधित तथा स्वाभाविक (गैर अनुबंधित) उद्दीपकों के बीच पाए जाने वाले संबंध या साहचर्य की अधिक से अधिक बार पुनरावृत्ति पर जोर दिया। इन सभी व्यवहारिवादियों से अलग हटकर गुथरी (1942) ने आवृत्ति प्रनियम को खारिज करते हुए निम्न बात कही:

एक उद्दीपन प्रारूप को अनुक्रिया के साथ अपने पहले जुड़ाव/संयोजन में ही अपनी पूरी साहचर्य शक्ति उपलब्ध हो जाती है।
(A Stimulus pattern gains its full associative strength on the association of its first pairing with a response)

दूसरे शब्दों में उद्दीपन अनुक्रिया गठबंधन (S.R. Bond) को दोहराने की कोई आवश्यकता नहीं होनी चाहिए क्योंकि गठबंधन या संयोग उद्दीपन-अनुक्रिया के प्रथम जुड़ाव पर ही अपनी पूरी शक्ति प्राप्त करते हुए अधिगम को पूर्णता प्रदान कर सकता है। गुथरी ने इस प्रकार साहचर्य का संयोजन स्थापित करने के लिए अधिक से अधिक प्रयास करने के स्थान पर एकल अधिगम प्रयास पर बल दिया। दूसरे शब्दों में, उसने यह कहने की कोशिश की कि संयोजन या साहचर्य स्थापित करने अर्थात् अधिगम हेतु एक समय पर होने वाला अनुभव या एकल प्रयास ही पर्याप्त होता है।

3. रीसेन्सी या अभिनवता प्रनियम (Recency Principle): गुथरी का अधिगम सिद्धांत रीसेन्सी या अभिनवता प्रनियम का भी अनुगमन करता हुआ पाया जाता है। इसके अनुसार पहले किसी एक उद्दीपन या उद्दीपन समूह की उपस्थिति में जो कुछ किया जाता है वैसा

ही सब कुछ बाद में भी घटित होता है जब उसी तरह का उद्दीपन संयोजन अगले दौर में जल्दी ही प्रकाश में आता है।

4. गतिशीलता उत्पादित उद्दीपक कार्य (Movement Produced Stimuli Function): अधिगम उद्दीपन प्रारूप (pattern of stimulation) तथा अनुक्रिया के बीच स्थित सानिध्य तथा निकटस्थता का परिणाम होता है। परन्तु व्यक्ति के परिवेश में स्थित उद्दीपन समूह तथा इन उद्दीपनों के प्रति की जाने वाली अनुक्रियाओं के बीच समय का एक लंबा अन्तराल पाया जा सकता है और इसलिए उनके बीच सानिध्य या निकटस्थता की उपस्थिति नहीं मानी जा सकती। इसलिए यह आवश्यक हो जाता है कि एक बाह्य उद्दीपक तथा अंत में जैसे-तैसे की जाने वाली अनुक्रिया के बीच बने अन्तराल के गैप को भरने के लिए कोई चीज अवश्य उपस्थित रहे। गुथरी ने इसके स्पष्टीकरण हेतु "गतिशीलता उत्पादक उद्दीपक" पद का उपयोग किया।

गतिशीलता उत्पादक उद्दीपक समूह से तात्पर्य उन उद्दीपकों (निश्चित रूप से उस बाह्य उद्दीपन से अलग जिसके द्वारा गति उत्पांदन यानी कार्य विशेष की शुरूआत की गई थी) से होता है जो हमारे शरीर की गतिशीलता से उत्पन्न होते हैं और वांछित व्यवहार की उपलब्धि हेतु अनुक्रियाओं के अनुबंधन के लिए उत्तरदायी होते है। इसलिए जब एक बाह्य उद्दीपक द्वारा एक अुनबन्धन की शुरुआत होती है तब हमारा शरीर अगली अनुक्रिया के लिए उद्दीपन उत्पादन का उत्तरदायित्व संभाल लेता है और वह अनुक्रिया वांछित दिशा में आगे की कार्यवाही या गतिशीलता एक श्रृंखलाबद्ध रूप में बनाए रखने के लिए अगली अनुक्रिया हेतु एक उचित उद्दीपन प्रदान करने का कार्य करती है। गतिशीलता उत्पादक उ़द्दीपक की कार्य शैली पर प्रकाश डालते हुए गुथरी (1935) ने निम्न विचार व्यक्त किए हैं:

> "इस प्रकार की गतिशीलता या कार्य व्यापार जैसे सुनना या देखना कैमरे के फ्लैश या एक विस्फोट की तरह क्षणिक नहीं होता। इसमें समय लगता है। एक बार प्रारंभ किया हुआ कार्य व्यापार या गतिशीलता अपने से जुड़े उद्दीपक के द्वारा आगे बनाई रखी जाती है। जब टेलीफोन की घंटी बजती है हम उठकर टेलीफोन यंत्र की ओर कदम बढ़ाते हैं। हमारे वहां तक पहुंचने से काफी पहले ही घंटी की आवाज एक उद्दीपक की भूमिका निभाना बंद कर देती है। यहां अब हमें क्रियाशील बनाए रखने के हमारे टेलीफोन की तरफ बढ़ते कदम उद्दीपक की भूमिका निभा रहे होते हैं। हमारा एक कदम या गतिशीलता दूसरे को जन्म देती है और फिर तीसरे, चौथे और इस तरह हमारे कदम रूढिबद्ध या आदतन आगे बढ़ते रहते हैं। इस प्रकार की गतिशीलता/कार्य व्यापार तथा उसके गतिशीलता उत्पादक उद्दीपन, साहचर्य या अनुबंधन को अधिक से अधिक व्यापक बनाने की संभावना तय करते हैं।"

5. कार्य का व्यवहार का अधिगम (Learning of Acts or Behaviour): हमारे व्यवहार में विभिन्न प्रकार के कौशलों जैसे कार चलाना, बैडमिन्टन खेलना, पत्र लिखना, भोजन ग्रहण करना इत्यादि का अधिगम शामिल रहता है। एक कौशल में कई तरह के कार्य व्यापार शामिल होते हैं और इन कार्यों को करने हेतु अनेक प्रकार की ऐसी गतिशीलता में जुटना पड़ता है जो मांसपेशियों के फैलने-सुकड़ने से उपलब्ध होती है। मांसपेशियों को ऐसे फैलने-सिकड़ने के साहचर्य प्रनियम के माध्यम से भविष्यवाणी की जा सकती है। इस प्रकार एक कौशल का अधिगम या कार्य के निष्पादन में विशिष्ट उद्दीपकों तथा

विशिष्ट प्रकार की गतिशीलताओं के बीच निहित सैकड़ों साहचर्यों या संसर्गों का अधिगम शामिल रहता है।

यह सही है कि एक एकल गतिशीलता या कार्यवाही के अधिगम में (जिसके लिए एक विशिष्ट उद्दीपक तथा एक विशिष्ट अनुक्रिया या गतिशीलता के बीच साहचर्य पाया जाता है। मात्र केवल एक प्रयास की आवश्यकता होती है और इसकी मात्रा या गुणवत्ता अभ्यास पर निर्भर नहीं होती। उदाहरण के लिए टाइपिंग या बैडमिन्टन खेलने के कौशल में काफी अधिक संख्या में ऐसे उद्दीपक अनुक्रिया गठबन्धकों (S.R. bonds) की समाविस्टि रहती है जिन्हें एक एकल प्रयास में सीखा जा सकता है। परन्तु साथ में यह भी सत्य है कि इस प्रकार के सभी आवश्यक संयोजनों या गठबंधनों के उचित स्थापना हेतु समय और अभ्यास दोनों ही चाहिए और इसलिए यहां यह निष्कर्ष निकाला जा सकता है कि किसी कार्य या कौशल के अधिगम हेतु अभ्यास की आवश्यकता होती है और यह अभ्यास ही है जो किसी कौशल या कार्य के दक्षतापूर्वक भलीभांति क्रियान्वयन या निष्पादन में सहायक सिद्ध होता है। गुथरी एवं हार्ल (1946) ने इस प्रकार के अभ्यास कार्य की आवश्यकता को अपने इन निम्न शब्दों में व्यक्त किया है:

> किसी कार्य के अधिगम हेतु अभ्यास की जरूरत होती है। हम यह सोचते हैं कि ऐसा इसलिए होता है कि किसी भी कार्य के करने में उसके उद्देश्य छुपे रहते हैं जिनकी विभिन्न परिस्थितियों में प्राप्ति उन परिस्थितियों के हिसाब से उचित गतिशीलता या कार्यवाही का प्रदर्शन करने से ही संभव होती है। किसी एक गतिशीलता या कार्यवाही से ऊपर उठकर किसी कार्यविशेष के अधिगम में अभ्यास की जरूरत होती है ताकि कार्य विशेष को करने सम्बन्धी उचित गतिशीलता अपने ही द्वारा प्रदत्त संकेतों (Cues) से भलीभांति जुड़ सके। यहां तक कि एक झुनझुने (Rattle) को हाथ में पकड़ने जैसा सरल कार्य भी उसकी दूरी, दिशा तथा स्थिति के हिसाब से अलग-अलग तरह ही गतिशीलता या कार्यवाही की अपेक्षा करता है। इसलिए किसी एक परिस्थिति में संबंधित सफल अनुभव किसी शिशु को इस कार्य के संपादन में प्रवीण नहीं बना सकता क्योंकि यह संभव है कि उस परिस्थिति में अर्जित या सीखी गई कार्यशैली आगे की परिस्थितियों में वैसी सफलता दिलाने में कामयाब न हो।

6. पुनर्बलन या पुरस्कार की भूमिका (Role of Reinforcement or Reward): बिल्लियों के साथ किए गए अपने प्रयोगों में गुथरी ने यह पाया कि यद्यपि कई बार बिल्लियों ने पिंजरे के बाहर रखे भोजन पर कोई ध्यान दिए बिना ही अपनी मुक्ति हेतु दौड़ लगा दी परन्तु ऐसा करते हुए भी उनके मुक्ति के लिए किए गए प्रयासों में कोई ढील नहीं दिखाई दी। इस प्रकार के निरीक्षण परिणाम ने गुथरी को पुनर्बलन या पुरस्कार की भूमिका में थोर्नडाइक से अलग हटकर सोचने को प्रेरित किया। उसने इस सम्बन्ध में यह घोषणा की कि पिछली अनुक्रिया के द्वारा घटने या संपन्न करने हेतु पुनर्बलन या पुरस्कार आवश्यक शर्त नहीं है। दूसरे शब्दों में, अधिगम व्यवहार के पुनर्बलन पर आश्रित नहीं होता। सानिध्य का नियम (Law of Contiguity) ही रीसेन्सी या अभिनवता के नियम (Law of Recency) का साथ पाकर व्यक्ति के अधिगम व्यवहार का स्पष्टीकरण देने में यथेष्ट रूप से सक्षम है। बिल्लियों ने उलझन पेटी में अपने कैद होने तथा लीवर को दबाने से अपनी मुक्ति के लिए किए गए सफल प्रयास से संबंधित साहचर्य को ही अपने कार्यव्यवहार में सुरक्षित रखकर उसकी भविष्य में पुनरावृत्ति की। इसलिए बिना यह परवाह किए हुए कि उन्हें

पेटी से बाहर निकलकर स्वादिष्ट खाना मिलेगा, उन्होंने उस अनुक्रिया को ही दोहराने की ओर ध्यान दिया जिससे उन्हें पेटी से बाहर निकल कर आजाद होने में सहायता मिलती हो।

गुथरी के अनुसार यहां पुरस्कार या पुनर्बलन एक ऐसी यांत्रिक व्यवस्था का प्रतिनिधित्व करता हुआ नजर आता है जिसके अभिप्रेरणात्मक हालातों में परितर्वन लाकर प्राणी विशेष द्वारा सीखी जाने वाली क्रिया के विस्मरण (unlearning) पर अंकुश लगाया जा सके। इस सम्बन्ध में अपने विचार व्यक्त करते हुए गुथरी (1940) ने लिखा है :

> "पिंजरे से बाहर निकलना बिल्लियों ने उसी समय सीख लिया जब वे पहली बार ऐसा करने में सफल रहीं। भोजन की उपलब्धि ने बाहर निकलने सम्बन्धी उनके पिछले सफल व्यवहार की वृद्धि या सक्रियता में योगदान नहीं दिया बल्कि जो कुछ उन्होंने अपनी मुक्ति पाने हेतु सीखा था उसे भूल न जाए, इस कार्य में सहयोग दिया।"

7. विस्मृति तथा व्यवहार की विलुप्ति (Forgetting and Extinction of Behaviour): गुथरी के अनुसार व्यवहार की दुबारा पुनरावृत्ति न होने या सीखी गई चीज के भूल जाने की बात पुनर्बलन के अभाव के कारण नहीं पैदा होती बल्कि ऐसा हस्तक्षेप या अवरोध (interference) प्रक्रिया की वजह से होता है। उसने विस्मृति तथा व्यवहार की विलुप्ति-के लिए पृष्ठोन्मुख अवरोध (Retroactive Inhibition) जिससे पिछला सीखा हुआ ज्ञान नवीन ज्ञान के अधिगम में बाधक बनता है, को उत्तरदायी ठहराया। गुथरी के अनुसार किसी भी गलत या अवांछित अधिगम अनुक्रिया के विस्मरण या विलुप्ति हेतु उसे कुछ ऐसी नई बात सीखने की आवश्यता है जिससे पुराने गलत अधिगम को पूरी तरह स्मृति से बाहर किया जा सके। इस सम्बन्ध के अपने विचार व्यक्त करते हुई गुथरी (1942) ने लिखा है–

> "विस्मृति समय के गुजरने के साथ-साथ शनै-शनैः उद्दीपन अनुक्रिया गठबंधन के कमजोर पड़ जाने के कारण नहीं होती परन्तु इसके लिए सक्रिय रूप से प्रयास करने की आवश्यकता होती है और ऐसा करने हेतु उस परिस्थिति विशेष में पहले किए गए अधिगम की जगह नये अधिगम को स्थान देना होता है।"

8. सजा या दंड की भूमिका (Role of Punishment): गुथरी ने व्यवहार अधिगम और विस्मरण में दंड या सजा प्रदान करने की भूमिका का समर्थन करते हुए यह स्पष्ट किया कि दंड के प्रभावी सिद्ध होने के पीछे इसके इस प्रकार के साहचर्य से है जिसके उन्हीं उद्दीपनों के प्रति नई अनुक्रिया करने में मदद मिलती हो। इस सम्बन्ध में अपने विचार व्यक्त करते हुए गुथरी (1952) ने लिखा है:

> "दंड प्रदान करने से किसी को कैसा लगा इसकी बजाय उसने इसके फलस्वरूप किस प्रकार के विशिष्ट क्रियात्मक व्यवहार का प्रदर्शन किया इसी से इस बात का निर्धारण होता है कि उसके द्वारा क्या सीखा जाएगा। एक कुत्ते को एक छल्ले या घेरे में से छलांग लगाने सम्बन्धी प्रशिक्षण प्रदान करने में सजा या दंड प्रदान करने की प्रभावशीलता इस बात पर निर्भर करती है कि उसे यह दंड देने के लिए छड़ी का प्रयोग उसके सामने के भागों पर किया जा रहा है या पिछलों पर। यानी यह दंड कुत्ते से क्या कराता है अथवा कोई व्यक्ति विशेष दंड के फलस्वरूप क्या करता है यह बात ही महत्वपूर्ण होती है उसे दंड प्राप्ति से कैसा लगा, इसका कोई महत्व नहीं होता।"

इस प्रकार दंड या सजा अपना कार्य इसलिए नहीं करती कि इसकी वजह से दुखद अनुभूति होती है परन्तु यह ऐसा इसलिए करती है कि यह प्राणी को कुछ अलग करने के लिए विवश करती है और इस तरह यह किसी अनचाही आदत को छुड़ाने हेतु ऐसा

उचित अनुबंधन मार्ग प्रशस्त करती है कि प्राणी सजा योग्य व्यवहार को त्यागकर उपयुक्त व्यवहार करने लगे। उदाहरण के लिए एक कुत्ते को जिसे आदमी की मोटर साइकल के पीछे भागकर भौंकने की आदत है, उसे दी जाने वाली सजा चाहे वह नाक या उसके पिछले हिस्से पर चपत लगाने किसी भी रूप में क्यों न हो कष्ट या दुख का अनुभव करा सकती है। परन्तु देखा जाए तो यहां नाक पर चपत लगाना अधिक प्रभावी रहता है क्योंकि नाक पर पड़ने वाला थप्पड़ उसे रोकने तथा मोटर साइकल के भागने की विपरीत दिशा में कूदने को मंजूर करता हुआ उसके अवांछित एवं गलत व्यवहार पर अंकुश लगाने का कार्य करता है। दूसरी ओर जब उसके पिछले भाग पर चपत लगाई जाती है तो यह उसे और तेजी से मोटर साइकल की गति की दिशा में भागने को प्रेरित करता है और इस तरह की सजा प्रदान करना यानी सजा योग्य व्यवहार पर अंकुश लगाने सम्बन्धी इच्छित उद्देश्य की प्राप्ति में सहायक नहीं होता।

इसलिए अगर दंड या सजा के प्रावधान को उचित रूप से प्रभावी बनाना है तो हमें परिस्थितियों को इस प्रकार संगठित करना होगा कि वे उद्दीपन जिन्होंने पहले अवांछित अनुक्रिया को जन्म दिया था अब वे इस प्रकार अनुक्रिया करने के लिए विवश हो जाएं जिससे अवांछित व्यवहार के बजाय वे वांछित व्यवहार करना सीख जाएं।

9. प्रशिक्षण का स्थानान्तरण (Transfer of Training): प्रशिक्षण के स्थानान्तरण संबंधी प्रक्रम के स्पष्टीकरण हेतु गुथरी ने औपचारिक अनुशासन सिद्धांत (Formal Discipline Theory) को पूरी तरह नकारते हुए थोर्नडाइक के समरूप तत्व सिद्धांत (Thorndike's Identical Elements Theory) को काफी कुछ सीमा तक महत्व देने का प्रयत्न किया। इसलिए उसके अनुसार दो परिस्थितियों में समानता इस बात के लिए निर्धारक बन कर सामने आ सकती है कि इन दोनों परिस्थितियों के द्वारा समान अनुक्रिया होने की अधिक से अधिक संभावना हो। गुथरी ने यहां पर कुछ हटकर इस बात पर भी बल दिया कि दोनों परिस्थितियों में स्थानांतरण केवल तभी संभव है जब दोनों परिस्थिति में कार्य करने सम्बन्धी उत्प्रेरक या अभिप्रेरक शक्तियां या हालात समरूप हों और इसलिए अगर उत्प्रेरणा या अभिप्रेरणा प्रदान करने वाली बातों में भिन्नता हो तब इस बात की गारन्टी नहीं दी जा सकती कि एक बालक जो अपने अध्ययन कक्ष में जिस तरह का अधिगम करता है उसे वह कक्षाकक्ष या परीक्षा भवन में उसी तरह प्रस्तुत करने में सक्षम होगा।

10. अभिप्रेरक तथा चालक (Motives and Drives): गुथरी ने अपने अध्ययनों के फलस्वरूप यह निष्कर्ष निकाला कि अभिप्रेरक तथा चालक अधिगम की दुनिया में काफी महत्वपूर्ण स्थान रखते हैं क्योंकि वे उन उद्दीपकों को यथास्थिति बनाए रखने का प्रयत्न करते हैं जिनसे एक प्राणी को उस समय तक क्रियाशील बनाए रखा जाए जब तक कि इच्छित उद्देश्य की प्राप्ति न हो जाए। उदाहरण के लिए भूखा या प्यासा होना किसी को अभिप्रेरित कर सकता है और उसका यह अभिप्रेरित व्यवहार तब तक बना रह सकता है जब तक उसे भोजन या पानी की उपलब्धि न हो जाए। इसी तरह जब कोई एक लक्ष्य की प्राप्ति के लिए इच्छुक होता है, यह बात उसे अभिप्रेरित करती है और उसका यह अभिप्रेरित व्यवहार तब तक बना रह सकता है जब तक कि उसे अपने इच्छित उद्देश्य के रूप में धन, सफलता या पहचान की उपलब्धि नहीं हो जाती। अभिप्रेरक या चालक इसलिए केवल मात्र जैविक या शारीरिक नहीं होते बल्कि उनकी प्रकृति मनो-सामाजिक तथा बाह्य भी हो सकती है और इस रूप में किसी भी प्रकार का ऐसा अभिप्रेरक या उत्प्रेरक (चाहे वह आंतरिक हो

या बाह्य) जो उद्दीपन को क्रियाशील बनाए रखने में सक्षम सिद्ध हो सके उसे एक ऐसे उपयोगी अभिप्रेरक या चालक की संज्ञा दी जा सकती है जिसका प्रयोग लक्ष्य या उद्देश्य की प्राप्ति हेतु प्राणी विशेष की कार्यवाही या गतिशीलता में वृद्धि करने हेतु भलीभांति किया जा सके।

गुथरी का सानिध्य या समीपस्थ अनंबुधन सिद्धांत अपने सारांशित रूप में (Summary of Guthrie's Theory of Contiguous Conditioning)

गुथरी का सिद्धांत एक अकेले अधिगम प्रनियम, जिसे सानिध्य या समीपस्थता का प्रनियम कहा जाता है, पर आधारित है। इस प्रनियम के अनुसार जब भी दो बातें या घटनाएँ एक साथ घटती हैं उनका अधिगम होता है। दूसरे शब्दों में, अधिगम उद्दीपन तथा अनुक्रिया के मध्य होने वाले साहचर्य या संयोजन पर आधाारित होता है और यह साहचर्य या संयोजन उनके सानिध्य या समीपस्थता की वजह से ही संभव होता है यानी इस साहचर्य और संयोजन हेतु उद्दीपन तथा अनुक्रिया दोनों का एक साथ घटना आवश्यक रहता है। बाह्य उद्दीपन तथा हमारे द्वारा की जाने वाली अनुक्रिया को श्रृंखलाबद्ध रूप में चालू रखने के लिए हमारा शरीर, अपने गत्यात्मक रूपों द्वारा ऐसे उद्दीपनों को प्रस्तुत कर रहा होता है जिससे श्रृंखलाबद्ध रूप में उद्दीपक–अनुक्रिया तन्त्र को चालू रखने के लिए आवश्यक अनुक्रियाएँ होती रहें। परन्तु जहाँ तक एक अभिप्रेरणात्मक परिस्थिति तथा अनुक्रिया के बीच एक गठबंधन स्थापित कर कुछ सीखने का प्रश्न है यह बात मात्र एक ही प्रयास में हो जाती है और इस प्रकार का बना हुआ गठबंधन या साहचर्य तब तक चालू रहता है जब तक कि अभिप्रेरणात्मक परिस्थिति में बदलाव न हो अथवा अनुक्रिया के मार्ग में अवरोध पैदा हो जाए। इस प्रकार के गठबंधन में एक बार बना साहचर्य प्राणी को समरूप अभिप्रेरणात्मक परिस्थितियों में उसी प्रकार की अनुक्रिया करने के लिए प्रेरित या विवश करता रहता है जिस प्रकार की अनुक्रिया करने से उसे पूर्व में अपने उद्देश्य (जैसे बिल्ली का पिंजरे से बाहर आना) में सफलता अर्जित हुई थी और जब ऐसा होता है तो हम यह कहते हैं कि प्राणी यह सीख गया है कि उद्देश्य प्राप्ति हेतु किसी परिस्थिति विशेष में किस प्रकार का व्यवहार करना चाहिए।

गुथरी के सानिध्य अनुबन्धन सिद्धान्त का योगदान एवं शैक्षिक निहितार्थ (Contribution and Educational Implication of Guthrie's Theory of Contiguous Conditioning)

सानिध्य या समीपस्थता के एक मात्र अधिगम प्रनियम पर आधारित गुथरी के अधिगम सिद्धांत के योगदान एवं शैक्षिक निहितार्थ का संक्षेप में निम्न प्रकार से वर्णन किया जा सकता है:

1. गुथरी का इस बात पर जोर देना कि अधिगम तो वास्तव में अपने उस एकल प्रयास में ही घटित हो जाता है जिसमें उद्दीपन और अनुक्रिया के मध्य भली-भांति गठबंधन होकर उचित साहचर्य स्थापित हो जाए। हमें इस बात के लिए पूरा सचेत करता हुआ दिखाई देता है कि शिक्षण अधिगम प्रक्रिया में इस पर पूरा ध्यान दिया जाना चाहिए कि वांछित अनुक्रिया हेतु अभिप्रेरणात्मक परिस्थितियों का ठीक प्रकार गठन हो।
2. इस सिद्धांत से जुड़े हुए दोनों प्रनियम–सानिध्य का प्रनियम और रीसेन्सी या अभिनवता की प्रनियम हमें यह बताते हैं कि अगर हम पहले सीखे गए किसी व्यवहार की पुनरावृत्ति चाहते हैं तो उसी प्रकार की अभिप्रेरणात्मक परिस्थितियों (उद्दीपनों का गठन करना होगा जिस प्रकार की परिस्थितियों में बालक द्वारा उस प्रकार के व्यवहार का अधिगम किया गया था। इससे हमें इस बात की सीख मिलती है कि हमें अपने विद्यार्थियों

को उसी रूप में अधिगम कराना चाहिये जिस रूप में यह अधिगम उनकी वास्तविक जिंदगी में आगे काम आएगा।

3. गुथरी का अधिगम सिद्धांत सीखने में अभ्यास की भूमिका को भी अच्छी तरह स्पष्ट करता है। गुथरी के अनुसार चूंकि कोई अधिगम कुछ ही बार में उद्दीपक और अनुक्रिया के बीच स्थापित उचित साहचर्य से अपनी पूर्णता को प्राप्त कर लेता है, इसलिए प्रत्येक अधिगम अपने आप में एक अद्वितीय अनुभव होता है और इसका एक परिस्थिति से दूसरी परिस्थिति में स्थानान्तरण तब तक संभव नहीं हैं जब तक कि दोनों परिस्थितियां समान और समरूप न हों। अब चूंकि इस प्रकार की अभिप्रेरणा जन्य परिस्थितियों का समरूप होना कोई आसान बात नहीं होती इसलिए हमारे द्वारा यह कोशिश करना आवश्यक हो जाता है कि हम सीखे गए व्यवहार की अलग-अलग अभिप्रेरणात्मक परिस्थितियों (वातावरण सम्बन्धी सुविधाएं, परिस्थितियां तथा वातावरणीय मांग) में प्रेक्टिस और पुनरावृत्ति कराएं। उदाहरण के लिए अगर हम बालक को संख्याओं के योग (adding of numbers) जैसे 2+2=4 के बारे में अधिगम करा रहे हैं तब बालक को इसके अधिगम सम्बन्धी अनुभव बोर्ड पर देखने या नोट बुक पर ऐसी गणना करने से ही उपलब्ध नहीं कराने चाहिए वस्तु उसे इस बात के अधिगम के लिए उनकी परिस्थितियाँ भी जुटाई जानी चाहिए और उसे विविध प्रकार की स्थूल सामग्री जैसे चॉक, पुस्तकें, पैन, आलू, सेव आदि से वस्तुओं की गिनती और योग कराते हुए इस प्रकार का शिक्षण अधिगम कराया जाना चाहिए।

4. भूलने या विस्मृति के कारण के रूप में गुथरी ने हस्तक्षेप (interference) सिद्धांत तथा पृष्ठोन्मुख अवरोध (retroactive inhibition) प्रक्रिया का जिक्र किया है। इसलिए हमें यह सुनिश्चित कर लेना चाहिये कि हर अवस्था में ये प्रयास रहे कि किसी नवीन अधिगम से पहले किए गए अधिगम में कोई अवरोध पैदा न हो। विस्मृति या भूलने की मात्रा में अधिक से अधिक कमी करने हेतु गुथरी ने यह सुझाव दिया कि किसी समय विशेष में जो कुछ सीखा जाए उसे ठीक ढंग से सीख जाना चाहिये और इसके बाद जो भी इस सम्बंध में नया अधिगम करना है उसे इस प्रकार नियोजित और सह-सम्बंधित किया जाना चाहिये कि इससे पहले सीखी गई बातों में कोई अवरोध उत्पन्न न हो।

5. गुथरी के अधिगम सिद्धांत की एक बड़ी दैन यह भी है कि इसके द्वारा बुरी आदतों से छुटकारा पाने के संदर्भ में कई प्रकार के उपाय प्रदान करने का प्रयास किया है। इस प्रकार के तीन उपायों/ तकनीकों की हम आगे चर्चा कर रहे हैं:

(i) थ्रेशोल्ड या सीमा रेखा तकनीक (Threshold Technique): इस तकनीक के उपयोग पर प्रकाश डालते हुए गुथरी (1938) ने लिखा हैं–

"एक उद्दीपन को उसकी अपनी इतनी कमजोर अवस्था या ताकत में प्रस्तुत करें कि वह अनुक्रिया को उत्पन्न नहीं कर सके और फिर उसकी तीव्रता में धीरे-धीरे इस प्रकार की वृद्धि करते जाएं, परन्तु ऐसा करने में इस बात का ध्यान रखें कि इस प्रकार बढ़ी हुई तीव्रता उस सीमा रेखा को न लांघने पाए जिसको लांघने से अनुक्रिया को जन्म मिल सकता है।"

उदाहरण के लिए अगर कोई बालक ऐसा है जो पुस्तकों तथा नोटबुट इत्यादि से भरे स्कूल बैग को अपने कंधे पर लादकर स्कूल जाना नहीं चाहता। वह कहता है कि इस

कार्य को किसी घरेलू नोकर द्वारा किया जाना चाहिए। उसे यह गलत आदत पड़ गई है कि उसका यह बैग लेकर कोई नौकर उसके साथ स्कूल जाए। इस बुरी आदत को छुड़ाने हेतु अब निम्न प्रक्रिया अपनाई जा सकती है:

- उसके स्कूल बैग में हल्के वजन की अन्य चीजें (जैसे खाने-पीने तथा खिलौने आदि) रखी जाएं (नौकर द्वारा या किसी और तरह भारी बजन की पुस्तकें, नोटबुक इत्यादि से भरा बैग स्कूल में पहुंचा दिया जाए) और फिर उससे कहा जाए कि अब वह यह बैग अपने कंधे पर लगाकर स्कूल जाए।
- जब वह इस प्रकार से बैग ले जाने लगे तो फिर धीरे-धीरे उसके बैग में रखी जानेवाली सामग्री नोटबुक तथा पेन्सिल आदि इस तरह शामिल करते जाएं, जिससे उनका बजन इतना रहे कि उसे उन्हें ले जाना बुरा न लगे।
- अन्त में पूरी स्कूल सामग्री से भरा ऐसा बैग अब उसे ले जाने के लिए कहें जिसके ले जाने का वह विरोध करता था और इस तरह उसकी अपने बैग को नौकर से उठाने की गलत आदत से उसे मुक्ति दिला दें।

(ii) थकान तकनीक (Fatigue Technique): बुरी आदत को छुड़ाने सम्बन्धी इस तकनीक में व्यक्ति को बुरी आदत से मुक्त अपने किसी कार्य को बराबर उतनी देर तक करते रहने को कहा जाता है कि वह पूरी तरह थक जाए। शारीरिक और मानसिक इन दोनों रूपों में ही यह थकान हो सकती है, और फिर आगे उसे इस कार्य को करने के प्रति घोर अरुचि पैदा हो जाए। उदाहरण के लिए अगर किसी बालक में यह बुरी आदत है कि वह बेवजह ही कागजों, नोट बुक के पन्नों इत्यादि को फाड़ता रहता है तो उसकी इस बुरी आदत को छुड़ाने के लिए उसके सामने कागजों, नोट बुक के पेजों को ढेर लगा दिया जाय और उसे कागज फाड़ते रहने के काम पर लगा दिया जाए और यह कार्य तब तक उसे करने को मजबूर किया जाए कि वह मानसिक तथा शारीरिक रूप से अच्छी तरह थक जाए। इस प्रकार की बात एक दो बार करने से अब उसे पेपर फाड़ने का कार्य मनोरंजक नहीं लगेगा वरन् उसे इतनी विरक्ति हो जाएगी कि फिर वह भविष्य में पेपर फाड़ने सम्बन्धी अपनी बुरी आदत नहीं दोहराएगा।

(iii) परस्पर विरोधी अनुक्रिया तकनीक (Incompatible Response Technique): बुरी आदत छुड़ाने के लिए काम में लाई जाने वाली इस तकनीक में किसी उद्दीपन विशेष द्वारा उत्पन्न कोई अवांछित अनुक्रिया पर रोक लगाने हेतु एक साथ ऐसे दो परस्पर विरोधी उद्दीपन प्रस्तुत किए जाते है कि जहां इनमें से एक के द्वारा बुरी आदत से जुड़ी अवांछित अनुक्रिया को जन्म मिलता है तो दूसरी ओर साथ में प्रदान किए जाने वाले दूसरे उद्दीपन द्वारा ऐसी अनुक्रिया को जन्म मिलता है जो उस बुरी आदत से संबंधित अनुक्रिया पर नियंत्रण या उसे घटित होने से रोके। उदाहरण के लिए अगर किसी बालक को कुत्ते से डर लगता है तब उसके पास किसी कुत्ते को तब लाया जाए जब वह मेज़ पर बैठा अपनी पसंद की चीजें खा पी रहा है या उसकी मां उसके साथ हो। कुत्ते का पास आना जहां उसमें डरने जैसी अवांछित अनुक्रिया उत्पन्न करेगा वहीं भोजन का स्वाद, मां का स्नेह और उसका पास होना उसे उस डर से दूर रहने सम्बन्धी अनुक्रियाएं उत्पन्न कर उस कुत्ते के समीप रहने पर चिंताविहीन बनाएगा और फिर इसी प्रकार की पुनरावृत्ति उसे कुत्ते से डरने सम्बन्धी अवांछित आदत से मुक्ति दिलाने में सहायक होगी।

9

संज्ञानवादी विचारधारा और अधिगम (Cognitivism Perspective and Learning)

संज्ञानवाद क्या है? (What is Cognitivism?)

समकालीन मनोविज्ञान का यह नया सम्प्रदाय अपने वातावरण के साथ अनुकूलन करने तथा पूर्णता के लिए संघर्ष करने की मानव की क्षमता और उच्चस्तरीय संज्ञानात्मक योग्यताओं में विश्वास प्रदर्शित करने की बौद्धिकतावादी लहर का परिणाम है। इसको मनोविज्ञान के उस सम्प्रदाय या सिद्धांत के रूप में परिभाषित किया जा सकता है जिसमें व्यक्ति के किसी एक दूसरे प्रकार से व्यवहार करने या उसके अधिगम में चिंतन, स्मृति, जानने और समस्या समाधान करने जैसी संज्ञानात्मक प्रक्रियाओं और संज्ञानात्मक संरचना की भूमिका को महत्वपूर्ण माना गया है। संज्ञानवाद की अवधारणा हमें बताती है कि हम अपने जीवन में अपने आवश्यक समायोजन, विकास और प्रगति के लिए किस प्रकार से सोचते हैं और किस तरह ज्ञान का अर्जन करते हैं।

संज्ञानवाद–ऐतिहासिक उद्भव एवं विकास (Historical—Evolution and Development of Cognitivism)

20वीं सदी के प्रारंभिक वर्षों से गेस्टाल्ट या अन्तःदृष्टि मनोविज्ञान का प्रतिपादन करने वाले जैसे–मैक्स वर्दिमर (Max Wortheimer 1880-1943), कुर्ट कोफ्फका (Kurt Koffka-1886-1941), वोल्फगेंग कोहलर (Wolfgang Kohlerl 1887-1967) और कुर्ट लेविन (Kurt Lewin- 1890-194) आदि के संज्ञानात्मक दृष्टिकोण में संज्ञानवाद की जड़ें पाई जाती हैं। इन गेस्टाल्टवादियों ने व्यवहारवाद के उद्दीपन अनुक्रिया अनुबंधन के सिद्धांत या मानव व्यवहार की यंत्रचालित प्रक्रिया का खुलकर विरोध किया। उन्होंने मानव अधिगम की व्याख्या और मानव व्यवहार के अध्ययन के लिए विभाजित और यांत्रिक उपागम के स्थान पर संपूर्ण मानसिक कार्यात्मकता और अन्तःदृष्टि की वकालत की अर्थात् समर्थन किया। गेस्टाल्ट मनोवैज्ञानिकों ने अधिगम का एक अनुपम सिद्धांत प्रदान किया जिसे अन्तःदृष्टि अधिगम प्रणाली के नाम से जाना जाता है जिसमें व्यक्ति के वातावरण में उपस्थिति चीजों या बातों को समझने तथा अधिगम करने में उसकी बुद्धि या अन्तःदृष्टि की भूमिका को महत्वपूर्ण माना गया है।

गेस्टाल्टवादियों के विचार से प्रेरित होते हुए अन्य समकालीन मनोवैज्ञानिकों ने भी व्यक्ति के अधिगम और व्यवहार करने में उच्चतम संज्ञानात्मक प्रक्रिया की भूमिका का मूल्यांकन करने की कोशिश की। इस दिशा में नेतृत्व करने वाले उल्लेखनीय अमेरिकन मनोवैज्ञानिक एडवर्ड चेस टोलमेन (Edward Chace Tolman-1886-1959) ने अपनी पुस्तक "परपसिव बिहेवियर इन एनीमल्स एण्ड मैन" (Purposive behaviour in animals and man) के प्रकाशन के साथ सन् 1932 में अधिगम के एक सिद्धांत को जन्म दिया जिसे साइन लर्निंग (Theory of sign Learning) के नाम से जाना गया। टोलमैन का साइन लर्निंग का यह सिद्धांत व्यवहारवादियों के एस. आर. सिद्धांत तथा संज्ञानवादियों के गेस्टाल्ट सिद्धांत के बीच की स्थिति को अभिव्यक्त करता है।

अपने संज्ञानात्मक दृष्टिकोण को प्रतिपादित करते हुए टोलमैन ने व्यवहारवादी उद्दीपन अनुक्रिया अधिगम प्रणाली की तुलना टेलीफोन एक्सचेंज की गतिविधियों से करते हुए बताया कि हमारे एन्द्रिक अंग आने वाले संदेशों (incoming call) को ग्रहण करने का कार्य करते हैं और मांसपेशियां सम्प्रेषित संदेशों को (outgoing messages) ले जाने का कार्य करती हैं। परन्तु अधिगम को इस प्रकार की एक टेलीफोन स्विच बोर्ड जैसी उद्दीपन अनुक्रिया संयोजनों के रूप में की जाने वाली सरल यांत्रिक क्रिया के रूप में नहीं समझा जा सकता। इन्द्रियों से हमें बाहरी ज्ञान की संवेदना होती है और मांसपेशियां जो कुछ संवेदना होती है उसे क्रियात्मक रूप देने के लिए प्रयुक्त होती हैं परन्तु उनके बीच में मस्तिष्क प्रक्रियाओं का जो योगदान होता है उसे कैसे भुलाया जा सकता है? इसलिए अधिगम को उद्दीपन अनुक्रिया जैसी आंतरिक क्रिया न मानकर एक संज्ञानात्मक क्रिया ही माना जाना चाहिए। एडवर्ड टोलमैन ने अपना इस संज्ञानात्मक विचारधारा के माध्यम से अधिगम, चिंतन और सृजनात्मक क्रियाशीलता के क्षेत्र में अभूतपूर्व योगदान किया। उच्च स्तरीय प्राणियों के समस्या समाधान व्यवहार की व्याख्या करते हुएं उसने बताया कि अपने इस व्यवहार में प्राणी विशेष द्वारा समस्या समाधान हेतु कुछ मानसिक परिकल्पनाओं का निर्माण किया जाता है और फिर वह इन्हीं परिकल्पनाओं को अपनी उद्देश्यपूर्ण चेष्टाओं के द्वारा क्रमबद्ध रूप में परखने के लिए प्रयत्न करता रहता है।

अधिगम, व्यवहार और विकास से जुड़े हुए संज्ञानात्मक विचारों को उनके आगे की मंजिल दिखाने का कार्य जीन पियाजे तथा बी. एस. ब्रूनर आदि संज्ञानवादियों ने किया जो अपने संज्ञानात्मक विकास सम्बन्धी सिद्धांतों के लिए बहुत चर्चित हैं। इस दिशा में सूचना प्रक्रियाकरण सिद्धांतों के प्रतिपादक जैसे-जार्ज ए. मिलर (1960), एटकिन्सन और शिफरिन (1968) क्रेक और लोखार्ट (1972) आदि का नाम उल्लेखनीय है जिन्होंने अधिगम के प्रसिद्ध संज्ञानात्मक सिद्धांत प्रदान किए जिनके नाम हैं: (i) मिलर का सूचना प्रक्रियाकरण सिद्धांत, (ii) एटकिन्सन का तीन स्तरीय सूचना प्रक्रियाकरण सिद्धांत, और (iii) क्रेक और लोखार्ट का प्रक्रियाकरण स्तर सम्बन्धी सिद्धांत।

अपने नवीनतम दृष्टिकोण के अनुसार संज्ञानात्मक मनोविज्ञान में मानव मस्तिष्क की तुलना एक कम्प्यूटर से की जाती है-जो सूचना मस्तिष्क प्राप्त करता है उसे अदा (Input), मस्तिष्क में जो सूचना प्रक्रियाकरण होता है उसे प्रक्रिया (Process) और मस्तिष्क जो सूचना संप्रेषित करता है उसे प्रदा (Output) कहा जाता है। इसका आविर्भाव मानव व्यवहार की व्याख्या तथा नए मनोवैज्ञानिक सिद्धांतों के विकास के लिए कृत्रिम या बनावटी बुद्धि (Artificial Intelligence) के विचार और प्रयोग के साथ हुआ।

संज्ञानवाद की मुख्य बातें एवं विशेषताएं
(Main Characteristics and Features of Cognitivism)

संज्ञानवाद के सिद्धांत से संबंधित मुख्य-मुख्य विचार और धारणाएं निम्न प्रकार से हैं–

1. संज्ञानवाद व्यवहारवाद की तरह व्यक्तियों को एक अभिक्रमित ऐसे पशुओं का दर्जा नहीं देता जिनमें अपनी कोई समझ नहीं होती और वे महज वातावरणजन्य उद्दीपकों के प्रति अनुक्रिया करने के परिणामस्वरूप अपनी व्यवहार चेष्टाओं में रत रहते हैं। संज्ञानात्मक विचारधारा व्यक्तियों को समझ बूझ वाले ऐसे प्राणी का दर्जा देती है जो अपनी स्वत: की मर्जी से सीखते और समझते हैं और अपनी सोच के आधार पर ही विभिन्न व्यवहार क्रियाओं में रत रहते हैं।

2. व्यवहारवाद की तरह संज्ञानात्मकवाद भी व्यवहार परिवर्तन के निरीक्षण पर जोर देता है परन्तु ऐसा करने में वह इस बात का अध्ययन करना चाहता है कि अध्ययनकर्त्ता के मस्तिष्क में क्या चल रहा है।
3. संज्ञानात्मकवाद व्यवहार के निरीक्षण में निरीक्षण केवल सभी सम्बन्धी क्रियात्मक व्यवहार के निरीक्षण की ही बात नहीं कहता बल्कि व्यक्ति विशेष की मानसिक संरचना तथा प्रक्रियाओं को भी व्यवहार सापेक्षिक रूप से प्रभावित करने की बात कहता है, परिणामस्वरूप उन्हें अपने अधिगम सिद्धांतों में स्थान देता है।
4. संज्ञानात्मकवादियों की तरह संज्ञानात्मक मनोवैज्ञानिक इस बात पर जोर देते हैं कि व्यवहार के अध्ययन में वस्तुगतता होनी चाहिए और अधिगम सिद्धांत वस्तुगत अनुसंधानों के आधार पर ही विकसित होने चाहिए। परंतु यहां वे संज्ञानात्मकवादियों से जिस प्रकार का व्यवहार करते हैं, केवल मात्र उसी के बारे में निष्कर्ष निकालने के अलावा व्यक्ति की उन आंतरिक संज्ञानात्मक प्रक्रियाओं की प्रकृति के बारे में भी निष्कर्ष निकालने पर जोर देते हैं जिनके द्वारा इन अनुक्रियाओं या व्यवहार की उत्पत्ति हुई है।
5. संज्ञानात्मकवाद की एक मुख्य बात संज्ञानात्मक क्रांति लाने को लेकर है जिसे प्राय: व्हाइट बॉक्स (White Box) सिद्धांत का नाम दिया जाता है। जिसके अनुसार व्यक्ति के मन और मस्तिष्क में चलने वाली प्रक्रियाएं मनोवैज्ञानिक अध्ययन की विषय-वस्तु ठहराई जाती हैं। यह अवधारणा व्यवहारवाद द्वारा प्रतिपादित ब्लैक बॉक्स (Black Box) सिद्धांत के ठीक विपरीत है। व्यवहारवाद के ब्लैक-बॉक्स सिद्धांत के अनुसार उद्दीपक और अनुक्रिया के बीच में किसी तीसरी चीज का अस्तित्व नहीं है और इसी अस्तित्वहीनता को ही ब्लैक का नाम दिया जाता है क्योंकि यहां यह नहीं स्पष्ट किया जाता है कि उद्दीपक और अनुक्रिया के बीच क्या घटित हुआ है। इस अदृश्य तत्व का ही नाम यहां ब्लैक बॉक्स है। जबकि संज्ञानात्मकवाद में इसे यह कहकर स्पष्ट किया जाता है कि जो उद्दीपक के रूप में अदा (Input) मिलती है उसे मानसिक शक्तियों की क्रियात्मकता के फलस्वरूप अनुक्रियात्मक प्रतिफल (Output) के रूप में बदल दिया जाता है।
6. संज्ञानात्मक मनोविज्ञान उच्चस्तरीय मानवीय मानसिक कार्यों जैसे अन्त:दृष्टि, सृजनात्मकता और समस्या समाधान आदि के भीतर झांकने अर्थात् इन्हें समझने हेतु मनुष्य के चिंतन, स्मृति, भाषायी विकास, प्रत्यक्षीकरण, कल्पनात्मक तथा अन्य मानसिक प्रक्रियाओं का अध्ययन करने की बात करता है।
7. संज्ञानवादी मनोवैज्ञानिक व्यवहारवादियों की उद्दीपक-अनुक्रिया उपागम का पूरी तरह से विरोध करते हैं। मानव का मस्तिष्क अपने वातावरण से प्रदत्त किसी सूचना को पूरी तरह से उसी स्वरूप और शैली में स्वीकार नहीं करता है जिस रूप में वह उसे सम्प्रेषित की गई है। व्यक्ति सर्वप्रथम उस सम्प्रेषित सूचना को अपने मस्तिष्क में संग्रहीत करता है या उसका उपयोग करता है।
8. संज्ञानात्मक मनोविज्ञान प्रक्रिया को समझाने हेतु प्रणाली विश्लेषण (System analysis) विचारधारा को उपयोग में लाता है। इस विचारधारा के अनुसार वातावरण में उपस्थित उद्दीपन के द्वारा जो कुछ भी सम्प्रेषित किया जाता है वह 'अदा' (Input) है। मानव के मस्तिष्क में चलने वाली संज्ञानात्मक कार्यप्रणाली 'प्रक्रिया' (Process) है और इस संज्ञानात्मक कार्यप्रणाली का परिणाम 'प्रदा' (Output) या 'उत्पाद' (Product) है।
9. संज्ञानवादी मनोवैज्ञानिक केंद्रीय बातें (central issues) बहुत ज्यादा रुचिकर हैं वे हैं मानव की सोच की आन्तरिक यांत्रिकी या प्रक्रिया और जानने की प्रक्रिया संज्ञानात्मक

मनोवैज्ञानिकों ने मानसिक संरचना के उत्तरों को प्राप्त करने के लिए काफी प्रयास किए हैं, जैसे–मस्तिष्क में क्या संग्रहीत है और यह कैसे संग्रहीत किया गया है और मानव प्रक्रियाओं से संबंधित जैसे–सूचनाओं का समन्वय एवं पुनः स्थापन अर्थात् पुनः प्राप्ति कैसे की जाती है? संज्ञानात्मक मनोविज्ञान इस सम्बन्ध में सैद्धांतिक मान्यताओं के माध्यम से अनुदेशन व्यवस्था को एक ऐसा रूप प्रदान करने का प्रयत्न करता है जिससे अधिगमकर्त्ताओं को वांछित ज्ञानार्जन हेतु प्रभावशाली प्रक्रिया तकनीकों जैसे–लघु अवधि स्मृति में सहायता पहुंचाने के लिए विभिन्न स्मृति उपायों का उपयोग, सूचना अथवा ज्ञान को धारण करने, अभ्यास तकनीकों का उपयोग और नए ज्ञान से पुराने ज्ञान का सम्बन्ध स्थापित करने के लिए सादृश्य और उदाहरणों का उपयोग आदि के उपयोग पर बल देता है।

संज्ञानवाद और अधिगम सिद्धांत
(Cognitivism and Theories of Learning)

संज्ञानवाद के सम्प्रदाय से जुड़े हुए बहुत से विचारकों ने मुख्य रूप से दो विभिन्न पक्षों पर ध्यान डालते हुए अनेक सिद्धांतों को जन्म दिया। ये दोनों पक्ष हैं- (i) विकासशील बच्चों में संज्ञानात्मक विकास की दिशा और (ii) वह तरीका या पद्धति जिससे वह किसी एक या अन्य वस्तु या बात को सीखते या अर्जित करते हैं। प्रथम पक्ष के सम्बन्ध में हमें जीन पियाजे और जेरोम ब्रूनर के द्वारा किए गए कार्यों का उल्लेख कर सकते हैं: संज्ञानात्मक विकास का पियाजे का सिद्धांत (Piaget Theory of Cognitive Development) तथा संज्ञानात्मक विकास का ब्रूनर का सिद्धांत (Bruner's Theory of Cognitive Development)।

द्वितीय मामले में संज्ञानात्मकतावाद पर आधारित विभिन्न अधिगम सिद्धांतों का उल्लेख कर सकते हैं, जैसे–गेस्टाल्ट का अन्तःदृष्टि सिद्धांत, टोलमेन का चिन्ह (Sign) अधिगम सिद्धांत और बहुत से सूचना प्रक्रियाकरण सिद्धांत। ये सभी विकासात्मक और अधिगम सिद्धांत किसी एक या दूसरे प्रकार से संज्ञानात्मकवाद के दर्शन एवं दृष्टिकोण को प्रतिबिंबित करते हैं। इसलिए अधिगमकर्त्ता, शिक्षक एवं शिक्षण अधिगम प्रक्रिया के लिए संज्ञानवाद के निहितार्थ या उपयोगिता से परिचित होने के लिए उनके बारे में जानना काफी सार्थक सिद्ध होगा। यहां, इस अध्याय में, इसीलिए हम निम्न दो संज्ञानात्मक सिद्धांतों का एक–एक करके आवश्यक वर्णन प्रस्तुत करते हैं:

(i) अन्तःदृष्टि या सूझ द्वारा सीखना और (ii) सूचना प्रक्रियाकरण अधिगम सिद्धांत।

गेस्टाल्ट अन्तःदृष्टि अधिगम सिद्धांत
(Gestalt Insightful Theory of Learning)

'अन्तः दृष्टि द्वारा सीखना' नामक सिद्धांत गेस्टाल्टवादी (Gestaltist) मनोवैज्ञानिकों की देन है। इन मनोवैज्ञानिकों में वर्दमीअर (Wertheimer), कोहलर (Kohler), कोफ्फका (Koffka), और लेविन (Lewin) के नाम विशेष रूप से उल्लेखनीय हैं।

गेस्टाल्ट (Gestalt) एक जर्मन शब्द है जिसके लिए आंग्ल शब्दकोश में कोई उपयुक्त पर्यायवाची शब्द नहीं है। अतः इसे आंग्ल मनोवैज्ञानिक साहित्य में ज्यों का त्यों ग्रहण कर लिया गया है। गेस्टाल्ट का अर्थ एक आकृति की पूर्णता या समग्रता के रूप में लिया जा सकता है। अतः गेस्टाल्ट सिद्धांत के अनुसार व्यक्ति किसी वस्तु को आंशिक रूप से नहीं अपितु पूर्ण रूप से सीखता है। वह वस्तु को एक इकाई के रूप में ही देखता है तथा उसके सम्पूर्ण रूप को ग्रहण कर बाद में उसके विभिन्न भागों पर दृष्टि डालता

है। इसी कारण किसी फूल को पूर्ण रूप में देख कर तथा समझ कर ही बाद में उसके भागों का विश्लेषण करना अच्छा रहता है। इसी तरह साइकिल के पम्प को अपने पूर्ण रूप में देखने और समझने के बाद उसके भागों का अध्ययन करना अधिक सुगम होता है।

वास्तविक अर्थों में गेस्टाल्टवादी मनोवैज्ञानिक सीखने को केवल प्रयास करते हुए भूल सुधारने अथवा किसी उद्दीपन के प्रति सहज स्वाभाविक अनुक्रिया व्यक्त करने जैसा कार्य नहीं मानते। वे उसे एक उद्देश्यपूर्ण, अन्वेषणात्मक और रचनात्मक प्रक्रिया मान कर चलते हैं। उनके अनुसार सीखने वाला जो कुछ सीख रहा होता है, उसका समग्र रूप में प्रत्यक्षीकरण करता है तथा उसमें निहित संयोगों अथवा संयोजनों (Connections) का ठीक प्रकार विश्लेषण करता है। इस प्रत्यक्षीकरण और विश्लेषण के पश्चात् वह बहुत ही समझदारी से किसी निष्कर्ष पर पहुंचता है। इन मनोवैज्ञानिकों ने सीखने वाले द्वारा संपूर्ण परिस्थिति का प्रत्यक्षीकरण (Perception of the total situation) और बुद्धिमत्तापूर्ण उचित अनुक्रिया व्यक्त करने (reacting intelligently) की योग्यता के लिए अन्तःदृष्टि (Insight) शब्द का प्रयोग किया। अन्तःदृष्टि या सूझ एक प्रकार की वह मानसिक योग्यता है जो मनुष्यों तथा उच्च श्रेणी के पशुओं में अधिक पाई जाती है। इसके द्वारा किसी भी समस्या का हल अचानक ही मस्तिष्क में आ जाता है।

कोहलर ने अपने बन मानुषों और चिम्पेंजियों की सीखने की प्रक्रिया क। वर्णन करने में सबसे पहले इस शब्द 'Insight' का प्रयोग किया। उन्होंने अन्तःदृष्टि या सूझ द्वारा सीखने के नाम से प्रसिद्ध सिद्धांत को प्रकाश में लाने के लिए कुत्ते, मुर्गियों, वन मानुष तथा चिम्पैंजिओं पर बहुत प्रयोग किए। इनमें से कुछ का वर्णन नीचे किया जा रहा है।

1. अपने एक प्रयोग में कोहलर ने सुल्तान नामक चिम्पैंजी को पिंजरे में बंद कर दिया और पिंजरे की छत में केले को इस तरह लटका दिया कि वह उछल कर भी उसे प्राप्त न कर सके। पिंजरे में एक ओर एक लकड़ी का बक्सा भी रख दिया गया। सुल्तान ने उछल-उछल कर केले को प्राप्त करने के अनेक प्रयत्न किए परन्तु वह सफल नहीं हुआ। लेकिन अचानक ही उसे एक विचार सूझा। उसने बक्से को लटकते हुए केले के नीचे रखा, उस पर चढ़ कर छलांग लगाई और इस तरह उसने केले को प्राप्त कर लिया।
2. दूसरे प्रयोग में कोहलर ने समस्या को कुछ अधिक कठिन बनाने का प्रयत्न किया। अब इसमें केले तक पहुंचने के लिए छलांग लगाने में 2 बक्सों की आवश्यकता पड़ती थी। चिम्पैंजी ने इस समस्या को भी पहले की तरह ही हल किया।
3. तीसरे प्रयोग में केले को और अधिक ऊंचाई पर लटकाया गया ताकि वह दोनों बक्सों का प्रयोग कर उछलने पर भी हाथ न आए। पिंजरे में एक डंडा रख दिया गया। इस प्रयोग में काफी देर तक चिम्पैंजी दोनों बक्सों को रख कर उछल कूद करता रहा। अचानक ही उसे तरकीब सूझी तथा उसने डंडे का प्रयोग कर केले को प्राप्त कर लिया।
4. एक अन्य पेचीदे प्रयोग में भूखे चिम्पैंजी को पिंजरे में बंद कर दिया गया तथा पिंजरे में दो विशेष प्रकार के छोटे बड़े डंडे रख दिए गए जिनके सिरे एक दूसरे में फंसाकर एक लम्बा डंडा बनाया जा सकता था। पिंजरे के बाहर केला इतनी दूर रखा गया कि चिम्पैंजी ने अपने हाथ पैरों को इधर उधर चला कर केले को प्राप्त करने की चेष्टा की। कुछ समय बाद एक-एक करके डंडों का प्रयोग किया और केला खींच कर खा लिया।

अपने इस प्रकार के प्रयोगों द्वारा कोहलर ने निष्कर्ष रूप में यह घोषणा की कि विभिन्न समस्याओं को हल करने में उसके चिम्पैंजी ने प्रयास एवं त्रुटि विधि (Trial & Error Method) का प्रयोग नहीं किया। उसके अनुसार चिम्पैंजियों ने सूझ या अन्तर्दृष्टि (Insight) का प्रयोग कर अपनी समस्याओं को हल करने में सफलता प्राप्त की। चिम्पैंजियों के सूझ या अन्तर्दृष्टि द्वारा सीखने के प्रमाण में उसने निम्न बातें कहीं :

(a) चिम्पैंजियों ने परिस्थितियों का अपने समग्र रूप में प्रत्यक्षीकरण किया।

(b) परिस्थितियों में उपलब्ध सामग्री तथा समस्या के हर पहलू का गंभीरता पूर्वक विश्लेषण कर उचित सम्बन्ध स्थापित करने की चेष्टा की।

(c) अन्त में समस्याओं और उनसे संबंधित पहलुओं को तुरंत ही समझ कर उनका हल उनके मस्तिष्क में अचानक ही कौंध गया।

इस प्रकार के प्रयोग अन्य गेस्टाल्टवादी मनोवैज्ञानिकों के द्वारा भी किए गए। इन सब प्रयोगों ने यह प्रदर्शित किया कि सूझ द्वारा सीखने की प्रक्रिया में सीखने वालों के द्वारा होने वाला प्रत्यक्षीकरण किसी अवस्था में जाकर इस प्रकार संगठित हो जाता है कि उसे अपनी समस्या का कोई हल यकायक ही सूझ जाता है। इस प्रकार गैस्टाल्ट वादियों ने उल्टे सीधे प्रयत्नों द्वारा इधर-उधर हाथ मार कर तथा अपनी भूलों को सुधार कर आगे बढ़ने के लम्बे मार्ग को छोड़ कर मानसिक शक्तियों को ठीक प्रकार उपयोग में लाते हुए प्रत्यक्षीकरण के क्षेत्र में नवीन व्यवस्था करने समस्या का बौद्धिक समाधान ढूंढने पर बल दिया।

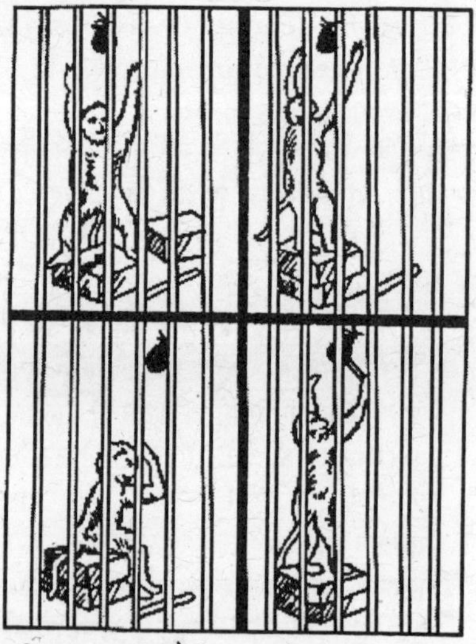

चित्र 9.1: चिम्पैंजी पर कोहलर का प्रयोग

अन्तःदृष्टि अथवा अधिगम सिद्धांत की शैक्षणिक उपयोगिता
(Educational Implications of Theory of Insightful Learning)

अर्न्दृष्टि सिद्धांत ने कुछ निम्न महत्वपूर्ण तथ्यों को प्रकाश में लाने की चेष्टा की।

(a) सम्पूर्ण अपने अंश अथवा अवयवों से महत्वपूर्ण होता है अतः परिस्थिति का समग्र रूप में प्रत्यक्षीकरण किया जाना चाहिए।

(b) बिना सोचे समझे ऊल-जलूल प्रयत्न करते हुए उन्हें सुधार कर सफलता प्राप्त करना ठीक नहीं है। सीखने वाले को परिस्थिति का समग्र रूप में अध्ययन कर अपनी मानसिक शक्तियों का पूर्ण उपयोग कर नये प्रतिमान और सम्बन्ध खोज निकालने का प्रयत्न करना चाहिए ताकि समस्या का अन्तर्दृष्टि द्वारा कोई बौद्धिक हल सूझ सके।

(c) सीखने में लक्ष्य की स्पष्टता और अभिप्रेरणा (Motivation) एक महत्वपूर्ण भूमिका निभाती है।

शिक्षा के क्षेत्र में इस सिद्धांत ने इस प्रकार के काफी क्रांतिकारी विचारों को जन्म दिया है। मौटे तौर पर निम्न बातों की प्रेरणा इस सिद्धांत के माध्यम से प्राप्त हो सकती है:

(a) जब कोई वस्तु पढ़ाई जाए अथवा उसे सीखने के लिए कहा जाए तब उसे अपने समग्र रूप में ही बच्चों के सामने प्रस्तुत किया जाना चाहिए। फूलदार पौधे के भाग अथवा फूल के विभिन्न भागों का ज्ञान कराते समय अध्यापक को प्रारंभ में भागों का अलग-अलग रूप से ज्ञान नहीं कराना चाहिए बल्कि पौधे अथवा फूल को अपने समग्र रूप में प्रस्तुत कर उसकी सम्पूर्णता से परिचित करा कर ही भागों का अलग-अलग रूप से विश्लेषण करना चाहिए। इसी प्रकार गणित की किसी समस्या को हल करने के लिए समस्या अपने समग्र रूप में बच्चे के सामने रखी जानी चाहिए। फिर सम्पूर्ण समस्या का मनन तथा विश्लेषण करके ही उसे हल करने का प्रयत्न करना चाहिए। इसी प्रकार भाषा सीखने में भी शब्दों से पहले वाक्यों का और अक्षरों से पहले शब्दों का ज्ञान कराया जाना चाहिए।

(b) पाठ्यक्रम के निर्माण तथा पाठ्यक्रम के संगठन में गेस्टाल्ट सिद्धांत का पालन किया जाना चाहिए। किसी भी विषय को बिखरे हुए प्रकरणों अथवा तथ्यों का संग्रह मात्र ही नहीं बनाया जाना चाहिए। सारा विषय एक इकाई के समान प्रतीत हो, ऐसा प्रयत्न किया जाना चाहिए। इसी प्रकार विभिन्न विषयों तथा क्रियाओं से युक्त पाठ्यक्रम में पर्याप्त संगठन और एकता के तत्व दिखाई देने चाहिएं।

(c) किसी भी कार्य को सिखाने से पहले उससे होने वाले लाभों तथा उद्देश्यों का स्पष्ट ज्ञान आवश्यक है। साथ ही अभिप्रेरणाओं को पूरा-पूरा स्थान देने का प्रयत्न भी किया जाना चाहिए। बच्चों में सीखने की इच्छा तथा रुचि पर्याप्त मात्रा में बनी रहे, इस बात के लिए पूरे प्रयत्न करते रहने चाहिए।

(d) सूझ सिद्धांत का सबसे बड़ा योगदान सीखने की प्रक्रिया में बौद्धिक शक्तियों को अपना उचित स्थान दिलाने को लेकर है। प्रयास एवं त्रुटि विधि ने सीखने को मात्र यांत्रिक क्रिया बना दिया था। बिना सोचे समझे उल्टे-सीधे प्रयत्न करके सीखने में परिश्रम तथा समय का जो अनावश्यक अपव्यय हो रहा था, उसे समाप्त करने में इस सिद्धांत ने बहुत सहायता की। मनुष्य दूसरे प्राणियों की अपेक्षा अधिक सूझ-बूझ वाला प्राणी है, अतः उसे ऊल-जलूल प्रयत्न करके सीखना शोभा नहीं देता। उसे अपनी मस्तिष्क की शक्तियों का प्रयोग करना चाहिए और इसी बात को ध्यान में रखकर अन्तर्दृष्टि सिद्धांत ने मानव को अपनी शक्तियों का उचित प्रयोग करना सिखाया ताकि वह अपनी समस्याओं का बौद्धिक हल खोज सके।

इस प्रकार रटे रटाए ज्ञान के ग्रहण करके अथवा दूसरे के बनाए रास्ते पर चलने की अपेक्षा अपना मार्ग स्वयं ढूंढ कर ज्ञान की स्वयं खोज करने पर इस सिद्धांत ने बल दिया तथा इस प्रकार के विचारों ने शिक्षा के क्षेत्र में क्रांतिकारी परिवर्तनों को जन्म दिया। रटने पर जोर देने वाली अथवा मानसिक शक्तियों का प्रयोग न कर गत्यात्मक क्रियाओं पर आधारित विधियों के स्थान पर आधुनिक वैज्ञानिक विधियों जैसे खोज विधि (Heuristic Method), विश्लेषण विधि (Analytic Method), समस्या समाधान विधि (Problem Solving Method) आदि को जन्म देने का श्रेय सूझ सिद्धांत को ही है।

सूचना प्रक्रियाकरण-परिप्रेक्ष्य (Information Processing View Points)

अधिगम के सूचना प्रक्रियाकरण सिद्धांत अधिगम के ऐसे सिद्धांतों का प्रतिनिधित्व करते हैं जिनमें अधिगम की प्रक्रिया को स्पष्ट करने हेतु सूचना प्रक्रियाकरण (Information Processing) का उपयोग किया जाता है। इस दृष्टि से इन सिद्धांतों के बारे में भली भांति

जानने के लिए यह आवश्यक हो जाता है कि हम सूचना प्रक्रियाकरण के अर्थ एवं अवधारणा से अच्छी तरह परिचित हो जाएं।

सूचना प्रक्रियाकरण क्या है? (What is Information Processing ?)

सरल शब्दों में सूचना प्रक्रियाकरण से तात्पर्य एक ऐसी प्रक्रिया से है जिसमें प्राप्त सूचना का भलीभांति विश्लेषण और मंथन करके उससे कुछ निश्चित सूचना, ज्ञान या अनुभव प्राप्त करने का प्रयत्न किया जाता है। जॉयसी और वील के शब्दों में

> "सूचना प्रक्रियाकरण पद व्यक्तियों द्वारा संपन्न ऐसी सभी गतिविधियों के लिए प्रयुक्त होता है जिनमें वे अपने वातावरण में उपस्थित उद्दीपनों से वांछित सूचनाएं या आंकड़े प्राप्त करते हैं, उनका व्यवस्थापन करते हैं, समस्याओं से अवगत होते हैं, इनके समाधान हेतु अवधारणाओं और तरीकों की तलाश करते हैं तथा ऐसा करने में उपयुक्त शाब्दिक और अशाब्दिक संकेतों का प्रयोग करते हैं।"
>
> (Information Processing refers to the ways people handle stimuli from the environment, organise data, sense problems, generate concepts and solutions to problems and employ verbal and non-verbal symbols- Joyce & Weil. 1972, p. 9)

इस प्रकार सूचना प्रक्रियाकरण के माध्यम से व्यक्ति विशेष किसी प्राप्त सूचना, आंकड़े या इन्द्रिय जनित अनुभवों का भलीभांति मंथन और विश्लेषण कर उसे आगे अपने प्रयोजन हेतु काम में लाने का प्रयत्न करता है। यही कारण है कि सूचना प्रक्रियाकरण उसे अपनी विभिन्न प्रकार की समस्याओं को हल करने हेतु नवीन अनुभव एवं समाधानों की उपलब्धि में तथा अपने व्यवहार में अपेक्षित परिवर्तन लाने के कार्यों में अच्छी तरह सहायक होता है।

सूचना प्रक्रियाकरण सिद्धांत या अधिगम के बारे में दृष्टिकोण (Information Processing Theories or View Points about Learning)

नए अनुभव ग्रहण करने, समस्याओं का हल ढूंढ़ने और अपने व्यवहार में अपेक्षित परिवर्तन लाने हेतु व्यक्ति विशेष प्राप्त सूचनाओं का जिस ढंग से प्रक्रियाकरण करते हैं उसी आधार पर अधिगम के जिन महत्वपूर्ण सिद्धांतों को विकसित किया गया है उन्हें ही मनोविज्ञान में अधिगम के सूचना प्रक्रियाकरण सिद्धांतों (Information Processing Theories) का नाम दिया गया है।

इस प्रकार के सभी सूचना प्रक्रियाकरण अधिगम सिद्धांतों के द्वारा जिस मुख्य प्रश्न का उत्तर देने का प्रयत्न किया जाता है वह यही होता है कि "जब कोई व्यक्ति विशेष किसी अधिगम परिस्थिति से गुजर रह' होता है तो उस समय संज्ञानात्मक रूप से (Cognitively) उसके मस्तिष्क में किस प्रकार की प्रक्रियाएं होती हैं।" फलस्वरूप इन सिद्धांतों के द्वारा इस बात पर प्रकाश डाला जाता है कि मानव मस्तिष्क अपनी ज्ञानेन्द्रियों द्वारा सूचना का कैसे आभास करता है, उसका किस प्रकार प्रक्रियाकरण करता है और उसे किस प्रकार उपयोग में लाता है। एक तरफ से देखा जाए तो हमारे मस्तिष्क द्वारा किए जाने वाले इस सूचना प्रक्रियाकरण की तुलना कम्प्यूटर की कार्यप्रणाली से की जा सकती है। कम्प्यूटर में सूचना प्रक्रियाकरण के लिए जिन तीन विभिन्न अवयवों एवं गतिविधियों अदा (Input), प्रक्रिया (Processing) एवं प्रदा (output) का प्रयोग किया जाता है वही बात मानव मस्तिष्क द्वारा संपन्न सूचना प्रक्रियाकरण के लिए भी उपयुक्त ठहराई जा सकती है। मानव मस्तिष्क अपने परिवेश में उपस्थिति उद्दीपन के प्रति अनुक्रिया करता हुआ इन्द्रिय

जनित अनुभवों को ग्रहण करता है। ऐसा करने में वह यह भलीभांति निर्णय लेता रहता है कि किन अनुभवों को वह आगे प्रक्रिया हेतु अदा (Input) के रूप में स्वीकार करे। इसके बाद वह इस सूचना का भलीभांति प्रक्रियाकरण (Processing) करने में कितना समर्थ रहेगा, यह इस बात पर निर्भर करता है कि प्राप्त सूचना को वह उसकी जटिलता और प्रकृति के हिसाब से किस तरह का समझता है। जिस रूप में भी सूचना व्यक्ति विशेष द्वारा अदा के रूप में ग्रहण की जाती है, प्रक्रिया के रूप में उसका प्रक्रियाकरण किया जाता है, उसी रूप में वह प्रक्रियाकृत सूचना अब आगे प्रदा (output) के रूप में उसके व्यवहार में परिवर्तन लाने या अनुभव की गई समस्या का समाधान करने में सहायक होती है।

सूचना प्रक्रियाकरण के ये सिद्धांत मानव अधिगम प्रक्रिया को कैसे स्पष्ट करते हैं। यह जानने के लिए अब आगे हम कुछ प्रसिद्ध मनोवैज्ञानिकों द्वारा प्रतिपादित अधिगम सिद्धांतों की चर्चा करना चाहेंगे। एक बात जो इन सभी सिद्धांतों में हमें स्पष्ट रूप से दिखाई देगी वह यह है कि इस प्रकार के सभी अधिगम सिद्धांतों के प्रतिपादक मनोवैज्ञानिक अधिगम की प्रक्रिया का अध्ययन स्मृति के अध्ययन के माध्यम से करना चाहते हैं। यही कारण है कि उनके द्वारा प्रतिपादित इन सभी सिद्धांतों में स्मृति से संबंधित विशेष शब्दावली जैसे-अस्थायी स्मृति (Temporary Memory), अल्पकालीन स्मृति (Short Term Memory), दीर्घकालीन स्मृति (Long Term Memory) प्रत्यास्मरण (Recall), पुनरुद्धरण (Retrieval) इत्यादि का प्रयोग किया गया है।

आइए अब कुछ प्रमुख सिद्धांतों का एक-एक करके वर्णन किया जाए।

त्रिचरणीय सूचना प्रक्रियाकरण सिद्धांत
(Three Stage Information Processing Theory)

इस सिद्धांत को प्रकाश में लाने का श्रेय प्रसिद्ध मनोवैज्ञानिक अटकिन्सन तथा शिफरिन (Atkinson & Shiffrin—1968, 1971) को जाता है। यह सिद्धांत यह प्रतिपादित करता है कि हमारा अधिगम उस सूचना प्रक्रियाकरण का प्रतिफल है जिसे हमारे मस्तिष्क में निम्न तीन चरणों या स्तरों में संपन्न किया जाता है।

(i) इन्द्रियानुभूत रजिस्ट्री स्तर (Sensory registry Level)

(ii) अल्पकालीन स्मृति स्तर (Short term Memory or STM Level)

(iii) दीर्घकालीन स्मृति स्तर (Long term Memory or LTM Level)

(i) इन्द्रियानुभूत रजिस्ट्री स्तर (Sensory registry Level): अधिगम अथवा स्मृति की प्रक्रिया की शुरुआत वातावरण में उपस्थित उद्दीपकों के प्रति हमारी इन्द्रियों के द्वारा अन्तः क्रिया करने से होती है। इन्द्रियजनित अनुभवों को प्राप्त सूचना के रूप में हमारी किसी एक इन्द्रिय या एक से अधिक इन्द्रियों द्वारा ग्रहण किया जाता है। इस प्रकार से रजिस्टर्ड या इन्दराज की गई इन्द्रियजनित अनुभूति या सूचना (Sensory information) अब स्नायु तंत्र द्वारा हमारे मस्तिष्क में इसके उपयुक्त अर्थापन (interpretation) के लिए पहुंचती है। यह इन्द्रियानुभूत सूचना हमारे स्नायु तन्त्र (Nervous System) में बहुत ही कम समय यानी मात्र 3-5 सैकेंड तक केवल मात्र अपनी उपस्थिति दर्ज कराने के लिए तथा मस्तिष्क को अध्ययन के लिए या सूचना का प्रक्रियाकरण करने हेतु कुछ समय देने के लिए ही विद्यमान रहती है। इस दौरान या तो मस्तिष्क द्वारा इस सूचना के प्रक्रियाकरण का कार्य उसी समय संपादित कर उसके प्रति वांछित अनुक्रिया करने का आदेश दे दिया जाता है या फिर उसे आगे अल्पकालीन स्मृति में संजोने के लिए आगे भेज कर उसके प्रक्रियाकरण

का कार्य फिलहाल टाल दिया जाता है। मस्तिष्क द्वारा इन्द्रियानभूत सूचना का प्रक्रियाकरण कर जो तात्कालिक कदमं उठाये जाते हैं, वे कुछ इस प्रकार के हो सकते हैं:

(i) सूचना अनुपयोगी और महत्वहीन है, कोई ध्यान देने की आवश्यकता नहीं है अत: इन्दराज (Sensory registry) को निरस्त (cancell) कर दिया जाए (ii) इस पर थोड़ा बहुत ध्यान देते हुए उसके प्रति वांछित अनुक्रिया की जाए। इस प्रकार की वांछित अनुक्रिया के रूप में इस चरण की सूचना प्रक्रियाकरण के उदाहरणार्थ हम कार चलाने सम्बन्धी अपनी उन गतिविधियों को ले सकते हैं जब हम एक ओर तो दूसरों से बात करते रहते हैं तथा दूसरी ओर मार्ग की परिस्थितियों में जैसे-जैसे बदलाव आता है इन सूचनाओं एवं अनुभूतियों को अपनी इन्द्रियों से ग्रहण करते हुए तथा प्राप्त सूचनाओं का प्रक्रियाकरण करते हुए अपनी कार चलाने की क्रिया को यथानुकूल दिशा और गति प्रदान करते रहते हैं। इस अवस्था में सूचना प्रक्रियाकरण के कार्य को इसी प्रथम चरण में समाप्त कर लिया जाता है इसे आगे अल्पकालीन स्मृति चरण के लिए नहीं छोड़ा जाता।

(ii) अल्पकालीन स्मृति स्तर (Short Term Memory): जिस सूचना का प्रक्रियाकरण प्रथम इन्द्रियानुभूत स्तर (Sensory level) पर नहीं होता उसे आगे अल्पकालीन स्मृति स्तर पर संपन्न करने के प्रयत्न किए जाते हैं। अल्पकालीन स्मृति में सूचना को संजोए रखने की अवधि सामान्यता 20 सैकेन्ड तक जा सकती है। इस अवधि में व्यक्ति विशेष द्वारा आगे जैसी जरूरत हो रिहर्सल तथा पुनरावृत्ति द्वारा उचित वृद्धि की गुजांइश रहती है। सूचना के प्रक्रियाकरण में इस प्रकार की स्मृति को ही सबसे अधिक काम में लाया जाता है अत: इसे काम करने वाली स्मृति (Working Memory) या सक्रिय स्मृति (Active Memory) भी कहा जाता है। इस प्रकार की स्मृति में संजोई जाने वाली सूचना का मस्तिष्क द्वारा भलीभांति इस प्रकार प्रक्रियाकरण किया जाता है कि उसका अर्थ निकालकर तथा उचित बोध करके उसके प्रति वांछित अनुक्रिया करने के आदेश दिए जा सकें। सूचना प्रक्रियाकरण के इस स्तर पर सूचना का प्रक्रियाकरण करने हेतु जिन तीन प्रकार के तरीकों का इस्तेमाल व्यक्ति विशेष द्वारा किया जाता है वे निम्न हैं:

(i) प्राप्त सूचना का चंक्स (Chunks) के रूप में इनकोडिंग करना (Encoding information into chunks)।

(ii) प्राप्त सूचना को सुविधानुसार या उसकी प्रकृति अनुसार उचित भागों या उपभोगों में बांट कर प्रत्येक उपभोग में विभक्त सूचना को अलग-अलग रूप में प्रक्रियाकरण करना।

(iii) कौशलों के रूप में प्राप्त सूचनाओं का उस समय तक पर्याप्त अभ्यास करना जब तक वे स्वचालित (Automatic) न हो जाएं।

(iii) दीर्घकालीन स्मृति स्तर (Long Term Memory): जिन सूचनाओं का प्रक्रियाकरण (Processing) अल्पकालीन स्मृति स्तर पर नहीं हो पाता उन्हें दीर्घकालीन स्मृति पर संपादित करने की चेष्टा की जाती हैं। दीर्घकालीन स्मृति अपने नाम के अनुरूप ही ऐसी स्मृति होती है जिसमें उपलब्ध सूचनाओं को बहुत ही लम्बे समय तक उनके अपने विशाल रूप में भलीभांति संजोए रखा जा सकता है एक तरह से इस प्रकार की स्मृति का उपयोग इन्द्रियजनित अनुभवों एवं सूचनाओं का स्थायी भंडारण करने हेतु किया जाता है। दीर्घकालीन स्मृति में भलीभांति व्यवस्थित एवं भंडारित सूचना सामग्री का प्रक्रियाकरण अब हमारे मस्तिष्क द्वारा विविध प्रकार की तकनीकों का प्रयोग करके किया जाता रहता है। सूचना प्रक्रियाकरण के फलस्वरूप जो कुछ भी प्राप्त होता है वह कोडेड (Coded) रूप में ही होता है। सूचना

प्रक्रियाकरण परिणामों को प्रयोग में लाने हेतु इन्हें फिर अल्पकालीन स्मृति में वापिस भेजना होता है ताकि वहां इनको अपेक्षित रूप से इनकोडिंग करके आवश्यक अनुक्रियाएं करने के आदेश मस्तिष्क द्वारा प्राप्त हो सकें।

प्रक्रियाकरण स्तर सम्बन्धी सिद्धांत (Theory of Levels of Processing)

सूचना प्रक्रियाकरण के इस सिद्धांत को प्रकाश में लाने का श्रेय प्रसिद्ध मनोवैज्ञानिक क्रेक एवं लोखार्ट (Kraik and Lokhart, 1972) को जाता है। यह सिद्धांत मुख्य रूप से निम्न धारणाओं को लेकर अधिगम अर्जन की व्याख्या करने का प्रयत्न करता है:

1. स्मृति केवल एक ही प्रकार की होती है और इसे इन्द्रियानुभूत, अल्पकालीन और दीर्घकालीन स्मृति (Sensory; Short Term and Long Term Memory) में विभाजित करना ठीक नहीं है।
2. हमारी स्मरण रखने या सीखने की योग्यता इस बात पर निर्भर करती है कि हम प्राप्त सूचना का प्रक्रियाकरण कितनी गहनता से करते हैं।
3. सूचना के प्रक्रियाकरण की गहनता का यह स्तर बहुत कुछ सतही (Very shallow) स्तर पर भी हो सकता है और बहुत अधिक गहरा भी।
4. सूचना के प्रक्रियाकरण का यह स्तर जितना गहरा एवं गंभीर होगा उतनी ही अच्छी तरह से कोई चीज सीखी जा सकेगी या याद रखी जा सकेगी। उदाहरण के लिए, ऐसी सूचनाएं जो सशक्त दृश्य अनुभूतियों या पूर्वज्ञान के साथ बहुत अधिक साहचर्य के रूप में हमें उपलब्ध होती हैं उनका सम्बन्ध काफी गहरे स्तर पर किए जाने वाले प्रक्रियाकरण से ही होता है। इसी प्रकार ऐसी सूचनाएं जो हमारी रुचि या प्रयोजनों को अच्छी तरह से पूरा करने में हमारी मदद करती हैं उनका प्रक्रियाकरण भी दूसरी अन्य प्रकार की सूचनाओं की तुलना में अधिक गहराई से किया जाता है।
5. जिन बातों का हमारे लिए अधिक महत्व होता है ऐसी सार्थक चीजों पर हम निरर्थक या महत्वहीन चीजों की तुलना में अधिक ध्यान देते हैं और उनका प्रक्रियाकरण भी अधिक गहन स्तर पर ही होता है, परिणामस्वरूप उन्हें सीखना तथा याद रखना अधिक आसान होता है। सूचना प्रक्रियाकरण बहुधा विभिन्न स्तरों पर, जब तक उस स्तर की कार्यवाही पर विशेष ध्यान न दिया जाए, तब तक स्वचालित ढंग से स्वयमेव ही चलता रहता है। उदाहरण के लिए हमें प्राय: उद्दीपकों की इन्द्रियानुभूत विशेषताओं का पता नहीं होता या हमारी काम करने वाली स्मृति में क्या है यह भी ज्ञान नहीं होता जब तक कि इनसे संबंधित सूचना के बारे में विशेष रूप से जानकारी देने के लिए न कहा जाए। इससे यह स्पष्ट होता है कि सूचना के प्रक्रियाकरण में अवधान (Attention) का कोई विशेष स्थान नहीं है। इसलिए इसे एक आवश्यक संज्ञानात्मक प्रक्रिया न समझा जाकर सूचना प्रक्रियाकरण में एक अवरोध के रूप में ही स्वीकार किया जाना चाहिए।

मिलर का सूचना प्रक्रियाकरण सिद्धांत (Miller's Information Processing Theory)

जॉर्ज ए. मिलर द्वारा प्रतिपादित यह सिद्धांत पूर्व संज्ञानात्मक मनोवैज्ञानिकों द्वारा व्यक्त उन अधिगम सिद्धांतों का ही कुछ अधिक विस्तृत रूप कहा जा सकता है जिन्होंने अधिगम की प्रक्रिया का अध्ययन स्मृति के माध्यम से ही करने का प्रयत्न किया है। इस सिद्धांत से जुड़ी हुई मुख्य अवधारणाएं निम्नलिखित हैं:

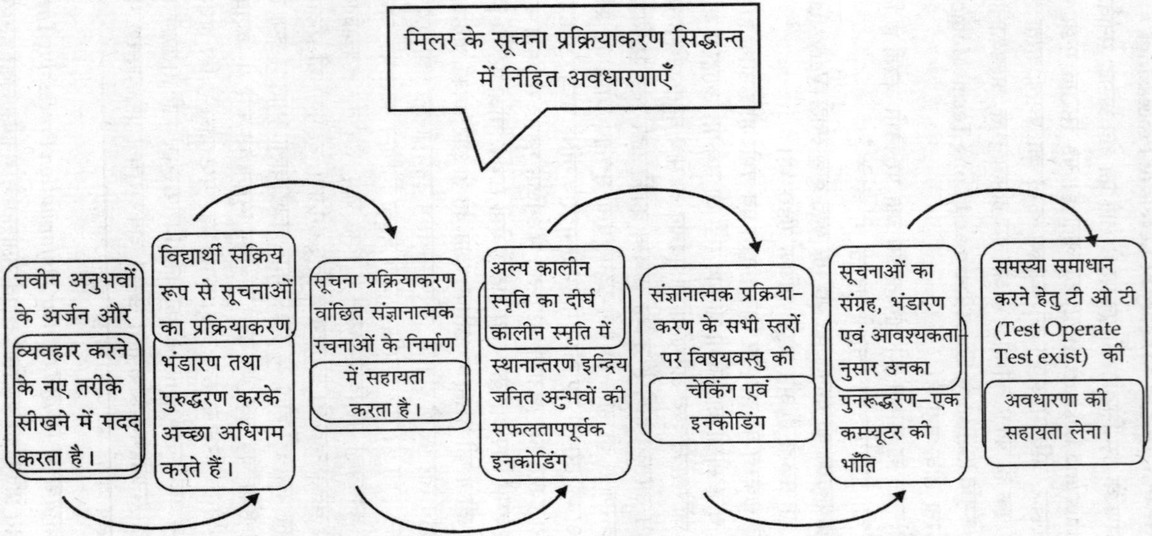

चित्र 9.2 मिलर का सूचना प्रक्रियाकरण सिद्धांत

1. सूचना प्रक्रियाकरण नवीन अनुभवों को ग्रहण करने तथा व्यवहार करने के नए तरीकों को सीखने में मदद करता है।
2. विद्यार्थी तब ही अच्छी तरह सीखते हैं जबकि वे सक्रिय रूप से सूचनाओं का प्रक्रियाकरण, भंडारण तथा पुनरुद्धरण (Retrieval) करते रहें।
3. सूचना प्रक्रियाकरण, विद्यार्थियों को वांछित संज्ञानात्मक संरचनाओं (विषयवस्तु का उचित अवबोध एवं समझ हेतु संरचित करना) के निर्माण में सहायक होता है।
4. उपलब्ध इन्द्रियानुभूत सूचना या आंकड़ों के उचित प्रक्रियाकरण के लिए उसका अच्छी तरह इनकोडिंग (Encoding) करना आवश्यक होता है। हमारी अल्पकालीन स्मृति (S.T.M.) द्वारा भी दीर्घ कालीन स्मृति (L.T.M.) को सूचना का स्थानान्तरण करते समय अपने द्वारा सम्पादित सूचना प्रक्रियाकरण कार्य में सूचना के इनकोडिंग रूप को ही काम में लाया जाता है। इसलिए सूचना प्रक्रियाकरण की क्रिया चाहे इन्द्रियानुभूति स्तर पर हो या अल्पकालीन स्मृति स्तर पर, सूचना की अर्थपूर्ण इनकोडिंग होना ही चाहिए।
5. मिलर (1956) ने संज्ञानात्मक प्रक्रियाकरण के सभी स्तरों पर विषयवस्तु के सार्थक संगठन अथवा इनकोडिंग हेतु चंकिंग (Chunking) की अवधारणा को प्रस्तुत किया। चंक (Chunk से मिलर का क्या अभिप्राय है यह समझने के लिए उदाहरण रूप में एक एक लंबे चौड़ी द्विमान पद्धति (Binary System) पर आधारित अंक शृंखला को लेते हैं जिसे दशमलव प्रारूप में निम्न प्रकार से इनकोडिंग किया जा सकता है–

द्विमान पद्धति की अंक शृंखला–	10100	01001	11001	101	1010
दशमलव पद्धति में कोडेड प्रारूप–	20	9	25	5	10

इस तरह दशमलव पद्धति में प्रदत्त कोडों के रूप में पद्धति की लंबी चौड़ी अंक शृंखला को याद करने में आसानी हो सकती है। यहां विभिन्न द्विमान अंकों को विभिन्न चंकों यानी समूहों के रूप में अलग-अलग कोड देने का प्रयत्न किया गया है ताकि उन्हें अच्छी तरह अधिगम करने, उन्हें याद रखने तथा पुनः प्रस्तुतीकरण के कार्य में आसानी रहे। यहां यह भी अच्छी तरह समझ लेना चाहिए कि इस प्रकार के कोडिंग और डिकोडिंग के कार्य में उसी को सफलता अर्जित हो सकती है जिसे द्विमान पद्धति और दशमलव पद्धति में अंक परिवर्तनों का समुचित ज्ञान हो। इसलिए सीखने और याद करने में विषय सामग्री के कोडिंग के लिए जो भी चंक यानी समूह विशेष बनाए जाते हैं वे सभी अवस्था में अधिगमकर्ता के लिए सार्थक एवं अर्थपूर्ण होने चाहिए।

6. चंकिंग (Chunking) की इस अवधारणा का उपयोग करते हुए हम किसी भी व्यक्ति को अपनी अल्पकालीन स्मृति में संजोई सूचना की धारण क्षमता में भी वृद्धि कर सकते हैं। वह आसानी से सूचना सामग्री को 5 से 9 चंकों (7 से दो कम या दो ज्यादा) में विभक्त कर अच्छी तरह धारण कर सकता है। इसलिए सूचना सामग्री को सदैव ही उसके उचित प्रक्रियाकरण एवं संतोषजनक अधिगम परिणामों हेतु चंकों (Meaningful units) अर्थात् सार्थक समूह या इकाइयों में संगठित करने के प्रयास किए जाने चाहिए।
7. सूचना प्रक्रियाकरण के सम्बन्ध में चंकिंग की अवधारणा के अतिरिक्त दूसरी महत्वपूर्ण अवधारणा कम्प्यूटर को मानवीय अधिगम के लिए एक उचित प्रतिमान मानने से सम्बन्ध रखती है।

मिलर के अनुसार मानव मस्तिष्क कम्प्यूटर की तरह ही सूचना सामग्री को अदा (Input) के रूप में स्वीकार करता है और प्रक्रिया (Process) के रूप में उसमें वांछित परिवर्तन

लाता है और फिर उसे अपनी स्मृति में भंडारित एवं व्यवस्थित कर वांछित अनुक्रयाएं प्रतिफल (Product) के रूप में प्रस्तुत करता है। इस प्रकार जैसा कि मिलर का विचार है सूचना प्रक्रियाकरण के कार्य में मुख्यतया निम्न तीन प्रकार की क्रियाओं का समावेश होता है:

(*i*) सूचनाओं का संग्रह एवं व्यवस्थीकरण अर्थात् अपनी तरह से समझने हेतु उनकी एनकोडिंग करना (Encoding)

(*ii*) सूचनाओं को स्मृति में संजोए रहना या धारण करना। (Retention)

(*iii*) आवश्यकतानुसार सूचना का पुनरुद्धरण करना (Retrieval)

8. मिलर के सूचना प्रक्रियाकरण सिद्धांत में तीसरी महत्वपूर्ण अवधारणा को टोटे (TOTE) नाम से जाना जाता है। TOTE से यहां उसका अभिप्राय Test Operate Test Exist पदावली से है। इस अवधारणा को काम में लाने पर बल देते हुए मिलर और उसके साथियों ने (Miller et al, 1960) सुझाव दिया कि हमारे व्यवहार की मूलभूत इकाई के रूप में उद्दीपन अनुक्रिया प्रणाली के स्थान पर TOTE को स्थान दिया जाना चाहिए। इससे उनका यह अभिप्राय था कि व्यवहार करते समय व्यक्ति विशेष यही जांचने का प्रयत्न करता है कि प्राप्त सूचना के प्रक्रियाकरण के माध्यम से लक्ष्य की प्राप्ति हुई है या नहीं। अगर नहीं हुई है तो इसकी प्राप्ति के लिए उचित प्रयत्न किए जाते हैं और पुनः यह परीक्षण किया जाता है कि लक्ष्य की प्राप्ति हुई है या नहीं। इस प्रकार से ''परीक्षण लेना और प्रयत्न करना'' (Test-Operate) के चक्र की पुनरावृत्ति तब तक होती रहती है जब तक लक्ष्य की प्राप्ति न हो जाए या उसे प्राप्त करने की बात समाप्त ही कर दी जाए। इस तकनीक या अवधारणा का उपयोग करते हुए व्यक्ति अपनी समस्या का समाधान करने या लक्ष्य प्राप्ति का वांछित तरीका सीखने में सफलता प्राप्त कर सकता है।

सूचना प्रक्रियाकरण का दोहरा कोडिंग सिद्धांत
(Dual Coding Theory of Information Processing)

यह सिद्धांत ए. पेवियो (A. Paivio) नाम मनोवैज्ञानिक द्वारा प्रतिपादित किया गया है। इसके माध्यम से उसने अधिगम कार्य में शाब्दिक और अशाब्दिक दोनों प्रकार की सूचनाओं पर समान बल देने का प्रयत्न किया है।

शाब्दिक और अशाब्दिक दोनों प्रकार की सूचनाओं की दोहरी सार्थकता के कारण ही इसे सूचना प्रक्रियाकरण का दोहरा सिद्धांत कहा जाता है। अपने सिद्धांत को स्पष्ट करते हुए पेवियो (Paivio) ने लिखा है –

> ''मानव संज्ञान अनूठा है, क्योंकि यह एक साथ भाषायी तथा अभाषायी वस्तुओं एवं घटनाओं से निपटने की विशेष क्षमता रखता है। इसके अतिरिक्त भाषा तन्त्र की यह भी विलक्षणता है कि जहां एक ओर से यह भाषायी अदा और प्रदा (कथा और लेखन रूप में) दोनों को ही प्रत्यक्ष रूप में एक साथ संभाल सकता है तो वहां दूसरी ओर अशाब्दिक या अभाषायी, वस्तुओं, घटनाओं तथा व्यवहारों के प्रतिपादन हेतु उचित संकेतात्मक अभिव्यक्ति में भी यह उचित सहायता करता है। सूचना प्रक्रियाकरण के किसी भी सिद्धांत में इस दोहरी कार्यात्मकता को अवश्य ही ध्यान में रखा जाना चाहिए।''
>
> (Human cognition is unique in that it has become specialized for dealing

simultaneously with language and with non-verbal objects and events. Moreever, the languange system is peculiar in that it deals directly with linguistic input and output (in the form of speech or writing) while at the same time serving a symbolic function with respect to non-verbal objects, events and behaviours. Any repersentational theory must accommodate this dual functionality. 1986, p. 53)

इस अधिगम सिद्धांत में निहित प्रमुख अवधारणाओं के रूप में निम्न का उल्लेख किया जा सकता है।

1. यह सिद्धांत यह मानकर चलता है कि प्रक्रियाकरण (Processing) तीन प्रकार का होता है जिन्हें प्रतिनिधित्वात्मक (Representational), संदर्भात्मक (Referential) तथा सहचर्यात्मक (Associative) प्रक्रियाकरण का नाम दिया जा सकता है। किसी भी अधिगम कार्य में तीनों या किसी भी एक प्रकार के प्रक्रियाकरण की आवश्यकता पड़ सकती है। प्रक्रियाकरण के इन तीनों प्रकारों का संक्षिप्त परिचय निम्न है:
   (i) प्रतिनिधित्वात्मक सूचना प्रक्रियाकरण (Representational Informational Processing) में सूचना सामग्री का जिस शाब्दिक एवं अशाब्दिक रूप में प्रस्तुतीकरण रहता है उसी का उसके प्रत्यक्ष रूप में प्रक्रियाकरण किया जाता रहता है।
   (ii) संदर्भात्मक सूचना प्रक्रियाकरण (Referential information Processing) में शाब्दिक या भाषायी सूचना तंत्र का अशाब्दिक सूचना तंत्र द्वारा या इसके विपरीत अशाब्दिक सूचना तन्त्र भी भाषायी सूचना द्वारा प्रक्रियाकरण रत रहता है।
   (iii) सहचर्यात्मक सूचना प्रक्रियाकरण (Associative information Processing) में भाषायी या अशाब्दिक तन्त्रों में अलग-अलग रूप से विद्यमान सूचना के वाहकों का प्रक्रियाकरण होता रहता है।
2. यह सिद्धांत यह मानकर चलता है कि अधिगम कार्य में सहायता पहुंचाने के लिए दो निम्न प्रकार की उपप्रणालियां (sub systems) काम करती हुई पाई जाती हैं।
   (i) पहले प्रकार की उपप्रणाली का सम्बन्ध अशाब्दिक वस्तुओं या घटनाओं (काल्पनिकता) का प्रतिनिधित्व करने तथा उनसे संबंधित सूचनाओं के प्रक्रियाकरण करने से होता है।
   (ii) दूसरे प्रकार की उपप्रणाली का सम्बन्ध भाषायी सूचनात्मक सामग्री के प्रक्रियाकरण से होता है।
3. उपरोक्त वर्णित दोनों उपप्रणालियों की कल्पना करते हुए पेवियो (Paivio) ने अपने अधिगम सिद्धांत में मिलर के द्वारा प्रतिपादित चन्क (Chunk) के अनुरूप ही सूचना सामग्री के प्रस्तुतीकरण या प्रतिनिधित्व में सहायक दो निम्न प्रकार की मूलभूत इकाइयों (Basic units for representation) की चर्चा की–
   (i) इमेजिन्स (lmagens) नाम की इकाइयां, जिनके द्वारा मानसिक प्रतिबिंबों के रूप में विद्यमान अशाब्दिक सूचनाओं का प्रतिनिधित्व किया जाता है।
   (ii) लोगोजिन्स (Logogens) नाम की इकाइयां जिनसे भाषायी या शाब्दिक सूचनाओं का प्रतिनिधित्व किया जाता है।
4. पेवियो के अनुसार जहां लोगोजिन्स सूचना इकाइयों का संगठन, साहचर्य और क्रमबद्ध नियोजन का ध्यान रखकर किया जाता है वहीं इमेजिन्स सूचना इकाइयों का संगठन अंश-पूर्ण सम्बन्धों (Part- whole relationship) को ध्यान में रखकर किया जाता है।

5. उपरोक्त अवधारणाओं तथा व्यवस्था को अपनाते हुए एक अधिगम कर्त्ता प्राप्त शाब्दिक तथा अशाब्दिक सूचना सामग्री की अच्छी तरह प्रक्रियाकरण करने में सफल हो सकता है और यही सफलता उसे वांछित अधिगम अनुभव अर्जन करने में पूरी तरह सहायक सिद्ध हो सकती है।

स्टर्नबर्ग का सूचना प्रक्रियाकरण उपागम
(Sternberg's Information Processing Approach)

स्टर्नबर्ग (1980) ने सूचना प्रक्रियाकरण की उपरोक्त वर्णित अवधारणा को बालकों के अधिगम और विकास को अच्छी तरह समझने हेतु प्रस्तुत किया है। इस दिशा में अपने विचार प्रस्तुत करते हुए स्टर्नबर्ग ने कहा कि विकास दक्षता आधारित (Skill based) और सतत या अनवरत (Continuous) होता है न कि अवस्थाजन्य (Staged) तथा असतत या विच्छिन्न (discontinuous) जैसा कि पियाजे आदि वैचारिकों द्वारा कहा जाता है।

स्टर्नबर्ग ने अपने अनुसंधान कार्यों और विचारों के प्रतिपादन में अधिगमकर्त्ता की बुद्धि तथा संज्ञानात्मक योग्यताओं पर अधिक ध्यान केंद्रित किया है। बुद्धि सम्बन्धी अपने विचारों के प्रतिपादन में उसके विचार संज्ञानात्मक विकास को अवस्थाजन्य मानने वाले मनोवैज्ञानिकों से काफी अलग हैं। स्टर्नबर्ग ने स्पष्ट किया कि विकास अवस्थाजन्य नहीं होता। यह सतत रूप से चलता रहता है और इसकी उपस्थिति बालकों और वयस्कों में समान गति से होती है अंतर उनमें केवल इस बात को लेकर रहता है कि अधिगमकर्त्ताओं के रूप में उनके द्वारा ग्रहण की जाने वाली नवीन सूचनाओं का प्रक्रियाकरण कितने बेहतर या सामान्य ढंग से होता है। इस प्रकार से बालकों के विकास के बारे में अपना मत प्रकट करते हुए स्टर्नबर्ग ने सूचना प्रक्रियाकरण उपागम की सहायता ली है उनके विकास को जैविक प्रक्रिया (biological process) से जोड़ने का प्रयत्न नहीं किया है।

इसके अतिरिक्त स्टर्नबर्ग ने बालकों तथा वयस्कों के अधिगम में कोई अंतर करने की कोशिश नहीं की है। उसके अनुसार कौन कैसा अधिगम करने के सक्षम है यह आयु और अवस्थाजन्य न होकर इस बात पर निर्भर करता है कि उसके द्वारा नवीन सूचनाओं की प्रक्रियाकरण किस ढंग से किया जाता है। जो सूचना प्रक्रियाकरण में जितना प्रवीण होगा वह संज्ञानात्मक विकास तथा अधिगम कौशल की उतनी ही ऊंचाईयों को छुएगा। इस सम्बन्ध में स्टर्नबर्ग के अनुसार एक अति महत्वपूर्ण बात यह कही जा सकती है कि सूचना प्रक्रियाकरण में व्यक्तिगत कारकों के अतिरिक्त सामाजिक एवं सांस्कृतिक कारकों का भी महत्वपूर्ण योगदान रहता है। अधिगम और विकास का कार्य सामाजिक अन्त:क्रिया से अच्छी तरह आगे बढ़ता है और इन्हीं बालकों का संज्ञानात्मक विकास अधिक अच्छी दिशा और दशा पकड़ता है जिन्हें उपयुक्त रूप से उपयुक्त मात्रा में बड़ों और गुरूजनों का मार्गदर्शन तथा साथ प्राप्त होता रहता है।

अधिगम के सूचना प्रक्रियाकरण सिद्धांतों की शैक्षिक उपयोगिता
(Educational Implications of Theories of Information Processing)

उपरोक्त वर्णित सभी सूचना प्रक्रियाकरण सिद्धांत अपने-अपने ढंग से अधिगम अर्जन हेतु निम्न प्रकार के संदेश एक अधिगम कर्त्ता को प्रदान करते हुए नजर आते हैं:

1. सूचना सामग्री चाहे शब्दिक रूप में उपलब्ध हो या अशाब्दिक रूप में, इसका अच्छी तरह प्रक्रियाकरण और अधिगम तभी संभव है जबकि इसे सार्थक खंडों या इकाइयों में विभक्त कर लिया जाए।

2. विद्यार्थियों को सदैव ही इस बात में पर्याप्त सहायता दी जानी चाहिए कि वे उपलब्ध सूचना सामग्री में से अवश्य ही यह छांटने का प्रयत्न करें कि कौन सी ऐसी सामग्री है जो उनकी दृष्टि से अधिक महत्वपूर्ण है तथा कौन सी कम महत्वपूर्ण या बिलकुल महत्वहीन। यही विश्लेषण करके उन्हें उसके प्रक्रियाकरण या अधिगम हेतु आगे बढ़ना चाहिए।
3. विद्यार्थियों की सूचना में समुचित प्रक्रियाकरण हेतु इस बात में सहायता की जानी चाहिए कि वे पूर्व उपलब्ध सूचनाओं या ज्ञान के साथ वर्तमान में ग्रहण की जा रही सूचनाओं या ज्ञान के साथ अच्छी तरह सम्बन्ध स्थापित कर सकें।
4. जहां तक संभव या सही हो, विद्यार्थियों को वे सभी अवसर प्रदान किए जाने चाहिएं जिनसे वे प्राप्त सूचनाओं की पुनरावृत्ति या पुनरावलोकन द्वारा उन्हें अपनी स्मृति में संजो सकें।
5. अधिगम सामग्री तथा अधिगम अनुभवों (अनुदेशन प्रक्रिया) को सदैव ही बहुत ही व्यवस्थित एवं क्रमबद्ध ढंग से संगठित एवं नियोजित करने के प्रयत्न करने चाहिएं ताकि सूचना सामग्री के प्रक्रियाकरण में सरलता, स्पष्टता और प्रभावोत्पादकता बनी रहे।
6. विद्यार्थियों से सदैव ही यह आशा की जानी चाहिए कि वे सूचनाओं को बिना सोचे समझे रटकर अपनी स्मृति में धारण करने की बजाय उनका उचित बोध करने तथा उन्हें अच्छी तरह समझकर उनके प्रक्रियाकरण करने में विश्वास रखें।

10

मानवतावादी परिप्रेक्ष्य और अधिगम
(Humanistic Perspective and Learning)

शिक्षा में मानवतावाद और मानवतावादी परिप्रेक्ष्य क्या है?
(What is Humanism and Humanistic Perspective in Education?)

परिभाषा के सम्बन्ध में, फ्री डिक्शनरी डॉट कॉम (Free Dictionary.com) में मानवतावाद की परिभाषा इस प्रकार दी गई है :

"विचारों या सोच की एक प्रणाली जिसका ध्यान मानव और उसके मूल्यों पर केन्द्रित होता है।" (a system of thought that focusses on human and their values)

परंतु ऐतिहासिक रूप से शिक्षा और मानव व्यवहार के क्षेत्र में एक नए परिप्रेक्ष्य और परिदृश्य के रूप में मानवतावाद का जन्म एब्राहम मैसलो, कार्ल रोजर्स, गोर्डन ऑलपोर्ट और मेल्कोलिन नॉवल्स (Malcolin Knowles- एन्ड्रोगोजी के प्रतिपादक) जैसे मनोवैज्ञानिकों और शिक्षाविदों के दृष्टिकोणों और प्रयासों के साथ सन् 1960 में हुआ।

एक दर्शन या मनोविज्ञान के एक नवीन विषय के रूप में मानवतावाद ने मानव को अधिक महत्व एवं मूल्य प्रदान किया। मानव को मात्र एक मशीन या जैसा कि व्यवहारवादी स्किनर और फ्रायड जैसे मनोवैज्ञानिक ने ईड एवं इगो के बीच संघर्ष का शिकार नहीं माना। मानवतावादी, संज्ञानात्मकतावादियों जो मानव को मात्र एक बौद्धिक प्राणी या सृजक मानते हैं तथा उसके दिल या आत्मा की आवाज, मानवीय मूल्य और उसके सम्मान को कोई महत्व नहीं देते हैं, के विचारों से भी भिन्नता रखते हैं। मनोविज्ञान के अन्य पाए जाने वाले स्कूलों तथा शिक्षा में परिप्रेक्ष्य के विपरीत यह मानव व्यवहार और शिक्षा में नया स्कूल और परिप्रेक्ष्य कुछ विशिष्ट विशेषताओं और गुणों से युक्त पाया जाता है।

मानवतावाद और मानवतावादी अधिगम की बुनियादी विशेषताएं और गुण
(Basic Characteristics and Features of Humanism and Humanistic Learning)

(i) इसमें मानव स्वतंत्रता, मूल्यों, सम्मान और योग्यताओं को समुचित महत्व दिया जाता है।

(ii) व्यक्ति मात्र एक मशीन या कलपुर्जो की तरह कार्य नहीं करते है बल्कि अपने व्यवहार और अधिगम में सोची समझी प्रतिक्रिया और मूल्यों को प्रदर्शित करते हैं।

(iii) मानव को उद्देश्यपूर्ण प्राणी के रूप में समझना चाहिए जो अपने पर्यावरण के साथ अपना अनुकूलन करने में सक्षम है और उसने अपने लिए जो लक्ष्य निर्धारित किया है उसकी प्राप्ति के लिए कार्य करने के अपने स्वयं के ढंग का चयन करने में पूरी तरह समर्थ है। ये उद्देश्य इतने सरल हो सकते हैं जैसे सामान्य शारीरिक जरूरतों की संतुष्टि करना या इतने ऊंचे और कल्पनात्मक भी हो सकते हैं, जैसे- आत्म साक्षातीकरण की प्राप्ति या वैयक्तिक पूर्णता की प्राप्ति।

(iv) हमें मानव को अपने अस्तित्व के लिए चयन की आजादी, अभिव्यक्ति की स्वतंत्रता और अपनी शिक्षण तथा विकास के लिए अधिगम अनुभवों की व्यवस्था करने और अवसर

प्रदान करने में उनकी स्वतंत्रता की इच्छा को समुचित महत्व और सम्मान प्रदान करना चाहिए।

(v) एक व्यक्ति को एक मानवीय प्राणी के रूप में जानने और समझने के लिए उसका पूर्ण (as a whole) रूप में अध्ययन करना जरूरी है। उसके लक्ष्य, अभिप्रेरक, रुचियां, अभिवृत्तियां, मूल्य, आदर्श, अधिगम के तरीके और व्यवहार करने के ढंग का भलीभांति अध्ययन करना चाहिए ताकि उसके अधिगम और विकास के लिए उसे उचित अवसर प्रदान किए जा सकें।

(vi) परंपराओं, विश्वासों, कठोर अनुशासन तथा अनुदेशन की प्राचीन अधिपत्यपूर्ण विधियों का प्रयोग करने के लिए मानव प्रकृति (स्वभाव), रुचियों और मूल्यों का बलिदान नहीं दिया जाना चाहिए।

(vii) अधिगम के सम्बन्ध में मानवतावादी दृष्टिकोण या परिप्रेक्ष्य निम्न बातों को अपनाने की वकालत करता है:

(a) पाठ्यक्रम को अपनाने, शिक्षण विधियों को अपनाने और व्यवहार में परिवर्तन लाने तथा अधिगमकर्त्ताओं के अधिगम का मूल्यांकन करने और व्यवहारात्मक परिणामों को जानने में तार्किक लचीलापन अपनाना।

(b) अधिगमकर्त्ता की अपनी स्वयं की आधारभूत मानव प्रकृति और वैयक्तिकता के अनुसार शिक्षण अधिगम का वैयक्तीकरण करना।

(c) अधिगमकर्त्ताओं के सर्वांगीण विकास और ठीक-ठीक रहने के संदर्भ में उनके साथ मानवीय व्यवहार करना, समुचित देखभाल करना ओर उन पर ध्यान देना। इसके लिए अधिगमकर्त्ताओं की जरूरतों और समस्याओं को धैर्यपूर्वक सुनना तथा उनको सहानुभूतिपूर्ण उपचार देना।

(d) शिक्षक केन्द्रित, विषय केन्द्रित या अध्यापक के अधिपत्यपूर्ण शिक्षण विधियों और उपागमों के अपनाने की बजाय बालकेन्द्रित उपागमों का प्रयोग करना।

(e) नकारात्मक और प्रतिशोधात्मक (जैसे-दंड देना या दोष लगाना आदि) पुनर्बलन के स्थान पर सकारात्मक पुनर्बलन (जैसे- पुरस्कार प्रशंसा आदि) को महत्व प्रदान करने की नीति अपनाना।

(f) विद्यार्थियों के सर्वांगीण विकास और उद्देश्यपूर्ण अधिगम में उनको सहायता प्रदान करने के लिए सतत एवं व्यापक मूल्यांकन की योजना को अपनाना।

(g) उद्देश्यपूर्ण अधिगम में विद्यार्थियों की सहायता करने के लिए उनके अनुभवों और गतिविधियों को महत्व प्रदान करने की नीति अपनाना।

मानवतावादी अधिगम इस तरह विद्यार्थियों के अधिगम हेतु एक ऐसा परिप्रेक्ष्य या विचारधारा प्रस्तुत करता है जिससे अधिगम प्रक्रिया मानवीय दृष्टिकोण और बालकों के शिक्षण और उनसे व्यवहार करने सम्बन्धी ऐसे मानवीय तरीके अपनाने की बात करता है जो व्यवहारवादी, संज्ञानात्मकतावादी और रचनात्मकतावादी परिप्रेक्ष्य एवं विचारधारा से बिल्कुल अलग है। मानवीय अधिगम के क्षेत्र में मानवतावादी उपागम या विचारधारा के अनुप्रयोग के दृष्टांत के रूप में हम अधिगम के मानवतावादी सिद्धांत का संक्षिप्त विवरण यहां प्रस्तुत कर रहे हैं, जिसका प्रतिपादन प्रसिद्ध मानवतावादी मनोवैज्ञानिक-सह-शिक्षाविद् कार्ल रोजर्स ने किया और जिसे कार्ल रोजर्स के अनुभवजन्य अधिगम सिद्धांत के नाम से जाना जाता है।

रोजर्स का अनुभवजन्य अधिगम सिद्धांत
(Rogers' Theory of Experiential Learning)

सन् 1983 में लिखी अपनी पुस्तक फ्रीडम टू लर्न फॉर द 80's (Freedom to learn for the 80's) में रोजर्स ने अपने अनुभवजन्य अधिगम सिद्धांत का विस्तार से प्रस्तुतीकरण किया है। इसमें उसने यह बताने का प्रयत्न किया है कि अधिगमकर्त्ता किस प्रकार अपने स्वयं के प्रयासों से अपने सामाजिक-सांस्कृतिक वातावरण में उपलब्ध अनुभवों के आधार पर सीखने तथा अपने ज्ञान के सृजन में सफलता प्राप्त करते हैं। आइए देखते हैं कि रोजर्स ने अपने अधिगमजन्य अनुभव सिद्धांत से जुड़े हुए विचारों का सृजन कर अपने सिद्धांत को किस रूप में सबके सामने रखा है।

अधिगम की मूल प्रकृति की खोज करते हुए रोजर्स ने अधिगम के दो रूपों संज्ञानात्मक तथा अनुभवजन्य (Cognitive and experiential) में अन्तर स्पष्ट करने का प्रयत्न किया। उसने संज्ञानात्मक अधिगम को तब तक निरर्थक करार दिया जब तक कि वह किसी कार्य के सम्पादन में सहायक सिद्ध न हो। इस प्रकार का अधिगम रोजर्स के अनुसार ज्ञान केन्द्रित और ज्ञान आधारित होता है। इसलिए उसमें शब्द भण्डार, गुणक तालिका, गणित के सूत्र, ऐतिहासिक घटनाएं तथा भौगोलिक तथ्य आदि शामिल रहते हैं। दूसरी ओर अनुभवजन्य अधिगम व्यक्ति विशेष की प्रगति और कल्याण हेतु काफी सार्थक सिद्ध होता है। इसका सम्बन्ध अर्जित ज्ञान को काम में लाने से होता है, जैसे-एक कार की मरम्मत करने हेतु इंजनों के बारे में किया गया अधिगम, बालकों को उनकी बुरी आदतों को छुड़ाने में सहायता प्रदान करने हेतु मनोवैज्ञानिक सिद्धांतों और विधियों के सम्बन्ध में किया गया अधिगम आदि। इस तरह अनुभवजन्य अधिगम पूरी तरह अधिगमकर्त्ता केन्द्रित अधिगम होता है। यह अधिगमकर्त्ता की आवश्यकताओं और चाहतों को पूरा करने हेतु किया जाता है। इस तरह के अनुभवजन्य अधिगम में अपनी क्या विशेषताएं रहती हैं, इसके सम्बन्ध में रोजर्स ने निम्न बातें कही हैं-

1. अनुभवजन्य अधिगम में अधिगमकर्त्ता व्यक्तिगत रूप से समर्पित रहता है।
2. अधिगमकर्त्ता के द्वारा इस प्रकार के अधिगम हेतु स्वयं ही पहल की जाती है। वह अपनी मर्जी से इस प्रकार के अधिगम के लिए तत्पर होता है।
3. इस प्रकार के अधिगम में स्वमूल्यांकन की विशेषता पाई जाती है। अधिगमकर्त्ता स्वयं ही इस बात में रुचि दिखाता है कि अधिगम उद्देश्यों की प्राप्ति के संदर्भ में उसके द्वारा किए गए अधिगम के परिणाम किस प्रकार के रहे। उदाहरण के लिए, बिजली के उपकरणों की मरम्मत से संबंधित जो अधिगम उसने किया है क्या वह इसका उपयोग विद्युत उपकरणों की मरम्मत में कर सकता है या नहीं।
4. इस प्रकार का अधिगम स्थायी प्रकृति का होता है और उसे समान परिस्थितियों में आगे भी भली-भांति काम में लाया जा सकता है। कहने का तात्पर्य है कि इस प्रकार के अधिगम में जो कुछ भी सीखा जाता है उसे अधिगमकर्त्ता, जब और जहां आवश्यकता हो, उसके अनुरूप अपने काम में लाने में समर्थ रहता है।

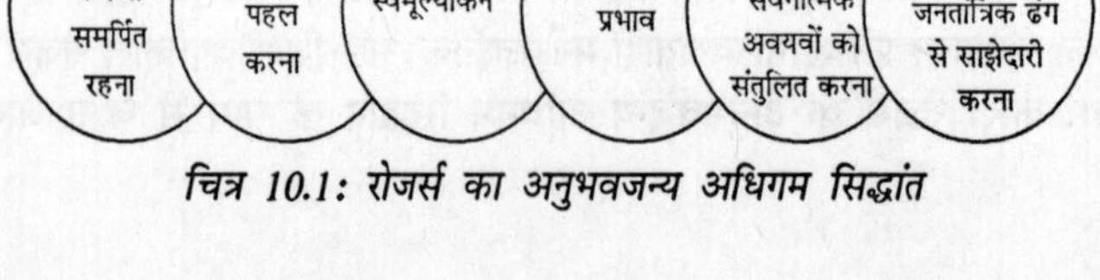

चित्र 10.1: रोजर्स का अनुभवजन्य अधिगम सिद्धांत

मानवतावादी होने के नाते रोजर्स मानवमात्र की अच्छाइयों, ताकत तथा क्षमताओं में विश्वास रखता है। उसके अनुसार प्रत्येक मनुष्य में अधिगम के प्रति एक स्वाभाविक झुकाव होता है और उनमें वांछित रूप से वृद्धि और प्रगति को प्राप्त करने की लालसा रहती है। इसलिए हम अभिभावकों और अध्यापकों का यह कर्तव्य हो जाता है कि हम बालकों को उनके उचित व्यवहार परिवर्तन तथा वृद्धि सम्बन्धी स्वाभाविक इच्छा की पूर्ति में अपना भरसक योगदान दें। हमें विद्यार्थियों के लिए इस प्रकार के अधिगम की राह आसान करनी चाहिए जो उन्हें उनकी आवश्यकताओं और शक्तियों के अनुरूप वृद्धि और विकास को प्राप्त करने में मदद करे। अनुभवजन्य अधिगम के इस प्रकार के प्रयोजनों को पूरा करने हेतु अध्यापकों और अभिभावकों से निम्न बातों के सम्पादन की अपेक्षा की जाती है :

(i) अधिगम हेतु एक अनुकूल और सकारात्मक वातावरण प्रदान करना।

(ii) अधिगमकर्त्ताओं को अपने अधिगम के सम्बन्ध में निश्चित अधिगम उद्देश्यों की स्थापना करने में मदद करना।

(iii) अधिगम संसाधनों का संगठन और उन्हें अधिगमकर्त्ताओं को उपलब्ध कराना।

(iv) अधिगम के बौद्धिक एवं संवेगात्मक अवयवों में तालमेल बैठाना।

(v) अधिगमकर्त्ताओं के साथ जनतांत्रिक ढंग से विचारों और भावनाओं का आदान प्रदान करना।

इस तरह अध्यापक का मुख्य उत्तरदायित्व उसके इस कार्य में निहित रहता है कि वह एक चल रही शिक्षण अधिगम प्रक्रिया में पूरी निष्ठा के साथ एक सहायक, पथप्रदर्शक, सुविधा प्रदान करने वाले शुभेच्छु की भूमिका निभा सके। उसका कार्य केवल सूचनाएं प्रदान करना और सूचना अथवा तथ्य जानने की दिशा में अपनी प्रवीणता का प्रदर्शन करना ही नहीं है। एक अध्यापक को अनुभवजन्य विचारधारा की अनुपालना हेतु विभिन्न प्रकार के साधन और सामग्री और अपनी अध्यापक संगत विशेषताओं का प्रयोग करते हुए एक ऐसे शुभेच्छु की भूमिका निभानी होती है, जिससे विद्यार्थियों को स्वयं अपने प्रयासों से अधिगम अनुभव प्राप्त करने की राह आसान हो जाए। अध्यापकों द्वारा क्या किया जाए और उनके द्वारा किस प्रकार के सुविधाजन्य वातावरण की सृष्टि की जाए, इस सम्बन्ध में आवश्यक संकेत देते हुए रोजर्स ने यह बताने की कोशिश की है कि विद्यार्थियों द्वारा किया गया अनुभवजन्य अधिगम उस अवस्था में भली-भांति संपन्न होता है:

(i) जब अधिगमकर्त्ता के आत्म को ठेस या खतरा पहुंचने की कम से कम संभावना हो।

(ii) जब अधिगम संसाधन और अधिगम वातावरण अधिगमकर्त्ता के अनुकूल हो।

(iii) जब अधिगमकर्त्ता की अधिगम प्रक्रिया में सम्पूर्ण रूप से भागीदारी रहे और उसका अधिगम की प्रकृति और दिशा पर पूर्ण नियंत्रण हो।

(iv) जब यह मुख्य रूप से अधिगमकर्त्ता को प्रयोगात्मक, सामाजिक, व्यक्तिगत या अनुसंन्धान क्षेत्रों से सीधा सम्पर्क कराने में समर्थ हो।

(v) जब प्रगति और सफलता के आकलन हेतु स्व-मूल्यांकन को एक मुख्यविधि के रूप में काम में लाया जाए।

(vi) जब अधिगमकर्त्ता, अधिगम के महत्व को समझे, अधिगम के लिए सभी दरवाजे खुले रखे तथा अधिगम में अपने स्वयं की रुचि और इच्छा से आगे आए।

इस तरह से अनुभवजन्य अधिगम वास्तव में एक अधिगमकर्त्ता केन्द्रित प्रयास है। यहां शिक्षण-अधिगम का केन्द्रबिंदु अधिगमकर्त्ता स्वयं होता है और अध्यापक की भूमिका

यहां मात्र एक अच्छे सहायक, पथप्रदर्शक और सुविधा प्रदान करने वाले की रहती है। अधिगम की सारी जिम्मेदारी अधिगमकर्त्ता के कंधों पर ही रहती है। उसे ही अपने व्यवहार में अपेक्षित परिवर्तन लाने तथा वैयक्तिक और सामाजिक विकास करने की राह पर चलना होता है। परंतु यहां यह भी जरूरी है कि उचित समय पर उचित रूप में अध्यापक द्वारा आवश्यक मार्ग दर्शन और सहायता प्रदान की जाए जिससे विद्यार्थी उचित अधिगम राह से विचलित न हों। मुख्य बात यह है कि हमें अधिगमकर्त्ता को यह महसूस कराना चाहिए कि उसके लिए किया जाने वाला अधिगम कितना महत्वपूर्ण है। इस दिशा में अपने सुझाव देते हुए रोजर्स ने कहा है कि अधिगम को अधिगमकर्त्ता के लक्ष्यों, आदर्शों तथा अभिप्रेरकों से जोड़ना काफी आवश्यक है। परिणामस्वरूप एक ऐसा अधिगमकर्त्ता जो अधिक धनवान और समृद्ध होने सम्बन्धी बातों से अधिक रूचि रखता है उसे अर्थशास्त्र, वित्तीय, बैकिंग, व्यापार और वाणिज्य से संबंधित सम्प्रत्ययों के अध्ययन के अवसर देना अधिक उपयुक्त रह सकता है।

अपने विशेष रुझान और महत्वाकांक्षा की पूर्ति करने हेतु वह अवश्य ही इस प्रकार के अधिगम में उन विद्यार्थियों की अपेक्षा अधिक सफलता का प्रदर्शन करेगा जिनकी धन और अर्थ सम्बन्धी मामलों में कम रुचि है।

निष्कर्ष रूप में अब यह अच्छी तरह कहा जा सकता है कि कार्ल रोजर्स ने अपने अनुभवजन्य अधिगम सिद्धांत के माध्यम से अध्यापकों द्वारा शिक्षण अधिगम हेतु एक ऐसे मानवतावादी और विद्यार्थी केन्द्रित उपागम को अपनाने का मार्ग प्रशस्त किया है जिससे विद्यार्थियों के अधिगम कार्य को अधिक मानवतावादी तथा उनकी आवश्यकताओं और रुचियों के अनुकूल ढाल कर उन्हें उनके विकास और प्रगति के इच्छित गन्तव्यों पर पहुंचने में आवश्यक मदद मिल सके।

बन्डूरा का सामाजिक-अधिगम सिद्धांत (Bandura's Social Learning Theory)

प्रसिद्ध अमेरिकन सामाजिक अधिगम सिद्धांतवादी अलबर्ट बन्डूरा ने बच्चों के द्वारा ज्ञान की रचना में सामाजिक अधिगम के योगदान पर प्रकाश डाला। उसने इस बात पर जोर दिया कि बच्चे अवलोकन करके तथा अपने सामाजिक जीवन में बहुत सी बातों में पहल करते हुए तथा सक्रिय होते हुए अधिगम करते हैं या अपने ज्ञान की रचना करते हैं। बच्चों के द्वारा अर्जित इस अधिगम या इस प्रकार के ज्ञान की रचना को उसने सामाजिक अधिगम नाम दिया और यही कारण है कि जिस सामाजिक अधिगम सिद्धांत को उन्हें जन्म दिया उसे उनके ही नाम से "बंडूरा का सामाजिक - अधिगम सिद्धांत" कहा जाता है। यह अधिगम सिद्धांत अपने आप में क्या है, इस पर प्रकाश डालते हुए स्वयं बंडूरा ने (जैसा कि लेविन, 1978 ने अपनी पुस्तक में लिखा है) निम्न प्रकार टिप्पणी की है –

> "हम अपने परिवेश में उपस्थित उद्दीपकों के प्रति आंख बंद करके अपनी अनुक्रिया व्यक्त नहीं करते बल्कि जो हमें अपने परिवेश में उचित अनुक्रिया करने के लिए उपलब्ध है उससे सही अनुक्रिया के चुनाव के लिए हम अपनी अन्तःदृष्टि और पूर्वानुभवों को काम में लाते हैं। इस प्रकार के चयन सम्बन्धी निर्णय हमारे ऐसे अप्रत्यक्ष अथवा निरीक्षण जन्य अनुभवों पर आधारित होते हैं जिनसे प्रायः दूसरों के व्यवहार की छाप होती है अथवा उसका अनुकरण होता है।"
>
> (We do not blindly respond to environmental stimuli. Rather, we pick and choose from many environmental options, basing our decisions on our

own insights and experiences. This we do through vicarious or observational learning, by incorporating and imitating the behaviour of those around us.)

प्रत्यक्ष अनुभवों पर आधारित अधिगम्र की बजाय सामाजिक अधिगम सिद्धांत इस तरह निरीक्षण अथवा अप्रत्यक्ष अधिगम (अप्रत्यक्ष अनुभवों पर आधारित अधिगम) का पक्षधर है। इस सिद्धांत के प्रतिपादकों का यह मानना है कि जो कुछ भी हमारे द्वारा सीखा जाता है उसमें अधिकांश हमारे द्वारा दूसरों को देखने और सुनने के माध्यम से ही अर्जित किया जाता है। बालकों में शुरू से ही अपने परिवेश में विद्यमान सभी बातों और प्रक्रियाओं का गहन अवलोकन करने की आदत होती है और इसी के फलस्वरूप वे दूसरों के विशेषकर अपने माता-पिता, परिवार के सदस्यों, अपने अध्यापक तथा अपने से अन्य बड़ों के व्यवहार का अवलोकन करते रहते हैं। उनका यह अवलोकन, केवल अवलोकन तक ही सीमित नहीं रहता बल्कि वे जो देखते हैं उसका अनुकरण करने की कोशिश करते हैं। निरीक्षण अथवा अवलोकन जन्य अधिगम को अर्जित करने की क्षमता या योग्यता बालकों में कितनी होती है, इस बात को प्रयोगशाला परीक्षणों तथा दिन-प्रतिदिन की बातों का अवलोकन कर अच्छी तरह सिद्ध किया जा सकता है। एक बालक जब अपने पिता अथवा परिवार के बड़े सदस्यों को भोजन की थाली सिर्फ इस वजह से फेंकते हुए देखते है क्योंकि उस थाली में उस सदस्य की पसंद का भोजन नहीं है तब वह बालक स्वतः ही इस प्रकार के व्यवहार सम्बन्धी अनुभवों को अर्जित करना और इस अर्जित व्यवहार को ऐसी ही परिस्थितियों में ज्यों का त्यों प्रस्तुत करना सीख जाता है। इसी तरह एक बालक अपने उन चहेते अभिनेताओं के व्यवहार अपने व्यवहार में शामिल करने और उनका अनुकरण करना सीख जाता है जिनके बारे में वह कहानी और उपन्यासों में पढ़ता है, टेलीविजन के पर्दे पर और चलचित्रों में देखता है। इन परिस्थितियों में वे व्यक्ति जिनके व्यवहार का अवलोकन कर वह अपने व्यवहार में उतारने अथवा अनुकरण करने का प्रयत्न करता है, उन्हें मॉडल या प्रतिमान की संज्ञा दी जाती है और इसी अर्थ में निरीक्षण या अवलोकनात्मक अधिगम को प्रतिमानीकरण अथवा मॉडलिंग (Modelling) का नाम दिया जाता है।

इस तरह यद्यपि प्रत्यक्ष अनुभवों को अधिगम हेतु सबसे अधिक प्रभावपूर्ण और शाक्तिशाली संसाधन माना जाता है परन्तु इस कार्य में अप्रत्यक्ष अनुभवों की भूमिका को भी नजरअन्दाज नहीं किया जा सकता क्योंकि इन्हीं के माध्यम से हमें निरीक्षण या अवलोकनात्मक अधिगम का अर्जन होता है, अधिकांश परिस्थितियों में तो इन्हें ही प्रत्यक्ष अनुभवों के स्थान पर अधिक उपयुक्त, मितव्ययी तथा उपयोगी पाया जा सकता है। अप्रत्यक्ष अनुभवों की ऐसी भूमिका तथा योगदान पर अपने विचार व्यक्त करते हुए अलवर्ट बंडूरा (Bandura, 1977) ने लिखा है:

> स्वयं की सफलताओं या असफलताओं से सबक लेते हुए क्या करना सही है इस तरह के अधिगम अर्जन के माध्यम से हम अपने बच्चों को तैरना, किशोरों को ओटोमोबाइल चलाना तथा अनुभवहीन मैडीकल विद्यार्थियों को सर्जरी करने की शिक्षा और प्रशिक्षण नहीं देते। ऐसा करने के कितने मंहगे और खतरनाक परिणाम हो सकते हैं। इस प्रकार की संभावनाओं के परिप्रेक्ष्य में ही हमारी उचित उदाहरणों (अप्रत्यक्ष अनुभवों) द्वारा निरीक्षण या अवलोकनात्मक अधिगम करने सम्बन्धी आश्रितता बढ़ जाती है।''
>
> (One does not teach childern to swim, adolescents to drive autombiles, and novice medical students to perform surgery by having them discover

the appropriate behaviour through the consequences of their successes or failures. The more costly and hazardous the possible mistakes, the heavier is the reliance on observationl learning from competent examples.)

अवलोकनात्मक अधिगम इस तरह से विद्यार्थियों को उनके अपने अप्रत्यक्ष अनुभवों तथा सफलताओं या असफलताओं से सबक लेकर सीखने के अलावा अप्रत्यक्ष अनुभवों यानी दूसरों के अनुभवों से सबक लेकर सीखने में मदद करता है। यह यहां किसी व्यक्ति को अब जहरीले सांप से अपने आपको कटवाकर सांप के विष से होने वाली संभावित मौत का अनुभव करने जैसे खतरों से खेलने की जरूरत नहीं है। वह इस बात को स्वाभाविक रूप से होने वाले ऐसे हादसों का अपने दैनिक जीवन में अथवा सिनेमा टेलीविजन और वीडियो फिल्मों में दिखाए जाने वाले दृश्यों के अवलोकन से अच्छी तरह जान सकता है।

अधिगम कैसे होता है? (How does Learning take place?)

सामाजिक अधिगम सिद्धांत के अनुसार अधिगम हेतु सामाजिक परिवेश जरूरी होता है। इस परिवेश में जब बालक दूसरों की व्यवहारगत क्रियाओं का निरीक्षण, अवलोकन करता है तो इस प्रकार के व्यवहार को स्वयं अपने व्यवहार में ढालने की प्रक्रिया स्वाभाविक रूप में बालक में शुरू हो जाती है। अपने से बड़ों या जिनसे प्रभावित होकर वह अपना आदर्श मानने लगता है, उनके जैसा होने की चाहत में वह उनके व्यवहार का अनुकरण करने की कोशिश करता हुआ उनके व्यवहार सम्बन्धी क्रियाओं का संपादन करना सीख जाता है। सीखने की यह प्रक्रिया किस तरह चलती है, यह स्पष्ट करने हेतु बंडूरा (1977) ने इस सदंर्भ में निम्न चार सोपानों का उल्लेख किया है।

1. व्यवहार के प्रति ध्यान देना और उसका प्रत्यक्षीकरण (Attending to and perceiving the behaviour): इस प्रथम सोपान में अधिगमकर्त्ता (Learn) से यह अपेक्षा की जाती है कि वह किसी व्यक्ति विशेष (जिसे उसके सामने एक प्रतिमान या मॉडल के रूप में प्रस्तुत किया जा रहा है) के व्यवहार पर अपना ध्यान केन्द्रित कर उसका ठीक तरह से अवलोकन या निरीक्षण करे। यहां अधिगमकर्त्ता इस बात के लिए स्वतंत्र होता है कि वह मॉडल के सम्पूर्ण व्यवहार या उसकी व्यवहारगत कुछ बातों के प्रति आकर्षित होकर उनको अपने निरीक्षण या अवलोकन का विषय बनाए।

2. व्यवहार को याद रखना (Remembering the behaviour): इस द्वितीय सोपान में अधिगमकर्त्ता से यह अपेक्षा की जाती है कि संपूर्ण व्यवहार या उससे संबंधित बातों के ऊपर ध्यान देकर उसके द्वारा निरीक्षण या अवलोकन किया गया है, उनके प्रभाव को मानसिक बिंबों के रूप में अपनी स्मृति में धारण कर ले।

3. स्मृति की क्रियात्मक रूप में परिणिति (Converting the memory into action): इस सोपान में अधिगमकर्त्ता से यह अपेक्षा की जाती है कि वह उस व्यवहार को, जिसका उसके द्वारा अवलोकन तथा स्मृति से धारण किया गया हो, अच्छी तरह विश्लेषण कर यह जानने का प्रयत्न करे कि उसकी तथा उसके परिवेश सम्बन्धी परिस्थितियों तथा आवश्यकताओं में अवलोकन किए गए व्यवहार में से क्या कुछ अनुकरणीय है। इस तरह के निष्कर्ष पर पहुंचकर ही अधिगमकर्त्ता के द्वारा अनुकरणीय व्यवहार के अनुकरण हेतु अपने प्रयत्न करने चाहिये। इस तरह अधिगमकर्त्ता द्वारा निरीक्षत मॉडल के व्यवहार सम्बन्धी उन्हीं बातों का अनुकरण कर अपने व्यवहार का अंग बनाने के लिए कदम उठाए जाते हैं जिन्हें वह ठीक समझता है। अलग-अलग अधिगमकर्त्ताओं द्वारा इस तरह प्रदर्शित मॉडल

व्यवहार की अलग-अलग बातों को अपने अनुकरण और अधिगम का विषय बनाया जा सकता है और यही बात उनके अधिगम में व्यक्तिगत भेदों को जन्म देने का कारण बनती है।

अनुकरण किए गए व्यवहार का पुनर्बलन (Reinforcement of the Imitated Behaviour)

इस अंतिम सोपान में प्रदर्शित मॉडल व्यवहार की जिन बातों की अनुकरण करने की चेष्टा एक अधिगमकर्त्ता द्वारा की जाती है उसके इन व्यवहार सम्बन्धी चेष्टाओं को ही भली-भांति पुनर्बलन प्रदान करने का कार्य ही अब शिक्षक, प्रशिक्षक या अभिभावक वर्ग द्वारा किया जाता है ताकि वह अनुकरण किए व्यवहार को अच्छी तरह अर्जित कर अपने व्यवहार का अंग बनाने में समुचित सफलता प्राप्त कर सके।

बंडूरा द्वारा प्रतिपादित ये चारों सोपान किसी के अधिगम अर्जन में कैसे सहायक सिद्ध हो सकते हैं, आइए इस बात को एक उदाहरण द्वारा समझा जाए। माना कि कोई नव विवाहिता दूरदर्शन के किसी चैनल पर प्रसारित कोई ऐसा कार्यक्रम देखती है जिसमें किसी नवीन व्यंजन को तैयार करने सम्बन्धी ज्ञान और कौशल का प्रदर्शन किया गया हो। वह इस प्रदर्शन सम्बन्धी बातों को अपनी स्मृति में धारण करने का प्रयत्न करती है और फिर अपनी रसोई में जाकर प्रदर्शित विधि का अनुकरण करती हुई उस नवीन व्यंजन को तैयार करने में जुट जाती है। इस नये व्यंजन को तैयार करने सम्बन्धी उसके इस प्रकार के अधिगम प्रयत्नों को जब आगे जिस प्रकार का पुनर्बलन प्राप्त होगा, उसी के मुताबिक उसको अपने अधिगम कार्य में आगे सफलता मिल सकेगी। अब अगर पति तथा अन्य ससुराल वालों ने इसे नये व्यंजन की सराहना की तो फिर अवश्य ही जो कुछ अवलोकन तथा अनुकरण द्वारा उसने सीखा है उसे उसके व्यवहार का स्थायी अंग बनने में देर नहीं लगेगी।

इस प्रकार से सामाजिक अधिगम (अवलोकन तथा अनुकरण द्वारा अर्जित अधिगम) हमें अपने व्यवहार सम्बन्धी अनेक बातों के प्रभावपूर्ण अधिगम में यथेष्ट रूप से सहायक सिद्ध हो सकता है। कोई व्यक्ति किस प्रकार अपने प्यार या क्रोध का प्रदर्शन करता है, सहानुभूति या ईर्ष्या जताता है, बोलता है और लिखता है, वेश-भूषा धारण करता है तथा खाता-पीता है, मिलता-जुलता है या शर्माता है, सामाजिक अधिगम सिद्धांत अनुसार यह सब कुछ इस बात पर निर्भर करता है कि व्यक्ति विशेष से अधिगम अनुभव अर्जित करने के दौरान दूसरों के व्यवहार का (जिन्हें वह अपना आदर्श मानता है) किस रूप में अवलोकन, स्मृति धारण तथा अनुकरण किया है और फिर उनके द्वारा अनुकरण किए जाने इस व्यवहार को किस प्रकार का पुनर्बलन प्राप्त हुआ है।

11

रचनात्मकतावादी विचारधारा और अधिगम (Constructivist Perspective and Learning)

विषय प्रवेश (Introduction)

शिक्षा और मनोविज्ञान के क्षेत्र में अवतरित रचनात्मकतावाद अपेक्षाकृत काफी आधुनिक दृष्टिकोण तथा एक नई विचारधारा का प्रतिनिधित्व करता है। एक बालक कैसे सीखता है तथा बौद्धिक रूप से किस तरह विकसित होता है इससे संबंधित हमारी सोच तथा समझ को एक अलग नया रूप देने में इस विचारधारा ने काफी महत्वपूर्ण योगदान दिया है। रचनात्मकतावादी दर्शन या विचारधारा ने अधिगम के क्षेत्र में एक नए प्रकार के अधिगम को भी, जिसे रचनात्मकतावादी अधिगम कहा जाता है, जन्म दिया है। देखा जाए तो हमारी शिक्षा और शिक्षा प्रक्रिया में जहां पहले व्यवहारवाद (Behaviourism) का बोलबाला था वहां संज्ञानात्मकता और रचनात्मकता को लाकर वास्तव में देखा जाए तो रचनात्मकतावाद ने शिक्षा और उसकी प्रक्रिया के मायने ही बदल दिए हैं। जो कुछ हमें अपनी परंपरागत शिक्षा प्रणाली, अनुदेशन तथा अधिगम में नजर आता है उसे बहुत कुछ सीमा तक व्यवहारवाद और व्यवहारवादी अधिगम सिद्धांतों की ही देन कहा जा सकता है। इस प्रणाली में व्याख्या या प्रदर्शन के माध्यम से हम पहले से ज्ञात सूचनाओं, ज्ञान तथा कौशलों को बालकों के मस्तिष्क में सीधे ही भरने या ठूंसने की कोशिश करते रहते हैं। विद्यार्थियों से इस दौरान मूक दर्शक और निष्क्रिय श्रोता बने रहकर जो कुछ कहा या दिखाया जाए उसे चुपचाप सुनने और देखने तथा जब भी आवश्यकता हो उसका ज्यों का त्यों पुनः उत्पादन या प्रस्तुतीकरण करने की अपेक्षा की जाती है। इस प्रणाली में विद्यार्थी को यह जानने, समझने या चिंता करने की जरूरत नहीं होती कि उसे जो सूचनाएं तथा ज्ञान दिया जा रहा है वह कहां से आया है अथवा उसका सृजन या रचना कैसे हुई है। उसका कार्य तो जो कुछ उसे अध्यापक द्वारा दिया जा रहा है उसको ग्रहण करने, उसकी पुनरावृत्ति एवं अभ्यास कर अपनी स्मृति में धारण किए रहने तथा उसे अपने द्वारा ग्रहीत स्वरूप में ही ज्यों का त्यों पुनः प्रस्तुत कर देना होता है। रचनात्मकतावाद अपनी विचारधारा और अधिगम सिद्धांतों दोनों ही बातों में व्यवहारवाद द्वारा प्रतिपादित इस परंपरागत शिक्षा तथा अधिगम व्यवस्था का घोर विरोधी है। इसका मानना है कि विद्यार्थियों को अपने पूर्व अनुभवों तथा वर्तमान में अपने परिवेश के साथ होने वाली अंतः क्रिया के माध्यम से अपने लिये वांछित ज्ञान की रचना करते हुए अपने अधिगम अर्जन तथा संज्ञानात्मक विकास में सक्रिय भूमिका निभानी चाहिये। इस तरह एक सीखने वाला तभी सीख सकता है जब वह वांछित ज्ञान का अकेले या समूह में स्वयं अपने प्रयत्नों द्वारा अर्जन या सृजन करे इस प्रकार की अपनी धारणा में अटूट विश्वास रखना ही रचनात्मकतावादी दर्शन की मुख्य और केन्द्रीय बात कही जा सकती है।

रचनात्मकतावाद का ऐतिहासिक उद्भव एवं इसके प्रकार (Historical Evolution of Contructivism and its Types)

मानव अधिगम के एक विशेष दर्शन या विचारधारा के रूप में रचनात्मकतावाद को

जन्म देने का श्रेय अठाहरवीं शताब्दी के एक दार्शनिक जिआम्बा हिस्टा विको (Giamba hista vico) को जाता है जिसने पहली बार यह बताने की कोशिश की हम मनुष्य किसी बात को तभी अच्छी तरह समझ पाते है जब वह बात हमारे स्वयं के द्वारा ही अस्तित्व में आती है (उसकी रचना या सृजन हमारे हाथों से ही होता है।) या स्वयं ही हमने अपने प्रयत्नों से उसका अधिगम किया हो। इसके बाद प्रसिद्ध शिक्षा शास्त्री एवं दार्शनिक जोहन डेवी (John Dewey) ने अनुभव (experience) को शिक्षा और उसकी प्रक्रिया का केन्द्रीय तत्व करार देते हुए स्वयं अपने अनुभवों के द्वारा ही ज्ञान प्राप्ति पर बल दिया। शिक्षा की परिभाषा देते हुए डेवी ने लिखा कि "शिक्षा वह प्रक्रिया है जिसमें अनुभवों की पुनर्रचना तथा पुनर्गठन (reconstruction and reorganization of experiences) का कार्य निरंतर चलता रहता है।" डेवी की बालक के विकास हेतु उसके अपने अनुभवों की इस प्रकार की सतत पुनर्रचना तथा पुनर्गठन की आवश्यकता सम्बन्धी अवधारणा ने ही वह मार्ग प्रदान किया जिस पर आगे चलकर प्रसिद्ध संज्ञानात्मक मनोवैज्ञानिक जीन पियाजे ने अपनी कुछ अनूठी अवधारणाओं जैसे संज्ञानात्मक संरचना, आत्मसातीकरण, समायोजीकरण तथा संतुलनीकरण को प्रस्तुत करते हुए अपने जगप्रसिद्ध संज्ञानात्मक विकास सिद्धांत तथा रचनात्मकतावादी अधिगम को हमारे सामने रखा। पियाजे के पश्चात् तो रचनात्मकतावाद को प्रोत्साहन देने तथा इससे संबंधित सिद्धांतों का प्रतिपादन करने वाले मनोवैज्ञानिकों तथा विद्वानों की मानो लाइन सी लग गई। इस संदर्भ में जिन्होंने अपने बिलकुल अलग ही विचार रखते हुए उल्लेखनीय योगदान दिया उनमें प्रमुख रूप से लेव व्यगोत्सकी (प्रसिद्ध रूसी मनोवैज्ञानिक), जीरोम ब्रूनर (प्रसिद्ध अमेरिकन संज्ञानात्मक मनोवैज्ञानिक) तथा अरनेस्ट वोन ग्लेजरफील्ड (प्रसिद्ध जर्मन मनोवैज्ञानिक) का नाम लिया जाता है। इन तीनों ने अपनी दार्शनिक विचारधारा और अपने-अपने अनुसंधान कार्यों द्वारा अलग-अलग प्रकार की रचनात्मकतावादी विचारधारा, अधिगम/अनुदेशन तथा विकास के सिद्धांतों को जन्म दिया। रचनात्मकतावाद के ऐतिहासिक उद्‌भव की दृष्टि से इन सभी के द्वारा प्रतिपादित रचनात्मकतावाद को ठीक प्रकार से समझना अति आवश्यक है। पर इस अध्याय में उदाहरणार्थ हम केवल पियाजे तथा व्यगोत्स्की द्वारा प्रतिपादित रचनात्मकतावाद का ही वर्णन करना चाहेंगे।

जीन पियाजे का वैयक्तिक रचनात्मकतावाद
(Jean Piaget's Individual Contructivism)

पियाजे बालकों को सीधे ही पहले से ही वर्तमान या दूसरों के द्वारा सृजित या रचित ज्ञान देने के पक्ष में नहीं थे। उनके विचार में सही ज्ञान वह होता है जिसकी प्राप्ति करने वाले द्वारा स्वयं रत्रना की जाती है, जिसे स्वयं उसके द्वारा ढूंढा जाता है अथवा जिसका स्तयं उसके द्वारा अपने अनुभवों के द्वारा अर्जन किया जाता है। पियाजे से पहले कुछ संज्ञानात्मकतावादी मनोवैज्ञानिकों ने अपनी रचनात्मकतावादी विचारधारा को प्रस्तुत करने हेतु सूचना प्रक्रियाकरण उपागम (Information processing approch) का उपयोग करते हुए अपनी यह धारणा व्यक्त की थी कि ज्ञान रचना का कार्य हमारे मस्तिष्क में सूचनाओं या ज्ञान की इन्द्रियजनित अनुभूति से प्रारंभ होता है। इन्द्रियजनित अनुभूति के रूप में प्राप्त इस इनपुट (Input) का फिर सूचना प्रक्रियाकरण तन्त्र (Information processing System) के रूप में कार्य कर रहे हमारे मस्तिष्क द्वारा प्रक्रियाकरण (Processing) किया जाता है। इस प्रक्रियाकरण में इन्द्रियजनित अनुभूतियों को पहले चिन्ह संरचनाओं (मान्यताओं, प्रतिमाओं या शीमाज आदि) में बदला जाता है और फिर इन चिन्ह संरचनाओं का प्रक्रियाकरण (पुनरावृत्ति,

अभ्यास, विस्तारीकरण आदि) किया जाता है ताकि प्राप्त सूचनाओं या ज्ञान को स्मृति में धारण कर उसका पुनः उत्पादन किया जा सके। इस प्रकार से सूचना प्रक्रियाकरणवादी मनोवैज्ञानिकों के अनुसार, "व्यक्ति विशेष अपने मस्तिष्क में हूबहू चित्र बनाते हुए बाह्य वास्तविकता की पुनर्रचना करने का प्रयत्न करता है" (Individual tries to reconstruct outside reality by building accurate mental representation within his mind).

पियाजे ने रचनात्मकतावाद के इस अरचनात्मक तथा असृजनात्मक स्वरूप के विरुद्ध आवाज उठाते हुए कहा:

> "ज्ञान वास्तविकता की प्रतिलिपि नहीं है। किसी वस्तु के बारे में जानने या किसी घटना के बारे में जानना उसे देखकर केवल उसकी मानसिक प्रतिलिपि या प्रतिमा कायम करना नहीं है। किसी वस्तु के बारे में जानने हेतु उसके साथ कुछ करना होता है। उसे जानना, उसमें कुछ संशोधन करना है, उसको बदलना होता है तथा इस बदलाव की प्रक्रिया को समझना होता है और फिर परिणामस्वरूप यह समझना होता है, कि वस्तु की रचना कैसे की गई है।"
>
> (Knowledge is not a copy of reality. To know an object, to know an event, is not simply to look at it and make a mental copy or image of it. To know an object is to act on it, to know is to modify, to transform the object and to understand the process of transformation and as a consequence to understand the way the object is constructed - Piaget 2003, p. 5)

इस प्रकार से पियाजे ने यह स्पष्ट करने का प्रयत्न किया कि ज्ञान की प्राप्ति स्वयं अपने द्वारा ज्ञान की रचना किए जाने से ही होती है। परन्तु यह कार्य इतना सरल नहीं जितना कि सूचना प्रक्रियाकरणवादी मनोवैज्ञानिकों द्वारा दिखाने की चेष्टा की गई है। यह सही है कि ज्ञान की रचना का कार्य हमारे मस्तिष्क द्वारा ही किया जाता है परन्तु इसमें सूचना या ज्ञान की हमारी इन्द्रियों द्वारा इस तरह की निष्क्रिय और ऑटोमेटिक उपलब्धि नहीं होती बल्कि हम वस्तुओं, घटनाओं तथा विचारों से सक्रिय अंतः क्रिया कर उन्हें आगे की प्रक्रियाकरण के लिए एक जीवन्त इनपुट (Input) के रूप में अपने ही वैयक्तिक प्रयासों से प्राप्त करते हैं। पियाजे के अनुसार हमारे द्वारा संपादित यह सक्रिय अंतःक्रिया एक तरह से हमारा अपने परिवेश के साथ ठीक तरह से समायोजित बने रहने का ही प्रयास होता है जिसमें हमारी तीन विभिन्न मानसिक प्रक्रियाओं– आत्मासातीकरण (assimilation), समायोजीकरण (accommodation) तथा संतुलनीकरण (equilibration) की सहायता ली जाती है।

किसी नई वस्तु को समझने के लिए पहले तो बालक अपने विगत अनुभवों के सहारे इसे जानने की कोशिश करता है (आत्मसातीकरण)। परंतु जब वह इसमें सफल नहीं होता तो यह बात उसके मस्तिष्क में बैचेनी (असंतुलनीकरण) को जन्म देती है। परिणामस्वरूप वह इसे जानने और समझने के लिए कोई नया तरीका ढूंढने की कोशिश करता है (समायोजीकरण)। इसमें सफलता मिलते ही असंतुलन अंतुलन में बदल जाता है और वह इस प्रकार आत्मसातीकरण, समायोजीकरण तथा संतुलनीकरण आदि संज्ञानात्मक प्रक्रियाओं के माध्यम से अपने स्वयं के प्रयत्नों द्वारा ज्ञान की रचना या सृजन कर नयी चीजों को समझने या नये कार्यों को करने का ढंग सीखकर अपने परिवेश के साथ समायोजित रहने में सफल हो जाता है।

पियाजे के अनुसार इस प्रकार हमारा अधिगम उस ज्ञान रचना प्रक्रिया का प्रतिफल

होता है जिसे हमारे मस्तिष्क में संतुलनीकरण प्रक्रिया की सहायता से हमारे स्वयं ओर वातावरण के बीच होने वाली गत्यात्मक अन्तः क्रिया के रूप में संपन्न किया जाता है। ज्ञान की रचना इस तरह व्यक्ति विशेष को परिस्थिति विशेष में आवश्यक संतुलन ग्रहण कर अपने वातावरण के प्रति समायोजित रहने में वांछित सहायता प्रदान करती है।

यहां अब यह बात स्पष्ट हो जानी चाहिए कि पियाजे द्वारा प्रतिपादित रचनात्मकतावाद में यहां पियाजे का उद्देश्य व्यक्ति-विशेष को अपने प्रयत्नों द्वारा प्राप्त ज्ञान के आधार पर समायोजित होने में सफलता प्राप्त करने से ही है, उसकी इस बात में कोई रुचि नहीं है कि व्यक्ति के द्वारा प्राप्त या सृजित ज्ञान अपने आप में कितना वास्तविक और सत्य की कसौटी पर खरा उतरने वाला है। इस बात को और स्पष्ट करने के लिए यहां वूलफोक (2004, पृष्ठ 222) द्वारा प्रदत्त एक उदाहरण को प्रस्तुत करना चाहेंगे।

"चेलसा नाम की एक छोटी बच्ची एक होस्पीटल के बाल विभाग में एक रोगी बिस्तर पर थी। उसे इससे पहली किसी होस्पीटल का कोई अनुभव नहीं था। नर्स ने निचली मंजिल से इन्टरकोम से फोन किया तो चेलसा को बिस्तर के ऊपर से आवाज, आई, 'हे चेलसा तुम कैसी हो? तुम्हें कुछ चाहिए?' चेलसा आवाज सुनकर भौंचक्की सी रह गई और कोई जवाब उससे नहीं बन पड़ा। नर्स ने दोबारा यही बात दोहराई परन्तु फिर भी कोई उत्तर नहीं आया। अंत में नर्स ने जोर डाल कर पूछा, "चेलसा क्या तुम वहां हो? कुछ बोलो?' चेलसा ने धीरे से कहा "हेलो दीवार में यहां हूं।"

इस उदाहरण में, जैसी कि वूलफोक ने टिप्पणी की है, छोटी बच्ची चेलसा का एक नई चकित करने वाली परिस्थिति से सामना होता है और वह है 'बात करती हुई दीवार'। उसे पहले इस तरह का कोई अनुभव नहीं है और इस अवस्था में जो संज्ञानात्मक संरचना (Cognitive Structure) उसके पास है उससे उसे वास्तविकता का सही अंदाज लगाने में कोई मदद नहीं मिलती। इसलिए उसे अपने प्रयत्नों से अपनी वर्तमान संज्ञानात्मक संरचना तथा अपने पूर्व ज्ञान की सहायता लेते हुए अपने लिए आवश्यक ज्ञान की रचना या सृष्टि करनी पड़ती है। आवाज किसी एक तरफ से आ रही है और वहां कुछ नहीं बल्कि एक दीवार है इस बात का ठीक तरह से निश्चय करने के बाद ही चेलसा इस परिणाम पर पहुंचती है कि वह दीवार ही है जो उससे बात कर रही है। इस प्रकार से चेलसा जो कुछ वह जानती है तथा जो भी परिस्थिति विशेष में उसे सुलभ है उसका उपयोग करते हुए अपने लिए आवश्यक ज्ञान की रचना तथा सृजन करके इस नई परिस्थिति से निपटने का प्रयत्न करती है। और वह इस कार्य में सफल भी रहती है चाहे उसके द्वारा सृजित ज्ञान वास्तविकता से कितना भी दूर क्यों न हो?

इस प्रकार से पियाजे द्वारा प्रतिपादित रचनात्मकतावाद में व्यक्ति विशेष के द्वारा ज्ञान की रचना या सृजन अपने विचारों तथा उपलब्ध परिस्थितियों के समन्वयन, मनन तथा चिंतन से किया जाता है, बाह्य वास्तविकता से इसका कोई लेना देना नहीं होता।

इसके अतिरिक्त पियाजे के रचनात्मकतावाद में वैयक्तिक ज्ञान, व्यक्तिगत विश्वास, आत्मबोध और पहचान पर विशेष ध्यान दिया जाता है इसी कारण इसे वैयक्तिक रचनात्मकतावाद की संज्ञा दी जाती है। यहां व्यक्ति के द्वारा वांछित ज्ञान की रचना या सृजन सम्बन्धी कार्य अपने स्वयं के प्रत्यक्षीकरण तथा पूर्व ज्ञान के आधार पर अपने स्वयं के प्रयत्नों से अकेले ही बिना किसी बाह्य सहायता के (जैसा कि यहां चेलसा द्वारा किया गया था) किया जाता है। इस प्रकार के रचनात्मकतावाद को कभी-कभी मनोवैज्ञानिक

रचनात्मकतावाद का भी नाम दिया जाता है। इसके पीछे शायद यही सोच है कि ज्ञान की रचना या उसका सृजन बहुत कुछ मायनों में व्यक्ति विशेष के मन तथा मनोवैज्ञानिक जिंदगी से ही प्रभावित रहता है। व्यक्ति विशेष में निहित उसकी संज्ञानात्मक संरचना तथा उसकी मानसिक एवं संवेगात्मक अवस्था ही व्यक्ति विशेष को परिस्थिति अनुसार आवश्यक ज्ञान के सृजन में यहां सहायक बनती है। पियाजे के द्वारा प्रतिपादित रचनात्मकतावाद को वैयक्तिक रचनात्मकतावाद तथा मनोवैज्ञानिक रचनात्मकतावाद किसी भी रूप में संबोधित किया जाए, एक बात सर्वविदित है कि पियाजे ही सही अर्थों में वह पहला मनोवैज्ञानिक था जिसने रचनात्मकतावाद तथा रचनात्मकतावादी अधिगम की नींव रखी।

व्यगोत्स्की का सामाजिक रचनात्मकतावाद (Vygotsky's Social Contructivism)

रूस के प्रसिद्ध मनोवैज्ञानिक लेव व्यगोत्सकी (1896–1934) ने अपने अनुसंधानात्मक प्रयासों द्वारा पियाजे द्वारा प्रतिपादित वैयक्तिक रचनात्मकतावाद से काफी अलग हट कर एक नये प्रकार के रचनात्मकतावाद को जन्म दिया जिसे हम सामाजिक रचनात्मकतावाद के नाम से जानते हैं। पियाजे द्वारा प्रतिपादित वैयक्तिक रचनात्मकतावाद में ज्ञान की रचना या सृजन का कार्य व्यक्ति विशेष द्वारा अपने स्वयं के प्रयासों से अकेले ही बिना दूसरों की सहायता के लिए किए जाने की बात की जाती है। अतः यहां इस प्रकार की रचना या सृजन का कार्य पूर्णतया व्यक्ति विशेष का ही अपना घरेलू या आंतरिक मामला होता है किसी और की न तो इसमें दखलन्दाजी होती है और न व्यक्ति विशेष इसके लिए किसी तरह की सामाजिक अंतः क्रिया के पचड़े में पड़ता है। इसके ठीक विपरीत व्यगोत्स्की ने रचनात्मकता को वैयक्तिक प्रक्रिया न बनाकर एक स्वस्थ सामाजिक प्रक्रिया के रूप में देखने का सुझाव दिया। उसने इस बात पर जोर दिया कि व्यक्ति एक सामाजिक प्राणी है, समाज में ही रहकर, पारस्परिक वैचारिक अन्तः क्रिया तथा अन्तः सम्बन्धों से ही वह बहुत कुछ सीखता है तथा यही बात उसके क्रमिक विकास का कारण बनती है। व्यक्ति को वैयक्तिकता से आगे निकल कर सामाजिकता को उसके रचनात्मक या सृजनात्मक कार्यों का आधार बताने सम्बन्धी उसके विचारों ने ही व्यगोत्स्की द्वारा प्रतिपादित रचनात्मकतावाद को सामाजिक रचनात्मकतावाद की संज्ञा प्रदान की है। पियाजे के बाद रचनात्मकतावाद में दूसरे प्रकार की विचारधारा को प्रवाहित करने के कारण उसके रचनात्मकतावाद को "रचनात्मकतावाद की दूसरी लहर (Second wave of construtivism) को भी संज्ञा दी जा जाती है।"

रचनात्मकतावाद के इस दूसरे दौर में व्यगोत्स्की (Vygotsky) द्वारा प्रतिपादित सामाजिक रचनात्मकतावाद में ज्ञान सृष्टि का कार्य एक विशुद्ध सामाजिक धरातल पर संपन्न किया जाता है। यहां इस बात पर विशेष बल दिया जाता है कि अधिगम एक सामाजिक प्रक्रिया है और व्यक्ति विशेष द्वारा ज्ञान की प्राप्ति या सृष्टि सम्बन्धी कार्य उस अवस्था में ही अच्छी तरह संपन्न होता है जहां वह कुछ उपयोगी सामाजिक अन्तःक्रिया साधनों जैसे भाषा तथा सामाजिक भाईचारे का प्रयोग करके दूसरों के साथ समूहगत अन्तःक्रिया करने अथवा अपने बड़ों या साथियों का इस दिशा में सहयोग प्राप्त करने में सफल रहता है।

अपने इन विचारों को व्यवहारात्मक रूप देने हेतु व्यगोत्स्की ने इस बात का प्रतिपादन किया कि ज्ञान या सृष्टि का कार्य उसके दो प्रमुख चरणों में पूरा किया जाता है। इन्हें हम (i) सरल और प्रारंभिक चरण तथा (ii) जटिल एवं अनुवर्ती चरण के नाम से जान सकते हैं।

अपने प्रथम चरण में व्यक्ति द्वारा कुछ आवश्यक सरल एवं सामान्य अवधारणाओं

से युक्त ज्ञान की सृष्टि करने का प्रयत्न किया जाता है। उसके इस कार्य में उसके रोजाना के सामाजिक मेल जोल तथा दूसरों के साथ होने वाली अन्त:क्रिया इत्यादि से अर्जित अनुभवों के द्वारा उचित भूमिका निभाई जाती है। व्यक्ति द्वारा किया जाने वाला इस ज्ञान की रचना करने सम्बन्धी कार्य अपने स्वयं के दिन प्रतिदिन के अनुभवों से लाभ उठाते हुए ही किया जाता है अत: यह सभी तरह से अपनी दुनिया को समझने का व्यक्ति का अपना वैयक्तिक प्रयास ही होता है।

अपने दूसरे चरण में ज्ञान रचना या सृष्टि का कार्य अपेक्षाकृत कुछ अधिक ऊंचे स्तर पर संपन्न किया जाता है। वांछित ज्ञान से संबंधित सरल एवं सामान्य अवधारणाओं को प्रथम चरण में अर्जित करने के बाद यहां अब कुछ अधिक कठिन एवं विशिष्ट अवधारणाओं को ग्रहण करने का प्रयास किया जाता है। प्रथम चरण की तरह यहां अब ज्ञान सृष्टि का कार्य विशुद्ध वैयक्तिक तौर पर नहीं किया जाता बल्कि इसे किसी अपने से बड़े, कुशल तथा अनुभवी व्यक्ति या ज्यादा जानकार अपने किसी साथी से आवश्यक सहायता तथा मार्ग निर्देशन प्राप्त करते हुए संपन्न करने के प्रयत्न किए जाते हैं। व्यगोत्स्की इस तरह व्यक्ति विशेष द्वारा अपने सभी प्रकार के संभावित निजी प्रयास करते हुए विशुद्ध वैयक्तिक रूप में अपने आप स्वतंत्र रूप से ज्ञान की रचना या सृष्टि करने के विरुद्ध नहीं था। हां इस सम्बन्ध में उसकी यह स्पष्ट राय थी कि वांछित ज्ञान से संबंधित सरल और सामान्य बातों का जहां बालक के द्वारा स्वयं अपने प्रयासों द्वारा अर्जन और सृजन किया जाना चाहिये वहां उससे संबंधित कठिन और विशिष्ट बातों का अर्जन और सृजन जिनकी उसे अपने विकास की मंजिलें तय करने में बेहद जरूरत होती है, प्रथम चरण के वैयक्तिक रचनात्मकतावाद से नहीं बल्कि इस दूसरे चरण के सामाजिक रचनात्मकतावाद को अपनाने से ही अच्छी तरह संभव हो सकता है। दूसरे शब्दों में, बालक अपने आप वांछित ज्ञान से संबंधित सारी बातें स्वयं के प्रयासों से अर्जित या सृजन नहीं कर सकता, बड़ों या साथी योग्य बालकों से अन्त:क्रिया करने तथा उनके द्वारा प्रदत्त अनुदेशन, सहयोग तथा परामर्श से प्राप्त करके ही वह इस सम्बन्ध में पूर्णता को प्राप्त कर सकता है।

सामाजिक अन्त:क्रिया से जुड़ी हुई प्रक्रियाओं से बालक किस प्रकार अधिगम अर्जन करता है तथा उसका वांछित विकास कैसे होता है इसे स्पष्ट करने हेतु व्यगोत्स्की द्वारा विकसित दो अवधारणाओं एम.के.ओ. तथा जेड.पी.डी. का काफी महत्वपूर्ण स्थान है। आइए इन अवधारणाओं की प्रकृति और व्यगोत्स्की द्वारा इनके उपयोग पर ध्यान दिया जाए।

मोर नालेजेबल अदर या एम.के.ओ. (More Knowledgeable Other or M K O): किसी विशेष कार्य, प्रक्रिया या संप्रत्यय विशेष के संपादन या जानकारी के संदर्भ में जिसे बालक की अपेक्षा अधिक जानकारी और ज्ञान हो उसे मोर नालेजेबल अदर (MKO) की संज्ञा दी जाती है। सामान्यता ऐसे ज्यादा जानकार व्यक्तियों के रूप में बालकों के माता-पिता, अध्यापकों तथा अन्य बड़ी आयु के व्यक्तियों को समझा जा सकता है। परंतु यहां बालक विशेष के उन हम उम्र साथियों तथा सहपाठियों को भी इसके दायरे में लाया जा सकता है जो उससे अधिक जानकारी, समय तथा कौशल से युक्त हों। कई मामलों में तो बालकों को प्रौढ़ों से अधिक नालेजेबल या ज्ञानवान समझा जा सकता है जैसे मोबाइल टेबलेट का प्रयोग में लाने तथा नया वीडियो गेम आदि को देखने के बारे में जानकारी।

ज़ोन ऑफ प्रोक्सीमल डेवलपमेंट या जेड.पी.डी. (Zone of Proximal Development or ZPD): व्यगोत्स्की के अनुसार किसी भी स्तर या परिस्थिति में बालक का संज्ञानात्मक तथा सामाजिक एवं सांस्कृतिक विकास उसे उपलब्ध जोन ऑफ प्रोक्सीमल डेवलपमेंट (ZPD) पर निर्भर करता है। जेड.पी.डी. नाम की व्यगोत्स्की की इस अवधारणा का सम्बन्ध बालक विशेष की जानकारी और ज्ञान में पाए जाने वाले उस अन्तर से होता है जो बालक के द्वारा स्वयं किए गए प्रयत्नों तथा कुशल और अधिक जानकारी साथियों के निर्देशन में किए जाने वाले प्रयत्नों के बीच पाया जाता है। (देखिए चित्र नं. 11.1) इस प्रकार से जेड.पी.डी. उस क्षेत्र विशेष का प्रतिनिधित्व करता है जिसके दायरे में कोई बालक विशेष अपने से अधिक कुशल और जानकार व्यक्ति के सानिध्य या सहायता से किसी समस्या विशेष का समाधान कर सकता हे। प्रोक्सीमल (Proximal) शब्द का सरल भाषा में अर्थ है, अगला (Next)। इसके दो मतलब निकाले जा सकते हैं। पहला यह बालक के लिए समस्या समाधान या अपने व्यवहार में अपेक्षित सुधार लाने में जो व्यक्ति ज्ञान और जानकारी में उससे एक कदम आगे हो, काफी उपयोगी और हितकारी सिद्ध हो सकता है। ऐसे व्यक्तियों (माता-पिता, शिक्षक, गुरुजन तथा होशियार सहपाठियों) के निर्देशन और देख-रेख में बालक को अपने संज्ञानात्मक तथा सामाजिक विकास के रास्ते पर आगे बढ़ने में उचित सहायता मिल सकी है। अपने दूसरे अर्थ में प्रोक्सीमल या अगले से तात्पर्य बालक के विकास या अधिगम की उस अगली सीमा तक है जहां तक उसके इस विकास या अधिगम अर्जन को ज्ञानवान व्यक्ति की देखरेख या निर्देशन द्वारा ले जाना संभव हो सकता है। जोन ऑफ प्रोक्सीमल डेवलपमेंट (ZPD) के नाम वाली यह परिधि सीमा (जिसके भीतर बालक के ज्ञान और कुशलता प्राप्ति की संभावना रहती है) बालक से जुड़ी हुई बहुत-सी बातों जैसे उसकी आयु, वैयक्तिकता, घर और परिवार, समाज और संस्कृति का प्रभाव आदि पर निर्भर करती है। जैसे-जैसे बालक बड़ा होता है और उसका सामाजिक एवं सांस्कृतिक परिवेश से अंत:क्रिया करने का दायरा बढ़ता है और बड़ों का निर्देशन, सानिध्य तथा पथ-प्रदर्शन उसे प्राप्त होता है उसकी जेड.पी.डी. का दायरा बढ़ता जाता है, वह अधिक से अधिक कठिन और पेचीदा बातों को सीख सकता है तथा उसके मानसिक एवं सामाजिक विकास में उत्तरोत्तर प्रगति आती रहती है।

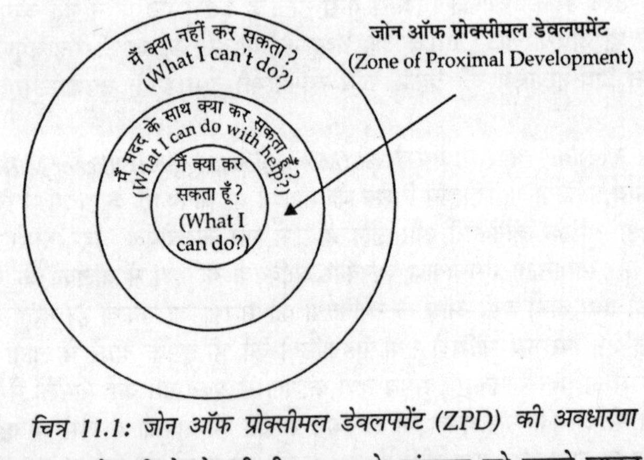

चित्र 11.1: जोन ऑफ प्रोक्सीमल डेवलपमेंट (ZPD) की अवधारणा

इस तरह व्यगोत्स्की ने जेड.पी.डी. (ZPD) के संप्रत्यय को सामने लाकर यह स्पष्ट करने का प्रयत्न किया कि बालकों को उनके अधिगम पथ पर आगे बढ़ाने या उनका

मानसिक/सामाजिक विकास करने के संदर्भ में यह देखा जाना चाहिए कि वे अपने आप क्या कुछ कर सकते हैं और क्या नहीं। फिर इसके बाद उनके जेड.पी.डी. क्षेत्र या अधिगम सीमा की थाह पाकर उन्हें आवश्यक निर्देशन/परामर्श देकर उन्हें किसी कार्य या व्यवहार विशेष को क्रियान्वित करने में समर्थ बनाना चाहिए और फिर वे अगर उस कार्य को एक बार कर लें तो उन्हें दूसरे कार्यों को करने के लिए अकेला छोड़ देना चाहिए।

इस सम्बन्ध में शेफर (Shaffer, 1996) ने एक छोटी लड़की द्वारा पहली बार टुकड़ों को जोड़कर एक दिया हुआ आकार बनाने सम्बन्धी दृष्टांत प्रस्तुत किया है।

एक छोटी लड़की टुकड़ों को जोड़कर दिया हुआ चित्र/आकृति बनाने का प्रयत्न करती है परन्तु वह अकेली इसमें सफल नहीं हो पाती। इसके बाद उसका पिता उसके साथ बैठता है और उसे टुकड़ों को सही जोड़कर आकृति विशेष को बनाने सम्बन्धी गुण बताता है, कुछ का प्रदर्शन करता है तथा कुछ को करने के लिए बेटी को प्रोत्साहित करता है। जब-जब बालिका द्वारा ठीक दिशा में प्रयास किए जाते हैं तब आगे करने हेतु पिता की तरफ से उचित प्रतिपुष्टि और प्रोत्साहन मिलता रहता है। जब पिता यह समझ लेता है कि बाकी का सारा कार्य बालिका द्वारा ठीक प्रकार कर लिया जाएगा तब वह उसे स्वयं ही कार्य पूरा करने के लिए छोड़ देता है। कार्य ठीक तरह पूरा होने पर वह उसी तरह का कार्य (टुकड़ों को जोड़कर दूसरी दी हुई आकृति बनाने) अपनी बेटी से स्वयं अपने आप करने को कहकर उसे इस प्रकार के निर्माण में पर्याप्त क्षमता विकास करने का प्रयत्न करता है।

इस प्रकार से व्यगोत्स्की ने अपने रचनात्मकतावाद को प्रतिपादित करते हुए यह स्पष्ट किया कि ज्ञान रचना या सृष्टि एक ऐसी सजीव प्रक्रिया है जिसमें विद्यार्थी अपने सामाजिक और सांस्कृतिक परिवेश में निहित विविध प्रकार के अनुभवों का अपने इस कार्य हेतु वैयक्तिक और सामाजिक दोनों ही स्तरों पर भलीभांति उपयोग में लाते हुए पाए जाते हैं और विद्यार्थी उसी अवस्था में ज्यादा अच्छी तरह से सीख सकते हैं जबकि वे बड़ों या अपने साथियों के सम्पर्क में रहकर उनसे वांछित सहायता और परामर्श प्राप्त करते हुए अपने स्वयं के प्रयत्नों से वस्तु या प्रक्रियाओं से संबंधित ज्ञान की प्राप्ति या सृष्टि कर सकें।

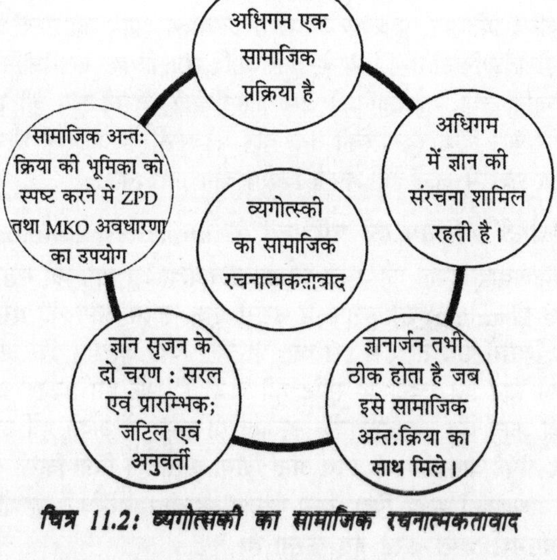

चित्र 11.2: व्यगोत्स्की का सामाजिक रचनात्मकतावाद

रचनात्मकतावादी परिप्रेक्ष में अधिगम या रचनात्मकतावादी अधिगम (Learning in Constructivist Perspective—Constructivist Learning)

सीधे साधे शब्दों में रचनात्मकतावादी अधिगम से अभिप्राय: ऐसे अधिगम से होता है जो रचनात्मकतावादी दर्शन या विचारधारा पर आधारित हो। अभी तक हमारी कक्षा शिक्षण व्यवस्था में परंपरागत रूप से जो भी अधिगम होता है और विशेषकर उन शिक्षण अधिगम परिस्थितियों में जो अध्यापक तथा विषय केन्द्रितता पाई जाती हैं, उसका संपूर्ण नियोजन तथा क्रियान्वयन व्यवहारवादी मनोविज्ञान के सिद्धांतों तथा उनसे निकली शिक्षण अधिगम विधियों पर ही आधारित होता है। संज्ञानात्मक मनोविज्ञान ने अपने आविर्भाव के साथ ही व्यावहारवादी मनोविज्ञान की विचारधारा के विरुद्ध बिगुल बजाते ही ये घोषणा कर दी थी कि मानव मशीन नहीं है, उसके व्यवहार को मशीनों की तरह क्रिया-अनुक्रिया या उद्दीपन-अनुक्रिया के रूप में संचालित होते नहीं देखा जा सकता है। वह मशीनों से आगे भी कुछ कर सकता है क्योंकि उसके पास विकसित संज्ञानात्मक क्षमताएं हैं। संज्ञानात्मकवादी मनोवैज्ञानिकों ने व्यवहारवादी मनोवैज्ञानिकों द्वारा प्रतिपादित अधिगम विधियों (जैसे भूल एवं प्रयास विधि) तथा उसकी बौद्धिक क्षमताओं की सहायता से नये ज्ञान की रचना तथा सृष्टि करने तथा नये ज्ञान को अच्छी तरह से समझने के बाद ही उसे अपनी संज्ञानात्मक संरचना में आत्मसात करने इत्यादि बातों पर जोर दिया जाता है। रचनात्मकतावादी दर्शन के प्रणेता मनोवैज्ञानिकों ने (जिनमें से अधिकांश स्वयं ही प्रसिद्ध संज्ञानात्मक मनोवैज्ञानिक रहे है) अपनी शिक्षण-अधिगम सम्बन्धी अवधारणाओं तथा कार्यप्रणाली को विकसित करने में संज्ञानात्मक मनोविज्ञान का ही सहारा लिया क्योंकि यह बात उनके अपने दर्शन तथा कार्यशैली से काफी मेल खाती थी और एक तरह से यह कहने और मानने में भी कोई कठिनाई नहीं होनी चाहिए कि आज जिसे हम रचनात्मकवादी अधिगम के नाम से जानते हैं उसकी प्रणेता तथा आधारभूमि संज्ञानात्मक मनोविज्ञान तथा संज्ञानात्मकतावादी अधिगम विधियां तथा उपागम ही रहे हैं। इस प्रकार की अधिगम विधियों तथा उपागमों के उदाहरण रूप में हम गेस्टाल्टवादी मनोवैज्ञानिकों द्वारा प्रतिपादित अन्त: दृष्टि विधि (Insightful Learning) तथा पियाजे एवं ब्रूनर जैसे संज्ञानात्मक मनोवैज्ञानिकों द्वारा प्रतिपादित विधियों एवं उपागम जैसे खोज विधि, संप्रत्यय उपलब्धि प्रतिमान, पूछताछ आधारित अन्वेषण आदि का उल्लेख कर सकते हैं। गेस्टाल्टवादी मनोवैज्ञानिकों तथा पियाजे, ब्रूनर आदि संज्ञानात्मक मनोवैज्ञानिकों के अतिरिक्त कुछ अन्य विद्वानों तथा मनोवेज्ञानिकों जैसे जोहन डेवी (जिसने ज्ञान की रचना में अनुभवों की भूमिका पर जोर दिया) व्यगोत्स्की तथा वोन ग्लेजरफील्ड आदि ने भी रचनात्मकतावादी अधिगम को प्रकाश में लाने हेतु अपना विशेष योगदान दिया।

रचनात्मकतावादी अधिगम की परिभाषा (Contructivist Learning defined)

रचनात्मकतावादी दर्शन की उपज रचनात्मकतावादी अधिगम को संज्ञानात्मक अधिगम (Congnitive Learning) की तुलना में उससे एक कदम आगे का ऐसा अधिगम कहा जा सकता है जिसमें सब तरह से इस बात पर जोर दिया जाता है कि अधिगम कर्ता द्वारा स्वयं ही अपने ज्ञान की रचना या सृष्टि की जाती है और इस प्रकार की ज्ञान रचना या सृष्टि सम्बन्धी कार्य वह स्वतंत्रतापूर्वक अकेले या समूह में अपने पूर्व अनुभवों तथा ज्ञान के आधार पर अपने वातावरण के साथ अन्त:क्रिया करते हुए बिना किसी दूसरे की सहायता अथवा अपने अध्यापकों, माता-पिता, अन्य गुरुजन अथवा सामर्थ्यवान सहपाठियों का सहयोग, निर्देशन या परामर्श प्राप्त करते हुए करता है।

रचनात्मकतावादी अधिगम की मान्यताएं एवं विशेषताएं (Assumptions and Characteristics of Constructivist Learning)

रचनात्मकतावादी अधिगम में निहित मान्यताओं तथा विशेषताओं की संक्षेप में निम्न प्रकार चर्चा की जा सकती है :

1. रचनात्मकतावादी अधिगम सिद्धान्त व्यवहारवादी अधिगम सिद्धांतों (Behaviouristic Theories of learning) से इस बात में अलग नजर आते हैं कि इनमें न तो अधिगम को मशीनी उद्दीपन-अनुक्रिया प्रक्रिया माना जाता है और न अधिगम कर्ता को बिना सोचे समझे ऊल-जलूल क्रियाएं करके अपनी गलतियों से सबक लेकर सीखता हुआ दिखाया जाता है। इसके अतिरिक्त रचनात्मकतावादी अधिगम सिद्धांत अपनी आधारभूमि और प्रणेता संज्ञानात्मक अधिगम सिद्धांतों से भी यहां अब एक कदम आगे बढ़े हुए पाये जाते हैं। संज्ञानात्मक सिद्धांत यह तो कहते हैं कि अध्यापक के द्वारा बालक के सामने जो विषय सामग्री प्रस्तुत की जाती है, वह अपने आप में क्या है उसका ऐसा अर्थ निकालने या उसको ठीक तरह से समझने में बालक का मस्तिष्क यानी उसकी बौद्धिक शक्तियां उसे पूरी-पूरी सहायता देती है परन्तु ऐसा करते हुए भी वे यह मानकर चलते हैं कि बालक की भूमिका यहां अध्यापक द्वारा जो प्रस्तुत किया जाता है उसका भलीभांति आत्मसातीकरण करने तक ही सीमित रहती है यानी वह अपनी ओर से इसमें कुछ रचना या सृष्टि करने की भूमिका नहीं निभाता। संज्ञानात्मकवाद के इस अधूरे कार्य को पूरा करने का ही बीड़ा अब रचनात्मकतावादी अधिगम में उठाया जाता है। यहां विद्यार्थी पूरी तरह से सक्रिय रहकर अपने लिये वांछित नए ज्ञान की प्राप्ति तथा रचना स्वयं अपने प्रयासों से करता है वह अध्यापक द्वारा या किसी ओर स्रोत द्वारा प्राप्त ज्ञान का हू-बहू आत्मसातीकरण तथा प्रस्तुतीकरण करता हुआ नजर नहीं आता।
2. रचनात्मकतावादी अधिगम अपने विस्तृत एवं व्यापक रूप में ऐसे सभी प्रकार के अधिगम एवं उपागमों का प्रतिनिधित्व करता है जो किसी विद्यार्थी को अपने स्वयं के प्रयासों से अपने लिए आवश्यक ज्ञान से संबंधित बातों की खोज, रचना एवं सृजन करने में सहायता करता है। वह यह काम अकेले भी, बिना दूसरों की सहायता लिए हुए अपने वातावरण के साथ अन्त:क्रिया करता हुआ अथवा प्रस्तुत विषय सामग्री का अपने ढंग से अर्थापन करता हुआ कर सकता है। इसके अतिरिक्त ज्ञान की रचना और सृष्टि का यह कार्य उसके द्वारा वैयक्तिक तौर पर अकेले रह कर ही न किया जाकर सामाजिक परिवेश में समूह के अन्तर्गत भी किया जा सकता है। और ऐसा करने में उसे अध्यापक एवं अन्य गुरुजनों तथा सामर्थ्यवान सहपाठियों का भी सहयोग और मार्गदर्शन प्राप्त हो सकता है। परिणामस्वरूप रचनात्मकतावादी अधिगम में उन सभी अधिगम विधियों, तकनीकों और उपागमों का समावेश किया जा सकता है जिन्हें हम खोज अधिगम, पूछताछ उपागम पर आधारित अधिगम, समस्या समाधान तथा अन्वेषणात्मक विधियों पर आधारित अधिगम (वैयक्तिक रचनात्मकतावाद से जुड़ा हुआ अधिगम) और इसके अतिरिक्त चर्चा, वार्तालाप, गोष्ठियों तथा बड़ों के साथ संवाद पर आधारित अधिगम, प्रोजेक्ट अथवा कार्य केन्द्रित अधिगम, सहकारी अधिगम आदि (सामाजिक रचनात्मकतावादी से जुड़ा हुआ अधिगम) के नाम से जानते हैं।
3. रचनात्मकतावादी अधिगम को अपने नियोजन एवं संगठन के संदर्भ में रचनात्मकतावादी

दर्शन से अनुप्रेरित कुछ निम्न मान्यताओं को अपनाते हुए भी पाया जाता है:

(i) विद्यार्थी स्वयं ही ज्ञान की भौतिक रूप में अपने सक्रिय प्रयासों से सृष्टि या रचना करते हैं। (जैसे बैटरी स्विच दबाने से उसके बल्ब द्वारा रोशनी हो जाती है।)

(ii) विद्यार्थी अपने स्वयं के अभिव्यक्ति के ढंग को काम में लाते हुए ज्ञान का संकेतात्मक रूप से सृजन करते है। (पहले चरण में भौतिक रूप से सृजित ज्ञान को दूसरों के सामने रखने के लिए वह उपयुक्त भाषा या संकेतों का निर्माण कर लेता है।)

(iii) ज्ञान की विद्यार्थियों के द्वारा सामाजिक रूप से सृष्टि की जाती है ताकि वह अपने द्वारा रचित ज्ञान के बारे में दूसरों को समझा सकें। जैसे- (बैटरी में क्या करने से रोशनी हो जाती है।) ज्ञान की विद्यार्थियों द्वारा सैद्धान्तिक रूप में रचना या सृष्टि की जाती है जिससे कि वे दूसरों को अपने ज्ञान से संबंधित उन बातों को भी ठीक प्रकार समझा दें, जिन्हें अन्य लोग अच्छी प्रकार से नहीं समझ पा रहे हों (स्विच दबाने से बैटरी का बल्ब क्यों जल जाता है और रोशनी कैसे हो जाती है)।

4. रचनात्मकतावाद पर आधारित ज्ञान रचना अथवा सृष्टि का कार्य रचनात्मकतावादी अधिगम में काफी कुछ एक व्यक्तिगत जिम्मेदारी ही होती है क्योंकि इसमें व्यक्ति विशेष को ही अपने ज्ञान की रचना अथवा सृजन के लिए आगे आना होता है। उसी के द्वारा किसी शिक्षण अधिगम परिस्थिति अथवा वातावरण में जो बातें या विषय सामग्री उपलब्ध रहती है, उसके अपने तरह से अर्थ निकालकर नवीन ज्ञान को ग्रहण करने या सृजन करने का काम किया जाता है। स्पष्ट है कि ऐसा करने में विद्यार्थियों के वैयक्तिक भेद अवश्य सामने आएंगे। उदाहरण के लिए अगर हम कक्षा में कोई विषय सामगी प्रस्तुत करें अथवा किन्हीं क्रियाओं का प्रदर्शन करें और फिर देखें कि बच्चों ने इनसे क्या कुछ देखा और सीखा है तो हम यह पाएंगे कि बच्चों ने अपनी-अपनी तरह से इनके मतलब समझे हैं और अलग-अलग तरह से ज्ञान की सृष्टि की है यद्यपि उनको एक जैसी विषय सामग्री का प्रस्तुतीकरण तथा क्रियाओं का प्रदर्शन किया गया था फिर भी उन्होंने अपने पूर्व ज्ञान, अनुभवों तथा बौद्धिक संरचना के आधार पर अपने-अपने तरह से ज्ञान की सृष्टि करने का कार्य किया।

5. रचनात्मकतावादी अधिगम सिद्धांत का यह गहरा विश्वास और मान्यता है (जिसका आधार उनके द्वारा किए गए अनुसंधान कार्य और दिन प्रतिदिन का निरीक्षण है) कि विद्यार्थी तब ही अच्छी तरह सीखते हैं जब कि उनके द्वारा वांछित ज्ञान की, वे स्वयं अपने प्रयासों से रचना या सृजन करें बजाय इसके कि उनको पहले ही सृजित ज्ञान सीधे ही अध्यापकों द्वारा अपने अनुदेशन के रूप में प्रदान कर दिया जाए। रचनात्मकतावादी अधिगम के इस विश्वास और मान्यता की पुष्टि निम्न उदाहरण द्वारा अच्छी तरह हो सकती है–

"आप उस समय की कल्पना कीजिए जब आप एक विद्यार्थी थे और आपको कोई प्रकरण व्याख्यान युक्त कक्षा-कक्ष परिस्थिति में पढ़ाया गया था। अब उस स्थिति की कल्पना करो जब आप स्वयं एक अध्यापक हैं और उसी प्रकरण को आप अपने विद्यार्थियों को पढ़ाने के लिए तैयारी कर रहे हैं। इससे आपको अच्छी तरह से मालूम हो जाएगा कि उस प्रकरण से संबंधित तैयारी करने के दौरान आपने उस प्रकरण के बारे में उससे अच्छी तरह समझा और जाना है, जिस तरह आपने अपने अध्यापक

के शिक्षण से जाना और सीखा था।''

ऐसा इसलिए होता है कि दूसरी परिस्थिति में आपने उस प्रकरण से संबंधित विषय सामग्री का अर्थ अपने ही तरीके से निकाल कर उसे जाना और समझा है। यानी दूसरे शब्दों में जिस ज्ञान की आपको जरूरत है उसकी सृष्टि और रचना आपने स्वयं अपने प्रयासों से की है।

6. रचनात्मकतावादी अधिगम किसी समस्या के एक मात्र हल और उसके लिए एक ही तरह की प्रक्रिया अपनाने के लिए नहीं कहता क्योंकि यह स्पष्ट है कि इस प्रकार की निश्चितता और अड़ियल रुख विद्यार्थियों को उस समस्या विशेष के हल हेतु अपनी-अपनी तरह से समाधान ढूंढने में काफी बाधक सिद्ध होगा। इसलिए इस प्रकार के अधिगम में यह अपेक्षा की जाती है। कि विद्यार्थियों का पाठ्यक्रम काफी लचीला हो, अध्यापक और विद्यार्थियों के मध्य अन्तःक्रिया में काफी विविधता रहे तथा विद्यार्थियों को अपनी-अपनी तरह से सीखने तथा कार्य करने की समुचित स्वतंत्रता मिले।
7. रचनात्मकतावादी अधिगम सिद्धांत अध्यापकों से यह अपेक्षा करता है कि वे विद्यार्थियों को वे सारी सुविधाएं और परिस्थितियां उपलब्ध कराने में सहायता करें जिनसे वे अपने प्रयासों से आवश्यक ज्ञान की रचना और सृष्टि कर सकें। इस कार्य हेतु पहले तो उसे जिस बात को पढ़ाया या सिखाया जा रहा है उससे संबंधित विद्यार्थी विशेष के प्रविष्टि व्यवहार की जांच करनी चाहिए। इसके पश्चात् उसे बुद्धिमतापूर्ण ढंग से विद्यार्थी को अधिगम प्रक्रिया में इस प्रकार की सहायता और मार्गदर्शन प्रदान करना चाहिए जिससे जो कुछ ज्ञान उसे इस अधिगम में प्राप्त करना अभीष्ट था उसकी प्राप्ति स्वयं अपने प्रयासों से उसकी अपने ढंग से रचना या सृजन के द्वारा कर सके।

रचनात्मकवादी अधिगम सिद्धान्त के शैक्षिक निहितार्थ (Educational Implications of Constructivist Learning Theory)

रचनात्मकतावादी अधिगम सिद्धांत से जुड़े हुए विचारों तथा उसके व्यावहारिक रूप से संबंधित शैक्षिक निहितार्थों को संक्षेप में निम्न प्रकार व्यक्त किया जा सकता है :

1. विद्यार्थी को अपने अधिगम के लिए पूरी तरह उत्तरदायी बनाया जाना चाहिए। हमें उस पर अपना पूरा विश्वास रखते हुए इतनी स्वतंत्रता अवश्य देनी चाहिये कि वह स्वयं अपने प्रयत्नों से नये ज्ञान की प्राप्ति, रचना तथा सृजन के लिए आगे आए तथा परिस्थिति अनुसार अपनी अधिगम जरूरतों को अपने आप ही पूरा करने की क्षमता प्रकट करे। ज्ञान की प्राप्ति कर आगे विकास को प्राप्त होना यह बालक के अपने ही हित में है तथा यह वह स्वयं ही है जिसके द्वारा अधिगम किया जाना है। इस तरह सभी प्रकार से उसमें स्व-अधिगम के प्रति रुचि और उत्साह भरने की ही कोशिश अध्यापकों तथा माता-पिता द्वारा की जानी चाहिये।
2. रचनात्मकतावादी अधिगम सिद्धांत यह बताता है कि अध्यापक का कार्य पूर्व रचित तथा सृजित अधिगम सामग्री को बालकों के मस्तिष्क में ठूंसना नहीं है और न विद्यार्थी का कार्य इस प्रकार से प्रदत्त सामग्री को ग्रहण कर उसका वैसे ही पुनः प्रस्तुतीकरण है। इस प्रकार का अधिगम कराना और करना दोनों ही निरर्थक है क्योंकि इससे विद्याथ्री के पल्ले कुछ खास नहीं पड़ता। कोरे ज्ञान की प्राप्ति से उस ज्ञान की प्राप्ति का ढंग सीखना सभी दृष्टि से बेहतर है और इसलिए शिक्षण का प्रयोजन बालकों को अपने स्वयं के प्रयासों से ज्ञान प्राप्ति की राह पर अग्रसर करना ही होना चाहिए। इस

दृष्टि से अध्यापकों का यह परम कर्त्तव्य बन जाता है कि वे अपनी तरफ से विद्यार्थियों पर ज्ञान की बौछार करने से बाज आएं और विद्यार्थियों को वह सभी अवसर और सुविधाएं उपलब्ध कराते हुए पर्याप्त रूप से इस प्रकार प्रोत्साहित करें कि वे स्वयं ही अपने लिये आवश्यक ज्ञान की रचना एवं सृष्टि कर सकें।

3. जब भी किसी प्रकरण या संप्रत्यय विशेष का शिक्षण शिक्षक के द्वारा प्रारंभ करना हो तो उसे सबसे पहले इसके बारे में बच्चों के पूर्व ज्ञान तथा अनुभवों से परिचित होने का प्रयत्न करना चाहिए ताकि विद्यार्थियों के द्वारा इससे संबंधित नवीन ज्ञान की प्राप्ति तथा सृजन का कार्य आगे बढ़ सके। इस दिशा में अब इस बात का ध्यान रखना चाहिए कि पहले उस प्रकरण या सम्प्रत्यय से संबंधित बात को विद्यार्थी अपने पूर्व ज्ञान और अनुभवों के माध्यम से आत्मसात करने की कोशिश करे। इसलिए प्रकरण विशेष के विषय से संबंधित सरल बातों को ही बालकों के सम्मुख रखा जाना चाहिए। इसके बाद प्रकरण से संबंधित कठिन और आगे की नवीन ज्ञान की प्राप्ति की बातें विद्यार्थी के सामने एक चुनौती के रूप में पेश की जानी चाहिएं। उन्हें इसके बारे में जानने और समझने के लिए आवश्यक साधन और सुविधाएं भी उपलब्ध कराई जानी चाहिएं परंतु यहां यह ध्यान रहे कि अध्यापक को कभी भी इस नए ज्ञान से संबंधित बातों को स्वयं बताने की जल्दबाजी कभी भी नहीं करनी चाहिए, चाहे विद्यार्थी विशेष स्वतंत्र रूप से अकेले प्रयास करे अथवा समूहगत अध्ययन के रूप में सम्मिलित प्रयास किए जाएं, सभी दृष्टि से विद्यार्थियों को अपने आप स्वयं ही नवीन ज्ञान की प्राप्ति और उसकी रचना या सृष्टि के लिए प्रेरित किया जाना चाहिए।

4. किसी भी संप्रत्यय या प्रकरण विशेष से संबंधित नई बातों को सीखने, कठिन और जटिल समस्याओं को हल करने अथवा नए सम्प्रत्ययों और सिद्धांतों का निर्माण करने के कार्य में विद्यार्थियों को इस ओर प्रेरित करने के लिए अध्यापक के लिए यह बात काफी महत्वपूर्ण सिद्ध होती है कि वह विद्यार्थियों के सामने ऐसी परिस्थितियां उत्पन्न करे जिनमें वे वहीं अनुभव करें कि नई बात को सीखने में उनके पुराने ज्ञान और अनुभवों से काम नहीं चल रहा है और अब उन्हें स्वयं अपने प्रयासों से किसी और तरह से इस ज्ञान की उपलब्धि, खोज या रचना करनी होगी। यही बात उनको आगे अपना अधिगम मार्ग स्वयं चुनने तथा उस पर स्वतंत्र रूप से या बड़ों के पथप्रदर्शन में आगे बढ़ने में सहायक सिद्ध हो सकती है।

5. जब भी अपने विद्यार्थियों से अध्यापक, उन्हें उनके निजी प्रयासों द्वारा नवीन ज्ञान की प्राप्ति या सृष्टि के लिए अन्त:क्रिया कर रहा हो तो उसे पर्याप्त संयम एवं धैर्य से कार्य लेना चाहिए। अपने विद्यार्थियों पर पूरा विश्वास कर उन्हें इस तरह अभिप्रेरित और प्रोत्साहित करना चाहिए। वे ज्ञान प्राप्ति के लिए एक सक्रिय और आत्मनिर्भर खोजी अथवा अन्वेषक की भूमिका में दिखाई दें। इसके लिए यह जरूरी है कि (i) जब विषय वस्तु सम्बन्धी कुछ बातें विद्यार्थियों के सामने रखी जाएं या कुछ क्रियाओं का प्रदर्शन किया जाए तो उसके बाद यह जानने के लिए कि बालक ने क्या कुछ ग्रहण किया है, इस बारे में बालक से तुरंत ही प्रश्न न कर, इतना इन्तजार अवश्य ही किया जाना चाहिए कि वह इस सबका अपनी तरह से मतलब समझ कर अध्यापक को यह सम्प्रेषित कर सके कि उसके द्वारा किस प्रकार के ज्ञान की प्राप्ति या रचना हुई है। (ii) जब अध्यापक किसी विषय वस्तु या क्रिया को अपनी ओर से बालकों के

सामने प्रस्तुत नहीं कर रहा हो, और बालकों के सामने नवीन ज्ञान की प्राप्ति और समस्या विशेष को हल करने सम्बन्धी चुनौती रखी जा रही हो तो विद्यार्थी को इससे संबंधित समय, सुविधाएं तथा समयानुसार आवश्यक सहायता देने की बात अध्यापक को अवश्य अपने सामने रखनी चाहिए ताकि वह विद्यार्थियों द्वारा स्वयं नवीन ज्ञान की प्राप्ति या सृष्टि के कार्य में अपना समुचित योगदान दे सके।

6. विद्यार्थियों के द्वारा नए ज्ञान के बारे में अपने स्वयं की समझ विकसित करने के लिए अथवा अपने स्वयं के प्रयासों से उसकी खोज, रचना या सृष्टि करने के लिए यह जरूरी होता है कि पाठ्यक्रम या पाठ्यचर्या के रूप में जो भी अधिगम अनुभव उनके सामने रखे जाएं, उनमें पर्याप्त लचीलापन होना चाहिए। इस दृष्टि से रचनात्मकतावादी अधिगम उसी अवस्था में अच्छी तरह सम्पन्न हो सकता है जब उसमें एक निर्धारित पाठ्यक्रम का विधिवत विकास करके, उसके अक्षरश: पालन करने पर जोर न दिया जाए।
7. रचनात्मकतावादी अधिगम अध्यापकों से यह अपेक्षा करता है कि वह अपने विद्यार्थियों को अधिगम पथ पर आगे बढ़ने के लिए पर्याप्त रूप से प्रोत्साहन तथा मार्गदर्शन प्रदान करने के लिए जो कुछ भी विषय सामग्री विद्यार्थियों को दी जा रही है उसके तथ्यों और सिद्धांतों के बीच पारस्परिक कड़ियों को भलीभांति जोड़ता रहे ताकि विद्यार्थियों में इस प्रकार के नवीन ज्ञान को अच्छी तरह समझने की सामर्थ्य विकसित हो सके। इस सम्बन्ध में उसे नए ज्ञान को सहसम्बन्ध के सिद्धांत का अनुसरण करके विद्यार्थियों के सामने रखना चाहिए। उसे अपने शिक्षण को शिक्षक केन्द्रित न बनाकर शिक्षार्थी केन्द्रित बनाना चाहिए तथा विद्यार्थियों को एक निष्क्रिय श्रोता और मूकदर्शक बनाने के बजाय शिक्षण अधिगम प्रक्रिया में सक्रिय साझेदारी निभाने के लिए ही केवल तैयार नहीं करना चाहिए बल्कि अपने अधिगम की बागडोर स्वयं अपने हाथों में लेने के लिए उन्हें पर्याप्त रूप से तैयार और प्रोत्साहित करना चाहिए। इस दृष्टि से अध्यापकों का यह कर्तव्य बन जाता है कि वे शिक्षण अधिगम प्रक्रिया को पर्याप्त रूप से लोकतंत्रात्मक बनाएं जब भी कभी किसी प्रकरण विशेष से संबंधित नवीन सामग्री बालकों के सामने रखें तो इस बारे में विद्यार्थियों की उपलब्धि का पता लगाने के लिए ऐसे प्रश्न पूछें जिनसे विद्यार्थियों को कुछ सोचकर उत्तर देने का समय मिले और जिनमें एक ही तरह के उत्तर या अनुक्रिया की अपेक्षा न की जाती हो। दूसरे, शिक्षण अधिगम की परिस्थितियां ऐसी होनी चाहिए जिनमें अध्यापक और विद्यार्थियों के बीच सम्प्रेषण के अधिक से अधिक अवसर प्राप्त हों तथा विद्यार्थी अपनी स्वयं की गति से वांछित ज्ञान की प्राप्ति, रचना या सृष्टि अपने आप करते रहें और इसके लिए उन्हें अध्यापक की समयानुसार सहायता एवं मार्गदर्शन प्राप्त होता रहे।
8. रचनात्मकतावादी अधिगम के परिणामों का मूल्यांकन परम्परागत मूल्यांकन प्रणाली से नहीं हो सकता क्योंकि रचनात्मकतावादी अधिगम में विद्यार्थियों से पूर्व सृजित ज्ञान को ग्रहण कर अपनी स्मृति में बसाकर ज्यों की त्यों प्रस्तुत करने की अपेक्षा नहीं की जाती बल्कि उन्हें अपने स्वयं के प्रयत्नों द्वारा नये ज्ञान को अपनी तरह से समझने अथवा उसकी स्वयं खोज, रचना तथा सृष्टि करने का उत्तरदायित्व निभाया जाता है। यहां अधिगम स्मृति पर नहीं बल्कि बोध तथा चिन्तन स्तर पर संपन्न होता है। अत: रटे रटाये ज्ञान की पुन: प्रस्तुति की समीक्षा करने सम्बन्धी तकनीकों एवं उपागमों से

रचनात्मकतावादी अधिगम का मूल्यांकन नहीं किया जाता। इस तरह यहां रचनात्मकतावादी अधिगम के स्वरूप, कार्यप्रणाली तथा परिणामों के संदर्भ में ही उचित मूल्यांकन तकनीकों तथा उपागमों का प्रयोग किया जाना चाहिए। दूसरी बात यह है कि अधिगम कार्य क्योंकि विद्यार्थियों के द्वारा स्वयं अपने प्रयत्नों द्वारा किया जा रहा है तो इससे संबंधित प्रतिपुष्टि भी उन्हें सतत एवं समग्र रूप में मिलनी चाहिए। अतः रचनात्मकतावादी अधिगम ने मूल्यांकन में सततता एवं समग्रता बनाए रखना अत्यंत आवश्यक है। दूसरे इस प्रकार के मूल्यांकन कार्य को मात्र उनकी अधिगम मात्रा को मापने, उनकी निष्पत्ति की तुलना करने तथा उन्हें ग्रेड या प्रमोशन देने के लिए ही काम में लाकर उन्हें अपने अधिगम प्रयासों के परिप्रेक्ष्य में अधिक प्रोत्साहन देने तथा ज्ञान की उचित एवं सतत खोज या सृजन करने के लिए काम में लाया जाना चाहिए। इस तरह से रचनात्मकतावादी अधिगम ग्रेड प्रणाली तथा मानकीकृत परीक्षण पद्धति को तिलांजलि देने की बात करता है। यह विद्यार्थियो कों रचनात्मक प्रणाली देने की बात करता है ताकि उसके विद्यार्थियों को अपने प्रयासों द्वारा ज्ञान की खोज, रचना तथा सृष्टि के लिए उचित रूप से प्रेरित, पुनर्बलित एवं अभिप्रेरित किया जा सके।

12

अधिगम ज्ञान की सृष्टि अथवा रचना के रूप में
(Learning as Construction of Knowledge)

विषय प्रवेश (Introduction)

रचनात्मकतावादी विचारधारा पर आधारित अधिगम अथवा रचनात्मकतावादी अधिगम, जैसा कि पहले बताया जा चुका है, ऐसे अधिगम की ओर संकेत करता है जो रचनात्मकतावादी दर्शन पर आधारित हो। इस प्रकार यह अधिगम व्यवहारवाद पर आधारित परंपरागत अधिगम से बहुत ज्यादा अलग है। इस प्रकार के अधिगम में अधिगमकर्त्ता के द्वारा स्वयं ही अपने प्रयत्नों द्वारा उस ज्ञान का अर्जन किया जाता है जिसकी उसे जरूरत हो। दूसरो शब्दों में यहां ज्ञानार्जन का कार्य ज्ञान की सृष्टि अथवा रचना सम्बन्धी सक्रिय प्रक्रिया के रूप में विद्यार्थी द्वारा स्वयं किया जाता है। यह ज्ञान की सृष्टि अथवा रचना कार्य क्या होता है? व्यक्ति विशेष के अधिगम अथवा ज्ञानार्जन में यह किस प्रकार सहायक सिद्ध होता है? ज्ञान सृष्टि के रूप में किया गया अधिगम ज्ञान के प्रदान और ग्रहण करने सम्बन्धी परंपरागत अधिगम से किस प्रकार भिन्न है? ज्ञान सृष्टि अथवा रचना करने सम्बन्धी प्रक्रिया की वास्तविक प्रकृति क्या है और इसमें कुछ जाने माने अवयवों तथा सहायक प्रक्रियाओं जैसे अनुभवजन्य अधिगम (experiential learning), चिन्तन-मनन (reflection), सामाजिक मध्यस्थता (social mediation), संज्ञानात्मक विनिमय (cognitive negotiability), परिस्थितिजन्य अधिगम (situated learning), संज्ञानात्मक प्रशिक्षण काल (cognitive apprenticeship) तथा उच्च स्तरीय संज्ञान (meta congnition) की क्या भूमिका रहती है? प्रस्तुत अध्याय में हम ऐसे ही कुछ प्रश्नों का उत्तर प्राप्त करना चाहेंगे।

अधिगम ज्ञान की सृष्टि के रूप में बनाम ज्ञान के प्रदान और ग्रहण किए जाने के रूप में (Learning as Construction of Knowledge Vs Learning as Transmission and Reception of Knowledge)

अधिगम ज्ञान के प्रदान और ग्रहण किए जाने के रूप में (Learning as Transmission and Reception of Knowledge)

इस प्रकार के अधिगम का ढंग हमारी परंपरागत शिक्षण अधिगम व्यवस्था का प्रतिनिधित्व करता है। इसके प्रवर्तकों के अनुसार बालक का मस्तिष्क या मन एक स्वच्छ स्लेट (blank slate) की तरह होता है, हम बड़े माता-पिता तथा अध्यापकगण अपने मार्गदर्शन, शिक्षण तथा प्रशिक्षण द्वारा इस पर कुछ लिखने का प्रयत्न करते हैं जिनके फलस्वरूप कुछ नई बातें सीखता है, नया ज्ञान ग्रहण करता है और नए अनुभवों का अर्जन करता है। इस प्रक्रिया में हम बड़ों द्वारा ज्ञान का प्रदान करना और बालकों द्वारा इस प्रदत्त ज्ञान को ज्यों का त्यों ग्रहण करने की प्रक्रियाएं शामिल रहती हैं। इस प्रकार की शिक्षण अधिगम व्यवस्था में ज्ञानवान व्यक्ति जैसे माता-पिता, अध्यापक और अपने से अधिक ज्ञानवान और बड़े लोग ज्ञान प्रदान करने वाले स्रोत की भूमिका में रहते हैं तथा बालक और विद्यार्थी दूसरे छोर पर इस प्रेषित ज्ञान को ग्रहण करने वालों की भूमिका निभाते हैं। इस तरह किसी भी परिस्थिति में कक्षा-कक्ष के अन्तर्गत अथवा बाहर बालक द्वारा ज्ञान प्राप्ति सम्बन्धी कार्य और कुछ नहीं बल्कि प्रेषित ज्ञान को मात्र ग्रहण करने तक ही सीमित रहता है। जैसा कि नीचे चित्र में दिखाया गया है।

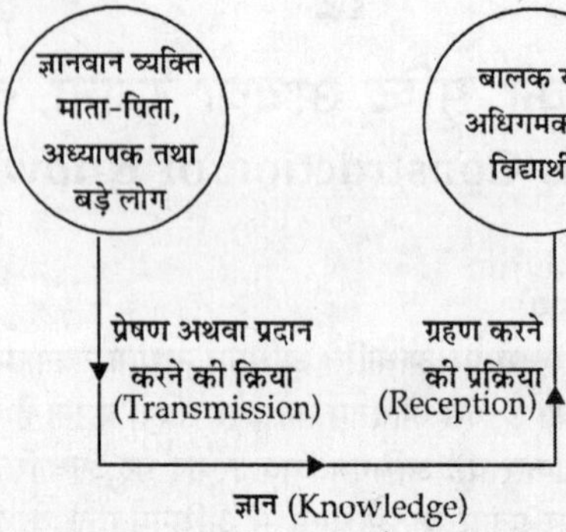

चित्र 12.1: अधिगम ज्ञान के प्रदान और ग्रहण किए जाने के रूप में

कक्षा-कक्ष शिक्षण अधिगम के रूप में देखा जाए तो यहां एक अध्यापक विषय-वस्तु से संबंधित ज्ञान को अपने भाषण अथवा प्रदर्शन के माध्यम से विद्यार्थियों को प्रेषित अथवा प्रदान करना हुआ पाया जाता है। इसमें उससे अपेक्षा की जाती है कि वह ज्ञान के इस प्रेषण और प्रदान किए जाने वाले कार्य में पूरी तरह सजग और सक्रिय बना रहे। ज्ञान प्रदान किए जाने वाले इस कार्य में विद्यार्थी की कोई भूमिका नहीं होती। इसका पूरा उत्तरदायित्व अध्यापक के कंधों पर होता है। विद्यार्थी की भूमिका ज्ञान ग्रहण करने वाले के रूप में रहती है उसकी जिम्मेदारी जो कुछ उसे ज्ञान के रूप में अध्यापक द्वारा प्रदान किया जाता है उसे ज्यों की त्यों ग्रहण करने की होती है। उसे सही अर्थों में एक अच्छे श्रोता तथा दर्शक की भूमिका निभानी होती है। ज्ञान कैसे और किस रूप में प्रदान किया जा रहा है इससे उसका कुछ लेना-देना नहीं होता।

ज्ञान को प्रदान करने तथा ग्रहण करने की प्रक्रिया की तुलना ट्रान्समीटरों द्वारा प्रसारित विद्युत् शक्ति या ध्वनि तरंगों के प्रसारण तथा रिसीवरों द्वारा इसे ग्रहण किए जाने के रूप में की जा सकती है। रिसीवरों (receivers) द्वारा प्रसारण को उसी रूप में ग्रहण किया जाता है जिस रूप में इसे ट्रान्समीटरों द्वारा प्रसारित किया जाता है। अगर प्रसारण का प्रवाह मन्द अथवा अवरोधपूर्ण है तो इससे विद्युत् प्रकाश धुंधला होगा तथा आवाज ठीक तरह से नहीं सुनी जाएगी और अगर यह सामान्य तथा सामान्य से अधिक है तो प्रकाश और ध्वनि की तीव्रता में उसी अनुपात में वृद्धि होती दिखाई देगी। कक्षा-कक्ष परिस्थितियों में भी सामान्यतया विद्यार्थियों द्वारा अर्जित ज्ञान एवं कौशलों की गुणवत्ता बहुत हद तक ज्ञान एवं कौशलों को अध्यापक एवं प्रशिक्षकों द्वारा प्रदान करने एवं विद्यार्थियों द्वारा उन्हें ग्रहण किए जाने सम्बन्धी गुणवत्ता पर निर्भर करती है। चूंकि विद्यार्थियों का उस सभी प्रकार की बातों के सृजन, रचना तथा उनके भली-भांति अधिगम से कोई मतबल नहीं होता जो उनके अध्यापकों द्वारा उन्हें उनके अपने तरीकों से बताई और सिखाई जाती हैं। वे अधिगमकर्त्ता के रूप में कितने अच्छे हैं, इसका निर्णय इस बात पर निर्भर करता है कि अध्यापकों द्वारा जो कुछ उन्हें प्रेषित किया गया है वे उसकी पुनः प्रस्तुति उसके ज्यों की त्यों रूप में किसी सीमा तक करने में समर्थ हो पाते हैं। जो ऐसा करते हैं उन्हें अधिक अंक और अच्छा ग्रेड मिलता है और जो नहीं कर पाते उन्हें कम अंक मिलते हैं तथा असफल घोषित किया जाता है।

इस प्रकार से हमारी वर्तमान विद्यालय शिक्षा व्यवस्था में संपूर्ण शिक्षण अधिगम प्रक्रिया पहले से ही संरचित और उपलब्ध ज्ञान का अध्यापकों द्वारा विद्यार्थियों को प्रदान किए

जाने और विद्यार्थियों द्वारा उसको भलीभांति ग्रहण कर उसके ज्यों के त्यों रूप में पुनः प्रस्तुत किए जाने की प्रक्रियाओं में सिमट कर रह जाती है। अधिगमकर्त्ता के रूप में एक विद्यार्थी का इस बात से कोई सरोकार नहीं होता कि उसको प्रदान किए जाने वाले ज्ञान का स्रोत क्या है और इसकी सृष्टि अथवा रचना कैसे हुई है तथा इसे वास्तविक जीवन में कैसे प्रयुक्त किया जाना है। उसका कार्य तो केवल मात्र उसे ग्रहण करना, उसको अपनी स्मृति में संजोना उसकी आवृत्ति तथा अभ्यास करते रहना तथा जब जहां जैसी आवश्यकता हो उसके मुताबिक उसका पुनः प्रस्तुतीकरण करना है।

ज्ञान को प्रदान करने एवं ग्रहण करने से जुड़ा हुआ ऐसा परम्परागत अधिगम निम्न दोषों एवं कमियों से लक्षित पाया जाता है:

(i) ज्ञान के स्रोत से अधिगमकर्त्ता का कोई प्रत्यक्ष सम्पर्क नहीं होता। वह वही ज्ञान प्राप्त करता है जो उस उसके माता-पिता तथा अध्यापकों या अन्य बड़ों के द्वारा प्रदान किया जाता है।

(ii) बालक जो ज्ञान प्राप्त करता है उसका कहीं से संग्रह अथवा सृजन उनके हाथों में होता है जो उसे ऐसा ज्ञान प्रदान करते हैं। ज्ञान के इस संग्रह तथा/अथवा सृजन में अधिगमकर्त्ता यानी बालक की कोई भूमिका नहीं होती। वांछित ज्ञान एवं कौशलों के अर्जन हेतु विद्यार्थी पूरी तरह से दूसरों के आश्रित रहता है। वह अपने स्वतंत्र प्रयत्नों से यह कार्य नहीं कर सकता।

(iii) शिक्षण अधिगम क्रिया अब यहां नितान्त एकांगी हो जाती है। ज्ञानवान प्राणी के रूप में यहां अध्यापक आवश्यक सूचनाओं, ज्ञान, कौशल आदि को विद्यार्थियों को उनकी रुचि, आवश्यकताओं तथा योग्यताओं को नजरअन्दाज करते हुए प्रदान करते हुए देखे जा सकते हैं। विद्यार्थी मूल श्रोता तथा निष्क्रिय दर्शक बने हुए जो कुछ अध्यापक कहते हैं और दिखाते हैं उसके सुनने तथा देखने में लगे रहते हैं। इस परिस्थिति में विद्यार्थियों में अरुचि तथा ऊब उत्पन्न होना स्वाभाविक ही है और परिणामस्वरूप कक्षा में अधिकाश बालकों को ध्यान न देते हुए अथवा ऊंघते हुए देखा जा सकता है।

(iv) यहां अध्यापक जो कुछ वे प्रेषित करना चाहते हैं उसका विद्यार्थियों को जैसे-तैसे प्रदान करना ही एक मात्र उद्देश्य होता है। बालक रुचि ले रहे हैं अथवा उसे समझ पा रहे हैं या नहीं इससे उनका कोई सरोकार नहीं होता। इस प्रकार के प्रदान किए हुए ज्ञान का बालकों की आवश्यकताओं तथा उनके द्वारा उपयोग में लाये जाने से कोई सम्बन्ध नहीं होता। यह ज्ञान ऊपर से थोपा होता है, अपनी आवश्यकताओं की पूर्ति हेतु स्वयं अधिगमकर्त्ताओं के प्रयत्नों से उसकी उपज नहीं होती। इसलिए इसे विद्यार्थियों द्वारा बिना सोचे समझे और उसका मतलब समझे हुए कंठस्थ करने के ही प्रदान किए जाते हैं और इस अवस्था में न तो उनमें इसे सीखने के प्रति पर्याप्त अभिप्रेरणा पाई जाती है और न वे इसे अच्छी तरह समझ कर ग्रहण ही कर पाते हैं। इस प्रकार का बिना सोचे समझे कंठस्थ किया हुआ ज्ञान उनके ऊपर एक अनावश्यक बोझ ही होता है, वे इसे किसी भी तरह अपनी आगामी जिंदगी के काम में लाने योग्य नहीं बना पाते।

(v) प्रदान किए गए तथ्यों एवं विषय-वस्तु को ज्यों की त्यों कंठस्थ कर लेना आगे चलकर कुछ सहायता करने की बजाय स्वयं अपने आप में ही एक बड़ी समस्या

बन जाता है। उसमें से अधिकांश बातें विद्यार्थी भूल चुके होते हैं। इसलिए जब उनके प्रत्यास्मरण का समय आता है तो उनके होश उड़े रहते हैं। विशेषकर परीक्षा के समय तो इस वजह से उनकी बुरी हालत हो जाती है। इस तरह कंठस्थ करके विषय-वस्तु को ज्यों की त्यों प्रस्तुत करने सम्बन्धी कुछ शुरूआती लाभ अवश्य नजर आते हों परन्तु भविष्य में यह बात सब तरह से धोखा देने वाली एवं अनुपयोगी सिद्ध होती है। इस तरह सभी दृष्टि से मात्र प्रदान किए जाने एवं ग्रहण किए जाने जैसी प्रक्रियाओं से जुड़ा हुआ अधिगम अपने आप में निरर्थक ही सिद्ध होता है और इससे शिक्षण-अधिगम उद्देश्यों की सही ढंग से पूर्ति करने की आशा कदापि नहीं की जा सकती।

अपनी इन उपरोक्त कमियों एवं दोषों की वजह से प्रदान करने एवं ग्रहण करने से जुड़े हुए अधिगम को कड़ी आलोचनाओं का शिकार होना पड़ रहा है। यही नहीं इस प्रकार के अधिगम से जुड़ी हुई सम्पूर्ण शिक्षण अधिगम प्रक्रिया और शिक्षा व्यवस्था पर भी प्रश्न चिन्ह लगाया जा रहा है। विकल्प के रूप में नये दौर के मनोवैज्ञानिकों तथा शिक्षा-शास्त्रियों द्वारा रचनात्मकतावादी दर्शन और विचारधारा को सामने लाकर यह बात कही जा रही है कि अधिगमकर्त्ता को जो कुछ भी अपनी आवश्यकताओं की पूर्ति हेतु चाहिए उसकी सृष्टि अथवा रचना स्वयं उसी के द्वारा होनी चाहिए। आइए देखते हैं कि अधिगम की इस नवीन धारण का क्या स्वरूप है।

अधिगम ज्ञान की सृष्टि अथवा रचना के रूप में
(Learning as Construction of Knowledge)

रचनात्मकतावादी दर्शन इस बात पर विश्वास करता है कि आवश्यक ज्ञानार्जन से जुड़ा हुआ कोई भी सार्थक अधिगम तभी घटित हो सकता है जबकि अधिगमकर्त्ता द्वारा ज्ञान की सृष्टि अथवा रचना करने हेतु पहल की जाए। इसलिए यह इस बात पर जोर देता है कि अध्यापक या प्रशिक्षक के द्वारा कोई भी बात अपने विद्यार्थियों के मस्तिष्क में व्याख्यान या प्रदर्शन विधि का प्रयोग करते हुए यूं ही नहीं उडेल देनी चाहिए क्योंकि इस अवस्था में वे मात्र निष्क्रिय दर्शक और मूल श्रोता बने हुए उचित प्रकार से अधिगम अर्जन नहीं कर सकते। इस प्रकार से प्रदान किया गया और ग्रहण किया ज्ञान विद्यार्थियों को किसी भी दृष्टि से उपयोगी नहीं माना जा सकता। वे रटे-रटाये ज्ञान का बोध ही ढोते रहते हैं, न तो इसको जीवन में काम में लाने वाले बन सकते हैं और न इसकी अपने स्वयं के प्रयत्नों से कभी सृष्टि ही कर सकते हैं। रचनात्मकतावाद इसलिए यह प्रतिपादित करता है शिक्षण-अधिगम की किसी भी प्रक्रिया में (चाहे वह स्व-प्रेरित हो अथवा दूसरों के द्वारा निर्देशित) विद्यार्थी की सक्रिय और प्रभावशाली भूमिका होनी चाहिए। उसी के द्वारा यह तय होना चाहिए कि उसे क्या सीखना है और कैसे? अध्यापक को अपने विद्यार्थियों के कक्षा में अन्तःक्रिया करते हुए तथा उन्हें स्व-अधिगम तथा निर्देशित क्रियात्मक कार्यों में लगाये रखने हेतु उनकी रुचियों, आवश्यकताओं, अभिप्रेरणा तथा व्यक्तिगत योग्यताओं को सदैव ही अपने ध्यान में रखना चाहिए। इस परिप्रेक्ष्य में हम अध्यापकों, माता-पिता तथा बड़ों का यह कर्त्तव्य बन जाता है कि हम बालकों को ऐसी अधिगम परिस्थितियों तथा वातावरणजन्य सुविधाएं सुनिश्चित करने का प्रयत्न करे कि जिस प्रकार का ज्ञान और अधिगम उन्हें चाहिए वे उसे अपने प्रयत्नों द्वारा स्वयं ही खोजने और अर्जित करने में सफल हों। बड़े होने के साथ-साथ बालकों को जो ज्ञान चाहिए वे उनकी क्रमशः धीरे-धीरे

लगातार सृष्टि करने अथवा पहले से वर्तमान ज्ञान को अपने ढंग से खोजने और उपयोग में लाने के योग्य बना सकें। अपने प्रयत्नों से अपनी आवश्यकताओं के अनुरूप किए जाने वाले यह अधिगम "करके सीखने" और "अनुभव के आधार पर सीखने" जैसे प्रमुख शिक्षण-अधिगम सूत्रों पर टिका नजर आता है। आइए देखें ऐसा कैसे होता है।

बालकों को जिन प्रारंभिक अनुभवों से गुजरना होता है वे अनायास ही उनके द्वारा ज्ञान के सृजन का रास्ता खोल देते है। जो बालक मोमबत्ती की लौ, गर्म तवे, गर्म चपाती से निकलने वाली भाप तथा गर्म दूध के पीने से अपने ओठ जलाने की अनुभूति से गुजरते हैं वे अपने इन अनुभवों के द्वारा इस निष्कर्ष पर पहुंचने की क्षमता रखते हैं कि गर्म वस्तुओं से जल जाते हैं अतः उन्हें काम में लाने हेतु सावधानी बरतनी चाहिए। यह और कुछ नहीं बल्कि स्वयं के अनुभवों तथा प्रयत्नों से ज्ञान की रचना अथवा सृष्टि करना ही कहा जाता है।

इस प्रकार से शैशवकाल के शुरूआती दिनों से ही बालक अपने वातावरण से संबंधित विविध वस्तुओं और घटनाओं से जुड़ी बहुत सी बातों के अधिगम तथा ज्ञान सृष्टि में जुटे रहते हैं। उनके द्वारा किए जाने वाले प्रारंभिक प्रत्यक्ष अनुभव उन्हें आवश्यक ज्ञान की सृष्टि अपनाने में यथासंभव सहायता पहुंचाते हैं। जैसे-जैसे इन अनुभवों की पुनरावृत्ति होती है वे उसके संदर्भ में अपने विगत अर्जित ज्ञान में आवश्यक संशोधन, परिमार्जन और उसकी पुष्टिकरण के कार्य में संलग्न दिखाई देते हैं। नये अनुभव, पुराने अनुभनों से सृजित ज्ञान के स्थान पर नवीन ज्ञान की सृष्टि करने में मदद करते हैं। जैसे अगर अपने पुराने अनुभवों के आधार पर एक बालक कुत्ते को देखकर थर-थर कांपने लगता है तो नए अनुभव (जिनमें पालतू कुत्तों तथा शिशु कुत्तों से होने वाले सुखदायी और मनोरंजन अनुभव शामिल हैं) उसके कुत्तों के प्रति व्याप्त भय को धीरे-धीरे कम करने में काफी प्रभावशाली सिद्ध हो सकते हैं।

इस तरह से अपने और अपने वातावरण के साथ समायोजित होने की आवश्यकता पूर्ति हेतु बालकों को किसी एक या अन्य प्रकार के अधिगम अर्जन के लिए ज्ञान की रचना अथवा सृष्टि करते रहने की प्रक्रिया एक नितान्त स्वाभाविक प्रक्रिया के रूप में जानी जा सकती है। बालकों के उचित समायोजन तथा विकास के लिए यह नितान्त आवश्यक भी है। इसमें बालक अपने दिन-प्रतिदिन की घटनाओं तथा प्रत्यक्ष अनुभवों के ऊपर गहराई से चिन्तन एवं मंथन करते हुए उचित निष्कर्षों पर पहुंचने का प्रयत्न करते हैं। अपने-अपने अनुभवों से, अपने-अपने तरीकों से अपने स्वयं के ज्ञान की सृष्टि करते हैं। चूंकि सभी बालकों के अनुभवों तथा चिंतन एवं विश्लेषण तरीकों में विभिन्नताएं हो सकती हैं इसलिए उनके द्वारा खोजा गया ज्ञान भी विभिन्नताओं से युक्त हो सकता है और यही बात आगे जाकर उनमें पाई जाने वाली विभिन्न विभिन्नताओं या वैयक्तिक भेदों का ठोस कारण बन सकती है।

अपने आप ज्ञान की खोज करना छोटे-छोटे बालकों के लिए सहज बात नहीं हैं। ऐसा करने में गलत कौशलों अथवा अवधारणाओं को सीखने जैसी बातें प्रकाश में आ सकती हैं और इसी बात से यह आवश्यकता अच्छी तरह उभर कर सामने आती हैं कि बालकों की अधिगम अर्जन तथा ज्ञान सृजन बड़े और अनुभवी व्यक्तियों के सानिध्य या निर्देशन में हो। बड़े होने पर भी जब विद्यार्थियों द्वारा उच्च स्तरीय अवधारणाओं, कौशलों तथा सीखे हुए ज्ञान का उपयोग भली-भांति करने की बात आती है तो इस अवस्था में यह आवश्यकता अच्छी तरह अनुभव की जा सकती है कि ज्ञान की खोज अथवा सृजन

का कार्य बड़ों या अनुभवी व्यक्तियों के निर्देशन में किया जाए और अपेक्षाकृत सरल बातों को स्वयं के प्रत्यनों से खोज करके सीखा जाए। परन्तु यहां यह बात अवश्य ही ध्यान रखनी चाहिये कि सीखना चाहे किसी भी स्तर का या प्रकति का हो, पहल स्वयं के प्रयत्नों से ही की जानी चाहिये। विद्यार्थियों को यथा आवश्यक ऐसी अधिगम परिस्थितियां तथा वातावरणजन्य सुविधाएं प्रदान की जानी चाहिए जिनमें वे अपेक्षित और आवश्यक ज्ञान के अर्जन और सृष्टि हेतु स्वयं के प्रयासों में (अकेले या समूह) रत नजर आएं। जब इस ज्ञान का स्तर उनकी योग्यताओं तथा कुशलताओं के संदर्भ में अपेक्षाकृत कुछ ऊंचा नजर आए तभी उन्हें उचित मार्गदर्शन प्रदान करने और क्रियात्मक सहयोग देने की बात अध्यापकों तथा प्रशिक्षकों के सामने आनी चाहिए। किसी भी अवस्था में अधिगम अर्जन को अध्यापकों द्वारा एकतरफा ऐसी क्रिया नहीं बनाया जाना चाहिए कि वह परंपरागत शिक्षण अधिगम शैली में परिवर्तित होकर रह जाए। ज्ञान को प्रदान तथा ग्रहण किए जाने के स्थान पर उसका अपेक्षित रूप से विद्यार्थियों द्वारा उनके स्वयं के प्रयत्नों से सृजन तथा उपार्जन ही होना चाहिये, इस मूलमंत्र को सदैव ही शिक्षकों को अपने सामने रखना चाहिये। जैसा कि ब्रूनर जैसे प्रसिद्ध रचनात्मकतावादी ने प्रतिपादित किया है, हर शिक्षण अधिगम परिस्थिति में ऐसे सभी संभव प्रयास किए जाने चाहिएं जिससे विद्यार्थियों को एक स्वतंत्र और सक्रिय अनुसंधानकर्त्ता एवं खोजी के रूप में देखा जा सके। उन्हें ज्ञान की सृष्टि अथवा रचना हेतु इस प्रकार अभिप्रेरित एवं मार्गदर्शित किया जाना चाहिये कि वे तब तक ज्ञान सृष्टि कार्य में रत रहें जब तक वे अपने स्वयं के प्रयत्नों द्वारा प्रस्तुत समस्या का समाधान न ढूंढ लें। परन्तु यहां अध्यापक और अन्य बड़ों को यह अवश्य ध्यान रखना चाहिए कि अपने ज्ञान सृष्टि प्रयासों में जहां उनके द्वारा किए गए प्रयत्न और प्राप्त निष्कर्ष उनके अपने हों वहां इस प्रकार के निष्कर्षित ज्ञान द्वारा वास्तविकता का भी प्रतिनिधित्व होना चाहिये यानी विद्यार्थियों के द्वारा खोजा हुआ या निर्मित ज्ञान उपयोग की दृष्टि से सार्थक हो। इस तरह विद्यार्थी ज्ञान सृष्टि की इस प्रक्रिया में सही मार्ग का अनुसरण करते रहें, अपने समय और शक्ति का अपव्यय नहीं, इस ओर अपेक्षित ध्यान दिया जाना आवश्यक है ताकि उनके विकास और समायोजन का रथ ठीक प्रकार आगे बढ़ता रहे।

अनुभव एवं अनुसंधानों के आधार पर अब यह अच्छी तरह जाना जा चुका है कि "ज्ञान की सृष्टि अथवा रचना" के पथ पर अग्रसर अधिगम (जिसमें अधिगमकर्त्ता द्वारा स्वयं अपने प्रयत्नों से परिस्थिति अनुसार अर्थ निकाल कर ज्ञान के खोजी की भूमिका निभाई जाती है) को वास्तविक अधिगम का दर्जा दिया जा सकता है। इस प्रकार का अपने प्रयत्नों द्वारा अर्जित ज्ञान सदैव उनके साथ रहता है, वे उसका अपनी जीवन में सही तरह से उपयोग करने में समर्थ रहते हैं तथा उन्हें अपने समायोजन, विकास तथा प्रगति में अपने द्वारा सृजित ज्ञान से भरपूर सहायता मिलती है।

अंत में निष्कर्ष के रूप में ज्ञान सृष्टि अथवा रचना से अभिप्रेरित अधिगम की प्रकृति और प्रयोजन के बारे में हम अपनी ओर से निम्न बातें कह सकते हैं :

(i) शिक्षण अधिगम के इस प्रारूप में अधिगमकर्त्ता की प्रमुख भूमिका रहती है। वह वही सीखता है जिसे सीखने की उसे आवश्यकता होती है। साथ ही उसका यह सीखना उसने अपने निजी प्रयासों का ही परिणाम होता है।

(ii) यह इस सिद्धांत और मान्यता पर आधारित है कि एक अधिगमकर्त्ता द्वारा सबसे अच्छा अधिगम तभी किया जाता है जब कि उसे उसके अपने समायोजन, शिक्षा

और प्रगति से जुड़े हुए ज्ञान की सृष्टि अथवा रचना हेतु उपयुक्त अधिगम परिस्थितियां, वातावरणजन्य सुविधाएं तथा समयानुसार आवश्यक सहायता एवं मार्गदर्शन प्रदान किए जाएं।

(iii) ज्ञान की सृष्टि अथवा रचना कार्य की शुरुआती अवस्था में बालक को पूरी स्वतंत्रता दी जानी चाहिए कि वह अपने निजी प्रयासों से आवश्यक ज्ञान की खोज या रचना कर सके। इस कार्य में वह अपने पुराने अनुभवों तथा पूर्व संचित उपलब्ध ज्ञान का उपयोग कर सकता है तथा इन अनुभवों एवं ज्ञान का सहारा लेते हुए स्वतंत्र ढंग से चिंतन तथा विश्लेषण करता हुआ नवीन ज्ञान के सृजन की ओर बढ़ सकता है।

(iv) यद्यपि ज्ञान की सृष्टि अथवा रचना करने का कार्य विद्यार्थी विशेष का अपना एक विशिष्ट और वैयक्तिक कार्य है जिसमें उसे ही अपने निजी प्रयासों से अपने ढंग से आगे बढ़ना होता है, परंतु यहां उनके लिए ऐसी परिस्थितियां तथा अवसर भी आ सकते है जहां वे अपने निजी प्रयासों से ज्ञान की खोज या सृष्टि में आवश्यक सफलता अर्जित न कर पाएं। अपने प्रयासों से वे गलत धारणाएं बना सकते हैं तथा गलत निष्कर्ष भी निकाल सकते हैं। इस परिस्थिति में यह आवश्यक है कि आवश्यक सावधानी बरती जाए तथा समय और शक्ति के अपव्यय पर अंकुश लगाया जाए। इस कार्य के लिए शिक्षक तथा हम बड़े लोगों का आगे आना आवश्यक है। माता-पिता तथा सहपाठी भी यहां उचित भूमिका निभा सकते हैं ताकि विद्यार्थियों का उनके द्वारा किए जाने वाले अपने प्रयासों के संदर्भ में आवश्यक मार्गदर्शन किया जा सके।

(v) अपने स्वयं के प्रयासों से ज्ञान सृष्टि करके अर्जित ज्ञान एवं कौशल, आदतें तथा रुचियां परंपरागत रूप से ज्ञान प्रदान करने और ग्रहण करने की तुलना में काफी कुछ स्थिर, स्थायी प्रभावपूर्ण तथा सहयोगी पाए जाते हैं और इसलिए यह एक अधिगमकर्त्ता को जीवन में आगे अच्छी तरह बहुत कुछ सीखने, समायोजित होने तथा प्रगति की राह पर आरूढ़ रहने में विशेष रूप से लाभप्रद सिद्ध होता है। अपने द्वारा अर्जित ज्ञान उसका अपना होता है वह उसे आवश्यकतानुसार अपने ढंग से अपने काम में लाने में पर्याप्त रूप से सक्षम होता है। यह परांपरागत ढंग से अर्जित अधिगम की तरह से स्मृति से गायब नहीं हो जाता।

(vi) इससे बालकों में स्वतंत्र चिन्तन तथा निजी प्रयासों से समस्या समाधान सम्बन्धी योग्यता के विकास में सहायता मिलती है और यही विकास उन्हें जीवन संग्राम की विविध समस्याओं का उचित ढंग से सामना करने के काबिल बनाता है।

(vii) इससे विद्यार्थियों को अपने में निहित क्षमताओं तथा सृजनात्मक प्रतिभाओं को सामने लाने में उपयुक्त सहायता मिल सकती है। साथ ही उन्हें आत्म प्रकाशन तथा आत्माभिव्यक्ति के भी उचित अवसर प्राप्त होते हैं।

(viii) इसमें अधिगमकर्त्ताओं के लिए उनका अधिगम एक बहुत ही रुचिकर, प्रयोजनपूर्ण, उपयोगी एवं अभिप्रेरण युक्त कार्य बन जाता है क्योंकि जो कुछ भी वह करते हैं उसकी लगाम किसी और के हाथों में नहीं बल्कि स्वयं उनके हाथों में होती है और वहीं कर रहे होते हैं जो उन्हें अपने अधिगम हेतु चाहिए।

(ix) इस प्रकार के अधिगम प्रारूप में शिक्षण अधिगम प्रक्रिया का आयोजन महज ज्ञान स्तर (Knowledge level) पर न होकर अवबोध तथा परावर्ती चिन्तन स्तर

(Understanding and reflective level) पर होता है। साथ ही यह किसी अवस्था में शिक्षक के हाथों में केन्द्रित एकपक्षीय रूप नहीं लेता बल्कि शिक्षार्थी केन्द्रित होकर अधिगम अर्जन का बहुमूल्य उदाहरण प्रस्तुत करता है।

इस तरह से अब तक हमने अधिगम के दोनों प्रारूपों (अधिगम ज्ञान की सृष्टि के रूप में तथा अधिगम ज्ञान प्रदान तथा ग्रहण करने के रूप में) की प्रकृति और गुण–दोष के सम्बन्ध में जो भी चर्चा की है। उससे भलीभांति यह निष्कर्ष निकल सकता है कि ज्ञान की सृष्टि या रचना के रूप में किया गया अधिगम सभी दृष्टि से अधिगमकर्त्ताओं के लिए श्रेष्ठ ठहराया जा सकता है। आज के समय की सभी अपेक्षाओं जिनमें आपने वाली पीढ़ी को ऐसा प्रबुद्ध नागरिक बनाने का प्रयास भी शामिल है जिसमें एक पूर्ण विकसित प्राणी के रूप में तेजी से आगे बढ़ते हुए विश्व समुदाय में न केवल अपने आपको सभी तरह से समायोजित करने की क्षमता हो बल्कि नए ढंग से सोचने और कुछ नवीन सृजन कर अपने समाज, देश और विश्व समुदाय को आगे ले जाने में भी वह पूरी तरह कुशल हो।

ज्ञान की सृष्टि अथवा रचना में सहायक प्रक्रियाएं
(Processes Facilitating "Construction of Knowledge")

जैसा कि ऊपर कहा जा चुका है अधिगमकर्त्ता के द्वारा किया गया ज्ञानार्जन तभी लाभदायक, सार्थक और प्रभावपूर्ण सिद्ध हो सकता है जबकि उसे अधिगमकर्त्ता द्वारा स्वयं अपने प्रयत्नों के द्वारा अर्जित किया जाए। परन्तु अपने प्रयत्नों से ज्ञान की प्राप्त या उसका सृजन उतना सरल नहीं जैसा कि कहने में लगता है। यह बात उनके लिए और भी अधिक चुनौतीपूर्ण हो जाती है जिन्हें उपलब्ध ज्ञान को दूसरों से ग्रहण करते रहने की आदत पड़ गई हो। उन्हें इस कार्य हेतु नवीन रुचियों, नवीन सोच तथा नए ढंग से अपने आपको क्रियाशील बनाने की जरूरत होती है और इसमें अनुसंधानकर्त्ताओं तथा वैचारिकों द्वारा सुझाई गई कुछ नवीन बातें तथा मौलिक क्रियाएं जो ज्ञान की सृष्टि में सहायक मानी जाती हैं उनका ज्ञान भी काफी लाभदायक सिद्ध हो सकता है। इन क्रियाओं, प्रक्रियाओं को ज्ञान की सृष्टि में सहायक प्रक्रियाओं का नाम दिया जाता है। ऐसी कुछ महत्वपूर्ण और सार्थक प्रक्रियाओं के रूप में हम निम्न का उल्लेख कर सकते हैं:

A. अनुभवजन्य अधिगम एवं परावर्ती चिंतन अथवा मनन (Experiential Learning and Reflection)
B. सामाजिक मध्यस्थता (Social Mediation)
C. संज्ञानात्मक समझौताकरण (Cognitive Negotiability)
D. परिस्थितिजन्य अधिगम और संज्ञान प्रशिक्षणावस्था (Situated Learning and Cognitive Apprenticeship)
E. उच्चस्तरीय संज्ञान (Meta Cognition)

आइए इन सभी सहायक प्रक्रियाओं की प्रकृति की उनके द्वारा ज्ञान सृजन हेतु दिए जाने वाले योगदान के संदर्भ में चर्चा की जाए।

A. अनुभवजन्य अधिगम एवं परावर्ती चिंतन
(Experiential Learning and Reflection)

अनुभवजन्य अधिगम क्या है? (What is Experiential Learning?)

अपने शब्दार्थ रूप में अनुभवजन्य अधिगम से तात्पर्य उस अधिगम से है जो अधिगमकर्त्ता के अपने अनुभवों (वैयक्तिक अथवा समूह के एक सदस्य के रूप में) पर आधारित होता

है। इस प्रकार के अनुभव उसे स्वयं के निरीक्षण, प्रयोग और परीक्षणों से उचित निष्कर्ष निकालने तथा किसी भी अधिगम प्रक्रिया में अपने आपको सक्रिय रूप से शामिल करने के दौरान हो सकते हैं। इस प्रकार के अधिगम की प्रकृति और उसके अर्थ को समझने में विभिन्न विद्वानों द्वारा प्रदत्त निम्न परिभाषाएं भलीभांति सहायक सिद्ध हो सकती हैं:

एसोसिएशन ऑफ एक्सपेरीमेन्टल एजूकेशन (Association of Experimental Education, 1995)

अनुभवजन्य अधिगम या सीखना करके सीखना है। यह एक ऐसी प्रक्रिया है जिसमें व्यक्ति अपने प्रत्यक्ष अनुभवों के आधार पर ज्ञान की सृष्टि तथा कौशलों और मूल्यों का अर्जन करता है।

विल्जो कोहनन (Viljo Kohonen, 2001)

अनुभवजन्य अधिगम एक ऐसा शैक्षिक प्रयास है जो व्यक्ति के संदर्भ में अधिगम में अनुभवों को पर्याप्त महत्व देते हुए अधिगम के सैद्धांतिक और क्रियात्मक पक्षों में उचित तालमेल बिठाने का प्रयास करता हुआ दिखाई देता है।

कोल्ब (Kolb, 1984)

अनुभवजन्य अधिगम में किसी घटना या वस्तु का निरीक्षण करना और अपनी सक्रिय साझेदारी द्वारा कुछ प्रयोजनपूर्ण कार्य करना शामिल रहता है। यह इस प्रकार के अधिगम की बात कहता है जिसमें अध्ययन की जाने वाली घटना या वस्तु से अधिगमकर्त्ता का प्रत्यक्ष पूर्ण संपर्क रहता है केवल मात्र उसे देखने, सुनने, उसके बारे में पढ़ने और सोचने तक ही सीमित नहीं रहता।

कार्ल रोजर्स (Karl Rogers, 1969)

अनुभवजन्य अधिगम की पहचान अधिगमकर्त्ता के अधिगम प्रक्रिया में व्यक्तिगत रूप से शामिल होने से होती है। इस प्रकार के अधिगम में व्यक्ति स्वयं पहल करता है, यह स्व-निर्देशित होता है तथा इसमें अपेक्षाकृत स्थायी प्रभाव छोड़ने की क्षमता होती है यानी जो कुछ अधिगमकर्त्ता द्वारा सीखा जाता है वह उसे जहां जैसी जरूरत हो उसके मुताबिक उपयोग में ला सकता है।

वोल्फे (Woolfe, 1992)

अनुभवजन्य अधिगम में निम्न चार विभिन्न अवयवों का समावेश पाया जाता है।

(i) *अधिगम प्रक्रियाओं का बोध (Awareness of the Learning Processes)* **:** अधिगम-कर्ताओं को यह आभास होता है कि किस प्रकार की प्रक्रियाएं घटित हो रही हैं और किनसे अधिगम हो रहा है।

(ii) *परावर्ती चिंतन युक्त अनुभव में समाविष्टि (Involvement in a reflective experience)* **:** अधिगमकर्त्ता की एक परावर्ती चिन्तन युक्त अनुभव में भागीदारी रहती है जो उसे अपने इस समय होने वाले अधिगम को उसके भूत कालीन, वर्तमान कालीन तथा भविष्य में होने वाले अधिगम से जोड़ने का कार्य करती है; चाहे इस जुड़ाव का चिन्तन नहीं बल्कि अनुभूति मात्र ही क्यों न हो।

(iii) *वैयक्तिक महत्ता (Personal Significance)* **:** जो कुछ सीखा गया है और जिस तरह सीखा गया है यह बात अधिगमकर्त्ता के लिए काफी महत्व रखती है।

(iv) *अपने आपको पूरी तरह शामिल करना (Involvement of the whole self)* **:** अधिगम-

कर्त्ता अधिगम प्रक्रिया में अपने सम्पूर्ण रूप में–अपने शरीर, विचार, भावनाओं तथा क्रियाओं के साथ शामिल रहना चाहिए, मात्र मानसिक रूप से नहीं।

अनुभवजन्य अधिगम एवं परावर्ती चिंतन अथवा मनन
(Nature and Characteristics of Experiential Learning)

विभिन्न विद्वानों द्वारा अनुभवजन्य अधिगम के बारे में व्यक्त किए गए उपरोक्त विचारों से हमें इस प्रकार के अधिगम की प्रकृति एवं विशेषताओं के बारे में निम्न निष्कर्ष निकालने में मदद मिल सकती है :

1. व्यक्तिगत अनुभवों पर आधारित होना (Based on personal experiences): अनुभवजन्य अधिगम अधिगमकर्त्ता के व्यक्तिगत अनुभवों (वैयक्तिक अथवा समूह के एक सदस्य के रूप में) पर आधारित होता है। वास्तव में यहां अधिगम प्रक्रिया को अधिगमकर्त्ता के अनुभवों का ऐसा ठोस आधार मिलता है जिसके सहारे वे अपने निजी प्रयासों द्वारा आवश्यक ज्ञान की रचना या सृजन कर सकें।

2. अधिगमकर्त्ता की पूर्ण समाविष्टि (Total involvement of the learners): अनुभवजन्य अधिगम अधिगमकर्त्ता को अधिगम प्रक्रिया में पूरी तरह शामिल करने हेतु यह अपेक्षा करता है कि एक अधिगमकर्त्ता को न केवल इस बात का पूरा ज्ञान होना चाहिए कि उसे क्या और कैसे सीखना है बल्कि उसे यह जानना भी जरूरी है इस अधिगम का उसके आगे के सीखने तथा उसके विकास एवं प्रगति में योगदान देने के परिप्रेक्ष्य में क्या महत्व है।

4. विद्यार्थी केन्द्रित उपागम (Learner centered approach): अनुभवजन्य अधिगम एक विद्यार्थी केन्द्रित उपागम का प्रतिनिधित्व करता है विषय केन्द्रित अथवा अध्यापक केन्द्रित उपागम का नहीं। इस अधिगम में अधिगमकर्त्ता को स्वयं ही यह निर्णय लेना होता है कि उसे क्या सीखना है और कैसे सीखना है। उसे इस अधिगम हेतु स्वयं ही पहल करनी होती है और अपने सक्रिय सहयोग से अपने उपयोग हेतु आवश्यक अधिगम की रचना और सृष्टि करनी होती है।

5. सैद्धांतिक और क्रियात्मक पक्षों का समन्वयन (Integration of theory with practice): अनुभवजन्य अधिगम एक अधिगम परिस्थिति विशेष से संबंधित सभी सैद्धांतिक तथा क्रियात्मक पक्षों में उचित ताल-मेल बिठाए रखने पर जोर देता है और इसका इस बात में अटूट विश्वास रहता है कि सिद्धांत क्रिया के बिना लंगड़ा यानी पंगु है और क्रिया सिद्धांत के बिना अंधी।

6. परावर्ती चिन्तन पर उचित बल (Due emphasis over reflection): अनुभवजन्य अधिगम में अधिगमकर्त्ता के द्वारा अपने स्वयं के अनुभवों को परखने तथा उनके ऊपर अच्छी तरह चिन्तन-मनन करने पर पूरा जोर दिया जाता है। मात्र अनुभवों की प्राप्ति ही ज्ञान सृष्टि में सहायक नहीं होती और इसलिए इसे अधिगम के लिए अपने आप में एक पर्याप्त शर्त नहीं ठहराया जा सकता। नए ज्ञान के अर्जन हेतु उससे संबंधित अनुभवों को एक अच्छे परावर्ती चिंतन एवं मनन की प्रक्रिया से गुजरना हर हाल में आवश्यक होता है।

7. अधिगम परिणामों की महत्ता (Usefulness of the end reslt): अनुभवजन्य अधिगम प्रक्रिया के परिणाम अधिगमकर्त्ता को अधिगम की गई बातों का सैद्धांतिक एवं क्रियात्मक रूप में समझने में समर्थ बनाने के संदर्भ में काफी मूल्यवान सिद्ध होते हैं। परिणाम मूल्यवान हैं यही बात उन्हें अपने प्रयत्नों से अपेक्षित ज्ञान के सृजन में अभिप्रेरण स्रोत का कार्य करती है। स्व-सृजित ज्ञान के स्वामी होने के नाते वे अपने द्वारा सृजित ज्ञान को अपने

आगामी अधिगम, समायोजन विकास तथा प्रगति में एक उपयुक्त साधन तथा शस्त्र की तरह इस्तेमाल कर सकते हैं।

अनुभवजन्य अधिगम के अर्थ, प्रकृति और विशेषताओं के बारे में जो बातें ऊपर कही गई हैं इनसे हम यह समझ सकते हैं कि केवल अनुभव करने मात्र से ही अधिगमजन्य अधिगम नहीं हो जाता। यह तो केवल शुरुआत है। इसके बाद परावर्ती चिंतन या मनन जरूरी है और उसके बाद किए गए चिंतन से उचित निष्कर्ष निकाल कर उनका क्रियान्वयन भी जरूरी है ताकि अनुभवजन्य अधिगम के परिणामों से लाभान्वित हुआ जा सके। अनुभवजन्य अधिगम के बारे में विद्वानों द्वारा बनाई गई इस प्रकार की अवधारणा ने इस मान्यता को जन्म दिया है कि अनुभवजन्य अधिगम चार चरणीय चक्रीय क्रम में संपन्न होता है। आइए इसके बारे में जानकारी ली जाए।

अनुभवजन्य अधिगम का चार चरणीय चक्र
(Four-Stage Cycle of Experiential Learning)

अपने व्यावहारिक अनुप्रयोग में अनुभवजन्य अधिगम को एक ऐसी सतत एवं विकासशील प्रक्रिया का द्योतक माना जा सकता है जो चार चरणीय चक्रों में सम्पन्न होती रहती है। इन चरणों को क्रमशः निम्न प्रकार से संबोधित किया जाता है।

(i) स्थूल या वास्तविक अनुभव (Concrete experience), (ii) परावर्ती चिन्तन (Reflection), (iii) सूक्ष्म संप्रत्ययीकरण या सामान्यीकरण (Abstract conceptualization or Generalization) तथा (iv) सक्रिय प्रयोगीकरण अथवा क्रियात्मक कार्य (Active experimental or practical work)

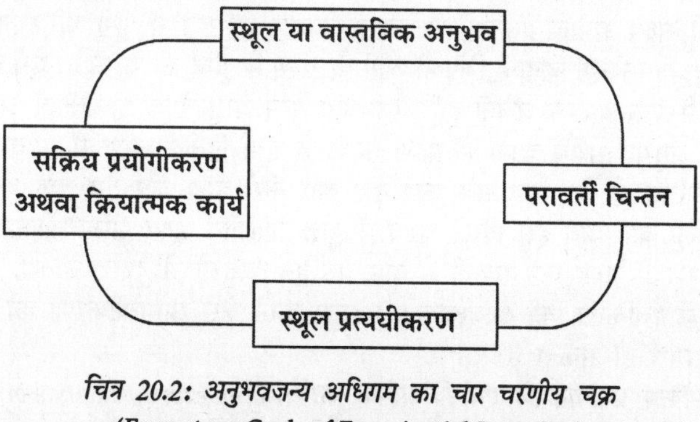

चित्र 20.2: अनुभवजन्य अधिगम का चार चरणीय चक्र
(Four stage Cycle of Experiential Learning)

1. स्थूल या वास्तविक अनुभव चरण (Concrete experience stage): अनुभवजन्य अधिगम की यह शुरूआती अवस्था अथवा प्रथम चरण है जिसमें अधिगमकर्त्ता जिस वस्तु या घटना का अध्ययन करता है उसके बारे में व्यक्तिगत रूप से अपने स्वयं के प्रयासों द्वारा प्रत्यक्ष अनुभव प्राप्त करने की चेष्टा करता है। ऐसा करने में अधिगमकर्त्ता द्वारा करके सीखना, अनुभव करना तथा नैसर्गिक ढंग से वस्तुओं और घटनाओं का अवलोकन/निरीक्षण करना आदि बातें ध्यान में रखी जाती है। यहां अधिगमकर्त्ता से यह अपेक्षा की जाती है कि वह आवश्यक वास्तविक अनुभव ग्रहण करने में अपने आपको बौद्धिक एवं संवेगात्मक रूप से पूर्णरूपेण समर्पित करे। कक्षा-कक्ष शिक्षण अधिगम परिस्थितियों में स्थूल अनुभवों की प्राप्ति हेतु विभिन्न प्रकार की स्थूल सामग्री तथा क्रियात्मक कार्यों का उपयोग किया

जा सकता है। जैसे दृश्य-श्रव्य सहायक सामग्री तथा संसाधन, मौखिक उदाहरण तथा कहानियां, लघु समूह चर्चा, अनुरूपण (Simulation), अभिनयात्मक एवं खेल क्रियाएं, पर्यटन एवं क्षेत्रीय भ्रमण आदि।

2. परावर्ती चिन्तन चरण (Reflection Stage): अनुभव परावर्ती चिन्तन को जन्म देता है। इसलिए अनुभवजन्य अधिगम की इस दूसरे चरण में अधिगमकर्त्ता द्वारा स्थूल अनुभवों के रूप में जो कुछ मिलता है, उसी के ऊपर सूक्ष्म निरीक्षण तथा गहन विचार किया जाता है ताकि उससे कुछ अर्थपूर्ण अभिव्यक्ति में सहायता मिले और नए ज्ञान की सृष्टि की ओर कदम बढ़ाए जा सकें। यहां अधिगमकर्त्ता मुख्य रूप से यह बात जानने और समझने की कोशिश करता है कि वास्तविक रूप में क्या, कुछ कैसे घटित होता है। इस कार्य के लिए यह वस्तुओं, घटनाओं और प्रक्रियाओं को अलग-अलग दृष्टिकोण से देखने का प्रयत्न करता है। यह सब कुछ करने में वह अपने स्वयं के विचारों, भावनाओं तथा निर्णायक क्षमता का सहारा लेता है और अपने आपको बौद्धिक एवं संवेगात्मक रूप से पूरी तरह से समर्पित करता हुआ दिखाई देता है। स्थूल अनुभव सम्बन्धी अपनी सभी प्रकार की सामग्री के परावर्ती चिन्तन (एक प्रकार की अन्तःदर्शीय निरीक्षण एवं मूल्यांकन) द्वारा किए जाने वाले इस विश्लेषण के द्वारा उठाया गया यह पहला कदम व्यक्ति के अपने निजी अनुभवों को उसके अनुभवजन्य अधिगम में बदलने हेतु काफी महत्वपूर्ण कार्य करता हुआ नजर आ सकता है। इसी से अनुभवजन्य अनुभव चक्र के तृतीय चरण-सूक्ष्म सम्प्रत्ययीकरण के सामान्यीकरण का रास्ता खुलता है।

3. सूक्ष्म सम्प्रत्ययीकरण (Abstract Conceptualization of Generalization): अनुभव-जन्य प्रक्रिया के इस तीसरे चरण में परावर्ती चिंतन के द्वितीय चरण से जो कुछ मिलता है उसी को सूक्ष्म सम्प्रत्ययीकरण तथा सामान्यीकरण के रूप में ऐसी परिकल्पनाओं के निर्माण का प्रयत्न किया जाता है जिनकी आगे के चरण में पृष्टि की जा सके। ऐसे वास्तविक अनुभव जैसे-एक बालक जलती हुई लौ अथवा गरम वस्तुओं के सम्पर्क में आने से जो वास्तविक अनुभव प्रथम चरण में ग्रहण करता है तथा द्वितीय चरण में परावर्ती चिन्तन द्वारा यह सोचता है कि ऐसा सब कुछ क्यों और कैसे हुआ और इस तरह दोनों चरणों में होने वाली बातें अब इस तीसरे चरण में कुछ वांछनीय सूक्ष्म सम्प्रत्ययीकरण अथवा सामान्यीकरण में मदद कर सकती हैं और वह इन वस्तुओं से दूर रहने तथा जल जाने पर प्राथमिक चिकित्सा की आवश्यकता महसूस करने जैसे सामान्यीकरणों को विकसित करने में समर्थ हो सकता है।

4. सक्रिय प्रयोगीकरण एवं क्रियात्मक कार्य (Active experimentation or practical action): अनुभवजन्य अधिगम के इस अन्तिम और चौथे चरण में जो कुछ भी सूक्ष्म सम्प्रत्ययीकरण अथवा सामान्यीकरण किया गया है या किन्हीं परिकल्पनाओं का निर्माण किया गया है उनसे संबंधित सभी बातों को यहां परीक्षण या पुष्टि के लिए सामने रखा जाता है। दूसरे शब्दों में, तृतीय चरण में जिस प्रकार के सामान्य निष्कर्ष निकाले जाते हैं उनकी जांच और परख क्रियात्मक रूप से इस चौथे चरण में की जाती है। इस प्रकार से किया हुआ क्रियान्वयन ठोस प्रायोगिक सामग्री को प्रकाश में लाता है। जिस पर आगे चलकर परावर्ती चिन्तन द्वारा पुनः सोच विचार किया जा सकता है और फिर उसे सृजित ज्ञान अथवा नवीन अधिगम के रूप में (जिसे हम अनुभवजन्य अधिगम का नाम दे सकते हैं) स्वीकार कर सकते हैं। इस प्रकार का अनुभवजन्य अधिगम आगे चलकर हमारे भविष्य के अधिगम, समायोजन तथा प्रगति में भरसक सहायक सिद्ध हो सकता है।

अनुभवजन्य अधिगम एवं चिंतन (Experiential Learning and Reflection)

परावर्ती चिन्तन में व्यक्ति विशेष द्वारा निरीक्षण या अनुभव की जाने वाली वस्तु, घटना या प्रक्रिया के ऊपर गहराई से विचार, मंथन और विश्लेषण किया जाता है, उसे हर दृष्टिकोण से जाना, जांचा तथा परखा जाता है और व्यक्ति विशेष को ऐसा करने में अपने आपको पूरी तरह शारीरिक, मानसिक तथा भावात्मक रूप से समर्पित करना पड़ता है ताकि इस चिंतन के परिणामस्वरूप आवश्यक सूक्ष्म अवधारणाएं तथा सामान्य निष्कर्ष निकालने में मदद मिल सके। इससे व्यक्ति को विशेष अधिगम परिस्थिति में जो कुछ भी अनुभव उसे प्राप्त होते है। उनका उचित अर्थ निकालने में सहायता मिलती है। परंतु यहां यह बात स्पष्ट हो जानी चाहिए कि परावर्ती चिंतन के रूप में आवश्यक मनन और मंथन करने की बात तभी उठती है जब कि व्यक्ति द्वारा किसी चीज का प्रत्यक्षीकरण अथवा अनुभव किया जाए। अनुभव ही परावर्ती चिन्तन को जन्म देता है, और इस प्रकार का चिंतन और मनन ही सूक्ष्म सम्प्रत्ययीकरण अथवा सामान्यीकरण का रास्ता खोलता है। इस प्रकार से हम यह समझ सकते हैं कि परावर्ती चिंतन अनुभव में एक सम्पर्क सूत्र अथवा सेतु का कार्य करके अनुभवजन्य अधिगम प्रक्रिया में काफी महत्वपूर्ण भूमिका निभाता है। अनुभव ग्रहण करने तथा अपने इन अनुभवों का गहराई से चिंतन एवं मनन करके सामान्यीकरण तथा निष्कर्षों पर पहुंचने में एक अधिगगकर्त्ता अपने आपको पूरी तरह शामिल रखता है। उसके ये सभी कार्य बौद्धिक एवं संवेगात्मक दोनों धरातलों पर ही सम्पन्न होते हैं। इसलिए व्यक्ति विशेष का अनुभव एवं परावर्ती चिंतन के माध्यम से किए जाने वाले अधिगम में पूर्ण समर्पण रहता है।

परम्परागत शिक्षक केन्द्रित शिक्षण अधिगम प्रक्रिया में विद्यार्थियों का अधिगम मुख्यतः बौद्धिक स्तर पर ही सम्पन्न होता है। विद्यार्थी यहां संवेगात्मक रूप से नहीं जुड़ पाते। इसलिए वे व्यक्तिगत रूप से ये नहीं जान पाते कि विषय-वस्तु के अधिगम का उन पर तथा उनके संवेगों का अनुभवजन्य अधिगम पर तथा शिक्षण-अधिगम परिस्थिति के जुड़े हुए अन्य व्यक्तियों पर क्या प्रभाव पड़ता है और इसलिए वे जो कुछ एक शिक्षण-अधिगम परिस्थिति में सीखते हैं उसका स्थानान्तरण वास्तविक जीवन परिस्थितियों में नहीं कर पाते।

दूसरी ओर वस्तुओं और घटनाओं सम्बन्धी अनुभवों के समुचित मनन एवं मंथन (reflection) पर आधारित अनुभवजन्य अधिगम एक अधिगमकर्त्ता के लिए अधिक प्रयोजनपूर्ण एवं सार्थक सिद्ध हो सकता है। इस प्रकार के अधिगम से अधिगमकर्त्ता अपने अधिगम को अपनी तरह से काम में लाने से सक्षम सिद्ध हो सकता है और यही वस्तु उसे जीवन की विभिन्न गतिविधियों के संचालन और समस्याओं के संपादन में अच्छी तरह सहायक सिद्ध हो सकती है।

ज्ञान की सृष्टि अथवा रचना में अनुभवजन्य अधिगम
(Role of Experiential Learning in Knowledge Construction)

अनुभवजन्य अधिगम अर्जन की कला अधिगमकर्त्ता को अपने जीवन का अच्छी तरह जीने के लिए आवश्यक ज्ञान के सृजन करने सम्बन्धी कला को सीखने में उचित मदद कर सकती है। दूसरे शब्दों में अनुभवजन्य अधिगम की सृष्टि अथवा रचना कार्य का एक अभिन्न अंग है। आइए देखे ऐसा क्यों हैं?

अनुभवजन्य अधिगम रूपी इमारत की बुनियाद दो स्तम्भों-अनुभव तथा परावर्ती चिंतन पर टिकी हुई है। अनुभव से ही अनुभवजन्य अधिगम की शुरूआत होती है। फिर जो कुछ भी अधिगमकर्त्ता द्वारा वस्तुओं एवं घटनाओं के बारे में अनुभव किया जाता है उसके

परावर्ती चिंतन पर टिकी हुई है। अनुभव से ही अनुभवजन्य अधिगम की शुरूआत होती है। फिर जो कुछ भी अधिगमकर्त्ता द्वारा वस्तुओं एवं घटनाओं के बारे में अनुभव किया जाता है उसका परावर्ती चिंतन के माध्यम से गहन विश्लेषण, मनन एवं मंथन किया जाता है। देखा जाए तो यह परावर्ती चिंतन (reflection) ही है जो व्यक्ति को अपने द्वारा अनुभव की गई बातों को ऐसी सूक्ष्म अवधारणाओं, सामान्यीकरण तथा निष्कर्षों में बदलने की करामात दिखाता है जिन्हें वह आसानी से अपनी आवश्यकतानुसार अपनी जिन्दगी में काम में ला सकता है।

ज्ञान की सृष्टि अथवा रचना का कार्य वास्तव में देखा जाए तो इसकी शुरूआत वहीं से होनी प्रारंभ हो जाती है जब कोई अधिगमकर्त्ता किसी वस्तु, घटना या प्रक्रिया के बारे में स्वयं प्रत्यक्ष रूप से जानने और अनुभव करने की अपनी रुचि और जिज्ञासा का प्रदर्शन करता है। जो अनुभव उसे मिलते हैं उनका सही अर्थ निकालने तथा उनके आधार पर कोई निश्चित परिणामों पर पहुंचने हेतु उसे परावर्ती चिंतन (reflection) की जरूरत होती है। फिर इस परावर्ती चिंतन के द्वारा संपन्न गहन विचार क्रिया तथा मंथन के बाद उसे जो कुछ भी सामान्य निष्कर्षों के रूप में प्राप्त होता है, वही उसे आगे चलकर अपने निजी प्रयासों से आवश्यक ज्ञान की सृष्टि एवं रचना में मदद करता है। इस तरह से ज्ञान की सृष्टि और अनुभवजन्य अधिगम दोनों के लिए अपनाई गई प्रक्रिया और कार्यपद्धति अपनी प्रकृति और प्रयोजन को लेकर लगभग एक जैसी ही हैं।

दोनों में ही अधिगमकर्त्ता अथवा ज्ञान के सृजन को पूरी तरह आभास रहता है कि वह ज्ञान का अर्जन अथवा उसकी सृष्टि क्यों करने जा रहा है। ज्ञान के अधिगम अथवा उसकी सृष्टि करने दोनों परिस्थितियों में ही व्यक्ति विशेष अपने कार्य रूप रथ का स्वयं ही वाहक होता है। फिर उसके बाद परिणामस्वरूप उसे जो कुछ भी प्राप्त होता है ऐसा अधिगम और रचनाकृत ज्ञान उसके लिए काफी सार्थक एवं प्रयोजनपूर्ण सिद्ध होता है तथा वह उसे अपनी जीवन परिस्थितियों में सुविधानुसार प्रयोग में लाने के लिए पूरी तरह सक्षम रहता है। इस प्रकार की समानताओं के आधार पर यह अच्छी तरह कहा जा सकता है कि अनुभवजन्य अधिगम के अर्जन के दौरान जो कौशल एवं कला सीखी जाती है और जिस प्रकार की अभिवृत्ति का उनमें विकास होता है, वह निस्संदेह ही अधिगमकर्त्ताओं को अपनी निजी प्रयासों से ज्ञान की सृष्टि अथवा रचना करने में बहुत अधिक सहयोगी सिद्ध हो सकती है।

B. सामाजिक मध्यस्थता (Social Mediation)

ज्ञान सृष्टि के कार्य में सामाजिक मध्यस्थता काफी सहयोग प्रदान कर सकती है। ऐतिहासिक दृष्टि से रचनात्मकतावाद से जुड़ा हुआ यह सम्प्रत्यय प्रसिद्ध रूसी रचनात्मकतावादी मनोवैज्ञानिक लेव व्यगोत्स्की (Lev Vygostky) की देन है। उसके द्वारा प्रतिपादित रचनात्मकतावाद की एक मुख्य अवधारणा के रूप में सांस्कृतिक अथवा सामाजिक मध्यस्थता का जिक्र आता है। व्यगोत्स्की के अनुसार बालक के वातावरण में व्याप्त संस्कृतिक और सामाजिक कारक बालक और उसके द्वारा किए जाने वाले ज्ञान सृष्टि के बीच एक प्रभावशाली मध्यस्थ की भूमिका निभाते हैं। उसका ज्ञान और विकास उसके वातावरण में मौजूद उसके सांस्कृतिक और सामाजिक कारकों से निर्देशित रहता है। बालक अपने समायोजन और विकास के लिए आवश्यक ज्ञान का सृजन अपने वातावरण में उपस्थित सांस्कृतिक और सामाजिक कारकों के सक्रिय सहयोग एवं प्रभाव स्वरूप ही कर पाता

है। इसके अभाव में बालक प्रायः अपने आप में ज्ञान के सृजन हेतु असमर्थता और असहायता का ही अनुभव करते हैं।

रचनात्मकतावादी मनोवैज्ञानिकों में दूसरा प्रसिद्ध नाम पियाजे का है जो अपने वैयक्तिक रचनात्मकतावाद के लिए प्रसिद्ध हैं। इनके रचनात्मकतावाद में ज्ञान सृजन के कार्य में सामाजिक मध्यस्थता अथवा अन्तःक्रिया की कोई भूमिका नहीं है। पियाजे ने इस बात पर जोर दिया कि हर बालक, उसे जो ज्ञान चाहिए, उसकी सृष्टि वह स्वयं बिना किसी दूसरे की सहायता लिए हुए करता है। व्यगोत्स्की ने पियाजे की इस बात का खंडन करते हुए कहा कि हर बालक एक सामाजिक प्राणी होता है। हम उसे उसके सामाजिक और सांस्कृतिक वातावरण से अलग करके नहीं देख सकते। इसलिए जब किसी बालक द्वारा ज्ञान सृष्टि का कार्य किया जाता है तो सामाजिक और सांस्कृतिक कारक प्रत्यक्ष अथवा अप्रत्यक्ष रूप से अवश्य ही उसकी सहायता करने हेतु या उस पर अनुकूल प्रभाव छोड़ने के लिए हाजिर रहते हैं। यद्यपि एक बालक अपने निजी प्रयासों से किसी एक या दूसरे प्रकार के रूप के ज्ञान की सृष्टि हेतु अपने प्रयत्न करता हुआ दिखाई दे सकता है और कुछ भाषा और अन्य कौशलों के अर्जन में उसे आंशिक रूप से सफलता भी मिल सकती है परन्तु जब ज्ञान और कौशलों के अर्जन और सृजन का कार्य कुछ ऊंचे स्तर पर पहुंच जाता है तब ये माता-पिता, शिक्षक और अन्य बड़ों के द्वारा दी जाने वाली सहायता और मार्गदर्शन जैसी सामाजिक मध्यस्थता से संबंधित हो सकता है। उदाहरण के लिए अगर साइकिल चलाना और एक कप में दूध डालने जैसे क्रियात्मक कौशलों को लिया जाए तो हम यह पाएंगे कि बालक इस प्रकार के कौशलों का अर्जन या सृजन सामाजिक मध्यस्थता की सहायता के बिना नहीं कर सकता है। एक बालक को पहले इसके लिए एक रोल मॉडल चाहिए जिससे वह उसके साइकल चलाने या कप में दूध डालने सम्बन्धी सही व्यवहार का निरीक्षण करके उसका अनुकरण कर सके और बाद में स्वयं के प्रयासों से अभ्यास करता हुआ उन्हें ठीक ढंग से अर्जित करने में सफलता प्राप्त कर सके। अपने इन सभी प्रकार के कामों को करने में उसे जिस ज्ञान और कौशल के अर्जन एवं सृजन की आवश्यकता हो उनके लिए अपने माता-पिता, साथी तथा बड़ों का सक्रिय सहयोग, मार्गदर्शन और सहारा उसे अवश्य चाहिए। वह इन सभी कौशलों पर स्वामित्व तभी अर्जित कर सकता है जबकि उसे उनके क्रियान्वयन हेतु सामाजिक वातावरण तथा सामाजिक मध्यस्थता का उचित सहारा मिलता है।

सांस्कृतिक या सामाजिक मध्यस्थता इस प्रकार से एक सामाजिक अन्तःक्रिया है जो बालक को उसके सामाजिक और सांस्कृतिक परिवेश तथा अन्तः वैयक्तिक सम्प्रेषण के द्वारा उपलब्ध होती है। जिसकी उपस्थिति व्यगोत्स्की तथा अन्य सामाजिक रचनात्मकतावादियों के अनुसार एक बालक के लिए उसके अपने समायोजन, विकास तथा प्रगति के लिए आवश्यक ज्ञान के सृजन तथा अर्जन के लिए बहुत अधिक जरूरी होती है।

सामाजिक मध्यस्थता और अन्तःक्रिया के कार्य में मध्यस्थता करने वाले उपकरण तथा संस्कृति से जुड़ी हुई बातें, जैसे-सम्प्रेषण और अन्तःक्रिया करने के तरीके और साधन काफी सहयोगी सिद्ध हो सकते हैं। बालक के द्वारा भाषा अर्जन मुख्य रूप से यहां सामाजिक तथा सांस्कृतिक परिवेश, व्यक्तियों तथा सामाजिक संस्थानों से अन्तःक्रिया करने में काफी सहयोग प्रदान कर सकता है। आवश्यक भाषा ज्ञान में युक्त बालक अपने साथियों से ही नहीं बल्कि माता-पिता, अध्यापक तथा समाज के अन्य सदस्यों के साथ भी काफी अच्छी

तरह से अन्तःक्रिया कर सकता है। इससे उसे अपने समायोजन, शिक्षा और विकास के लिए आवश्यक सामाजिक मध्यस्थता प्राप्त करने का भी रास्ता खुल जाता है। अपने साथियों या अपने से बड़ों के साथ किया जाने वाला सम्प्रेषण और अन्तःक्रिया अब उसे समयानुसार वह सहायता और मार्गदर्शन प्रदान कर सकते हैं जिससे वह अपने ज्ञान की स्वयं सृष्टि कर सके, उसे अपने तरीके से समझ सके और काम में ला सके तथा अपने सृजनात्मक और रचनात्मक योगदान हेतु उसका उचित मनन एवं मंथन कर सके।

सामाजिक मध्यस्थता अपने सामाजिक वातावरण, साथियों तथा बड़ों से होने वाली अन्तःक्रिया बालक को उस ज्ञान के सृजन और अर्जन में ही सहायक नहीं होती जो किसी एक सांस्कृतिक व्यवस्था में उपलब्ध रहती है बल्कि वह उसे लीक से परे हट कर ज्ञान का सृजन करने और उसे अपने विशिष्ट ढंग से उपयोग में लाने में भी सहायक सिद्ध होती है। उदाहरण के लिए सामाजिक मध्यस्थता के फलस्वरूप ज्ञानार्जन करने वाला एक बालक इस बात के लिए बाध्य नहीं रहता कि वह भी एक पेन्सिल को उसी तरह काम में लाए जैसे कि उसे उसके सामाजिक एवं सांस्कृतिक वातावरण में दूसरों द्वारा काम में लाया जाता है। वह यहां अपने उन सभी विविध कार्यों में अपनी रुचि के अनुसार प्रयोग में ला सकता है जैसा वह चाहता है। इस प्रकार से सामाजिक मध्यस्थता मात्र अनुकरण में ही सहायता नहीं करती बल्कि बालक को वह सब कुछ प्रदान करने की क्षमता रखती है जिससे वह अपने लिए आवश्यक और उचित ज्ञान का अर्जन और सृजन कर सके।

C. संज्ञानात्मक समझौताकरण (Cognitive Negotiability)

संज्ञानात्मक समझौताकरण दो शब्दों या पदों संज्ञान तथा समझौता से बना है। इसलिए अगर हम संज्ञानात्मक समझौताकरण का अर्थ समझना चाहते हैं तो हमें दो शब्दों संज्ञानात्मक तथा समझौताकरण के अर्थ जानने होंगे।

संज्ञानात्मक (Cognitive): 'संज्ञानात्मक' शब्द 'संज्ञान' संज्ञा पद का विशेषण है। संज्ञान का अंग्रेजी रूपान्तर Cognition है तथा मेरियम वेबस्टर (Merriam Webster, 1988: 257) शब्दकोष में 'Cognition' पद को जानने की प्रक्रिया या कार्य (act or process of knowing) के रूप में पारिभाषित करते हुए यह स्पष्ट किया गया है कि इस प्रकार के जानने और ज्ञान में वस्तु या क्रिया विशेष की जानकारी और उससे संबंधित वांछित निर्णय भी शामिल है। अपने इस रूप में जब हम यह बात कहते हैं कि व्यक्ति विशेष की संज्ञानात्मक योग्यताएं और क्षमताएं क्या हैं, तब इससे तात्पर्य व्यक्ति को उन योग्यताओं और क्षमताओं से होता है जो उसे किसी वस्तु, घटना या प्रक्रिया को जानने, समझने एवं उसके बारे में निर्णय लेने में मदद करती हैं।

समझौताकरण (Negotiability): अपने शब्दकोषीय अर्थ में समझौताकरण शब्द आंग्लभाषा के शब्द Negotiabilityका हिन्दी रूपांतरण है। मैरियम वेबस्टर शब्दकोष के अनुसार Negotiability का अर्थ है–

> समझौता करने की योग्यता यानी ऐसी योग्यता जो किसी मामले को सुलझाने तथा उसके सफलतापूर्वक प्रबंधन में सहायक सिद्ध होती है।
> ("One's ability to manage, to deal with some matter or attain that requires ability for its successful handling.") – Marriam Websters (1988 : 791)

संज्ञानात्मक समझौताकरण पद को अब हम निम्न प्रकार स्पष्ट कर सकते हैं।

संज्ञानात्मक समझौताकरण से तात्पर्य समझौता करने सम्बन्धी उस संज्ञानात्मक या

मानसिक योग्यता अथवा क्षमता से है जो हमें किसी चीज के बारे में जानने या उसकी खोज करने में मदद करती है। इस योग्यता से सम्पन्न व्यक्ति किसी एक विकल्प या समाधान के स्थान पर दूसरा विकल्प या समाधान से समझौता करता हुआ एक वस्तु घटना या प्रक्रिया विशेष के बारे में जानने और समझने की कोशिश करता रहता है ताकि वह किसी समस्या विशेष से अच्छी तरह निपटने, किसी नयी वस्तु या समाधान की खोज करने या किसी कार्य विशेष को सर्वोत्तम ढंग से संपादन करने का तरीका ढूंढने में सफलता अर्जित कर सके।

संज्ञानात्मक समझौताकरण की प्रकृति एवं विशेषताएं
(The Nature and Characteristics of Cognitive Negotiability)

व्यक्ति विशेष की एक महत्वपूर्ण संज्ञानात्मक तथा रचनात्मकतावादी योग्यता के रूप में संज्ञानात्मक समझौताकरण को कुछ निम्न विशेषताओं से लक्षित पाया जाता है।

1. इसका सम्बन्ध व्यक्ति के व्यवहार के ज्ञानात्मक पक्ष (Cognitive Domain) से है और इसका सम्बन्ध उसकी संज्ञानात्मक योग्यता या क्षमता से है।
2. यह योग्यता व्यक्ति को किसी एक परिस्थिति विशेष में किसी बात को जानने या उसकी खोज करने हेतु एक के स्थान पर दूसरे विकल्प या समाधान रखने या सोचने में सहायता करती है।
3. यह एक ऐसी संज्ञानात्मक युक्ति या व्यूह रचना को प्रतिनिधित्व करती है जिससे व्यक्ति को कुछ जानने या खोजने हेतु किसी एक विकल्प या तकनीक में स्थान पर दूसरे विकल्प या तकनीकों को अपना कर आवश्यक ज्ञान की सृष्टि या रचना में पूरा-पूरा सहयोग मिलता है।
4. यह एक अधिगमकर्त्ता को उसकी अपनी संज्ञानात्मक योग्यताओं, क्षमताओं तथा अभिप्रेरणा के बलबूते पर किसी व्यक्ति, वस्तु, घटना या प्रक्रिया के बारे में अपनी तरह से उसका ज्ञान और अवबोध कराने सम्बन्धी सृजन में सहायक होती है।

संज्ञानात्मक समझौताकरण तथा ज्ञान की सृष्टि करने में सम्बन्ध
(Relationship between Cognitive Negotiability and Knowledge Construction)

संज्ञानात्मक समझौताकरण व्यक्ति की किसी एक वस्तु के बारे में जानने और इस प्रकार के जानने सम्बन्धी इच्छा या अभिप्रेरणा के बीच एक अच्छे संयोजक और सेतु का कार्य करता है और इस प्रकार का संयोजन ही व्यक्ति द्वारा किए जाने वाले ज्ञान सृष्टि कार्य में निम्न प्रकार सहायक होता हुआ दिखाई देता है:

इससे अधिगमकर्त्ता को यह पता चलता है कि किसी वस्तु के बारे में जानने और उसको खोज करने में तरीकों में समझौता किया जा सकता है। वे किसी भी तरह से स्थायी नहीं हैं और हमें किसी बात के बारे में जानने और खोज करने के बारे में नए-नए विकल्पों और समाधानों को काम में लाने की चेष्टा करनी चाहिए।

संज्ञानात्मक समझौता करने की प्रवृत्ति और योग्यता अधिगमकर्त्ता के चिन्तन को एक केन्द्रित न बनाकर बहुकेन्द्रित बना देती है। परिणामस्वरूप उसमें विविध प्रकार से सोचने की शक्ति और आदत विकसित हो जाती है जिससे वह किसी एक तरीके, युक्ति अथवा विकल्प के स्थान पर दूसरों को इस्तेमाल करने सम्बन्धी संज्ञानात्मक समझौते करता रहता है और यहां बात उसे अपनी समस्या विशेष का समाधान ढूंढने तथा अपनी तरह से अपने लिए आवश्यक नवीन ज्ञान की सृष्टि या रचना करने में यथेष्ट सहायक सिद्ध होती है।

D. परिस्थितिजन्य अधिगम एवं संज्ञानात्मक प्रशिक्षणावस्था
(Situated Learning and Cognitive Apprenticeship)

अपने शब्दार्थ में परिस्थितिजन्य अधिगम एक ऐसा अधिगम है जो कि परिस्थितियों के अनुसार हो। दूसरों शब्दों में यह अधिगम है कि जो उन परिस्थितियों और संदर्भ विशेष के अन्तर्गत ही सम्पन्न होता है, जिनमें इसके उपयोग और अनुप्रयोगों की अधिक से अधिक संभावना हो।

इस प्रकार के अधिगम में हम अधिगमकर्त्ताओं को ऐसी वास्तविक जीवन परिस्थितियों में सीखने तथा आवश्यक ज्ञान का कौशलों के अर्जन करने की बात कहते हैं जिस तरह से उनके द्वारा अपने अर्जित ज्ञान और कौशलों को उसी तरह प्रयोग में लाया जाएगा जैसे कि सामान्य तौर पर रोजाना की जिन्दगी में उपयोगकर्त्ताओं द्वारा लाया जाता है। इस अर्थ में अगर व्यक्ति विशेष को खेती और बागबानी सम्बन्धी ज्ञान और कौशल अर्जित करना है तो उसे इस प्रकार के ज्ञान और कौशलों को वास्तविक जीवन परिस्थितियों में कार्यरत उन व्यक्तियों के सान्निध्य, मार्गदर्शन और प्रशिक्षण के तहत सीखना होगा जो अपने खेतों और बगीचों में इस प्रकार के कार्य कर रहे हों अथवा जो वास्तविक परिस्थितियों में मॉडलिंग तकनीक का उपयोग कर एक विशेषज्ञ के रूप में इस प्रकार के ज्ञान और कौशलों को प्रदान करने की क्षमता रखते हों। एक दर्जी जो अपनी दुकान में कपड़े सिलने का कार्य कर रहा हो, वह उन सभी अधिगमकर्ताओं (जो कपड़े सिलने के बारे में ज्ञान और कौशल अर्जित करना चाहते हैं) को अपनी दुकान पर ही परिस्थितिजन्य अधिगम सम्बन्धी आवश्यक अधिगम भलीभांति प्रदान कर सकता है। इसी तरह एक बढ़ई उन व्यक्तियों को जो लकड़ी यानी बढ़ई के काम में रुचि रखते हों अपने व्यवसाय में संबंधित बहुमूल्य अधिगम प्रदान कर सकता है, बशर्ते वे उसके द्वारा किए जाने वाले कार्यों को भलीभांति देखकर, समझकर उनकी ठीक ढंग से नकल कर और अभ्यास कर आगे बढ़ने का प्रयत्न करें।

परिस्थितिजन्य अधिगम इस प्रकार से अधिगमकर्त्ताओं को वास्तविक जीवन परिस्थितियों में कार्यरत व्यक्तियों और विशेषज्ञों के निरीक्षण और मार्गदशन में आवश्यक ज्ञान और कौशलों के अधिगम अर्जन हेतु समुचित अवसर प्रदान करने का प्रयत्न करता है। किसी एक व्यवसाय या धंधे से संबंधित ज्ञान और कलात्मक कौशलों को किसी एक कुशल व्यवसायी या कारीगर के नीचे एक प्रशिक्षणार्थी के रूप में अपनाई जाने वाली प्रथा परिस्थितिजन्य अधिगम का जीवन्त उदाहरण प्रस्तुत करती है। परिस्थितिजन्य अधिगम अधिगमकर्त्ताओं से यह अपेक्षा करता है। कि वे उन सभी विविध परिस्थितियों को अपने सामने रखकर अपना अधिगम ग्रहण करें जिनमें उनके सीखे हुए ज्ञान और कौशलों के अनुप्रयोग की संभावनाएं हो सकती हैं। संक्षेप में, परिस्थितिजन्य अधिगम अपने विविध रूपों में निम्न प्रकार की प्रयोजन पूर्ति में सहायक सिद्ध हो सकता है।

(i) विद्यार्थी जो कुछ सीख रहे हैं उसके प्रयोजन, लाभ तथा अनुप्रयोग से अवगत हो जाते हैं।

(ii) वे ज्ञान को निष्क्रिय रूप से ग्रहण नहीं करते बल्कि अधिगम प्रक्रिया में अपना सक्रिय योगदान देकर ज्ञान को जैसे काम में लाया जाता है उसी रूप में उसको सीखने का प्रयत्न करते हैं।

(iii) उन्हें उन सभी संभावित परिस्थितियों तथा हालातों की जानकारी रहती है जिनमें अर्जित ज्ञान एवं कौशलों का प्रयोग किया जा सकता हो।

(iv) विविध संदर्भों में किया गया अधिगम, प्राप्त ज्ञान के सूक्ष्म संप्रत्यीकरण यानी उससे उचित निष्कर्ष निकालने में अच्छी तरह सहायक सिद्ध होता है। वास्तव में यहां अधिगमकर्त्ता को दुहरा लाभ होता है एक तो वे ज्ञान का जैसे वास्तविक जीवन में उपयोग होता है उसे उसके उस रूप में ग्रहण करने और उपयोग में लाने में समर्थ बनते हैं तो दूसरी ओर निकाला गया सामान्यीकरण और निष्कर्ष उन्हें प्राप्त ज्ञान एवं कौशलों को किसी एक विशेष परंपरागत ढंग से प्रयोग में लाने तक ही सीमित नहीं रखता बल्कि वे उसका नये संदर्भों में उपयोग में लाने तथा नयी समस्याओं के समाधान में प्रयुक्त करने के भी काबिल बनते हैं।

(v) परिस्थितिजन्य अधिगम के परिप्रेक्ष्य में संपादित शिक्षण-अधिगम अध्यापक और विद्यार्थी दोनों के लिए ही काफी लाभदायक, प्रयोजनपूर्ण तथा अभिप्रेरणादायक सिद्ध होता है। यह उनके बीच होने वाली एक ऐसी उचित अन्त:क्रिया को जन्म देता है जिससे शिक्षण अधिगम प्रक्रिया को जीवन्त तथा रोचक बनाया जा सके।

(vi) परिस्थितिजन्य अधिगम विद्यार्थियों को इस प्रकार का वांछनीय वातावरण तथा समुचित अवसर प्रदान करने की क्षमता रखता है जिसमें विद्यार्थी ज्ञान की सृष्टि अथवा रचना के कार्य में स्वयं अपनी मर्जी से कार्यरत रहें क्योंकि उन्हें उस ज्ञान के अर्जन और सृजन की आवश्यकता का इस प्रकार के अधिगम में भलीभांति बोध हो जाता है।

संज्ञानात्मक प्रशिक्षणावस्था (Cognitive Apprenticeship)

प्रशिक्षणावस्था से क्या अभिप्राय है? (What is Apprenticeship?)

हिंदी भाषा में प्रयुक्त पद प्रशिक्षणावस्था तथा आंगल भाषा में प्रचलित पद Apprenticeship से हम सभी भली-भांति परिचित हैं। इस प्रकार के अधिगम एवं प्रशिक्षण व्यवस्था में एक अधिगमकर्त्ता से यह अपेक्षा की जाती है कि वह एक परिस्थिति अधिगम प्रारूप में किसी कौशल, कार्यक्षेत्र तथा व्यवसाय में माने जाने वाले गुरू के मार्गदर्शन एवं देख रेख में उस व्यवसाय, रोजगार या कार्यक्षेत्र से जुड़े हुए ज्ञान एवं कौशलों के अधिगम एवं अर्जन हेतु उचित प्रयत्न करें।

अपने गुरुओं के सानिध्य में रहकर इस प्रकार के प्रशिक्षण में रह रहना ही प्राचीन काल की शिक्षण अधिगम प्रणाली थी। जो कुछ भी विद्यार्थियों तथा अधिगम इच्छुक व्यक्तियों को जीवन क्षेत्र के विभिन्न कार्यों तथा व्यवसायों (पेन्टिग तथा भवन निर्माण कला से लेकर कानून तथा चिकित्सा शास्त्र) के संपादन हेतु ज्ञान एवं कौशलों के रूप में चाहिए तथा वह उन्हें एक बतौर प्रशिणार्थी ही उनके गुरुओं द्वारा प्रदान किया जाता था। दूसरों शब्दों में, गुरुओं के सानिध्य एवं मार्गदर्शन में एक प्रशिक्षणावस्थी के रूप में सीखना ही एक मात्र ऐसा प्रचलित तरीका था जिससे सभी प्रकार के अधिगम और प्रशिक्षण को संचालित किया जाता था। इस प्रकार के शिक्षण अधिगम में किसी भी अधिगमकर्त्ता से प्रशिक्षणावस्था में यह अपेक्षा की जाती है कि वह

(i) अपने गुरुओं द्वारा किसी कार्य विशेष को कैसे किया जा रहा है इसका भली-भांति प्रेक्षण करें।

(ii) जिस तरह कार्य को गुरु विशेष द्वारा किया गया है ठीक उसी रूप में वह स्वयं भी उसे करने का प्रयत्न करें।

(iii) अपने गुरु को उसके द्वारा की जाने वाली क्रियाओं के प्रेक्षण तथा पर्यवेक्षण का पूरा-पूरा मौका दे।

(iv) अपनी कार्य पद्धति में निखार लाने के लिए गुरुओं के आवश्यक निर्देशन एवं परामर्श ग्रहण करके उनका इस तरह अनुगमन करता रहे कि वह स्वतंत्र रूप से कार्य को अच्छी तरह अंजाम देने में पूरी तरह काबिल हो जाए।

इस तरह अधिगमकर्त्ता के अधिगम के लिए बना यह प्रशिक्षणावस्था प्रारूप (Mode of appreticeship) अधिगमकर्त्ता को पहले यह रास्ता दिखाता है कि उसे कोई कार्य या कौशल, कैसे करना चाहिये और फिर वह उसे इसे पूरी कुशलता एवं अच्छाई से अपने आप कर सकने में आवश्यक सहायता प्रदान करता है।

संज्ञानात्मक प्रशिक्षणावस्था क्या है? (What is Cognitive Apprenticeship?)

संज्ञानात्मक प्रशिक्षणावस्था अपने शाब्दिक अर्थों में अधिगमकर्त्ता के अधिगम एवं प्रशिक्षण हेतु आयोजित एक ऐसी प्रशिक्षण व्यवस्था है जिसे संज्ञानात्मक पृष्ठभूमि या परिप्रेक्ष्य में सम्पन्न किया किया जाता है। इसमें गुरुओं को एक परिस्थितिजन्य अधिगम पृष्ठभूमि यानी जीवन की वास्तविक परिस्थितियों तथा हालातों में विद्यार्थियों को कार्य विशेष के संपादन सम्बन्धी ज्ञान एवं कौशल प्रदान करने का प्रयत्न किया जाता है और इसके लिए वे संज्ञानात्मक मॉडलिंग (Cognitive modelling) की सहायता लेने का प्रयत्न करते हैं।

ऐतिहासिक दृष्टि से रचनात्मकतावादी विचारधारा विशेषकर सामाजिक रचनात्मकतावाद को संज्ञानात्मक प्रशिक्षणावस्था जैसी अधिगम एवं प्रशिक्षण व्यवस्था का जन्मदाता माना जा सकता है। सामाजिक रचनात्मकतावाद यह बताता है कि किसी कौशल या व्यवसाय विशेष के विशेषज्ञ या गुरु जब अबोध बालकों या नये-नये शिष्यों को उस कौशल या व्यवसाय का प्रशिक्षण दे रहे होते हैं तो वे उस कौशल से जुड़ी हुई बारीकियों को उन तक भली-भांति संप्रेक्षित करने की बात न तो सोच पाते है और न उन्हें यह पता होता है कि उसे किस तरह प्रदान किया जाए। प्रशिक्षणावस्था में अपने गुरुओं के माध्यम से बड़े ही सहज ढंग से उसी तरह सीख जाते हैं जिस तरह उन्हे उनके सामने उनके गुरुओं द्वारा संपादित किया गया है। कार्य संपादित करने के समय संबंधी क्रियाएं क्यों की गईं तथा उनमें क्या-क्या बारीकियां शामिल थी इस पचड़े में वे नहीं पड़ते बल्कि अनुकरण के माध्यम से बड़े ही सहज ढंग से उसी तरह सीख जाते हैं जिस तरह उन्हें उनके सामने उनके गुरुओं द्वारा संपादित किया गया है। कार्य संपादित करने के समय सम्बन्धी क्रियाएं क्यों की गईं तथा उनमें क्या-क्या बारीकियां शामिल थी इस पचड़े में वे नहीं पड़ते बल्कि अनुकरण और अभ्यास के द्वारा कार्य को सही अंजाम देने में पारंगत होते जाते हैं। उदाहरण के लिए गणित की समस्याओं को हल करने में वे अपने अध्यापक द्वारा श्यामपट्ट पर हल की गई समस्याओं को देखते हैं या अपनी पाठ्य-पुस्तक में दिए गए उदाहरण को अपने सामने मॉडल के रूप में रखते हैं। यहां अब वे समस्या समाधान कौशल की बारीकियों को समझने की कोशिश नहीं करते वे तो केवल अनुकरण और अभ्यास द्वारा ही इन समस्याओं को हल करना सीखते हैं। यही कारण है जब कि उनको कुछ थोड़ी भी अलग समस्याओं को हल करना पड़ता है तो उन्हें बेहद कठिनाई का अनुभव होता है।

इस प्रकार की कमियों को दूर करने हेतु संज्ञानात्मक प्रशिक्षणावस्था को इस तरह संरचित करने का प्रयत्न किया जाना चाहिये कि जिनमें कार्य करने सम्बन्धी प्रक्रिया और

गतिविधियों को अच्छी तरह स्पष्ट रूप में एक मॉडल व्यवहार के रूप में प्रशिक्षणार्थियों के सामने लाया जा सके तथा अपने अध्यापकों को देख-रेख में वे अपना भली-भांति प्रेक्षण, अनुकरण एवं अभ्यास कर सकें (Collins, Brown and Newman, 1987)।

वास्तव में देखा जाए तो संज्ञानात्मक प्रशिक्षणावस्था (Cognitive Apprenticeship) की अवधारणा के स्रोत के रूप में अलबर्ट बंडूरा (Albert Bandura, 1977) द्वारा प्रतिपादित अधिगम के मॉडलिंग सिद्धांत (Theory of Modelling) का नाम लिया जा सकता है। बंडूरा के अनुसार मॉडलिंग के द्वारा अधिगम के प्रतिपादन में तभी ठीक सफलता मिलती है जब अधिगमकर्त्ता पूरी तरह से इस पर ध्यान दे, जो सूचना या ज्ञान उसके सामने रखा जाए वह उसे पूरी तरह मिले और उसके द्वारा अपनी स्मृति में धारण किया जाए। अधिगम के लिए वह अच्छी तरह अभिप्रेरित हो तथा जो कुछ उसके द्वारा कौशल के रूप में सीखा गया है वह उसे भी भलीभांति पुनः प्रस्तुत कर सके।

संज्ञानात्मक प्रशिक्षणावस्था की मुख्य विशेषताएं तथा आकर्षण
(Main Features and Characteristics of Cognitive Appernticeship)

1. संज्ञानात्मक प्रशिक्षणावस्था को परिस्थितिजिन्य अधिगम का ही एक रूप या प्रकार कहा जा सकता है। इसलिए यहां विद्यार्थियों को उनके अधिगम हेतु जो भी कार्य किया जाता है और जो भी अनुगव प्रदान किए जाते हैं ने नास्तनिक जीवन की परिस्थितियों तथा हालातों से अच्छी तरह जुड़े रहते हैं।

2. संज्ञानात्मक प्रशिक्षणावस्था में उस अधिगम तथा संज्ञान की बात पर जोर दिया जाता है जो परिस्थिति तथा संदर्भ विशेष में ठीक बैठती है। इसकी मान्यता है कि संदर्भ और परिस्थितियां जिनमें अधिगम घटित होता है, अधिगमकर्त्ता के अधिगम के लिए काफी महत्वपूर्ण है। अंगर वास्तविक जीवन की सच्चाई और संदर्भों से हटकर अवधारणाओं तथा कौशलों को सिखाया जाए तो संज्ञानात्मक प्रशिक्षणावस्था में उपलब्ध अधिगम अधिक प्रभावपूर्ण और उपयोगी सिद्ध नहीं होता (Collins, Duguid and Brown, 1989)।

3. मॉडलिंग एवं कोचिंग (Modelling and Coaching) से युक्त संज्ञानात्मक प्रशिक्षणावस्था में कौशल अर्जन का कार्य जिन तीन चरणों या अवस्थाओं में पूरा किया जाता है वे हैं संज्ञानात्मक अवस्था (Cognitive stage), साहचर्य अवस्था (Associative stage) तथा स्वायत्त अवस्था (Autonomous stage), पहली अवस्था में अधिगमकर्त्ता को कौशल विशेष का बोध अथवा संज्ञान होता है। दूसरी अवस्था में पहली अवस्था में किए जाने वाले अधिगम में जो गलतियां तथा भ्रांति रह जाती है उनका निदान और उन्मूलन किया जाता है और कौशल में निहित आवश्यक तत्वों के बीच साहचर्य को मजबूत बनाया जाता है। अंतिम स्वायत्त अवस्था में कौशल को अभ्यास करके इस स्थिति में पहुंचाया जाता है कि उसका निपुणता स्तर पर क्रियान्वयन हो सके (Anderson, 2000)।

4. संज्ञानात्मक प्रशिक्षण अवस्था में अधिगम अर्जन हेतु संज्ञानात्मक मॉडलिंग उपागम का उपयोग किया जाता है। यहां पहले एक प्रशिक्षणार्थी को अपने गुरू या विशेषज्ञ के व्यवहार सम्बन्धी बातों को सावधानी से देखने और सुनने का अवसर दिया जाता है और उससे यह अपेक्षा की जाती है कि वह यह अच्छी तरह से समझ ले कि एक मॉडल के रूप में उसके गुरू या विशेषज्ञ द्वारा क्या सोचा और किया जा रहा है। उसके पश्चात् प्रशिक्षणार्थी प्रेक्षित व्यवहार सम्बन्धी सभी बातों का अनुकरण करने का प्रयत्न करता है जब कि इस समय विशेष में उसके गुरु अथवा विशेषज्ञ व्यक्ति उसके इस कार्य का निरीक्षण

कर रहे होते हैं और उसे अपने अर्जित कौशल का उचित अभ्यास करने के संदर्भ में मार्गदर्शन तथा कोचिंग देते हैं।

5. कोचिंग (Coaching) के माध्यम से अधिगम के एक चुनौतीपूर्ण स्तर पर प्रशिक्षणार्थी को आवश्यक सहायता प्रदान की जाती है। यह चुनौतीपूर्ण स्तर कौशल अर्जन का वह स्तर होता है जिसके कुछ थोड़ा आगे जाकर कौशल अर्जित करने की प्रशिक्षार्थी में क्षमता होती है। व्यगोत्स्की (1978) ने इसे जोन ऑफ प्रोक्सीमल डवलपमैन्ट (Zone of Proximal Development) का नाम दिया है और कहा है कि इस जोन यानी क्षेत्र विशेष के भीतर कार्य करते हुए विकास करने से विकास तीव्र गति से होता है। कोचिंग के दौरान गुरू या विशेषज्ञ द्वारा जहां जरूरत हो अतिरिक्त रूप में मॉडलिंग की क्रिया अपनानी होती है, प्रशिक्षणार्थी को सुधारात्मक चेतावनी एवं पृष्ठपोषण प्रदान किया जाता है। इस सबका उद्देश्य प्रशिक्षणार्थी के कौशल अर्जन को स्वामित्व स्तर (जैसा कि उसके गुरू का है) पर पहुंचाना होता है (ड्रिसकॉल, 2000)।

6. संज्ञानात्मक प्रशिक्षणावस्था की अवधारणा यद्यपि परम्परागत कारीगर गुरुओं द्वारा हुनर सीखने के इच्छुक व्यक्तियों को दिए जानी वाली प्रशिक्षण व्यवस्था से अवतारित हुई है परन्तु यह उससे अपनी संज्ञानात्मक पृष्ठभूमि और दार्शनिक विचारधारा के कारण अलग अस्तित्व रखती है। संज्ञानात्मक प्रशिक्षण व्यवस्था में अधिगमकर्त्ता को आवश्यक रूप से अपनी संज्ञानात्मक योग्यताओं का आश्रय लेकर आगे बढ़ना होता है। यहां अधिगमकर्त्ता द्वारा अपने गुरु के द्वारा मॉडलिंग द्वारा प्रदर्शित कौशल व्यवहार का अन्धानुकरण नहीं होता। उसके लिए यह भी जरूरी होता है कि इसे इस बात का उचित संज्ञान हो कि कौशल विशेष से जुड़ी प्रक्रियाओं तथा गतिविधियों को क्यों और कैसे किया जाता है। इस तरह संज्ञानात्मक प्रशिक्षणावस्था सम्बन्धी अधिगम अर्जन का उद्देश्य मात्र ज्ञान या कौशल अर्जन ही नहीं बल्कि यह भी जानना है कि यह अर्जन क्यों और कैसे किया जाता है। विद्यार्थी को केवल मात्र समस्याओं के हल प्रस्तुत करने में ही सक्षम नहीं होना चाहिये बल्कि समस्याओं को हल करने के तरीके और ढंग का भलीभांति संज्ञान होना चाहिये ताकि वे न केवल पाठ्यक्रम की पाठ्यपुस्तक सम्बन्धी चुनिंदा समस्याओं का हल प्रस्तुत कर सकें बल्कि अन्य पाठ्य पुस्तकों तथा स्वरचित समस्याओं का हल ढूंढने में सक्षम सिद्ध हों।

7. संज्ञानात्मक प्रशिक्षणावस्था अध्यापक और कोचों से यह अपेक्षा करती है कि वे अधिगमकर्त्ताओं की समस्याओं तथा कठिनाइयों के निवारण के प्रति पर्याप्त रूप से सजग रहे। इसका मतलब यह नहीं है कि वे हर समय हस्तक्षेप करके उनके कार्य में पूर्णता ही तलाश करते रहे। बल्कि यहां उद्देश्य यह होना चाहिए कि विद्यार्थियों को कौशल अर्जन हेतु ऐसे उचित अवसर, मार्गदर्शन और समयानुसार प्रोत्साहन दिया जाता रहे ताकि वे स्वतंत्र रूप से कौशल का प्रयोग करने में समर्थ हो सकें।

सामाजिक रचनात्मकतावाद दर्शन की मांग के अनुरूप ही संज्ञानात्मक प्रशिक्षणावस्था का इस तरह मूल उद्देश्य यही होता है कि इच्छुक अधिगमकर्त्ता द्वारा किए जा रहे ज्ञान एवं कौशल अर्जन तथा सृजन के कार्य में उसे अपेक्षित सहायता कब और कैसे प्रदान की जाए।

संज्ञानात्मक प्रशिक्षणावस्था के लाभ (Benefits of Cognitive Apprenticeship)

1. प्रामाणिक अधिगम क्रियाओं तथा मूल्यांकन को बढ़ावा (Encoraging authentic activity and assessment) : संज्ञानात्मक प्रशिक्षणावस्था में जो अधिगम वातावरण उपलब्ध होता है उसकी विशिष्टता परिस्थितिजन्य अधिगम तथा अच्छे से अच्छे अभ्यास अवसर

प्रदान करने की संस्कृति को लेकर है (Collins, Brown and Newsman, 1989)। यहां जो अधिगम क्रियाएं सम्पन्न होती है वे वास्तविक जीवन के अनुभवों से जुड़ी होने के कारण पूर्ण रूप में प्रामाणिक और यथार्थ होती हैं, अप्रामाणिक और कृत्रिम नहीं। अधिगम अर्जन के मूल्यांकन की प्रक्रिया भी पूरी तरह यथार्थ और प्रामाणिक होती है क्योंकि इसका सतत और सर्वांग मूल्यांकन गुरुओं द्वारा पूरी निष्ठा और वस्तुगत दृष्टिकोण से किया जाता है ताकि अधिगमकर्त्ताओं को कौशल अर्जन के स्वामित्व स्तर पर पहुंचाया जा सके।

2. विद्यार्थियों के लिए अभिप्रेरणात्मक तथा रुचिकर सिद्ध होना (Proving motivating and engaging for learners) : संज्ञानात्मक प्रशिक्षणावस्था से जुड़ी हुई सभी गतिविधियां अधिगमकर्त्ताओं के लिए वास्तविक रूप से प्रेरणादायक तथा रोचक सिद्ध होती हैं। वे अपने गुरू तथा विशेषज्ञों के कार्य का निरीक्षण और अनुकरण करके सीखते हैं। जो भी कार्य या कौशलों का प्रदर्शन यहां हो रहा होता है वे वही होते हैं जिन्हें वास्तविक जीवन में विशेषज्ञों द्वारा किया जाता है। अतः वे उपयोगी होने के कारण अभिप्रेरणात्मक भी होते हैं और रुचिकर भी। विद्यार्थी इन्हें सीखने में पूर्ण रुचि रखते हैं तथा अपने आप स्वयं करके सीखने की बात उन्हें पूरी तरह सीखने के कार्य के व्यस्त रखती है और जब उसके परिणामस्वरूप वे अपने गुरुओं की तरह कौशलों की उपयोग करने लगते हैं तब उनकी अभिप्रेरणा और भी बलवती हो जाती है।

3. ज्ञान के धारणा स्तर तथा स्थानान्तरण में वृद्धि (Pushing towards greater levels of retention and transfer) : संज्ञानात्मक प्रशिक्षणावस्था में जो भी अधिगम होता है वह उन परिस्थितियों तथा संदर्भों में सम्पन्न होता है जिस रूप में विशेषज्ञ या दक्ष व्यक्तियों द्वारा वास्तविक जीवन के कार्यों तथा व्यवसायों के संपादन में अपनी योग्यताओं तथा कुशलताओं का प्रदर्शन किया जाता है। अधिगमकर्त्ता यहां जो भी सीखते हैं उसमें जीवनोपयोगी क्रियाओं का पूरी तरह समावेश रहता है। वे वस्तुओं, प्रक्रियाओं के बारे में सैद्धांतिक नहीं बल्कि पूर्ण व्यवहारिक ज्ञान प्राप्त करते हैं तथा स्वयं करके और अनुभव करके सीखने में रत रहते हैं। इस तरह का किया गया अधिगम अपेक्षाकृत स्थायी होता है और इसे विद्यार्थी अधिक समय तक अपनी स्मृति में धारण कर सकते हैं और आवश्यकतानुसार किसी अन्य अधिगम परिस्थिति में उसका समुचित उपयोग भी कर सकते हैं।

4. उच्चस्तरीय तार्किक योग्यता के विकास में सहायक (Helping in the development of higher order reasoning) : संज्ञानात्मक प्रशिक्षणावस्था में अधिगमकर्त्ताओं को अपने अध्यापकों तथा विशेषज्ञों के सानिध्य एवं मार्गदर्शन में अधिगम रत होना पड़ता है। स्वाभाविक रूप से अध्यागक तथा विशेषज्ञों द्वारा अपने कौशलों के प्रदर्शन/मॉडलिंग तथा शिक्षण के दौरान उच्चस्तरीय संज्ञानात्मक क्षमता, सोचने विचारने एवं तर्क करने की शक्ति, कल्पना और स्मरण शक्ति, सृजनात्मक व कलात्मक क्षमता आदि का प्रयोग करना होता है। अधिगमकर्त्ताओं के लिए उनका यह व्यवहार एक आदर्श व्यवहार होता है जिसका अनुकरण एवं अभ्यास वे अपने प्रशिक्षण काल में करते रहते हैं। फलस्वरूप उनमें इस प्रकार की संज्ञानात्मक योग्यताओं का विकास भी कौशलों के अर्जन के साथ-साथ नैसर्गिक रूप से होता जाता है। वे भी अपने गुरुओं की तरह अपनी संज्ञानात्मक योग्यता के विकास और उपयोग में रुचि दिखाने लगते हैं तथा इन योग्यताओं के सहारे नवीन ज्ञान के अर्जन तथा सृष्टि में संलग्न होते दिखाई देते हैं।

संज्ञानात्मक प्रशिक्षणावस्था एवं ज्ञान सृष्टि
(Cognitive Apprenticeship and Knowledge Construction)

संज्ञानात्मक प्रशिक्षणावस्था अधिगमकर्त्ताओं द्वारा अपने निजी प्रयासों से ज्ञान तथा कौशल विशेषों के अर्जन एवं सृष्टि हेतु अमूल्य अवसर, परिस्थितियां तथा तकनीकी सहायता प्रदान करने की अपार क्षमता रखती है। कोलिन्स, ब्राउन एवं न्यूमैन (Collins, Brown and Newman, 1987) ने इस बात पर मोहर लगाते हुए छः ऐसी शिक्षण विधियां हमारे सामने रखी हैं जिनमें विद्यार्थी का अधिगम संज्ञानात्मक प्रशिक्षणावस्था प्रारूप में सम्पन्न होता है और जिनसे प्रशिक्षणार्थियों में ऐसी संज्ञानात्मक तथा उच्चस्तरीय संज्ञानात्मक योग्यताओं तथा कुशलताओं के विकास में सहायता मिलती है जिनसे युक्त होने पर वे आवश्यक ज्ञान की खोज, प्रबन्धन तथा उपयोग में सिद्धहस्त हो सकें। इन विधियों में से पहली तीन (मॉडलिंग, कोचिंग तथा स्केफोल्डिंग) को संज्ञानात्मक प्रशिक्षणावस्था से संबंधित अधिगम के लिए अति आवश्यक माना जा सकता है इन्हीं से संज्ञानात्मक और उच्चस्तरीय संज्ञानात्मक विकास होता है। आगे की दो (आर्टीक्यूलेशन तथा रिफलेक्शन) नए अधिगमकर्त्ताओं को समस्या समाधान तकनीकों से परिचित कराने और अपने गुरुओं के तरह कार्य संपादन करने में मदद करती हैं। अंतिम एक्सप्लोरेशन यानी अन्वेषण नए-नए अधिगमकर्त्ताओं को उनके अपने ज्ञान क्षेत्र में निहित समस्याओं से परिचित होने और उनका अपने निजी प्रयासों से हल ढूंढने की योग्यता वृद्धि में सहायता करती है। आइए इन सभी के बारे में संक्षेप में जाना जाए।

1. मॉडलिंग (Modelling) **:** संज्ञानात्मक प्रशिक्षण अवस्था में अधिगमकर्त्ताओं के साथ इस विधि या तकनीक का प्रयोग करते हुए अध्यापक किसी एक संज्ञानात्मक क्षेत्र या विषय विशेष से संबंधित कार्य या कौशल व्यवहार का एक मॉडल के रूप में प्रदर्शन करता है और अधिगमकर्त्ताओं से यह अपेक्षा करता है कि वे अपने मस्तिष्क में इस कार्य को करने सम्बन्धी प्रक्रियाओं का उचित स्वरूप बना लेंगे। उदाहरण के लिए भाषा अध्यापक मॉडलिंग तकनीक का उपयोग करते हुए उच्च स्वर में वाचन करते हुए, वाचन प्रक्रिया का आदर्श प्रस्तुत करता है और वाचन के लिए प्रयुक्त विषय-वस्तु की मौखिक व्याख्या प्रस्तुत करते हुए विचारों के अनुरूप स्वर में उतार-चढ़ाव लाते हुए विचारों की अभिव्यक्ति करता है। ऐसी प्रदर्शन करके वह यह अपेक्षा करता है कि विद्यार्थी समय और परिस्थिति के अनुसार (जैसा कि उनके सम्मुख आदर्श प्रस्तुत किया गया है) भाषा का प्रयोग करने का प्रयत्न करेंगे। इसी तरह से गणित का एक अध्यापक श्यामपट पर गणित की किसी एक प्रकार सी समस्याओं के हल करने के तरीके को विद्यार्थियों के सम्मुख प्रस्तुत करके, उनसे यह अपेक्षा कर सकता है कि किस प्रकार से समस्या समाधान योग्यता और विधियों का प्रयोग करके वे समस्याओं को हल कर सकते हैं।

2. कोचिंग (Coaching) **:** संज्ञानात्मक प्रशिक्षणावस्था में अपने विद्यार्थियों के साथ इस विधि का प्रयोग करते हुए अध्यापक से यह अपेक्षा की जाती है कि वह मॉडलिंग तकनीक की तुलना में विद्यार्थियों को उपयुक्त मार्गदर्शन और सहायता प्रदान करने हेतु उनसे कुछ अधिक निकटता बनाए ताकि ज्ञान और कौशल पर स्वामित्व अर्जित करने में वे अधिक समर्थ हो सकें। अपने इस कर्त्तव्यपूर्ति हेतु मॉडलिंग में उनके सामने कार्य को करने सम्बन्धी जो आदर्श प्रस्तुत किया गया था उसके अनुकरण के फलस्वरूप अब उनके द्वारा किए जाने वाले कार्य का स्तर क्या है, इसका भली-भांति प्रेक्षण करके उन्हें यथानुसार अध्यापक उपयुक्त सहायता एवं मार्गदर्शन प्रदान करता है, उचित पृष्टपोषण देता है और काम को

जितना अच्छी तरह से किया जाए उसके बारे में उचित उपाय और तकनीकी सुझाता है। यदि जरूरत हो तो वह स्वयं ही दुबारा कार्य को करके दिखाता है और पुनः विद्यार्थियों के कार्य का प्रेक्षण करते हुए किए जाने वाले कार्य को इस तरह संरचित और आयोजित करता है जिससे विद्यार्थी अपनी रुचि और क्षमता के अनुसार इसका संपादन करते हुए निरन्तर अपनी कार्य संपादन शैली में निखार लाते रहें। इस तरह कोचिंग के जरिए अध्यापक द्वारा वहां तक मदद की जाती है जहां तक वे अपनी क्षमता के अनुसार कार्य को बढ़िया से बढ़िया ढंग से अंजाम देने में सक्षम न हो जाएं।

3. स्केफोल्डिंग (Scaffolding) : स्केफोल्डिंग की अवधारणा व्यगोत्स्की (1978) की जोन ऑफ प्रोक्सीमल डेवलपमेंट (Zone of Proximal Development--ZPD) की अवधारणा पर आधारित है। इसके अनुसार बालक विशेष के ZPD से तात्पर्य "उसी दूरी अथवा अंतर से होता है जो उसके स्वतंत्र रूप से समस्या समाधान करने सम्बन्धी वास्तविक विकासात्मक स्तर और बड़ों के मार्गदर्शन तथा अधिक सामर्थ्यवान साथियों के साथ काम करने से होने वाले विकास स्तर के बीच में दिखाई देती है।" दूसरे शब्दों में, विद्यार्थियों के अधिगम अर्जन या उनके द्वारा किए जाने वाले ज्ञान के सृजन में बड़ों का मार्गदर्शन तथा साथियों का साथ काफी महत्वपूर्ण भूमिका निभा सकता है। इस प्रकार से उन्हें विकास और अधिगम अर्जन प्रक्रिया में जिस प्रकार से सहायता पहुंचाई जा सकती है उसे ही व्यगोत्स्की ने स्केफोल्डिंग (Scaffolding) का नाम दे दिया है।

संज्ञानात्मक प्रशिक्षणावस्था में स्केफोल्डिंग को एक विधि के रूप में प्रयोग में लाने से तात्पर्य उस सहायता अथवा मार्गदर्शन से है जो अध्यापक द्वारा किसी विद्यार्थी को उसके अपने वर्तमान प्रदर्शन स्तर से वांछित स्वामित्व स्तर तक ले जाने के लिए क्रमिक रूप से धीरे-धीरे दी जाती है। इस प्रकार की सहायता और मार्गदर्शन सुझावों, सलाह-मशविरा, मौखिक आदेश तथा सक्रिय सहायता के रूप में प्रदान की जा सकती है। इसे तभी प्रदान किया जाता है जबकि अधिगमकर्त्ता को इसकी काफी अधिक जरूरत हो यानी जब वह किसी कौशल विशेष के क्रियान्वयन अथवा किसी एक क्रिया को करने के दौरान (जैसे-दशमलव बिंदु को किसी उचित जगह पर न लगा सकने वाली अशुद्धि) जरूरत महसूस करे।

अब यहां स्केफोल्डिंग तकनीक का प्रयोग करने हेतु पहले तो अध्यापक को इस बात का सही निदान करना चाहिए कि विद्यार्थी किस प्रकार की कठिनाई महसूस कर रहा है तथा वर्तमान में उनके ज्ञान एवं कौशलों का स्तर क्या है। इस प्रकार के निदान के उपरान्त ही उसके विद्यार्थी की सहायता एवं मार्गदर्शन हेतु उचित साधन अपनाने के प्रयत्न करने चाहिए ताकि उसको अपेक्षित कौशल स्तर तक पहुंचाने में सहायता की जा सके। स्केफोल्डिंग तकनीक का (साइकिल चलाने या कार चलाना सीखने जैसे अधिगम कौशलों के अर्जन में अधिगमकर्त्ता के सहायता पहुंचाने हेतु) जब जैसी आवश्यकता हो तब वैसी मौखिक एवं सक्रिय सहायता प्रदान करने हेतु इस प्रकार प्रयोग किया जाना चाहिए कि वह धीरे-धीरे बिना किसी बाह्य सहायता के इन कार्यों को करने में आवश्यक सफलता अर्जित कर सके। सहायता प्रदान करते हुए यह बात अवश्य ध्यान में रखनी चाहिए कि अधिगमकर्त्ता के मार्ग में आने वाली कठिनाइयों और बाधाओं को दूर करने के लिए ही सहायता प्रदान की जाए, उन्हें दूसरों की सहायता पर निर्भर रहने के लिए नहीं। अब जैसे ही वह आभास हो कि विद्यार्थियों में अपने आप कार्य को करने की योग्यता विकसित हो रही है तब सहायता और मार्गदर्शन बंद कर देना चाहिए।

4. अभिव्यक्तिकरण (Articulation) : Articulation पद को परिभाषित करते हुए मेरियम वेब डिक्शनरी (2001) में इसे अभिव्यक्तिकरण अथवा किसी चीज या घटना के बारे में खुलकर कहने के कार्य रूप में पारिभाषित किया गया हे। संज्ञानात्मक प्रशिक्षणावस्था (Cognitive apprenticeship) के संदर्भ में अभिव्यक्तिकरण (articulation) पद को स्पष्ट करते हुए कौलिन्स, ब्राउन तथा न्यूमैन (Collins, Brown and Newman, 1987 : 482) में लिखा है कि इससे तात्पर्य उन सभी विधियों या तरीकों से है जो विद्यार्थियों से किसी एक पक्ष, क्षेत्र तथा विषय-विशेष में अर्जित ज्ञान, तर्क या समस्या समाधान प्रक्रिया की अभिव्यक्ति कराने में सहायक सिद्ध हो सकें। कोलिन्स तथा स्टीवेन्स (Collins and Stevens, 1982) ने इस सम्बन्ध में तीन प्रकार के अभिव्यक्तिकरण (Articulation) की चर्चा की है, वे हैं : (i) पूछताछ शिक्षण (ii) गहन चिंतन और (iii) विद्यार्थियों की समीक्षात्मक भूमिका।

पूछताछ शिक्षण से तात्पर्य विद्यार्थियों से प्रश्न पूछे जाने वाली उस तकनीक से है जिनसे उन्हें अपने आपको अभिव्यक्त करने और विषय के विभिन्न पक्षों या क्षेत्रों से संबंधित अवधारणाओं और प्रक्रियाओं के अवबोध को स्पष्ट करने का मौका मिलता है। उदाहरण के लिए, पूछताछ शिक्षण की तकनीक का उपयोग करते हुए एक भाषा अध्यापक किसी पाठ को पढ़ाने के उपरान्त उचित क्रमबद्ध रूप से ऐसे प्रश्न पूछ सकता है कि बताइए इस गद्यांश या कविता का यह सारांश ज्यादा सही है अथवा दूसरा। इस प्रकार पूछताछ करते हुए वह उन्हें आदर्श सारांश की ओर ले जा सकता है।

गहन चिंतन या गहराई से सोचने सम्बन्धी तकनीक विद्यार्थियों से यह आशा करती है कि वे समस्याओं का समाधान करते हुए अपने विचारों की खुलकर अभिव्यक्ति करें। विद्यार्थियों की संज्ञानात्मक भूमिका दूसरी ओर विद्यार्थियों से यह अपेक्षा करती है कि वे समूह तथा सहकारी क्रियाओं अथवा प्रोजेक्ट में एक समीक्षक की भूमिका निभाते हुए अपने विचारों को दूसरे विद्यार्थियों के सम्मुख स्पष्ट रूप से रखें।

5. परावर्ती चिंतन (Reflection) : मैरियम वेबस्टर डिक्शनरी 2001 ने Reflection शब्द को परिभाषित करते हुए लिखा है—किसी विषयवस्तु, विचार अथवा प्रयोजन पर सोच विचार करना संज्ञानात्मक प्रशिक्षणावस्था के संदर्भ में कोलिन्स, ब्राउन एवं न्यूमैन (Collins, Brown and Newman, 1987: 483) ने परावर्ती चिंतन को एक ऐसी प्रक्रिया बताया है जिसमें विद्यार्थी अपनी समस्या समाधान प्रक्रियाओं को किसी विशेषज्ञ अथवा गुरू की प्रक्रियाओं, दूसरे विद्यार्थियों के और अन्त में अपने मन में धारणा किए हुए किसी आदर्श तरीके से तुलना करते हैं। वे विभिन्न तरीकों से इस प्रकार की तुलना और समीक्षा करते हैं ताकि उनके सामने किसी निष्पत्ति के तुलनात्मक स्तर के मानसिक नमूने या प्रतिरूप आते जाएं और वे अपने ढंग से किसी एक का चुनाव कर अपनी समस्या समाधान प्रक्रिया में अपेक्षित सुधार ले आएं। उदाहरण के लिए-पढ़ना या लिखना सीखते समय (परावर्ती चिंतन तकनीक का प्रयोग करते हुए) विद्यार्थी के मन में आने वाले विचारों को रिकार्ड कर लिया जाए, फिर भाषा विशेषज्ञों तथा अन्य विद्यार्थियों के उसी विषय से संबंधित विचारों के टेप उन्हें तुलनात्मक अध्ययन के लिए सुनाए या दिखाए जाएं। इस तरह से कोई भी साधन क्यों न अपनाया जाए, परवर्ती चिंतन का मूल उद्देश्य यही रहता है कि विद्यार्थी अपनी निष्पत्तियों पर गंभीरता से विचार कर उनका विश्लेषण करें और यह देखें कि उनमें स्वामित्व स्तर तक सुधार और उन्नयन कैसे लाया जा सकता है।

6. खोज करना (Exploration): संज्ञानात्मक प्रशिक्षणावस्था के संदर्भ में खोज करना पद से तात्पर्य विद्यार्थियों को ऐसी भूमिका में लाना है कि वे समस्या समाधान अथवा ज्ञान सृष्टि के कार्य में आत्मनिर्भर बन जाएं। इस कार्य हेतु उन्हें अन्वेषणात्मक तकनीकों के बारे में अवगत कराना होता है ताकि वे एक खोजी के रूप में समस्याओं के हल को ढूंढ सकें। संज्ञानात्मक प्रशिक्षणावस्था में अधिगमकर्त्ताओं को अपने अधिगम अर्जन तथा स्वतंत्र रूप से समस्या समाधान योग्यता का विकास करना काफी महत्वपूर्ण होता है और यह तभी हो सकता है जब धीरे-धीरे उन्हें समस्या समाधान में दी जाने वाली सहायता शनैः-शनैः कम कर दी जाए और दूसरी ओर उन्हें खोज करने और परिकल्पनाओं का निर्माण कर उनकी पुष्टि करते रहने जैसे कौशलों का प्रशिक्षण दिया जाए।

वास्तव में देखा जाए तो यहां अन्वेषण से तात्पर्य ब्रूनर द्वारा प्रतिपादित खोज अधिगम (Discovery Learning) तथा पूछ-ताछ आधारित उपागम (Enquiry based approach) से ही है। यहां विद्यार्थी किसी विषय वस्तु को सुनता या उसके बारे में पढ़ता ही नहीं बल्कि अपने प्रयासों से उसे प्राप्त करने या खोजने का प्रयत्न करता है। इसमें यह बात भी नहीं है कि विद्यार्थी जो चाहते हैं वह करते रहें। उन्हें अध्यापक की देख-देख में उनके द्वारा सुझाई गई उद्देश्यपूर्ण क्रियाएं करनी होती हैं। यहां अध्यापक यह नहीं बताता कि समस्या का हल क्या है या उसे कैसे हल करना है। बल्कि उसे ऐसी परिस्थिति और सामग्री प्रदान करता है जो विद्यार्थियों के अन्वेषण में सहायक हों। अन्वेषण और इसी प्रकार की अन्य खोज सम्बन्धी तकनीकों से ही विद्यार्थी नए ज्ञान की खोज कर सकते हैं और समस्या समाधान में सहायक सामान्य कौशलों का विकास कर सकते हैं (Bruner, 1961, Shunk, 2000)।

कालिन्स (1991) के अनुसार संज्ञानात्मक प्रशिक्षणावस्था में अन्वेषण तकनीक के द्वारा विद्यार्थियों को इस तरह तैयार किया जाता है कि वे परिकल्पनाओं, विधियों एवं प्रविधियों के परीक्षण सम्बन्धी क्रियाएं उसी तरह करें जैसे उनके शिक्षण एवं विशेषज्ञ समस्या समाधान के लिए करते हैं। इस प्रयोजन को पूरा करने के लिए विद्यार्थी दो प्रकार के अन्वेषण कार्यों को अपने हाथ में ले सकते हैं: (i) अपनी आसपास की दुनिया और वातावरण के बारे में खोजबीन (ii) विभिन्न प्रकार की समस्या समाधान प्रक्रियाओं की खोजबीन।

संज्ञानात्मक प्रशिक्षणावस्था के बारे में निष्कर्ष (Conclusion about Cognitive Apprenticeship)

संज्ञानात्मक प्रशिक्षणावस्था का चलन, अधिगम इच्छुक व्यक्तियों अर्थात् विद्यार्थियों को आवश्यक ज्ञान और कौशलों के अर्जन हेतु एक प्रभावपूर्ण प्रविधि तथा तकनीक का काम कर सकता है। इसकी अंतिम परिणिति विद्यार्थी को समस्या समाधान में आत्म निर्भर बनाने अथवा किसी कौशल विशेष के अर्जन में स्वामित्व प्राप्त करने के रूप में होती है। साथ में, उन्हें कार्य करने के ढंग तथा उसके प्रयोजन के बारे में समुचित संज्ञान भी होता है यानी वे यह जान जाते हैं कि किसी कार्य का प्रयोजन क्या है और उसे सही अर्थों में कैसे किया जाता है। वे केवल कार्य को करना ही नहीं जानते बल्कि उसको करने के ढंग से परिचित भी होते हैं और उपलब्ध ज्ञान को ज्यों का त्यों ग्रहण करने की बजाय उसका सृजन करने में भी उन्हें समर्थता हासिल हो जाती है। वे किसी काम को पूर्ण कुशलता एवं दक्षता से करने के नए-नए तरीके सीखते और ढूंढते हैं। इस प्रकार से व्योगत्स्की द्वारा प्रतिपादित सामाजिक रचनात्मकतावाद और पियाजे के द्वारा प्रदत्त वैयक्तिक रचनात्मकतावाद के पद चिन्हों पर चलते हुए संज्ञानात्मक प्रशिक्षणावस्था को एक ऐसे

उचित और प्रभावपूर्ण सहायक प्रणाली अथवा तकनीक की संज्ञा दी जा सकती है जो एक जागरूक और अभिप्रेरित अधिगमकर्त्ता को उसके निजी प्रयत्नों द्वारा ज्ञान की सृष्टि या खोज करने में पूरी-पूरी सहायता करें।

E. उच्चतर संज्ञान (Meta Cognition)

अधिगम मनोविकास के संज्ञानात्मक एवं रचनात्मवादी परिप्रेक्ष्य में उच्चतर संज्ञा की अवधारणा तथा पदावली को लेखकों तथा विद्वानों द्वारा अलग-अलग ढंग से परिभाषित करने के प्रयत्न किया हैं। उच्चतर संज्ञा के अर्थ एवं प्रकृति को समझने में हमें अनसे अपेक्षित सहायता मिल सकती है। आइए इनमें से कुछ परिभाषाओं पर एक दृष्टि डाली जाए।

कोलिन्स इंगलिश डिक्शनरी (Collins English Dictionary, 2009)

उच्चतर संज्ञान (meta cognition) से अभिप्राय व्यक्ति के द्वारा की जाने वाली वह संज्ञानत्मक प्रक्रिया है जिसे वह अपने स्वयं की मानसिक प्रक्रियाओं पर चिंतन करने हेतु काम लाता है।

फ्लेवेल (Flavell, 1976 : 232)

उच्चतर संज्ञान से तात्पर्य व्यक्ति विशेष की अपनी संज्ञानात्मक प्रक्रियाओं अथवा उनके जुड़ी हुई सभी बातों (जैसे सूचना अथवा प्रदत्तों से संबंधित सार्थक गुणों एवं विशेषताओं का अधिगम) को जानने अथवा संज्ञान से है। उदाहरण के लिए मैं उच्चतर संज्ञान में रत हूँ और यहां अगर मैं यह जानता हूँ कि मुझे B की अपेक्षा A के अधिगम में अधिक परेशानी है। फिर अगर यह बात है तो मैं C का बार-बार पुनः निरीक्षण करना चाहूंगा, जिससे मुझे मेरी जानी हुई बात को सत्य स्वीकार करने में आसानी हो।

लिविंगस्टन (Livingston, 1997)

उच्चतर संज्ञान से तात्पर्य उच्चतर स्तर पर किए जाने वाले उस चिंतन से है जिसके द्वारा अधिगम में निहित संज्ञानात्मक प्रक्रियाओं के ऊपर सक्रिय नियन्त्रण स्थापित किया जा सकता है। ऐसी क्रियाएं जैसे किसी एक अधिगम कार्य के संपादन हेतु कैसे योजना बनाई जाती है यह सोचना तथा कार्य को मंजिल तक पहुंचाने के लिए के लिए समय-समय पर की जाने वाली उसकी प्रगति सम्बन्धी जांच, समझ और मूल्यांकन आदि की प्रकृति उच्चतर संज्ञानात्मक होती है।

मेटेल्फे एवं शिमामुरा (Metealfe and Shimamura, 1994)

उच्चतर संज्ञान को 'संज्ञान का संज्ञान' (Cognition about cognition) या जानने के बारे में जानना (Knowing about knowing) के रूप में पारिभाषित किया जा सकता है। इसके कई स्वरूप हो सकते हैं जिसमें यह ज्ञान अथवा जानकारी शामिल है कि अधिगम या समस्या समाधान हेतु कब और कैसे एक विशेष प्रकार की तकनीक या प्रविधि अपनाई जा सकती है।

हैकर (Hacker, 1997)

उच्चतर संज्ञान को प्रायः चिंतन के चिंतन (Thinking about thinking) की संज्ञा दी जाती है और इसका उपयोग विद्यार्थियों को यह सहायता पहुंचाने में किया जाता है कि वे यह सीखें कि सीखा कैसे जाता है।

उच्चतर संज्ञान को पारिभाषित करने के उपरोक्त वर्णित प्रयत्न में उच्चतर संज्ञान की अवधारणा, प्रकृति और उसकी विशेषताओं के सम्बन्ध में निम्न निष्कर्ष निकालने में हमारी सहायता कर सकते हैं।

1. उच्चतर संज्ञान अपने आप में संज्ञान से काफी अधिक उच्च और गहन अवधारणा है। संज्ञान का सरल शब्दों में तात्पर्य है आभास अथवा जानना। उच्चतर संज्ञान यहां एक कुछ ऊंचे किस्म की अवधारणा के रूप में जानने के बारे में में जानना या 'संज्ञान के बारे में संज्ञान' के लिए प्रयुक्त किया जाता है। यह बताता है कि किसी भी चीज के बारे में जानने या उसे सीखने के लिए मात्र उसके बारे में जैसे तैसे जानकारी करना या सीखना ही पर्याप्त नहीं है, व्यक्ति विशेष को अर्जित ज्ञान, अनुभव या कौशल के 'क्यों' और 'कैसे' का भी ज्ञान होना चाहिये। दूसरे शब्दों में उसे ज्ञान को प्राप्त करने की प्रक्रिया (Knowledge getting process) का भी समुचित ज्ञान होना चाहिये तथा उसे अपनी निजी प्रयासों से ज्ञान की सृष्टि करने से सम्बन्धी कौशल में भी आवश्यक रूप से दक्ष होना चाहिये।

2. उच्चतर संज्ञान व्यक्ति विशेष को अपनी स्वयं की संज्ञानात्मक संक्रिया (Cognitive functioning) के सम्बन्ध में वांछित जानकारी अथवा संज्ञान रखने में मदद करता है। इसका अर्थ यह है कि उसे अपने चिंतन या संज्ञान के विषय, इस चिंतन के लिए प्रयुक्त साधन तथा तकनीकों, वर्तमान चिंतन की दिशा, वर्तमान चिंतन से उद्देश्य पूर्ति (जैसे समस्या समाधान, किसी विशेष कौशल का अधिगम आदि) में मिलने वाली सहायता, क्रिया योजना में परिवर्तन लाने अथवा न लाने की बात, किसी एक या अन्य अधिगम समस्या समाधान कौशल को प्रयोग में लाने की जरूरत आदि का भली-भांति संज्ञान होना चाहिए।

3. उच्चतर संज्ञान व्यक्ति को उसके अपने चिंतन तथा अधिगम का पूरा आभास कराने तथा उस पर उचित नियंत्रण बनाए रखने में सहयोगी सिद्ध होता है। यह व्यक्ति को उसकी स्वयं की संज्ञानात्मक प्रक्रियाओं पर सक्रिय निगरानी रखने तथा नियंत्रण स्थापित करने से संबंधित प्रणाली का प्रतिनिधित्व करता है। दूसरे शब्दों में, यह हमारे उस चिंतन और संज्ञान प्रक्रिया पर सकारात्मक नियंत्रण बनाए रखने में सहायक होता है जिसे हम नवीन ज्ञान के अर्जन, सृजन तथा अपनी समस्याओं का हल ढूंढने में प्रयोग करते हैं।

4. उच्चतरीय चिंतन कौशलों के रूप में उच्चतर संज्ञान का प्रयोग हमारे द्वारा उन कार्यों के संपादन और समस्याओं के समाधान हेतु किया जाता है जिनमें जटिल संज्ञानात्मक योग्यताओं तथा क्षमताओं का प्रयोग होता है। इस प्रकार के उच्चस्तरीय मानसिक कार्यों में प्रयुक्त तकनीकों के नियोजन, क्रियान्वयन, अनुगमन तथा मूल्यांकन का समुचित प्रबंधन एवं नियंत्रण हममें विद्यमान उच्च संज्ञानात्मक कौशलों के द्वारा ही संपन्न होता है।

इस प्रकार को उच्चतर संज्ञान सम्बन्धी बातों की जानकारी के आधार पर अब हम उच्चतर संज्ञान पद को उसके कार्यकारी रूप में निम्न प्रकार परिभाषित कर सकते हैं:

उच्चतर संज्ञान पद से अभिप्राय: उस प्रक्रिया अथवा व्यक्ति विशेष में निहित उस योग्यता से है जो उसमें चिंतन और संज्ञानात्मक कार्य प्रणाली से अवगत होने तथा स्व-नियंत्रण बनाए रखने के रूप में लक्षित होकर उसे किसी भी प्रकार के ज्ञानार्जन, ज्ञान सृष्टि तथा समस्या समाधान में बहुत ही प्रभावी ढंग से सहायक सिद्ध होती है।

उच्चतर संज्ञान के तत्व अथवा अवयव
(Components or Elements of Meta Cognition)

फ्लेवेल (Flavell, 1987) के अनुसार उच्चतर संज्ञान में अपने क्रियान्वयन हेतु निम्न दो प्रकार के तत्वों या अवयवों का समावेश पाया जाता है।

(i) उच्चस्तरीय संज्ञानात्मक ज्ञान या उच्च स्तरीय संज्ञानात्मक जानकारी अथवा आभास (Meta Cognitive Knowledge or Awareness)

(ii) उच्च स्तरीय अनुभव अथवा नियम (Meta Cognitive Experiences or Regulation)

उच्चस्तरीय संज्ञानात्मक ज्ञान या आभास
(Meta Cognitive Knowledge of Awareness)

इसका सम्बन्ध व्यक्ति जो कुछ अपने तथा संज्ञानात्मक प्रक्रिया में सहायक अन्य व्यक्तियों तथा वस्तुओं के बारे में जानता है, उससे होता है। फ्लेवेल (1937) के अनुसार इस प्रकार का उच्चस्तीय संज्ञान तीन प्रमुख श्रेणियों– व्यक्ति चरों का ज्ञान, कार्य चरों का ज्ञान तथा तकनीक या प्रविधि चरों के ज्ञान में निहित रहता है।

संक्षिप्त शब्दों में, व्यक्ति चरों के ज्ञान (Knowledge of person variables) से तात्पर्य हमारे उस सामान्य ज्ञान या जानकारी से है कि हम कैसे सीखते हैं और सूचना का प्रक्रियाकरण करते हैं और साथ ही यह बात भी इसमें शामिल है जिसे हमें अपने स्वयं की अधिगम प्रक्रियाओं की व्यक्तिगत रूप से जानकारी समझते हैं। उदाहरण के लिए, आपको इसका आभास या जानकारी हो सकती है कि पुस्तकालय के शान्त, वातावरण में अध्ययन करना घर के शोरगुल वाले वातावरण में किए जाने वाले अध्ययन की तुलना में अधिक लाभदायक रहता है। कार्य चरों के ज्ञान (Knowledge of task variables) से तापर्त्य कार्य की प्रकृति तथा उसे करने के लिए आवश्यक प्रक्रियाओं की जानकारी से है। जैसे आपको यह ज्ञान हो सकता है कि विज्ञान के इस पाठ्य विषय को पढ़ने और समझने में किसी कहानी या उपन्यास को पढ़ने या समझने की तुलना में अधिक समय लग सकता है। तकनीक या प्रविधि चरों के ज्ञान (Knowledge about strategy variables) से तात्पर्य उस ज्ञान से है जिसमें संज्ञानात्मक तथा उच्च संज्ञानात्मक दोनों ही प्रकार के कौशलों, तकनीकों तथा काम में आने वाली ऐसी जानकारी का समावेश रहता है कि कब, कहाँ और कैसे किस प्रकार के कौशल और तकनीक का प्रयोग ठीक रहता है।

उच्चतर संज्ञानात्मक नियम या अनुभव
(Meta Cognitive Regulation or Experiences)

उच्चतर संज्ञानात्मक अनुभवों में उच्चतर संज्ञानात्मक तकनीकों या नियमों के उपयोग की समाविष्टि पाई जाती है (Brown, 1987)। उच्चतर संज्ञानात्मक तकनीक या युक्तियों से यहां तात्पर्य इन क्रमबद्ध प्रक्रियाओं से है जिनका प्रयोग व्यक्ति विशेष द्वारा संज्ञानात्मक क्रियाओं या कार्यों के नियमन और नियंत्रण हेतु इस प्रकार किया जाता है कि संज्ञानात्मक लक्ष्य (जैसे पाठ्य को समझना) की प्राप्ति की जा सके। इन प्रक्रियाओं से अधिगम के नियोजन से लेकर, उसकी प्रगति पर निगरानी रखने तथा अधिगम के परिणामों का मूल्यांकन करने सम्बन्धी सभी कार्य शामिल रहते हैं। उदाहरण के लिए, किसी पाठ विशेष के एक पेराग्राफ को पढ़ने के बाद विद्यार्थी अपने आप से यह प्रश्न पूछ सकता है कि उसने पेराग्राफ यानी अनुच्छेद में वर्णित अवधारणा के संदर्भ में क्या समझा है? यहां उसका संज्ञानात्मक लक्ष्य पेराग्राफ में वर्णित पाठ्य सामग्री को समझना है तथा अपने आप से प्रश्न पूछना सामान्य रूप से काम आने वाली एक उच्च संज्ञानात्मक तकनीक है जो किसी पढ़ी, देखी और सुनी चीज के बारे में होने वाले बोध को जानने और जांचने के काम आ सकती है। अगर यहां विद्यार्थी यह समझता है कि वह अपने प्रश्न का उत्तर देने में असमर्थ है, अथवा पेराग्राफ में वर्णित पाठ्य सामग्री उसकी समझ में नहीं आई है तब उसे निश्चित तौर पर यह तय करना होगा कि अब उसे अपने संज्ञानात्मक लक्ष्य की प्राप्ति हेतु क्या करना चाहिए।

यहाँ अब वह दुबारा उस पेराग्राफ को पढ़ना चाहेगा। पेराग्राफ को पढ़कर और उसमें वर्णित बातों को समझने की कोशिश कर फिर दुबारा अपने से वही प्रश्न करेगा कि उसकीं समझ में क्या आया है। दुबारा पढ़ने से अब अगर वह अपने से पूछे प्रश्न का उत्तर ठीक

तरह दे पाता है तो वह सोच सकता है कि उसे पढ़ी हुई पाठ्य सामग्री समझ में आ गई है। इस प्रकार से अपने से प्रश्न पूछने सम्बन्धी उच्च संज्ञानात्मक तकनीक या निश्चित करने के काम में लाई जा सकती है कि निर्धारित संज्ञानात्मक लक्ष्य या उद्देश्य की पूर्ति हुई है या नहीं।

उच्चतर संज्ञानात्मक कौशल (Meta Cognitive Skills)

उच्चतर संज्ञान में जिसे "जानने के बारे में जानना" प्रक्रिया के रूप में पारिभाषित किया जाता है, बहुत सारे विशिष्ट कौशलों की उपस्थिति पाई जाती है जिन्हें हम उच्चतर संज्ञानात्मक कौशलों का दर्जा देते हैं। इनमें से कुछ महत्वपूर्ण कौशल निम्न हो सकते हैं।

- किसी संज्ञानात्मक कार्य को नियोजित करने सम्बन्धी कौशल
- किसी संज्ञानात्मक कार्य का क्रियान्वयन करने सम्बन्धी कौशल
- किसी संज्ञानात्मक कार्य की प्रगति पर नजर रखने तथा उसका समय-समय पर मूल्यांकन करने सम्बन्धी कौशल
- किसी संज्ञानात्मक कार्य में विद्यार्थी की रूचि और अभिप्रेरणा बनाए रखने सम्बन्धी कौशल
- एक संज्ञानात्मक कार्य के क्रियान्वयन के संदर्भ में अपनी ताकत और कमजोरियों का आभास कर लेने सम्बन्धी कौशल
- हाथ में लिए कार्य के लिए आवश्यक साधन और कौशलों की जानकारी होने सम्बन्धी कौशल
- अपने चिंतन और अधिगम के स्वः नियमन एवं नियंत्रण सम्बन्धी कौशल
- अपरिस्थिति जन्य अधिगम (off the situational learning) को परिस्थितिजन्य अधिगम (on the situational learning) में परिवर्तित कर देने सम्बन्धी कौशल।

उच्चतर संज्ञानात्मक कौशल (Meta Cognitive and Intelligence)

उच्चतर संज्ञान व्यक्ति विशेष को एक सफल अधिगम कर्त्ता तथा समस्या समाधान कर्त्ता बनाता है और इस तरह आवश्यक रूप से इसका सम्बन्ध हमारी संज्ञानात्मक योग्यताओं एवं वृद्धि से पाया जाता है। रोबर्ट स्टर्नबर्ग (Robert Sternberg, 1985, जो अपने एक सूचना प्रक्रियाकरण बुद्धि सिद्धांत के लिए काफी प्रसिद्ध हैं) ने उच्चतर संज्ञान में प्रयुक्त कार्यकारी प्रक्रियाओं (Executive processes involved in meta cognition), जो व्यक्ति विशेष के द्वारा सम्पादित संज्ञानात्मक प्रक्रियाओं के नियमन एवं नियंत्रण का उत्तरदायित्व संभालती हैं, को उच्चतर अवयवों (meta components) का नाम दिया है। अपने बुद्धि सिद्धांत में स्टर्नबर्ग ने बताया है कि "उच्चतर अवयव (meta components) ही यह ज्ञान करने के लिए उत्तरदायी हैं कि किसी एक कार्य या कई कार्यों को कैसे किया जा सकता है और फिर यह सुनिश्चित करने के लिए भी कि उन्हें ठीक तरह से पूरा कर लिया गया है।" ("Meta components are responsible for figuring out how to do a particular task or set of tasks, and then making sure that the task or set of tasks are done correctly." Sternberg, 1986: 24)। उच्चतर अवयवों के रूप में विद्यमान कार्यकारी प्रक्रियाओं में समस्या समाधान क्रियाओं का नियोजन, क्रियान्वयन, निगरानी तथा मूल्यांकन शामिल रहता है। स्टर्नबर्ग ने यहां स्पष्ट किया है कि संज्ञानात्मक संसाधनों को उचित रूप से उपलब्ध कराने वाली संज्ञानात्मक योग्यता, जैसे यह निर्णय लेना कि एक कार्य को कब ओर कैसे पूरा किया जाना है, हमारी बुद्धि का एक केन्द्रीय तत्व है। यहाँ अब हम

यह समझ सकते हैं कि संज्ञानात्मक संसाधनों को ठीक तरह से उपलब्ध कराने वाली संज्ञानात्मक योग्यता सही अर्थों में और कुछ नहीं बल्कि एक ऐसी प्रक्रिया है जो हमारी चिंतन प्रक्रिया के स्वत:नियमन तथा उसके ऊपर नियंत्रण रखने के काम आती है। इसलिए यह अच्छी तरह कहा जा सकता है कि उच्चतर संज्ञान का अवश्य ही हमारी संज्ञानात्मक क्षमताओं यानी बुद्धि से यथेष्ट सम्बन्ध रहता है।

संज्ञानात्मक बनाम उच्च संज्ञानात्मक विधाएं
(Cognitive v/s Meta Cognitive Strategy)

प्रश्न उठता है कि संज्ञान अथवा उच्चतर संज्ञान में क्या अंतर है या संज्ञानात्मक तथा उच्चतर संज्ञानात्मक विधाएं एक दूसरे से कैसे अलग हैं। इन प्रश्नों का उत्तर ढूंढने के लिए यह विचार करना आवश्यक है कि क्या स्पष्ट रूप से उपलब्ध ज्ञान अपने आप में उच्च संज्ञानात्मक है? उदाहरण के लिए क्या बायोकैमिस्ट्री से संबंधित विषयवस्तु या सिद्धांत समझ से बाहर हैं, इस प्रकार के ज्ञान को संज्ञानात्मक कहा जाना चाहिए या उच्च संज्ञानात्मक?

फ्लेवेल (Flavell, 1987) ने इस विषय पर विचार व्यक्त करते हुए कहा है कि उच्चतर संज्ञानात्मक ज्ञान से संज्ञानात्मक ज्ञान कोई ज्यादा अलग नहीं है। इन दोनों में जो अंतर है वह इस बात को लेकर है कि सूचना या ज्ञान का उपयोग किस तरह किया जा रहा है। अपनी परिभाषा में उच्चतर संज्ञान को चिंतन के बारे में चिंतन (Thinking about thinking) कहा जाता है। इसका उपयोग यह बात सुनिश्चित करने में मदद करता है। कि एक संज्ञानात्मक लक्ष्य की प्राप्ति हो गई या नहीं। देखा जाए तो यही बात यह सुनिश्चित करने की कसौटी होनी चाहिए कि उच्चतर संज्ञान क्या होता है। संज्ञानात्मक विधाएं अथवा तकनीकें किसी व्यक्ति विशेष को एक विशेष लक्ष्य (जैसे, किसी पाठ्य सामग्री को समझना) की पूर्ति में सहायता करने के लिए प्रयुक्त की जाती है। जबकि उच्चतर संज्ञानात्मक विधाएं यह सुनिश्चित करने के लिए प्रयोग में लाई जाती हैं कि अभीष्ट लक्ष्य की पूर्ति हो गई है (जैसे-अपने आप से यह प्रश्न पूछना कि पढ़ कर समझी हुई पाठ्य सामग्री वास्तव में समझ में आ गई है या नहीं)। इस तरह से उच्चतर संज्ञानात्मक स्तर किसी संज्ञानात्मक क्रिया के बाद ही प्रकाश में आते हैं। यह प्राय: तब होते हैं जब संज्ञान अपने आप में असफल हो जाता है। (जैसे-कोई व्यक्ति की पहचान न कर पाए कि जो कुछ उसने पढ़ा है, वह उसे समझने में असमर्थ रहा है)। इस प्रकार की असमर्थता की स्थिति उच्चस्तरीय संज्ञानात्मक क्रियाओं को सक्रिय करने के लिए उत्तरदायी होती है ताकि उनके उपयोग से अधिगमकर्त्ता को उचित संज्ञान हो सके। (Roberts & Erdos, 1993)।

उच्चस्तरीय संज्ञानात्मक और संज्ञानात्मक विधाएं किसी एक विधा जैसे-प्रश्न पूछना, के संदर्भ में भी एक जैसी प्रतीत हो सकती हैं। ऐसा तब होता है जब प्रश्न पूछने जैसी विधाओं को उनको काम में लाए जाने के प्रयोजन के आधार पर संज्ञानात्मक अथवा उच्चतर संज्ञानात्मक दोनों में से कुछ भी समझा जा सकता है। उदाहरण के लिए, किसी विशेष पाठ को पढ़ते समय आप अपने से स्वयं प्रश्न पूछने सम्बन्धी विधा को ज्ञान प्राप्त करने के साधन के रूप में आप काम में ला सकते हो। इस अर्थ में यह एक संज्ञानात्मक विधा कहलाई जाएगी। दूसरी ओर आप इसे यह जाँचने के लिए भी काम में ला सकते हो कि आपको अपने पढ़ने के दौरान क्या कुछ समझ में आ रहा है। अपने इस उपयोग में स्वयं से प्रश्न पूछने को विधा उच्चतर संज्ञानात्मक कहलाएगी। परन्तु अगर ध्यान से देखा जाए

तो संज्ञानात्मक और उच्चतर संज्ञानात्मक विधाओं में अंतर बहुत ज्यादा मायने नहीं रखता। बहुत कुछ अर्थों में ये एक दूसरे से जुड़े हुए और अंतः निर्भर नजर आते हैं और इसलिए इनमें से किसी एक को नजरअन्दाज कर दूसरे पर विचार करने से कोई स्पष्ट चित्र प्राप्त नहीं हो सकता।

वास्तविक स्थिति तो यह है कि हम किसी ज्ञान को उच्च स्तरीय या उच्चतर संज्ञानात्मक का दर्जा तब देते हैं जब इसे कुशलतापूर्वक सक्रिय रूप में यह सुनिश्चित करने के लिए काम में लाया जाता है कि अभीष्ट लक्ष्य की प्राप्ति हो गई है। उदाहरण के लिए एक विद्यार्थी अपने ज्ञान का उपयोग यह नियोजन करने में कर सकता है कि गणित की परीक्षा के लिए किस प्रकार तैयारी की जाए। वह इस सम्बन्ध में इस तरह सोच सकता है–"मैं यह जानता हूं कि मुझे शाब्दिक या भाषा सम्बन्धी प्रश्नों को हल करने में कठिनाई आती है इसलिए मैं पहले गणना सम्बन्धी समस्याओं को करूंगा और बाद में शाब्दिक समस्याओं को।" उसका इस तरह सोचना और नियोजन करना उच्चतर संज्ञान से सम्बन्ध रखता है। दूसरी ओर अगर उसे अपनी संज्ञानात्मक शक्तियों या कमजोरियों की पहचान हो और उसे यह भी ज्ञात हो कि किए जाने वाले कार्य की प्रकृति क्या है परंतु अपने इस ज्ञान को वह अपने अधिगम को कोई उपयुक्त दिशा प्रदान करने में प्रयोग में न लाए तो यहां हम यह कहें कि वह अपनी उच्चतर संज्ञानात्मक शक्तियों का प्रयोग नहीं करेगा जबकि उसको इस स्थिति में आवश्यक संज्ञान है।

उच्चतर संज्ञान-ज्ञान की सृष्टि में सहायक के रूप में
(Meta Cognition as Facilitator of Knowledge Construction Task)

उच्चतर संज्ञान जिसे "संज्ञान का संज्ञान", तथा "चिंतन का चिंतन" कह कर पारिभाषित किया जाता है एक अधिगमकर्त्ता को उसके अपनी निजी प्रयासों द्वारा ज्ञान की सृष्टि अथवा रचना करने में बहुमूल्य सहायता प्रदान कर सकता है। इस दिशा में व्यक्ति विशेष की उच्च संज्ञानात्मक कौशलों से सहायता प्राप्त उच्चस्तरीय संज्ञानात्मक प्रक्रियाएं निम्न कार्यों में मदद करती हुई पाई जाती हैं –

1. वह अपने अधिगम तथा समस्या समाधान कार्यों में प्रयुक्त चिंतन प्रक्रियाओं से अवगत हो जाता है।
2. वह अपने अभीष्ट संज्ञानात्मक लक्ष्य को प्राप्त करने हेतु काम में लाए जाने वाली विभिन्न संज्ञानात्मक प्रकियाओं जैसे-नियोजन, क्रियान्वयन, मूल्यांकन और अपनी संज्ञानात्मक तकनीकों में यथानुकूल परिवर्तन आदि पर समुचित नियंत्रण स्थापित करने में सफल हो जाता है।
3. वह ज्ञान को जैसे-तैसे ग्रहण करने के स्थान पर उसके अर्जन अथवा सृजन के लिए प्रयत्नरत दिखाई देता है।
4. वह अपनी संज्ञानात्मक और उच्च संज्ञानात्मक योग्यताओं तथा बौद्धिक क्षमताओं को समस्याओं का समाधान ढूंढने तथा अपने प्रयत्नों से ज्ञान की रचना अथवा सृष्टि करने के प्रयत्नों में लगा हुआ दिखाई देता है।

13

संज्ञान और अधिगम
(Cognition and Learning)

संज्ञान का अर्थ (Meaning of Cognition)

हिंदी भाषा के पद 'संज्ञान' के लिए अंग्रेजी भाषा में Cognition पद का प्रयोग किया जाता है। शब्द व्युत्पत्ति के आधार पर अंग्रेजी का कॉग्नीशन (Cognition) शब्द लैटिन भाषा के क्रिया पद 'Cognoscere' से लिया गया है। कॉग्नोशेयर शब्द का अर्थ होता है—जानने या प्रत्यक्षीकरण का कार्य (The act of Knowing or perceiving)।

उपलब्ध शब्द कोषों में इस की परिभाषा और व्याख्या निम्न प्रकार से दी गई है: डिक्शनरी डॉट कॉम (ऑन लाइन) में 'कॉग्नीशन' को निम्न प्रकार से परिभाषित और स्पष्ट किया गया है:

(i) एक मानसिक कार्य या प्रक्रिया जिसके द्वारा प्रत्यक्षीकरण, अन्तः दृष्टि एवं तर्कशीलता के साथ ज्ञान का अर्जन होता है।
(The mental act or process by which knowledge is acquired including perception, intuition and reasoning.)

(ii) इस प्रकार के कार्य या प्रक्रिया के परिणामस्वरूप प्राप्त ज्ञान।
(The knowledge that results from such an act or process.)।

वेबस्ट 7th न्यू कॉलिजिएट डिक्शनरी की परिभाषा और व्याख्या निम्न प्रकार की है:

(i) (The act or process of knowing including both awarenss and judgement)

(ii) इस कार्य का प्रतिफल (The product of this act)।

इस प्रकार से पारिभाषित और दी गई व्याख्या के अनुसार संज्ञान (Cognition) शब्द किसी व्यक्ति के वातावरण में व्याप्त किसी एक या दूसरी बात के बारे में जानने की प्रक्रिया तथा प्रतिफल के प्रयोग में लाया जा सकता है

यहाँ पर यह प्रश्न उठ सकता है कि क्या अध्यापक द्वारा व्याख्या विधि द्वारा अर्थात् कुछ बातें बोलकर प्रत्यक्षरूप से विद्यार्थियों को दी गई सूचनाएं एवं ज्ञान को संज्ञान की परिभाषा के दायरे में लाया जा सकता है या नहीं? उसके उत्तर में सीधे रूप से नहीं कहा जा सकता है। संज्ञान की प्रक्रिया में व्यक्ति के वे अनुभव शामिल होते हैं जो उसे अपने स्वयं की ज्ञानेन्द्रियों, बुद्धि और मस्तिष्क के माध्यम से प्राप्त होते हैं। यहां दूसरों से सीधे ही सूचना या ज्ञान प्राप्त करने की अपेक्षा अधिगमकर्त्ता को, अपनी स्वयं की संवेदना, प्रत्यक्षीकरण तथा ज्ञान के सृजन की प्रक्रिया से गुजरना पड़ता है। ज्ञान के स्रोत द्वारा प्रदत्त ज्ञान को विद्यार्थियों को सीधे ही प्रदान किया जाता है, उसकी परिणिति स्मृति के अधिगम में होती है और इसमें विभिन्न प्रकार की संज्ञानात्मक क्षमताओं जैसे सोच-विचार, संश्लेषण विश्लेषण, सामान्यीकरण और आलोचनात्मक समीक्षा आदि के लिए कोई स्थान नहीं होता। ज्ञान प्राप्त करने की इस प्रक्रिया को संज्ञानात्मक प्रक्रिया का नाम नहीं दिया जा सकता और न इस प्रकार के अधिगम परिणामों तथा प्राप्त ज्ञान को संज्ञान (Cognition) की संज्ञा दी जा सकती है।

संज्ञान की प्रक्रिया में सदैव एक व्यक्ति द्वारा स्वयं इन्द्रियानुभूत और प्रत्यक्षीकृत की

गई किसी बात के बारे में जागरूक होने तथा निर्णय लेने के लिए व्यक्ति की ज्ञानेन्द्रियों और प्रत्यक्षीकरण करने की योग्यताओं तथा संज्ञानात्मक क्षमताओं का उपयोग शामिल होता है। इस प्रकार से यहां सूचना एवं ज्ञान का अर्जन केवल स्मृति स्तर पर ही निर्भर नहीं होता है बल्कि निश्चित तौर पर व्यक्ति के बोध एवं चिंतन स्तर पर किया जाता है। इस प्रकार संज्ञान की प्रक्रिया द्वारा प्राप्त ज्ञान को अधिगमकर्त्ता द्वारा समझकर ग्रहण किया जाता है ताकि वह उस प्राप्त ज्ञान का उपयोग अपनी जरूरत के अनुसार कर सके। इसके उपयोग तथा महत्व के बारे में वह अपना स्वयं का निर्णय लेने की स्थिति में होता है और वह जैसे चाहे उसके बारे में अपने विचार प्रस्तुत कर सकता है।

इस प्रकार के स्पष्टीकरण के उपरान्त अब हम निम्न शब्दों में 'संज्ञान' (Cognition) पद की कार्यात्मक परिभाषा प्रस्तुत कर सकते हैं:

> संज्ञान, बोध स्तर तथा चिंतन स्तर पर किसी के वातावरण में उपस्थित किसी एक या अन्य बात के बारे में जानने की प्रक्रिया होने के साथ-साथ उसका प्रतिफल भी है।
> (Cognition is a process as well as product of knowing about one thing or the other existing in one's environment at the understanding and reflective level.)

दूसरे शब्दों में हम 'संज्ञान' पद को इस प्रकार से भी पारिभाषित कर सकते हैं कि यह एक व्यक्ति की ज्ञानेन्द्रियों, प्रत्यक्षीकरण और मानसिक योग्यताओं के उपयोग के द्वारा बोध एवं चिंतन स्तर पर ज्ञान का अर्जन करने की प्रक्रिया और प्रतिफल है।

अधिगम में संज्ञान की भूमिका (Role of Cognition in Learning)

जैसे कि हमने पहले कहा है संज्ञान एक व्यक्ति की ज्ञानेन्द्रियों, प्रत्यक्षीकरण और मानसिक योग्यताओं के द्वारा ज्ञान प्राप्ति की एक प्रक्रिया है। अपने वास्तविक अर्थ में यह और कुछ नहीं बल्कि बोध तथा चिंतन स्तर पर किए गए अधिगम की प्रक्रिया है। यही कारण है कि अक्सर संज्ञान और अधिगम को अपनी प्रक्रिया और प्रतिफल के संदर्भ में समान रूप में ग्रहण किया जाता है। अपने उपयोगी रूप में किसी बात के अधिगम के लिए संज्ञान की जरूरत होती है जो किसी चीज का संज्ञान करने के लिए अधिगम की प्रक्रिया और प्रतिफल की जरूरत होती है।

व्यवहारवादी विचारधारा और व्यवहारवादी दर्शन पर आधारित अधिगम सिद्धांत, जैसे प्रयत्न और भूल सिद्धांत, शास्त्रीय अनुबंधन तथा सक्रिय अनुबंधन सिद्धांत आदि व्यक्तियों के द्वारा अधिगम या ज्ञान के अर्जन में संज्ञान या मानसिक योग्यताओं को कोई भी महत्वपूर्ण भूमिका प्रदान नहीं करते हैं। वे अधिगम को या तो एक मशीन की तरह उद्दीपन-अनुक्रिया की यान्त्रिक क्रिया या आदत निर्माण कार्य मानते हैं। इस प्रकार का अधिगम सामान्यत: स्मृति स्तर पर सम्पन्न होता है और इसीलिए ऐसे अधिगम को इसके समुचित रूप से ग्रहण करने या वांछित ढंग से उपयोग में लाने के लिए उपयुक्त नहीं माना जा सकता है। जैसा कि हम जानते हैं यदि साफ-साफ कहा जाए तो इस प्रकार के ज्ञान का संगह या अधिगम हमारी संज्ञान की परिभाषा के अनुरूप सिद्ध नहीं होता है। शिक्षण अधिगम के वास्तविक संदर्भ में ऐसे अधिगम की आलोचना और विरोध किया जाता है।

संज्ञानात्मक प्रक्रियाकरण की अनुपस्थिति में प्राप्त ज्ञान से अधिगमकर्त्ता का कोई भी फायदा नहीं होता है। यह तो अधिगमकर्त्ता के ऊपर एक व्यर्थ का बोझ है। ज्ञान की खोज करने वालों के लिए ज्ञान तभी उपयोगी है जब वह इसका उचित रूप से उपयोग कर सकें। ज्ञान वास्तव में केवल तभी उपयोगी तथा सेवा योग्य हो सकता है जब यह अधिगमकर्त्ता

की ज्ञानेन्द्रियों, प्रत्यक्षीकरण और मानसिक योग्यताओं का उपयोग कर स्वयं के प्रयासों अर्थात् संज्ञानात्मक प्रयास और प्रक्रियाकरण द्वारा प्राप्त किया जाए।

अधिगम के संज्ञानात्मक सिद्धांत जैसे-अन्त: दृष्टि या गेस्टाल्ट अधिगम सिद्धांत, के साथ-साथ सूचना प्रक्रियाकरण तथा रचनात्मकतावादी अधिगम सिद्धांत सभी इस बात का समर्थन करते हैं कि मनुष्यों के यथार्थ एवं उचित अधिगम में सदैव व्यक्ति का संज्ञान शामिल होता है। अपनी इस बात के समर्थन में हम निम्न विचार प्रस्तुत कर सकते हैं:

1. गेस्टाल्ट (Gestalt) या अन्त: दृष्टि उपागम (Insightful approach) के अनुसार किसी विद्यार्थी को अपनी समस्या का समाधान सीखने में अन्त: दृष्टि युक्त चिन्तन (संज्ञान) उसकी उसी प्रकार सहायता कर सकती है जैसी कि कोहलर के चिम्पैन्जियों को पिंजड़े की छत पर लटके हुए अथवा बाहर रखे हुए केलों तक पहुंचना सीखने में की गई थी। जब विद्यार्थी सम्पूर्ण परिस्थिति का अवलोकन करते हुए अपनी संज्ञानात्मक योग्यताओं का उपयोग करता हुआ दिखाई देता है तो उसका इस प्रकार का संज्ञान विभिन्न प्रकार की समस्याओं का समाधान सीखने में काफी मदद कर सकता है।
2. सूचना प्रक्रियाकरण उपागम के अनुसार हम अपने परिवेश में स्थित बहुत सी बातों के बारे में जानने, समझने तथा उनका अधिगम करने में एक विशेष संज्ञानात्मक प्रक्रिया, जिसे सूचना प्रक्रियाकरण कहा जाता है, का प्रयोग करते हैं। जब भी हम कभी कोई नई बात सुनते या देखते है तो उससे संबंधित सूचना जो हमें अपनी आंखों और कानों से मिलती है, उसका हमारे मस्तिष्क में भलीभांति प्रक्रियाकरण किया जाता है ताकि हम सही ढंग से प्रत्यक्षीकरण कर उसका अर्थापन कर सकें। इस प्रकार के सूचना प्रक्रियाकरण के नाम से जाने जाने वाली संज्ञानात्मक प्रक्रिया हमें किसी भी नहीं देखी या सुनी हुई बात के संदर्भ में उचित अधिगम अनुभव अर्जित करने में सहायक होती है।
3. रचनात्मक उपागम के अनुसार कोई भी व्यक्ति किसी एक या अन्य बातों के बारे में जानने अथवा उसका अधिगम करने में जिस प्रक्रिया का सहारा लेता है वह है अपने स्वयं के प्रयत्नों द्वारा ज्ञान का सृजन और इस सृजन हेतु निस्सदेन्ह जो सहायता प्रदान की जाती है वह उसकी संज्ञानात्मक योग्यताओं और क्षमताओं से ही जुड़ी होती है। रचनात्मकतावादी संज्ञानात्मक क्षमताओं का उपयोग कर जिस तरह के रचनात्मकतावादी अधिगम की बात करते हैं, उसे स्पष्ट करने हेतु हम यहां जीन पियाजे के विचारों का उल्लेख करना चाहेंगे।

पियाजे के अनुसार बालक को अपने परिवेश में स्थित जिस प्रकार की बातों का ज्ञान अथवा संज्ञान होता है, वे उसके मस्तिष्क में धारण किए हुए शीमास (Shemas) के रूप में होती हैं। किसी नई बात को सीखने में उसके मस्तिष्क में स्थित ये शीमास पूर्वज्ञान का कार्य करते हैं और जब भी कभी इस पूर्व ज्ञान से संबंधित नवीन ज्ञान उन्हें अर्जित करना होता है तो पहले से ही वर्तमान शीमास की सहायता से पह भलीभांति प्राप्त हो जाता है। परन्तु अगर कोई ऐसी नई बात उन्हें सीखनी होती है जिससे संबंधित शीमास (पूर्व संज्ञान) की उपस्थिति उसके मस्तिष्क में नहीं होती तो फिर इस नए ज्ञान का आत्मसातीकरण (Assimilation) करने हेतु उसे अब नए शीमास की सृष्टि करनी होती है जिसे वह अपनी संज्ञानात्मक योग्यताओं और क्षमताओं के बलबूते पर ही करने में समर्थ हो पाता है। विकास की जिस अवस्था में बालक के पास जितनी संज्ञानात्मक योग्यताएं होती हैं वह उसी के अनुपात में अपने मस्तिष्क में धारण किए हुए पुराने शीमास की

सहायता से अथवा नए शीमास की सृष्टि कर आवश्यक अधिगम अनुभव अर्जित करने में सफल होता है।

अधिगम में संज्ञान की भूमिका के बारे में इस प्रकार के विचार या बातें हमें अपने जीवन में स्पष्ट रूप से देखने को मिल सकती हैं, जैसे–जब भी हम ज्ञान, कौशल और इनके अनुप्रयोग के सम्बन्ध में कुछ सीखना या अधिगम करना चाहते हैं तब संज्ञान की शक्ति में (पहले से ही उपस्थित ज्ञान) हमेशा हमारी सहायता करता है। साथ ही ज्ञानेन्द्रियों, प्रत्यक्षीकरण और मानसिक योग्यताओं से युक्त संज्ञानात्मक प्रक्रिया भी हमें इस कार्य में मदद प्रदान करती है।

अन्त में निष्कर्ष रूप में हम कह सकते हैं कि एक प्रक्रिया या प्रतिफल के रूप में संज्ञान हमारे अधिगम के लिए सकारात्मक परिणाम या प्रतिफल प्राप्त करने में हमेशा हमारी मदद करता है।

संज्ञान एवं अधिगम को प्रभावित करने वाले सामाजिक-सांस्कृतिक कारक (Socio-Cultural Factors Affecting Cognition and Learning)

संज्ञान (किसी बात के बारे में जानना और समझना या बोध होना) तथा अधिगम (अनुभव या प्रशिक्षण द्वाना ज्ञान का अर्जन) साथ-साथ चलते हैं अर्थात् दोनों का सहअस्तित्व है। संज्ञान अर्थात् किसी चीज के बारे में जानना इसके अधिगम में सहायता करता है और अधिगम एक व्यक्ति को संज्ञान में सहायता करता है। संज्ञान और अधिगम दोनों ही व्यक्ति के अनुभवों (प्रत्यक्ष या अप्रत्यक्ष, औपचारिक या अनौपचारिक) से जुड़े रहते हैं।

सामाजिक जानकारी जैसे–एक विकासशील बालक द्वारा उसके परिवेश में उपस्थित सामाजिक सांस्कृतिक ताकतों के साथ उसकी अन्तः क्रिया के परिणामस्वरूप प्राप्त किए गए अनुभव, संज्ञान और अधिगम में उसकी काफी ज्यादा मदद करते हैं। बालक अपने सामाजिक सांस्कृतिक परिवेश में उपस्थित अनुभवों और अन्तः क्रिया के द्वारा उसके चारों ओर जो बातें, विचार और प्रक्रियाएं घटित हो रही हैं उनके बारे में जानकारी प्राप्त करता है और उन्हें समझता है। परिणामस्वरूप, उसके संज्ञान और अधिगम की प्रक्रिया और प्रतिफल अनेक प्रकार के सामाजिक-सांस्कृतिक कारकों जैसे- घर-परिवार, विद्यालय, समुदाय, जनमाध्यम, सांस्कृतिक विभिन्नताएं और धर्म आदि से काफी कुछ प्रभावित होते हुए देखे जाते हैं। आइए देखते हैं कि ये सामाजिक सांस्कृतिक कारक विकासशील बालकों के संज्ञान और अधिक को किस प्रकार प्रभावित करते हैं।

बालकों के संज्ञान और अधिगम में परिवार की भूमिका (Role of Family in Cognition and Learning of Children)

घर-परिवार बालक की सभी प्रकार की वृद्धि और विकास की जन्म स्थली है। मां के गर्भाधान के बाद बालक का जिस प्रकार का विकास होता है उसमें घर-परिवार में उपलब्ध वातावरणजन्य सुविधाओं तथा घटनाओं का बहुत बड़ा हाथ होता है। मां का जिस प्रकार का शारीरिक, मानसिक, संवेगात्मक, सामाजिक तथा नैतिक स्वास्थ्य रहता है उस सबका प्रभाव गर्भ में पलते हुए बालक पर पड़ता है और जन्म के बाद भी मां के द्वारा लिए गए खान-पान, रहन-सहन तथा स्वास्थ्य का असर दूध पीते बालक पर सहज ही दृष्टिगोचर हो सकता है। जिस प्रकार का खान-पान, संतुलित भोजन, प्रदूषणरहित वातावरण, खेलने-कूदने की सुविधाएं तथा समय-समय पर उपलब्ध टीकाकरण तथा स्वास्थ्य सेवाएं बढ़ते हुए बालकों को मिलती है उसी के अनुरूप उनका क्रियात्मक (शारीरिक तथा गामिक) विकास होता है।

घर एवं परिवार की भूमिका– खानपान सम्बन्धी आदतें, रहन-सहन परिस्थितियाँ, माता-पिता के आपसी सम्बन्ध, बालकों के साथ उनका व्यवहार, परिवार का आकार और सामाजिक आर्थिक स्तर, परिवार की मान्यताएँ और सांस्कृतिक मूल्य, माँ-बाप का शैक्षणिक स्तर, आकस्मिक विपदा से परिवार के स्तर में आने वाला परिवर्तन।

विद्यालय की भूमिका— शिक्षकों की शैक्षिक एवं व्यवसायिक योग्यता, मानसिक एवं शारीरिक स्वास्थ्य, उनकी कर्तव्यनिष्ठा विद्यार्थियों के साथ सम्बन्ध, प्रधानाचार्य का नेतृत्व, विद्यार्थियों के आपसी सम्बन्ध तथा विद्यालय में व्याप्त अनुशासन, पाठ्य और सहपाठ्य क्रियाओं के संगठन का स्वरूप तथा विद्यालय में मिलने वाली भौतिक सुविधाएँ, निर्देशन, परामर्श एवं मूल्यांकन के उचित तरीके।

समाज एवं समुदाय की भूमिका— उपलब्ध भौतिक साधन एवं सुविधाएँ, स्थानीय प्रान्तीय तथा केन्द्रीय सरकारों का स्वरूप, पड़ोस एवं पड़ोसियों का व्यवहार, समाज के सदस्यों के आपसी सम्बन्ध और उनके व्यक्तित्व गुण, सामाजिक उद्योगिकरण या वैश्वीकरण का स्तर, समाज में व्याप्त मूल्य एवं बुराइयाँ

जनमाध्यों की भूमिका— बालकों की विचार प्रक्रिया को प्रभावित करने वाली सूचनाएँ और पठन सामग्री, दृश्य-श्रव्य सामग्री, बहुमाध्य, कम्प्यूटर तकनीकी का बालकों के व्यवहार पर प्रभाव, क्षेत्रीय, राष्ट्रीय, एवं अन्तर्राष्ट्रीय घटनाओं एवं परिदृश्य का सामाजिक सम्बन्धों और बालकों पर पड़ने वाला प्रभाव

संस्कृति और धर्म की भूमिका— धार्मिक आस्थाएँ, अन्धविश्वास और धार्मिक रीतिरिवाज, सांस्कृतिक मूल्य, प्रथाएँ तथा चलन, बहुसंस्कृतिवाद या सांस्कृतिक रूप में पार्श्वीकरण, धार्मिक समारोह तथा पूजापाठ एवं धार्मिक प्रथाएँ

चित्र 13.1: संज्ञान और अधिगम को प्रभावित करने वाले सामाजिक-सांस्कृतिक कारक

जैसी-जैसी सुविधाएं और सानिध्य उन्हें घर-परिवार में अपने सामाजिक, सांस्कृतिक विकास के लिए मिलता है, जिस प्रकार की भाषा उनके द्वारा घर परिवार में सीखी जाती है तथा घर-परिवार के सदस्यों के व्यवहार तथा अन्त: क्रियाओं का जैसा प्रभाव बालकों पर पड़ता है, उनकी मूलभूत आवश्यकताओं-शारीरिक तथा मनो-सामाजिक की जिस रूप में पूर्ति होती है उसी रूप में उनका संज्ञानात्मक, भावात्मक तथा क्रियात्मक क्षेत्रों से जुड़े विकास का रास्ता प्रशस्त होता जाता है। बालक जैसा व्यवहार घर-परिवार में देखते हैं उसी का

अनुकरण और अभ्यास उनमें उसी प्रकार के उचित अनुचित विकास के लिए उत्तरदायी रहता हुआ पाया जाता है। सामान्य तौर पर घर-परिवार से जुड़ी जिन बातों तथा कारकों को बालक के संज्ञानात्मक, भावात्मक तथा क्रियात्मक व्यवहार क्षेत्रों से जुड़े विकास के लिए उत्तरदायी माना जा सकता है। उनमें से कुछ निम्न प्रकार की हो सकती हैं:

- स्वास्थ्य और अस्वास्थ्यपद्र रहन-सहन तथा खान-पान की स्थितियां, खान-पान आदतें, संतुलित भोजन, प्रदूषण रहित वायु और पानी की उपलब्धि, खेलने-कूदने की सुविधाएं, टीकाकरण तथा स्वास्थ्य सेवाओं की उपलब्धि आदि।
- मां-बाप की शिक्षा का स्तर, बच्चों के लालन-पालन में उनकी रुचि तथा इस कार्य हेतु उनकी अपेक्षित योग्यताएं तथा क्षमताएं।
- मां-बाप के पारस्परिक सम्बन्धों में मधुरता या कड़वापन।
- संगठित अथवा टूटते-बिखरते परिवार।
- मां-बाप, भाई-बहन तथा परिवार के अन्य सदस्यों का निजी आचरण और व्यवहार तथा पारस्परिक सम्बन्ध एवं अन्तः निर्भरता।
- मां-बाप तथा परिवार के अन्य सदस्यों का बालक या किशोर के साथ किए जाने वाला वांछित या अवांछित व्यवहार।
- परिवार में बालकों की संख्या तथा बच्चे के अपने जन्म का क्रम(जैसे सबसे बड़ा, छोटा होना)
- परिवार की आर्थिक दशा और समाज में या बिरादरी में उसकी सामाजिक प्रतिष्ठा।
- परिवार में व्याप्त रीति-रिवाज, मान्यताएं तथा संस्कार।
- मानव मूल्यों तथा नैतिक गुणों के प्रति माता-पिता तथा परिवार के सदस्यों की अभिवृत्ति एवं झुकाव।
- परिवार पर आई हुई आकस्मिक भौतिक, आर्थिक या सामाजिक विपत्ति या उसकी संपन्नता, समृद्धि एवं प्रतिष्ठा में आने वाला परिवर्तन।

परिवार के व्यक्तियों, उसके संगठन तथा उसमें व्याप्त वातावरण का बालक के वृद्धि एवं विकास, उसके आचरण तथा संस्कार तथा व्यवहार एवं व्यक्तित्व को एक निश्चित दिशा या रूप प्रदान करने में विशेष प्रभावी भूमिका रहती है। बालक के प्रति किए जाने वाले अत्यधिक लाड़ प्यार, उसकी उपेक्षा तथा तिरस्कार, उसको दी जाने वाली अत्यधिक स्वतंत्रता तथा उस पर लगाए गए अनावश्यक प्रतिबंधों का दुष्परिणाम हो, ऐसे वातावरण में बालक को प्रत्यक्ष या अप्रत्यक्ष रूप से अवांछित व्यवहार क्रियाओं को सीखने तथा प्रतिक्रियास्वरूप उन्हें अपनाने का पूरा अवसर तथा प्रोत्साहन मिलता है। परिणामस्वरूप बालकों में ऐसे अवांछनीय व्यवहार, संस्कार तथा आदतों का विकास हो जाता है जो जीवन पर्यन्त चलती रहती हैं। इसके विपरीत परिवार के सदस्यों के वांछनीय आचरण, व्यवहार तथा व्यक्तित्व के प्रभाव तथा उनके द्वारा उसके साथ किए जाने वाले स्वस्थ एवं वांछनीय व्यवहार के कारण बालक शुरू से ही ऐसे सकारात्मक व्यवहार तथा आचरण को अपनाता है जो उसकी सद्वृत्तियों एवं विकास के स्वस्थ मार्ग पर अग्रसर करते रहते हैं। इस तरह परिवार और उसके वातावरण का बालक और किशोरों के संज्ञानात्मक, भावात्मक तथा क्रियात्मक व्यवहार क्षेत्रों से जुड़े हुए सभी प्रकार के संज्ञानात्मक, भावात्मक तथा क्रियात्मक विकास को अच्छे या बुरे ढंग से प्रभावित करने में पूरा-पूरा योगदान रहता है।

बालकों के संज्ञान एवं अधिगम में विद्यालय की भूमिका
(Role of School in the Cognition and Learning of Children)

घर परिवार को बालक के संज्ञानात्मक, भावात्मक तथा क्रियात्मक विकास की प्रथम कार्यस्थली तथा व्यवहार एवं व्यक्तित्व निर्धारण की पहली पाठशाला कहा जाता है। इस वातावरण में ढला हुआ बालक अपने जीवन की दूसरी वास्तविक पाठशाला यानी विद्यार्थी जीवन में प्रवेश करता है। विद्यालय की औपचारिक शिक्षा तथा अनौपचारिक वातावरण यहां उसे जीवन के ऐसे अनुभव प्रदान करता है जिससे उसके व्यवहार एवं व्यक्तित्व को एक निश्चित दिशा और स्वरूप में ढलने में पर्याप्त सहायता मिलती है। बालक की जीवन शैली, व्यवहार तथा आचरण पर विद्यालय और उसके वातावरण की एक अमिट छाप होती है। इसलिए बहुधा यह कहते हुए सुना जाता है कि अगर यह जानना है कि अमुक बालक या व्यक्ति कैसा होगा तो यह जानना भर पर्याप्त है कि उसने किन-किन संस्थानों में अपनी शिक्षा की सीढ़ियां तय की हैं। इसलिए ही किन्हीं विद्यालयों को सर्वोत्तम, अच्छे तथा बुरे की संज्ञाएं दी जाती हैं। इन्हें अच्छा या बुरा इसलिए कहा जाता है कि इनके द्वारा उनकी शिक्षा व्यवस्था तथा उनमें व्याप्त वातावरण के प्रभाव से बालकों के व्यवहार एवं व्यक्तित्व को वांछनीय या अवांछनीय दिशा प्रदान करने का कार्य किया जाता है। परिवार के सदस्यों की तरह ही यहां प्रधानाध्यापक, अध्यापकों, कर्मचारियों तथा साथी छात्र-छात्राओं की भूमिका रहती है। इसके अतिरिक्त विद्यालय में व्याप्त भौतिक, सामाजिक, शैक्षिक तथा सांस्कृतिक परिवेश भी बालकों की औपचारिक तथा अनौपचारिक शिक्षा के माध्यम से उनके व्यवहार के निर्धारण तथा सर्वांगीण विकास में सदैव ही एक गंभीर भूमिका निभाने का प्रयत्न करता है। विद्यालयी वातावरण की जिन बातों या परिस्थितियों का इस दिशा में उल्लेखनीय योगदान रहता है उनको संक्षेप में निम्न प्रकार सूचीबद्ध किया जा सकता है:

1. विद्यालय में कार्यरत अध्यापकों की शैक्षिक तथा व्यावसायिक योग्यता, अध्यापन अनुभव, व्यक्तित्व तथा व्यवहार।
2. अध्यापकों के पारस्परिक सम्बन्धों में मधुरता या कड़वाहट।
3. अध्यापकों का शारीरिक और मानसिक स्वास्थ्य।
4. अध्यापन व्यवसाय के प्रति अध्यापकों की निष्ठा तथा उनकी कर्तव्य-परायणता।
5. मुख्याध्यापक की योग्यता, व्यक्तित्व तथा व्यवहार, उसका अध्यापकों तथा कर्मचारियों, विद्यार्थियों तथा विद्यार्थियों के माता-पिता के साथ किया गया व्यवहार।
6. अध्यापक और विद्यार्थियों के पारस्परिक सम्बन्ध।
7. विद्यालय में पढ़ने वाले कक्षा के साथियों तथा विद्यालय के सभी विद्यार्थियों के बीच सम्बन्धों की प्रकृति।
8. विद्यालय में व्याप्त अनुशासन और व्यवस्था की प्रकृति।
9. विद्यालय में शैक्षिक कार्यक्रमों की व्यवस्था और उसका स्वरूप तथा पढ़ाई का स्तर।
10. पाठान्तर क्रियाओं की व्यवस्था और आयोजन।
11. विद्यालय के परीक्षा परिणाम तथा अन्य पाठान्तर क्रियाओं की गतिविधियों में उसका प्रान्त तथा क्षेत्र विशेष में स्थान और सम्मान।
12. खेलकूद तथा अन्य सभी पाठान्तर क्रियाओं, हॉबीज, कार्य-अनुभवों, प्रयोग तथा परीक्षणों आदि के उचित रूप से क्रियान्वित करने के लिए आवश्यक सुविधाएं।
13. पुस्तकालय, वाचनालय, संग्रहालय आदि से संबंधित सुविधाएं।

14. विद्यालय में दोपहर का भोजन देने की व्यवस्था या कैन्टीन, कॉमन रूम, पीने का पानी, मूत्रालय या शौचालय आदि की उपयुक्त व्यवस्था।
15. विद्यालय के भौतिक पर्यावरण से संबंधित आवश्यक बातों की समुचितता।
16. प्रतिभाशील, पिछड़े हुए, समस्यात्मक या विकलांग बालकों के समायोजन तथा शिक्षा से संबंधित व्यवस्था।
17. बालकों के लिए निर्देशन एवं परामर्श सेवाओं की व्यवस्था।
18. विद्यार्थियों की प्रगति के मूल्यांकन की समुचित, निष्पक्ष एवं वस्तुगत व्यवस्था।

इनके अतिरिक्त भी और भी बहुत-सी बातें, तत्व तथा परिस्थितियों का उल्लेख विद्यालय के भौतिक, शैक्षिक, सामाजिक तथा सांस्कृतिक वातावरण में किया जा सकता है, जिनकी उचितता या अनुचितता का प्रत्यक्ष और परोक्ष रूप से गहरा प्रभाव बालकों के संज्ञानात्मक, भावात्मक तथा क्रियात्मक व्यवहार पक्षों में परिवर्तन लाकर उनका अपेक्षित विकास करने में पड़ता हुआ देखा जा सकता है। बालकों के अन्दर जिन विकासगत अच्छाइयों, सद्गुणों तथा सद्प्रवृत्तियों के दर्शन हमें मिलते हैं उनको ऐसा रूप देने में अध्यापकों के अपने आदर्श व्यवहार तथा आचरण, उनके द्वारा विद्यार्थियों को दी जाने वाली उचित शिक्षा तथा विद्यालय के स्वस्थ एवं रचनात्मक वातावरण का बहुत सहयोग मिलता है। प्रतिकूल अवस्थाओं में प्रतिकूल आचरण तथा व्यवहार चेष्टाओं का विकास भी विद्यालय के ही परिवेश में संपन्न होता है। एक बालक के साथ किया गया द्वेषपूर्ण, पक्षपात पूर्ण तथा अन्यायपूर्ण व्यवहार बालक को केवल अध्यापक से ही दूर नहीं ले जाता बल्कि उसे विषय, कक्षा तथा विद्यालय से भी दूर ले जाकर उसे ऐसे कुमार्ग पर चलने को प्रेरित कर सकता है जहां वह असामाजिक तत्वों के संसर्ग में आकर समाज विरोधी व्यवहार ग्रहण करने या अपने व्यवहार में आक्रामक रुख अपनाने को विवश हो सकता है। एक ऐसा विद्यालय जो बालकों की मूल आवश्यकताओं का पूर्ति में सहायक न बनकर बाधक ही बनता है उसमें बालकों के व्यवहार को अवांछनीय मोड़ तो मिलेगा ही, कुसमायोजित होकर वह कुसमायोजन से संबंधित आचरणों एवं व्यवहार चेष्टाओं को ही अंगीकृत करेगा। इसके विपरीत एक अच्छे विद्यालय का स्वस्थ, सुखद, प्रेरणादायक और शिक्षाप्रद वातावरण बालकों को अपने औपचारिक तथा अनौपचारिक कार्यक्रमों द्वारा विद्यार्थियों को सदैव ही वांछनीय तथा उपयोगी व्यवहार क्रियाओं तथा आदतों के विकास में सहयोगी बनकर उनके सर्वांगीण विकास में अधिक सहयोगी रहेगा। इस तरह विद्यालय और विद्यालय में उपलब्ध वातावरण का बालकों के व्यवहार का निरूपण एवं विर्धारण कर व्यवहार के तीनों पक्षों ज्ञानात्मक, भावात्मक तथा क्रियात्मक से संबंधित विकास प्रक्रिया को भलीभांति आगे बढ़ाने में पूरी मदद करेगा।

बालकों के संज्ञान एवं अधिगम में समाज की भूमिका
(Role of Society in Cognition and Learning of Children)

घर-परिवार एवं विद्यालय के अतिरिक्त समाज या समुदाय को जिससे बालकों का सम्बन्ध होता है, बालक के व्यवहार और व्यक्तित्व विकास का निर्धारण करने में काफी महत्वपूर्ण भूमिका निभाते हुए देखा जा सकता है। समाज तथा समुदाय में घर-परिवार तथा विद्यालय को छोड़कर और जिन बातों या कारकों की उपस्थिति बाल-विकास तथा व्यवहार परिमार्जन में अपेक्षित भूमिका निभाती है उन्हें आस-पड़ोस, सामाजिक संगठनों, संस्थाओं, धार्मिक संस्थाओं तथा स्थानों, शासन कर रही स्थानीय, प्रान्तीय तथा केन्द्रीय सरकार की नीतियों तथा सांस्कृतिक और सामाजिक रीति-रिवाजों, यातायात, संचार तथा मनोरंजन साधन

और पत्र-पत्रिकाओं, समाचारपत्र तथा पुस्तकों आदि के रूप में जाना जाता है। वास्तव में देखा जाए तो इस प्रकार के सामुदायिक या समाज-गत मानवीय एवं भौतिक संसाधनों के साथ होने वाले संसर्ग का प्रभाव प्रत्यक्ष और परोक्ष रूप से उस समाज/समुदाय में विकसित हो रहे बालकों के ऊपर पड़ता ही रहता है।

जिस समुदाय या समाज विशेष में लोग नल, बिजली, नाली, मकान, दुकान, खेत-खलिहान आदि बातों को लेकर झगड़ा-फसाद करते रहते हों, अपशब्दों, गाली-गलोच या हाथा-पाई जहां आम बात हो, उस माहौल में अगर बालक भी ऐसा ही व्यवहार करना सीख जाएं तो इसमें उनका क्या कसूर है। इसी प्रकार जहां पड़ोसी लोगों के घरों के बड़े-बूढ़ों का आदर किया जाता है, स्त्रियों को आदर की दृष्टि से देखा जाता हो, लड़के तथा लड़कियों के पालन में कोई अंतर नहीं किया जाता हो, सभी लोग एक-दूसरे के काम आने की बात सोचते हों वहां बालक तथा बड़ों के सामाजिक, संवेगात्मक तथा नैतिक व्यवहार में इस तरह की शालीनता और अच्छाइयों का घर कर जाना स्वभाविक-सी ही बात है। इस तरह समुदाय या समाज के सदस्य तथा उनके द्वारा स्थापित वांछित या अवांछित माहौल और बालकों के विकास में की जाने वाली अपेक्षित सहायता या उपेक्षा बालकों के व्यवहार को निर्देशित एवं प्रभावित कर उनके विकास को एक निश्चित दिशा और दशा प्रदान करने में बहुत ही प्रभावी भूमिका निभाती है। समाज या समुदाय के इन पर्यावरणीय तत्वों या परिस्थितियों को, जो व्यवहार तथा व्यक्तित्व विकास के निर्धारक के रूप में अपनी भूमिका निभाती है, संक्षेप में निम्न प्रकार लिपिबद्ध किया जा सकता है:

- समाज तथा समुदाय में उपलब्ध भौतिक संसाधनों तथा सुविधाओं जैसे यातायात एवं संचार साधन, साफ-सफाई तथा स्वच्छता, पर्यावरणीय प्रदूषण, स्वास्थ्य एवं आरोग्य सेवाएं, बिजली, पानी की व्यवस्था, मनोरंजन, जनसंपर्क तथा प्रचार साधन, सामाजिक तालमेल, अंत: क्रिया सहयोग तथा मेल-मिलाप का स्वरूप एवं प्रकृति।
- स्थानीय, प्रान्तीय तथा केन्द्रीय सरकारों के रूप में कार्यरत व्यवस्थाओं की नीतियों, कार्यशैलियों तथा बालकों के विकास और कल्याण हेतु किए जाने वाले उपाय।
- पास-पड़ोस का वातावरण तथा पड़ोसियों के व्यवहार और कार्यशैली से बालकों के विकास पर पड़ने वाले प्रभाव।
- समुदाय तथा समाज के सदस्यों के साथ बालकों की होने वाली अन्त: क्रिया तथा मेल-मिलाप से पड़ने वाले अनुकूल तथा प्रतिकूल प्रभाव, बालकों को उनके विकास हेतु मिलने वाली सहायता बाधाओं की प्रकृति।
- समुदाय/समाज के उन सदस्यों के व्यक्तित्व गुण और व्यवहार चेष्टाओं की प्रकृति जिनका बालकों के साथ संसर्ग तथा अन्त: क्रियाएं होती हैं तथा उनके द्वारा बालक के व्यवहार एवं व्यक्तित्व विकास पर पड़ने वाले अनुकूल या प्रतिकूल प्रभाव।
- सामाजिक संगठन तथा संस्थाओं, धार्मिक संस्थानों तथा पूजा स्थलों की गतिविधियों का बढ़ते हुए बालकों के व्यवहार तथा विकास पर पड़ने वाले प्रभाव।
- समाज तथा समुदाय में सामाजिक कुरीतियों, प्रथाओं, रूढ़ियों, मान्यताओं, अलगाववादी नीतियों, उपेक्षाओं आदि की उपस्थिति या अनुपस्थिति।
- समाज समुदाय की विकलांग या विशेष आवश्यकताओं से युक्त बालकों के प्रति बनी हुई मनोवृत्ति तथा दृष्टिकोण तथा उनके समायोजन और शिक्षा हेतु समेकित शिक्षा व्यवस्था प्रबंधन हेतु किए जाने वाले प्रयत्न।

- समाज या समुदाय जिससे बालक का सम्बन्ध है उसका वंचित वर्ग (Deprived Section) या समृद्ध वर्ग से संबंधित रहना।
- समाज या समुदाय का शहरी एवं ग्रामीण अंचल से सम्बन्ध होना, उसमें होने वाला औद्योगिकीकरण तथा शहरीकरण का स्वरूप।
- समाज या समुदाय में साथ-साथ पल रहे या शिक्षा ग्रहण करने वाले साथी बालकों के विकास और व्यवहार चेष्टाओं का स्वरूप।
- समुदाय और समाज के सदस्यों के बीच शांति एवं भाईचारे का माहोल या अशांति, कलह तथा पारस्परिक अविश्वास की स्थिति।
- समाज या समुदाय की आंतकवाद तथा पड़ोसी देशों से युद्ध जैसी परिस्थितियों में ग्रस्त होने की स्थितियां।
- समाज या समुदाय में व्याप्त उपरोक्त परिस्थितियों को मोटे तौर पर ऐसे दो भागों में बांटा जा सकता है जिनमें एक के द्वारा ऐसा प्रेरणादायक, रचनात्मक तथा सहयोगी वातावरण प्रदान किया जा सकता है जिससे बालकों को अपने संज्ञानात्मक, भावात्मक तथा क्रियात्मक विकास में अपेक्षित भरपूर सहायता मिलती नजर आए तो दूसरी ओर इनमें ऐसी परिस्थितियां, बातें तथा कारण भी हो सकते हैं जिनके द्वारा बालकों को या तो आवश्यक सुविधाओं से वंचित रखने का प्रयत्न किया जाए या व्यवहार और विकास के गलत प्रतिमान स्थापित करने तथा उनके उचित व्यक्तित्व विकास और वांछित व्यवहार परिमार्जन में तरह-तरह से बाधाएं उत्पन्न करने का कार्य किया जाए। इस तरह समाज समुदाय में उपलब्ध भौतिक तथा मानवीय संसाधनों का संसर्ग और उपलब्धता बालक के विकास की धारा की अनुकूल या प्रतिकूल दिशा और दशा प्रदान करने में काफी सशक्त भूमिका निभाती हुई देखी जा सकती है और इसीलिये जैसा समाज होता है और वह जैसा चाहता है उसी के अनुरूप ही भविष्य के नागरिकों का निर्माण और विकास होता है, इस कहावत में काफी सीमा तक सच्चाई देखने को मिल सकती है।

बालकों के संज्ञान और अधिगम को प्रभावित करने में धर्म की भूमिका
(Role of Religion in Influencing Cognition and Learning of Children)

मानव जीवन में धर्म अत्यन्त महत्वपूर्ण स्थान रखता है। यह व्यक्ति के दिन-प्रतिदिन की कार्यप्रणाली और संस्कृति में पूर्ण रूप से समाविष्ट हो रहा है। मानव एक सामाजिक प्राणी है और सामाजिक होने के कारण प्रत्येक व्यक्ति किसी न किसी धर्म का अनुयायी है और उसके प्रति आस्थावान है। धर्म हिंदू हो या इस्लाम, क्रिश्चियन हो या सिख, बौद्ध धर्म हो या जैन वह अपने अनुयायियों, समाज और मानवता को ठीक-ठाक रखने में अपने मूल्यों, नीतियों और गुणों के द्वारा एक अच्छे पथप्रदर्शक और सहायक की भूमिका निभाता है। यह हमें संतुलित जीवन जीने में सहायता करता है और जीवन में आगे बढ़ने की राह दिखाता है। हमारा व्यक्तित्व और व्यवहार धर्म से काफी प्रभावित रहता है। जब हममें से कोई भी किसी धार्मिक स्थल (मन्दिर, मस्जिद, गुरुद्वारा या चर्च) पर जाते हैं तब वहां पर उसे एक आन्तरिक संतुष्टि एवं मानसिक शांति का अनुभव होता है। उस समय हमारे मन में सभी प्रकार के कुविचार, नकारात्मक सोच या भावना सभी छूमंतर हो जाते हैं और हमारा मन तथा मस्तिष्क सकारात्मक विचारों और दैवीय अनुभूतियों से लबालब हो जाता है। हमारे द्वारा सम्पन्न किए गए धार्मिक कर्म, संस्कार, धार्मिक पर्व, नियमों एवं

कायदे-कानून का पालन, धार्मिक आचरण संहिता और व्यवहार का निर्वहन तथा अनुकरण आदि सभी व्यक्ति के व्यक्तित्व और व्यवहार का निरूपण करने अथवा सही दिशा और दशा प्रदान करने में एक महत्वपूर्ण एवं शक्तिशाली निर्णायक या मार्गदर्शक सिद्ध होते हैं।

व्यक्ति के व्यक्तित्व के सभी आयामों की पूर्ण वृद्धि और विकास की आयु किशोरावस्था मानी जाती है। इस अवस्था में व्यक्ति व्यक्तित्व के सभी पक्षों में परिपक्वता प्राप्त करने के लिए अधिक से अधिक अधिगम करता है और विकास को प्राप्त करता है। यह केवल मात्र अधिक सामाजिक मेलजोल बढ़ाने और मित्रता बढ़ाने की आयु ही नहीं कही जाती बल्कि इसमें संवेगों का दौर भी काफी तीव्र और उग्र रहता है। किशोरों को अपनी अथाह शारीरिक शक्ति और संवेगों के अतिरिक्त बहाव के कारण इस प्रकार के रचनात्मक कार्य करने और सामाजिक रूप से अपने आप की वांछित रूप से अभिव्यक्त करने की आवश्यकता रहती है जिससे उनमें निहित शक्तियों का उचित उपयोग हो सकें। धर्म और उससे जुड़ी हुई क्रियाएं इस कार्य में उनकी निम्न प्रकार से सहायता करती हुई दिखाई देती हैं:

1. धर्म बालकों में ऐसी बहुत-सी अच्छी आदतों को सीखने में सहायता करता है जिनसे उनमें अच्छे शारीरिक स्वास्थ्य सम्बन्धी स्वच्छता एवं सफाई, शुद्ध सात्विक भोजन ग्रहण करने, सोने और जागने सम्बन्धी स्वास्थ्यप्रद आदतें, व्रत (उपवास) तथा रोजा रखकर अपने स्वास्थ्य और शरीर को उपयुक्त रखने, आसन, प्राणायाम, सूर्य नमस्कार, नमाज एवं अरदास करने की शारीरिक क्रियाशीलता द्वारा शारीरिक स्वास्थ्य को ठीक रखने सम्बन्धी अच्छी आदतें आत्मसात करने में सहायता मिलती है।
2. धर्म बालकों को ऐसी बहुत-सी आदतों का अधिगम करने में सहायता करता है जो उनके मानसिक स्वास्थ्य और आवश्यक संज्ञानात्मक विकास के लिए जरूरी हैं।
3. धर्म अपने सभी स्वरूपों और प्रकारों में हमें उस निराकार सर्वशक्तिमान परमात्मा में असीम श्रद्धा और विश्वास रखना सिखाता है।
   "ईश्वर हम सभी को देख रहा है" इस प्रकार की धारणा और विश्वास बालकों को सामाजिक या नैतिक रूप से भटकने से बचाता है।
4. धार्मिक विश्वास कि "ईश्वर, अल्ला या गुरू साहेब मेरे साथ हैं", बालकों को आत्मविश्वास के भाव से परिपूर्ण कर देता है। यह विश्वास जीवन की प्रतिकूल, चुनौतीपूर्ण तथा खतरों से परिपूर्ण परिस्थितियों का सामना करने के लिए बालकों में निडरता एवं साहस का संचार करता है।
5. तीर्थस्थलों का भ्रमण, धार्मिक कार्यक्रमों, उत्सवों, पर्वों तथा सत्संग आदि में सहभागिता किशोरों को सामाजिक सम्पर्क, सामाजिक अन्त: क्रिया, सहयोग एवं समन्वय स्थापित करने के अवसर प्रदान करती है, इससे उनमें समुचित सामाजिक शिष्टाचार, आदतें तथा गुणों के विकसित होने में सहायता मिलती है।
6. अनेक धर्म धार्मिक संस्कार एवं क्रियाएं (जैसे-ध्यान, पूजा-पाठ की रीति एवं रिवाज आदि) जिनका अनुगमन धर्म विशेष में किया जाता है, बालकों को उनके कार्य एवं लक्ष्य विशेषों पर अपना ध्यान केन्द्रित रखने, उसे इच्छित समय तक बनाए रखने और अपने कार्यों को सुव्यवस्थित एवं वांछित ढंग से करने में सहायता करती हैं।
7. धर्म बालकों को इच्छित मानसिक शांति प्रदान करने और तनावमुक्त होने, दिन-प्रतिदिन के जीवन में होने वाली चिन्ताओं, तनाव एवं द्वंद्वपूर्ण स्थिति से बचने में सहायता करता है। उनके जीवन में होने वाले दु:ख, परेशानियों, असफलताओं, हताशा या भग्नाशा

आदि से प्राप्त घावों को भरने में धर्म एक मरहम का काम करता है।

8. कई बार बालक अपनी शैक्षिक, वैयक्तिक एवं अपने भविष्य निर्माण सम्बन्धी समस्याओं के सम्बन्ध में भी धार्मिक महापुरुषों से मार्गदर्शन एवं परामर्श प्राप्त कर लाभान्वित होते हुए भी पाए जाते हैं। वे विद्वान साधुओं, गुरुओं एवं महात्माओं की संगति और मार्गदर्शन से ऐसी बहुत सी बातें सीख जाते हैं जो उनके भावी जीवन के लिए बहुत उपयोगी होती हैं।

जनमाध्य की भूमिका (Role of Mass Media)

जनमाध्य पद का अर्थ (Meaning of the Term Mass Media)

अपने शाब्दिक अर्थ में जनमाध्य पद से तात्पर्य है वह माध्यम (सम्प्रेषण के साधन एवं स्वरूप) जो जनसामान्य के सम्प्रेषण के लिए होते है। इस प्रकार के जनमाध्य उन चैनल्स, साधनों और स्वरूपों का प्रतिनिधित्व करते हैं जो किसी भी स्थान, स्थिति और समय की बाधा को पार कर बहुत से व्यक्तियों तक एक साथ कोई संदेश, सूचना या निवेदन संप्रेषित करने के लिए उपयोग में लाए जाते हैं। ये दृश्य, श्रव्य या बहुइन्द्रिय प्रारूपों में उपलब्ध हो सकते हैं। इसलिए ये अधिक से अधिक इन्द्रियों का उपयोग करते हुए लोगों के दिल और दिमाग में काफी गहरा प्रभाव छोड़ने की क्षमता रखते हैं। निम्न प्रकार के साधनों और प्रारूपों को 'जनमाध्य' पद के अन्तर्गत शामिल किया जा सकता है:

1. समाचारपत्र एवं पत्रिकाएं
2. पुस्तकें (प्रकाशित एवं ई-बुक्स)
3. विज्ञापन
4. रेडियो प्रसारण
5. दूरदर्शन प्रसारण
6. चलचित्र
7. इन्टरनेट एवं वेब (web) सामग्री
8. आधुनिक सम्प्रेषण साधन जैसे-स्मार्ट फोन पर उपलब्ध संदेश एवं दृश्य-श्रव्य सामग्री, फेसबुक, ब्लॉग्स, ट्विटर आदि।

बालकों एवं किशोरों के व्यवहार और विकास को प्रभावित करने में जनमाध्य की भूमिका (Role of Mass Media in influencing behaviour and development of children and adolescents)

जनमाध्य साधन बालकों और किशोरों के व्यवहार और विकास को अनेक प्रकार से अनेक स्वरूपों में प्रभावित कर एक बहुत ही प्रभावशाली भूमिका निभाते हैं। वे जनमाध्य के द्वारा जो भी कुछ सुनते हैं, पढ़ते हैं या देखते हैं वह सब उनकी इन्द्रियों के माध्यम से उनके मन और मस्तिष्क को बड़ी गहराई के साथ प्रभावित करता है। परिणामस्वरूप वे अपनी आदतों, व्यवहार करने के ढंग, कार्य पद्धति आदि में उन बातों को इस तरह गहराई से सीख लेते है और आत्मसात कर लेते हैं कि उनकी जिंदगी का रूख ही एक विशिष्ट प्रकार का स्वरूप धारण कर लेता हैं। आइए देखते है कि यह सब कैसे घटित होता हैं?

1. जब बालक और किशोर समाचार पत्रों, पत्रिकाओं, पैम्फलेट्स, पत्रिकाओं तथा पुस्तकों आदि में तरह-तरह की बातों या घटनाओं के बारे में पढ़ते हैं तो यह बातें उनका ध्यान आकर्षित करती हैं वे और न जाने कितनी ही बातों, सकारात्मक या नकारात्मक,

से परिचित हो जाते हैं। इन सब से वे अनेक बातें सीखते हैं और यह जानकारी उनके मस्तिष्क का चहुँमुखी विकास करती है। इसके साथ ही इस जानकारी से उनमें नई सोच का भी विकास होता है। आप जानते ही हैं कि अधिगम के फलस्वरूप व्यक्ति की रुचियों, अभिवृत्तियों, आदतों, स्वभाव तथा और भी बहुत से व्यक्तित्व गुणों का वांछित एवं अवांछित दोनों प्रकार का विकास होता है। इस प्रकार से मुद्रित सामग्री के सम्पर्क में आने वाले बच्चों के साथ भी ऐसा ही होता है। वे न केवल भलाई-बुराई, अच्छे-बुरे आदि से परिचित ही होते हैं बल्कि प्रत्यक्ष या अप्रत्यक्ष रूप से अपने व्यवहार में इन बातों का प्रदर्शन भी करने लगते है।

2. दृश्य श्रव्य एवं बहुमाध्यम साधनों जैसे-रेडियो, टेलीविजन, फिल्म और चलचित्र तथा उनके कम्प्यूटर और मोबाइल फोन पर जो भी कुछ सूचना सामग्री उपलब्ध है वह समाचार पत्र पत्रिकाओं और पुस्तकों से प्राप्त सूचना सामग्री की तुलना में बालकों और किशोरों के व्यवहार और व्यक्तित्व का निरूपण करने में कहीं ज्यादा प्रभावशाली सिद्ध होती है। इनसे उन्हें काफी व्यवस्थित रूप में अधिगम का मौका मिलता है। इस प्रकार के बहुइन्द्रिय तथा अवलोकनात्मक अधिगम में जब एक बालक अपने प्रिय अभिनेता या अभिनेत्री को पर्दे पर एक निश्चित प्रकार का व्यवहार या कार्य करते देखता है तो वह अपने व्यवहार में उसकी नकल करने से अपने आपको रोक नहीं पाता है। यह और कुछ नहीं केवल 'नायक-पूजा' (Hero worship) है जो बालकों और विशेषकर किशोरों में बहुत ज्यादा पाई जाती है।

जैसा कि बन्डूरा (1973) ने संकेत किया है कि सामाजिक अधिगम के रूप में इस प्रकार की सभी बातों को जब बालक और किशोर जनमाध्यमों में घटित होते हुए देखते हैं तो उन्हें प्रत्यक्ष और अप्रत्यक्ष रूप से उसका अनुकरण करने में जरा भी देर नहीं लगती है। वे फिर भली-भांति उन बातों को अपने ढंग से प्रयोग करते हुए पाए जाते हैं और इस तरह बहुत सी अच्छी या बुरी बातों को सीखने का रास्ता उन्हें जनमाध्यमों के द्वारा आसानी से प्राप्त होता रहता है।

आज इलेक्ट्रोनिवास और कम्प्यूटरीकरण की प्रगति के इस नए दौर ने बालकों के सामने विभिन्न प्रकार की बहुमाध्य सामग्री आसानी से और असीमित मात्रा में उपलब्ध करा कर उन्हें विभिन्न प्रकार के सामाजिक अधिगम करने के अवसर आसानी से उनके हाथों में दे दिए हैं। यही कारण है कि आज बालकों की रुचियों, दृष्टिकोणों, सोचने विचारने और काम करने के तरीकों में ऐसे प्रभावकारी परिवर्तन आ रहे हैं जिनसे उनके व्यवहार निरूपण और विकास को अच्छी और बुरी दोनों ही दिशाएं द्रुतवेग से मिलने लग रही हैं।

जनमाध्य (मुद्रित सामग्री और बहुमाध्य) के द्वारा आने वाले इस प्रकार के प्रभावों को उनके सर्वांग रूप में निम्न प्रकार सारांशित किया जा सकता है:

(i) आसानी से उपलब्ध होने वाले जनमाध्य संसाधनों के सम्पर्क में आने के फलस्वरूप बालकों को अपने वातावरण से संबंधित बातों और घटनाओं के बारे में जागरूकता काफी बढ़ गई है। आज के बच्चों और किशोरों को कुछ समय पहले के बच्चों की तुलना में अपने भौतिक, सामाजिक और सांस्कृतिक वातावरण-स्थानीय, प्रान्तीय, राष्ट्रीय एवं अन्तरराष्ट्रीय को जानने समझने के बहुत ज्यादा अवसर उपलब्ध हो जाते है। बच्चों के इस प्रकार के संज्ञानात्मक व्यवहार विकास का काफी श्रेय जनमाध्य को ही दिया जा सकता है।

(ii) आज के बालकों और युवा पीढ़ी के सामाजिक, संवेगात्मक, भाषायी सम्प्रेषण तथा कलात्मक विकास में तीव्रगामी परिवर्तन लाने का श्रेय भी जनमाध्य को ही जाता है। आज के बालकों में पारस्परिक सम्बन्ध विकसित करने तथा आपस में अच्छी तरह से सम्पर्क में बने रहने के अवसर, कुछ समय पूर्व के बच्चों की तुलना में काफी ज्यादा प्राप्त हो रहे है। जनमाध्य उन्हें ऐसे बहुत से अमूल्य अवसर प्रदान करते हैं जिनसे वे अपने स्वयं के तथा दूसरों के सामाजिक और सांस्कृतिक जीवन प्रणालियों से परिचित हो सकें। वे यह जान सकें कि अपने आस-पास अन्य प्रदेशों तथा वैश्विक दुनिया के अन्य भागों में लोग कैसे व्यवहार करते रहते हैं। इस प्रकार के जनमाध्य ने बालकों और किशोरों के लिए यह सुलभ कर दिया है कि वे इस भूमंडल पर रहने वालों के बारे में उचित समझ रखते हुए अन्तर्राष्ट्रीय सहयोग, सद्भावना तथा शांति की दिशा में अपने कदम आगे बढ़ा सकें।

(iii) जनमाध्य की इस बात के लिए भी सराहना की जा सकती है कि इसने विभिन्न प्रकार की सामाजिक बुराइयों, रूढ़ियों, भेदभाव, पार्श्वीकरण तथा गलतफहमियों को जो किसी समुदाय, प्रदेश या क्षेत्र में चलती रही हैं, उन्हें दूर करने में भी सशक्त भूमिका निभाई है। आज के बालक और किशोर वैश्विक समुदाय और समाज की दिशा में आगे बढ़ रहे हैं। जाति, धर्म, रंग-रूप, भाषा, राष्ट्रवाद के बंधन ढीले होते जा रहे है। उन्हें हम अन्तर्जातीय, अन्तः धर्मीय तथा अन्तर्राष्ट्रीय सम्बन्धों, मित्रताओं और यहां तक कि वैवाहिक सम्बन्धों में भी बंधते देख रहे है यह जब जनमाध्य द्वारा प्रदत्त प्लेटफार्म और उससे जुड़ी हुई तकनीकियों द्वारा प्रदत्त सेवाओं से सुलभ हो रहा है।

(iv) जनमाध्य से केवल लाभों की प्राप्ति ही होती हो, ऐसी बात नहीं। इनका दूसरा पहलू भी है और वह भी अपने आप में काफी प्रभावकारी है। इनकी वजह से बहुत सी ऐसी अनुचित बातों बालकों और किशोरों में बढ़ रही हैं जिन्हें लेकर जनमाध्यम की खुलकर आलोचना भी होती रहती है।

इस सम्बन्ध में विशेष तौर पर हम यह पाते हैं कि जनमाध्य को बालक और किशोरों को अपराध, घृणा, हिंसा तथा यौन शोषण जैसी बातों के जाल में फंसाने के लिए उत्तरदायी ठहराया जाता है। हम यह पाते हैं कि हमारा समाचारपत्र, मैगजीन, न्यूज चैनल, टेलीविजन पर प्रदर्शित सीरियल और सिने फिल्म्स सभी विविध प्रकार की हिंसक, यौन सम्बन्धी अपराधों तथा अनैतिक, असामाजिक और अमानवीय कृत्यों से संबंधित घटनाओं के चित्रण में एकजुट रहते हैं। इन्टरनेट, वेब तथा अन्य उपलब्ध सामाजिक मीडिया भी ऐसी नकारात्मक और हानिप्रद सामग्री से भरे रहते हैं। इन्टरनेट पर तो वयस्कों और बच्चों सम्बन्धी अश्लील और गंदी सामग्री मुक्त रूप से उपलब्ध रहती है। जनमाध्य से संबंधित यही वे बातें है जहां बालक और किशोर अपनी राह भटक कर अपना बहुमूल्य समय, शक्ति, धन और पुरुषार्थ इन बेकार की हानिप्रद बातों में व्यय कर सकते हैं। सामाजिक रूप से अवांछित कार्यों, हिंसा और अपराध को दुनिया से अपना सम्बन्ध जोड़ लेने से वे अपनी जिंदगी ही तबाह कर बैठते हैं। साथ ही उन्हें यहां ऐसे अपराधियों, यौन शासकों, आंतकवादी समूहों के चंगुल में फंसना पड़ सकता है जो जनमाध्य के सहारे उनके सम्पर्क में आकर उन्हें अपनी दुनिया में आने का मजबूर कर देते है।

इस प्रकार से यह अच्छी तरह से देखा जा सकता है कि जनमाध्य में इस प्रकार की क्षमता है कि वह बालकों या किशोरों के विकास को अनुकूल या प्रतिकूल किसी भी ढंग

से प्रभावित कर सकता है। किशोरों के लिए तो यह बात और भी अधिक उपयुक्त ठहरती है क्योंकि किशोरावस्था मानव जीवन का सबसे संवेदनशील समय है। किशोर इस समय जीवन से ऐसे दोराहे पर खड़े होते हैं कि वे अनुकूल और प्रतिकूल किसी भी प्रकार की जीवन राह पकड़ सकते हैं। उनमें आत्म चेतना और यौन चेतना दोनों का अत्यधिक प्रभाव रहता है। संवेगों के वेग में बहने से वे अपने ऊपर तुरंत ही नियंत्रण खो बैठते हैं। उनकी इस प्रकार की मानसिक एवं संवेगात्मक स्थिति में जनमाध्य द्वारा डाला जाने वाला अनुकूल और प्रतिकूल प्रवाह उन्हें अपनी दिशा में बहा कर ले जाता है। इसलिए यहां यह काफी जरूरी हो जाता है कि समाज के उत्तरदायी सदस्य, मां बाप और अध्यापक इस दिशा में पूरी तरह जागरूक रहें कि जनमाध्य का अवांछित प्रभाव बालकों और किशोरों को नुकसान न पहुंचाए। जनमाध्यमों से जो भी अनुकूल लाभ उठाए जा सकते हैं उन्हें उठाने में बालकों और किशोरों की यथा संभव मदद की जाए और साथ ही फिर उन्हें इस प्रकार का मार्गदर्शन प्रदान किया जाए कि वे जनमाध्य से होने वाली बुराइयों से अपना बचाव कर सकें।

बालकों के विकास में विभिन्न संस्कृतियों की भूमिका
(Role of Different Cultures in the Development of Children)

किसी भी देश की संस्कृति उसके समाज या समुदाय की सदियों से चली आ रही परंपराओं, समाज के सदस्यों के रहन-सहन, उनके व्यवहार करने के ढंग आदि का प्रतिरूप होती है। किसी एक विशिष्ट संस्कृति को अपनाने वाले व्यक्ति या समुदाय में अपने पहनने-ओढ़ने, खान-पान, सामाजिक-सांस्कृतिक मूल्य, आचार संहिता, विचारों, मान्यताओं, सामाजिक रीति-रिवाजों, धार्मिक मान्यताओं, रूढ़ियों, त्योहारों को मनाने, विशेष प्रकार के संगीत और कला को बढ़ावा देने तथा जीवन दर्शन को लेकर काफी अलग विशेषताएं पाई जाती हैं और यही बातें उन्हें दूसरी संस्कृतियों को मानने वाले व्यक्तियों और समुदायों से अलग करती हैं। सभी संस्कृतियों में बालकों और किशोरों की वृद्धि और विकास को प्रभावित करने की अद्भुत क्षमता दिखाई देती है। अपनी संस्कृति के सांस्कृतिक तत्वों से प्रभावित होकर वे एक विशिष्ट तरह के व्यवहार और जीवन शैली अपनाते हुए देखे जाते हैं। उन्हें अपने सामाजिक और सांस्कृतिक मूल्यों, परंपराओं और प्रथाओं से गहरा लगाव होता है। इनकी संस्कृति उनके अपने शारीरिक, मानसिक, सामाजिक, संवेगात्मक, चारित्रिक सभी प्रकार के विकासों में एक विशिष्ट प्रभाव छोड़ती हुई नजर आती है।

परंतु एक बहुसंस्कृतिवादी समाज में अलग ही एक बड़ा परिवर्तन दिखाई देता है। बच्चे और किशोर अपनी संस्कृति से अलग, समाज में रहने वाले दूसरी संस्कृति के सदस्यों के रहन सहन, जीने के ढंग तथा व्यवहार करने के तरीकों को देखते सुनते हैं और यह बात उनके स्वयं के रहन सहन, व्यवहार करने के ढंग, जीवन शैली आदि में भी काफी परिवर्तन ला देती है। आज के भौतिकवादी युग में एक प्रदेश के निवासियों को रोटी रोजी के लिए दूसरे प्रान्त में जाना पड़ता है और इस कारण से वे जिस समुदाय के बीच आकर रहने लगे हैं वहां की संस्कृति के सम्पर्क में आते हैं। दूसरी संस्कृति के साथ यह सम्पर्क और अन्तः क्रिया उनके व्यक्तित्व पर अपना प्रभाव डालती है और इससे उनकी वृद्धि और विकास भी बहुत ज्यादा प्रभावित होता है।

उदाहरण के लिए एक बालक और उसका परिवार शिक्षा प्राप्ति या अन्य किसी कारण से ग्रामीण क्षेत्र से शहरी क्षेत्र में आकर रहने लगता है। तब उस शहरी क्षेत्र की नगरी संस्कृति के सम्पर्क में आने से उस बालक की वृद्धि एवं विकास काफी प्रभावित होते

है। ब्रूनर (1996) इस सम्बन्ध में कहते हैं, "संस्कृति हमारे दिमाग का निरूपण करती है और यह हमें ऐसा उपकरण बॉक्स (Tool kit) देती है जिससे हम केवल अपनी दुनिया की ही रचना नहीं करते बल्कि हमें स्वयं अपने बारे में धारणाएं बनाने तथा शक्तियों को प्राप्त करने में इससे सहायता मिलती है।"

इसलिए एक बालक या किशोर का सर्वांगीण विकास और प्रगति बहुत कुछ सीमा तक प्रभावित होते हुए दिखाई देते हैं जब वह मूल निवास से दूसरी जगह विस्थापित होकर किसी एक या विभिन्न संस्कृतियों के सम्पर्क में आता है। इस अवस्था में उसे विभिन्न प्रकार के अन्धविश्वासों, मिथ्या धारणाओं, विश्वासों एवं रूढ़ि बद्धताओं से छुटकारा पानेमें सहायता मिलती है। यह बात हमें आम तौर से दिखाई देती है कि जब कोई बालक किसी साधन संपन्न और बहुसंस्कृतिवादी परिवेश में प्रविष्टि करता है जब उसके वृद्धि और विकास के स्तर में एक विशेष प्रकार का प्रगति और परिवर्तन देखने को मिलता है। परन्तु इस बात से यह नहीं समझना चाहिए कि विभिन्न संस्कृतियों के सम्पर्क में आने के सदैव ही सकारात्मक परिणाम निकलते हैं। हवा का रुख दोनों तरफ रह सकता है। इस बात को ध्यान में रखते हुए विभिन्न संस्कृतियों के सम्पर्क में आने से बालक और किशोरों का वृद्धि और विकास किस तरह से प्रभावित होता है, इस सम्बन्ध में संक्षेप में निम्न बातें कही जा सकती है:

- विभिन्न संस्कृतियों के सम्पर्क में आने से बालकों में खानपान, रहन सहन और आचार विचार सम्बन्धी जो उचित एवं अनुचित, अस्वास्थ्यप्रद और हानिकारक आदतें विकसित होती है, उनसे उनके शारीरिक वृद्धि और विकास, स्वास्थ्य सम्बन्धी स्तर आदि पर अनुकूल एवं प्रतिकूल दोनों ही प्रकार के प्रभाव पड़ते हुए दिखाई देते हैं।
- विभिन्न संस्कृतियों का प्रभाव उनके मानसिक एवं संज्ञानात्मक विकास को भी अनुकूल या प्रतिकूल ढंग से प्रभावित कर सकता है। बहुसंस्कृतिवाद का सहयोग उन्हें विभिन्न प्रकार के लिंगभेद, जाति, धर्म और सामाजिक अलगाववाद को दूर करने में काफी सहयोगी सिद्ध हो सकता है। इन सब बातों से मुक्ति पाकर वे अपने वृद्धि और विकास के उपयोगी अवसर प्राप्त करने में समक्ष बन सकते हैं।
- विभिन्न संस्कृतियों का सम्पर्क उनके नैतिक और चारित्रिक विकास को भी महत्वपूर्ण ढंग से प्रभावित कर सकता है। परन्तु यह बात उन्हें उत्थान और पतन किसी दिशा में बहने के लिए प्रेरित कर सकती है। वे वांछनीय, सामाजिक और मानवीय मूल्यों को भी ग्रहण कर सकते हैं अथवा वैयक्तिकता, फैशन, दिखावे तथा मौजमस्ती की धारा में प्रभावित होकर अनैतिक आचरण की गलत राह पर भी चलते हुए देखे जा सकते हैं। यही वह स्थिति है जहां गुरुजनों, अध्यापकों तथा माता-पिता को अपने बालकों का ठीक प्रकार से ध्यान देकर उनका उचित मार्ग दर्शन करना चाहिए।
- विभिन्न संस्कृतियों के संपर्क में आने से बालकों और किशोरों को दूसरी संस्कृतियों में निहित अच्छाइयों और मूल्यों को समझने में सहायता मिलती है और वे दूसरी संस्कृति के अनुयायियों के अधिक नजदीक आ सकते है। इससे 'अनेकता में एकता' और शांतिपूर्ण सहअस्तित्व जैसे समाजोपयोगी तथा सर्व साधारण के लिए उपयोगी धारणाओं के पोषण के लिए उचित बल मिलता है। इस शांतिपूर्ण सहअस्तित्वमय वातावरण में बालकों और किशोरों को अपने सर्वांगीण विकास और कल्याण हेतु सभी प्रकार के सार्थक प्रयास करने में उचित मदद मिलती है और इस तरह विभिन्न प्रकार की संस्कृतियों के सम्पर्क में आना उन्हें अपेक्षित रूप से एक वरदान सिद्ध हो सकता है।

14

शिक्षण अधिगम संदर्भ में अध्यापक की भूमिका (Role of Teacher in a Teaching Learning Context)

विषय प्रवेश (Introduction)

शिक्षण अधिगम प्रक्रिया चाहे किसी भी रूप में और किसी भी परिस्थिति में सम्पन्न की जाए, इसका लक्ष्य हमेशा विद्यार्थियों की उनके अधिगम कार्य में सहायता करना तथा उनकी योग्यताओं और क्षमताओं के विकास में योगदान देना होता है। किसी एक या अन्य शिक्षण अधिगम परिस्थिति में शिक्षण अधिगम उद्देश्यों को प्राप्त करने में शिक्षक की प्रमुख भूमिका होती है और इसी कारण उसे शिक्षण अधिगम प्रक्रिया में केन्द्रीय स्थान प्राप्त होता है। यद्यपि प्रत्येक प्रकार की शिक्षण अधिगम परिस्थिति में विद्यार्थियों के अधिगम और विकास में उनकी सहायता करना ही अध्यापक का उद्देश्य होता है, फिर भी भिन्न-भिन्न परिस्थितियों में उसके द्वारा जिस प्रकार की भूमिका का निर्वहन किया जाता है और उसके लिए जो तरीके और साधन अपनाए जाते हैं वे प्रत्येक परिस्थिति के अनुसार अलग-अलग होते हैं। फलस्वरूप शिक्षण अधिगम परिस्थितियों की आवश्यकता के अनुसार अध्यापक भिन्न-भिन्न प्रकार की भूमिका निभाते हुए तथा शिक्षण की अपनी स्वयं की शैली अपनाते हुए देखे जा सकते हैं। प्रस्तुत अध्याय में हम विभिन्न शिक्षण अधिगम परिस्थितियों में अध्यापकों द्वारा निभाई जा रही विभिन्न प्रकार की भूमिकाओं पर प्रकाश डालना चाहेंगे।

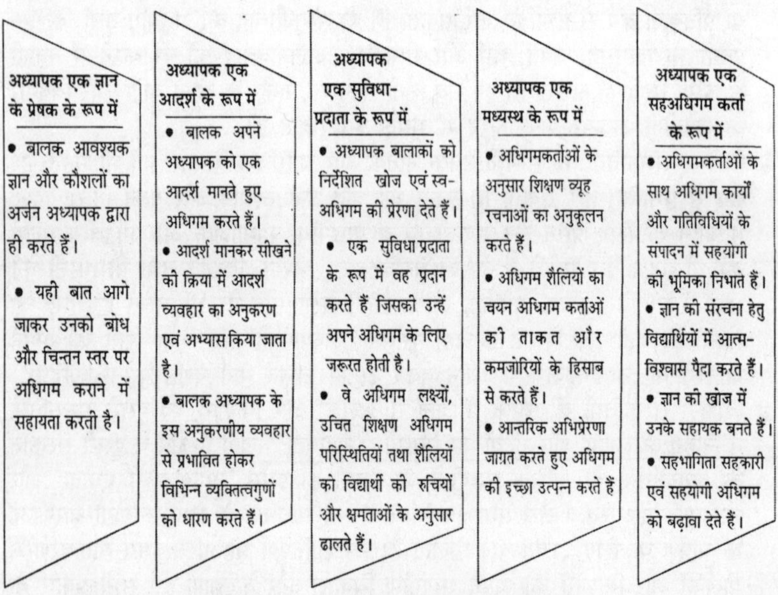

चित्र 14.1: अध्यापक की विभिन्न भूमिकाएं

A. ज्ञान के प्रेषक के रूप में अध्यापक (Teacher as a Transmitter of Knowledge)

इस प्रकार की भूमिका का निर्वहन करते हुए एक अध्यापक विद्यार्थियों को ज्ञान का संप्रेषण प्रत्यक्ष रूप से करते हुए प्रत्यक्ष विधियों और व्यूह रचनाओं– जैसे व्याख्यान, प्रदर्शन, विवरण, वर्णन, व्याख्या, दृष्टान्त आदि का प्रयोग करने की ओर अपना ध्यान केन्द्रित करता है।

इस प्रकार की भूमिका का निर्वहन करने में अध्यापक के मस्तिष्क में जो आधारभूत धारणाएं होती हैं उन्हें संक्षेप में निम्न प्रकार से स्पष्ट किया जा सकता है:

- बच्चे अपने स्वयं के प्रयासों के द्वारा ज्ञान या कौशलों का अर्जन नहीं कर सकते हैं। बच्चों को जिस ज्ञान और कौशलों की जरूरत है वह शिक्षक के द्वारा दिया जाना चाहिए।
- ज्ञान और कौशल बालकों को प्रत्यक्ष विधियों जैसे-व्याख्यान विधि या प्रदर्शन विधि का प्रयोग कर सीधे ही मौखिक रूप से कह कर या प्रदर्शित करके दिया जाना चाहिए।
- विद्यालयी शिक्षा में बहुत ज्यादा ज्ञान एवं जानकारी होती है जिसका ज्ञान बालकों को प्राप्त करना जरूरी होता है। उनके पाठ्यक्रम से संबंधित विषयवस्तु की जानकारी, उन्हें सीधे प्रेषण के द्वारा ही प्रदान की जा सकती है।
- बालक तभी भलीभांति अधिगम कर सकते हैं जबकि उनके गुरूजनों/शिक्षकों या परिवार के बुजुर्ग सदस्यों द्वारा प्रत्यक्ष रूप से ज्ञान और कौशल उन्हें प्रेषित किए जाएं।

इन मान्यताओं के साथ अध्यापकों को सर्वप्रथम अपने शिक्षण विषय से संबंधित सभी प्रकार की आवश्यक जानकारी और सूचनाओं से अपने आपको सम्पन्न करना होता है और इसके बाद ही वे विषय केन्द्रित या शिक्षक केन्द्रित उपागम के द्वारा अपने विषय का ज्ञान एवं जानकारी विद्यार्थियों के मस्तिष्क में उंड़ेलने का प्रयास करते हैं। इस प्रकार से वे विषय सम्बन्धी ज्ञान और जानकारी का बच्चों को प्रेषण करते है और विद्यार्थियों से यह आशा करते हैं उनके द्वारा जो ज्ञान विद्यार्थियों को प्रेषित किया जा रहा है उसे वे सुनें, देखें और प्रस्तुत विषयवस्तु को समझें, याद करें और उसी रूप में पुनः प्रस्तुत करें। इस प्रकार का शिक्षण पूर्णरूप से ज्ञान स्तर का शिक्षण अधिगम होता है, जिसे स्मृति स्तर का शिक्षण भी कहा जाता है। अध्यापक द्वारा ज्ञान का प्रेषण होता है, विद्यार्थियों द्वारा ज्ञान ग्रहण किया जाता है, और अपने मस्तिष्क में रखा जाता है तथा आंकलन या मूल्यांकन एवं परीक्षा के समय ज्यों का त्यों प्रस्तुत कर दिया जाता है। इस प्रकार की शिक्षण अधिगम परिस्थिति में अध्यापक द्वारा प्रेषक के रूप में अपनाई गई भूमिका द्वारा विद्यार्थियों को बोधस्तर तथा चिंतन स्तर के अधिगम तक पहुंचना असंभव सा ही होता है।

B. अध्यापक एक आदर्श के रूप में (Teacher as a Model)

इस प्रकार की भूमिका के निर्वहन में अध्यापकों को इस प्रकार भी भूमिका निभाते हुए देखा जाता है जिसमें वे एक ऐसा उपयुक्त आदर्श अपने व्यवहार और आचरण के रूप में विद्यार्थियों के सामने रखें, जिसे वे ठीक ढंग से अवलोकन और अनुकरण करते हुए अपने अधिगम और व्यक्तित्व में उचित परिवर्तन ला सकें। प्रसिद्ध मनोवैज्ञानिक बंडूरा ने अपने सामाजिक अधिगम सिद्धांत के द्वारा यह प्रतिपादित किया कि बच्चे तब ज्यादा अच्छा अधिगम करते हैं जब उन्हें दूसरों को देखने और अनुकरण करके अधिगम करने

के अवसर प्रदान किए जाते है, जैसे-वे अपने आदर्श की भूमिका, व्यवहार या आचरण का अवलोकन करते हैं, तब वे उस अवलोकित व्यवहार की नकल करते हैं अर्थात् उसका अनुकरण करते हैं और अपने व्यवहार में उसे उतारने के लिए उसका अभ्यास करते हैं। अत: एक अध्यापक भी यहां एक आदर्श की भूमिका में अपने विद्यार्थियों को वांछित व्यवहार का अधिगम कराने के लिए स्वयं ऐसे व्यवहार का अधिगम कराने के लिए स्वयं ऐसे व्यवहार का प्रदर्शन कर बालकों को उस व्यवहार का अवलोकन करने का अवसर प्रदान कर सकता है। अनेक वांछित आदतें, रुचियां, अभिवृत्तियां और इसी प्रकार के व्यक्तित्व गुण एक आदर्श के रूप में अध्यापक की प्रेरणात्मक भूमिका का अवलोकन करते हुए विद्यार्थियों द्वारा आत्मसात् किए जा सकते हैं। इसी प्रकार कौशल प्राप्ति क्षेत्र में भी इससे प्रोत्साहन वर्धक परिणाम प्राप्त किए जा सकते हैं।

बहुत से कौशल युक्त क्षेत्रों जैसे-खेल कूद, प्रयोगशाला कार्य में प्रदर्शन, गृहविज्ञान कक्षा, आर्ट एवं क्राफ्ट, नृत्य, अभिनय कला, चित्रकला आदि कौशलों में प्राय: विद्यार्थियों द्वारा अध्यापकों के आदर्श व्यवहार और कार्य का अनुकरण उनकी कौशल प्राप्ति में काफी सहायता करता है। जिसे हम समस्या समाधान योग्यता के रूप में जानते हैं, वह उनके व्यवहार में तभी अच्छी तरह झलकती हुई दिखाई देती है जब वे अपने से बड़ों, विशेषकर अपने अध्यापकों के समस्या समाधान व्यवहार की भलीभांति अवलोकन करते है। इस प्रकार से एक अध्यापक 'आदर्श' के रूप में अपनी भूमिका का निर्वहन करते हुए, अनेक तरीकों से चेतन या अचेतन रूप में अपने विद्यार्थियों द्वारा उनके अपने व्यवहार में अनेक अच्छी बातें आत्मसात् करने में सहायता करता है।

इस प्रकार की भूमिका निर्वहन परिस्थिति में अध्यापक सदैव आधिपत्यपूर्ण स्थिति में होता है, अत: निश्चित रूप में इस प्रकार के शिक्षण अधिगम में अध्यापक द्वारा जो शिक्षण उपागम अपनाया जाता है वह पूर्ण रूप से शिक्षक केन्द्रित उपागम होता है। विद्यार्थियों के सम्मुख अपनी इस अनुपम विशिष्ट स्थिति के कारण शिक्षण का संज्ञानात्मक, भावात्मक तथा मनो-शारीरिक पक्ष से संबंधित व्यवहार, हर समय विद्यार्थियों के नेत्रों के सामने एक अनुकरणीय आदर्श के रूप में उपस्थित रहता है। इसलिए एक अध्यापक को अपने किए जाने वाले कार्यों और व्यवहार के सम्बन्ध में पूरी तरह सचेत रहना चाहिए। उसे कभी भी कोई भी ऐसी बात कहनी, करनी अथवा अपने व्यवहार से प्रदर्शित नहीं करनी चाहिए जो विद्यार्थियों के उचित अधिगम और विकास में बाधक सिद्ध हो। वास्तव में वह अपने विद्यार्थियों के व्यवहार और कार्यों में जो कुछ नहीं देखना चाहता वह उसके अपने व्यवहार में भी नहीं झलकनी चाहिए।

C. अध्यापक एक सुविधाप्रदाता के रूप में (Teacher as a Facilitator)

इस प्रकार की भूमिका में अध्यापक न तो ज्ञान के प्रेषणकर्त्ता के रूप में अपनी योग्यता या ताकत दिखाते हुए अपनी भूमिका का निर्वहन करता है और न ही एक आदर्श के रूप में अपने व्यक्तित्व, व्यवहार या कार्य का विद्यार्थियों को अवलोकन करने और उसका अनुकरण करने के लिए बाध्य करता है। एक आधिपत्यपूर्ण स्थिति के लिए अब वह अपनी भूमिका को विद्यार्थियों के शुभेच्छु, उनका हितचिंतन करने वाले सुविधाप्रदाता के रूप में परिवर्तित कर देता है, तथा वह विद्यार्थियों के साथ एक ऐसे सहायक के रूप में सदैव खड़ा रहता है जो उनके अधिगम कार्य और विकास के लिए उन्हें जिस चीज की आवश्यकता होती है उसकी तुरंत व्यवस्था करता है। विद्यार्थियों को अपने आप अधिगम करना होता

है और उसके लिए स्वयं अपने आप प्रयत्न करने पड़ते हैं। अध्यापक द्वारा उन्हें किसी प्रकार का प्रत्यक्ष अनुदेशन या प्रदर्शन प्राप्त नहीं होता है। विद्यार्थियों के अधिगम और विकास के लिए उनके अधिगम पथ और उनके द्वारा वांछित व्यवहार आत्मसात् किए जाने के लिए अध्यापक उन्हें सभी तरह की सुविधाएं प्रदान कर उनके अधिगम पथ को आसान बनाने के लिए प्रतिबद्ध रहते हैं। एक सुविधाप्रदाता के रूप में अध्यापक विद्यार्थियों को अपने अधिगम लक्ष्य निर्धारित करने, अच्छी शिक्षण अधिगम परिस्थितियों की व्यवस्था करने, उचित अधिगम शैलियों का चयन करने, उचित युक्तियों, साधनों तथा उपकरणों का उपयोग करने में उनकी सहायता करता है ताकि विद्यार्थी अपनी क्षमता और योग्यता के अनुसार अधिगम के लिए आगे बढ़ सकें। वह विद्यार्थियों के अधिगम में उनकी सहायता करता है तथा अधिगम पथ पर उनका मार्गदर्शन करता है। यहां अध्यापक शिक्षण अधिगम प्रक्रिया के संचालन का पूरा उत्तरदायित्व अपने कन्धों पर नहीं लेता और न ही वह विद्यार्थियों को वह सब कुछ सिखाने की कोशिश करता है जिसे वह उनके लिए उचित समझता हो। इस तरह अध्यापक वह सब कुछ नहीं करता जो उसके द्वारा ज्ञान के प्रेषक या आदर्श भूमिका के निर्वहन के दौरान किया जाता है।

वास्तव में जब शिक्षक अपनी भूमिका एक सुविधाप्रदाता के रूप में निभाता है तो शिक्षण अधिगम का परिदृश्य पूरी तरह बदल जाता है। अब यहां शिक्षण अधिगम परंपरागत व्यवहारवादी विचारधारा से प्रभावित न होकर संज्ञानात्मकतावाद तथा रचनात्मकतावाद की ओर अपना रुख कर लेता है। अब यहां बाल-केन्द्रित उपागम को बागडोर सौंप दी जाती है तथा अध्यापक केन्द्रित एवं विषय केन्द्रित उपागम पीछे छूट जाते हैं। अपने अधिगम का उत्तरदायित्व अधिगमकर्त्ता के स्वयं के कंधे पर होता है। उसे अपने प्रयत्नों से ज्ञान की खोज और रचना करनी होती है। परंतु यह सब कुछ करने के लिए उसको अपने अध्यापक से आवश्यकता पड़ने पर सहायता और मार्गदर्शन चाहिए तथा अपने अधिगम पथ पर आगे बढ़ते रहने के लिए आवश्यक सुविधाएं, सहायक सामग्री और उपकरण तथा उपयुक्त शिक्षण अधिगम वातावरण आदि सभी की उसे नितान्त आवश्यकता रहती है। यही वह समय होता है जब एक अध्यापक को विद्यार्थियों को अपने ज्ञानसृजन कार्य में सहायता पहुंचाने हेतु एक सुविधाप्रदाता, पथप्रदर्शक और सहायक के रूप में आगे आने की जरूरत होती है। अध्यापक द्वारा निभाई जाने वाली सुविधाप्रदाता के रूप में यह भूमिका उस निर्देशित खोज (Guided Discovery) व्यवस्था के रूप में परिवर्तित हो जाती है जिसकी ओर जोरोम ब्रूनर ने अपनी निर्देशित खोज उपागम में चर्चा की है। अथवा यह स्केफोल्डिंग (Scaffolding) का रूप भी ले सकती है जिसे अपनाने के सुझाव की लेव व्यगोत्स्की (Lev Vyagotsky) ने अपने सामाजिक रचनात्मकतावादी अधिगम में चर्चा की है।

D. अध्यापक एक मध्यस्थ के रूप में (Teacher as a Negotiator)

इस प्रकार की भूमिका में अध्यापक का शिक्षण और क्रियाएं एक मध्यस्थता कराने वाले या समझौता कराने वाले शिक्षण केन्द्रित और विद्यार्थी केन्द्रित उपागम के मध्य में स्थित लचीलापन लिए हुए होती है जो कि शिक्षण अधिगम परिस्थितियों की जरूरतों और अधिगमकर्त्ताओं की ताकत और सीमाओं पर निर्भर करती है। वास्तव में अपने शिक्षण और शिक्षण व्यवहार में इस भूमिका का निर्वहन करते हुए एक अध्यापक अपने विद्यार्थियों के समुचित अधिगम और विकास के लिए क्या चाहता है और किन बातों को ठीक समझता है तथा विद्यार्थी अपने अधिगम और विकास के लिए क्या चाहते हैं, इन दोनों बातों के

मध्य उसे उचित तालमेल बैठाना पड़ता है। ऐसा करने में, वह एक सच्चे मध्यस्थकर्त्ता की भूमिका का निर्वहन करने की कोशिश करता है जो संघर्षरत दोनों पार्टियों को अपने-अपने ढंग से विजित या जीता हुआ अनुभव कराने की स्थिति में पहुंचाने की कला और कौशल में पर्याप्त रूप से सक्षम और कुशल होता है। एक मध्यस्थ की भूमिका का निर्वाह करते हुए एक अध्यापक, अधिगमकर्त्ता के उचित अधिगम और विकास से जुड़ी हुई बातें तथा अपने स्वयं की इच्छा और शिक्षण शैली के बीच पर्याप्त तालमेल बैठाने की कोशिश करता है जैसा कि उसके द्वारा किए गए निम्न प्रयत्नों से दृष्टिगोचर हो सकता है:

1. अध्यापक अपने विद्यार्थियों की क्षमताओं, सीमाओं, रुचियों, महत्वाकांक्षाओं, इच्छाओं, जरूरतों और अधिगम आवश्यकताओं के अनुरूप अपनी अधिगम शैली अपनाए।
2. शिक्षक अपने शिक्षण के लिए विद्यार्थियों की सुविधा के अनुसार साथ उनकी जरूरत के अनुसार शिक्षण अधिगम वातावरण, विधियों, व्यूहरचनाओं, सहायक सामग्री एवं उपकरण, समय एवं कार्यक्रम आदि की व्यवस्था कर सकता है परंतु ऐसा करने में वह यह ध्यान रखता है कि विद्यार्थियों के अधिगम और विकास के लिए जो भी आवश्यक प्रयत्न करने होते हैं उनमें कोई अनावश्यक बाधा और गतिरोध पैदा न हो।
3. अध्यापक ऐसे प्रयत्न कर सकता है जिससे विद्यार्थियों को अधिगम की आवश्यकता और महत्व, उनके उचित विकास के संदर्भ में अच्छी तरह समझ में आ जाए और ऐसा करके वह उन्हें आंतरिक रूप से अभिप्रेरित करने में सफल हो सकता है परंतु उन्हें अपने द्वारा इस प्रकार से निर्देशित अधिगम के लिए तैयार करने में उसे इस बात का भी ध्यान रखना चाहिए कि बालक अपनी स्वयं की प्रकृति, पसन्द और अपनी आत्मचेतनावश जिस प्रकार की बातों को सीखना और समझना चाहते हैं, उनसे उन्हें अधिक दूर न ले जाया जाए।

इस ऊपर बताई गई मध्यस्थ की भूमिका को निभाने के साथ-साथ एक अध्यापक को, कक्षा के अन्तर्गत या विद्यार्थियों के समूह में, उनके आपसी मतभेद और झगड़ों का निपटारा करने में भी अपनी मध्यस्थता की भूमिका के कौशल का प्रदर्शन करना पड़ सकता है। विद्यार्थियों के इस प्रकार के संघर्ष या झगड़े के निपटारे के लिए प्रयास करने से पहले शिक्षक को चाहिए कि वह दोनों दलों या समूहों के आपसी मनमुटाव के कारणों का अध्ययन करे। पता लगाए कि किस कारण या असन्तोष से यह संघर्षमय स्थिति उत्पन्न हुई है और इस प्रकार सब बातों का पता लगाने के उपरान्त ही संघर्षरत दोनों पार्टियों के विद्यार्थियों को एक दूसरे के साथ परस्पर नकारात्मक भावनाएं, शंका या संदेह तथा द्वेषभावना का त्याग करने के लिए सही ढंग से मागदर्शन करने का प्रयास कर सकता है। इसके लिए सबसे अच्छा तरीका यह है कि दोनों समूहों या विद्यार्थियों को आपसी वार्तालाप एवं विचार संप्रेषण के द्वारा अपनी-अपनी स्थिति स्पष्ट करने की व्यवस्था करे और उसके बाद दोनों को अपने-अपने ढंग से जीता हुआ महसूस कराने के लिए किसी के अहम् और स्वाभिमान को बिना चोट पहुंचाए, दोनों को अपने-अपने सामान्य हित के लिए मिल-जुलकर कार्य करने के लिए प्रोत्साहित करने के प्रयास करे।

E. अध्यापक एक सह-अधिगमकर्त्ता के रूप में (Teacher as a Co-learner)

इस प्रकार की भूमिका का निर्वहन करते हुए एक अध्यापक को अपने विद्यार्थियों के साथ एक सह-अधिगमकर्त्ता के रूप में अधिगम सम्बन्धी गतिविधियों एवं कार्यों में

अपने आपको व्यस्त करते हुए देखा जा सकता है, इसके लिए उसे एक अध्यापक के अपने अहं और अपने परंपरागत आधिपत्य का त्याग करना होता है। इस प्रकार की परिस्थिति में शिक्षण अधिगम प्रक्रिया में विद्यार्थियों को पूरी तरह सक्रिय रूप में शामिल करने के लिए उनका विश्वास जीतना तथा सहयोग प्राप्त करना काफी आसान हो जाता है, जैसा कि निम्न कहावत से स्पष्ट होता है–विद्यार्थियों को कहो, वे भूल जाएंगे; उन्हें दिखाओ, वे याद रखेंगे; उन्हें सक्रिय रूप से शामिल करो, वे अधिगम करेंगे अर्थात् अच्छी तरह सीखेंगे। (Tell them they will forget, show them they will remember, involve them they will learn.)

अध्यापकों के द्वारा इस प्रकार की भूमिका का निर्वाह रचनात्मक परिदृश्य में विद्यार्थियों के अपने स्वयं के प्रयासों से अपने ज्ञान की रचना करने और अधिगम करने सम्बन्धी प्रयासों में काफी सहायक सिद्ध होता है। अध्यापक यहां विद्यार्थियों को यह आश्वस्त करने में सफल रहता है कि वह उनकी अधिगम यात्रा में उनका सहयात्री के रूप में सदैव उनके साथ है। इस संदर्भ में निम्न प्रकार की बातें एक अध्यापक को एक अच्छे सहअधिगमकर्त्ता की भूमिका निभाने में काफी सहायक सिद्ध हो सकती हैं:

1. अपने विषय में संबंधित प्रकरण का शिक्षण करते समय पाठ की प्रस्तावना करते हुए एक अध्यापक को सदैव अपने प्रकरण की घोषणा। इस प्रकार से करते हुए प्रस्तावना करनी चाहिए- ''अच्छा बच्चों (विद्यार्थियों), आज हम...... प्रकरण के बारे में अध्ययन करेंगे या ....प्रकरण के बारे में जानने या अधिगम करने का प्रयास करेंगे।'' इस प्रकार से किसी भी शिक्षण अधिगम कार्य के उद्देश्य की घोषणा करने से अध्यापक स्वयं सदैव विद्यार्थियों के सम्मुख इस स्थिति में रहेगा कि वह उनको यह बता सके कि वह स्वयं प्रस्तावित प्रकरण के बारे में जानने और अधिगम करने की अधिगम यात्रा में उनका सहयात्री है।
2. इस प्रकार की भूमिका निर्वाह करते समय एक अध्यापक को आवश्यक रूप से यह स्मरण कराते रहना चाहिए कि उसका उद्देश्य यह नहीं है कि वह विद्यार्थियों को यह दिखाए कि वह कितना कुछ जानता है बल्कि यह है कि वह अपने विद्यार्थियों को यथासंभव प्रोत्साहित और अभिप्रेरित करते हुए ऐसे अवसर दे जिससे कि वे उसे यह दिखा सकें कि वे कितना कुछ जानते हैं।
3. अध्यापकों को अध्ययन के प्रकरण से संबंधित जो भी जानकारी और कौशल उन्हें प्राप्त है उसका व्याख्यान या प्रदर्शन करने की बजाय विद्यार्थियों को स्वयं अपने प्रयासों के द्वारा प्रकरण से संबंधित जानकारी और ज्ञान की खोज तथा रचना करने के लिए पूरी तरह सभी अवसर प्रदान करने चाहिए। इस प्रयास में सह-अधिगमकर्त्ता की भूमिका अदा करते हुए सदैव विद्यार्थियों को यह अहसास कराना चाहिए कि हम इस प्रकरण के बारे में बहुत ज्यादा नहीं जानते हैं परंतु इसके बारे में यह जानने के लिए कि इस प्रकरण में क्या-क्या बातें है, हम मिल जुलकर प्रयत्न करेंगे।
4. एक सहअधिगमकर्त्ता के रूप में (परन्तु साथ ही अपने शिक्षक होने के कारण अपनी नेतृत्व स्थिति और विद्यार्थियों का गुरू होने के पद के अनुसार व्यवहार करते हुए) अध्यापक को प्रकरण से संबंधित खोज या ज्ञान का सृजन करने के लिए उनमें जरूरी विश्वास में वृद्धि करने तथा आवश्यक अधिगम उपकरण प्रदान करने के लिए सदैव प्रयत्नशील रहना चाहिए। परन्तु वह ज्ञान की प्राप्ति में उनके साथ है, और संबंधित

प्रकरण से संबंधित सभी जानकारी प्राप्त करने के लिए हम सब को साथ-साथ मिल कर कार्य करना चाहिए।

5. अध्यापक को सदैव यह बात याद रखनी चाहिए कि विद्यार्थियों को ही संबंधित प्रकरण के बारे में जानने की आवश्यकता है, अपनी जिज्ञासा की संतुष्टि के लिए उत्तर प्राप्त करने है, और जरूरत के समय अपने कौशलों का प्रयोग करना है। इसलिए विद्यार्थियों को अपने अधिगम के लिए पूरी जिम्मेदारी का निर्वहन करते हुए अपने आप ही ज्ञान प्राप्त करना है और सीखना है, इसके लिए उन्हें उपयुक्त अवसर प्रदान किए जाने चाहिए। लेकिन क्योंकि वे इस खोज पथ पर अभी नए हैं और अनुभवहीन हैं अत: उन्हें अपने अधिगम यात्रा के पथ पर आगे बढ़ने के लिए एक ज्ञानवान सहयात्री की जरूरत हैं; यहां यह अध्यापक ही है जो उनके प्रकरण के बारे जानने, समझने और अनुप्रयोग करने की यात्रा में सहयात्री की भूमिका निभा सकता है।
6. एक सहअधिगमकर्त्ता के रूप में, जब भी जरूरी हो, विद्यार्थियों की अधिगम यात्रा के पथ को प्रदर्शित और आलोकित करने के लिए अध्यापक एक अधिक ज्ञानवान सहपाठी, एक बुद्धिमान नेता और पथप्रदर्शक की भूमिका अदा कर सकता है। किसी भी शिक्षण अधिगम परिस्थिति में जब ज्यादा जरूरी हो और त्वरित आवश्यकता हो तभी अध्यापक को कुछ बताना या मार्गदर्शन करना चाहिए, और उनके स्वयं अपने प्रयत्नों से जानने या खोज करने के अवसर उनसे नहीं छीनने चाहिए। अध्यापक को यह याद रखना चाहिए कि वह उनकी अधिगम यात्रा में एक सह अधिगमकर्त्ता के रूप में उनके साथ है, ज्ञान के प्रेषणकर्त्ता या आदर्श भूमिका के रूप में नहीं।
7. सहअधिगमकर्त्ता के रूप में अपनी भूमिका निभाने के लिए उचित आधार भूमि और उचित अवसर प्रदान करने के लिए अध्यापक को इस प्रकार की शिक्षण अधिगम व्यूह रचनाओं, विधियों और प्रविधियों के प्रयोग को बढ़ावा देना चाहिए। जिससे सहभागी, सहकारी तथा समूह अधिगम एवं रचनात्मकतावादी विचारधारा के पोषण में सहायता मिले। इस दृष्टि से एक अध्यापक को अपने सहअधिगमकर्त्ता की भूमिका किसी भी एक या अन्य शिक्षण अधिगम परिस्थिति में ठीक प्रकार निभाने के लिए समस्या समाधान, अनुसंधानात्मक, प्रोजैक्ट, अधिन्यास आदि विधियों, सेमीनार, समूह चर्चा तथा मस्तिष्क उद्वेलन आदि व्यूह रचनाओं, सहयोगात्मक उपागमों, आगमन चिंतन प्रतिमान आदि को प्रयोग में लाना काफी उपयुक्त रहता है।

15

बुद्धि-अर्थ, सिद्धांत एवं मापन
(Intelligence-meaning, Theories and Measurement)

विषय प्रवेश (Introduction)

पशुओं की तुलना में मनुष्य को कई ज्ञानात्मक योग्यताओं से सम्पन्न माना जाता है जो उसे विवेकशील प्राणी बनाती हैं। वह तर्क कर सकता है, भेद कर सकता है, समझ सकता है और नई स्थिति का सामना भी कर सकता है। निश्चित रूप से वह पशुओं से श्रेष्ठ है, परंतु सभी मनुष्य एक जैसे नहीं होते। व्यापक रूप से व्यक्तिगत विभिन्नताएं पाई जाती हैं। एक अध्यापक अपने विद्यार्थियों में आसानी से ये विभिन्नताएं देख सकता है। कई विद्यार्थी बहुत जल्दी सीखते हैं और कई विद्यार्थी बहुत देर बाद सीखते हैं। कई विद्यार्थी तो एक बार देख कर ही उपकरणों (Tools) का प्रयोग करने लगते हैं, परन्तु कई विद्यार्थी बार-बार देखने पर एवं व्यक्तिगत रूप से निर्देश प्राप्त करने पर भी उनका अच्छी तरह से प्रयोग नहीं कर सकते।

वे कौन-से कारण हैं जिनसे एक व्यक्ति दूसरे की अपेक्षा किसी विशिष्ट स्थिति के प्रति अधिक प्रभावशाली अनुक्रिया करता है। इसमें कोई संदेह नहीं कि रुचि, अभिवृत्ति, प्राप्त ज्ञान एवं कौशल का सफलता प्राप्ति में महत्वपूर्ण स्थान होता है, फिर भी कोई ऐसी चीज अवश्य है जो इन विविध विभिन्नताओं का कारण है। मनोविज्ञान में इसे 'बुद्धि' कहा जाता है। प्राचीन भारत में महान ऋषि इसे 'विवेक' कहते थे।

बुद्धि की अवधारणा (Concept of Intelligence)

बुद्धि के अर्थ और उसकी प्रकृति से अवगत होने के लिए बहुत लंबे समय से प्रयत्न किए जाते रहे हैं। यहां इनसे परिचित होने हेतु हम निम्न बिंदुओं पर चर्चा करना चाहेंगे–

A. बुद्धि का अर्थ एवं परिभाषाएं

B. बुद्धि के सम्बन्ध में कुछ स्थापित तथ्य

C. बुद्धि के बारे में फैली भ्रान्तियाँ।

बुद्धि का अर्थ एवं परिभाषाएं (Meaning and Definitions of Intelligence)

प्राय: उस व्यक्ति को बुद्धिमान कहा जाता है जो जीवन की सामान्य स्थितियों का सामना करने में सफल हो। 'बुद्धि' में ऐसी कौन-सी चीज है? मनोवैज्ञानिकों ने विभिन्न तरीकों से इस प्रश्न का उत्तर देने का प्रयास किया है। इसके परिणामस्वरूप 'बुद्धि' की कई परिभाषाएं बन गई हैं। इनमें से कुछ परिभाषाएं निम्नलिखित हैं–

वुडवर्थ और मार्क्विस (Woodworth and Marquis)

> "बुद्धि का अर्थ है प्रतिभा का प्रयोग करना। किसी स्थिति का सामना करने या किसी कार्य को करने के लिए प्रतिभात्मक योग्यताओं का प्रयोग बुद्धि है।"
>
> "Intelligence means intellect put to use. It is the use of intellectual abilities for handling a situation of accomplishing any task." 1948. p. 33

स्टर्न (Stern)

> "बुद्धि व्यक्ति की वह सामान्य योग्यता है जिसके द्वारा वह सचेत रूप से नवीन आवश्यकताओं के अनुसार चिन्तन करता है। जीवन की नई समस्याओं एवं स्थितियों

के अनुसार अपने आपको ढालने की सामान्य मानसिक योग्यता 'बुद्धि' कहलाती है।''

"Intelligence is a general capacity of an individual consciously to adjust his thinking to new requirements. It is general mental adaptability to new problems and conditions of life." 1914. p. 33

टरमैन (Terman)

''व्यक्ति जिस अनुपात में अमूर्त चिंतन करता है, उसी अनुपात में वह बुद्धिमान कहलाता है।''

"An individual is intelligent in proportion as he is able to carry on abstract thinking." (1921)

वैगनन (Wagnon)

''अपेक्षाकृत नई एवं परिवर्तित स्थितियों को समझने तथा उनके अनुसार समायोजित करने की योग्यता 'बुद्धि' है।

"Intelligence is the capacity to learn and adjust to relatively new and changing conditions." 1937. p. 401

डैविड वैक्सलर (David Wechsler)

''बुद्धि व्यक्ति की वह संयुक्त और समग्र क्षमता है जिसके द्वारा वह उद्देश्यपूर्ण कार्य करता है, विवेकपूर्ण चिंतन करता है, और अपने वातावरण का प्रभावशाली ढंग से सामना करता है।''

"Intelligence is the aggregate or global capacity of an individual to act purposefully, to think rationally, and to deal effectively with his environment." 1944. p. 3

इन परिभाषाओं का विश्लेषण (Analysis of these Definitions)

ऊपर हमने 'बुद्धि' की कुछ परिभाषाओं का उल्लेख किया है, और भी परिभाषाएं उद्धृत की जा सकती हैं। इन परिभाषाओं को यदि अलग-अलग लिया जाए तो 'बुद्धि' का पूर्ण चित्र सामने नहीं आता क्योंकि ये परिभाषाएं आंशिक रूप से इस बात पर बल देती हैं कि–

(a) बुद्धि सीखने की योग्यता है।

(b) यह अमूर्त चिंतन की योग्यता है।

(c) वह नवीन स्थितियों में समायोजन की योग्यता है।

वैक्सलर (Wechsler) द्वारा दी गई परिभाषा में उपर्युक्त तीनों बातें सम्मिलित हैं। परंतु मनोवैज्ञानिकों की विभिन्न रायों के कारण इस परिभाषा की भी आलोचना हो रही है। किसी एक परिभाषा पर सहमत होने के प्रयास व्यर्थ ही सिद्ध हुए हैं पर कुछ अंग्रेज मनोवैज्ञानिकों ने 'बुद्धि' की उचित परिभाषा के सम्बन्ध में कुछ सहमति प्रकट की है। उनकी दृष्टि में 'बुद्धि' में निम्नलिखित योग्यताएं सम्मिलित हैं–

(a) वस्तुओं तथा विचारों में स्थिति अनुसार उचित सम्बन्ध रखना।

(b) उन सम्बन्धों को नई स्थितियों में प्रयोग करना।

इससे हम इस निष्कर्ष पर पहुंचते हैं कि बुद्धिपूर्ण व्यवहार को दो वर्गों में बांटा जा सकता है–

सैद्धांतिक तथा व्यावहारिक अथवा अमूर्त (Abstract) तथा मूर्त (Concrete)। यदि हम व्यक्ति की क्रियाओं की सफलता को निश्चित करने वाले तत्वों का विश्लेषण करें तो हम इस निष्कर्ष पर पहुंचेंगे कि सफलता या असफलता में ज्ञानात्मक एवं मानसिक योग्यताएं

महत्वपूर्ण भूमिकाएं निभाती हैं। रैक्स एवं मारग्रेट (Rex and Margaret) के कथनानुसार, "बुद्धि एक ऐसा तत्व है जो सभी मानसिक योग्यताओं में सामान्य रूप से विद्यमान होता है।" ("Intelligence is a factor that is common to all mental abilities." 1952. p. 124)

अत: किसी की बुद्धि का अनुमान इस बात से लगाया जाता है कि उसके कार्य का मूल्यांकन क्या है। किसी स्थिति के प्रति उसकी क्या प्रतिक्रिया होती है। इस प्रकार यदि हम वास्तविक दृष्टि से विचार करने का प्रयास करें तो हम बुद्धि की निम्नलिखित परिभाषा दे सकते हैं–

> "बुद्धि में व्यक्ति की वे मानसिक एवं ज्ञानात्मक योग्यताएं सम्मिलित हैं जो उसे जीवन की वास्तविक समस्याओं को सुलझाने में सहायता देती हैं और उसके आनन्दपूर्ण एवं संतुष्ट जीवन-यापन में सहायक होती हैं।"
>
> ("Intelligence consists of an individual's those mental or cognitive abilities which help him in solving his actual life-problems and leading a happy and well contented life.")

बुद्धि के सम्बन्ध में कुछ स्थापित तथ्य (Some Established Facts about Intelligence)

1. प्रकृति एवं पोषण से बुद्धि का सम्बन्ध (Relation of Intelligence with Nature and Nurture)– प्रकृति एवं पोषण के साथ बुद्धि का सम्बन्ध स्पष्ट करने के लिए मनोवैज्ञानिकों ने कई प्रयास किए हैं। उनके अध्ययनों के परिणामस्वरूप ज्ञात हुआ है कि 'बुद्धि' वंश परंपरा एवं वातावरण की उपज होती है। बच्चे के बौद्धिक विकास के लिए दोनों आवश्यक हैं।

2. बुद्धि का वितरण (Distribution of Intelligence)– 'बुद्धि' के वितरण की दृष्टि से भी व्यक्तियों में विभिन्नता होती है। बुद्धि वितरण के सम्बन्ध में यह एक निश्चित सिद्धांत है कि अधिकांश व्यक्तियों की बुद्धि औसत होती है, बहुत कम लोग प्रतिभा संपन्न होते हैं और बहुत कम व्यक्ति मंद बुद्धि होते हैं।

3. बुद्धि की वृद्धि (Growth of Intelligence)– 'बुद्धि-परीक्षाओं' से स्पष्ट हुआ है कि जैसे बच्चे की आयु बढ़ती है, वैसे उसकी बुद्धि भी बढ़ती है। परंतु प्रश्न उठता है कि बुद्धि में वृद्धि कब समाप्त हो जाती है। मानसिक-वृद्धि की आयु प्रत्येक व्यक्ति की अलग-अलग होती है। परंतु अधिकांश व्यक्तियों में 16 या 18 वर्ष की आयु में वृद्धि अपनी चरम सीमा तक पहुंच जाती है। इसके पश्चात् बुद्धि की लाम्बिक वृद्धि (Vertical growth) रुक जाती है, परंतु क्षैतिज वृद्धि (Horizintal growth) ज्ञान एवं कौशल प्राप्त करना व्यक्ति के समूचे जीवन में जारी रहता है।

4. बुद्धि एवं लैंगिक विभिन्नताएं (Intelligence and Sex)– मर्दों और औरतों में एक-दूसरे से कम या अधिक बुद्धि होती है–इस बात का परीक्षण करने के लिए अध्ययन किए गए हैं। कई हालातों में दोनों में कोई विशेष अंतर नहीं देखा गया है। अत: यह विचार उचित प्रतीत होता है कि लैंगिक-विभिन्नता बौद्धिक विभिन्नता का कारण नहीं होती।

5. बुद्धि तथा जातीय अथवा सांस्कृतिक विभिन्नताएं (Intelligence and Racial or Cultural Differences)– क्या किसी विशेष जाति या सांस्कृतिक समूह में दूसरों की अपेक्षा अधिक बुद्धि होती है? कई अनुसंन्धानकर्त्ताओं ने इस सिद्धांत पर प्रश्न सूचक चिन्ह लगाया है कि गोरी जाति के लोगों में हब्शियों से अधिक बुद्धि होती है। अब यह तथ्य स्थापित हो चुका है 'बुद्धि' किसी विशिष्ट जाति का जन्मसिद्ध अधिकार नहीं है। सभी जातियों में अच्छी बुद्धि वाले व्यक्ति भी होते हैं और मन्दबुद्धि वाले भी।

बुद्धि के बारे में फैली भ्रान्तियां (Misconceptions about Intelligence)

बुद्धि की प्रकृति और अवधारणा को लेकर बहुत सी भ्रान्तियां फैली हुई हैं। उनके निवारण हेतु यहां हम संक्षेप में यह स्पष्ट कर रहे हैं कि बुद्धि क्या नहीं है अर्थात् बुद्धि को किन अर्थों में या प्रयोजन हेतु ग्रहण नहीं किया जाना चाहिए:

1. ज्ञान 'बुद्धि' नहीं, यद्यपि ज्ञान प्राप्ति अधिकांश रूप से 'बुद्धि' पर ही निर्भर करती है।
2. स्मृति 'बुद्धि' नहीं हो सकती, हो सकता है कि अत्यन्त बुद्धिमान व्यक्ति की स्मरण शक्ति मंद हो। इसके विपरीत एक मंद बुद्धि व्यक्ति की स्मरण शक्ति तेज भी हो सकती है।
3. बुद्धि असामान्य व्यवहार, पिछड़ेपन तथा अपराध वृत्ति के विरुद्ध गारंटी का काम नहीं करती। परंतु उपलब्धि, समायोजन (Adjustment) तथा चरित्र निर्माण में 'बुद्धि' का बहुत हाथ रहता है।

बुद्धि के सिद्धांत (Theories of Intelligence)

ऊपर हमने बुद्धि के बारे में जो कुछ भी चर्चा की है उसकी सहायता से हम इस बात को समझ सकते हैं कि बुद्धि किस प्रकार काम करती है, किस प्रकार का व्यवहार व्यक्ति को बुद्धिमान या बुद्धिहीन बनाता है, परंतु इससे इस बात की व्याख्या नहीं होती कि बुद्धि का ढांचा क्या है अर्थात् बुद्धि में कौन-से तत्व सम्मिलित हैं। मनोवैज्ञानिकों द्वारा समय-समय पर प्रस्तुत किए गए बुद्धि सम्बन्धी सिद्धांतों द्वारा इस प्रश्न का उत्तर देने का प्रयास किया गया है। नीचे हम कुछ सिद्धांतों का वर्णन करेंगे –

1. एक कारक सिद्धांत (Unitary or Monarchic Theory)

इस सिद्धांत के अनुसार 'बुद्धि' में केवल एक प्रतिभात्मक क्षमता (Intellectual Competency) सम्मिलित होती है जो व्यक्ति की सभी क्रियाओं में विद्यमान होती है।

जिस व्यक्ति में शक्ति होती है वह पूर्व की ओर भी वैसे चलता है जैसे पश्चिम की ओर। इसी प्रकार यदि व्यक्ति में 'बुद्धि' का भंडार है तो वह उसे जीवन के किसी भी क्षेत्र में प्रयुक्त कर सकता है और सभी क्षेत्रों में एक जैसी सफलता प्राप्त कर सकता है। परन्तु जीवन की वास्तविक स्थितियों में इस सिद्धांत द्वारा प्रस्तुत धारणा ठीक नहीं बैठती। हम देखते हैं कि गणित में योग्य विद्यार्थी गंभीर रुचि एवं परिश्रम के बावजूद भी नागरिक शास्त्र में योग्य नहीं बन पाता। विज्ञान के प्रयोगों को सफलतापूर्वक करने वाला विद्यार्थी उसी योग्यता के साथ भाषा नहीं सीख पाता। इससे हम इस निष्कर्ष पर पहुंचते हैं कि बुद्धि में कोई एक अकेला तत्व नहीं होता। अतः एक कारक सिद्धांत मान्य नहीं है।

2. बहु कारक सिद्धांत (Multifactor Theory or Anarchic Theory)

इस सिद्धांत के मुख्य समर्थक थार्नडाइक (Thorndike) थे। जैसा कि नाम से स्पष्ट होता है, इस सिद्धांत के अनुसार 'बुद्धि' कई तत्वों का समूह होती है और प्रत्येक तत्व में कोई सूक्ष्म योग्यता निहित होती है। अतः सामान्य बुद्धि नाम की कोई चीज नहीं होती बल्कि बुद्धि में कई स्वतंत्र, विशिष्ट योग्यताएं निहित रहती हैं जो विभिन्न कार्यों को सम्पादित करती हैं।

इस प्रकार एक कारक एवं बहु-कारक सिद्धांत अतिवादी सिद्धांत हैं जिस प्रकार यह निश्चित नहीं है कि बुद्धि की अच्छी मात्रा द्वारा जीवन के सभी क्षेत्रों में सफलता प्राप्त

हो सकती है, उसी प्रकार यह भी निश्चित नहीं कि विशिष्ट योग्यताओं से मनुष्य विशिष्ट क्षेत्रों में पूर्ण सफलता प्राप्त कर सकता है और शेष क्षेत्रों में पूर्ण रूप से असफल रहता है। *गार्डनर मरफी* (Gardner Murphy) के विचारानुसार, *"एक क्षेत्र की प्रतिभा का दूसरे क्षेत्र की प्रतिभा के साथ एक निश्चित सकारात्मक सम्बन्ध होता है।"*

("There is a certain positive relationship between brightness in one field and brightness in another and so on,"- 1968, p. 358)

इससे हम आसानी के साथ इस निष्कर्ष पर पहुंच सकते हैं कि सभी कार्यों में एक उभयनिष्ठ तत्व (Common Element) अवश्य होना चाहिए। यह सिद्धांत इस निष्कर्ष की पूर्ण व्याख्या प्रस्तुत करने में असफल है और इसी के परिणामस्वरूप स्पीयरमैन (Spearman) कृत द्वि-कारक सिद्धांत का जन्म हुआ।

3. स्पीयरमैन कृत द्वि कारक सिद्धांत (Spearman's Two Factor Theory)

इस सिद्धांत के समर्थक स्पीयरमैन थे। उनके अनुसार प्रत्येक प्रकार की क्रिया में एक सामान्य तत्व 'G' (General) होता है जो सभी बौद्धिक-क्रियाओं में विद्यमान रहता है और एक विशिष्ट तत्व 'S' (Specific) होता है जो सभी क्रियाओं में विद्यमान नहीं रहता।

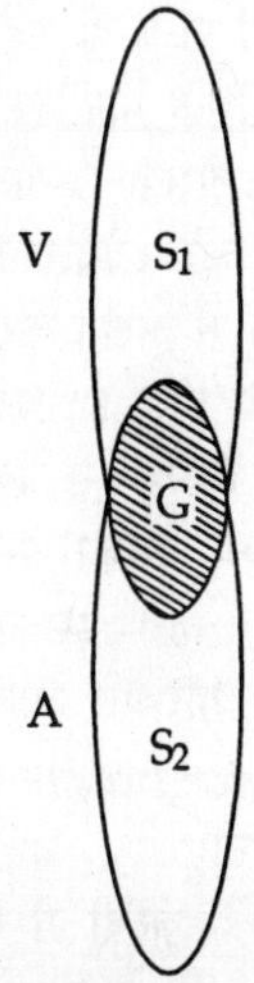

चित्र 15.1

इस प्रकार 'सामान्य बुद्धि' नाम की कोई चीज अवश्य है जो सभी क्रियाओं में विद्यमान रहती है और इसके अतिरिक्त कुछ विशिष्ट योग्यताएं होती हैं, जिनके द्वारा मनुष्य विशिष्ट समस्याओं का सामना करता है। उदाहरणास्वरूप किसी व्यक्ति की 'हिंदी' की योग्यता में कुछ तो उसकी 'सामान्य बुद्धि' होती है और कुछ भाषा-सम्बन्धी 'विशिष्ट योग्यता' होती है अर्थात् $G + S_1$ या गणित में उसकी योग्यता का कारण होगा $G+S_2$। इस प्रकार कई विशिष्ट योग्यताएं हो सकती हैं। 'G' तत्व न्यूनाधिक रूप से सभी विशिष्ट क्रियाओं में विद्यमान रहता है। इस प्रकार इस व्यक्ति की पूर्ण बुद्धि (जिसे यदि 'A' की संज्ञा दे दी जाए) को इस प्रकार स्पष्ट किया जा सकता है –

$$G + S_1 + S_2 + S_3 = \ldots\ldots\ldots\ldots = A$$

स्पीयरमैन कृत इस द्वि-कारक सिद्धांत की विभिन्न दृष्टिकोणों से आलोचना हुई है:

(i) स्पीयरमैन (Spearman) के कथनानुसार 'बुद्धि को प्रकट करने वाले दो तत्व होते हैं, परंतु जैसा कि उपर्युक्त विवेचन से स्पष्ट है, इसमें दो नहीं बल्कि कई तत्व होते हैं। (G, S_1, S_2, S_3...... आदि।

(ii) स्पीयरमैन के अनुसार प्रत्येक कार्य में कुछ विशिष्ट योग्यता का होना आवश्यक है। परंतु यह धारणा उचित नहीं जान पड़ती क्योंकि इसका यह अर्थ हो जाता है कि विभिन्न कार्यों में एक 'सामान्य तत्व' के अतिरिक्त और कुछ भी सामान्य नहीं होता और नर्सिंग कम्पाउंडर तथा डाक्टर के व्यवसाय को एक ग्रुप में नहीं रखा जा सकता। वास्तव में S_1, S_2, S_3, S_4...... के तत्व एक-दूसरे से अलग नहीं होते। यह एक-दूसरे की सीमा को पार करके कई 'सामान्य-तत्वों' को जन्म देते हैं।

एक-दूसरे की सीमा को पार करके 'ग्रुप' के निर्माण से संबंधित विचारधारा ने 'ग्रुप तत्व-सिद्धांत' को जन्म दिया।

4. ग्रुप तत्व सिद्धांत (Group Factor Theory)

जो तत्व सभी प्रतिभात्मक योग्यताओं में तो सामान्य नहीं होते परंतु कई क्रियाओं में सामान्य होते हैं उन्हें 'ग्रुप-तत्व' की संज्ञा दी गई। इस सिद्धांत के समर्थकों में थर्स्टन (Thurstone) का नाम प्रमुख है। प्रारंभिक मानसिक योग्यताओं का परीक्षण करते हुए वह इस निष्कर्ष पर पहुंचे थे कि कुछ मानसिक क्रियाओं में एक प्रारंभिक तत्व सामान्य रूप से विद्यमान होता है जो उन क्रियाओं को मनोवैज्ञानिक एवं क्रियात्मक एकता प्रदान करता है और उन्हें अन्य मानसिक क्रियाओं से अलग करता है। मानसिक क्रियाओं के कई ग्रुप होते हैं। उनमें अपना एक प्रमुख तत्व होता है। थर्स्टन (Thurstone) तथा उनके साथियों ने ऐसे नौ तत्वों का उल्लेख किया है। वे इस प्रकार हैं–

(a) *मौखिक तत्व (Verbal factor)*– इसका सम्बन्ध शब्दों तथा विचारों के साथ है।

(b) *स्थान सम्बन्धी तत्व (Spatial factor)*– इसका सम्बन्ध व्यक्ति के किसी स्थान विशेष (Space) में किसी चीज के परिणाम आदि के बारे में है।

(c) *अंक सम्बन्धी तत्व (Numerical factor)*– अंकों से संबंधित हिसाब किताब को शीघ्र एवं शुद्ध रूप से करना।

(d) *स्मृति तत्व (Memory factor)*– जल्दी से याद करने की योग्यता।

(e) *शाब्दिक-प्रवाह सम्बन्धी तत्व (Word fluency factor)*– तेजी के साथ पृथक् शब्दों पर सोचने की योग्यता।

(f) *निगमन तर्क तत्व (Inductive reasoning factor)*– इसका सम्बन्ध चिंतन की निगमन प्रणाली से है।

(g) *आगमन तर्क तत्व (Deductive reasoning factor)*– यह चिंतन की आगमन प्रक्रिया से संबंधित है।

(h) *प्रत्यक्षीकरण सम्बन्धी तत्व (Perceptual factor)*– इसका सम्बन्ध प्रत्यक्षीकरण (Perception) से है।

(i) *समस्या समाधान सम्बन्धी योग्यता तत्व (Problem Solving Ability Factor)*– समस्याओं को हल करने की योग्यता से इसका सम्बन्ध है।

5. गिलफर्ड का बुद्धि सम्बन्धी सिद्धांत और बुद्धि प्रतिमान
(Guilford Theory Involving a Model of Intellect)

जे. पी. गिलफोर्ड और उसके सहयोगियों ने बुद्धि परीक्षण से संबंधित कई परीक्षणों पर कारक विश्लेषण (Factor analysis) तकनीक का प्रयोग करते हुए मानव बुद्धि के विभिन्न तत्वों या कारकों को प्रकाश में लाने वाला प्रतिमान (Model of Intellect) विकसित किया है। उन्होंने अपने अध्ययन प्रयासों के द्वारा यह प्रतिपादित करने की चेष्टा की है कि हमारी किसी भी मानसिक प्रक्रिया अथवा बौद्धिक कार्य को तीन आधारभूत आयामों (basic dimensions)—संक्रिया (operation), सूचना सामग्री या विषय वस्तु (contents) तथा उत्पाद (products) में बांटा जा सकता है। संक्रिया से हमारा तात्पर्य हमारी उस मानसिक चेष्टा, तत्परता और कार्यशीलता से होता हैं जिसकी मदद से हम किसी भी सूचना सामग्री या विषय-वस्तु को अपने चिंतन तथा मनन का विषय बनाते है या दूसरे शब्दों में इसमें चिंतन तथा मनन का प्रयोग करते हुए अपनी बुद्धि को काम में लाने का प्रयास कहा जा सकता है। हम जिस रूप में चिंतन या मनन करते हैं अथवा चिंतन और मनन के लिए जिस प्रकार की विषय-वस्तु या सूचना सामग्री की सहायता लेते हैं उसे बुद्धि को प्रयोग में लाने का दूसरा आधारभूत आयाम विषय वस्तु (Contents) कहा जा सकता है तथा बौद्धिक संक्रिया के सूचना सामग्री या विषय वस्तु को लेकर जिस प्रकार की बौद्धिक प्रक्रिया की जाती है उसके परिणामस्वरूप जो कुछ भी हमें प्राप्त होता है उसे उत्पाद (Products) का नाम दिया जाता है। इन तीनों आधारभूत आयामों-संक्रिया, विषय वस्तु तथा उत्पाद को भी उनके अपने विशिष्ट तत्वों या कारकों में विभाजित किया जा सकता है। गिलफोर्ड ने अपने बुद्धि प्रतिमान में संक्रिया को उसके 5 विशिष्ट तत्वों, विषय वस्तु को 5 तथा उत्पाद को 6 विशिष्ट तत्वों में बांटने का प्रयास किया है और फिर इन विशिष्ट तत्वों या कारकों (Specific factor) की अन्त: क्रिया के माध्यम से बुद्धि में 5x5x6=150 तत्वों या कारकों की उपस्थिति का संकेत दिया है। देखें चित्र नं 15.2

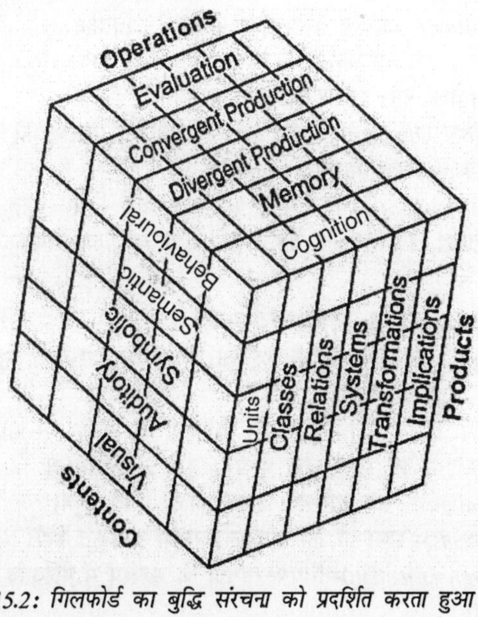

चित्र 15.2: गिलफोर्ड का बुद्धि संरचना को प्रदर्शित करता हुआ प्रतिमान

उपरोक्त प्रतिमान के माध्यम से गिलफोर्ड ने यह बताने की चेष्टा की है कि मानव बुद्धि को अलग-अलग प्रकार की 150 मानसिक योग्यताओं का समूह कहा जा सकता है। दूसरे शब्दों में, उसने बुद्धि में 150 विभिन्न तत्वों या कारकों की उपस्थिति की बात कही है और इन तत्वों तथा कारकों को 5 प्रकार की संक्रियाओं (Operations), 5 प्रकार की विषय-वस्तु या सूचना सामग्री (Contents) तथा 6 प्रकार के उत्पाद (Products) की अंतः क्रिया का प्रतिफल बताया है।

बुद्धि में निहित उपरोक्त तीन प्रकार के आधारभूत आयामों और उनके खंडीय विभाजक तत्वों की निम्न रूप में व्याख्या की जा सकती है:

1. *विषय-वस्तु या सूचना सामग्री (Contents) का पंच खंडीय विभाजन*

आकृतिजन्य-दृश्यात्मक (Figural-visual)– आकृतिजन्य वे सभी विशेषताएं जिनको देख कर अनुभव किया जा सकता है जैसे दिखाई देने वाली वस्तु का रंग, रूप, आकार तथा अन्य दृश्यात्मक आकृतिजन्य विशेषताएं।

आकृतिजन्य श्रवणात्मक (Figural-auditory)– आकृतिजन्य वे सभी विशेषताएं जिनके बारे में सुनकर जानकारी प्राप्त की जाती है जैसे किसी भी उद्दीपन (Stimulus) की वाणी, ध्वनि और उसके द्वारा कही गई बात की प्रकृति एवं विशेषताएं।

संकेतात्मक (Symbolic)–संख्या (numbers), अक्षर (letters), प्रतीक (symbols) तथा चित्रीय उद्दीपकों को इस श्रेणी में शामिल किया जा सकता है।

भाषागत (Semantic)– शब्दों के अर्थ तथा विचारों के रूप में ग्रहण की जाने वाली सूचना सामग्री।

व्यवहारगत (Behavioural)– व्यक्तियों के द्वारा अपने कार्यों एवं अभिव्यक्ति के द्वारा प्रदत्त सूचना सामग्री।

2. *संक्रियाओं (Operations) का पंच खंडीय विभाजन*

संज्ञान (Cognition)– पहचान तथा खोज सम्बन्धी प्रक्रियाएं।

स्मृति (Memory)– सूचना सामग्री का चिंतन-मनन की विषय-वस्तु को स्मृति में संजोना (Retention) तथा पुनः स्मरण (Recall) करना।

बहुविध उत्पादन (Divergent production)– किसी भी समस्या का एकमात्र सर्वोत्तम हल या समाधान प्रस्तुत करना।

मूल्यांकन (Evaluation)– चिंतन मनन की जाने वाली विषय-वस्तु या प्रदत्त सूचना के बारे में निर्णय लेना जैसे कि वह अच्छी है या बुरी, लाभदायक है या हानिकारक इत्यादि।

3. *उत्पाद (Product) का छः खंडीय विभाजन*

इकाइयां (Units)– छोटी-छोटी परंतु सार्थक विषय-वस्तु सम्बन्धी सूचनायें जैसे कोई एक संख्या, अक्षर या शब्द।

वर्ग या श्रेणी (Classes)– किसी समान विशेषता के आधार पर संप्रत्यय के रूप में विकसित इकाइयों का समूह जैसे पुरुष + स्त्री = जनसमूह।

सम्बन्ध (Relations)– संप्रत्ययों को जोड़ने वाला संपर्क सूत्र।

प्रणाली (Systems)– सम्बन्धों का संगठित अथवा वर्गीकृत रूप।

रूपांतरण (Transformation)– विषय-सामग्री के स्वरूप में परिवर्तन लाना या उसकी पुनः संरचना।

अनुप्रयोग (Implications)– विभिन्न प्रकार की सूचना सामग्री के आधार पर निष्कर्ष निकालना अथवा उसे प्रयोग में लाना।

गिलफोर्ड ने अपने उपरोक्त त्रि-आयामी प्रतिमान (Three dimensional model) के माध्यम से यह प्रदर्शित करने का प्रयत्न किया है कि किसी भी मानसिक या बौद्धिक कार्य को करने में प्रत्येक आयाम से संबंधित कम से कम एक तत्व या कारक (और इस तरह कम से कम तीन कारकों) की अवश्य ही जरूरत पड़ती है।

आइए, इस बात को एक उदाहरण द्वारा समझने का प्रयत्न किया जाए। माना हमें कैलेन्डर की सहायता से यह मालूम करना है किसी अमुक तिथि को सप्ताह का कौन-सा दिन होगा। इस बौद्धिक कार्य को करने के लिए विषय-वस्तु (Contents) के रूप में भाषागत (Semantic) बौद्धिक तत्व के रूप में कैलेन्डर में छपे हुए शब्दों और संख्याओं को पढ़ना और उनका अर्थ समझना अवश्य ही आना चाहिए इसके पश्चात् संक्रिया (Operations) हेतु हम स्मृति (Memory), संज्ञान (Cognition) तथा एक विधि चिन्तन (Convergent Thinking) आदि प्रक्रियाओं की सहायता ले सकते है। परिणामस्वरूप हमें उत्पाद (Products) के रूप में अभीष्ट लक्ष्य की प्राप्ति हो सकती है। यहां उत्पाद के रूप में हमें सम्बन्ध (Relations) नामक बौद्धिक तत्व से जुड़ना होगा। महीने की अमुक तारीख को सप्ताह का कौन-सा दिन होगा इसका ज्ञान सम्बन्ध नामक बौद्धिक तत्व से ही अपेक्षित है। इस प्रकार का ज्ञान होने के पश्चात् ही हमें इसकी सहायता से आगे पीछे के तारीखों में सप्ताह के कौन-से दिन होंगे यह ज्ञात करने में यानी दूसरे शब्दों में सीखे हुए ज्ञान का रूपान्तरण (Transformation) करने में आसानी होगी।

कारक बुद्धि सिद्धांत के बारे में निष्कर्ष
(Conclusions about Factor Theories of Intelligence)

उपरोक्त वर्णित सभी बुद्धि सिद्धांत अपने-अपने ढंग से बुद्धि की संरचना में विभिन्न कारकों या तत्वों का योगदान स्वीकार करते हैं। सभी अपनी-अपनी दृष्टि से तर्क प्रस्तुत करते हैं और अपने को सही माने जाने की बात कहते हैं। कुछ सीमा तक उनकी बातों में वजन भी है। एक तत्व के सिद्धांत (One factor or unitary) की इस बात में काफी सच्चाई है कि बुद्धि जहां तक उसके व्यावहारात्मक उपयोग का प्रश्न है, जिंदगी में अपने पूरे समूचे रूप में (सभी तरह की मानसिक योग्यताओं के संयुक्त रूप में) ही प्रयोग में लाई जाती है। परन्तु उसका यह सम्पूर्ण रूप क्या है, इसके अन्तर्गत जितनी प्रकार की मानसिक योग्यताएं तथा कारक शामिल हैं, इस बात की तह तक पहुंचने हेतु हमें विभिन्न बुद्धि सिद्धांतों के परिप्रेक्ष्य में कुछ गहराई तक जाना होगा। सभी के विचारों का समन्वय करके ही हम बुद्धि की संरचना तथा उसके स्वरूप का उचित अवलोकन तथा मूल्यांकन कर सकते हैं। समन्वय के इस दृष्टिकोण को लेकर चला जाए तो हमें किसी भी बौद्धिक कार्य या मानसिक प्रक्रिया में निम्न प्रकार के कारक या तत्वों की उत्पस्थिति दृष्टिगोचर हो सकती है :

(a) स्पीयरमैन (Spearman) द्वारा प्रतिपादित 'सामान्य तत्व' (g)–जो सभी कार्यों में 'सामान्य' रूप से विद्यमान होता है।

(b) ग्रुप तत्व 'G'–जो विशिष्ट ग्रुप के कार्यों में विद्यमान होता है।

(c) विशिष्ट तत्व 'S_1', 'S_2' आदि–जो अत्यन्त विशिष्ट कार्यों में विद्यमान होते हैं।

उपरोक्त तत्व या कारकों को संगठन की दृष्टि से या तो वर्नन द्वारा सुझाए गए क्रम में या गिलफोर्ड द्वारा सुझाए गए बुद्धि प्रतिमान के रूप में आयोजित किया जा सकता है।

बुद्धि के संज्ञानात्मक सिद्धांत (Cognitive Theories of Intelligence)

बुद्धि के कारक सिद्धांतों (Factors Theory of Intelligence) के अतिरिक्त (जिनकी चर्चा इस अध्याय में अभी तक की गई है), मनोवैज्ञानिकों ने मानव बुद्धि की संरचना तथा कार्यप्रणाली को स्पष्ट करने हेतु कुछ अन्य सिद्धांतों को भी प्रकाश में लाया है। संज्ञानात्मक सिद्धांत इसी श्रेणी में आते हैं। इन संज्ञानात्मक सिद्धांतों के स्वरूप का प्रतिनिधित्व करने वाले कुछ महत्वपूर्ण सिद्धांतों को ही अब उदाहरणस्वरूप आगे प्रस्तुत कर रहे हैं:

कैटेल एवं हॉर्न का बुद्धि सिद्धांत (Cattel and Horn's Theory of Intelligence)

कैटेल (1965) तथा हॉर्न (1978) ने एक ऐसे बुद्धि सिद्धांत को जन्म दिया जिसमें बुद्धि के दो प्रमुख प्रकार फ्लूइड (Fluid) बुद्धि तथा क्रिस्टलाइज्ड (Crystallised) बुद्धि बताए गए और यह भी कहा गया कि देखने में यद्यपि ये दोनों प्रकार की बुद्धियां अलग-अलग और अपने आप में अलग छवि युक्त जान पड़ती है परंतु व्यावहारिक दृष्टि से ये दोनों अन्तः क्रिया करती हुई तथा पारस्परिक तालमेल बिठाती हुई व्यक्ति विशेष में पाई जाने वाली उसकी समग्र बुद्धि को जन्म देती हैं।

फ्लूइड या प्रवाही बुद्धि को व्यक्ति विशेष की एक ऐसी मानसिक क्षमता के रूप में जाना जा सकता है जिसकी आवश्यकता उसे अपने अधिगम तथा समस्या समाधान हेतु चाहिए। यह व्यक्ति के न्यूरोलोजीकल विकास (Neurological Development) पर निर्भर करती है तथा उसकी शिक्षा एवं संस्कृति सम्बन्धी प्रभाव से अपेक्षाकृत मुक्त और अछूती ही रहती है। दूसरे शब्दों में, इसके विकास को जैविक तथा वंशानुक्रम से जुड़े हुए कारक ही अधिक प्रभावित करते है तथा प्रशिक्षण और अनुभवों से यह कम प्रभावित होती है। इस प्रकार की बुद्धि का उपयोग ऐसी नई और विचित्र परिस्थितियों का सामना करने के लिए जिनमें अनुकूलन, अवबोध, तर्क करने, समस्या समाधान करने तथा सम्बन्धों की पहिचान करने की बात उठती हो, किया जाता है। व्यक्तियों में अपनी किशोरावस्था के समापन तक पहुंचते-पहुंचते इस प्रकार की बुद्धि का पूरा विकास हो जाता है।

दूसरी ओर, क्रिस्टलाइज्ड (Crystallised) बुद्धि व्यक्ति के न्यूरोलोजीकल विकास पर निर्भर नहीं करती और इसलिए फ्लूइड (Fluid) बुद्धि की तरह यह जन्मजात नहीं होती और न यह परिपक्वन (स्वाभाविक वृद्धि एवं विकास) के फलस्वरूप विकास को प्राप्त होती रहती है, बल्कि इसे विशेष रूप से अर्जित किया जाता है और इसलिए यह शिक्षा और संस्कृति पर निर्भर रहती हुई पाई जाती है।

इस प्रकार की बुद्धि को काम में लाने के लिए व्यक्ति को ज्ञान और कौशलों से युक्त अपने उस अर्जित सूचना भंडार का उपयोग करना होता है जो उसे दिन प्रतिदिन की जिंदगी से जुड़े विभिन्न कार्यों के संपादन हेतु चाहिए। किसी व्यक्ति में इस प्रकार की कितनी और कैसी बुद्धि है इसका पता इस बात से चलता है कि किसमें कितना शब्दकोशीय ज्ञान है, उसके पास दुनिया के मामलों के बारे में कितना ज्ञान है, उसे समाज या समुदाय से जुड़े हुए किस प्रकार के रीति रिवाजों, परंपराओं, पारंपरिक प्रथाओं चलन तथा सामाजिक व्यवहार की कितनी और कैसी जानकारी है, मशीन और औजारों को कार्य में लाने, ललित कलाओं तथा हस्तशिल्पों, गणना कार्य तथा हिसाब-किताब रखने तथा इसी प्रकार के अन्य कार्यों जिन्हें करने हेतु विभिन्न प्रकार के ज्ञान, अनुभव तथा कौशलों की जरूरत होती है, उनसे वह किस रूप में युक्त है। इस प्रकार से जहां फ्लूइड (Fluid) बुद्धि व्यक्ति में उपस्थित अमूर्तिकरण, चिन्तन, तर्क तथा कल्पनाशील व्यवहार के उस

ऊंचे स्तर को प्रदर्शित करती हुई दिखाई देती जो शिक्षा, संस्कृति, अनुभव तथा प्रशिक्षण के द्वारा अर्जित न होकर व्यक्ति के वंशानुक्रम, न्यूरोलोजिकल विकास तथा परिपक्वन के सहारे ही आगे बढ़ रही होती है वही क्रिस्टलाइज्ड (Crystallised) बुद्धि का विकास सतत रूप से चलने बाते प्रशिक्षण अनुभव तथा वातावरण के साथ उसकी अंतः क्रिया का प्रतिफल होता है। इसलिए इस प्रकार की बुद्धि का विकास व्यक्ति के गार्भाधान से लेकर उसके मरने तक अबाध गति से चलता रहता है।

स्टर्नबर्ग का बुद्धि सम्बन्धी सूचना प्रक्रियाकरण सिद्धांत (Sternberg's Information Processing Theory of Intelligence)

रोबर्ट स्टर्नबर्ग बुद्धि सम्बन्धी सूचना प्रक्रियाकरण सिद्धांत के प्रतिपादनकर्त्ता के रूप में काफी प्रसिद्ध है। उसके इस सिद्धांत को बुद्धि के त्रि-खण्डीय सिद्धांत (Triarchic Theory of Intelligence) के नाम से जाना जाता है। इसका प्रतिपादन स्टर्नबर्ग के द्वारा वर्ष 1985 में किया गया था। उसने अपने इस सिद्धांत को प्रकाश में लाते हुए यह घोषणा की कि बौद्धिक व्यवहार को तीन अवयवों या भागों में बांटा जा सकता है या दूसरे शब्दों में बुद्धि के तीन रूप और प्रकार देखने को मिल सकते हैं। यथा-

A. अवयवजन्य या विश्लेषणात्मक बुद्धि (Componential or Analytical Intelligence)

B. अनुभवजन्य या सृजनात्मक बुद्धि (Experiential or Creative Intelligence)

C. संदर्भजन्य या प्रयोगात्मक बुद्धि (Contextual or Practical Intelligence)

बुद्धि को तीन अवयवों या भागों में बांटते हुए स्टर्नबर्ग ने आगे यह कहा कि इनमें से प्रत्येक अवयव यानी प्रत्येक प्रकार की बुद्धि अपने-अपने ढंग से सूचना प्रक्रियाकरण के कार्य में रत रहती है और इस सूचना प्रक्रियाकरण कार्य को वह एक निश्चित क्रम में निम्न मुख्य सोपानों पर चलते हुए पूरा करने का प्रयत्न करती है।

1. एनकोडिंग (Encoding) : मस्तिष्क द्वारा सार्थक उपलब्ध सूचना की पहचान करना (Identifying the relevant available information in the mind)

2. निष्कर्षीकरण (Inferring): आवश्यक निष्कर्ष निकालना (Drawing the necessary inferences)

3. मैपिंग (Mapping): किसी पूर्व स्थिति के साथ वर्तमान परिस्थिति का सम्बन्ध स्थापित करना (Establishing relationship bewteen a previous situation and the present one)

4. अनुप्रयोग (Application): निष्कर्षित या फलित सम्बन्ध को काम में लाना (Applying the inferred relationship)

5. औचित्यीकरण (Justifying): समस्या के विश्लेषित समाधान को उचित ठहराना (Justifying the analysed solution of the problem)

6. अनुक्रिया (Response): सर्वोत्तम संभव समाधान प्रदान करना (Providing the best possible solution)।

आइए अब यह जाना जाए कि स्टर्नबर्ग ने बौद्धिक व्यवहार के तीन अवयवों या तीन प्रकार की बुद्धियों के बारे में किस प्रकार के विचार प्रस्तुत किए हैं।

A. अवयवजन्य या विश्लेषणात्मक बुद्धि (Componential or Analytical Intelligence): इस प्रकार की बुद्धि का सम्बन्ध व्यक्ति विशेष की उस क्षमता से होता

है जिसकी मदद से वह उपलब्ध सूचनाओं का विश्लेषण कर अपनी समस्याओं के समाधान में सफल रहता है। कोई व्यक्ति अपने अन्तरतम से कितना संबंधित है उसमें कितनी और कैसी आन्तरिक विचार क्षमता है जिससे सहारे वह सभी आवश्यक उपलब्ध सूचनाओं का अच्छी तरह ऐसे विश्लेषण करने में सफल होता दिखाई देता है जिससे उसे समस्या विशेष के समाधान का उचित रास्ता प्राप्त हो सके अथवा किसी हाथ में लिए गए बौद्धिक या संज्ञानात्मक कार्य को अच्छी तरह संपादित करना भली-भांति संभव हो जाए। इस प्रकार की बुद्धि से युक्त व्यक्ति मानकीकृत बुद्धि परीक्षणों में अच्छा प्रदर्शन करता हुआ पाया जाता है और उसका व्यवहार भी काफी तर्कसंगत रहता है। स्टर्नबर्ग ने इस प्रकार की बुद्धि के बारे में यह भी मान्यता दी है कि ये तीन प्रकार के अलग-अलग अवयवों की कार्यप्रणाली का संयुक्त रूप से प्रतिनिधित्व करता है। इन तीनों प्रकार की बुद्धि अवयवों को (i) सूक्ष्म अवयवों (Meta components), (ii) निष्पत्ति अवयवों (Performance components) तथा (iii) ज्ञानार्जन अवयवों (Knowledge acquisition components) के नाम से जाना जाता है। आइए, अवयवजन्य या विश्लेषणात्मक बुद्धि के इन तीनों अवयवों के बारे में विस्तार से जानने का प्रयत्न किया जाए।

सूक्ष्म अवयवों (Meta components) के द्वारा व्यक्ति विशेष के मन और मस्तिष्क में जिस प्रकार के बौद्धक या संज्ञानात्मक प्रक्रियाकरण का कार्य चल रहा होता है उसे नियंत्रित, कार्यान्वित तथा मूल्यांकित करने की भूमिका निभाई जाती है। एक तरह से ये समस्या के विश्लेषण, व्यूह रचनाओं और विधि विशेषों के चयन, संभावित हलों को काम में लाने तथा निष्पत्ति के बारे में प्रतिपुष्टि प्रदान करने जैसे कार्यों के बारे में निर्णय लेकर कार्य विशेष के सम्पादन हेतु आवश्यक सैद्धांतिक आधार भूमि तैयार करते हैं। इस प्रकार से उच्च स्तरीय बौद्धिक या संज्ञानात्मक प्रक्रियाओं की तरह कार्य करते हुए स्वयं तो बाहरी तौर पर कुछ करते नहीं प्रतीत होते परंतु एक शासक की भांति यह निर्णय लेते हैं कि निष्पत्ति तथा ज्ञार्नाजन के अवयवों के द्वारा क्या किया जाना है। उनके दिए हुए सैद्धांतिक आधार पर बताए गए रास्ते पर चलकर ही इन दोनों प्रकार के अवयवों को अपनी-अपनी जिम्मेदारी निभाने में सफलता मिलती है।

निष्पत्ति अवयव (Preformance components) सूक्ष्म अवयवों में दिए जाने वाले निर्देशों तथा सुझाई गई विधियों/व्यूह रचनाओं पर चलकर अपना उत्तरदायित्व निभाने का प्रयत्न करते हैं। किसी भी बौद्धिक कार्य के क्रियान्वयन का उत्तरदायित्व इन्हीं का होता है। एक बौद्धिक या संज्ञानात्मक कार्य (जैसे समस्या का समाधान करना) के संपादन में जिस प्रकार की संज्ञानात्मक या मानसिक प्रक्रियाओं को वास्तविक रूप में काम में लाया जाता है निष्पत्ति अवयव उन्हीं का प्रतिनिधित्व करते हैं। निष्पत्ति अवयवों से जुड़ी संज्ञानात्मक प्रक्रियाएं व्यक्ति विशेष को प्रत्यक्षीकरण या अनुभव किए गए उद्दीपकों की एनकोडिंग करने, प्राप्त सूचनाओं को अपनी अल्पकालीन स्मृति में संजोने, मानसिक गणना कार्य करने, विभिन्न उद्दीपकों की मानसिक रूप से तुलना करने, दीर्घकालीन स्मृति में भंडारित सूचनाओं का पुन: प्रस्तुतीकरण करने आदि में उचित सहयोग देती हैं। निष्पत्ति अवयवों का योगदान सूक्ष्म अवयवों के योगदान से इस बात में आगे बढ़ा हुआ रहता है कि इनमें सूक्ष्म अवयवों की तरह केवल यह तय नहीं किया जाता कि किसी बौद्धिक कार्य को करने के लिए क्या किया जाना चाहिए, इसके सम्पादन हेतु क्या विकल्प हो सकते हैं, बल्कि इन विकल्पों में से कौन गुणवत्ता और क्रियात्मकता की दृष्टि से उपयुक्त रहेगा ऐसी विवेचना भी यहां की जाती है।

ज्ञानार्जन अवयव (Knowledge acquisition components): उन मानसिक क्रियाओं का प्रतिनिधित्व करते हैं जो नवीन ज्ञान की प्राप्ति और भंडारण में सहयोग करती हैं। इस तरह इनका सम्बन्ध उस मानसिक या संज्ञानात्मक योग्यता से होता है जो किसी समस्या विशेष के हल या मानसिक कार्य के संपादन हेतु नवीन जानकारी ग्रहण करने में सहायक होती है। इस प्रकार की योग्यता का स्वरूप काफी अमूर्त (abstract) होता है। इसलिए जैसा कि डिस्कोल (Daiscoll, 2001) ने कहा है, वर्तमान में किए जाने वाले समस्या समाधान या मानसिक कार्य से इसका कोई प्रत्यक्ष सम्बन्ध न हो यह भी यहां अच्छी तरह संभावित है।

उदाहरण के लिए हम यहां उन तरीकों को ले सकते है जिन्हें किसी याद रखने या स्मृति हेतु हमारे द्वारा काम में लाया जाता है। इनका प्रत्यक्ष रूप से अभी किए जाने वाली मानसिक कार्य का समस्या समाधान से कोई सम्बन्ध नहीं हो सकता है परंतु यह स्मृति में सहायक होकर हमें किसी भी प्रकार के मानसिक कार्य के सम्पादन में काफी सहयोगी सिद्ध हो सकते है।

B. अनुभवजन्य या सृजनात्मक बुद्धि (Experiential or Creative Intelligence): बुद्धि का यह खण्ड या अवयव अनुभव पर जोर देता है। इसका सम्बन्ध व्यक्ति की उस योग्यता से है जिसके द्वारा वह अपने पूर्व अनुभवों का सृजनात्मक ढंग से उपयोग कर नवीन समस्याओं के समाधान में समर्थता दिखाता है। इस तरह किसमें कितनी अनुभवजन्य बुद्धि है यह बात उसकी सृजनात्मक निष्पति (Creative performance) की प्रकृति से प्रतिबिम्बित होती है। जो व्यक्ति इस प्रकार की बुद्धि में आगे निकलते होते हैं वे यह शीध्रता से जान लेते हैं किस प्रकार की सूचना किसी परिस्थिति विशेष में विशेष रूप से सहयोगी सिद्ध होगी और इस सूचना को फिर उद्देश्य प्राप्ति हेतु कैसे भली–भांति काम में लाया जाए। इस प्रकार की सृजनात्मक बुद्धि की अनुसंधान, सृजन तथा रचनात्मक कार्यों में लगे व्यक्तियों में बहुतायत पाई जाती है। उदाहरणार्थ यहां हम आइन्सटीन, न्यूटन, सी.वी. रमन, जगदीश चन्द्र बोस, आदि वैज्ञानिक, माईकल एन्जेल जैसे चित्रकार तथा आर. के. लक्ष्मण जैसे कार्टूनिस्ट आदि का नाम ले सकते हैं।

C. संदर्भजन्य या प्रयोगात्मक बुद्धि (Contextual or Practical Intelligence): बुद्धि का यह खण्ड या अवयव व्यक्ति विशेष की बुद्धि के संदर्भात्मक पक्ष (Cotextual aspect) या प्रयोगात्मक अनुप्रयोग (Practical application) से जुड़ा हुआ है और इससे यह मालूम पड़ता है कि कोई अपनी बाहरी दुनिया से किस तरह संबंधित है। अपने कार्यकारी रूप में इस प्रकार के बुद्धि अवयव का सम्बन्ध व्यक्ति विशेष की उस योग्यता से होता है जो दिन–प्रतिदिन की जिंदगी से जुड़े कार्यों को जानने, समझने और अच्छी तरह प्रबंध करने में भरसक सहायक सिद्ध होती है। जैसे परेशानी से कैसे मुक्त हुआ जाए, अपने वातावरण की मांगों की किस प्रकार आपूर्ति की जाए, तथा समाज के साथ किस तरह समायोजित रहा जाए, आदि।

स्टर्नबर्ग (1985) ने इस प्रकार की बुद्धि को एक ऐसा मानसिक कार्य बताया है जिसे व्यक्ति विशेष द्वारा अपने जीवन की वास्तविक दुनिया से जुड़े हुए परिवेश से उद्देश्यपूर्ण रूप में समायोजित होने, उसमें से अपने लिए चयन करने तथा उसमें आवश्यकतानुसार परिवर्तन लाने हेतु काम में लाया जाता है।

अपने जीवन लक्ष्यों की प्राप्ति के लिए इस तरह किसी परिस्थिति या संदर्भ विशेष में कार्यरत रहते हुए एक व्यक्ति को और किसी प्रकार की नहीं बल्कि संदर्भजन्य या

प्रयोगात्मक बुद्धि की ही समुचित रूप में अधिक आवश्यकता रहती है। इस अवस्था में उसकी यह बुद्धि उसे निम्न तीन रूपों में सहयोग देती हुई दिखाई दे सकती है।

(i) वर्तमान परिवेश तथा परिस्थितियों में समायोजित होने का प्रयत्न करना।

(ii) वर्तमान परिवेश के स्थान पर एक अधिक सहयोगी परिवेश का चयन करना।

(iii) वर्तमान परिवेश में ऐसे बदलाव लाना कि वह व्यक्ति विशेष की अपनी आवश्यकताओं, मूल्यों तथा निहित कौशलों के अनुरूप बन सके।

वास्तव में देखा जाए तो संदर्भजन्य या प्रयोगात्मक बुद्धि ही वह बुद्धि है जिसका प्रयोग हमारे द्वारा अपनी वास्तविक जिंदगी में किया जाता है। स्टर्नबर्ग के अनुसार इस प्रकार की प्रयोगात्मक बुद्धि, सैद्धांतिक बुद्धि (जिसे I.Q. में मापा जाता है) से बिल्कुल अलग किस्म की होती है यह हमें दुनियादारी सिखाती है और वास्तविक जीवन में सफल होने की कुंजी इसी प्रकार की बुद्धि में दिखाई देती है। "किताबी ज्ञान" और "शैक्षणिक सफलता" ये यह कुछ हटकर ही होती है और इसे उन मानकीकृत बुद्धि परीक्षणों से नहीं मापा जा सकता जिसमें आई–क्यू की गणना की जाती है। इसके मापन में केवल मात्र व्यक्ति विशेष की मानसिक योग्यताओं/कौशलों का ही मापन नहीं होता बल्कि उसके भावात्मक पक्ष से संबंधित अभिवृत्ति तथा संवेगात्मक कारकों का भी यहां उचित मापन किया जाता है।

निष्कर्ष एवं महत्व (Conclusion and Significance)

इस प्रकार से हम देखते हैं कि रोबर्ट स्टर्नबर्ग ने बुद्धि की अवधारणा और संरचना के बारे में अपने बुद्धि के सूचना प्रक्रियाकरण सिद्धांत के माध्यम से जो विचार प्रस्तुत किए, वे परंपरागत रूप से अपनाई गई बुद्धि सम्बन्धी अवधारणाओं से काफी अलग थे। उनके संबंधित महत्वपूर्ण बातों तथा योगदान को सारांश रूप से हम निम्न प्रकार व्यक्त कर सकते हैं:

(i) बुद्धि का मापन परंपरागत तरीके के बुद्धि परीक्षणों का प्रयोग करके तथा इसके मापन को आई क्यू (IQ) में व्यक्त करके नहीं किया जा सकता। प्रयोगात्मक रूप में वास्तविक जीवन के कार्यों के सफल संपादन में मानसिक योग्यताओं के अतिरिक्त कुछ और भी चाहिए। बहुत कुछ उसका कार्य के प्रति दृष्टिकोण, रुचि, अभिरुचि तथा संवेगात्मक स्थिरता एवं समायोजन पर भी निर्भर करता है। इन पक्षों का भी मापन किया जाना चाहिए तभी अच्छी तरह से व्यक्ति की बुद्धि की सही पहचान की जा सकती है।

(ii) स्टर्नबर्ग के सिद्धांत की अमूल्य देन इस बात को लेकर भी है कि इसने बालक के संज्ञानात्मक विकास में सामाजिक अन्त: क्रिया की भूमिका को भी सामने लाने की कोशिश की है। उसके बुद्धि सिद्धांत में बुद्धि के तीन खण्डों या अवयवों में एक खण्ड संदर्भजन्य बुद्धि (Contextual intelligence) के रूप में भी है। यहां स्टर्नबर्ग ने स्पष्ट रूप से यह संकेत दिया है कि "व्यक्ति का बौद्धिक व्यवहार उस सामाजिक–सांस्कृतिक संदर्भ या परिस्थितियों से पारिभाषित किया जाता है जिनमें वह घटित हो रहा होता है और इस व्यवहार के माध्यम से ही वह अपने परिवेश से समायोजन/अनुकूलन, अधिक अच्छे परिवेश या परिस्थितियों के चयन और वर्तमान परिवेश में बदलाव लाने में सफल होता है।" (Kearsley, 2001)

(iii) बालकों के संज्ञानात्मक विकास में सामाजिक संदर्भ (Social context) को एक प्रभावशाली कारक के रूप में स्थान देने की वकालत करने से स्टर्नबर्ग का सिद्धांत ब्रूनर (1977, 1986) तथा व्यगोत्सकी (1978) द्वारा प्रतिपादित सामाजिक रचनात्मकवादी सिद्धांतों (Theories of Social Construction) के समकक्ष आ खड़ा होता है। इस प्रकार के सिद्धांतों

में प्रमुख रूप से यह बात की जाती है कि अधिगम शून्य में नहीं होता उसे सामाजिक अन्तः क्रिया की आधारभूमि चाहिए। इसलिए जब भी बालकों के अधिगम अर्जन की या उनमें संज्ञानात्मक विकास की बात उठती है, तो उसके अधिगम के सामाजिक तथा सांस्कृतिक संदर्भ की भी चर्चा होनी चाहिए। फलस्वरूप जो भी पाठ्यक्रम बालकों के लिए विकसित किया जाए और जो भी शिक्षण-अधिगम उन्हें दिए जाए, उनमें निश्चित रूप से सामाजिक अंतः क्रिया तथा सामाजिक-सांस्कृतिक कारकों को महत्वपूर्ण स्थान मिलना चाहिए।

गार्डनर का बहु-बुद्धि सिद्धांत (Gardner's Theory of Multiple Intelligence)

हार्वर्ड विश्वविद्यालय, यूएसए के प्रोफेसर हावर्ड गार्डनर (Howard Gardner) को बुद्धि के एक अनुपम सिद्धांत का प्रतिपादन करने का श्रेय दिया जाता है जिसे 'बहु-बुद्धि सिद्धांत' नाम दिया गया है। उन्होंने अपने इस सिद्धांत को 1983 में प्रकाशित अपनी एक पुस्तक ''फ्रेम्स ऑफ माइन्ड : दी थ्योरी ऑफ मल्टीपल इन्टैलीजैन्स'' (Frames of Mind: The Theory of Multiple Intelligence) के माध्यम से सबके सामने रखा। इस पुस्तक में उन्होंने स्पष्ट किया है कि मानव मस्तिष्क में एक नहीं बल्कि कई फ्रेम्स होते हैं, जिनमें अलग-अलग तरह की बुद्धियों का निवास होता है। अतः सभी व्यक्तियों की बुद्धि अलग-अलग प्रकार की होती है। अपने सिद्धांत में अभिव्यक्त किए गए अपने विचार के द्वारा उसने मानव बुद्धि की कार्य प्रणाली और संरचना के बारे में परंपरागत दृष्टिकोण एवं धारणा को चुनौती देने की कोशिश की। गार्डनर ने इस बात पर आपत्ति जताई कि किसी की बुद्धि एक पूर्ण इकाई के रूप में काम करती हुई, उसकी सभी मानसिक क्रियाओं के लिए उत्तरदायी कैसे ठहराई जा सकती है? उसने कहा कि हमारी बुद्धि न तो एक इकाई के रूप में काम करने की क्षमता रखती है और न ही इसे किसी एक इकट्ठे बुद्धि परीक्षण से मापा जा सकता है। इस तरह गार्डनर ने पूर्व प्रचलित बुद्धि के एक तत्व सिद्धांत (Unitary Theory) का खंडन करते हुए उसके स्थान पर यह बताने की कोशिश की कि हमारे मस्तिष्क के संचालन हेतु एक नहीं बल्कि कई बहुबुद्धियों की उपस्थिति रहती है जो अपने-अपने ढंग से कार्य करती हुई हमारे विविध प्रकार के संज्ञानात्मक कार्यों के संपादन में हमारी मदद करती हैं और यही कारण है कि हम में से कुछ किसी एक बौद्धिक कार्य में आगे बढ़े हुए दिखाई देते हैं तो कुछ दूसरों में।

बुद्धि की संरचना सम्बन्धी अपनी इस बहु-बुद्धि धारणा के फलस्वरूप ही गार्डनर ने बुद्धि परीक्षण हेतु अपने आप में एक समग्र बुद्धि परीक्षण का उपयोग करने का विरोध किया। उसने कहा कि जब व्यक्तियों में कोई एक ही प्रकार की बुद्धि ही नहीं पाई जाती बल्कि अनेक प्रकार की बुद्धियां पाई जाती हैं जो कि उनको अलग-अलग प्रकार के बौद्धिक कार्यों को करने में मदद करती हैं तो फिर इस प्रकार की बहु-बुद्धियों का मापन किसी एक बुद्धि परीक्षण से कैसे किया जा सकता है।

मानवों में पाई जाने वाली व्यक्तिगत विभिन्नताओं की प्राकृतिक प्रक्रिया में विश्वास करते हुए उन्होंने दृढ़तार्पूक यह दलील दी कि सामान्य रूप से व्यक्ति जीवन की विभिन्न प्रकार की परिस्थितियों में अधिगम करने, याद रखने, प्रदर्शित करने तथा कार्य करने की अनेक प्रकार की बौद्धिक क्षमताओं तथा अलग-अलग प्रकार के दिमाग वाले होते हैं। इसलिए यह अनुमान लगाना कि मनुष्यों के मस्तिष्क में केवल एक ही प्रकार की बुद्धि या बौद्धिक तरंग प्रवाहित होती है, एकदम से निरर्थक या सारहीन है। बल्कि अपने-अपने वंशक्रम और वातावरणीय संरचना के आधार पर व्यक्तियों में विभिन्न प्रकार की बुद्धि

के बहुत से समुच्चय होते हैं। हम में से प्रत्येक व्यक्ति के पास बहु-बुद्धि का एक अनोखा समुच्चय होता है जो हमें एक दूसरे से अलग करता है।

बहु-बुद्धि क्या है? (What is Multiple Intelligence?)

गार्डनर ने मानव मस्तिष्क को विविध आयाम (Multiple frames) प्रदान करते हुए बुद्धि तथा उसके मापन की अवधारणा को एक व्यापक आधार देने का प्रयास किया। उसने सुझाव दिया कि बुद्धि एक विशिष्ट सांस्कृतिक व्यवस्था में ज्ञान के अनेक पक्षों से संबंधित व्यक्तियों में निहित उनकी योग्यताओं, प्रतिभाओं और मानसिक कुशलताओं का एक समुच्चय अर्थात् समग्र रूप है। बुद्धि के इस बहुसंख्यक दृष्टिकोण का और अधिक विस्तार करते हुए, आगे चलकर उसने निष्कर्ष प्रस्तुत करते हुए कहा कि व्यक्ति में सात प्रकार की बुद्धि होती हैं जो अपने आप में पूरी तरह स्वतंत्र हैं, और व्यक्ति के वंशक्रम सम्बन्धी विशेषताओं तथा वातावरणीय अनुभवों के आधार पर अलग-अलग-व्यक्तियों में अलग-अलग तरीके से वृद्धि और विकास को प्राप्त होती हैं।

बहु-बुद्धि विवरण (Description of Multiple Intelligence): गार्डनर द्वारा बहु-बुद्धि (Multiple Intelligence) नाम को प्राप्त ये विभिन्न बुद्धि निम्न प्रकार की होती हैं:

1. भाषात्मक बुद्धि (Linguistic Intelligence)
2. तार्किक गणितीय बुद्धि (Logical Mathematical Intelligence)
3. स्थान अवधारणा सम्बन्धी बुद्धि (Spatial Intelligence)
4. संगीतमय बुद्धि (Musical Intelligence)
5. शारीरिक गतिशास्त्र से संबंधित बुद्धि (Bodily Kinesthetic Intelligence)
6. अन्तर-वैयक्तिक बुद्धि (Inter-Personal Intelligence)
7. अंतरा-वैयक्तिक बुद्धि (Intra-Personal Intelligence)

आइए अब एक-एक कर बुद्धि के इन प्रकारों के बारे में जानते हैं।

1. भाषात्मक बुद्धि (Linguistic Intelligence): इस प्रकार की मानवीय बुद्धि सभी प्रकार की भाषात्मक क्षमताओं-योग्यताओं, प्रतिभा और कौशल जो कि एक मानव को उपलब्ध होती है, के लिए उत्तरदायी होती है। मौखिक तथा लिखित अभिव्यक्ति एवं समझ, संप्रेषण एवं ज्ञान में इसी बुद्धि का योगदान रहता है। भाषायी तत्वों से संबंधित विशेष कौशलों जैसे- शब्द रचना, वाक्य रचना आदि इसी प्रकार की बुद्धि की देन हैं। वकीलों, व्याख्याताओं, लेखकों, गीतकारों तथा भाषायी बुद्धि का सहारा लेने वाले अन्य अनेक व्यावसायिकों में इसी प्रकार की बुद्धि देखने को मिलती है। इस प्रकार की बुद्धि जिन विद्यार्थियों में बहुत ज्यादा होती है वे प्रायः निम्न प्रकार की विशेषताओं को प्रदर्शित करते हुए पाए जाते हैं:

- बोली गई तथा लिखित सूचनाओं को अच्छी तरह याद रखते हैं।
- पढ़ने और लिखने में आनन्द महसूस करते हैं।
- वाद-विवाद करने या प्रेरणादायक वार्ता करने में अच्छे होते हैं।
- किसी भी बात की अच्छी तरह व्याख्या कर सकते हैं।
- कथा कहानी करते समय अक्सर हास्य व्यंग्य का प्रयोग करते हैं।

2. तार्किक गणितीय बुद्धि (Logical Mathematical Intelligence): इस प्रकार की बुद्धि तर्क तथा गणित से संबंधित सभी प्रकार के क्षेत्रों में योग्यताओं, प्रतिभाओं तथा कुशलताओं के लिए उत्तरदायी होती है। निगमनात्मक तर्क, आगमनात्मक तर्क, वैज्ञानिक चिंतन, तार्किक पहेलियों को सुलझाना, दार्शनिक, भौतिक शास्त्र वैज्ञानिक आदि में यह बुद्धि काफी मात्रा

में दिखाई देती है। इस प्रकार के बुद्धि से युक्त विद्यार्थी निम्न प्रकार की विशेषताओं को प्रदर्शित करते हुए पाए जाते हैं:

- समस्या समाधान कौशलों में पारंपगत होते हैं।
- अमूर्त विचारों के बारे में चिंतन करने में आनन्द प्राप्त करते हैं।
- वैज्ञानिक प्रयोग करना पसंद करते हैं।
- जटिल से जटिल गणना सम्बन्धी समस्याओं को सुलझाने में कुशल होते हैं।

3. स्थान अवधारणा सम्बन्धी बुद्धि (Spatial Intelligence) **:** इस प्रकार की बुद्धि का सम्बन्ध व्यक्ति की ऐसी सभी योग्यताओं, प्रतिभाओं तथा कुशलताओं से होता है जो स्थान अवधारणाओं जैसे-स्थान सम्बन्धी बनावट या रचना और उसका सम्बन्ध को समझने और उपयोग में लाने में व्यक्ति को सक्षम बनाती हैं। हम में से बहुत से अपने कार्यक्षेत्र में इस प्रकार की बुद्धि का उपयोग करते हुए पाए जाते हैं। उदाहरण के लिए-एक चित्रकार अपने चित्र पट (Canvas) पर कोई चित्र बनाते समय स्थान के प्रयोग में इस बुद्धि का प्रयोग करता हुआ दिखाई देता है। यही बात कुछ व्यावसायिकों जैसे-जमीन का सर्वेक्षण करने वाले (Land Surveyors), भवन का नक्शा बनाने वाले (Architects), भवन निर्माण कला, वास्तुकला, मूर्त्तिकला (Sculpturers), डिजाइनिंग आदि से जुड़े हुए कार्यों में लगे हुए व्यक्ति अपने-अपने ढंग से स्थान अवधारणा सम्बन्धी बुद्धि पर निर्भर होते हुए पाए जाते हैं। जिन विद्यार्थियों में यह बुद्धि प्रमुख रूप से होती है, उनमें निम्न विशेषताएं देखी जा सकती हैं:

- पढ़ने और लिखने में आनन्द प्राप्त करते हैं।
- चित्रों, तस्वीरों, रेखा चित्र और चार्ट आदि का अर्थापन करने में कुशल होते हैं।
- ड्राइंग, पेन्टिंग और दूसरी दृश्यात्मक कलाओं में उनका खूब मन लगता है।
- किसी भी डिजाइन या नमूने (Pattern) को आसानी से पहचान लेते हैं।
- किसी वस्तु या पदार्थ के विभिन्न भागों या टुकड़ों को एक साथ जोड़ने में कुशल होते हैं।

4. संगीतमय बुद्धि (Musical Intelligence) **:** इस बुद्धि का सम्बन्ध उन सभी योग्यताओं, प्रतिभाओं तथा कुशलताओं से होता है जिनके तार संगीत से जुड़े होते हैं। व्यक्ति की सुर में अंतर बताने, ध्वनि की तीव्रता, सुरीलापन और तारतम्य को परखने की क्षमता, लय, ताल एवं संगीतमय स्वर के प्रति संवेदना, संगीत में निहित भाव को सुनने एवं समझने की क्षमता तथा वाद्य यन्त्रों की सहायता से संगीत प्रस्तुत करने की क्षमता में इस बुद्धि के दर्शन होते हैं।

संगीतज्ञ और संगीतकार (Musician and Composers) तथा संगीत निर्देशकों में इसी बुद्धि का बाहुल्य पाया जाता है। जिन बालकों में इस प्रकार की बुद्धि पाई जाती है उन्हें प्रायः निम्न प्रकार की विशेषताओं से लक्षित होता हुआ पाया जाता है:

- उन्हें गाने और संगीतमय वाद्य यन्त्रों को बजाने में आनन्द आता है।
- वे संगीतमय प्रारूपों, रचनाओं तथा ध्वनियों को भलीभांति परखने और जानने की क्षमता रखते हैं।
- संगीतमय गीतों और रचनाओं को भलीभांति याद रखने की क्षमता पाई जाती है।
- उनमें संगीत सम्बन्धी सुर, ताल, लय और भावों को समझने की परख और क्षमता पाई जाती है।

5. शारीरिक गतिशास्त्र से संबंधित बुद्धि (Bodily kinesthetic intelligence) **:** इस प्रकार

की बुद्धि का सम्बन्ध उन सभी योग्यताओं, प्रतिभाओं तथा कुशलताओं से होता है, जिनकी आवश्यकता व्यक्ति विशेष को अपने शरीर या अंग-प्रत्यगों के विविध प्रकार के संचालन और गतिविधियों के संपादन में पड़ती है। उदाहरण के लिए नृत्य करने, अपने शरीर के अंग-प्रत्यंगों को मोड़ने, तोड़ने, जिमनास्टिक कसरतों को संपादित करने तथा विभिन्न प्रकार के खेलों तथा योगासनों को संपादित करने, सर्जरी तथा उच्च ऑपरेशन करने, आदि कार्यों में इसी प्रकार की बुद्धि काम में आती है। एक बच्चा नियमबद्ध रूप में संपादित होने वाले व्यवस्थित खेलों में या शाब्दिक उद्दीपकों या विभिन्न संगीतमय ध्वनियों या बाजे की ध्वनि के प्रत्युत्तर में इसी बुद्धि का प्रयोग करते हुए अपने आपको गतिमय ढंग से अभिव्यक्ति करता हुआ (अंग संचालन करता हुआ) दिखाई देता है। विभिन्न व्यवसायों से संबंधित व्यक्ति जैसे-खिलाड़ी, नर्तक, नृत्य निर्देशक, सर्जन, कलाकार आदि अपने-अपने क्षेत्र में उच्चस्तरीय शारीरिक गतिशास्त्र से संबंधित बुद्धि का प्रदर्शन करते हुए पाए जाते हैं। जिन बच्चों में इस प्रकार की बुद्धि का बाहुल्य होता है वे निम्न प्रकार की विशेषताओं से युक्त पाए जाते हैं:

- वे नृत्य करने और खेलों में अच्छे होते हैं।
- वे अपने हाथों से कुछ सृजन करने में आनन्द प्राप्त करते हैं।
- उनका शारीरिक सामंजस्य बहुत उच्च स्तर का होता है।
- वे सुनकर या देखकर किसी बात को याद रखने की बजाय स्वयं करके ज्यादा अच्छी तरह याद रखते हैं।

6. अन्तर-वैयक्तिक बुद्धि (Inter-personal intelligence): इस प्रकार की बुद्धि का सम्बन्ध उन सभी योग्यताओं, प्रतिभाओं तथा कौशलों से होता है जो व्यक्ति विशेष को दूसरों को अच्छी तरह जानने और समझने तथा अपनी इस समझ को लाभकारी ढंग से प्रयुक्त करने में मदद करती हैं। इसके साथ-साथ यह बुद्धि दूसरों को समझने के कारण उत्पादकतापूर्ण कार्य करने की योग्यता को भी बढ़ाती है। दूसरों के बारे में जानकारी और समझ एक ऐसा गुण है जो कि व्यक्ति के दिन प्रतिदिन के जीवन में सामाजिक अन्तः क्रिया के लिए जरूरी है। व्यावहारिक जीवन में इस प्रकार की बुद्धि ज्यादातर मनोपचार करने वालों, अध्यापकों, विक्रय क्षेत्र से जुड़े व्यक्तियों, राजनीतिज्ञों तथा धार्मिक नेताओं में देखने को मिलती है। इस प्रकार की बुद्धि जिन बच्चों में अधिक होती है उनमें निम्न प्रकार के गुणों एवं विशेषताओं का बाहुल्य होता है:

- वे शाब्दिक संप्रेषण में बहुत पारंगत होते हैं।
- वे अशाब्दिक रूप से संप्रेषण करने में भी कुशल होते हैं।
- वे अलग-अलग परिप्रेक्ष्य से परिस्थिति का अध्ययन करते हैं या देखते हैं।
- वे दूसरों के साथ सकारात्मक सम्बन्ध स्थापित करते हैं।
- वे समूह में पैदा हुए मतभेद या संघर्ष को समाप्त करने में समर्थ होते हैं।

7. अन्तरावैयक्तिक बुद्धि (Intra-personal intelligence): इस प्रकार की बुद्धि का सम्बन्ध व्यक्ति विशेष की उन योग्यताओं, प्रतिभाओं एवं कुशलताओं से होता है जो उसे अपने संपूर्ण व्यवहार का मूल्यांकन करते हुए अपने आपको ठीक प्रकार से जानने और समझने में मदद कर सके। व्यक्ति की संज्ञानात्मक संरचना में अन्तर-वैयक्तिक बुद्धि की दूसरी सहगामी बुद्धि है अन्तरावैयक्तिक बुद्धि (Intra-personal intelligence)। इसमें व्यक्ति की अपनी संज्ञानात्मक ताकत का ज्ञान और समझ, मानसिक कार्यप्रणाली और उसकी

शैली, उसकी अपनी भावनाएं, संवेगों का विस्तार और व्यावहारिक परिस्थितियों में अपने ज्ञान के खजाने का उपयोग करने का कौशल आदि सभी शामिल होते हैं। संक्षेप में, अंतरा-वैयक्तिक बुद्धि व्यक्ति का वह गुण है जो उसे अपने संपूर्ण व्यवहार (वह क्या महसूस करता है, सोचता है या करता है) के बारे में एक अन्तः दृष्टि प्रदान करके, उसे अपने स्वयं के बारे में समझने में सहायता करता है। इसलिए इसे व्यक्ति की सर्वाधिक व्यक्तिगत बुद्धि माना जाता है। इसकी गोपनीय एवं व्यक्तिगत प्रकृति के कारण ही किसी व्यक्ति में इस प्रकार की बुद्धि का पता केवल उसकी आत्माभिव्यक्ति जैसे-वार्तालाप, भाषा, संगीत, दृश्यामक कला तथा इसी प्रकार के अभिव्यक्ति के और अन्य स्वरूपों के द्वारा ही लगाया जा सकता है। हमारे व्यावहारिक जीवन में इस प्रकार की बुद्धि योगियों, साधुओं, कलाकारों तथा सृजनकर्त्ताओं में पाई जाती है। जिन बच्चों के पास इस प्रकार की बुद्धि होती है वे निम्न प्रकार की विशेषताओं और गुणों को प्रदर्शित करते हुए पाए जाते हैं:

- वे अपनी अच्छाइयों तथा कमजोरियों का विश्लेषण करने में अच्छे होते हैं।
- वे सिद्धांतों एवं विचारों की व्याख्या एवं विश्लेषण करने में आनन्द प्राप्त करते हैं।
- उनमें आत्म जागरूकता बहुत ज्यादा होती है।
- वे अपनी अभिप्रेरणा एवं भावनाओं के आधार को स्पष्ट रूप से समझते हैं।

ऊपर जिन सात बुद्धि प्रकारों की चर्चा की गई है, इनके अलावा गार्डनर ने अपने शोध अध्ययन के बाद के वर्षों में एक और आठवें प्रकार की बुद्धि की खोज की जिसे उन्होंने नैसर्गिक बुद्धि (Naturalistic Intelligence) नाम दिया। अब गार्डनर के बहु बुद्धि सिद्धांत में सात बुद्धि प्रकारों के स्थान पर (जैसा कि पहले कहा गया है) आठ बुद्धि प्रकार पाए जाते हैं। अपनी आठवीं बुद्धि पर प्रकाश डालते हुए गार्डनर ने लिखा है:

"नैसर्गिक बुद्धि व्यक्ति को वह योग्यता है जिसकी सहायता से वह पौधों, खनिजों, जानवरों तथा साथ ही चट्टानों, घास और सभी प्रकार के फल फूल आदि को पहचान सकता है और उनका वर्गीकरण कर सकता है। सांस्कृतिक उत्पादों जैसे-आधुनिक कार चोर, उचक्कों आदि को पहचानने की योग्यता भी इसी नैसर्गिक बुद्धि पर निर्भर करती है। कुछ लोग बचपन से ही भौतिक पदार्थों को पहचानने एवं वर्गीकरण करने में बहुत अच्छे होते हैं। उदाहरण के लिए-हम अच्छी तरह जानते हैं कि 3-4 वर्ष की आयु के बच्चे डायनासोर को पहचानने में प्रौढ़ों से ज्यादा कुशल होते हैं।"

("The naturalist intelligence refers to the ability to recognise and classify plants, minerals and animals, including rocks and grass and all variety of flora and fauna. The ability to recognise cultural artifacts like cars or sneakers may also depend on the naturalist intelligence. Some people from an early age are extremely good at recognising and classifying artifacts. For example, we all know kids who at 3 or 4 are better at recognising dinosaurs than most adults.")

गार्डनर के अनुसार जिन व्यक्तियों में इस प्रकार की बुद्धि की अधिकता पाई जाती है वे प्रकृति के बहुत समीप होते हैं, वे प्राकृतिक तत्वों का पालन-पोषण या देखभाल करने में तथा पर्यावरणीय तत्वों की खोज करने में बहुत रुचि लेते हैं। अन्य प्रजातियों के बारे में जानने में उन्हें बहुत अच्छा लगता है। यह भी कहा जाता है कि वातावरण में होने वाले अचानक परिवर्तन के बारे में भी उनमें काफी जागरूकता होती है। जिन विद्यार्थियों या बच्चों में इस प्रकार की बुद्धि पाई जाती है, वे निम्न प्रकार के गुणों एवं विशेषताओं को प्रदर्शित करते हुए पाए जाते हैं:

- वे जीवन विज्ञान, वनस्पति विज्ञान और जन्तु विज्ञान जैसे विषयों में बहुत रुचि लेते हैं।
- वे सूचनाओं को आसानी से वर्गीकृत करने तथा व्यवस्थित करने में अच्छे होते हैं।
- वे बागबानी, केम्पिंग, पर्वतारोहण तथा बाहर के स्थानों की छानबीन करने में खुशी प्राप्त करते हैं।
- वे ऐसे विषय और उपविषयों को, जो प्रकृति से संबंधित नहीं होते हैं, पढ़ने और सीखने में न ही रुचि लेते हैं और न ही उनके अधिगम में उन्हें खुशी मिलती है।

गार्डनर के बहु-बुद्धि सिद्धांत के निहितार्थ
(Implications of Gardner's Theory of Multiple Intelligence)

गार्डन का बहु-बुद्धि सिद्धांत उन सभी अधिगमकर्त्ताओं की शिक्षा में बहुत कुछ महत्वपूर्ण योगदान देने की क्षमता रखता है जिनमें उनकी बुद्धि के हिसाब से बहुत प्रकार की विभिन्नताएं पाई जाती हैं, जिससे उनकी अधिगम आवश्यकताओं में काफी कुछ अन्तर आ जाता है। गार्डन के सिद्धांत की उपादेयता को हम संक्षेप में निम्न प्रकार व्यक्त कर सकते हैं:

1. गार्डनर के बहु-बुद्धि सिद्धांत की आवधारणा शिक्षक एवं अभिभावकों को स्पष्ट रूप से यह बता देती है कि समग्र रूप में सामान्य बौद्धिक क्षमता 'g' की अवधारणा पूर्ण रूप से सीमित है और शैक्षिक रूप से बुरी तरह गलत दिशा दिखाने वाली है। बुद्धि में एक ही तत्व 'g' सामान्य मानसिक योग्यता या क्षमता के रूप में विद्यमान नहीं रहता। बुद्धि अपने समग्र रूप में एक साथ एक ही ढंग से काम करती हुई प्रतीत नहीं होती है। वह एक रूपीय न होकर विविध रूपीय होती है तथा बुद्धि के इन सभी रूपों का स्वतंत्र अलग-अलग अस्तित्व होता है। जिसमें जिस प्रकार की बुद्धि होती है वह उस बुद्धि से जुड़े हुए विशेष प्रकार के कार्यों के संपादन में आगे बढ़ा हुआ पाया जाता है। यह जरूरी नहीं है कि एक व्यक्ति जिसमें भाषात्मक और/या तार्किक गणितीय योग्यता का बाहुल्य है, वह अन्य सभी या किसी भी अन्य पक्ष जैसे-स्थान अवधारणा सम्बन्धी या संगीतमय योग्यताओं में असाधारण योग्यता का प्रदर्शन करे। गार्डनर ने स्पष्ट किया कि आठों प्रकार की मानवीय बुद्धि के अपनी प्रचुरता या कमी पर यह सब निर्भर करता है। आठों प्रकार की ये बुद्धि अपने आप में पूरी तरह अलग-अलग रहकर स्वतंत्र रूप में विकसित होने की क्षमता रखती हैं और अपने आप में काफी व्यापक अस्तित्व वाली सामान्य बुद्धि 'g' से अलग हटकर कार्य करती हुई दिखाई देती हैं।
2. गार्डन का बहु-बुद्धि सिद्धांत इस बात पर जोर देता है कि एक व्यक्ति को समाज में अपनी उपयोगी एवं उत्पादक कार्यात्मकता के लिए इन आठों प्रकार की बुद्धियों की जरूरत होती है। इसीलिए हमारे विद्यालय में परंपरागत सामान्य कक्षा-कक्ष व्यवस्था में केवल शाब्दिक एवं गणितीय बुद्धि के विकास पर जोर देने के बजाय बच्चों में सभी प्रकार की बुद्धियों के प्रयोग और विकास पर जोर देना चाहिए।
3. जबकि यह माना जाता है कि प्रत्येक अधिगमकर्त्ता में अपनी-अपनी योग्यताओं और अधिगम आवश्यकताओं के अनुसार बहु-बुद्धि का एक अनुपम समग्र होता है तो अध्यापकों को चाहिए कि वे बच्चों की अधिकांश या सभी बुद्धियों के लिए विषय सामग्री को इस प्रकार प्रस्तुत करें कि यह सभी के लिए यथोचित हो। उदाहरण के लिए-जब कक्षा में क्रांतिकारी लड़ाई के बारे में शिक्षण किया जा रहा हो तब अध्यापक कक्षा में बच्चों को लड़ाई का मानचित्र दिखा सकता है, क्रांतिकारी युद्ध से संबंधित

गीत सुना सकता है, स्वतंत्रता के उद्घोषणा पत्र पर हस्ताक्षर करने की भूमिका निर्वाह कर सकता है, उस समय के जन जीवन के बारे में कोई उपन्यास बच्चों को पढ़ने के लिए कह सकता है या स्वतंत्रता संग्राम पर कोई लघु चलचित्र दिखा सकता है। कक्षा-कक्ष में इस प्रकार का प्रस्तुतीकरण बच्चों को अधिगम के लिए प्रोत्साहित करने के साथ-साथ शिक्षक को भी वही विषय-वस्तु अनेक प्रकार से प्रस्तुत करने के लिए पुनर्बलित करता है। इस प्रकार से बहुत प्रकार की बुद्धियों को सक्रिय करते हुए यदि शिक्षण किया जाए तो इससे बच्चों को विषय-वस्तु को अच्छी प्रकार से समझने में सहायता मिलती है।

4. प्रत्येक व्यक्ति इन आठों बुद्धियों के साथ जन्म लेता है। परंतु यह भी सत्य है कि सभी विद्यार्थी कक्षा-कक्ष में विकसित बुद्धियों के अलग-अलग समग्र के साथ आते हैं। तात्पर्य यह है कि प्रत्येक बच्चे के पास उसकी बौद्धिक ताकत तथा कमजोरियों के अपने स्वयं के अनुपम समग्र होते हैं। ये समग्र (Sets) ही इस बात का निर्धारण करते हैं कि कोई सूचना, जब एक विशेष तरीके से बच्चों के समक्ष प्रस्तुत की जाती है तो वह किस विद्यार्थी के लिए कितनी आसान या कठिन होगी। इस तरीके को ही सामान्य अधिगम शैली कहा जाता है। अत: एक कक्षा-कक्ष में अनेक अधिगम शैलियां पाई जा सकती हैं। इसलिए एक अध्यापक के लिए यह असंभव और अव्यावहारिक भी होता है कि वह कक्षा-कक्ष में पाई जाने वाली सभी अधिगम शैलियों के अनुसार अपने प्रत्येक पाठ को प्रस्तुत करे। ऐसी स्थिति में अध्यापक अपने विद्यार्थियों को यह बता सकता है कि जिस पाठ को समझने के लिए सामान्यत: उसकी थोड़ी कमजोर बुद्धि का प्रयोग हो रहा है तो उसको ठीक प्रकार से समझने के लिए वे अपनी अधिक विकसित बुद्धियों का उपयोग कर सकते है।

   उदाहरण के लिए-अध्यापक यह सुझाव दे सकता है कि कमजोर भाषायी बुद्धि वाला विद्यार्थी जोकि संगीतमय बुद्धि में अच्छा है, वह क्रांति युद्ध में घटित घटनाओं पर बने हुए एक गीत को गाकर इस पाठ को अच्छी तरह से समझ सकता है।

5. गार्डन के बहु-बुद्धि सिद्धांत में, विद्यार्थियों की विभिन्न प्रकार की योग्यताओं और प्रतिभाओं को पहचानने का एक अत्यधिक विश्वसनीय सैद्धांतिक आधार प्रदान करके उन्हें अपने सामाजिक जीवन एवं सांस्कृतिक व्यवस्था में अधिक सफल और सक्रिय प्रौढ़ों के रूप में विकसित होने में सहायता करने की अभूतपूर्व क्षमता है। यह सिद्धांत यह मानता है कि सभी विद्यार्थी भाषायी या गणितीय रूप से प्रतिभाशाली नहीं होते हैं परंतु वे अन्य क्षेत्रों में कुशल हो सकते है, जैसे-संगीत, स्थान सम्बन्धी अवधारणा, अंत: व्यक्तिगत ज्ञान आदि। उनका इन क्षेत्रों में मापन करके तथा उसके अनुसार शिक्षा व्यवस्था करके कक्षा के अधिकांश विद्यार्थियों को कक्षा-कक्ष अधिगम में सफलतापूर्वक सक्रिय सहयोग देने में सहायता दी जा सकती है।

   इसलिए विद्यालय अधिकारियों के लिए यह जरूरी है कि वे विद्यालय के पाठ्य और सहपाठ्य कार्यक्रम एवं क्रियाओं में विभिन्नता लाएं जिससे कि विद्यार्थियों की संज्ञानात्मक संरचना (प्रत्येक विद्यार्थी को बहुबुद्धि के समग्रों) के अनुसार उनकी आवश्यकताओं, क्षमताओं और योग्यताओं को पूरा किया जा सके।

6. गार्डनर का सिद्धांत इस बात की वकालत करता है कि बच्चों की बौद्धिक कार्यक्षमता के स्तर की जांच करने के लिए केवल एक संपूर्ण परीक्षण की बजाय बच्चों की

सभी आठों प्रकार की बुद्धियों से संबंधित संज्ञानात्मक विकास और बौद्धिक कार्यप्रणाली की जांच करने के लिए विभिन्न प्रकार के परीक्षण और जांच सम्बन्धी युक्तियों का प्रयोग किया जाए।

7. गार्डन का बहु-बुद्धि सिद्धांत, विद्यार्थियों की सफलता की जांच करने के तरीकों और साधनों में भी परिवर्तन लाने का सुझाव देता है। इस सम्बन्ध में जो भी बातें बताई गई हैं, उन्हें संक्षेप में निम्न प्रकार स्पष्ट किया जा सकता है :
   - हमारी शिक्षा प्रणाली में भाषायी तथा गणितीय बुद्धियों को विकसित करने की महत्ता पर बहुत बल दिया जाता है, इसीलिए विद्यार्थियों की सफलता का आधार भी इन दोनों बुद्धियों में मापन किए गए कौशल का स्तर ही होता है। गार्डनर के बहु-बुद्धि सिद्धांत के समर्थकों का विश्वास है कि यह तरीका एकदम अनुचित है। जिन बच्चों की संगीतमय बुद्धि अत्यधिक विकसित होती है, उनकी प्रतिभाशाली बच्चों के कार्यक्रमों में उपेक्षा की जाती है या उन्हें एक अलग विशिष्ट शिक्षा की कक्षा में स्थान दे दिया जाता है क्योंकि वे भाषा और गणित में वांछित स्तर के अंक प्राप्त नहीं कर पाए होते हैं। यहां यह जरूरी है कि अध्यापकों को अपने विद्यार्थियों के अधिगम की जांच करने के लिए ऐसे तरीके अपनाने चाहिए जो उनकी ताकतों तथा कमजोरियों की एक सही-सही स्थिति प्रस्तुत कर सकें।
   - सभी बच्चे एक ही तरीके से अधिगम नहीं करते हैं। अतः एक समान तरीके से उनकी जांच भी नहीं की जा सकती है। इसलिए यह जरूरी है कि अध्यापक प्रत्येक विद्यार्थी का एक बुद्धि पोर्टफोलियो (Intelligence Profile) बनाएं। प्रत्येक विद्यार्थी किस प्रकार अधिगम प्राप्त करता है, इस बात की जानकारी बच्चे की प्रगति की जांच ठीक प्रकार से करने में अध्यापक की सहायता कर सकेगी। (लेजियर- Lazear, 1992)। इस प्रकार का व्यक्तिगत मूल्यांकन का तरीका अध्यापक को अधिक अच्छे निर्णय लेने में, कि बच्चे को क्या पढ़ाया जाए और किस प्रकार से पढ़ाया जाए, सहायता करेगा।
   - परंपरागत परीक्षण (बहुविकल्प परीक्षण या लघु उत्तर या निबंधात्मक ....) बच्चों से एक पूर्वनिर्धारित ढंग से अपने ज्ञान को प्रदर्शित करने की मांग करते हैं। गार्डनर के सिद्धांत के समर्थकों का सुझाव है कि मूल्यांकन एवं जांच का सबसे अच्छा तरीका है बच्चों को अपनी विभिन्न बुद्धियों का प्रयोग करते हुए अपने तरीके से विषय-वस्तु की व्याख्या करने के लिए स्वीकृति दी जाए। इस प्रकार की स्वीकृत जांच की विधियों में विद्यार्थी पोर्टफोलियो, स्वतंत्र प्रोजेक्ट, विद्यार्थी जनरल्स, सृजनात्मक कार्य आदि का उपयोग किया जा सकता है।

8. गार्डनर द्वारा प्रतिपादित बहु-बुद्धि की अवधारणा ने अधिगमकर्त्ताओं को उनके उचित अधिगम तथा उपलब्धि के लिए काफी कुछ अवसर प्रदान करने का प्रयत्न किया चाहे उनमें भाषा और गणित सम्बन्धी कुशलताओं को लेकर कुछ कमजोरियां क्यों न विद्यमान हों।

अन्य छः बुद्धियों : दृश्य स्थान अवधारणा बुद्धि, संगीतमय बुद्धि, शारीरिक गतिशीलता बुद्धि, अन्तर-वैयक्तिक, तथा अन्तरा-वैयक्तिक बुद्धि एवं नैसर्गिक बुद्धि से संबंधित सभी कौशल भी एक व्यक्ति या विद्यार्थी के जीवन में अपने कार्यों को संपन्न करने तथा सफलता प्राप्त करने के लिए समान रूप से महत्वपूर्ण होते हैं, अतः आवश्यक स्थान रखते हैं।

इसलिए शाब्दिक एवं गणितीय योग्यताओं के प्रभुत्व से अलग अधिगम क्षेत्रों तथा क्रियाओं में बच्चों को लगातार तरक्की करने तथा अधिगम करने के अवसरों से कभी भी दूर नहीं करना चाहिए और न ही उनको हतोत्साहित या उपेक्षा करनी चाहिए।

इस प्रकार गार्डनर के बहु-बुद्धि सिद्धांत ने जो मार्ग दिखाया है वह व्यक्तिगत विभिन्ताओं, अधिगम आवश्यकताओं में भिन्नता तथा अधिगम शैलियों की विशेषताओं से युक्त अधिगमकर्त्ताओं के लिए अधिगम अनुभव व्यवस्थित एवं संगठित करने में एक महत्वपूर्ण मार्गदर्शक कारक और सहायक सिद्ध होगा।

बुद्धि को मापना (Measurement of Intelligence)

'बुद्धि-परीक्षा' से ही हम व्यक्ति की बुद्धि के सम्बन्ध में जान सकते हैं। बुद्धि को मापने के लिए मनोवैज्ञानिकों ने कई 'बुद्धि-परीक्षाओं' का निर्माण किया है।

बुद्धि परीक्षाओं का वर्गीकरण (Clasification of Intelligence Tests)

1. जहां तक प्रशासनिक दृष्टिकोण का सम्बन्ध है, बुद्धि परीक्षाओं को दो व्यापक-वर्गों में बांटा जा सकता है–

(a) व्यक्तिगत परीक्षाएं (Individual Tests) –इसमें केवल एक व्यक्ति की परीक्षा ली जाती है।

(b) सामूहिक परीक्षाएं (Group Tests) –इनमें व्यक्तियों के समूह की परीक्षा ली जाती है।

2. 'परीक्षा के रूप' के आधार पर बुद्धि परीक्षा को दो वर्गों में बांटा जाता है–

(a) शाब्दिक या भाषात्मक परीक्षाएं (Verbal or Language tests)

(b) अशादिब्क या भाषा रहित परीक्षाएं (Non-verbal or Non-Language tests)

(a) **शाब्दिक या भाषात्मक परीक्षाएं (Verbal or Language Tests)**– इस परीक्षाओं में भाषा का प्रयोग किया जाता है। इसमें 'शब्दों' (मौखिक या लिखित रूप में) के द्वारा आदेश दिए जाते हैं तथा व्यक्तियों को उत्तर देने के लिए भाषा के प्रयोग की आज्ञा होती हे।

(b) **अशादिब्क या भाषा रहित परीक्षाएं (Non-verbal or Non-Language Tests)**– इन परीक्षाओं में ऐसी क्रियाएं होती हैं जिन में भाषा का प्रयोग आवश्यक नहीं होता। आदेश भले ही भाषा द्वारा दिए जाएं परंतु 'परीक्षा-सामग्री' तथा 'अनुक्रिया' (Response) में भाषा का प्रयोग नहीं किया जाता।

'क्रिया-परीक्षाएं' (PerformanceTests) भी भाषा रहित परीक्षाएं होती हैं। इन परीक्षाओं की मुख्य विशेषताएं निम्नलिखित होती हैं:

(a) इस परीक्षा की 'परीक्षा-सामग्री' ठोस वस्तुओं पर आधारित होती है।

(b) इन परीक्षाओं में जो कुछ व्यक्ति को करना होता है उसे परीक्षक द्वारा संकेतों या इशारों से समझाया जा सकता है।

(c) व्यक्ति की अनुक्रिया उसके कार्य पर निर्भर होती है।

(d) प्रायः ये परीक्षाएं व्यक्तिगत परीक्षाएं होती हैं।

जैसा कि डा. पिल्लै (Dr. Pillai) ने कहा है, *"इन्हें ग्रुप-परीक्षा के रूप में प्रयुक्त नहीं किया जा सकता क्योंकि इनमें परीक्षार्थी का व्यक्तिगत रूप से निरीक्षण करना होता है और उसे आवश्यक निर्देशन देना होता है।"*

"These cannot be used as group tests, chiefly because it is necessary to supervise the individual testee at work and give him necessary direction." 1972, p. 265

बुद्धि-परीक्षा के तमाम वर्गों को चित्रानुसर इस प्रकार दिखाया जा सकता है-

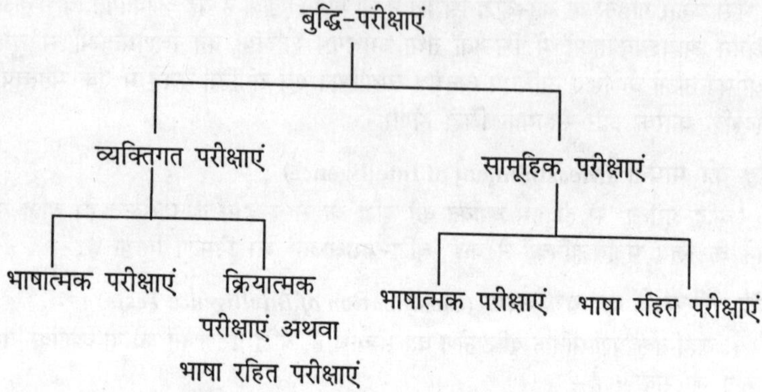

चित्र 15.3: बुद्धि परीक्षाओं का वर्गीकरण

अब हम इन पर अलग-अलग विचार करेंगे-

व्यक्तिगत भाषात्मक परीक्षाएं (Individual Verbal Tests)

जो परीक्षाएं व्यक्तिगत रूप से ली जाएं और जिन में भाषा का प्रयोग होता है-वे इसी वर्ग में आती हैं, जैसे-स्टेनफोर्ड बिने परीक्षा (Stanford Binet Test)।

वास्तव में फ्रैंच मनोवैज्ञानिक एल्फ्रैड-बिने (Alfred Binet) 'बुद्धि परीक्षाओं' का जन्मदाता है। उसने थीओडोर साईमन (Theodore Simon) के साथ 1905 में एक परीक्षा तैयार की। इनमें विभिन्न स्तरों के लिए उत्तरोत्तर कठिन होती हुई तीस पूर्तियां हैं जैसे

तीन वर्ष की अवस्था (At age 3)- नाक, कान और मुंह की ओर इशारा करना।

7 वर्ष की अवस्था (At age 7)- अपूर्ण चित्र में क्या कमी है?

सन् 1916 में स्टेनफोर्ड (Stanford) विश्वविद्यालय के टरमैन (Terman) ने इसका संशोधन किया और सन् 1937 में मैरिल (Merril) के सहयोग से इसका नया रूप तैयार किया गया। इसे और 1960 में तैयार किए गए परीक्षण को स्टेनफोर्ड बिने स्केल (Stanford Binet Scale) कहा जाता है।

इस स्केल की परीक्षाएं 2 से 22 वर्ष तक के व्यक्तियों के लिए बनाई गई हैं। इसमें सरल परीक्षा से जटिल परीक्षा तक क्रमानुसार विभिन्न परीक्षाएं सम्मिलित हैं। इन परीक्षाओं को उपयुक्त संशोधन कर विभिन्न देशों में अपनाया गया है। भारत में सबसे प्रथम प्रयास सन् 1922 में डा. सी. एच. राईस (Dr. C.H. Rice) द्वारा किया गया जब उन्होंने 'हिन्दुस्तानी बिने-क्रिया-स्केल' (Hindustani Binet Performance Scale) को प्रकाशित कराया। उत्तर प्रदेश की राज्य-मनोविज्ञान-शाला ने भी स्टेनफोर्ड बिने परीक्षा का हिंदी रूपांतर तैयार किया। इस परीक्षा को कई वय-वर्गों में बांटा गया है और इसे 'बुद्धि-परीक्षा अनुशीलन' की संज्ञा दी गई है।

भारत में प्रयुक्त होने वाली अन्य भाषात्मक व्यक्तिगत बुद्धि परीक्षा 'सामान्य बुद्धि परीक्षा' के नाम से प्रसिद्ध है। यह परीक्षा विलियम स्टीफनसन (William Stephenson) की परीक्षा का भारतीय रूपांतर है। इसे राजकीय शिक्षा एवं व्यावसायिक निर्देशन ब्यूरो,

ग्वालियर (State Bureau of Educational and Vocational Guidance, Gwalior) द्वारा तैयार किया गया है।

प्रौढ़ों के लिए भारतीय परिस्थितियों में प्रयुक्त होने वाला पहला व्यक्तिगत भाषात्मक बुद्धि परीक्षण जवाहर लाल नेहरू विश्वविद्यालय की श्रीमती प्रभा रामा लिंगास्वामी ने तैयार किया है।

व्यक्तिगत क्रिया-परीक्षाएं (Individual Preformance Tests)

इन परीक्षाओं में परीक्षा-सामग्री तथा उन के उत्तर (Responses) क्रियाओं में होते हैं और इनमें भाषा का प्रयोग बिल्कुल नहीं किया जाता। इनमें गत्यात्मक क्रियाओं (Motor-activities) से संबंधित पूर्तियां सम्मिलित की जाती हैं। सामान्य रूप से निम्नलिखित क्रियाएं इन परीक्षाओं में देखने को मिलती हैं–

(a) ब्लाक-बिल्डिंग या घनों द्वारा निर्माण (Block building or cube construction): इसमें परीक्षार्थी को ब्लाकों द्वारा बिल्डिंग डिजाईन बनाने को कहा जाता है। मैरिल-पामर ब्लाक बिल्डिग (Merril Palmer Block Building), कोह कृत ब्लाक-डिजाइन परीक्षा (Koh's Block Design Test), एलैक्जैण्डर कृत पास-एलांग परीक्षा (Alexander's Pass-along Test) आदि इस प्रकार की परीक्षा के कुछ उदाहरण हैं।

(b) छेदों के ब्लाक लगाना (To fit the blocks in the holes): इस प्रकार की परीक्षा में परीक्षार्थी को कुछ ब्लाक तथा छेदों से युक्त एक बोर्ड दिया जाता है। परीक्षार्थी को इन विभिन्न छेदों से संबंधित ब्लाक लगाने को कहा जाता है। सैगुइन फार्म-बोर्ड परीक्षा (Seguin Form Board Test) तथा गोडार्ड फार्म बोर्ड परीक्षा (Goddard Form Board Test) इस परीक्षा के प्रसिद्ध उदाहरण हैं।

(c) भूल-भुलैयां को खोजना (Tracing a maze): परीक्षा-सामग्री में क्रमानुसार कठिन होती हुई भूल-भुलैयां सम्मिलित होती हैं। ये भूल-भुलैयां अलग-अलग कागजों पर छपी होती हैं। परीक्षार्थी को प्रवेश से अन्त तक इनका रास्ता ढूंढना होता है। 'पोर्टीयस-भूल-भुलैयां-परीक्षा' (Porteus Maze Test) इसका उदाहरण है।

(d) चित्र-पूर्णता (Picture Completion): इसमें परीक्षार्थी को प्रत्येक चित्र के कुछ कटे हुए भाग दे कर उस चित्र को पूरा करने के लिए कहा जाता है। 'हीली चित्र-पूर्णता परीक्षा' (The Healy Pictorial Completion Test) इस प्रकार की परीक्षा का अच्छा उदाहरण है।

उपर्युक्त परीक्षाओं से स्पष्ट है कि इन परीक्षाओं में किसी न किसी प्रकार की क्रियाओं पर बल दिया गया है। व्यक्तिगत मानसिक योग्यता की पूर्ण बौद्धिक परीक्षा करने के लिए एक या दो परीक्षाओं की बजाय क्रियात्मक-परीक्षाओं के समूह (group) को जिसे स्केल या बैटरी (Battery) में संगठित किया जाता है, प्रयोग किया जाता है। इन में इन में से कुछ प्रसिद्ध स्केल निम्नलिखित हैं:

(a) पिंटर-पेटरसन स्केल (Pinter Patterson Scale)

(b) आर्थर-प्वाइंट स्केल (Arthur Point Scale)

(c) क्रियात्मक-परीक्षाओं की एलैक्जैण्डर बैटरी (Alexander's Battery of Performance)।

हमारे देश में इस प्रकार के स्केल या बैटरियों का निर्माण के प्रयत्न किए गए हैं। डॉ. चन्द्रमोहन भाटिया द्वारा इस दिशा में किया गया प्रयास काफी उल्लेखनीय है। उन्होंने

भाटिया परफोर्मेन्स टैस्ट बैटरी के नाम से एक बुद्धि परीक्षण तैयार किया है, जिसमें निम्न पांच उप-परीक्षण हैं :

(a) कोह ब्लाक डिजाइन परीक्षा (Koh's Block Design Test)
(b) अलेक्जेन्डर पास एलांग परीक्षा (Alexander Pass along Test)
(c) पैटर्न ड्राईंग परीक्षा (Pattern Drawing Test)
(d) अंकों से संबंधित तात्कालिक स्मृति परीक्षा (Immediate Memory test for digits)
(e) चित्र निर्माण-परीक्षा (Picture construction)

इस बैटरी की अन्तिम दो परीक्षाएं श्री भाटिया ने स्वयं विकसित की हैं जबकि पहली तीन उधार ली गई हैं।

वैक्सलर बैलीव्यू बुद्धि स्केल (Wechsler Bellevue Intelligence Scale)

यह परीक्षा दो रूप में मिलती है। पहला रूप 'WISC' बच्चों के लिए प्रयोग किया जाता है और दूसरा रूप 'WIAS' प्रौढ़ों के लिए प्रयोग किया जाता है। यह व्यक्तिगत परीक्षा है जिसमें भाषात्मक (Verbal) एवं क्रियात्मक (Performance) दोनों स्केलों की विशेषताएं विद्यमान हैं।

इस स्केल में 11 उप-परीक्षाएं हैं। 6 उप-परीक्षाएं भाषात्मक-स्केल का निर्माण करती हैं और 5 क्रियात्मक-स्केल का निर्माण करती हैं। क्रमानुसार ये परीक्षाएं निम्नलिखित हैं–

भाषात्मक स्केल (Verbal Scale)

1. सामान्य ज्ञान की परीक्षा (Test of General Infomation)
2. सामान्य बोधगम्यता (Comprehension) की परीक्षा
3. गणितीय-तर्क (Arithmetic Reasoning) की परीक्षा
4. अंक-विस्तार (Digit span) की परीक्षा
5. समानताओं (Similarities) में भेद कर सकने की परीक्षा
6. शब्द-ज्ञान की परीक्षा (Test of Vocabulary)

क्रियात्मक स्केल (Performance Scale)

7. अंक-प्रतीक (Digit symbol) परीक्षा
8. चित्र-पूर्णता (Picture Completion) परीक्षा
9. ब्लाक-डिजाईन (Block Design) परीक्षा
10. चित्र व्यवस्था (Picture arrangement) परीक्षा
11. वस्तु-संकलन (Object assembly) परीक्षा।

व्यक्ति की बुद्धि को मापने के लिए इन उप-परीक्षाओं में प्राप्त अंकों को जोड़ा जाता है।

सामूहिक भाषात्मक बुद्धि-परीक्षाएं (Group Verbal Intelligence Tests)

ये परीक्षाएं एक साथ कुछ व्यक्तियों के समूह से ली जाती हैं और इसमें भाषा का प्रयोग आवश्यक होता है। इन में से कुछ पुरानी परीक्षाएं निम्नलिखित हैं:

(a) सैनिक एल्फा परीक्षाएं (Army Alpha Tests): ये प्रथम विश्व-युद्ध में निर्मित की गईं थीं।

(b) सैनिक सामान्य वर्गीकरण (Army General Classification): यह दूसरे विश्व-युद्ध में निर्मित किया गया था।

आजकल बहुत सी सामूहिक भाषात्मक परीक्षाएं प्रचलित हैं। भारत में भी इस प्रकार की परीक्षाओं के निर्माण के प्रयास किए जा रहे हैं। इन में से लोकप्रिय परीक्षाएं निम्नलिखित हैं–

1. प्रो. उदयशंकर द्वारा रचित सी.आई.ई. (C.I.E.) सामूहिक भाषात्मक बुद्धि परीक्षा (हिंदी)
2. डा. एस. जलोटा द्वारा निर्मित सामूहिक मानसिक योग्यता- परीक्षा (हिंदी)
3. मनोविज्ञान-ब्यूरो इलाहाबाद द्वारा निर्मित सामूहिक बुद्धि परीक्षा (हिंदी)
4. प्रयोग मेहता कृत 'सामूहिक बुद्धि परीक्षा'–जिस का प्रकाशन 'मानसायन' देहली द्वारा हुआ है।
5. पंजाब विश्वविद्यालय के डा. पी. एस. हुण्डल द्वारा निर्मित सामान्य मानसिक योग्यता परीक्षा (पंजाबी)
6. केरल विश्वविद्यालय के डा. पी. गोपाला पिल्लै द्वारा निर्मित सामूहिक भाषात्मक बुद्धि–परीक्षा (मलयालम)
7. श्री पी. एल. श्रीमाली द्वारा निर्मित सामूहिक भाषात्मक बुद्धि–परीक्षा (हिंदी)
8. बिहार में स्थित शिक्षा एवं व्यवसायिक निर्देश ब्यूरो के श्री एस. एम. मोहसिन कृत सामूहिक बुद्धि की जांच (हिंदी)।

***भाषा रहित सामूहिक बुद्धि-परीक्षाएं* (The Group Non-Verbal Intelligence Tests)**

इन परीक्षाओं में भाषा-प्रयोग की आवश्यकता नहीं होती और इन के द्वारा एक साथ कई व्यक्तियों की बुद्धियों का परीक्षण किया जाता है।

व्यक्तिगत क्रियात्मक परीक्षाओं तथा भाषा रहित सामूहिक परीक्षाओं में भाषा रहित प्रकृति की दृष्टि में केवल मात्रा का अन्तर होता है। क्रियात्मक परीक्षाओं में परीक्षार्थियों द्वारा ठोस वस्तुओं का प्रयोग किया जाता है। उनके उत्तर क्रियात्मक होते हैं। उनमें पैंसिल और कागज के प्रयोग की आवश्यकता भी बहुत कम पड़ती है। परन्तु भाषा रहित सामूहिक परीक्षा में परीक्षार्थियों को एक पुस्तिका दी जाती है और इस में कागज-पैंसिल के प्रयोग की भी आवश्यकता पड़ती है।

परन्तु इन परीक्षाओं में 'शब्दों' या 'अंकों' को सम्मिलित नहीं किया जाता। इन में चित्र, रेखागणित सम्बन्धी चित्र आदि सम्मिलित होते हैं जो उस पुस्तिका में प्रकाशित होते हैं। परीक्षार्थी को कुछ रिक्त स्थान भरने होते हैं। कुछ साफ तस्वीरें बनानी होती हैं। समानताओं एवं विषमताओं को दिखाना होता है। वह कागज और पैंसिल का प्रयोग तो अवश्य करता है परंतु शब्दों और अंकों का प्रयोग नहीं करता। इस प्रकार की परीक्षाओं के कुछ उदाहरण निम्नलिखित हैं:

1. सेना-बीटा परीक्षा (Army Beta Tests) **:** यह परीक्षा प्रथम विश्व-युद्ध में उन सैनिकों की बुद्धि परीक्षा के लिए विकसित की गई थी जो अनपढ़ थे और अंग्रेजी भाषा नहीं जानते थे।

2. शिकागो भाषा रहित परीक्षा (Chicago Non-Verbal Tests) **:** यह परीक्षा 12 और 13 वर्ष के बच्चों के लिए बहुत उपयोगी सिद्ध हुई है।

3. रैविन कृत प्रोग्रेसिव मैट्रिसेज टैस्ट (Raven's Progressive Matrices Test) **:** यह परीक्षा यू. के. में विकसित हुई। यह अत्यन्त लोकप्रिय भाषा रहित सामूहिक बुद्धि परीक्षा है। इसे परीक्षार्थी की निम्नलिखित योग्यताओं की परीक्षा के लिए विकसित किया गया है–

(i) रेखागणित के चित्रों या डिजाइनों में परस्पर सम्बन्ध देखना।

(ii) डिजाइन के ढांचे को समझना ताकि उसे पूरा करने के लिए उसके उचित भाग को चुना जा सके।

सी. आई. ई. भाषा-रहित सामूहिक बुद्धि परीक्षा
(C.I.E. Non-Verbal Group Test of Intelligence)

J.W. Jenkins ने इसका मौलिक रूप से निर्माण किया और हिंदी-माध्यम के स्कूलों के लिए C.I.E द्वारा इसका प्रकाशन हुआ। इस परीक्षा में निम्नलिखित प्रकार की पूर्तियां सम्मिलित हैं:

नीचे प्रत्येक पंक्ति में बाईं ओर तीन आकार दिए हैं। जो एक जैसे हैं। दाई ओर 5 आकार दिए गए हैं। इनमें से एक ऐसा आकार ढूंढो जो बाईं ओर दिए गए तीन आकारों में सबसे अधिक मिलता-जुलता हो। उसके नीचे रेखा खींच दो।

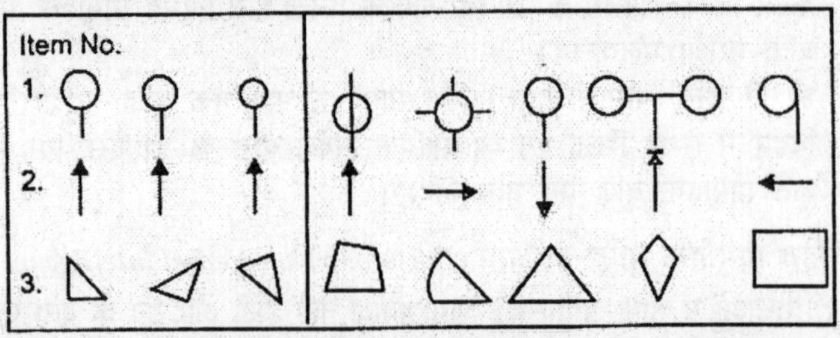

चित्र 15.4: सी. आई. ई. भाषा रहित सामूहिक बुद्धि परीक्षा का एक प्रश्न

व्यक्तिगत बनाम सामूहिक परीक्षाएं (Intelligence V/S Group Tests)

व्यक्तिगत परीक्षाएं	*सामूहिक परीक्षाएं*
1. इनसे एक समय में एक ही व्यक्ति का परीक्षण होता है। इसलिए ये समय, श्रम या आर्थिक दृष्टिकोण से अधिक खर्चीली हैं।	1. इन परीक्षाओं का दोहरा लाभ है, इनके द्वारा एक समय में व्यक्तियों के समूह का परीक्षण किया जा सकता है और एक साथ ही अलग-अलग व्यक्तियों का भी परीक्षण किया जा सकता है। उससे समय, श्रम तथा धन की बहुत बचत होती है।
2. व्यक्तिगत परीक्षाओं का विशेष लाभ यह है कि इनके द्वारा बच्चों तथा प्रौढ़ों दोनों का परीक्षण हो सकता है।	2. इनके द्वारा 9 या दस वर्ष के नीचे के बच्चों का परीक्षण नहीं किया जा सकता।
3. इन परीक्षाओं में परीक्षक का परीक्षार्थी के साथ निकट संपर्क रहता है। अतः वह उसके व्यक्तिगत एवं भावात्मक तत्वों का भी ज्ञान प्राप्त कर सकता है जो परीक्षार्थी के बुद्धि परीक्षण में विशेष रूप से उपयोगी सिद्ध हो सकता है।	3. इनमें परीक्षक का परीक्षण के साथ वांछित सम्बन्ध स्थापित नहीं होता। वह परीक्षार्थी के बुरे स्वास्थ्य, मानसिक अवस्था, सामाजिक पृष्ठभूमि आदि की ओर ध्यान नहीं दे सकता। परीक्षक को केवल अंकात्मक स्कोर ही प्राप्त होता है, उसे व्यक्तिगत परीक्षाओं के समान परीक्षार्थी के सम्बन्ध में अतिरिक्त सूचना प्राप्त नहीं होती।

4. व्यक्तिगत परीक्षाएं सामूहिक परीक्षाओं के समान वस्तुपरक (Objective) एवं मानकीकृत (Standardised) नहीं होतीं। इनकी व्यवस्था, अंकन तथा व्याख्या के लिए विशिष्ट योग्यता प्राप्त प्रशिक्षित परीक्षकों की आवश्यकता होती है।	4. सामूहिक परीक्षाएं अपेक्षाकृत अधिक वस्तुपरक एवं मानकीकृत (Standardised) होती हैं। इनके साथ जिन अंक पुस्तिकाओं तथा निर्देश की व्यवस्था रहती है, उनके कारण इनका प्रबंधन, अंकन एवं व्याख्या आसान हो जाती है और इनके लिए विशेष रूप से प्रशिक्षित व्यक्तियों की आवश्यकता नहीं होती।

भाषात्मक बनाम भाषा–रहित तथा क्रियात्मक परीक्षाएं
(Verbal Tests V/S Non-Verbal and Performance Tests)

बुद्धि–परीक्षण के लिए भाषात्मक परीक्षाओं के होते हुए भाषा–रहित एवं क्रियात्मक परीक्षाओं के निर्माण की क्या आवश्यकता थी? जैसा कि पहले कहा जा चुका है कि भाषात्मक परीक्षाओं में भाषा–सम्बन्धी योग्यता की आवश्यकता रहती थी। उनमें शब्दों और अंकों का प्रयोग होता था। परिणामस्वरूप बढ़िया भाषा–कुशलता रखने वाले व्यक्ति अपेक्षाकृत लाभ में रहते थे, परंतु भाषा सम्बन्धी कमजोरी रखने वाले व्यक्तियों को हानि उठानी पड़ती थी। इस बुराई को दूर करने के लिए भाषा–रहित एवं क्रिया–परीक्षाओं का प्रयोग किया गया। इन परीक्षाओं के लाभ संक्षिप्त रूप से निम्नलिखित हैं –

1. क्रियात्मक परीक्षाएं उन व्यक्तियों के लिए उपयोगी हैं जिन्हें निम्नलिखित कारण से भाषा–सम्बन्धी कठिनाई का सामना करना पड़ता है :

(a) हो सकता है कि वे कोई विदेशी भाषा बोलते हों।

(b) हो सकता है कि वह निरक्षर हों और पढ़ना–लिखना न जानते हों।

(c) हो सकता है कि छोटे बच्चे होने के कारण अच्छी तरह लिख–पढ़ नहीं सकते हों।

(d) हो सकता है कि वे मानसिक रूप से पिछड़े व्यक्ति हों और भाषा समझने तथा भाषा में उत्तर देने में उन्हें कठिनाई होती हो।

(e) हो सकता है कि समाज के निम्न वर्गों से संबंधित हों और उन्हें शिक्षा प्राप्त करने के अवसर प्राप्त न हुए हों।

2. भाषात्मक परीक्षा किसी एक प्रदेश के साथ संबंधित होती है। इसलिए उसकी सामग्री में प्रदेश विशेष की बातें होती हैं, परन्तु भाषा–रहित एवं क्रियात्मक परीक्षाएं भाषा और संस्कृति के प्रभाव से मुक्त होती हैं और उन्हें किसी भी देश या प्रदेश में प्रयुक्त किया जा सकता है।

3. दुकानदारी (Shop Work), मशीनी काम आदि में अभिरुचि का निश्चय करने के लिए क्रिया परीक्षाएं बहुत उपयोगी सिद्ध होती हैं।

भाषा–रहित तथा क्रिया परीक्षाओं की सीमाएं
(Limitations of Non-Verbal and Performance Tests)

1. ये परीक्षाएं स्कूल में शिक्षा–कार्य की प्रगति का पूर्व ज्ञान नहीं करा सकतीं क्योंकि स्कूल कार्य मुख्य रूप से भाषात्मक होता है।

2. क्रिया–परीक्षाओं को एक स्थान से दूसरे स्थान पर ले जाने में काफी खर्च उठाना पड़ता है।

3. इनमें भाषात्मक परीक्षाओं की अपेक्षा अवसर-सफलता (Chance Success) की अधिक संभावना होती है। अतः ये इतनी विश्वसनीय नहीं होतीं।

4. इन परीक्षाओं में अमूर्त धारणाओं से संबंधित योग्यताओं का प्रयोग करने की आवश्यकता नहीं रहती। अतः ये परीक्षाएं औसत से ऊपर बुद्धि वाले व्यक्तियों में अंतर स्पष्ट नहीं करतीं।

अतः इन परीक्षाओं में गुण और अवगुण दोनों हैं। वास्तव में बौद्धिक योग्यता के परीक्षण का काम एक व्यापक काम है और इसे पूर्ण रूप से भाषात्मक या क्रियात्मक परीक्षाओं पर नहीं छोड़ा जा सकता। व्यक्ति की बौद्धिक योग्यता का विश्वसनीय स्तर जानने के लिए निम्नलिखित बातों को दिमाग में रखना चाहिए-

(a) क्रियात्मक एवं भाषात्मक परीक्षाओं को एक-दूसरे का पूरक समझना चाहिए।
(b) बुद्धि परीक्षण के लिए कोई एक परीक्षा पर्याप्त नहीं।
(c) विभिन्न कोणों से परीक्षण होना चाहिए।

'बुद्धि-परीक्षा' से बुद्धि का परीक्षण कैसे किया जाए?
(How to Test the Intelligence with an Intelligence Test?)

अब तक हम ने सैद्धांतिक रूप से बुद्धि को मापने की समस्या पर विचार किया है। इस पर व्यावहारिक रूप से विचार करना अधिक समाचीन होगा अर्थात् 'परीक्षण' कैसे किया जाए? नीचे हम एक सामूहिक भाषात्मक परीक्षा की सहायता से इसकी प्रक्रिया बताएंगे।

हम डा. एस. जलोटा (Dr. S. Jalota) कृत 'सामूहिक सामान्य मानसिक योग्यता परीक्षा' (Group Test of General Intelligence) को लेते हैं।

कुछ परीक्षा के बारे में (Something about the Test) : 'सामूहिक भाषात्मक मानसिक योग्यता परीक्षा' है। यह हिंदी जानने वाले स्कूल के विद्यार्थियों के लिए तैयार की गई है। परीक्षा सामग्री चार भागों में बंटी हुई है :

1. परीक्षा की पुस्तिका।
2. उत्तर देने के लिए उत्तर-कापियां।
3. उत्तरों का मूल्यांकन करने के लिए अंकन-तालिका (Scoring Key)।
4. परीक्षा-निर्देशिका।

परीक्षा-पुस्तिकों में पूर्तियों को हल करने का निर्देश होता है। कुल 100 प्रश्न (प्रत्येक पृष्ठ पर 20 प्रश्न) होते हैं जिन का उत्तर देने के लिए भाषा-योग्यता वांछित होती है। कुछ प्रश्नों के नमूने इस प्रकार हैं-

1. तट का अर्थ (i) गंगा, (ii) किनारा, (iii) बांध, (iv) पर।

2. 19, 17, 15, 13, 11, 9 इन संख्याओं के क्रम के अनुसार आगे की एक संख्या उत्तर-पत्र पर लिखो।

इन सभी प्रश्नों के उत्तर बीस मिनट में देने होते हैं।

प्रक्रिया (Procedure)– परीक्षार्थियों के ग्रुप को आराम से बिठा दिया जाएगा। उन्हें उत्तर-प्रत्र तथा परीक्षा पुस्तिकाएं दी जाएंगी।

(a) उन्हें आदेश दिया जाएगा कि परीक्षा-पुस्तिका में वे कुछ न लिखें।
(b) अपने उत्तर-पत्र में वे अपना संक्षिप्त परिचय लिखेंगे-जैसे नाम, कक्षा, स्कूल, पिता का नाम, जन्म तिथि, आयु।

(c) उन्हें परीक्षा पुस्तिका के आरंभ में दिए गए निर्देशों को पढ़ने के लिए कहा जाएगा। अध्यापक भी उन्हें समझाने का प्रयास करेगा।
(d) अब उन्हें प्रश्नों का उत्तर लिखने को कहा जाएगा। उनकी अच्छी तरह निगरानी की जाएगी। परीक्षार्थियों को सभी प्रश्नों के उत्तर 20 मिनटों में देने होंगे।
(e) उत्तर-पत्रों को एकत्रित करने के पश्चात्, अंकन-कार्य अंकन-तालिका की सहायता से किया जाएगा।
(f) परीक्षा निर्देशिका में दी गई तालिका से परीक्षार्थियों द्वारा प्राप्त अंकों को उनकी मानसिक आयु में परिवर्तित किया जाएगा।
(g) वास्तविक आयु, परीक्षार्थियों द्वारा दिए गए उनके व्यक्तिगत परिचय से नोट की जाएगी।
(h) अन्त में उनकी मानसिक आयु को वास्तविक आयु से भाग करके और भागफल को 100 से गुणा करके बुद्धि-लब्धि प्राप्त की जाएगी।

क्या बुद्धि को कपड़े के टुकड़े या शरीर के तापक्रम की तरह मापा जा सकता है? (Can Intelligence be measured like a piece of cloth or temperature of the body?)

बुद्धि की माप एक कपड़े के टुकड़े की तरह या शरीर के तापक्रम की तरह नहीं की जा सकती। ऐसा क्यों नहीं हो सकता, इस विषय में निम्न बातें कही जा सकती हैं:

1. बुद्धि की प्रकृति जिसे मापना चाहते हैं (Nature of the Intelligence we want to measure) : पहली बात तो यह है कि बुद्धि जिसे हम मापना चाहते हैं, कपड़े के या किसी लकड़ी के टुकड़े की तरह की वस्तु नहीं है। इसका कोई मूर्त रूप नहीं है। यह अपने आप में एक विचार (ldea) या प्रत्यय (Concept) मात्र ही है। अतः इसकी माप जोख इस रूप में नहीं हो सकती।

2. बुद्धि को मापने सम्बन्धी पैमाने तथा मापक की प्रकृति (Nature of the instrument or scale with which we want to measure intelligence) :

(a) कपड़े को मापने के लिए हम फीते तथा मीटर आदि का प्रयोग करते हैं, जिनसे सैंटीमीटर तथा इंच आदि की इकाईयों में नाप-जोख की जाती है। इसी प्रकार शरीर का तापक्रम मापने के लिए सेंटीग्रेड, फारेनहाइट आदि इकाईयों से युक्त थर्मामीटरों का प्रयोग किया जाता है। इन सभी मापकों में जिन पैमानों का प्रयोग किया जाता है, उनमें पूर्ण स्वतंत्र (Absolute) इकाइयां होती हैं तथा इनकी माप काफी अधिक विश्वसनीय (Reliable), यथार्थ (valid) तथा वस्तुनिष्ठ (objective) होती है। इसके विपरीत बुद्धि को मापने के लिए न तो इस प्रकार की इकाइयों से युक्त पैमाने (scales) ही काम लाए जा सकते हैं और न उपकरण (Instruments) ही।

(b) बुद्धि का बुद्धि परीक्षणों के आधार पर अनुमान लगाया जाता है। कुछ चुने हुए प्रश्नों के उत्तर लेकर अथवा क्रियाओं को करा कर यह देखा जाता है कि किसी व्यक्ति विशेष द्वारा दिए गए उत्तर अथवा किया हुआ कार्य समूह के अधिकांश व्यक्तियों द्वारा दिए गए उत्तरों अथवा किए गए कार्य की अपेक्षा अधिक अच्छा है या कम। इस प्रकार से जैसा कि **ग्रिफिथ** का विचार है, "*बुद्धि की माप समूह विशेष द्वारा किए गए कार्य अथवा दिए गए उत्तरों को आधार बनाकर की जाती है।*" (1953, p. 138)

अतः इसमें यथार्थता, विश्वसनीयता और वस्तुनिष्ठता की मात्रा मीटर या थर्मामीटर द्वारा दी जाने वाली माप की तरह नहीं हो सकती। यह हर अवस्था में एक सापेक्ष (Relative)

माप (Measurement) को प्रकट करती है, शुद्ध एवं स्वतंत्र माप (Absolute Measurement) को नहीं।

(c) एक और बात मापन यंत्रों को लेकर यहां बताना उचित होगा कि जहां फीते, मीटर और थर्मामीटर को जहां, जैसे भी जिस समय जरूरत पड़े आसानी से किसी भी साधारण व्यक्ति द्वारा प्रयोग करके शुद्ध माप-जोख की जा सकती है, वहां बुद्धि परीक्षणों को इतनी अधिक आसानी से सब के द्वारा सब जगह प्रयोग में नहीं लाया जा सकता। इनके प्रयोग में लाने के लिए प्रयोगकर्त्ता को उचित प्रशिक्षण और अनुभव जुटाना आवश्यक होता है। परीक्षणों को लेने तथा परिणामों से उचित निष्कर्ष निकालने में भी पर्याप्त दक्षता और योग्यता की आवश्यकता होती है। अतः बुद्धि का मापन उतना सहज और सुगम नहीं जितना किसी कपड़े के टुकड़े या शरीर के ताप का होता है।

मानसिक-आयु तथा बुद्धि-लब्धि की धारणा
(Concept of Mental Age and Intelligence Quotient)

हम ने ऊपर 'मानसिक-आयु' तथा 'बुद्धि-लब्धि' का उल्लेख किया है। इनके सम्बन्ध में कुछ जानना उपयोगी होगा।

मानसिक आयु (Mental Age)– सब से पहले बिने (Binet) ने 'मानसिक आयु' का प्रयोग किया था। निम्नलिखित उदाहरणों से इस धारणा को समझा जा सकता है:

मान लो एक परीक्षा में 100 प्रश्न हैं (जैसे जलोटा कृत परीक्षा में) और परीक्षार्थियों की अधिकांश संख्या, जिन की आयु 13 वर्ष 6 महीने है, 48 प्रश्नों का ठीक उत्तर देने में सफल हो जाती है, तो कोई भी व्यक्ति (जिसकी वास्तविक आयु चाहे कितनी ही क्यों न हो) जो 48 प्रश्नों के ठीक उत्तर दे सकता है, उसकी मानसिक आयु 13 वर्ष 6 महीने होगी।

बुद्धि-लब्धि (Intelligence Quotient अर्थात् I.Q.)– जर्मन मनोवैज्ञानिक विलियम स्टर्न (William Stern) ने सबसे पहले इसका प्रयोग किया था और बाद में टरमैन (Terman) ने भी इसका प्रयोग किया। स्टर्न (Stern) ने अनुभव किया कि यदि 6 वर्ष की आयु का बच्चा 8 वर्ष की आयु के बच्चे के समान कार्य करता है तो वह अपनी आयु के औसत बच्चों से 8/6 अर्थात् 1.33 दर्जे अधिक बुद्धिमान होगा अर्थात् व्यक्ति के मानसिक विकास को मापने के लिए उसने मानसिक आयु/वास्तविक आयु अनुपात बनाया और उसे बुद्धि-लब्धि (I.Q.) की संज्ञा प्रदान की।

दशमलव-अनुपात को दूर करने के लिए उसने अनुपात को 100 गुणा करने का नियम बनाया और इस प्रकार (I.Q.) निकालने का निम्न सूत्र बन गया–

$$\text{बुद्धिलब्धि (I.Q.)} = \frac{\text{मानसिक आयु}}{\text{वास्तविक आयु}} \times 100 \text{ अर्थात } \frac{\text{M.A.}}{\text{C.A.}} \times 100$$

बुद्धि-लब्धि का वर्गीकरण (Classification of I.Q.)

स्टर्न द्वारा दिए गए बुद्धि-लब्धि के सूत्र का प्रयोग करते हुए टरमैन ने अपने बुद्धि परीक्षणों के द्वारा बहुत से व्यक्तियों तथा बालकों की (विभिन्न आयु वर्गों के) बुद्धि परीक्षाएं। ली। उसने पाया कि बुद्धि की दृष्टि से व्यक्तियों तथा बालकों में बहुत अधिक भिन्नताएं पाई जाती हैं। अगर इन भिन्नताओं का ध्यान से अवलोकन किया जाए तो व्यक्तियों को उनकी बुद्धि-लब्धि के हिसाब से विभिन्न बुद्धि समूहों में विभाजित किया जा सकता है

जिसमें उन्हें औसत से कम या अधिक बुद्धिमान बताया जा सके। इस प्रकार का एक वर्गीकरण जिससे बुद्धि की दृष्टि से वैयक्तिक भेदों को समझने में मदद मिल सकती है, टरमैन के अनुसार निम्न प्रकार का हो सकता है:

बुद्धि-लब्धि (I.Q.)	*बुद्धिमत्ता की श्रेणी (Level of Intelligence)*
140 और उससे ऊपर	प्रतिभाशाली (Gifted or Genius)
120–140	बहुत अधिक या प्रखर बुद्धि वाला (Very Superior)
110–120	अति सामान्य या औसत से अधिक बुद्धि वाला (Superior)
90–110	औसत या सामान्य बुद्धि वाला (Normal or Average)
75–90	सीमा पर और अल्पबुद्धि (Border Lined and Dull)
50–75	मूर्ख (Moron)
25–50	मूढ़ (Imbecile)
25 से कम	महामूर्ख या जड़ बुद्धि (Idiot)

परंतु जहां तक भारतीय परिस्थितियों में प्रयुक्त बुद्धि परीक्षणों का प्रश्न है उनको ध्यान में रखते हुए प्रो. उदयशंकर द्वारा वर्णित निम्न वर्गीकरण अधिक उपयुक्त सिद्ध हो सकता है:

बुद्धि (I.Q.)	*बुद्धिमत्ता की श्रेणी (Categories)*
140 और उससे ऊपर	प्रभावशाली (Gifted or Genius)
120–140	अति श्रेष्ठ (Very Superior)
110–120	श्रेष्ठ (Superior)
90–110	औसत (Normal or Average)
75–90	सीमा पर और अल्पबुद्धि (Border Lined and Dull)
50–75	मूर्ख (Moron Feeble Minded)
25–50	मूढ़ (Imbecile)
0–25	महामूर्ख या जड़ बुद्धि (Idiot)

बुद्धि-लब्धि का एक रहना अर्थात उसकी निरन्तरता (The Constancy of I.Q.)

जैसा कि पहले कहा जा चुका है 'बुद्धि' 16 या 18 की आयु तक बढ़ती है, परन्तु अधिकांश व्यक्तियों की बुद्धि-लब्धि एक ही रहती है। बुद्धि-लब्धि से हमें किसी व्यक्ति की बौद्धिक योग्यता का ज्ञान प्राप्त होता है–अर्थात् अपनी आयु के व्यक्तियों की तुलना में उसकी बुद्धि का अनुपात मालूम होता है। यह ऐसा माप है जो हमें किसी व्यक्ति की बौद्धिक संभावनाओं का ज्ञान कराता है जो न्यूनाधिक रूप से स्थायी होता है।

यह ठीक है कि व्यक्ति की बुद्धि बढ़ती है परन्तु इसके साथ-साथ उसके सम-आयु वाले व्यक्तियों की आयु भी बढ़ती है। 'बुद्धि-लब्धि' (I.Q.) जो किसी व्यक्ति की अपेक्षाकृत प्रतिभासंपन्नता या बौद्धिक योग्यता का परिचय देती है, व्यावहारिक रूप से एक ही रहती है। साधारण स्थितियों में दुर्घटना या बीमार को छोड़ कर व्यक्ति की बुद्धि-लब्धि समस्त जीवन एक ही रहती है या कम से कम उतने वर्षों तक एक ही रहती है जितने वर्षों के लिए मापन स्केल बनाया गया हो। बुद्धि-लब्धि के इस तत्व को मनोवैज्ञानिक 'बुद्धि-लब्धि की निरंतरता' (The Constancy of I.Q.) कहते हैं।

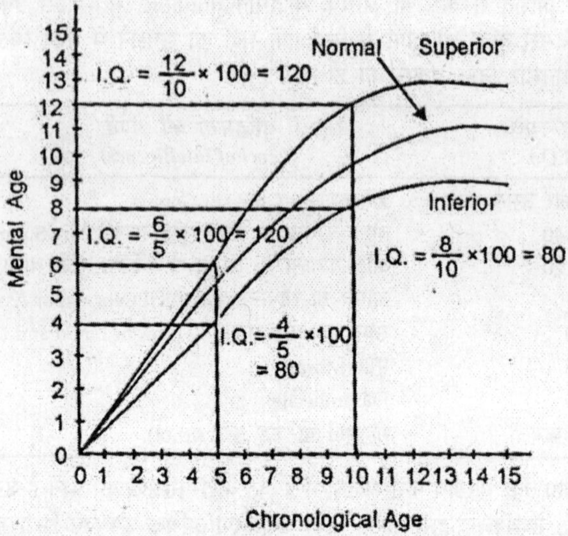

चित्र 15.5: बुद्धि-लब्धि की निरन्तरता

बुद्धि-परीक्षाओं के प्रयोग तथा सीमाएं
(Uses and Limitatons of Intelligence Tests)

A. बुद्धि-परीक्षाओं के प्रयोग (Uses of Intelligence Tests)

1. चुनाव के लिए (For the purpose of selection): विभिन्न क्रियाओं के लिए उचित उम्मीदवारों का चुनाव करने के लिए बुद्धि-परीक्षाओं का प्रयोग किया जाता है जैसे–

(a) किसी विशिष्ट शिक्षण-कोर्स में दाखिला।
(b) छात्रवृत्तियां निश्चित करना।
(c) कोई विशिष्ट उत्तरदायित्व सौंपने के लिए उम्मीदवार चुनना।
(d) विद्यालय की विभिन्न पाठ्य सहगामी क्रियाओं के लिए उचित विद्यार्थी चुनना आदि।

2. वर्गीकरण के लिए (For the purpose of classification): बुद्धि परीक्षाएं अध्यापक को विद्यार्थियों के वर्गीकरण-तीव्र बुद्धि, मंद बुद्धि, औसत आदि करने में सहायता देती हैं। यथासंभव उनके विभिन्न वर्ग बना कर वह शिक्षण-त्रक्रिया को अधिक प्रभावशाली बना सकता है।

3. उन्नति के लिए (For the purpose of promotion): केवल शिक्षा-क्षेत्र में ही नहीं बल्कि अन्य व्यावसायिक एवं सामाजिक स्थितियों में भी व्यक्तियों को उन्नति प्रदान करने के लिए बुद्धि परीक्षाएं उपयोगी सिद्ध हो सकती हैं।

4. व्यक्ति की क्षमता जानने के लिए (For knowing one's potentiality): बुद्धि परीक्षा व्यक्ति की क्षमताओं का ज्ञान कराने में सहायता देती हैं, जिससे किसी विशिष्ट क्षेत्र में व्यक्ति की सफलता की भविष्यवाणी करना संभव हो सकता है। इस शक्ति के ज्ञान से अध्यापक को निम्नलिखित बातों में सहायता मिलती है:

(a) मार्गदर्शन प्रदान करना (Giving guidance): अध्यापक या मार्गदर्शक विद्यार्थियों को विभिन्न व्यवसाय अपनाने के लिए मार्गदर्शन प्रदान कर सकता है।

(b) सीखने की प्रक्रिया में सहायक (Helps in learning process) : इस ज्ञान की सहायता से अध्यापक सीखने-सिखाने की प्रक्रिया को अच्छी प्रकार से आयोजित कर सकता है। **क्रो एण्ड क्रो** (Crow and Crow) के कथाननुसार, ''बुद्धि परीक्षाओं के परिणामों से अध्यापक को यह जानने में सहायता मिलती है कि बच्चा क्या सीख सकता है, कितनी जल्दी सीख सकता है : कौन-सी शिक्षण-विधियां अपनानी चाहिए और कौन-सी शिक्षण-सामग्री का प्रयोग किया जाए ताकि बच्चा अपनी शक्तियों का ज्यादा से ज्यादा प्रयोग कर सके।''

"Results of intelligence tests can help a teacher to discover what the child can learn, as well as the teaching methods that should be applied and the learning content that should be utilised to guide the learner to use his mental potentialities to their utmost." 1973. p. 160

(c) आकांक्षा का उचित स्तर स्थापित करना (To establish a proper level of aspiration) –

सारे एण्ड टेलफोर्ड (Sawrey and Telford) के कथनानुसार,

''बुद्धि परीक्षा की एक अत्यन्त महत्वपूर्ण उपयोगिता यह है कि इससे व्यक्ति की आकांक्षा का स्तर उसकी वास्तविक बौद्धिक योग्यता के अनुसार स्थापित किया जा सकता है।''

"One of the most important end served by intelligence testing is that of assisting the individual to establish a level of aspiration that is realistic in terms of intellectual potential." 1964, p. 484

5. निदानात्मक उद्देश्य के लिए (For diagnostic purpose) : बुद्धि परीक्षाओं की सहायता से प्रतिभा-संपन्न, प्रतिभाहीन तथा मानसिक रूप से अवरुद्ध बच्चों को खोजा जा सकता है। इसके अतिरिक्त इनकी सहायता से बच्चों के समस्यापूर्ण व्यवहार के कारण भी खोजे जा सकते हैं और उनका संभव उपचार किया जा सकता है।

6. अनुसंधान-कार्य में सहायता (Helps in research work)– मनोवैज्ञानिक, सामाजिक तथा शिक्षा-सम्बन्धी अनुसंधान-कार्यों में बुद्धि-परीक्षाएं अत्यन्त उपयोगी सिद्ध हो सकती हैं। उदाहरणस्वरूप बुद्धि और विकास की प्रक्रिया में वंश-परंपरा तथा वातावरण की क्या भूमिका है, इस पर अनुसंधान करने वालों ने बुद्धि परीक्षाओं का प्रयोग किया है।

B. बुद्धि-परीक्षाओं की सीमाएं (Limitations of Intelligence Tests)

बुद्धि-परीक्षाओं की सीमाओं तथा त्रुटियों के कारण कई समस्याएं पैदा हुई हैं। उनमें से कुछ अग्रलिखित हैं–

1. बुद्धि-परीक्षाएं और विद्यार्थी (Intelligence tests and students) : बुद्धि परीक्षाएं कई विद्यार्थियों को 'बढ़िया' और कई विद्यार्थियों को 'घटिया' बता देती हैं। इससे कई प्रकार की समस्याएं उत्पन्न हो जाती हैं। जिन बच्चों की बुद्धि थोड़ी सी मंद होती है, वे बुद्धि-परीक्षाओं के परिणामों से इस बात को जान लेते हैं कि वे जल्दी नहीं सीख सकते। इस से उन में निराशा पैदा हो जाती है। अनजाने में हीन-भावना का विकास होने लगता है और उनका भविष्य नष्ट हो जाता है। इसके विपरीत जिन विद्यार्थियों की बुद्धि-लब्धि कुछ ज्यादा होती है, उन्हें अपने आप पर जरूरत से ज्यादा विश्वास हो जाता है। इस अति-विश्वास के कारण वे अपने काम में ध्यान नहीं देते। इसके अतिरिक्त अपनी श्रेष्ठता के प्रति सचेत होने के कारण वे दुर्व्यवहार भी करने लगते हैं और स्वयं समस्या बन जाते हैं।

2. बुद्धि-परीक्षाएं और अध्यापक (Intelligence tests and teachers) : किसी बच्चे की बुद्धि-लब्धि का ज्ञान कर लेने के पश्चात अध्यापक उसकी शक्तियों एवं योग्यताओं के

सम्बन्ध में एक स्थायी धारणा बना लेते हैं। वे उसे अपनी बुद्धि-लब्धि द्वारा ही देखते हैं। इस धारणा के प्रभाव में वे विद्यार्थियों को हतोत्साहित करते रहते हैं या उनमें अति विश्वास पैदा करते रहते हैं जो हानिकारक सिद्ध होता है। विद्यार्थियों की बुद्धि-लब्धि जान लेने के पश्चात् अध्यापकों के अपने काम में भी ढील आनी शुरू हो जाती है। 'घटिया बुद्धि वाले' विद्यार्थियों की असफलता का उत्तरदायित्व वे उनकी बुद्धि-लब्धि पर डाल देते हैं और अच्छी 'बुद्धि वाले' विद्यार्थियों के सम्बन्ध में उनकी यह धारणा बन जाती है कि वे तो अपने आप ही काम कर लेंगे। अतः बुद्धि-लब्धि का ज्ञान अध्यापकों में अकर्मण्यता की प्रवृत्ति विकसित कर सकता है।

3. पृथकता एवं संघर्ष की उत्पत्ति करता है (Gives birth to segregation and conflicts): बुद्धि-परीक्षण के परिणामों से 'पृथकता' की प्रवृत्ति को प्रोत्साहन मिलता है। अमेरिका में यह 'कालों और गोरों' में संघर्ष का कारण बने हैं। वास्तव में इन परीक्षाओं की भ्रामक धारणा तथा वंश परंपरा के तत्वों के साथ इन को संबंधित करने के कारण ही यह संघर्ष उत्पन्न हुआ है। इसके विपरीत हम निम्नलिखित तथ्य प्रस्तुत कर सकते हैं:

(a) कोई भी बुद्धि-परीक्षा-चाहे वह कितनी ही परिष्कृत क्यों न हो-अभ्यास एवं शिक्षण-परिणामों तथा सांस्कृतिक, सामाजिक, जातीय एवं वातावरण-सम्बन्धी तत्वों से स्वतंत्र नहीं होती। अतः वह व्यक्ति की बुनियादी मानसिक योग्यताओं का मापन नहीं कर सकती। इसलिए इन्हीं परीक्षाओं के आधार पर किसी व्यक्ति को प्रवेश न देना या उसे काम को अवसर प्रदान न करना, अन्याय होगा। इस दिशा में नवीन अनुसंधानों से स्पष्ट हुआ है कि वातावरण सम्बन्धी स्वस्थ स्थितियों जैसे स्वच्छता, पारिवारिक वातावरण, माता-पिता की शिक्षा, सांस्कृतिक पृष्ठभूमि, आर्थिक-सामाजिक स्थितियां, शिक्षा के अच्छे अवसर आदि-का बुद्धि-परीक्षाओं पर अनुकूल प्रभाव पड़ता है।

(b) वास्तव में बुद्धि-परीक्षाएं बच्चे की संपूर्ण योग्यताओं एवं शक्तियों के बारे में ज्ञान प्रदान नहीं करतीं। इन परीक्षाओं द्वारा केवल ज्ञानात्मक-योग्यताओं का ही पता चलता है। ये रुचियों, दृष्टिकोणों तथा लक्ष्यों आदि महत्वपूर्ण तत्वों को स्पर्श नहीं करतीं। अतः किसी व्यक्ति की भावी सफलताओं के बारे में ये विश्वसनीय रूप से कुछ नहीं बता सकतीं।

(c) क्रो एण्ड क्रो (Crow and Crow) के अनुसार, 'इन परीक्षाओं के परिणाम परीक्षण-स्थितियों में निहित कई तत्वों, बच्चों के पूर्व अनुभवों तथा अन्य कई अनुकूल एपं प्रतिकूल परिस्थितियों से प्रभावित होते हैं। अतः किसी शिक्षा-प्रशासक या अध्यापक को केवल इन परीक्षा-परिणामों को ही किसी व्यक्ति की सीखने सम्बन्धी योग्यता के स्तर को मापने का साधन नहीं मानना चाहिए।"

"The results of all such tests may be affected by many factors inherent in the testing conditions – the child's background of experience and other favourable or unfavourable elements. Hence no administrator, teacher or student of education should accept test results as the only measure of an individual's degree of ability to learn." 1973, p. 160

इस प्रकार बुद्धि परीक्षाओं के परिणामों पर ज्यादा बल नहीं देना चाहिए। किसी व्यक्ति के सीखने की योग्यता को मापने के लिए केवल इन्हीं परिणामों को ही आधार नहीं मानना चाहिए। इसके कारण विद्यार्थियों को समझने में भूलें नहीं होनी चाहिएं। अतः इनके परिणामों की बुद्धिमता से व्याख्या करके इनका प्रयोग करना चाहिए। इनको साधन समझना चाहिए, साध्य नहीं।

16

अभिप्रेरणा
(Motivation)

अभिप्रेरणा– अर्थ एवं प्रकृति (Motivation—Meaning and Nature)

एक छोटा-सा पक्षी हमारी बैठक की छत के एक कोने में अपना घोंसला बनाने के लिए कुछ समान इकट्ठा करता है। हम उसके सामान को बिखेर देते हैं, परंतु वह (पक्षी) फिर से पत्तों, तिनकों आदि को इकट्ठा करने लगता है और घोंसला बनाने में लग जाता है। कौन-सी चीज उसे इतना कठिन कार्य करने के लिए प्रेरित करती है? इसी प्रकार हम विद्यार्थियों को परीक्षा के दिनों में आधी-आधी रात तक परिश्रम करते हुए देखते हैं। क्यों? इतनी कठिनाइयों उठाने के बावजूद कोई कुछ न कुछ सीखने के लिए इतना प्रयास क्यों करता है?

इस 'क्यों' का उत्तर केवल एक शब्द 'अभिप्रेरणा' (Motivation) में निहित है। पक्षी, जो अपना घोंसला बनाने में लगा हुआ है, विद्यार्थी जो आधी-आधी रात तक परिश्रम करते रहते हैं, लड़का, जो साईकिल सीखने में लगा हुआ है—सभी अभिप्रेरणा के कारण ही अपने-अपने कामों में लगे हुए हैं। वे इसलिए काम कर रहे हैं, क्योंकि उनको ऐसा करने के लिए अभिप्रेरित (Motivate) किया जा रहा है। उन्हें इस ढंग से काम करने के लिए कोई न कोई चीज मजबूर कर रही है, उकसा रही है, बढ़ावा दे रही है और वे उसी के वशीभूत एक विशेष तरह का व्यवहार किए जा रहे हैं। जो शक्ति तत्व तथा मूलभूत आधार उनके इस प्रकार के व्यवहार का संचालन करते हैं, उन्हें मनोवैज्ञानिक भाषा में अभिप्रेरक (Motives) संज्ञा दी जाती है। जेसे मोटरगाड़ी को चलाने में पेट्रोल की भूमिका रहती है, वैसा ही अभिप्रेरणात्मक व्यवहार (Motivated Behaviour) को एक विशेष दिशा प्रदान करने में संबंधित अभिप्रेरकों का योगदान रहता है। व्यवहार को अभिप्रेरित करने वाले इन मूलभूत अभिप्रेरकों (Motives) को सामान्य रूप से दो व्यापक वर्गों में बांटा जा सकता है:

1. प्राथमिक अभिप्रेरक (Primary Motives)
2. द्वितीयक अभिप्रेरक (Secondary Motives)

1. प्राथमिक अभिप्रेरक (Primary Motives): ये वे अभिप्रेरक होते हैं जिनका सीधा सम्बन्ध व्यक्ति की ऐसी प्राथमिक मूलभूत आवश्यकताओं से होता है जिनकी संतुष्टि में उसके अपने जीवन की बागडोर, सृष्टि की संरचना या प्रजाति का संरक्षण छुपा रहता है। व्यक्ति में इनकी उपस्थिति जन्मजात होती है। भूख-अभिप्रेरक (Hunger Motive), प्यास-अभिप्रेरक (Thirst Motive), काम-अभिप्रेरक (Sex Motive), नींद एवं विश्राम अभिप्रेरक (Sleep and Rest Motive) आदि सभी ऐसे ही अभिप्रेरकों के उदाहरण हैं जो हमारे व्यवहारों को इस ढंग से अभिप्रेरित करते हैं ताकि हमारी शारीरिक एवं जैविक आवश्यकताओं की पूर्ति होती रहे।

2. द्वितीयक अभिप्रेरक (Secondary Motives): इन अभिप्रेरकों का अस्तित्व जन्म से नहीं होता, बल्कि इन्हें सीखा या उपार्जित किया जाता है। वास्तव में, देखा जाए तो इनका जन्म हमारी सामाजिक मनोवैज्ञानिक आवश्यकताओं की पूर्ति हेतु ही होता है। इस प्रकार की आवश्यकताएं-प्राथमिक आवश्यकताएं न होकर दूसरे क्रम की गौण आवश्यकतायें होती

हैं। हम इनकी पूर्ति के बिना भी जीवित रह सकते हैं और सृष्टि का क्रम भी चलता रह सकता है, परन्तु अच्छी तरह नहीं। ऐसे अभिप्रेरक हमारे जीवन में गति लाते हैं, उसको सामाजिक एवं सुंदर बनाते हैं। इस प्रकार के अभिप्रेरकों के उदाहरण रूप में उपलब्धि अभिप्रेरक (Achievement Motive), शक्ति अभिप्रेरक (Power Motive), संरक्षण अभिप्रेरक (Security Motive), आत्माभिव्यक्ति अभिप्रेरक (Self-actualization Motive), स्नेह अभिप्रेरक (Affection Motive), संबंधित रहने सम्बन्धी अभिप्रेरक (Affiliation Motive) आदि का नाम लिया जा सकता है।

व्यक्ति के व्यवहार से जब इनमें से किसी भी प्रकार का प्राथमिक या सैकण्डरी अभिप्रेरक जुड़ जाता है तो उसका व्यवहार अभिप्रेरित या अभिप्रेरणात्मक व्यवहार (Motivated behaviour) बन जाता है।

इस प्रकार के अभिप्रेरित व्यवहार में मुख्यतया निम्न विशेषताएं पायी जाती हैं–

अभिप्रेरित व्यवहार की विशेषताएं (Characteristics of Motivated Behaviour)

1. अभिप्रेरित व्यवहार के मूल में जो शक्ति पुंज या शक्ति स्रोत होता है वह किसी न किसी प्रकार का कोई न कोई अभिप्रेरक (Motive) ही होता है।
2. किसी न किसी प्रकार की मूलभूत आवश्यकताओं (Basic Needs) को सन्तुष्ट करने का ही लक्ष्य इस व्यवहार का होता है।
3. व्यवहार को प्रारंभ करना (Initiation) तथा लक्ष्य प्राप्ति हेतु उसे गति प्रदान करते रहना (Continuation) भी ऐसे व्यवहार की प्रमुख विशेषता है।
4. अभिप्रेरित व्यवहार चयनात्मक (Selective) होता है, वातावरण में उपस्थित किसी उद्दीपन के प्रति कैसी अनुक्रिया की जाए, इसका उपयुक्त चयन इस आधार पर किया जाता है कि उससे संबंधित आवश्यकताओं की उचित ढंग से पूर्ति होती रहे।
5. अभिप्रेरित व्यवहार परिवर्तनशील भी होता है। व्यक्ति की एक इच्छा या आवश्यकता पूरी होने पर दूसरी सामने आ सकती है तथा अब इसकी आवश्यकता की पूर्ति का लक्ष्य सामने आ सकता है। परिणामस्वरूप, अभिप्रेरक तथा अभिप्रेरणा की प्रकृति भी बदलना आवश्यक हो जाता है और अभिप्रेरित व्यवहार के स्वरूप और दिशा में भी परिवर्तन आ सकता है।
6. अभिप्रेरित व्यवहार लक्ष्य-निर्देशित होता है किसी एक निर्धारित लक्ष्य की प्राप्ति में ही अभिप्रेरित व्यक्ति जुटा रहता है, परन्तु ऐसे किसी लक्ष्य की प्राप्ति उसके अभिप्रेरित व्यवहार को नाममात्र का ही विराम देती है, क्योंकि वह फिर अपने नए लक्ष्य की प्राप्ति के लिए अभिप्रेरित रहना प्रारंभ कर देता है। इसी को मनोविज्ञान की भाषा में जैसा कि हम आगे जानेंगे, अभिप्रेरणात्मक चक्र (Motivational Cycle) का नाम दिया जाता है।
7. अभिप्रेरित व्यवहार हमें अपने जीवन में संतुलन लाने एवं समायोजित होने में सार्थक ढंग से मदद करता है। आवश्यकताओं का जन्म, उनकी संतुष्टि के लिए किया गया व्यवहार तथा आवश्यकताओं की पूर्ति इस पूरी प्रक्रिया में अगर तालमेल बना रहता है तो हम अपने आपको समायोजित अनुभव करते हैं और अभिप्रेरित व्यवहार निःसंदेह इस प्रकार के संतुलन और समायोजन में पूरी-पूरी सहायता करता है।

इस तरह उपरोक्त पृष्ठों में हमने अभिप्रेरणा, अभिप्रेरणा के स्रोत एवं शक्तिपुंज, अभिप्रेरक तथा इन अभिप्रेरकों से संचालित अभिप्रेरणात्मक या अभिप्रेरित व्यवहार के बारे में जानने का जो प्रयत्न किया है उसके आधार पर अभिप्रेरणा (Motivation) तथा अभिप्रेरणात्मक

व्यवहार को परिभाषित करने का प्रयत्न भली-भांति किया जा सकता है। इस तरह *अभिप्रेरणा या अभिप्रेरणात्मक व्यवहार से तात्पर्य किसी बुनियादी अभिप्रेरक से संचालित ऐसे प्रचलित, चयनित एवं लक्ष्य-निर्देशित व्यवहार से होता है जिसका उद्देश्य व्यक्ति की मूल आवश्यकताओं की संतुष्टि में सहायक बनकर वातावरण के संदर्भ में उसके संतुलन और समायोजन को बनाए रखना होता है।*

(Motivation as a process or behaviour refers to a reinforced, selective and goal directed behaviour initiated and energised by a motive which aims to maintain balance and equilibrium of the person in relation to his environment by keeping his basic needs in the process of satisfaction.)

अभिप्रेरणात्मक चक्र (Motivational Cycle)

कहा जा सकता है कि अभिप्रेरणा (Motivation) प्राणी की वह अवस्था है जो उसे किसी आवश्यकता के कारण भीतर से संचालित करती है तथा किसी लक्ष्य की ओर उसे निर्देशित करती है ताकि आवश्यकता की संतुष्टि की ओर वह अग्रसर हो सके।

अभिप्रेरणा तथा अभिप्रेरणात्मक व्यवहार, जैसा कि चित्र 16.1 से स्पष्ट हो सकता है, एक सतत प्रक्रिया के रूप में हमारे सामने आते हैं। सतत प्रक्रिया के इस चक्र का हम निम्न प्रकार वर्णन कर सकते हैं–

1. व्यवहार का जन्म किसी न किसी इच्छा, चाहत तथा आवश्यकता के फलस्वरूप ही होता है। अत: अभिप्रेरणात्मक चक्र की पहली मूल बात व्यक्ति में किसी इच्छा या चाहत का जन्म होना है, यानी उसे किसी अपनी आवश्यकता से अवगत होना है। उसकी यह इच्छा पूरी होनी चाहिए, अनुभव की गई किसी आवश्यकता की संतुष्टि होनी चाहिए, यह बात मन में आते ही उसके अंदर एक अजीब सी बेचैनी उत्पन्न हो जाती है, उसका आन्तरिक अथवा बाह्य संतुलन बिगड़ जाता है, वह अपने आप से या अपने वातावरण से समायोजित नहीं हो पाता, कुछ न कुछ इसका इलाज करने की बात उसके भीतर उठती है। यही अवस्था व्यक्ति के भीतर अन्तर्नोदों (Drives) तथा अभिप्रेरकों (Motive) को जन्म देती है।

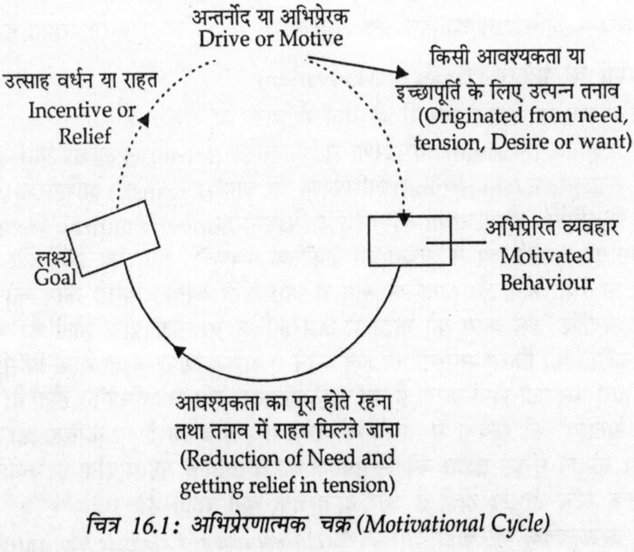

चित्र 16.1: अभिप्रेरणात्मक चक्र (Motivational Cycle)

2. अन्तर्नोद या अभिप्रेरक अब एक शक्तिपुंज, चालक तथा प्रणेता के रूप में व्यक्ति के व्यवहार का संचालन करने के लिए आगे आते हैं, व्यक्ति का व्यवहार अभिप्रेरित व्यवहार बन जाता है। इस व्यवहार में तनाव का समावेश रहता है, क्योंकि व्यक्ति को अपनी इच्छा या आवश्यकता पूर्ति की धुन लगी रहती है, परन्तु जैसे-जैसे उसकी यह अभिप्रेरित व्यवहार रूपी यात्रा आगे बढ़ती जाती है, उसकी अपनी आवश्यकताओं तथा चाहत में भी कमी होती जाती है। धीरे-धीरे वह मंजिल पर पहुंच जाता है और अपने अभिप्रेरणात्मक व्यवहार (Motivated Behaviour) के संपादन के फलस्वरूप उसे निर्दिष्ट लक्ष्य (Goal) की प्राप्ति हो जाती है। उसके अन्दर जो भी उथल-पुथल, बेचैनी तथा तनाव था, अब वह इस लक्ष्य प्राप्ति के साथ ही समाप्त हो जाता है। यहां उसके अभिप्रेरणात्मक व्यवहार को अब थोड़ा-सा विराम मिलता है।

3. अभिप्रेरणात्मक व्यवहार को जो विराम, लक्ष्य प्राप्ति के साथ मिलता है, वह किसी तरह से पूर्ण विराम नहीं होता। अभिप्रेरणात्मक चक्र रूपी यात्रा अपनी आगे की मंजिलों पर फिर चलना प्रारंभ कर देती है, क्योंकि जैसे ही व्यक्ति को लक्ष्य की प्राप्ति होती है तथा इसकी प्राप्ति से जो संतुष्टि तथा सुख मिलता है, वह उसके व्यवहार को उसी दिशा में आगे पुनर्बलित (Reinforce) करने का साधन बन जाती है। दूसरे शब्दों में, उसे अपने व्यवहार को आगे उसी दिशा में बढ़ाते रहने के लिए प्रलोभन तथा प्रोत्साहन (Incentive) की प्राप्ति होती है। ऐसे प्रोत्साहन के फलस्वरूप उसे फिर एक नई अभिप्रेरणा प्राप्त होती है तथा फिर एक दुगुने जोश और उमंग से भरे हुए अभिप्रेरक का प्रादुर्भाव होता है तथा उसके व्यवहार को अभिप्रेरित कर नए लक्ष्य की प्राप्ति में व्यक्ति फिर जुट जाता है। कई बार ऐसा होता है कि अभिप्रेरित व्यवहार से व्यक्ति की किसी एक आवश्यकता या इच्छा की पूर्ति को जन्म ले जाता है। मानव इच्छाओं का कोई अन्त नहीं होता और आवश्यकताएं भी एक के पूरा होने पर दूसरी के रूप में आगे खड़ी होती चली जाती हैं। इस तरह से जब व्यक्ति की एक आवश्यकता या इच्छा लक्ष्य-प्राप्ति के साथ पूरी हो जाती है तो इससे उसके उत्साह में अपेक्षित वृद्धि हो जाती है। वह आगे किसी अन्य प्रलोभन का शिकार हो जाता है और इस तरह का प्रलोभन और प्रोत्साहन उसे आगे किसी अन्य तरह के अभिप्रेरकजन्य अभिप्रेरित व्यवहार को अपनाने के लिए विवश करता रहता है।

अभिप्रेरणा के प्रकार (Types of Motivation)

अभिप्रेरणा को मुख्य रूप से दो वर्गों में बांटा जा सकता है–

1. प्राकृतिक (Natural) अभिप्रेरणा या आन्तरिक (Intrinsic) अभिप्रेरणा।
2. अप्राकृतिक (Un-natural) अभिप्रेरणा या बाह्य (Extrinsic) अभिप्रेरणा।

1. प्राकृतिक अभिप्रेरणा या आन्तरिक अभिप्रेरणा (Natural or Intrinsic Motivation) **:** यह अभिप्रेरणा प्रत्यक्ष रूप से व्यक्ति की प्राकृतिक इच्छाओं, आवश्यकताओं और प्रवृत्तियों के साथ संबंधित होती है। आंतरिक रूप से अभिप्रेरित व्यक्ति किसी काम को इसलिए करता है क्योंकि उस काम को करने में उसे हार्दिक प्रसन्नता प्राप्त होती है। जब कोई विद्यार्थी गणित की किसी समस्या को हल करने में आनन्द प्राप्त करता है या किसी कविता के पाठ द्वारा प्रसन्नता प्राप्त करता है तब वह आन्तरिक रूप से अभिप्रेरित होता है। विद्यार्थी 'स्वान्तः सुखाय' की भावना से गणित की समस्या हल करता है या कविता का अध्ययन करता है। सीखने में इस प्रकार की अभिप्रेरणा का वास्तविक महत्व होता है, क्योंकि इससे स्वाभाविक रुचि उत्पन्न होती है और अन्त तक बनी रहती है।

2. अप्राकृतिक या बाह्य अभिप्रेरणा (Un-natural or Extrinsic Motivation) **:** इस

अभिप्रेरणा में आनन्द का स्रोत कार्य में निहित नहीं होता। इसमें व्यक्ति मानसिक प्रसन्नता प्राप्त करने के लिए काम नहीं करता, बल्कि कोई लक्ष्य प्राप्त करने के लिए या कोई पुरस्कार प्राप्त करने के लिए कार्य करता है। अच्छे ग्रेड या मान के लिए काम करना, रोजी कमाने के लिए कोई शिल्प सीखना, प्रशंसा प्राप्ति के लिए काम करना, पुरस्कार एवं दण्ड आदि-सभी इस वर्ग की अभिप्रेरणा के अन्तर्गत आते हैं।

बाह्य अभिप्रेरणा की तुलना में आन्तरिक अभिप्रेरणा स्वाभाविक उत्साह और प्रेरणा (Stimulation) का साधन है। इसलिए सीखने-सिखाने की प्रक्रिया में इसके अच्छे परिणाम निकलते हैं। अत: जहां तक संभव हो सके आन्तरिक अभिप्रेरणा का ही प्रयोग करना चाहिए। परंतु जहां आंतरिक-अभिप्रेरणा संभव न हो, बाह्य-अभिप्रेरणा का प्रयोग किया जाना चाहिए। अत: सीखने की स्थिति तथा कार्य की प्रकृति के अनुसार अध्यापक को उचित प्रकार की अभिप्रेरणा का प्रयोग करना चाहिए ताकि विद्यार्थी सीखने की क्रियाओं में पर्याप्त रुचि ले सके।

विद्यार्थी तथा अध्यापक के लिए अभिप्रेरणा की आवश्यकता (Need of Motivation for Learners and Teachers)

अभिप्रेरणा की अवधारणा प्रक्रिया तथा विद्यार्थियों को अभिप्रेरित करने सम्बन्धी तकनीकों की जानकारी शैक्षणिक रूप से निम्न प्रकार उपयोगी सिद्ध हो सकती है:

1. अभिप्रेरणा एक अधिगमकर्त्ता के लिए काफी महत्व रखती है। यह उसे अधिगम के लिए पूरी तरह तत्पर रखने में सहायक सिद्ध होती है। थार्नडाइक के तत्परता सम्बन्धी सीखने के नियम के अनुसार अधिगम तभी अच्छी तरह संपन्न होता है जबकि सीखने वाला सीखने के लिए तैयार हो। अभिप्रेरणा बालक को अधिगम के लिए तैयार रहने और अधिगम के प्रति पूरी इच्छा जाग्रत करने में मदद करती है। अगर इस प्रकार की तैयारी सीखने के लिए हो जाए तो इस तरह से पढ़ाने वाले और पढ़ने वाले दोनों के लिए आगे की मन्जिल बहुत सहज हो जाती है।

2. अभिप्रेरणा अधिगम कार्य में रुचि उत्पन्न करने का सबसे उपयुक्त साधन है। इसी से सीखने की प्रक्रिया में सीखी जाने वस्तु पर पूरा ध्यान केन्द्रित करने में मदद मिलती है और साथ ही ध्यान की निरन्तरता को बनाए रखने में भी लाभ मिलता है। रुचि, ध्यान और ध्यान की निरंतरता तीनों बातें अधिगम प्रक्रिया की सफलता के लिए काफी जरूरी होती हैं। इसीलिए एक अभिप्रेरित अधिगमकर्त्ता अपने अधिगम लक्ष्यों की प्राप्ति में सबसे ज्यादा सफल दिखाई देता है।

3. एक लक्ष्य निर्देशित अधिगम के लिए विद्यार्थियों को अभिप्रेरित करने के लिए एक अध्यापक को आवश्यक ज्ञान और कौशल की प्राप्ति अवश्य करनी चाहिए। इसके अतिरिक्त उसे अपने विद्यार्थियों को बाह्य रूप से अभिप्रेरित होने के स्थान पर आन्तरिक रूप से अभिप्रेरित रहने में मदद करनी चाहिए। परन्तु जहां आवश्यकता हो उसे बाह्य रूप से अभिप्रेरित करने के साधनों जैसे-प्रशंसा करना, शाबाशी देना, प्रमाण पत्र एवं पदक वितरित करना आदि की सहायता लेने में भी कोई संकोच नहीं करना चाहिए। परंतु उसे अपने विद्यार्थियों से किसी एक प्रकार का अधिगम कार्य कराने हेतु उन्हें मजबूर करने के लिए कभी भूलकर भी सजा, निन्दा या आलोचना का सहारा नहीं लेना चाहिए और जहां तक हो सके प्रशंसा और पारितोषिक जैसे सकारात्मक साधनों को ही नकारात्मक की जगह प्रयोग में लाने का प्रयत्न करना चाहिए।

4. एक अध्यापक को विद्यार्थियों को दिए जाने वाले अधिगम अनुभवों और अधिगम अवसरों को उनकी आवश्यकताओं, अभिप्रेरकों, रुचियों, लक्ष्यों एवं महत्वाकांक्षाओं के अनुकूल ही ढालने का प्रयत्न करना चाहिए, ताकि अधिगमकर्त्ताओं को आन्तरिक रूप से अभिप्रेरित रहने में मदद की जा सके।

5. कक्षा में अपना पाठ पढ़ाते समय उसे अपने शिक्षण कार्य की शुरुआत विद्यार्थियों को अपने पढ़ाए जाने वाले पाठ की ओर भलीभांति अभिप्रेरित करके करनी चाहिए। इसलिए उसे पाठप्रस्तावना कौशल में पारंगत होकर अपने पढ़ाए जाने पाठ के प्रति विद्यार्थियों का ध्यान केन्द्रित कर उनकी रुचि बनाए रखने का प्रयत्न करना चाहिए। यहां बालकों को आन्तरिक रूप से अभिप्रेरित करने में सबसे अधिक उपयुक्त बात यह रहती है कि अध्यापक विद्यार्थियों को उस पाठ को पढ़ने की आवश्यकता या उसका उनके लिए क्या महत्व है यह बात बताने की ओर अपना ध्यान केन्द्रित करे। एक बार जब विद्यार्थी यह जान लेते हैं कि पढ़ाई जाने वाली या सीखी जानेवाली बात उनके लिए कितनी महत्वपूर्ण है तो वे अपने आप किसी भी प्रकार के अधिगम (वैयक्तिक या सामूहिक) हेतु समर्पित होते हुए देखे जाते हैं।

आवश्यकता, अन्तर्नोद एवं प्रोत्साहन की अवधारणा (Concept of Needs, Drives and Incentives)

अभिप्रेरणात्मक चक्र का वर्णन करते हुए हमने आवश्यकता, अन्तर्नोद तथा प्रोत्साहन जैसे शब्दों का भी उपयोग किया था। हमारे अभिप्रेरणात्मक व्यवहार को जन्म देने तथा उसका संचालन कर एक विशेष-दिशा प्रदान करते रहने में इन शब्दों में जुड़ी हुई व्यवहार क्रियाओं का अपना एक विशेष महत्व होता है। आइए, इन सभी के बारे में अच्छी तरह जानने का प्रयत्न किया जाए।

आवश्यकताएं (Needs)

आवश्यकताएं से अभिप्राय (Meaning of the Term Needs)

हम अपने दिन प्रतिदिन की जिंदगी में 'आवश्यकता' शब्द और उसके संप्रत्यय का प्रयोग विविध रूपों में करते ही रहते हैं। खाना खाने की आवश्यकता खाने की इच्छा जगाती हे। पानी पीने की आवश्यकता पानी की मांग करती है। यौन आवश्यकता यौन व्यवहारों की ओर प्रेरित करती है। एकान्त में रहते रहते साथियों की आवश्यकता पड़ती है और ... अधिक भीड़-भाड़ से बचने की इच्छा एकान्त की आवश्यकता का अनुभव करा देती है। प्यार का प्यासा मन प्यार पाने को तरस जाता है और सम्मान तथा प्रशंसा प्राप्त करने की चाह ऐसे कार्यों को करने के लिए प्रेरित करती है जिनसे इसकी प्राप्ति हो जाए। इस तरह आवश्यकता (Need) शब्द हमारी इच्छाओं और चाह (Desires and wants) के समानार्थी रूप में इस प्रकार प्रयुक्त होता देखा जाता है जिसके द्वारा हमें किसी कार्य को करने के लिए उकसाया या प्रेरित किया जाता है। इस प्रकार आवश्यकता शब्द या संप्रत्यय की परिभाषा निम्न रूप में देना तर्कसंगत जान पड़ता है :

"आवश्यकता हमें हमारी उस परिस्थिति का बोध कराती है जिसके द्वारा हमें किसी प्रकार की अपेक्षित व्यवहारजन्य क्रिया करने को बाध्य होना पड़ता है।" ("Need refers to a condition that prompts us to act or behave.")

मूलभूत या बुनियादी आवश्यकताएं क्या हैं? (What are the Basic Needs)– इच्छाओं और चाह की कोई सीमा नहीं है और इसी रूप में आवश्यकताओं का भी कोई अंत नहीं होता परंतु फिर भी कुछ आवश्यकताएं ऐसी होती हैं जो जिंदा रहने, शारीरिक

तथा मानसिक रूप से स्वस्थ रहने, सामाजिक जीवन बिताने तथा उचित रूप से वृद्धि एवं विकास को प्राप्त होने के लिए काफी आवश्यक मानी जाती हैं। इस प्रकार की आवश्यकताओं को ही बालकों के संदर्भ में उनकी मूलभूत आवश्यकताएं कहा जा सकता है। इस प्रकार मूलभूत आवश्यकताओं को सामान्यतया दो मुख्य वर्गों में बांटा जा सकता है:

A. शारीरिक या जैविक आवश्यकताएं (Physiological or Biological Needs)
B. सामाजिक मनोवैज्ञानिक आवश्यकताएं (Socio Psychological Needs)

A. शारीरिक या जैविक आवश्यकताएं (Physiological or Biological Needs)– इस शीर्षक के अन्तर्गत हमारी सभी प्रकार की शारीरिक और इन्द्रियजनित आवश्यकताएं सम्मिलित हैं। इन आवश्यकताओं को निम्न रूप में वर्गीकृत किया जा सकता है:

1. प्रथम क्रम में इस प्रकार की आवश्यकताएं आती हैं जिनके बिना हम कुछ समय भी जीवित नहीं रह सकते। आक्सीजन हमें सांस लेने के लिए चाहिए। अगर हमें यह न मिले तो हम चन्द पल भी जिंदा नहीं रह सकते। इसी तरह भूख और प्यास सम्बन्धी आवश्यकताएं भी ऐसी ही हैं जिनके बिना हमारा जीवन भयंकर खतरे में पड़ सकता है। इस प्रकार सभी जीवित प्राणियों के लिए आक्सीजन, भोजन, पानी आदि ऐसी आवश्यकताएं हैं जिनकी पूर्ति के लिए सभी संभव प्रयत्न करने में जुटे रहते हैं। हमारी जीवन लीला के कार्यों में मूल रूप से इसी 'आवश्यकता' की पूर्ति की ध्वनि गूंजती रहती है।

2. दूसरे क्रम में इस प्रकार आवश्यकताएं आती हैं जो हमारे अस्तित्व (Survival) के लिए तथा सुखी और स्वस्थ जीवनयापन के लिए काफी आवश्यक मानी जाती हैं। भोजन, पानी तथा आक्सीजन इत्यादि के पश्चात् इन्हें इसलिए रखा जाता है क्योंकि इनके बिना उनकी अपेक्षा कुछ समय तक व्यक्ति जीवित रह सकता है। दूसरे शब्दों में, यह अस्तित्व की रक्षा या जिंदा रहने के लिए भोजन, पानी तथा आक्सीजन की तरह अति आवश्यक नहीं मानी जाती। इस प्रकार की आवश्यकताएं निम्न हैं:

(i) थकने के पश्चात् विश्राम लेने की आवश्यकता।
(ii) आराम करने के पश्चात् कार्य में लगने की आवश्यकता।
(iii) काफी जागने के पश्चात् सोने की आवश्यकता।
(iv) अनावश्यक पदार्थों को मल-मूत्र, पसीना इत्यादि के रूप में शरीर से बाहर निकालने की आवश्यकता।
(v) भौतिक वातावरण के खतरों जैसे आंधी, वर्षा, सर्दी, लू, आग, जंगली जानवर आदि से सुरक्षित रहने की आवश्यकता।

3. तीसरे क्रम में हम यौन तृप्ति सम्बन्धी आवश्यकता (Desire to seek sex Satisfaction) को रख सकते हैं। यद्यपि यौन तृप्ति की आवश्यकता ऐसी नहीं जिसकी पूर्ति बिना कोई व्यक्ति जीवित ही न रहे, परंतु जहां व्यक्तित्व के संपूर्ण और सर्वांगीण विकास, समायोजन एवं स्वस्थ तथा सुखी जीवनयापन का प्रश्न है, इस आवश्यकता की पूर्ति अत्यन्त आवश्यक है। अभिप्रेरणा (Motivation) प्रदान करने की दृष्टि से भी यौन आवश्यकताओं की पूर्ति की इच्छा बहुत ही महत्वपूर्ण स्थान रखती है। ऐसे समाज में जहां भूख, प्यास सम्बन्धी आवश्यकताओं की पूर्ति अनायास ही हो जाया करती है वहां यौन या काम इच्छाओं की तृप्ति व्यक्ति की सबसे प्रमुख आवश्यकता बन जाती है।

B. सामाजिक मनोवैज्ञानिक आवश्यकताएं (Socio Psychological Needs): इस श्रेणी में वे आवश्यकताएं आती हैं जिनकी आधार भूमि शारीरिक या जैविक न होकर

सामाजिक और मनोवैज्ञानिक होती हैं अर्थात् जो व्यक्ति के मानसिक स्वास्थ्य और सामाजिक जीवन के लिए अति आवश्यक मानी जाती हैं। इस प्रकार की कुछ आवश्यकताओं की चर्चा नीचे की जा रही है :

1. स्वतंत्र होने या आत्म-निर्भर बनने की आवश्यकता (The Need for Freedom or Gaining Independence): प्रकृति ने हर व्यक्ति को स्वतंत्र रूप में पैदा किया है और उसे स्वतंत्र ही देखना चाहती है। अतः हर सामान्य व्यक्ति की यह स्वाभाविक इच्छा होती है कि वह बन्धनों से मुक्त स्वतंत्रता की वायु में सांस लेता हुआ अपना जीवन बिताए तथा आत्मनिर्भर बने। बाल्यावस्था से ही इस इच्छा की आवश्यकता देखने को मिल सकती है जो किशोरावस्था तक पहुंचते-पहुंचते गहरा रूप धारण कर लेती है।

2. सुरक्षा सम्बन्धी आवश्यकता (The Need for Security) : हर व्यक्ति यह चाहता है कि वह अपने को सब प्रकार से सुरक्षित अनुभव कर चिंतामुक्त जीवन बिताए। इस दिशा में वह न केवल भौतिक खतरों से बल्कि आर्थिक, सामाजिक तथा संवेगात्मक सभी दृष्टि से सुरक्षित होना चाहता है।

3. उपलब्धि सम्बन्धी आवश्यकता (The Need to Achieve): हर व्यक्ति किसी न किसी क्षेत्र में कोई विशेष उपलब्धि प्राप्त करना चाहता है। वह ऐसी इच्छा न केवल दूसरों की दृष्टि में ऊंचा उठने के लिए करता है बल्कि इसमें स्वयं उसकी आत्मतुष्टि (Self Satisfaction) भी होती है।

4. स्नेह सम्बन्धी आवश्यकता (The Need for Affection): हर व्यक्ति प्यार और स्नेह का भूखा होता है। वह न केवल किसी के स्नेह व प्यार को प्राप्त करना चाहता है बल्कि उसकी यह भी इच्छा होती है कि वह किसी को अपना स्नेह तथा प्यार दे सके। इस आवश्यकता की पूर्ति के लिए हर व्यक्ति चाहे वह किसी आयु का क्यों न हो, एक अजीब-सी बेचैनी अनुभव करता रहता है।

5. सम्मान अथवा सामाजिक मान्यता प्राप्त करने की आवश्यकता (The Need for Seeking Recognition or Social Approval) : हर व्यक्ति की यह स्वाभाविक इच्छा होती है कि उसे अपने समाज में विशेष सम्मान की दृष्टि से देखा जाए तथा उसके आचरण और क्रिया-कलापों को सामाजिक मान्यता प्राप्त हो। इस तरह प्रत्येक व्यक्ति में सम्मान और मान्यता प्राप्त करने की एक अजीब-सी भूख होती है जिसकी तृप्ति होना उसके तथा समाज के कल्याण के लिए काफी आवश्यक बन जाता है। यश लिप्सा, धन-दौलत, विद्यार्जन आदि से संबंधित अंधी दौड़ व्यक्ति की सम्मान और मान्यता प्राप्त करने की इच्छा के ही परिणाम होते हैं।

6. साथी बनाने या सामाजिक जीवन बिताने की आवश्यकता (The Need for Companionship) : मनुष्य एक सामाजिक प्राणी है अर्थात् बिना समाज के और संगी-साथियों के उसका ठीक प्रकार से जीवन बिताना संभव नहीं हो सकता। वह शुरू से इस प्रकार की आवश्यकता का अनुभव करता है तथा किसी न किसी का साथ पसंद करता है। इस आवश्यकता की गंभीरता को देखते हुए सामाजिक बहिष्कार, देश त्याग और एकान्त में रहने की सजा काफी गहरी समझी जाती है।

7. शक्ति प्रदर्शन या शक्तिशाली समझे जाने की आवश्यकता (The Need for Self Assertion or Seeking Power) : हर व्यक्ति किसी न किसी रूप में किसी पर शासन करने या शक्ति प्रदर्शन करने की इच्छा रखता है। व्यक्ति की इस प्रकार की आवश्यकता उसे

किसी न किसी रूप में शक्ति ग्रहण करने के लिए प्रेरित करती है। आगे जाकर व्यक्तित्व और व्यवहार को दिशा प्रदान करने में शक्ति संपन्न बनाने या शासन करने की यही अभिप्रेरणा (Power Motive) महत्वपूर्ण भूमिका निभाने का प्रयत्न करती है।

8. आत्माभिव्यक्ति या आत्म-प्रदर्शन की आवश्यकता(The Need for Self Actualization or Self Expression): सभी व्यक्तियों को अपनी योग्यताओं तथा शक्तियों के विकास के लिए उचित अवसर प्राप्त करने तथा उन्हें प्रदर्शित करने की आवश्यकता होती है। सभी जो कुछ उनमें होता है किसी न किसी रूप में अभिव्यक्त करने की तलाश में रहते हैं और अपनी योग्यताओं और शक्तियों के अनुरूप अवसर या अभिव्यक्ति का माध्यम मिलने पर परम संतुष्टि का अनुभव करते हैं।

इस प्रकार से हम देखते हैं कि मनुष्य की कुछ शारीरिक, सामाजिक तथा मनोवैज्ञानिक आवश्यकताएं होती हैं। जिनकी पूर्ति के लिए वह यथाशक्ति जुटा रहता है। वास्तव में अपनी मूलभूत आवश्यकताओं की पूर्ति में जुटा रहना प्रत्येक व्यक्ति का स्वभाव होता है। इनकी अनुभूति होने के साथ-साथ ही व्यक्ति में उनकी पूर्ति की इच्छा जाग्रत हो जाती है। वह इनकी पूर्ति हेतु बेचैन हो उठता है तथा उसके अंदर एक विशेष प्रकार का तनाव (Tension) पैदा हो जाता है। इच्छापूर्ति की यह बेचैनी तथा तनाव ही उसमें इन आवश्यकताओं से जुड़े हुए अन्तर्नोद (Drive) तथा अभिप्रेरक (Motive) को जन्म देता है।

मूल आवश्यकताओं का उनके महत्व के अनुसार वर्गीकरण (Hierarchy of Needs)

कौन-सी आवश्यकताएं दूसरों की अपेक्षा अधिक महत्वपूर्ण हैं इस तरह उनके महत्व को आंकते हुए उन्हें सोपानीकृत करने का एक अनुप्रम प्रयास प्रसिद्ध मनोवैज्ञानिक अब्राहम मेसलो (Abraham Maslow) द्वारा किया गया। उनके इस प्रयास को निम्न चित्र द्वारा प्रदर्शित करके समझा जा सकता है:

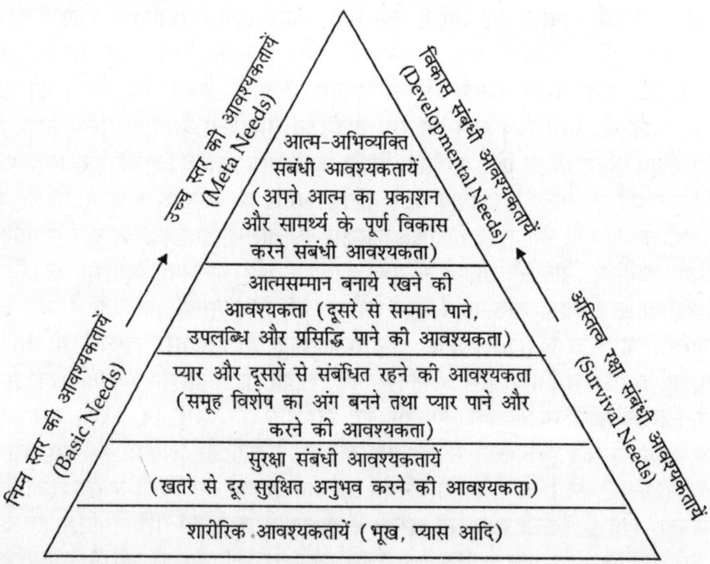

चित्र 16.2: मेसलो की आवश्यकता-सोपानिकी (Maslow's Hierarchy of needs)

जैसा कि चित्र 16.2 से स्पष्ट है प्रथम स्तर पर शारीरिक आवश्यकताएं भूख, प्यास, नींद, तथा यौन सम्बन्धी आवश्यकताएं आती हैं। इनकी तृप्ति के बाद व्यक्ति को अपनी सुरक्षा की आवश्यकता का अहसास होता है। फिर वह स्नेह या प्रेम पाने या देने की आवश्यकता का शिकार होता है। यह सब कुछ मिल जाने पर वह आगे बढ़कर समाज में प्रतिष्ठित बनना चाहता है उसे मान सम्मान की भूख रहती है। इसकी तृप्ति के बाद फिर उसे यह आवश्यकता महसूस होती है कि उसके अंदर जो कुछ भी है उसकी अभिव्यक्ति का मौका मिले, वह अपने आपको अच्छी तरह अभिव्यक्त करके अपने अंदर छुपी रचनात्मकता, सृजनात्मकता तथा अन्य क्षमताओं के प्रकाशन के अधिक से अधिक अवसर मांगता है। जब तक निचले प्रकार की आवश्यकताओं की पूर्ति नहीं होती व्यक्ति उनके ऊपर के सोपान पर विराजमान आवश्यकताओं की पूर्ति के बारे में सक्रिय नहीं होता। जैसे-जैसे निचले क्रम या सोपानों पर स्थित आवश्यकताओं की पूर्ति होती जाती है वैसे-वैसे व्यक्ति आगे के सोपानों पर स्थित आवश्यकताओं की पूर्ति में जुट जाता है। आवश्यकताओं का यह सोपानीकरण ही हमें इस रहस्य से परिचित कराता है कि क्यों अधिकतर व्यक्तियों का सारा व्यवहार और कार्यप्रणाली पहले प्रकार की आवश्यकताओं, रोटी, कपड़ा, और मकान जैसी बातों को जुटाने में ही केंद्रित रहती हैं। परंतु सभी को अपनी आवश्यकता पूर्ति में 'मेसलो' द्वारा वर्णित सोपानों में से नीचे से ऊपर तक जाना पड़े यह आवश्यक नहीं है। बहुत से व्यक्ति ऐसे भी हो सकते हैं जिनके लिए सम्मान की रक्षा तथा आत्माभिव्यक्ति की आवश्यकताएं निचले सोपानों की आवश्यकताओं से अधिक महत्व रख सकती हैं।

अन्तर्नोद या चालक (Drives)

अन्तर्नोद या चालक किसी व्यक्ति की ऐसी मानसिक अवस्था है जिसका जन्म उसके द्वारा अनुभव की जाने वाली किसी आवश्यकता के फलस्वरूप होता है। जैसे ही किसी व्यक्ति को किसी आवश्यकता विशेष जैसे भूख, प्यास आदि का अनुभव होता है, उसके अंदर इसकी पूर्ति को लेकर एक अजीब-सी बेचैनी, हलचल तथा तनाव सा उत्पन्न हो जाता है और फलस्वरूप उसका संतुलन डगमगा जाता है, उसके समायोजन को खतरा पैदा हो जाता है। ऐसी स्थिति में इन सब बातों का मुकाबला करने के लिए उसमें एक विशेष प्रकार की शारीरिक तथा मानसिक स्थिति का निर्माण होता है जिसके द्वारा आवश्यकता पूर्ति के संदर्भ में उसके द्वारा किए जाने वाले व्यवहार की बागडोर हाथ में ले ली जाती है। आवश्यकता पूर्ति हेतु लक्ष्य निर्देशित व्यवहार के चालक (Drives) के रूप में अस्तित्व में आने वाली इस मानसिक तनाव से युक्त शारीरिक और मानसिक अवस्था को, जिसके द्वारा व्यक्ति के सामान्य व्यवहार में बहुत अधिक तेजी तथा चमक आ जाती है, मनोविज्ञान में चालक या अन्तर्नोद (Drives) का नाम दिया जाता है। इस तरह चालक या अन्तर्नोद से तात्पर्य व्यक्ति में निहित उस आंतरिक तत्व, शक्ति या मानसिक एवं शारीरिक स्थिति से है जिसके द्वारा व्यक्ति के व्यवहार का निर्देशन और संचालन करके उसे अपनी आवश्यकताओं की पूर्ति करने में सहायता की जा सकती है। व्यवहार के इस तरह के चालकों (Drive) की सत्ता से हमारा परिचय तब होता है जब हम किसी आवश्यकता विशेष के शिकार होते हैं, किसी वस्तु का अभाव में खलता है तथा उसे पाने के लिए हम आतुर था बेचैन हो जाते हैं। एक व्यक्ति को, जिसे प्यास का अनुभव हो रहा है, प्यास बुझाने के साधनों की बेहद कमी दिखाई दे रही है। उस अवस्था में उसका सारा व्यवहार प्यास

बुझाने से संबंधित वस्तुओं या परिस्थितियों की खोज करके अपनी प्यास बुझाने के प्रयत्नों पर ही आधारित हो जाएगा। उसके व्यवहार का संचालन अब प्यास नामक अन्तर्नोद या चालक (Thirst Drive) के द्वारा किया जाएगा। भूख लगने की अवस्था में भूख नामक अन्तर्नोद (Hunger Drive) प्रकाश में आएगा तथा यौन या कामेच्छा की पूर्ति हेतु काम नामक अन्तर्नोद (Sex Drive) उसके व्यवहार की बागडोर अपने हाथ में ले लेगा।

जैसा कि पहले चर्चा की जा चुकी है आवश्यकताएं दो प्रकार की होती हैं—शारीरिक तथा जैविक आवश्यकताएं तथा सामाजिक-मनोवैज्ञानिक आवश्यकताएं। अन्तर्नोद चूंकि उन्हीं से जन्म लेते हैं अतः इनका भी शारीरिक तथा जैविक अन्तर्नोद और सामाजिक-मनोवैज्ञानिक अन्तर्नोदों के रूप में वर्गीकरण किया जाता है। शारीरिक तथा जैविक आवश्यकताओं से जन्म लेने वाले अन्तर्नोद जन्मजात होते हैं। इन अन्तर्नोदों में भूख, प्यास, नींद, काम आदि का उल्लेख किया जा सकता है। सामाजिक मनोवैज्ञानिक आवश्यकताओं से उत्पन्न अन्तर्नोदों के रूप में हम उपलब्धि अन्तर्नोद (Achievement Drive), सुरक्षा अन्तर्नोद (Safety Drive), सामाजिक मान्यता अन्तर्नोद (Social Approval Drive), आत्माभिव्यक्ति अन्तर्नोद (Self Actualization Drive), शक्ति अन्तर्नोद (Power Drive) आदि का उल्लेख कर सकते हैं। ये दूसरे प्रकार के सामाजिक-मनोवैज्ञानिक अन्तर्नोद अर्जित होते हैं, शारीरिक-जैविक अन्तर्नोदों की तरह जन्मजात नहीं। इनकी उत्पत्ति शरीर के अंदर के असंतुलन एवं असमायोजन को व्यवस्थित या उससे संबंधित किसी कमी को पूरा करने के लिए नहीं होती जैसी कि भोजन की या पानी की शरीर में कमी होने से इस कमी को दूर करने के लिए भूख तथा प्यास अन्तर्नोदों (Hunger and Thirst Drives) का जन्म होता है। इनकी उत्पत्ति तो तब होती है जब व्यक्ति सामाजिक-मनोवैज्ञानिक रूप से अपने आपको असंतुलित तथा असमायोजित अनुभव कर इनसे संबंधित कमी को पूरा करना चाहता है। असुरक्षित व्यक्ति अपनी सुरक्षा हेतु सुरक्षा अन्तर्नोद से संचालित व्यवहार को अपना लेता है। उपलब्धियों की तलाश में व्यक्ति उपलब्धि अन्तर्नोद का सहारा लेकर ऐसे व्यवहार को अपनाने के लिए बाध्य होता है जिससे उसको किसी क्षेत्र विशेष में इच्छित उपलब्धियों की प्राप्ति हो सके। हां, इस प्रकार के सभी सामाजिक-मनोवैज्ञानिक अन्तर्नोद पूरी तरह अर्जित होते हैं जिन्हें व्यक्ति अपने वातावरण के साथ तालमेल बैठाने या उसके साथ अपना समायोजन करने हेतु ही अपने व्यवहार को इच्छित दिशा प्रदान करने के लिए अपनाता है।

प्रोत्साहन (Incentives)

आवश्यकताएं और अन्तर्नोद, जैसा कि हमने ऊपर की पंक्तियों में इनके बारे में पढ़ा है, व्यक्ति की आंतरिक अवस्थाओं का प्रतिनिधित्व करती हैं। भोजन या पानी की शरीर में कमी हो जाने से हमें इनकी आवश्यकता अनुभव होती है तथा इस कमी को दूर करने हेतु ही भूख व प्यास अन्तर्नोदों का जन्म होता है। परंतु कई बार ऐसा भी होता है कि भोजन की कमी और पानी की कमी के कारण ही भूख और प्यास अन्तर्नोदों को जन्म नहीं मिलता बल्कि, अच्छे, प्रिय और स्वादिष्ट भोजन या पेय पदार्थों की महक या दर्शन भी हमें भूख लगने या प्यासे होने की अनुभूति करा देते हैं और फलस्वरूप हममें इन्हें ग्रहण करने हेतु भूख तथा प्यास अन्तर्नोदों की उत्पत्ति हो जाती है। इस अवस्था में अच्छे, प्रिय और स्वादिष्ट भोजन तथा पेय पदार्थों की महक या उनकी उपस्थिति को प्रोत्साहन या प्रलोभन (Incentives) की संज्ञान दी जाती है। इस प्रकार के प्रोत्साहन तथा प्रलोभन

से शारीरिक आवश्यकता के स्थान पर इनके स्वाद को ग्रहण करने की आवश्यकता हावी हो जाती है और फलस्वरूप भूख तथा प्यास अन्तर्नोदों की शक्ति में नए सिरे से वृद्धि हो जाती है और हमारा व्यवहार इन भोजन तथा पेय पदार्थों को ग्रहण करने की दिशा में निर्देशित हो जाता है।

इस प्रकार से प्रोत्साहन या प्रलोभन (Incentives) का यह एक कार्य तो निश्चित रूप से होता ही है कि इससे आवश्यकता पूर्ति से जुड़े हुए किसी अन्तर्नोद या अभिप्रेरक को अतिरिक्त शक्ति मिलती है और अभिप्रेरित व्यवहार एक अतिरिक्त जोश या उमंग से भर उठता है।

जब फैक्टरी में काम कर रहे मजदूरों को वेतन के अतिरिक्त बोनस मिलता है तो यह उनके कार्य एवं आचरण को सकारात्मक रूप से प्रभावित करता है, वे दुगुने जोश से अपना कार्य करके उत्पादन बढ़ाने में जुट जाते हैं। इस तरह बोनस की प्राप्ति, जो बाह्य रूप से उनके व्यवहार को प्रभावित कर रही है, प्रोत्साहन (Incentives) का अपने आप में एक अच्छा उदाहरण है। इससे लक्ष्य की प्राप्ति (i) उत्पादन में वृद्धि तथा (ii) मजदूरों की कार्यकुशलता या क्षमता में वृद्धि में काफी सहायता मिलती है। प्रोत्साहनों (Incentives) के उदाहरणों के रूप में हम प्रशंसा (Praise), पारितोषिक (Reward) इच्छित तथा मनचाही वस्तु की प्राप्ति का भी उल्लेख कर सकते हैं। जब पढ़ते-पढ़ते या कोई प्रयोग परीक्षण करते समय अध्यापक द्वारा बालक की प्रशंसा कर दी जाती है तो इस प्रकार का प्रोत्साहन उसके अध्ययन या कार्य-व्यवहार को सकारात्मक रूप से प्रभावित करता है तथां लक्ष्य की प्राप्ति में इससे काफी सहायता मिलती है। अब बालक पढ़ाई में ज्यादा ध्यान देता है तथा उसे अच्छे परिणामों की प्राप्ति होती है। मनचाही चीज की प्राप्ति जैसे टाफी, चाकलेट, आइसक्रीम, कोल्ड ड्रिंक का मिलना बालकों के लिए किस तरह प्रोत्साहन (Incentive) का कार्य करता है यह बात हम दैनिक जीवन की घटनाओं से अच्छी तरह जानते हैं। सभी दशाओं में इस तरह का प्रोत्साहन चाहे वह किसी वस्तु विशेष को प्रदान करके दिया जाय या मनोवैज्ञानिक रूप में शब्दों द्वारा या इच्छित व्यवहार को चालू रखकर दिया जाय, यह व्यक्ति के व्यवहार को सकारात्मक ढंग से प्रभावित करता है। इससे उसके अन्तर्नोद तथा अभिप्रेरकों को अतिरिक्त शक्ति मिलती है तथा अभिप्रेरित व्यवहार को एक नया जोश तथा दिशा प्राप्त होती है।

किसी बाह्य वस्तु या क्रिया द्वारा ही प्रोत्साहन की प्राप्ति हो यह बात भी सदैव आवश्यक नहीं। कई बार किए जाने वाला व्यवहार स्वयं भी अपने आप में प्रोत्साहन (Incentive) बन जाता है। यह तब होता है जबकि कार्य करते समय व्यक्ति अपने कार्य की गति या सफलता से संतुष्टि का अनुभव करता है, उसे कार्य करते हुए भी अतीव प्रसन्नता तथा सुख की प्राप्ति होती रहती है। इस तरह जब वह जैसे-जैसे लक्ष्य प्राप्ति की दिशा में ठीक प्रकार बढ़ता रहता है और उसे अपनी प्रगति का ज्ञान भी होता रहता है तो लक्ष्य प्राप्ति की यह आशा तथा लक्ष्य की प्राप्ति उसके व्यवहार के लिए प्रोत्साहन (Incentive) के रूप में सामने आती है। उसके व्यवहार को पुनर्बलन (Reinforcement) मिलता है और वह इस व्यवहार की पुनरावृत्ति के लिए तत्पर रहता है। उसको लक्ष्य से अधिक आगे की मंजिल तय करने की लगन लग जाती है और इस प्रकार उसका व्यवहार अभिप्रेरित होकर नई सफलताएं प्राप्त करने की ओर अग्रसर हो जाता है।

विद्यार्थियों को अभिप्रेरित करने की तकनीकें एवं व्यूहरचनाएं
(Techniques and Strategies of Motivating the Students)

अभिप्रेरणा सीखने-सिखाने की प्रक्रिया का केन्द्रीय बिंदु है। वास्तव में, यह सीखने के लिए अत्यन्त आवश्यक है। प्रत्येक अध्यापक को कभी न कभी अपने विद्यार्थियों को अभिप्रेरित करने की समस्या का सामना करना पड़ता है। अतः कक्षा में अभिप्रेरणा उत्पन्न करने के साधनों पर विचार करना अत्यन्त आवश्यक है। निम्नलिखित पंक्तियों में हम इस पर विचार करते हैं:

1. बाल-केन्द्रित दृष्टिकोण (Child-centered approach) : सीखना बच्चे को होता है। अध्यापक तो केवल उसे सिखाने में सहायता करता है। अतः जो कुछ भी बच्चे को सिखाना होता है वह उसकी योग्यताओं, रुचियों तथा पूर्वानुभव पर आधारित होना चाहिए। इस बात का ध्यान रखा जाना चाहिए कि बच्चा नई सामग्री को समझ सकता है या नहीं? उसमें प्रस्तुत कार्य करने की योग्यतायें और कुशलताएं हैं या नहीं? वह सीखने के लिए मानसिक रूप से तैयार है या नहीं। अतः बच्चे को कुछ सीखने के लिए कहने से पहले या उसे कोई काम देने से पहले, इन आवश्यक प्रश्नों पर विचार करना अत्यन्त आवश्यक है।

2. नए ज्ञान को पूर्व ज्ञान से संबंधित करना (Linking the new learning with the past) : अनुभव महान गुण है, पूर्वज्ञान नए सीखने का अच्छा आधार प्रमाणित हो सकता है। यदि बच्चे के काम को बच्चे के पूर्व अनुभव के साथ संबंधित किया जाए तो वह बच्चे के लिए आसान और रोचक बन जाता है। जब बच्चे को यह मालूम हो जाता है कि नया काम उसके पूर्व अनुभव पर आधारित है, तो वह आसानी से अभिप्रेरित हो उठता है, अतः यह अध्यापक का कर्त्तव्य है कि वह नवीन शिक्षण को बच्चे के पूर्व अनुभवों पर आधारित करे।

3. शिक्षण में प्रभावशाली विधियों तथा सहायक साधनों का प्रयोग (Use of effective methods, aids and devices in teaching) : विषय-वस्तु कैसी ही क्यों न हो, परन्तु एक अच्छा अध्यापक अपने शिक्षण-कौशल से विद्यार्थियों को सीखने के लिए उत्साहित कर देता है। पुरानी शिक्षण विधियों से विद्यार्थियों की रुचियां नष्ट हो जाती हैं, परंतु नवीन प्रगतिशील शिक्षण विधियों से उन्हें अभिप्रेरित करने में बहुत सहायता मिल सकती है। अतः अध्यापक को चाहिए कि विद्यार्थियों को अभिप्रेरित करने में वह उचित शिक्षण-विधियों तथा सहायक साधनों का प्रयोग करे।

4. उद्देश्यों एवं लक्ष्यों का निश्चित होना (Definiteness of the purposes and goals) : जब तक व्यक्ति अपने कार्य के उद्देश्य से परिचित नहीं होता तब तक वह उसमें रुचि नहीं ले सकता। उद्देश्यों तथा लक्ष्यों के निश्चित होने से शिक्षार्थी को वांछित दिशा में काम करने की प्रेरणा मिलती है। अतः किसी भी विषय या प्रकरण के अध्ययन का उद्देश्य क्या है–इस बात का विद्यार्थियों को पूर्ण ज्ञान होना चाहिए।

5. परिणाम एवं प्रगति का ज्ञान (Knowledge of the result and progress) : प्रत्येक विद्यार्थी अपने प्रयत्नों का परिणाम जानना चाहता है। जब हम कोई काम करते हैं, तो उसके परिणाम के प्रति जिज्ञासा होना स्वाभाविक है। यह ज्ञान कि हम सन्तोषजनक रूप से प्रगति कर रहे हैं, हमें प्रेरणा प्रदान करता है। परिणामों के तात्कालिक ज्ञान से शिक्षक को केवल अपनी सफलता या असफलता का ही पता नहीं चलता, बल्कि इससे उसे विशिष्ट लक्ष्यों की प्राप्ति के लिए प्रयास आयोजित करने में भी सहायता मिलती है। शिक्षार्थी को

उसके द्वारा किए गए कार्यों के गुण तथा उनमें की गई त्रुटियां बता देने से बहुत प्रेरणा मिल सकती है। अतः अध्यापक को चाहिए कि वह विद्यार्थी को उसकी प्रगति से परिचित रखे। इसके लिए स्कूल में उचित रिकार्ड, ग्राफ, चार्ट आदि की व्यवस्था करना अत्यन्त आवश्यक है।

6. प्रशंसा एवं आलोचना (Praise and Reproof): प्रशंसा और आलोचना दोनों शक्तिशाली अभिप्रेरक हैं। कक्षा के वातावरण में वांछित अभिप्रेरणा की उत्पत्ति के लिए इन्हें प्रयोग किया जा सकता है। इन प्रेरकों में से कौन-सा कब प्रभावशाली सिद्ध होगा, यह शिक्षार्थी और अध्यापक के व्यक्तित्व पर निर्भर है। आम तौर पर वे व्यक्ति प्रशंसा से ज्यादा अच्छी तरह काम करने लगते हैं, जिनमें अपनी कमी की अनुभूति होती है। इसी तरह वे विद्यार्थी आलोचना के पश्चात अच्छी तरह काम करने लगते हैं, जिन्हें अपने पर विश्वास होता है। प्रशंसा एवं आलोचना का प्रयोग किस प्रकार किया जाता है, इसका भी बहुत प्रभाव पड़ता है। इन प्रेरकों की प्रभावोत्पादकता के मूल में आवश्यक बात यही है कि संरक्षण या तो इनमें मिलता है अथवा उसे कोई खतरा हो जाता है। इसलिए अध्यापक को विद्यार्थी की प्रकृति को पहचान करके ही प्रशंसा या आलोचना द्वारा उसे प्रेरित या उत्साहित करना चाहिए।

7. पुरस्कार एवं दण्ड (Reward and Punishment): पुरस्कार और दंड का भी वही परिणाम निकलता है जो आलोचना एवं प्रशंसा का। ये दोनों शक्तिशाली अभिप्रेरक हैं जो व्यक्ति के व्यवहार को पर्याप्त रूप से प्रभावित करते हैं। दण्ड एक नकारात्मक अभिप्रेरक है, क्योंकि यह असफलता के डर, विशेषाधिकार की हानि के डर, अपमान और शारीरिक पीड़ा के डर पर आधारित होता है। इसके विपरीत पुरस्कार एक स्वीकारात्मक अभिप्रेरक है जो वांछित क्रिया के साथ आनन्द की अनुभूति को जोड़ कर व्यवहार को उचित रूप से प्रभावित करता है। जहां तक संभव हो सके दण्ड का प्रयोग नहीं किया जाना चाहिए क्योंकि इससे नेतृत्व, साधन-संपन्नता (Resourcefulness) तथा स्वतंत्र चिंतन की भावना की हानि होती है। इसके विपरीत पुरस्कार का मनोवैज्ञानिक महत्व है और इससे विद्यार्थियों में निर्माणात्मक योग्यताओं, आत्म-त्याग, आत्म-विश्वास, आत्म-सम्मान तथा अन्य कई लोकतंत्रात्मक भावनाओं का विकास होता है, परंतु इसका यह अर्थ नहीं है कि सभी स्थितियों में दण्ड का नियम ही समाप्त कर दिया जाए। कई स्थितियों में तो दण्ड पुरस्कार से भी अधिक उपयोगी सिद्ध होता है। इसी प्रकार अनुचित रूप से दिया गया पुरस्कार भी हानिकारक सिद्ध हो सकता है। कभी-कभी तो पुरस्कार ही उद्देश्य बन जाता है। उदाहरणास्वरूप, यदि एक विद्यार्थी गोल्ड मैडल प्राप्त करने के लिए प्रयत्न करता है तो इसका मतलब यह हुआ उसे सीखने में इतनी रुचि नहीं जितनी गोल्ड मैडल में। अतः अध्यापक को पुरस्कार तथा दण्ड का प्रयोग बड़ी सावधानी के साथ करना चाहिए।

8. प्रतियोगिता एवं सहयोग (Competition and Co-operation): प्रतियोगिता अभिप्रेरणा का विश्व-प्रसिद्ध साधन है। इसमें दूसरों से आगे बढ़ने की इच्छा प्रमुख रहती है। हम सीखने की ऐसी स्थितियां उत्पन्न कर सकते हैं जिसमें कक्षा के विद्यार्थियों में स्वस्थ प्रतियोगिता की भावना का विकास हो। यह प्रतियोगिता भी दो प्रकार की हो सकती है- दूसरों से प्रतियोगिता और स्वयं अपने ही पूर्व कार्य से प्रतियोगिता। पहले प्रकार की प्रतियोगिता में एक डर बना रहता है कि कहीं व्यक्ति दूसरों से बढ़ोतरी प्राप्त करने के लिए अनुचित साधनों का प्रयोग न करने लगे, परन्तु दूसरे प्रकार की प्रतियोगिता व्यक्ति को अपनी ही

पूर्व प्रगति से आगे निकलने की प्रेरणा प्रदान करती है। यह उसे आत्म-शिक्षा की ओर अग्रसर कर सकती है और उसे आन्तरिक अभिप्रेरणा प्रदान करती है।

प्रतियोगिता–विशेषकर सामूहिक प्रतियोगिता कटु आलोचना, अनुचित शत्रुता तथा परस्पर ईर्ष्या-द्वेष को भी उत्पन्न कर सकती है। इन कु-परिणामों को दूर करने के लिए प्रतियोगिता के स्थान पर सहयोग का सुझाव दिया जाता है। प्रतियोगिता और सहयोग का साथ-साथ प्रयोग करना और भी अधिक उपयोगी सिद्ध हो सकता है, जैसे एक समूह के सदस्य परस्पर सहयोग करते हुय दूसरे समूह के साथ प्रतियोगिता कर सकते हैं। इस प्रकार के सहयोग तथा मैत्रीपूर्ण प्रतियोगिता से सामूहिक भावना, पर-हित की भावना, एकता तथा दृढ़ता जैसी सामाजिक प्रवृत्तियों का विकास होता है। अतः एक बुद्धिमान अध्यापक को सहयोगात्मक भावना के आधार पर प्रतियोगिता को प्रोत्साहित करना चाहिये।

9. अहं भावना का उपयोग (Ego-involvement): अहं में वे व्यवहार सम्मिलित होते हैं जिनका सम्बन्ध 'आत्मा' से होता है। हम में से प्रत्येक व्यक्ति आत्मतुष्टि चाहता है। हम सब उन लोगों और स्थितियों को पसंद करते हैं जिनमें हमारा महत्व स्वीकार किया जाता है। हम उन लोगों या स्थितियों को पसंद नहीं करते जिनके कारण हमारे भीतर हीन भावना पैदा होती हो। प्रायः अध्यापक अपने विद्यार्थियों का मजाक उड़ाते रहते हैं या उनको फटकारते रहते हैं, परन्तु यह गलत है। अध्यापक को चाहिए कि वह विद्यार्थियों को आत्म-तुष्टि द्वारा अभिप्रेरित करे। वह उन्हें क्रियाओं में व्यस्त रखे जिनसे उनकी आत्म-सम्मान की भावना सन्तुष्ट हो और दूसरों की नजरों में उनका सम्मान बढ़े।

10. उचित दृष्टिकोण का विकास (Development of proper attitude): किसी विशिष्ट स्थिति में किसी व्यक्ति की प्रतिक्रिया में ही उसका दृष्टिकोण निहित रहता है। रुचि और ध्यान के साथ इसका गहरा सम्बन्ध है। जिस बच्चे में हस्तकार्य (Manual Work) के सम्बन्ध में स्वस्थ दृष्टिकोण का विकास हो चुका है, वह अपने हाथों में काम करने में रुचि लेगा, परन्तु जिसे बच्चे में इस प्रकार का दृष्टिकोण विकसित नहीं हुआ, वह काम से जी चुराएगा। अतः उचित दृष्टिकोण व्यक्ति को मानसिक रूप से तैयार करता है। इस बात का अध्यापक द्वारा सदैव ध्यान रखना जाना चाहिए।

11. सीखने की उचित स्थिति और वातावरण (Appropriate learning situation and environment): स्थिति और वातावरण भी सीखने की प्रक्रिया को प्रभावित करते हैं। अच्छी प्रकार से सजा हुआ कमरा और उसका शैक्षणिक वातावरण निश्चित ही प्रेरक शक्ति का कार्य करता है। उत्साहपूर्ण वातावरण में बच्चा अपने अध्यापक की बातों को ध्यानपूर्वक सुनता है और लिखने-पढ़ने में भी रुचि लेता है। उचित स्कूल भवन, बैठने की सुव्यवस्था, भौतिक सुविधाएं, परस्पर सहयोग, स्कूल क्रियाओं में भाग लेने के अवसर, अध्यापक का स्नेह–ये सब बच्चे के व्यवहार को अभिप्रेरित करते हैं। अतः अध्यापक को उचित स्थितियों और वातावरण का निर्माण करना चाहिए।

विद्यार्थियों को अभिप्रेरित करने तथा उनकी अभिप्रेरणा को बलवती एवं स्थिर रखने में अध्यापक की भूमिका (Teacher's Role in Motivating, Strengthening and Sustaining Motivation among Learners)

शिक्षण अधिगम प्रक्रिया में एक अध्यापक कक्षा-कक्ष अधिगम में अपनी विद्यार्थियों को न केवल अभिप्रेरित करने बल्कि उनकी इस जाग्रत अभिप्रेरणा को बलवती तथा स्थिर बनाए रखने में भी काफी महत्वपूर्ण भूमिका निभा सकता है। आइए देखते हैं कि एक

अध्यापक द्वारा यह कार्य कैसे किया जा सकता है?

1. एक अध्यापक को इस बात के लिए काफी सावधान एवं सजग रहना चाहिए कि वह अपनी कक्षा में पाठ को प्रस्तुत करने की प्रारंभिक अवस्था अर्थात् शुरुआत में ही विद्यार्थियों को अपने पाठ के प्रकरण की तरफ अभिप्रेरित करे। उसे अपने विद्यार्थियों के सम्मुख अपने पाठ का प्रारंभ इस प्रकार से करना चाहिए जिससे कक्षा में उपस्थित सभी विद्यार्थियों का ध्यान पाठ की तरफ आकर्षित हो जाए और उसके अध्ययन में उनकी रुचि तथा जिज्ञासा पैदा हो जाए। अपने इस उद्देश्य के लिए उसे अपने पाठ की प्रस्तावना, विद्यार्थियों के पूर्व ज्ञान, पहले पढ़े हुए पाठ या प्रकरण, उनके दिन-प्रतिदिन के जीवन अनुभवों से इस प्रकार जोड़ कर करनी चाहिए कि नई बातों को जानने के लिए उनमें जिज्ञासा उत्पन्न हो। उसे अपने नए पाठ या प्रकरण की तरफ उन्हें अभिप्रेरित करने के लिए पढ़ाए जाने वाले पाठ को विद्यार्थियों के अन्य अभिप्रेरकों से जोड़कर भी प्रस्तुत करने की कोशिश करनी चाहिए। उन्हें यह अनुभव कराना चाहिए कि जो पाठ उन्हें पढ़ाया जाने वाला है उसकी उनके लिए कितनी उपयोगिता और महत्व है। अध्यापक के द्वारा जो नवीन ज्ञान या अधिगम अनुभव उन्हें कक्षा में प्रदान किए जाने वाले हैं उनके अध्ययन से वे कितने ज्यादा लाभान्वित होने वाले हैं, इन बातों का विद्यार्थियों को पूर्ण रूप से स्पष्ट ज्ञान होना चाहिए। इससे वे कक्षा-कक्ष अधिगम की तरफ भलीभांति अभिप्रेरित हो जाते हैं।

2. जब विद्यार्थी पाठ या प्रकरण के अध्ययन के लिए अभिप्रेरित हो जाएं, उनका ध्यान पाठ की तरफ हो जाए, पाठ में उनकी रुचि जाग्रत हो जाए तब इस दिशा में अगली आवश्यक बात यह है कि विद्यार्थियों के अभिप्रेरित व्यवहार को शक्तिशाली और स्थिर बनाए रखने की कोशिश की जाए। इस उद्देश्य की पूर्ति के लिए एक इच्छुक अध्यापक निम्न प्रकार की बातें या उपाय काम में ला सकता है :

    (i) विद्यार्थियों के सम्मुख प्रस्तुत की जाने वाली अधिगम विषय वस्तु या अधिगम अनुभव अच्छी तरह तार्किक एवं मनोवैज्ञानिक ढंग से आपस में समन्वित और व्यवस्थित होने चाहिए। उन्हें जो कुछ भी पढ़ाया जाए वह बच्चों के पूर्वज्ञान या जो कुछ वे जानते हैं, उससे जुड़ा हुआ हो, इसके साथ-साथ यह नवीन ज्ञान उनके भविष्य में प्रस्तुत की जाने वाली विषय-वस्तु/अधिगम अनुभवों का आधार या नींव बनने में सहायक हो। पाठ्य वस्तु के संगठन एवं प्रस्तुतीकरण में सरल से कठिन, मूर्त से अमूर्त और उदाहरण से सामान्यीकरण प्रनियमों का पालन किया जाना चाहिए।

    (ii) कक्षा-कक्ष शिक्षण अधिगम के लिए शिक्षण विधियां, व्यूह रचनाएं और युक्तियां, माध्यम तथा प्रक्रियाओं का चयन इस प्रकार से किया जाए जिससे कक्षा-कक्ष अधिगम में विद्यार्थियों की रुचि और अभिप्रेरणा बनी रहे।

    (iii) शिक्षण अधिगम प्रक्रिया अन्त: क्रियात्मक अधिगमकर्त्ता केन्द्रित आधार पर क्रियान्वित होनी चाहिए, इसमें पारस्परिक भागीदारी होनी चाहिए बजाय इसके कि यह शिक्षक द्वारा ही अकेले और एकतरफा कार्यवाही के रूप में सामने आए। शिक्षण अधिगम प्रक्रिया में विद्यार्थियों को उनके सक्रिय सहयोग एवं सहभागिता हेतु उचित और पूरे अवसर प्रदान किए जाने चाहिए। उनको कक्षा में प्रश्न पूछने, अपनी जिज्ञासा की संतुष्टि करने और अपनी सृजनात्मक और रचनात्मक आवश्यकताओं की पूर्ति

करने हेतु उचित रूप से अनुप्रेरित और उत्साहित किया जाना चाहिए।

(iv) विद्यार्थियों को उचित रूप से अभिप्रेरित करने हेतु कक्षा-कक्ष शिक्षण में विभिन्न प्रकार की दृश्य-श्रव्य सामग्री, बहुमाध्य तथा सूचना एवं संप्रेषण तकनीकी को भलीभांति समाहित करने के इस प्रकार से प्रयत्न करने चाहिए जिनसे उन्हें इनके उपयोग से अधिक से अधिक शैक्षणिक लाभों की प्राप्ति हो सके।

(v) एक अभिप्रेरित व्यवहार को अगर उस पर आवश्यक ध्यान दिया जाए तथा उसे उचित पुनर्बलन कार्यक्रम और विधियों का प्रयोग करते हुए भलीभांति पुनर्बलित किया जाए तो उसे उचित रूप से स्थिर और शक्तिशाली बनाया जा सकता है। इसलिए एक अध्यापक को चाहिए कि वह इस दिशा में प्रयास करने हेतु प्रशंसा एवं दोषारोपण, प्रतिस्पर्धा एवं सहयोग, पुरस्कार एवं दंड इत्यादि का उनसे समन्वित रूप में, जैसी जिस समय आवश्यकता हो, कक्षा-कक्ष अधिगम के प्रति विद्यार्थियों के अभिप्रेरित व्यवहार को पर्याप्त रूप से स्थिर और सुदृढ़ बनाने में उपयोग करे। इस कार्य में अन्य उपयोगी उपायों, जैसे- विद्यार्थियों से कक्षा में प्रश्न पूछना, उन्हें अभ्यास एवं पुनर्वीक्षण कार्यों में लगाना, उनकी कक्षा-कक्ष अभिक्षमता का मूल्यांकन करते रहना और उनकी निष्पत्तियों के बारे में उन्हें तत्काल प्रतिपुष्टि प्रदान करते रहना आदि बातें भी विद्यार्थियों के अभिप्रेरण को काफी स्थिर और बलवती बनाए रखने में काफी सहायता कर सकते हैं।

17

व्यक्तित्व–अर्थ, प्रकृति एवं सिद्धांत
(Personality–Meaning, Nature and Theories)

विषय प्रवेश (Introduction)

शिक्षा जगत में 'व्यक्तित्व' शब्द अपना एक विशेष स्थान रखता है। शिक्षा अपने संपूर्ण रूप में बालक के व्यक्तित्व के सर्वांगीण विकास से अपना प्रयोजन रखती है। अतः भावी अध्यापकों को 'व्यक्तित्व' के अर्थ, प्रकृति एवं उसकी अवधारणा से परिचित होना अत्यन्त आवश्यक है। प्रस्तुत अध्याय में इसी आवश्यकता को ध्यान में रखा जाएगा।

व्यक्तित्व–अर्थ एवं प्रकृति (Personality—Meaning and Nature)

व्यक्तित्व के अर्थ एवं प्रकृति को स्पष्ट करने हेतु हम निम्न प्रकरणों (Topics) को लेकर चलेंगे :

(A) व्यक्तित्व के सम्बन्ध में कुछ गलत धारणाएं (Certain wrong notions or misconceptions about Personality)

(B) व्यक्तित्व का अर्थ एवं परिभाषाएं (Meaning and definitions of the term Personality)

(C) व्यक्तित्व के सम्बन्ध में कुछ महत्वपूर्ण तथ्य (Some important facts regarding Personality)

A. व्यक्तित्व के सम्बन्ध में गलत अवधारणा
(Misconception about Term Personality)

1. सामान्यतः बोलचाल की भाषा में 'व्यक्तित्व' शब्द का प्रयोग शारीरिक डील डौल, स्वास्थ्य, सौन्दर्य, रूप लावण्य, आदि बाहर से दिखाई पड़ने वाले तत्वों के संदर्भ में किया जाता है। किसी के गठीले बदन और चमकते चेहरे को देखकर हम कह उठते हैं कि देखो उसका व्यक्तित्व कितना आकर्षक है और किसी की सूखी टांगों, पिचके गाल, या निस्तेज चेहरे को देख कर अथवा उसके कपड़ों और जूतों की खस्ता हालत देख कर हम उसके व्यक्तित्व को उपेक्षा या तिरस्कार की वस्तु समझते हैं। खाने-पीने, बोलने-चालने और चलने-फिरने के अच्छे और बुरे ढंग के माध्यम से भी हम व्यक्तित्व सम्बन्धी अच्छे बुरे लेबल (Label) चिपकाने का प्रयत्न करते हैं। ऊपर से देख कर व्यक्तित्व के अनुमान लगाने का यह ढंग व्यक्तित्व का सही अर्थ न जानने का ही परिणाम है।

2. प्रायः हम व्यक्तित्व शब्द को व्यक्ति के चरित्र या नैतिकता के पर्यायवाची शब्द के रूप में भी प्रयोग करते हैं। चरित्र सम्बन्धी कुछ गुणों से युक्त होने पर व्यक्ति को अच्छे व्यक्तित्व वाला और कुछ अवगुणों या सामाजिक बुराइयों में ग्रस्त होने पर बुरे व्यक्तित्व वाला कहा जाता है। व्यक्तित्व शब्द का यह प्रयोग भी अपूर्ण और अनुचित है। चरित्र सभी प्रकार से केवल नैतिकता और आचार संहिता से अपना सम्बन्ध रखता है जबकि व्यक्तित्व में मानव को संपूर्ण बनाने से संबंधित सभी पक्षों की समष्टि होती है।

इस प्रकार से व्यक्तित्व शब्द को बाह्य रूप तथा आकृति अथवा चरित्र और बाह्य

व्यवहार के समान अर्थों में प्रयुक्त नहीं किया जा सकता। किसी भी अवस्था में व्यक्ति के 'व्यक्तित्व' के आंतरिक पक्ष की अवहेलना नहीं की जा सकती है। व्यक्तित्व में व्यक्ति के व्यवहार का समग्र रूप सामने आता है। अत: व्यवहार के बाह्य और आंतरिक दोनों पक्षों (Overt and covert behaviour) के अध्ययन को इसमें स्थान मिलना चाहिए।

B. व्यक्तित्व-अर्थ एवं परिभाषाएं
(Meaning and Definitions of Term Personality)

मनोवैज्ञानिक भाषा में व्यक्ति अपने आप में जो कुछ भी है वही उसका व्यक्तित्व है। अपने प्रति और दूसरों के प्रति किए जाने वाले व्यवहार का यह एक समग्र चित्र है। इसमें व्यक्ति के पास शारीरिक, मानसिक, संवेगात्मक, सामाजिक और आध्यात्मिक रूप से जो कुछ भी होता है वह सभी सम्मिलित होता है। थोड़े शब्दों में, व्यक्तित्व वह सब कुछ है जो एक व्यक्ति के पास होता है।

इस प्रकार से निश्चित रूप में 'व्यक्तित्व' शब्द बाह्य रूप, आकृति और व्यवहार से अधिक गूढ़ अर्थ संजोए हुए है, जिसे निश्चित शब्दों में पारिभाषित करना एक कठिन कार्य है। फिर भी बहुत से मनोवैज्ञानिकों ने अपने-अपने तरीकों से इसे परिभाषा में बांधने का प्रयत्न किया है। इनमें से कुछ प्रयत्नों की चर्चा नीचे की जा रही है:

वाटसन (Watson)

"विश्वसनीय सूचना प्राप्त करने के दृष्टिकोण से काफी लंबे समय तक वास्तविक निरीक्षण या अवलोकन करने के पश्चात् व्यक्ति में जो भी क्रियाएं अथवा व्यवहार का जो रूप पाया जाता है, उसे उसका व्यक्तित्व कहा जाता है।"

("Personality is the sum of the activities that can be discovered by actual observations over long enough period of time to give reliable information.")

इस प्रकार वाटसन ने व्यवहारवादी (Behaviourist) होने के कारण व्यवहार पक्ष पर बल देते हुए किसी व्यक्ति के घनिष्ठ संपर्क में आने पर हम उसके ऊपर जो भी प्रभाव छोड़ते हैं अर्थात् वह जैसा भी हमें समझता है, उसी को व्यक्तित्व कहा है।

2. मार्टन प्रिंस (Morton Prince)

उसने वंशानुक्रम और वातावरण दोनों की भूमिका को स्वीकार करते हुए व्यक्तित्व की इस प्रकार परिभाषा दी है, "व्यक्तित्व व्यक्ति की सभी प्रकार की जन्मजात प्रकृति, आवेगों, प्रवृत्तियों, इच्छाओं एवं मूल-प्रवृत्तियों और अनुभवों के द्वारा अर्जित बातों का योग है।"

("Personality is the sum total of all the biological innate dispositions, impulses, tendencies, appetites and instincts of the individual and the dispositions and tendencies acquired by experience." 1929, p. 532)

ऑलपोर्ट (Allport)

व्यक्तिव की 49 विभिन्न परिभाषाओं की समीक्षा करने के बाद ऑलपोर्ट ने अपने विचार इस प्रकार व्यक्त किए "व्यक्तित्व व्यक्ति में उन मनोदैहिक व्यवस्थाओं का गतिशील संगठन है जो कि वातावरण के साथ उसके अपूर्व समायोजन का निर्धारण करता है।"

("Personality is a dynamic organisation within the individual of those psycho-physical systems that determine his unique adjustment to his environment." 1948)

अद्यपि ऑलपोर्ट ने व्यक्तित्व की एक पूर्ण परिभाषा देने का दावा किया है, लेकिन उसने भी संगठन, गतिशील, मनोदैहिक व्यवस्था, अपूर्व समायोजन और वातावरण आदि शब्दों का प्रयोग कर दूसरों की तरह व्यक्तित्व का केवल वर्णन ही किया है। केवल सिद्धांत पक्ष पर बल देने और व्यावहारिक अथवा गतिशील प्रयत्नों (Concepts) के रूप में इसका वर्णन करने से व्यक्तित्व को सही रूप में समझना कठिन है।

आर.वी. कैटल और आईजैन्क जैसे आधुनिक मनोवैज्ञानिकों का भी यही दृष्टिकोण है। वे पूरी तरह यह अनुभव करते हैं कि अगर व्यक्तित्व का प्रदर्शन, मापन और अंकन नहीं किया जा सकता तब इसे मनोविज्ञान के स्थान पर दर्शनशास्त्र अथवा कला का विषय माना जाना चाहिए। व्यक्तित्व के अर्थ को स्पष्ट करने के संदर्भ में उन दोनों के विचार निम्न हैं:

आर.बी.कैटल (R.B. Cattell)

> "व्यक्तित्व वह है, जिसके द्वारा हम यह भविष्यवाणी कर सकते हैं कि कोई व्यक्ति किसी परिस्थिति में क्या करेगा।"
>
> ("Personality is that which permits a prediction of what a person will do in a given situation." 1929 p. 532)

आईजैन्क (Eysenck)

> "व्यक्तित्व व्यक्ति के चरित्र, स्वभाव, बुद्धि और शारीरिक बनावट का थोड़ा-बहुत ऐसा स्थायी और स्थिर संगठन है जो वातावरण के साथ उसके अपूर्व समायोजन को निर्धारित करता है।"
>
> ("Personality is the more of less stable and enduring organisation of a person's character, temperament, intellect, and physique, which determine his unique adjustment to the environment." 1971, p. 2)

उसने अपनी परिभाषा में शामिल कुछ शब्दों का अर्थ स्पष्ट करने का प्रयास भी किया है जो निम्न प्रकार है।

चरित्र (Character) व्यक्ति के क्रियात्मक व्यवहार के थोड़े बहुत स्थिर और स्थायी संगठन को प्रकट करता है।

स्वभाव (Temperament) व्यक्ति के भावात्मक व्यवहार के थोड़े बहुत स्थिर और स्थायी संगठन को अभिव्यक्त करता है।

शारीरिक बनावट (Physique) से तात्पर्य व्यक्ति के जन्मजात शारीरिक ढांचे (Physical configuration) और उसके स्नायु संस्थान एवं नलिका विहीन ग्रन्थियों (Neuro-endocrine endowment) के थोड़े बहुत स्थायी और स्थिर संगठन से है।

आइज़ैन्क की परिभाषा की समीक्षा (Evaluation of the Definition by Eysenck)–

विशेषताएं (Merits)– (i) यह परिभाषा व्यक्तित्व के निर्माण में वंशानुक्रम और वातावरण के संतुलित महत्व को सामने लाती है।

(ii) इसके माध्यम से आइज़ैन्क ने व्यक्तित्व के लिए व्यवहार सम्बन्धी विशेषताओं को गिनाने की बजाय (व्यक्तित्व) संगठन और संरचना को अधिक महत्व दिलाने का प्रयत्न किया है। व्यवहार सम्बन्धी विशेषताओं को गिनाने की तुलना वह एक भवन के लिए उसकी ईंटों को गिनाने से करता है।

(iii) यह परिभाषा व्यक्तित्व को शरीर विज्ञान सम्बन्धी आधार प्रदान करती है।

(iv) क्रियात्मक (Conative), ज्ञानात्मक (Cognitive), भावात्मक (Affective) और

रचनात्मक (Constitutional) पक्षों को ले कर यह व्यक्ति के व्यवहार का संपूर्ण चित्र प्रस्तुत करने का प्रयत्न करती है।

(v) व्यक्तित्व को मापन एवं मूल्यांकन की वस्तु बना कर यह उसे वैज्ञानिक आधार भी प्रदान करने की चेष्टा करती है।

उपरोक्त विशेषताओं के आधार पर यह नहीं समझा जाना चाहिए कि आइज़ैन्क द्वारा दी गई यह परिभाषा सभी दृष्टि से पूर्ण है। अन्य परिभाषाओं की तरह इसमें भी कुछ कमियां हैं जो आगे दी जाती हैं।

कमियां (Demerits)– (i) यह परिभाषा व्यक्तित्व को शरीर विज्ञान सम्बन्धी आधार प्रदान करती है। लेकिन व्यक्तित्व की अपनी जटिल प्रकृति के कारण सदैव ऐसा करना संभव नहीं हो पाता।

(ii) यह परिभाषा हमें यह गलत विचार बनाने पर मजबूर करती है कि व्यक्तित्व निश्चित और स्थिर है, उसमें किसी भी प्रकार का कोई परिवर्तन नहीं लाया जा सकता।

इस प्रकार से व्यक्तित्व की प्रकृति को ठीक प्रकार से समझने के लिए अभी भी कोई अच्छी परिभाषा की नितान्त आवश्यकता है। वास्तव में 'व्यक्तित्व' जैसे प्रत्यय और धारणाओं का स्पष्टीकरण एक कठिन कार्य है। ध्वनि (Sound), विद्युत् (Electricity) आदि संप्रत्ययों (Concepts) की तरह इसके प्रभाव को तो भली-भांति अनुभव किया जा सकता है परंतु इसकी वास्तविक प्रकृति की थाह पाना कठिन है। इसके स्वरूप की कुछ जानकारी इसकी विशेषताओं के वर्णन करने के माध्यम से ही हो सकती है। आगे हम यही करने जा रहे हैं।

(C) व्यक्तित्व के बारे में कुछ महत्वपूर्ण तथ्य
(Some Important Facts Regarding Personality)

जो कुछ ऊपर कहा गया है उसे आधार बनाते हुए व्यक्तित्व के बारे में निम्न निष्कर्ष निकाले जा सकते हैं।

1. व्यक्तित्व अपूर्व (Unique) और विशिष्ट (Specific) होता है। हम सबका व्यक्तित्व अपने ही ढंग का होता है। कोई भी दो व्यक्ति, चाहे वह समरूप यमज (Identical Twins) ही क्यों न हों, किसी भी समय बिलकुल एक जैसा व्यवहार नहीं करते। हम में से प्रत्येक अपने ढंग से अपना समायोजन करता है और इस तरह हर एक का व्यक्तित्व अपने आप में एक अद्भुत और अनूठी वस्तु होती है।

2. व्यक्तित्व की दूसरी विशेषता उसकी आत्म चेतना (Self consciousness) के गुण को लेकर है। जब व्यक्ति में आत्म चेतना जैसी वस्तु घर करने लगती है तभी से उसके व्यक्तित्व का अस्तित्व प्रकाश में आता है। इस संदर्भ में भाटिया (H. R. Bhatia) ने लिखा है–

> ''हम कुत्ते को व्यक्तित्व से विभूषित नहीं करते और यहां तक कि एक छोटे बच्चे में भी, आत्मचेतना या व्यक्तित्व परिचय का भाव उदय न होने पर व्यक्तित्व जैसी वस्तु नहीं होती।''
>
> ("We do not attribute personality to a dog and even a child cannot be described as a personality because it has only a vague sense of personal identity.")

3. व्यक्तित्व में व्यक्ति के बारे में सब कुछ निहित होता है। यह वह सब कुछ है जो एक व्यक्ति अपने पास रखता है। इसमें व्यवहार में तीनों पक्ष-ज्ञानात्मक, क्रियात्मक और भावात्मक, सम्मिलित हैं तथा इसका क्षेत्र केवल चेतन अवस्था में किए गए व्यवहार

तक ही नहीं बल्कि अर्धचेतन (Semi-conscious) और अचेतन व्यवहार तक फैला हुआ है।

4. विभिन्न गुणों तथा विशेषताओं के संग्रह मात्र को व्यक्तित्व की संज्ञा नहीं दी जा सकती। किसी दीवार के बारे में उसकी ईंटों को गिनकर ही यह नहीं कहा जा सकता कि वह क्या है और कैसी है। इसके लिए कुछ और चाहिए और इसी दृष्टिकोण के व्यक्तित्व के स्पष्टीकरण के लिए भी विशेषताओं और गुणों के संग्रह के अतिरिक्त कुछ और चाहिए। व्यक्तित्व कुछ मनोवैज्ञानिक व्यवस्थाओं (Psychophysical systems) अथवा व्यवहार सम्बन्धी विशेषताओं और क्रियाकलापों का एक संयुक्त संगठन है। जिस प्रकार हाथी की टांगों को देखने मात्र से यह नहीं कहा जा सकता कि हाथों खंभे जैसा होता है, उसी प्रकार किसी के डील-डौल अथवा बोलने-चालने और खाने-पीने के द्वारा उसके व्यक्तित्व के बारे में कुछ नहीं कहा जा कता। जब तक व्यक्ति के जैविक (Biological) और सामाजिक (Social) अथवा वंशानुक्रम और वातावरण सम्बन्धी पक्षों में पूरी तरह झांक नहीं लिया जाए तब तक उसके व्यक्तित्व के बारे में ठीक विचार नहीं बनाया जा सकता।

5. व्यक्तित्व जड़ नहीं बल्कि गतिशील और निरन्तर परिवर्तित एवं परिमार्जित होने वाली वस्तु है। अपने समायोजन के लिए जो कुछ भी आवश्यक होता है, व्यक्ति का व्यक्तित्व उसे वह सब कुछ देता है। समायोजन की प्रक्रिया एक सतत प्रक्रिया है। व्यक्ति को जब से वह जन्म लेता है तब से लेकर अपनी आखिरी सांस तक समायोजन (Adjustment) के लिए संघर्षरत रहना पड़ता है। इस संघर्ष के लिए उसे अपने व्यवहार और व्यक्तित्व सम्बन्धी गुणों में आवश्यक परिवर्तन लाने होते हैं और इस तरह व्यक्तित्व अस्थिर वस्तु न होकर गतिशील एवं परिवर्तनशील वस्तु बन जाता है।

6. व्यक्तित्व वंशानुक्रम और वातावरण की संयुक्त उपज है। बच्चे के व्यक्तित्व का समुचित विकास करने में दोनों ही अपनी-अपनी भूमिका निभाते हैं।

7. सीखना (Learning) और अनुभवों का अर्जन (Acquisition of Experiences) दोनों व्यक्तित्व के विकास में पूरी तरह से सहायक होते हैं। सीखने और अर्जन सम्बन्धी प्रक्रिया के फलस्वरूप व्यक्तित्व का निर्माण होता है।

8. प्रत्येक व्यक्ति का व्यक्तित्व एक और अनूठी विशेषता रखता है कि वह किन्हीं विशेष लक्ष्यों की पूर्ति के लिए संघर्षरत रहता है। इस दृष्टिकोण की एडलर (Adler) महोदय ने अपनी पुस्तक '*Individual Psychology*' में खुल कर चर्चा की है। उनके अनुसार एक व्यक्ति जिस तरह अपनी समस्याओं को सलुझाता है और जीवन के जो भी उद्देश्य उसने निर्धारित किए हैं उनका भली भांति अध्ययन करके ही उसके व्यक्तित्व के बारे में कुछ कहा जा सकता है। इस प्रकार से व्यक्तित्व को 'व्यक्ति के जीने का ढंग' (Life style of individual) नाम दे कर उन्होंने उसको बहुत ही सारगर्भित अर्थ देने की चेष्टा की हे। इसके द्वारा व्यक्तित्व की समग्रता का पूरा चित्र सामने आ जाता है। इसका अर्थ व्यक्ति द्वारा अपने साथ और दूसरों के साथ किए जाने वाले व्यवहार के सभी प्रकार के ढंगों से लगाया जा सकता है। इसके द्वारा किसी एक परिस्थिति में व्यक्ति कैसा व्यवहार करेगा, इसका अनुमान लगाने के साथ-साथ बदलती हुई परिस्थितियों में उसकी समायोजन करने की क्षमता का भी पता चल सकता है।

व्यक्तित्व के सिद्धांत (Theories of Personality)

व्यक्तित्व की प्रकृति को समझने का हमारा प्रयास तब तक अधूरा ही रहेगा जब तक हम उसकी संरचना से परिचित कराने वाले व्यक्तित्व सम्बन्धी कुछ महत्वपूर्ण सिद्धांतों

का अध्ययन नहीं कर लेंगे इन सिद्धांतों के द्वारा हमें व्यक्तियों का उनके व्यक्तित्व सम्बन्धी गुणों के आधार पर वर्गीकरण करने में सुविधा होती है तथा ये उसके व्यक्तित्व के मूल्यांकन में भी सहायक होते हैं। इन सिद्धांतों को उनकी अपनी प्रकृति को ध्यान में रखते हुए निम्न तीन श्रेणियों में वर्गीकृत किया जा सकता है :

A. *व्यक्तियों को निश्चित समूह या वर्गों में रखने वाले सिद्धांत (Theories which adopt type approach)* : हिप्पोक्रेट्स, केशमर, शेल्डन और युंग के विचार इसी श्रेणी के अन्तर्गत आते हैं। उनके अनुसार व्यक्तियों के व्यक्तित्व को कुछ निश्चित प्रकारों या वर्गों में वर्गीकृत किया जा सकता है और प्रत्येक व्यक्ति को उसके अपने व्यक्तित्व सम्बन्धी गुणों के आधार पर किसी एक या दूसरे वर्ग (Type) में रखा जा सकता है।

B. *गुणों की संख्या ज्ञात करके व्यक्तित्व आंकने वाले सिद्धांत (Theories which adopt trait approach)*: इस श्रेणी में विशेष रूप से कैटल के सिद्धांत (Cattell's Theory of Personality) की चर्चा की जा सकती है। इस दृष्टिकोण के द्वारा व्यक्तित्व के आन्तरिक अवयवों का गणितीय और सांख्यकीय विश्लेषण कर एक परिस्थिति में व्यक्ति द्वारा किए जाने वाले व्यवहार के सम्बन्ध में भविष्यवाणी की जा सकती है।

C. *विशिष्ट समूहों या वर्गों में रखने तथा गुणों के आधार पर व्याख्या करने, इन दोनों दृष्टिकोणों का समन्वय करने वाले सिद्धांत (The theories which adopt type as well as trait approaches)*: इस श्रेणी में आते हैं।

आईज़ैन्क (Eysenck) द्वारा प्रतिपादित सिद्धांत इसी श्रेणी में आता है। वह कैटल से कुछ और आगे बढ़ गया है। वह किसी के व्यक्तित्व के मूल्यांकन के लिए व्यक्तित्व सम्बन्धी गुणों की ही चर्चा नहीं करता बल्कि वह इन गुणों के आधार पर व्यक्तियों को निश्चित वर्गों या समूहों में विभक्त करने की चेष्टा भी करता है।

D. *मनोविश्लेषणात्मक उपागम आधारित सिद्धांत (Theories adopting psychoanalytic approach):* इस वर्ग में वे सभी सिद्धांत शामिल होते हैं जो मनोविश्लेषणात्मक संप्रदाय द्वारा प्रतिपादित विचारों और उपागम पर आधारित हैं। फ्रायड का मनोविश्लेषणात्मक सिद्धांत तथा एडलर का वैयक्तिक मनोविज्ञान सिद्धांत इस श्रेणी के अन्तर्गत आते हैं।

E. *मानवतावादी उपागम आधारित सिद्धांत (Theories adopting Humanistic Approach):* इस वर्ग में वे सभी व्यक्तित्व सिद्धांत आते हैं जो मानवतावादी दर्शन द्वारा प्रतिपादित विचारों एवं उपागम के माध्यम से मानव व्यक्तित्व और व्यवहार की व्यवस्था करने का कार्य करते हैं।

अब्राहम मैसले द्वारा प्रतिपादित आत्मानुभूति सिद्धांत तथा कार्ल रोजर्स द्वारा प्रतिपादित स्व-सिद्धांत इसी श्रेणी के अत्तर्गत आते हैं।

F. *अधिगम उपागम आधारित सिद्धांत (Theories adopting Learning Approach):* इस वर्ग में वे सभी व्यक्तित्व सिद्धांत आते हैं जो व्यक्ति विशेष के व्यवहार और व्यक्तित्व को जानने एवं समझने हेतु इस अवधारणा की पुष्टि करते हुए दिखाई देते हैं कि व्यक्तित्व का निरूपण सामाजिक वातावरण में निहित प्रत्यक्ष एवं अप्रत्यक्ष अनुभवों के माध्यम से होता है। डोलार्ड एवं मिलर का व्यक्तित्व सम्बन्धी अधिगम सिद्धांत तथा बन्डूरा एवं वाल्टर द्वारा प्रतिपादित सामाजिक अधिगम सिद्धांत इसी श्रेणी में आते हैं।

आइए अब हम इन सिद्धांतों के विचारों का अध्ययन करें।

(A) विशिष्ट समूह या वर्गों में वर्गीकृत करने वाले सिद्धांत (Theories Adopting Type Approach)

1. हिप्पोक्रेटस द्वारा किया हुआ वर्गीकरण (Hippocrate's classification)– हिप्पोक्रेट्स ने व्यक्तियों के स्वभाव के आधार पर उन्हें निम्न चार विशिष्ट समूह या वर्गों में बांटने का प्रयास किया है।

(i) कफ प्रवृत्ति वाले (Choleric) (ii) काले पित्त वाले (Melancholic)
(iii) पीले पित्त वाले (Phlegmatic) (iv) अधिक रुधिर वाले (Sanguinic)

अगर व्यक्तित्व विशेषताओं–शारीरिक क्षमता तथा संवेगात्मक स्थिरता को पैमाना मानकर चला जाए तो इस वर्गीकरण को चार बाक्सों में प्रस्तुत किया जा सकता है।

चुस्त परन्तु चिड़चिड़ा स्वभाव (choleric (– +) (संवेगात्मक रूप से कमजोर परन्तु शारीरिक रूप से शक्तिशील)	रुधिर की मात्रा अधिक, कर्मठ, असहिष्णु शीघ्रगामी, और आशावादी Sanguinic (+ +) (शारीरिक रूप से सबल और संवेगात्मक रूप से स्थिर एवं संतुलित)
निराशावादी शक्तिहीन और दुखी Melancholic (– –) (संवेगात्मक और शारीरिक रूप से कमजोर)	आनन्दयुक्त एवं सुस्त Phlegmatic (+ –) (संवेगात्मक रूप से सशक्त परन्तु शारीरिक रूप से कमजोर)

2. क्रेशमर का वर्गीकरण (Kretschmer's classification)– क्रेशमर के शारीरिक बनावट के दृष्टिकोण से मनुष्यमात्र को कुछ जैविक समूह या वर्गों (Biological Types) में बांटने का प्रयत्न किया है और प्रत्येक वर्ग की मुख्य विशेषताओं को प्रकाश में लाया है।

व्यक्ति के प्रकार (Personality Types)	*व्यक्तित्व सम्बन्धी विशेषताएं (Personality characteristics)*
(i) पिकनिक प्रकार अर्थात् मिलनसार व्यक्ति (Pyknic Types) छोटा कद, छोटा शरीर और चर्बी वाला	सामाजिक, विनोद प्रिय, बहिर्मुखी आरामतलव
(ii) ऐथलैटिक प्रकार अर्थात् खिलाड़ी प्रवृत्ति वाले (Athletic Types) सशक्त अस्थि पंजर, बलवान, मांस-पेशियां, चौड़ा सीना तथा संतुलित शारीर	सुखी, दृढ़ निश्चयी, चुस्त एवं फुर्तीलापन, आशावादी एवं समायोजित।
(iii) लेप्टोसोमेटिक प्रकार अर्थात् निर्बल शरीर वाले (Leptosomatic Types) (लंबे और दुबले पतले, सीना छोटा, पेट पीठ से लगा हुआ)	शर्मीले और एकान्तप्रिय, निराशावादी, सामाजिक रूप से असमायोजित।

3. शेल्डन का वर्गीकरण (Sheldon's classification): क्रेशमर की भांति शेल्डन ने व्यक्तियों को उनके शारीरिक बनावट के अनुसार वर्गों में विभाजित किया और उसके विभिन्न गुणों और विशेषताओं की निम्न प्रकार से चर्चा की:

व्यक्तित्व के प्रकार (Personality Types)	*शारीरिक बनावट और ढांचा (Somatic or body structure)*	*व्यक्तित्व सम्बन्धी विशेषताएं (Personality characteristics)*
1. एन्डोमोरफिक (Endomorphic)	शक्तिहीन, मोटे तथा कोमल शरीर वाले (क्रेशमर के पिकनिक प्रकार जैसे)	आरामतलब, सामाजिक और स्नेहशील
2. मीसोमोरफिक (Mesomorphic)	शारीरिक रूप से संतुलित, अच्छा स्वास्थ्य और फुर्तीला बदन। (क्रेशमर के ऐथलैटिक प्रकार जैसे)	साहसी, निडर, फुर्तीले, आशावादी तथा कर्मठ
3. एक्टोमोरफिक (Ectomophic)	कमजोर एवं शक्तिहीन, लंबे, दुबले-पतले शरीर तथा अविकसित सीने वाले (क्रेशमर के लेप्टोसोमेटिक प्रकार जैसे)	निराशावादी, आसामाजिक, एकान्तप्रिय और चिड़चिड़ा स्वभाव।

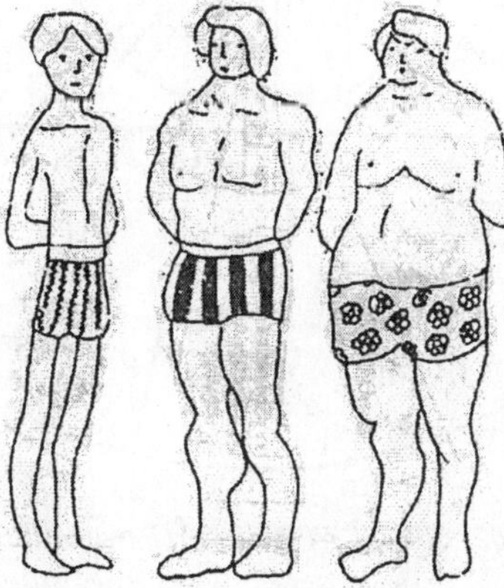

चित्र 17.01: शारीरिक बनावट के आधार पर शैल्डन के व्यक्तित्व प्रकार (Sheldon's three basic somato-Types)

हिप्पोक्रेटस, क्रेशसर और शैल्डन आदि उपरोक्त मनोवैज्ञानिकों ने शारीरिक बनावट और व्यक्तित्व सम्बन्धी विशेषताओं में निश्चित रूप से जो सम्बन्ध स्थापित करने का प्रयत्न किया है अपने आप में बहुत भ्रामक है। इस प्रकार का सम्बन्ध अवश्य होता है, यह बात वास्तविकता से बहुत दूर है।

4. युंग का वर्गीकरण (Jung's Classification) : युंग ने सभी व्यक्तियों को उनके सामाजिक कार्यों में भाग लेने अथवा रुचि प्रदर्शित करने के दृष्टिकोण से अन्तर्मुखी (Introvert) और बहिर्मुखी (Extrovert) दो निश्चित वर्गों में वर्गीकृत करने का प्रयत्न किया। बाद में वर्गों को उसने फिर उपवर्गों में विभक्त किया। इस प्रक्रिया में उसने चिंतन (Thinking), भावना (Feeling), संवेदन (Sensation) और अन्तर्दृष्टि (Intuition) नामक मनोवैज्ञानिक क्रियाओं को अपने अन्तर्मुखी और बहिर्मुखी वर्गों के साथ जोड़ने का प्रयत्न किया। चित्रात्मक रूप से इस वर्गीकरण को व्यक्तित्व सम्बन्धी विशेषताओं सहित चित्र 17.02 में दिखाया गया है।

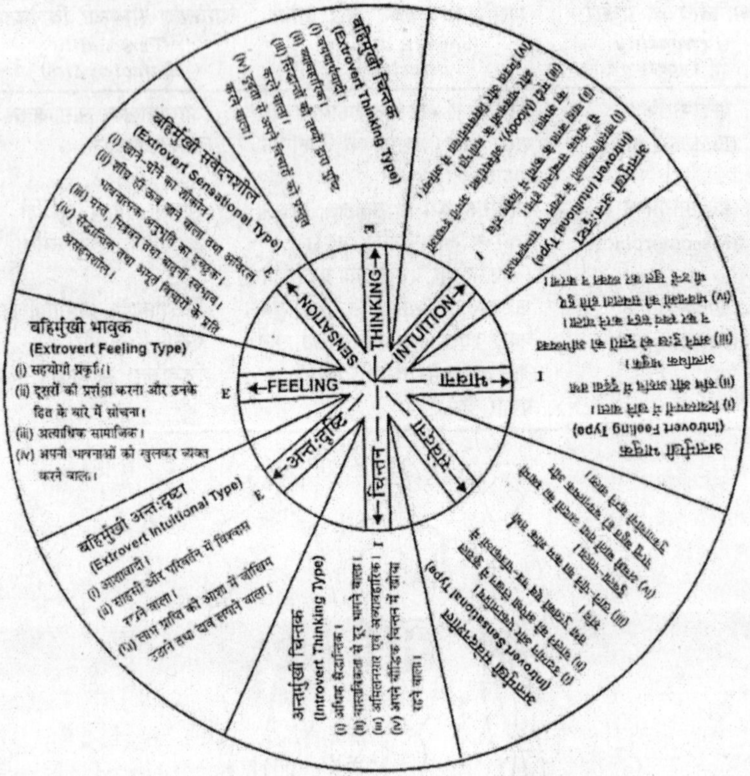

चित्र 17.02: युंग का व्यक्तित्व वर्ग (Personality Types)

युंग द्वारा दिए गए इस वर्गीकरण की काफी आलोचना की गई। कहा गया कि सामान्यतया व्यक्तियों को इस प्रकार के समूहों में विभक्त नहीं किया जा सकता। पूर्णतः अन्तर्मुखी अथवा बहिर्मुखी होने के स्थान पर अधिकांश व्यक्तियों में दोनों ही प्रकार के लक्षण पाए जाते हैं। अतः अन्तर्मुखी और बहिर्मुखी होने के स्थान पर उभयमुखी (Ambivert) प्रकार का व्यक्तित्व अधिक देखने को मिलता है। इस प्रकार से युंग द्वारा मनोवैज्ञानिक क्रियाओं के आधार पर व्यक्तियों को दो निश्चित उपवर्गों में विभाजित करने का औचित्य ही लगभग समाप्त सा हो जाता है।

(B) व्यक्तित्व गुण सम्बन्धी व्यक्तित्व सिद्धांत (Trait Theories of Personality)

व्यक्तित्व गुण क्या हैं? (What are Personality Traits?)

व्यक्तित्व गुण से तात्पर्य हमारे व्यक्तित्व और व्यवहार के उन गुणों तथा विशेषताओं से है जिनके आधार पर हमारे व्यक्तित्व की पहचान होती है। एक व्यक्ति का व्यक्तित्व और व्यवहार दूसरे से किस प्रकार भिन्न है यह उन व्यक्तियों के व्यक्तित्व गुणों के आधार

पर ही कहा जाता है। कुछ बहुत शांत, शर्मीले और डरपोक प्रकृति के होते हैं, दूसरे बहुत उग्र, अधिक खुले हुए तथा निडर प्रकृति के होते हैं। कई एकान्त में रहना पसंद करते है, तो कुछ को मेल–जोल बढ़ाना अच्छा लगता है। इस प्रकार व्यवहार एवं व्यक्तित्व को पारिभाषित करने, उनकी एक पहचान तथा छवि बनाने तथा एक व्यक्तित्व को दूसरों से पृथक् कराने के कार्य में अच्छी तरह सहयोगी होते हैं। ये एक प्रकार से व्यक्ति के व्यक्तित्व को वर्णन करने वाले वैसे ही गुण एवं विशेषताएं हैं जिस प्रकार के गुण एवं विशेषताओं द्वारा हम पशु, पक्षी तथा पेड़े पौधों को एक दूसरे से पृथक् करते हैं। सभी पौधे एक जैसे नहीं है। हम उन्हें उनकी पत्तियों, टहनियों, तने, जड़, तथा फल-फूल आदि की सहायता से अलग–अलग करते हैं। पक्षियों को उनकी चोंचों, पंजों, परों के रंगों तथा अन्य व्यावहारिक बातों के आधार पर अलग करते हैं। इसलिए व्यक्तित्व गुण भी व्यक्ति के इसी प्रकार के गुण हैं जिनके आधार पर व्यक्ति की पहचान और उसे दूसरों से अलग करके देखा जाना संभव हो पाता है।

व्यक्तित्व गुणों की संख्या (The Number of Personality Traits)

व्यक्तित्व गुणों की संख्या कितनी हो जिनसे सभी व्यक्तियों के व्यक्तित्व और उनके व्यवहार का वर्णन किया जा सके? यह प्रश्न शुरू से ही मनोवैज्ञानिकों के लिए समस्या पैदा करता रहा। व्यवहारजनित क्रियाओं की कमी नहीं, न व्यक्तित्व सम्बन्धी भेदों की सीमाएं। इस अवस्था में व्यक्तित्व गुणों पर सीमा रेखा खींचना असंभव नहीं तो कठिन कार्य अवश्य है। फिर भी इस दिशा में प्रयत्न किए गए। इस प्रकार का पहला उल्लेखनीय प्रयत्न सन् 1936 में गार्डन आलपोर्ट (Gardon Allport) नामक मनोवैज्ञानिक द्वारा किया गया। उसने अपने एक अन्य सहयोगी के साथ काम करते हुए आंग्ल भाषा के शब्द कोषों में से 17,953 शब्दों की एक सूची बनाई जिससे मानव व्यक्तित्व तथा व्यवहार सम्बन्धी विशेषताओं या गुणों को प्रकट किया जा सकता है। इस दिशा में दूसरा सही प्रयत्न मनोवैज्ञानिक कैटल (Cattell) द्वारा 1956 में किया गया। उसने ऑलपोर्ट द्वारा दी गई 17,953 शब्दों की सूची में से 4500 शब्दों को छांटकर अपना कार्य शुरू किया। व्यक्तित्व तथा व्यवहार–जन्य गुणों को प्रकट करने वाले इन शब्दों में वह समानता तथा सम्बन्ध देखता गया और इस तरह अंत में उसने मात्र 171 शब्दों की एक सूची प्रस्तुत की और इस प्रकार वह ऑलपोर्ट के 17,953 व्यक्तित्व गुणों के स्थान पर इनकी संख्या मात्र 171 निश्चित करने में सफल हुआ।

उसने आगे इन 171 शब्दों में भी पारस्परिक समानता तथा अन्तः सम्बन्ध तलाश करने का काम जारी रखा तथा कारक विश्लेषण (Factor analysis) की तकनीक का प्रयोग करते हुए अंत में उसने व्यक्तित्व को भलीभांति पारिभाषित और वर्णन करने में समर्थ 16 व्यक्तित्व कारकों (Sixteen Personality Factors) को सामने रखा तथा इन कारकों में समाहित विभिन्न प्रकार के व्यक्तित्व गुणों (Personality Traits) से भी परिचय कराया। इन कारकों में से प्रत्येक कारक को उससे जुड़े हुए पारस्परिक विरोधी व्यक्तित्व गुणों के संदर्भ में निम्न तालिका में देखा जा सका है:

तालिका 17.01: कैटल के 19 व्यक्तित्व कारकों में विद्यमान विभिन्न व्यक्तित्व गुण

कारक क्रमांक (Factors)	व्यक्तित्व गुण (Traits)	परस्पर विरोधी व्यक्तित्व गुण (Opposite Traits)
1.	भावुक/संवेगात्मक रूप से अस्थिर	शांत/संवेगात्मक रूप से स्थिर
2.	विवेकशील	अविवेकपूर्ण
3.	स्वयं में सीमित/मित्रता रहित	मेलजोल वाला/मित्रतापूर्ण
4.	दबंग/अधिकार जमाने वाला	दृढ़ता का अभाव/नम्र
5.	सादा एवं संयमी/गंभीर	मस्त मौला
6.	अन्तरात्मा से प्रेरित	स्वहित से प्रेरित
7.	शर्मीला/डरपोक	साहसी
8.	नाजुक	सख़्त
9.	शंकालु	विश्वास करने वाला
10.	व्यवहारशील	कल्पनाशील
11.	चालाक/हेराफेरी वाला	सीधा/बिना हेराफेरी वाला
12.	आत्मविश्वासी/संतोषी	शंकित
13.	रूढ़िवादी	प्रगतिशील
14.	दूसरों पर निर्भर	आत्म निर्भर
15.	अनुशासनहीन	स्वअनुशासित
16.	चिंता मुक्त	चिंतित/बेचैन

व्यक्तित्व गुणों के क्षेत्र में आगे किए हुए अनुसंधानों ने कैटल द्वारा सुझाए गए 16 व्यक्तित्व कारकों सम्बन्धी व्यक्तित्व गुणों में भी काफी अन्तनिर्भरता की ओर संकेत किया है। उदाहरण के तौर पर यह बात कारक 1 तथा कारक 16 और कारक 3 तथा कारक 7 में वर्णित व्यक्तित्व गुणों में स्पष्ट दिखाई पड़ती है। वह व्यक्ति जो शांत प्रकृति का है वह चिन्तामुक्त (Relaxed) रहेगा ही और जो चिंतित तथा बेचैन रहने वाला है उसे संवेगात्मक रूप से अस्थिर और अशांत होना ही चाहिए। इसी प्रकार जो शर्मीला और डरपोक है उसे अपने आप में सिमट कर बिना मेलजोल और दोस्ती रहित बनना ही पड़ता है तथा बिना झिझक सबसे मेलजोल बढ़ाने वाला मित्र बालक का साहसी होना भी स्वाभाविक है। इस रूप में कैटल द्वारा सुझाए गए व्यक्तित्व गुणों और व्यक्तित्व कारकों में काफी अधिक पुनरावृत्ति और समानता नजर आती है। परिणामस्वरूप व्यक्तित्व का वर्णन करने वाले व्यक्तित्व गुणों तथा व्यक्तित्व कारकों की सूची का और भी संक्षित होना आवश्यक है। इसी मार्ग पर चलते हुए कुछ समकालीन मनोवैज्ञानिकों जैसे गोल्डवर्ग (1981), पीडमोन्ट, मक्रे तथा कोस्टा (1991) ने व्यक्तित्व कारकों की संख्या 5 तक सीमित कर दी है। इन कारकों को इनमें निहित विभिन्न व्यक्तित्व गुणों के साथ निम्न तालिका में देखा जा सकता है।

तालिका 17.02: व्यक्तित्व का वर्णन करने वाले पांच कारक तथा संबंधित व्यक्तित्व गुण

क्रमांक	*व्यक्तित्व कारक (Personality Factors)*	*व्यक्तित्व गुण (Personality Traits)*
1.	बहिर्मुखी (Extraversion)	बातूनी, मेलजोल वाला, साहसी
2.	सहमति या समझौतावादी प्रकृति (Agreeableness)	भलापन, सहयोगी और दूसरों के द्वारा पसंद
3.	अन्तरात्मा की आवाज (Conscientiousness)	जिम्मेदारी निभाना, पवित्र आचरण तथा कार्य के प्रति सजगता
4.	संवेगात्मक स्थिरता (Emotional Stability)	शांत, धैर्यवान, तथा स्थिर
5.	संस्कृति (Culture)	बुद्धिमान, कला-दर्शन तथा साहित्यिक विषयों में पारंगत

व्यक्ति के व्यवहार से व्यक्तित्व गुणों की जानकारी लेना (Observation of Traits in one's Behaviour)

हमें किसी दूसरे व्यक्ति के व्यक्तित्व सम्बन्धी गुणों का आभास उसके व्यवहार का भली भांति निरीक्षण करके ही हो सकता है। जब किसी के व्यवहार में व्यक्तित्व सम्बन्धी गुण लक्षित हों तभी उसका निरीक्षण किया जाना आवश्यक है। व्यक्तित्व सम्बन्धी गुण का लक्षित होना भी परिस्थिति विशेष पर निर्भर करता है। आइए, इस सम्बन्ध में व्यक्तित्व गुणों और परिस्थिति विशेष के बीच पाए जाने वाले सम्बन्ध की चर्चा की जाए। इसमें हमें व्यक्तित्व गुणों (Personality Traits) को जानने के कार्य में उचित मदद मिल सकती है।

1. व्यक्तित्व सम्बन्धी गुण किन्हीं विशेष परिस्थितियों में अन्य की अपेक्षा अधिक अच्छी तरह से लक्षित हो सकते हैं। बिना किसी झिझक, डर तथा अन्य बातों से प्रभावित हुए व्यवहार का स्वाभाविक रूप में निरीक्षण किया जाना सभी दृष्टि से सफल होता है क्योंकि इसी प्रकार के निरीक्षण में व्यक्तित्व गुणों के सभी रूपों के दर्शन हो सकते हैं।
2. व्यक्तित्व सम्बन्धी गुणों के दर्शन के लिए उनके अपने अनुरूप परिस्थितियों का होना जरूरी है, जैसे चिन्तित होना या भयभीत होना इन गुणों की जानकारी तभी हो सकती है जबकि चिन्ता या भय पैदा करने वाली परिस्थितियों में व्यवहार घटित होता हो।
3. व्यक्तित्व सम्बन्धी गुणों और उनके दर्शन से संबंधित व्यवहार पस्थितियों में पारस्परिक निर्भरता पाई जाती है। अतः, दूसरे शब्दों में, वे एक दूसरे को निम्न प्रकार प्रभावित करते हुए दिखाई दे सकते हैं।
   (i) व्यक्तित्व गुण परिस्थितियों को बदल सकने की पूरी क्षमता रखते हैं। जैसे ही कोई शैतान बच्चा घर में प्रवेश करता है घर की सारी शांति और साज-समान उल्टा पुल्टा हो जाता है। झगड़ालू बच्चे, अच्छे भले शांत वातावरण को थोड़ी सी देर में लड़ाई का मैदान बना देते हैं।
   (ii) परिस्थितियां भी व्यक्तित्व के गुणों में परिवर्तन लाने में पूरी तरह सक्षम सिद्ध होती हैं। एक झगड़ालू या समस्यात्मक बालक अनुकूल और स्वस्थ वातावरण में स्वअनुशासित बना रह सकता है तो एक शांत बालक प्रतिकूल वातावरण में विद्रोही बन जाता है।

इस प्रकार से व्यक्ति द्वारा प्रदर्शित उसके व्यक्तित्व सम्बन्धी गुणों तथा परिस्थितियों में जिनमें व्यवहार और व्यक्तित्व सम्बन्धी गुणों का प्रदर्शन होती है, गहरा सम्बन्ध पाया जाता है। इसलिए जब भी हमें व्यक्ति के व्यक्तित्व गुणों के बारे में कोई धारणा बनानी हो तो हमें इन व्यक्तित्व गुणों के प्रदर्शन के समय की परिस्थितियों का अवश्य ही ध्यान रखना चाहिये उसी अवस्था में ही हम व्यक्तित्व गुणों के सही रूप के दर्शन कर सकते हैं।

(C) गुण तथा वर्ग समूह समन्वित सिद्धांत (Trait Cum Type Theories)

इस प्रकार के समन्वित दृष्टिकोण को लेकर व्यक्तित्व की व्याख्या करने में प्रसिद्ध मनोवैज्ञानिक आइजैन्क का नाम उल्लेखनीय है।

आइजैन्क ने व्यक्तित्व के बारे में प्रतिपादित सभी प्रकार के विचार तथा सिद्धांतों से लाभान्वित होने की चेष्टा की है। जहां कैटल ने विशिष्ट गुणों या विशेषताओं (Traits) को माध्यम बना कर व्यक्तित्व को परिमाण (Dimensions) देने की चेष्टा की, वहां आइज़ैंक ने उससे कुछ और आगे बढ़ कर मानव व्यवहार की विशेषताओं (Traits) को आधार बना कर व्यक्तियों को विशिष्ट समूह या वर्गों में विभक्त करने का प्रयत्न किया है। आइज़ैंक ने व्यवहार सम्बन्धी विशेषताओं को संगठित कर विशिष्ट समूह या वर्ग कैसे बनाए, यह निम्न-चित्र द्वारा स्पष्ट हो सकता है।

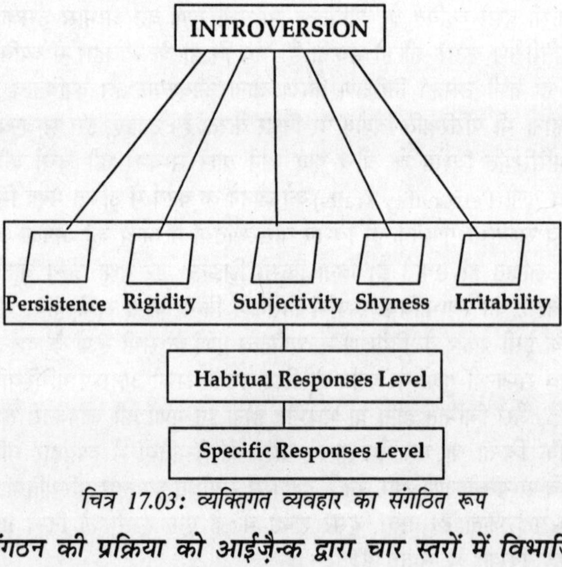

चित्र 17.03: व्यक्तिगत व्यवहार का संगठित रूप

व्यवहार संगठन की प्रक्रिया को आईज़ैन्क द्वारा चार स्तरों में विभाजित किया

(1) सबसे निचले स्तर पर विशिष्ट अनुक्रियाएं (Specific Responses) आती हैं। ये किसी भी एक उद्दीपन (Stimulus) के प्रति होने वाली विशेष अनुक्रिया को व्यक्त करती हैं। उदाहरण के रूप में शर्म के कारण चेहरे का लाल हो जाना (Blushing) एक विशिष्ट अनुक्रिया है।

(2) दूसरे स्तर पर स्वाभाविक या आदत सम्बन्धी अनुक्रियाएं (Habitual Responses) आती हैं। अगर कोई व्यक्ति एक सी परिस्थितियों में बार-बार एक जैसी अनुक्रिया व्यक्त करे तो हम उसे आदत सम्बन्धी अनुक्रिया कहते हैं। उदाहरण के रूप में-दूसरों को शीघ्र मित्र न बना सकना, अपरिचितों से बात करने में हिचकिचाना आदि आदत सम्बन्धी अनुक्रियाएं

कही जा सकती हैं।

(3) तीसरे स्तर पर आदत सम्बन्धी अनुक्रियाओं का व्यक्तित्व सम्बन्धी विशिष्ट विशेषताओं (Specific Responses) के रूप में संगठन होता है। व्यवहार सम्बन्धी सभी एक सी विशेषताओं को किसी एक विशेष विशेषता के रूप में संगठित कर लिया जाता है। ऊपर के उदाहरण में दी गई आदत सम्बन्धी अनुक्रियाएं, शर्मीलापन (Shyneses) नामक विशिष्ट गुण को जन्म देती है।

(4) चौथे स्तर पर विशिष्ट विशेषताओं (Traits) को एक सामान्य वर्ग या समूह (Definite Type) का नाम दिया जाता है। प्रस्तुत चित्र में हठ, दृढ़ता आत्मनिष्ठा, शर्मीलापन और चिड़चिड़ापन आदि विशेषताओं (Traits) से मिलकर एक विशेष समूह या वर्ग का निर्माण हुआ है जिसे अन्तर्मुखी प्रवृत्ति (Introversion) का नाम दिया गया है।

इस प्रकार अंतिम स्तर पर जा कर हमें निश्चित समूह या वर्गों की प्राप्ति होती है। एक व्यक्ति को अन्तर्मुखी प्रवृत्ति वाला (Introvert) कहा जा सकता है, अगर उसमें तीसरे स्तर पर दिखाई गई व्यक्तित्व सम्बन्धी विशेषताएं (Traits) हों, द्वितीय स्तर पर वर्णन की गई आदतें हों और प्रारंभिक स्तर पर दिखाई जाने वाली विशिष्ट अनुक्रियाओं (Responses) को वह अभिव्यक्त करता हो।

आईजैन्क ने निष्कर्ष रूप में व्यक्तियों को चार विभिन्न समूहों या वर्गों (Type) में विभाजित किया है। ये वर्ग निम्न हैं:

1. अन्तर्मुखी प्रवृत्ति (Introversion)
2. बहिर्मुखी प्रवृत्ति (Extraversion)
3. उन्मादावस्था (Seutroticism)
4. साइकोटिसिज्म (Psychoticism)

उसने इन विभिन्न वर्गों के साथ अलग-अलग व्यक्तित्व सम्बन्धी विशेषताओं और गुणों को बतलाने की चेष्टा भी की है।

इनमें से पहले दो प्रकार सामान्य व्यक्तियों (Normal) को वर्गीकृत करने में प्रयुक्त हो सकते हैं तो अंतिम दो प्रकारों (Types) को असामान्य व्यक्तियों (Abnormals) के वर्गीकरण या व्याख्या करने हेतु काम में लाया जा सकता है।

(D) मनोविश्लेषणात्मक उपागम (Psycho-analytic Approach)

व्यक्तित्व को जानने और समझने सम्बन्धी यह उपागम मनोविज्ञान में बहुचर्चित मनोविश्लेषणात्मक विचारधारा (School of Psychoanalysis) की देन है। प्रसिद्ध मनोवैज्ञानिक फ्रायड (Freud) इस विचारधारा के जन्मदाता कहे जाते हैं। फ्रायड ने अपने मनोविश्लेषणवादी उपागम के माध्यम से व्यक्तित्व में झांकने हेतु मुख्य रूप से निम्न विचार प्रस्तुत किए हैं।

1. मानव व्यवहार के मूल में उसकी मूल प्रवृत्तियां (Basic Instincts) कार्य करती है। प्रत्येक व्यक्ति में उसकी अन्य मूल प्रवृत्तियों के अतिरिक्त दो मूल प्रवृत्तियां–जीवन मूल प्रवृत्ति (Life Instinct) तथा मृत्यु मूल प्रवृत्ति (Death Instinct) पाई जाती है। व्यक्ति का काफी कुछ व्यवहार एवं व्यक्तित्व संरचना इन्हीं दोनों प्रवृत्तियों द्वारा निर्देशित रहती है। जीवन मूल प्रवृत्ति जहां उसमें जीवन को जीने की इच्छा बनाए रखती है और उसमें इसे अच्छी तरह जीने के साधन जुटाने के लिए तत्पर रखती है वहां मृत्यु मूल प्रवृत्ति उसमें जीवन के प्रति विरक्ति, उससे विद्रोह तथा विनाशकारी व्यवहार को संचालित करने का आधार बनती है।

2. मानव में जितनी भी मूल प्रवृत्तियां (Instincts), प्रेरणाएं (Impulses) तथा चालक (Motives) पाए जाते हैं। उन सबमें सबसे अधिक शक्तिशाली चालक तथा प्रेरणा पुंज उसकी काम भावनायें (Sexual desires) है। यौन आवश्यकताओं (Sex Needs) की पूर्ति फ्रायड के अनुसार मानव व्यवहार का केन्द्रीभूत तत्व है। जन्म से लेकर मृत्यु तक व्यक्ति का संपूर्ण व्यवहार इसी के द्वारा संचालित होता है। कामेच्छाओं की संतुष्टि पर ही व्यक्ति के व्यक्तित्व का संतुलित विकास तथा उचित समायोजन (Proper Adjustment) निर्भर करता है।

3. मानव व्यवहार के संचालन में मन (Mind or Psyche) की प्रमुख भूमिका रहती है। मानव मन (Human Psyche) के उसकी व्यवहार सम्बन्धी भूमिका को लेकर, तीन भाग किए जा सकते हैं 1. चेतन मन (Conscious Mind), 2. अवचेतन मन (Semi Conscious Mind), तथा 3. अचेतन मन (Unconscious Mind)। मन के इन तीनों प्रकारों, से हमारे तीन प्रकार के व्यवहारों चेतन व्यवहार (Conscious Behaviour), अवचेतन व्यवहार (Semi Conscious Behaviour) तथा अचेतन व्यवहार (Unconscious Behaviour) का संचालन होता है। फ्रायड ने व्यक्ति व्यवहार और उसके व्यक्तित्व की संरचना में अचेतन व्यवहार को सबसे अधिक महत्व दिया। उसने बताया कि चेतन व्यवहार (Conscious Behaviour) वह व्यवहार है जिसकी हमें पूर्ण चेतना होती है तथा जिसे हम जानबूझ कर करते हैं। ऐसा व्यवहार तो हमारे द्वारा किए जाने वाले संपूर्ण व्यवहार का केवल 1/10 मात्र ही होता है बाकी की 9/10 व्यवहार क्रियाएं तो हमारे अवचेतन तथा अचेतन मन द्वारा ही संचालित की जाती हैं।

4. मानव मन (Human Psyche) की संरचना तथा उसके द्वारा व्यवहार क्रियाओं के निरूपण हेतु फ्रायड ने इड (Id), ईगो (Ego) तथा सुपर ईगो (Super Ego) की धारणाओं को भी हमारे सामने रखा। हिंदी रूपान्तर हेतु इन धारणाओं के लिए क्रमशः "इदम्", "अहम्" तथा "पराहम्" का प्रयोग भी किया जाता है। परंतु यहां हम इनको मूल नामों से ही संबोधित कर विस्तार से समझना चाहेंगे।

इड (Id) मानव मन के इस पक्ष में व्यक्ति के व्यवहार और व्यक्तित्व से संबंधित पाशविक प्रवृत्तियों और अनैतिक भावनाओं का संग्रह होता है। इसी के माध्यम से मनुष्य इन्द्रिय जनित सुखों की खोज करता है। अपनी इच्छाओं की तृप्ति ही इसके लिए सब कुछ है और अपनी इस तृप्ति के लिए वह किसी भी नियम अथवा रीति रिवाज का उल्लंघन कर सकता है।

ईगो या साधारण अन्तःकरण (Ego): यदि इड को अपनी इच्छा पर ही छोड़ दिया जाए तो इसका परिणाम दुःखदायी होता है। इस लिए इड के असामाजिक व नियम विरुद्ध कार्यों को रोकने के लिए ईगो अर्थात् साधारण अन्तःकरण पुलिसमैन का कार्य करता है। व्यक्ति द्वारा क्या किया जाना चाहिए और क्या नहीं, यह इसके द्वारा निश्चित किया जाता है। एक प्रकार से यह व्यक्ति की विवेचन शक्ति है जो

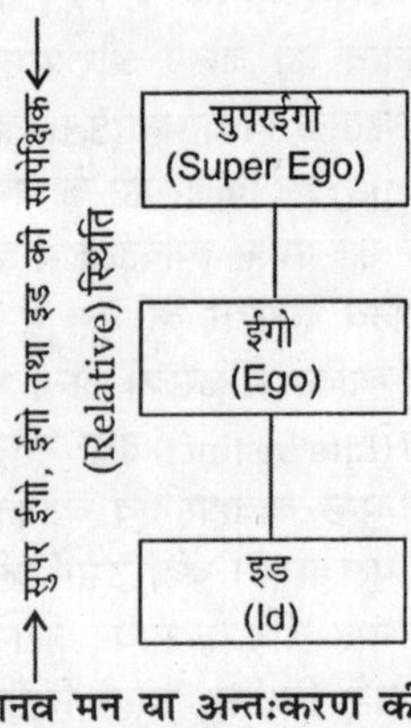

मानव मन या अन्तःकरण की संरचना
(Structure of the Human Psyche)

वास्तविकता के धरातल पर अपना कार्य करती है। मनुष्य की कौन सी इच्छाओं की कैसे और कितनी सन्तुष्टि होनी है, यह इसी के द्वारा तय किया जाता है।

सुपर ईगो (Super Ego) या उच्च अन्तःकरण : यह व्यक्तित्व के आदर्श और नैतिक स्वरूप का प्रतिनिधित्व करता है। इसके द्वारा वास्तविकता की परवाह न कर आदर्शों पर जोर दिया जाता है। सुख और आनन्द की प्राप्ति के स्थान पर नैतिक और आदर्श मूल्यों की प्राप्ति ही इसका उद्देश्य होता है। क्या अच्छा है और क्या बुरा, क्या पुण्य है और क्या पाप, इस सब का सामाजिक मान्यताओं के आधार पर व्यक्तित्व के इसी पक्ष द्वारा निर्णय किया जाता है।

व्यक्तित्व के ये तीनों पक्ष एक दूसरे से बहुत अधिक संबंधित हैं और तीनों के सम्मिलित रूप के ही क्रियान्वयन द्वारा व्यवहार क्रियाएं होती है तथा व्यक्तित्व का निर्माण होता है। यह कैसे होता है इसके बारे में फ्रायड ने निम्न विचार व्यक्त किए हैं:

(i) जिन व्यक्तियों का साधारण अंतःकरण (Ego) शक्तिशाली होता है उनका व्यक्तित्व भी संतुलित और प्रभावशाली होता है क्योंकि उनकी ईगो में इड और सुपर ईगो में उचित संतुलन बनाए रखने की क्षमता होती है।

(ii) अगर किसी व्यक्ति की ईगो कमजोर होती है तो उसका व्यक्तित्व भी असंतुलित और कम समायोजित (Maladjusted) होता है। इस संदर्भ में दो परिस्थितियां उत्पन्न हो सकती हैं:

(a) सुपर ईगो का ईगो पर हावी होना (Super Ego defeats Ego): जब सुपर ईगो ईगो से अधिक शक्तिशाली होती है तो वह इच्छाओं और प्रवृत्तियों की संतुष्टि के लिए उचित अवसर प्रदान नहीं करती, व्यक्ति अंदर ही अन्दर घुटता रहता है और वह विक्षिप्तावस्था को जन्म देती है।

(b) इड का ईगो पर हावी होना (Id defeats Ego) : इन्द्रित जनित सुखों की अभिलाषा करने वाली इड ईगो पर पूरी तरह हावी हो जाती है। परिणामस्वरूप व्यक्ति अनैतिक और असामाजिक कार्यों में फंस कर अपराधी प्रवृत्ति का हो जाता है।

5. व्यक्तित्व के विकास को फ्रायड ने मनोलैंगिक अवस्थाओं (Psycho Sexual Stages) के माध्यम से समझाने का प्रयत्न किया है। उसके अनुसार व्यक्तित्व के विकास में यौन या कामभावनाओं की प्रमुख भूमिका रहती है। यौन सुख बालक को कैसे मिलता है इसी बात को लेकर उसके व्यक्तित्व को विभिन्न विकास स्तरों पर नया मोड़ मिलता रहता है।

फ्रायड के अनुसार बालक के विकास की ये अवस्थाएं निम्न हैं।

1. *मुख चूषण अवस्था (The Oral Stage)*: विकास की इस प्रथम अवस्था में मुंह से चूसना एक शिशु (2 वर्ष तक) को सबसे अधिक आनन्दित करता है। शुरुआत मां के स्तनों को तथा दूध की बोलत की निपल को चूसने से होती है और इसी के साथ बालक हर वस्तु को मुंह में डालकर आनन्द यानी काम-सुख की प्राप्ति करता है।
2. *गुदा और मूत्र मार्गीय अवस्था (The Anal Stage)*: 2 से 4 वर्ष के इस विकास स्तर पर बालक के यौनसुख का केन्द्र बिन्दु मुंह से हटकर मल मूत्र विसर्जन स्थानों पर स्थानान्तरित हो जाता है अतः अब उसे पेशाब करने या पाखाना त्यागने में समय लगाने और इनसे निवृत्त होने में सुख प्राप्त होता है।
3. *लिंग-अवस्था (The Phallic Stage)*: 4 से 6 के बालक के यौन सुख का केंद्र बिन्दु अब उसके यौनांगों में स्थानान्तरित हो जाता है। अब इस स्तर पर बालक

और बालिकाएं अपने यौनांगों में निहित अन्तरों को पहिचानने लगते हैं और उनको लेकर उनमें कई तरह की ग्रंथियां बनने की समस्या यहां उत्पन्न हो सकती हैं।

4. *सुप्तावस्था या अव्यक्त अवस्था (The Latency Stage)*: यह अवस्था 7 वें वर्ष से लेकर किशोरावस्था के आगमन तक चलती है। यह यौन भावनाओं का सुप्त काल है। इसमें प्राय: बालक और बालिकाएं अपने-अपने लिंग समूहों में यानी लड़के-लड़कों के साथ तथा लड़कियां-लड़कियों के साथ ही खेलना-कूदना पसंद करते हैं। यहां तक कि वे एक दूसरे से पर्याप्त दूरी बनाने और चिढ़ाने आदि में भी विश्वास करते हैं।
5. *जनन अवस्था (The Genital Stage)*: रज या वीर्य की उत्पत्ति तथा किशोरावस्था के आगमन से विकास की अंतिम अवस्था शुरू होती है। इस अवस्था में लड़के तथा लड़कियां दोनों ही अपने-अपने यौनांगों में एक विचित्र सी अनुभूति का अचानक ही अनुभव करने लगते हैं तथा उन्हें अपने से विपरीत लिंग के सदस्यों के साथ मेल-जोल बढ़ाना तथा उसके द्वारा यौन सुख प्राप्त करने की इच्छा तीव्रता से अनुभव होने लगती है और उनका संपूर्ण व्यवहार एवं व्यक्तित्व इसी आवश्यकता के समायोजन के सांचे में ढलता जाता है।

एडलर एवं युंग के विचार

मनोविश्लेषणवादी विचारधारा पर चलते-चलते फ्रायड के शिष्यों मुख्यतया अल्फ्रेड एडलर (Alfred Adler) तथा कार्ल युंग (Carl Yung) का फ्रायड की विचारधारा (मुख्य रूप से उसके द्वारा काम या यौन (Sex) को ही मानव व्यवहार या व्यक्तित्व का केन्द्र बिन्दु मानने के कारण) मतभेद उत्पन्न हो गए। अत: उन्होंने अपने अलग विचार व्यक्तित्व तथा व्यवहार को जानने तथा समझने हेतु प्रतिपादित करने प्रारंभ कर दिए।

एडलर ने अपने दृष्टिकोण को प्रतिपादित करते हुए बताया कि काम अथवा यौन को जीवनदायिनी शक्ति अथवा मानव व्यवहार की केन्द्रभूत शक्ति मानना ठीक नहीं है। वस्तुत: व्यक्तियों में महत्वपूर्ण बनने अथवा शक्ति ग्रहण करने की बहुत अधिक अभिलाषा होती है। इसी महत्वाकांक्षा को मानवशक्ति का पुंज या स्रोत कहा जा सकता है। हम में से प्रत्येक श्रेष्ठ और महत्वपूर्ण बनने का प्रयत्न करता है परन्तु इस प्रकार के प्रयत्न सभी अपने-अपने ढंग से करते हैं। उसने अपने-अपने ढंग से किए जाने वाले इस वैयक्तिक प्रयास को 'व्यक्ति के जीने का ढंग' (Life Style of an Individual) नाम से संबोधित किया है। इसलिए व्यक्ति के व्यक्तित्व को उसके जीने के ढंग (Life Style) अर्थात् व्यक्ति द्वारा जीवन लक्ष्यों और उन लक्ष्यों की पूर्ति के लिए किए जा रहे प्रयत्नों द्वारा अच्छी तरह आंका जा सकता है।

इस प्रकार से एडलर ने व्यक्तित्व के अध्ययन में वैयक्तिक दृष्टिकोण को जन्म दिया। उसने बताया कि प्रत्येक व्यक्ति के अपने जीवन दृष्टिकोण और लक्ष्य होते हैं जिनकी पूर्ति वह अपने एक विशेष तरीके से करना चाहता है। फलस्वरूप प्रत्येक व्यक्ति अपने आप में एक विलक्षणता और अनोखापन लिए होता है। अत: व्यक्तियों को किन्हीं विशेष समूह या वर्गों (Types) में वर्गीकृत करना ठीक नहीं हैं।

इसी समय में युंग (Jung) ने भी मानव व्यक्तित्व की संरचना तथा हमारे व्यवहार सम्बन्धी कारणों के बारे में अपने विचार अलग ढंग से प्रस्तुत किए। उसने बताया कि हम जो भी व्यवहार करते हैं उसके पीछे वास्तव में न तो यौनसुख प्राप्ति (Sex) अभिप्रेरक कार्य करता

है और न प्रभुत्व स्थापित करने की या श्रेष्ठ दिखाने की अभिप्रेरणा (Power or Self Assertion Motive) बल्कि यह इसलिए होता है कि हम सभी आत्माभिव्यक्ति (Self Actualization) चाहते हैं। हमारे भीतर जो कुछ है हम जो भी है हमें जो भी आता है, हममें जो भी शक्तियां हैं, हमारी जो भी इच्छाएं हैं सबको अभिव्यक्ति चाहिए ओर हमारा सारा व्यवहार इसी अभिव्यक्ति के लिए होता है। युंग की विचारधारा जो विश्लेषणात्मक मनोविज्ञान (Analytical Psychology) नाम से जानी जाती है उसने एडलर के व्यक्तिवाद (Individual Psychology) का विरोध करते हुए व्यक्तित्व को प्रकारों तथा वर्गों (Types) अन्तर्मुखी एवं बहिर्मुखी में बांटने का भी प्रयत्न किया। इस प्रकार के वर्गीकरण की चर्चा हम इसी अध्याय में पहले कर चुके है।

(E) मानवतावादी उपागम पर आधारित व्यक्तित्व सिद्धांत
(Personality Theories based on Humanistic Approach)

मनोविज्ञान के क्षेत्र में मानवतावादी संप्रदाय (School of Humanistic Psychology) से सम्बन्ध रखने वाले मनोवैज्ञानिकों ने व्यवहारवादियों (वाटसन, पैवलोव, स्किनर आदि), संज्ञानात्मकवादियों (कोहलर, कोफका, लेविन, मिलर आदि) तथा मनोविश्लेषण वादियों (फ्रायड, एडलर, युंग आदि) से अलग हट कर अधिगम विकास और व्यक्तित्व की संरचना के संदर्भ में अपने कुछ अलग ही विचार प्रस्तुत किए। अपने नाम के अनुसार ही मानवतावादी संप्रदाय से सम्बन्ध रखने वाले इन मनोवैज्ञानिकों के विचारों में मानव तथा मानवतावादी मूल्यों को अधिक महत्व दिया गया। इन्होंने व्यवहारवादियों की तरह न तो मानव को केवल मात्र घिसी घिसाई बातों पर अमल करने वाली मशीन के रूप में देखने की चेष्टा की और न उसे मनोविश्लेषणवादियों की तरह इड, और ईगो के संघर्ष का शिकार या अपने अचेतन मन की इच्छाओं तथा कार्य चेष्टाओं के वशीभूत होकर व्यवहार करते हुए पाया। संज्ञानात्मकतावादियों की तरह मानव को भावात्मकता से शून्य मात्र एक बौद्धिक प्राणी मानने से भी इन्होंने इंकार कर दिया और इसके स्थान पर दिल और आत्मा की आवाज, मानवीय मूल्यों तथा उनके संपादन पर इन्होंने अधिक जोर दिया। मानवतावादी विचारधारा से विश्वास करने वाले मनोवैज्ञानिकों में जिनके नाम लिए जाते हैं, वे हैं अब्राहम मैसलो (Abraham Maslow), कार्ल रोजर्स (Karl Rogers), गोर्डन आलपोर्ट, मेल्कोलिन नोवल्स (Melcolin Knowles), गोल्ड स्टिन (Goldstein) तथा एन्जायल (Angyal) आदि। इन मनोवैज्ञानिकों द्वारा विभिन्न प्रकार के व्यक्तित्व सिद्धांतों का प्रतिपादन किया गया। इनमें से हम दो बहु–चर्चित सिद्धांतों अब्राहम मैसलो द्वारा प्रतिपादित आत्मानुभूति सिद्धांत तथा कार्ल रोजर्स के आत्म–सिद्धांत की प्रस्तुत अध्याय में आगे यहां चर्चा करना चाहेंगे।

अब्राहम मैसलो का आत्मानुभूति सिद्धांत (The Self-actualisation theory of Abraham Maslow): अमेरिकी मनोवैज्ञानिक अब्राहम मैसलो ने मानव व्यवहार और व्यक्तित्व के अध्ययन हेतु मानवतावादी विचारधारा का उपयोग कर एक नए व्यक्तित्व सिद्धांत को जन्म दिया। इस सिद्धांत की विचारधारा को प्रकाश में लाते हुए उन्होंने कहा कि सामान्य रूप से सभी व्यक्ति भले या स्लेट की तरह कोरे होते हैं शैतान नहीं और सभी में अपनी योग्यताओं और क्षमताओं के विकास तथा मानव जीवन के लक्ष्य की प्राप्ति की लगन होती है। मैसलो के अनुसार व्यक्तियों का लक्ष्य आत्म–अनुभूति या आत्म–साक्षात्कार (Self realisation) करना होता है जिसे व्यक्ति अपने अर्जित ज्ञान, सौन्दर्यानुभूति, खिलाड़ीपन की भावना, स्वावलम्बन, सत्यनिष्ठा तथा अन्य रचनात्मक और सृजनात्मक अदि व्यक्तियों के माध्यम

से प्राप्त कर सकता है। इस तरह एक व्यक्ति का व्यवहार या व्यक्तित्व आत्मानुभूति सम्बन्धी महान लक्ष्य की प्राप्ति हेतु उससे द्वारा किए जाने वाले प्रयत्नों पर निर्भर करता है। परंतु आत्मानुभूति नामक महान लक्ष्य की प्राप्ति का रास्ता कुछ छोटे लक्ष्यों, जिनमें उसकी निम्न स्तरीय आवश्यकताओं की पूर्ति संभव रहती है, से गुजरता है। इस प्रकार मैसलो द्वारा प्रतिपादित आत्मानुभूति सिद्धांत मानवीय आवश्यकताओं को उनके विभिन्न स्तरीय रूप, तथा क्रम जिसे हिआरकीकल क्रम (Hierarchical order) कहा जाता है देखने का प्रयत्न करता है। इस बात को चित्रात्मक अभिव्यक्ति (देखिये चित्र 16.2) के माध्यम से हम अध्याय 16 में पहले भी कह चुके हैं।

इस तरह मैसलो के मतानुसार मानव व्यवहार सदैव ही उसकी निम्नतम स्तर की आवश्यकताओं से लेकर सर्वोच्च स्तर की आवश्यकता पूर्ति किए जाने वाले उसके प्रयत्नों पर आधारित रहता है। हमें जीवित रहने हेतु अपनी जैविक या शारीरिक आवश्यकताओं की पूर्ति करनी होती है तथा अपने सामाजिक एवं मनोवैज्ञानिक रूप से समायोजित एवं सफल बनाने हेतु अपनी सामाजिक-मनोवैज्ञानिक आवश्यकताओं की पूर्ति हेतु संघर्षरत रहना होता है। परन्तु इस प्रकार की आवश्यकताओं की पूर्ति भर से हमारा अपना सर्वश्रेष्ठ उपलब्ध करने से संबंधित प्रयासों से कमी नहीं आती। हमारी अपनी आंतरिक शक्तियों तथा क्षमताओं के विकास का रथ तब तक नहीं रुकता जब तक कि हम उच्च मानवीय मूल्यों की प्राप्ति सम्बन्धी अपने महान उद्देश्य की प्राप्ति नहीं कर लेते।

आत्म-साक्षात्कार या आत्मानुभूति करने वाले व्यक्ति में पाए जाने वाले इन मूल्यों तथा विशेषताओं जिनकी प्राप्ति के लिए व्यक्ति संघर्षरत रहता है उसी को मैसलो ने व्यक्तित्व विकास यात्रा का नाम दिया है और इन गुणों एवं विशेषताओं की संख्या 16 बताई है। इन गुणों एवं विशेषताओं के निर्धारण का आधार उसके द्वारा किया जाने वाला वह अध्ययन है जो उसे 38 व्यक्तियों के एक चयनित समूह के साथ किया। इस समूह में उसने वर्तमान और भूतकालीन प्रसिद्ध व्यक्तियों जैसे अलबर्ट आइन्सटीन, अब्राहम लिंकन, रूजवेल्ट इत्यादि के साथ अपने स्वयं के प्रोफेसरों तथा उन व्यक्तियों को शामिल किया जो अपने-अपने कार्यक्षेत्र में आत्मानुभूति (सफलता और संतुष्टि) के लिए विख्यात थे। इन व्यक्तियों के व्यक्तित्व गुणों का विश्लेषण करते हुए उसने आत्मानुभूति से संपन्न व्यक्तियों में निम्न ऐसी 16 विलक्षण विशेषताओं का पता लगाया जो उन्हें विविध दृष्टि से सामान्य व्यक्तियों से अलग करके देखने पर विवश करती थी। मैसलो (1962) द्वारा निष्कर्षित इन विशेषताओं का निम्न प्रकार से उल्लेख किया गया है।

1. वास्तवकिता का अपने सही रूप में प्रत्यक्षीकरण करने की योग्यता
2. वास्तविकता को तुरंत ही स्वीकार करने की उसकी तत्परता या इच्छा
3. प्वाभाविकता एवं नैसर्गिकता
4. स्वयं पर ध्यान केन्द्रित करने की अपेक्षा सामने आने वाली समस्याओं पर ध्यान केन्द्रित करना
5. निजीपन या गोपनीयता बनाए रखने की आवश्यकता
6. आत्म निर्भरता एवं स्वतंत्रता
7. अपने जीवन में आने वाली वस्तुओं, घटनाओं तथा व्यक्तियों की नए स्वाभाविक तथा रूढ़िविहीन दृष्टि से प्रशंसा करने की क्षमता
8. श्रेष्ठता बनाए रखने की योग्यता

9. मनुष्य जैसा व्यवहार करना और दूसरों के साथ उचित सामाजिक सम्बन्ध और गठबंधन बनाया।
10. मित्रों की संख्या कम या अधिक कैसी भी हो कम से कम कुछ के साथ अधिक घनिष्ट और गहरे सम्बन्ध बनाना
11. एक जनतांत्रिक निष्पक्ष दृष्टिकोण
12. मूल्यों पर दृढ़ता से खड़े रहना और साधन तथा लक्ष्य के बीच निहित अंतर को स्पष्ट रूप से देखना
13. एक विस्तृत तथा सहनशील हास परिहास प्रवृत्ति से युक्त होना
14. नये ढंग से चीजों को देख-रेख सम्बन्धी योग्यता से लैस होकर अन्वेषणशीलता तथा सृजनता से युक्त होना
15. सामाजिक दबाव के आगे झुकने तथा लकीर का फकीर बनने से बचना
16. द्विभाजन से बाहर निकलकर विरोधियों को भी साथ में रखने की योग्यता।

इस प्रकार से मैसलो के सिद्धांत के अनुसार व्यक्तित्व विकास का उद्देश्य आत्मानुभूति या आत्म-साक्षात्कार करना यानी अपनी क्षमता और योग्यताओं को अधिक से अधिक मात्रा में अच्छे से अच्छे प्रभावी ढंग से सर्वोच शिखर पर पहुंचाना है। मैसलो का सिद्धांत इस तरह मानव व्यवहार तथा व्यक्तित्व का सुनहरा चित्र सागने लाते हुए व्यक्तित्व विकास हेतु एक उचित अभिप्रेणात्मक लक्ष्य आत्मानुभूति के रूप में हमारे सामने लाता है। इस सिद्धांत की फिर भी इस बात को लेकर आलोचना की जाती है कि इस सिद्धांत द्वारा प्रतिपादित धारणाएं वस्तुनिष्ठ एवं वैज्ञानिक धरातल पर नहीं खड़ी है विशेषकर आत्मानुभूति या आत्म साक्षात्कार के निदान हेतु व्यक्तिनिष्ठ तरीके या कसौटी अपनाने को लेकर।

कार्ल रोजर्स का आत्म-सिद्धांत (Karl Roger's Self Theory): अमेरिकन मनोवैज्ञानिक कार्ल रेनसम रोजर्स ने 1947 में एक नए सिद्धांत, जिसे उसने आत्म-सिद्धांत नाम दिया, को प्रकाश में लाने की पहल की। इस सिद्धांत के द्वारा उसने व्यक्ति के अपने आत्म (Self) को ही अपनी स्वयं की वृद्धि, विकास तथा अपने परिवेश के साथ अच्छी तरह से समायोजित होने के लिए उत्तरदायी ठहराया। उसके द्वारा प्रतिपादित इस व्यक्तित्व सिद्धांत में जो दो बातें एक साथ कार्य करती हुई दिखाई देती हैं वे हैं व्यक्ति और उसका आत्म। रोजर्स के अनुसार व्यक्ति और आत्म से जुड़ी प्रणालियां अपनी-अपनी तरह से अपने-अपने कार्य व्यापार में लगी रहती हैं। व्यक्ति से जुड़ी प्रणाली उसके अपने अनुभवों-चेतन और अचेतन का प्रतिनिधित्व करती है तथा 'आत्म' (Self) से जुड़ी प्रणाली इस अनुभव स्वीकृत तथा चेतनमयी भाग का प्रतिनिधित्व करती है। आत्म को व्यक्ति विशेष से जुड़ी हुई जिस बात से हर अच्छी तरह जानते हैं वह है उसका मैं, मुझे और मेरे आदि शब्दों द्वारा उसका संबोधन।

जिसे हर व्यक्ति विशेष का व्यक्तित्व कह कर संबोधित करते हैं वह वास्तव में व्यक्ति विशेष से संबंधित उपरोक्त प्रणालियों (व्यक्ति और उसके आत्म) की अन्तःक्रिया का परिणाम होता है। जहां तक 'आत्म' अवधारणा के अर्जन का प्रशन है यह कार्य काफी लंबा और सतत होता है। मानवों में यह जन्मजात प्रवृत्ति पाई जाती है कि वे अपने-अपने परिवेशों में अन्तःवैयक्तिक तथा सामाजिक अनुभवों से गुजरते हुए अपने आत्म के विकास में संलग्न रहते हैं। दूसरे शब्दों में हमारा अन्तरतम (inner world) जो हमारे नैसर्गिक आवेगों (natural inpulses) के रूप में हमारे पास होता है, हमारे सभी प्रकार के अनुभवों से अन्तःक्रिया

करता हुआ हमारे आत्म को प्रकाश में लाता है। उदाहरण के लिए अगर किसी से यह कहा जाय कि तुम सुन्दर हो, तो वह अपने आत्म की अवधारणा में "मैं सुंदर हूं" इसकी समाविष्ट कर लेता है। इस प्रकार हम आत्म की अपनी अवधारणा के विस्तार के विस्तार के लिए एक अनवरत प्रक्रिया से गुजर रहे होते है। इसलिए किसी की अपने 'आत्म' के प्रति क्या अवधारणा है यह बात दूसरों से पृथक् ही रहती है और सब अपने-अपने ढंग से अपने 'आत्म' के प्रति अपनी-अपनी अलग अवधारणा रखते हुए पाए जाते हैं। आत्म के बारे में बनाई गई अवधारणा इस तरह अधिकतर वास्तविकता की बजाय अपनी वैयक्तिक आवश्यकताओं तथा अनुभवों से ही जुड़ी रहती पाई जाती है। परन्तु कई बार जैसा कि रोजर्स ने संकेत दिया है व्यक्तियों को एक 'आदर्श आत्म' की अवधारणा अर्जन करता हुआ देखा जा सकता है जिसके सहारे के यह कहना चाहते हैं कि वे इस प्रकार के व्यक्ति बनना चाहेंगे।

रोजर्स ने विकासवादी मनोवैज्ञानिकों जैसे फ्रायड की तरह व्यक्तित्व विकास के लिए विशिष्ट चरण या सोपानों (Stage) का उल्लेख नहीं किया है, बल्कि उसने यह कहा है कि आत्म की अवधारणा के सतत विकास के सहारे व्यक्तित्व का भी सतत रूप से विकास होता रहता है। जैसे ही व्यक्ति 'आत्म' की अवधारणा से युक्त हो जाता है, तब व्यक्ति अपने व्यवहार को नियमित एवं नियंत्रित करता हुआ इस अवधारणा पर खरा उतरने के प्रयत्न करता रहता है। जो बातें उस अपने 'आत्म' के बारे में बनाई गई अवधारणा के अनुकूल दिखाई देती है उन्हें वह स्वीकृति देता रहता है और जो बातें उसके 'आत्म' की छवि को बिगाड़ती हुई नजर आती है उन्हें वह पूरी तरह नकार कर अपने अवचेतन में गहरा गाड़ने की कोशिश करता रहता है।

रोजर्स के अनुसार व्यक्तित्व के विकास में अधिक दुर्भाग्यशाली परिणाम उन मामलों में आते हैं जहां व्यक्ति अपने आत्म की अवधारणा विकसित करते हुए उसकी गलत छवि बना लेता है। आत्म के बारे में बनाई यह गलत छवि (false image) कई बार इतनी प्रभावी और प्रबल होती है कि नग्न सच या वास्तविकता को भी व्यक्ति स्पष्ट रूप से नकार देता है। अपनी वास्तविक छवि और झूठी या गलत छवि के बीच में पाई जाने वाली यह विसंगति ही फिर व्यक्ति के व्यवहार को असामान्य बनाकर उसे कुसमायोजन की ओर धकेलने का कार्य करती है। इसी प्रकार जब कोई व्यक्ति एक ऐसे "आदर्श आत्म" (ideal self) का निर्माण कर लेता है जो बहुत अधिक अप्राप्त तथा तर्कहीन हो अथवा व्यक्ति के "वास्तविक आत्म" से काफी अधिक हट कर हो तो उससे आक्रान्त व्यक्ति भी कुसमायोजन तथा व्यक्तित्व विकासों का शिकार होता हुआ पाया जाता है।

रोजर्स के अनुसार इस तरह व्यक्ति का समायोजन, खुशी, वृद्धि एवं विकास आदि सभी बातें इस बात पर निर्भर करती हैं कि व्यक्ति (जीवन में उन्हें होने वाले अनुभव तथा सामने आने वाली परिस्थितियां) और उसकी 'आत्म छवि' के बीच कितना सामन्जस्य, मेल जोल तथा तालमेल रहता है। अपने व्यक्तित्व सिद्धांत को मनोवैज्ञानिक स्वरूप प्रदान करते हुए यहां अब रोजर्स यह कहता है कि सामान्य रूप से यह देखा जा सकता है कि सभी व्यक्तियों में अपनी वृद्धि तथा अपनी योग्यताओं को उनकी चरम सीमा तक पहुंचाने की बहुत कुछ क्षमता पाई जाती है और इसी क्षमता के सहारे वे अनवरत रूप से अपने आत्म के ऐसे उच्चतम विकास (आत्मानुभूति या आत्म-साक्षात्कार) में संघर्ष रत रहते हैं, जिससे वे अपने आत्म-संप्रत्यय (आत्म-छवि) तथा वास्तविक जीवन के अनुभवों/परिस्थितियों के

बीच तालमेल बिठाते हुए आत्म-संतुष्टि, खुशी, समायोजन तथा मानसिक रूप में भले चंगे होने सम्बन्धी उद्देश्य की प्राप्ति कर सकें। परंतु आत्म का यह विकास कई बार उन्हें खतरनाक मार्ग पर भी लाकर खड़ा कर सकता है विशेषकर जब उनका यह 'आत्म' किसी कारणवश स्वयं उनके नवीन विचारों, भावनाओं व्यवहार के साथ ताल मेल बिठाने में असफल रहता है। इस समय एक चिकित्सक (Therapist) का, जैसा कि रोजर्स ने अपने द्वारा प्रतिपादित थेरेपी में कहा है, लक्ष्य यही होना चाहिए कि वह व्यक्ति को सही मार्ग पर लाने का प्रयत्न करे। यानी वह उसे वो जो नहीं है उसके स्थान पर वह जो है ऐसा ही उचित व्यवहार करने को प्रेरित या प्रशिक्षित करे।

***(F) अधिगम उपागम आधारित सिद्धांत** (Theories Adopting Learning Approach)*

व्यक्तित्व के अधिगम उपागम आधारित सिद्धांत व्यक्तित्व विकास सम्बन्धी स्पष्टीकरण हेतु इस तरह के नए विचारों या उपागमों का प्रतिनिधित्व करते हैं जो पूर्व वर्णित विकासात्मक, मनोविश्लेषणात्मक तथा मानवतावादी विचाराओं पर आधारित व्यक्तित्व सिद्धांतों से काफी कुछ अलग हट कर हैं। ये सिद्धांत व्यक्तित्व को जानने और समझने में अधिगम तथा अधिगम प्रक्रिया के महत्व और भूमिका पर भली-भांति प्रकाश डालते हुए नजर आते हैं। इस प्रकार के सिद्धांतों के प्रतिपादकों के रूप में मुख्य रूप से जिन मनोवैज्ञानिकों का नाम लिया जा सकता है वे है पेवलोव, वाटसन, गुथरी, थोर्नडाइक, स्किनर, डोलार्ड एवं मिलर, बन्डूरा एवं वाल्टर्स इत्यादि। उदाहरणार्थ हम यहां आगे बन्डूरा एवं वाल्टर्स द्वारा प्रतिपादित व्यक्तित्व के अधिगम सिद्धांत का संक्षेप में वर्णन करना चाहेंगे।

बन्डूरा एवं वाल्टर्स का सामाजिक अधिगम सिद्धांत (Bandura and Walters' Social Learning Theory): अलबर्ट बन्डूरा तथा रिचार्ड वाल्टर्स (1963) ने अपने सामाजिक अधिगम सिद्धांत के माध्यम से व्यक्तित्व को जानने और समझने हेतु एक नए प्रकार के रचनात्मक अधिगम सिद्धांत को जन्म दिया। उन्होंने इस प्रकार की धारणा विकसित की कि व्यक्ति विशेष अपने व्यक्तित्व के रूप जो कुछ भी संसार के सामने प्रस्तुत करता है, उसका अर्जन व्यक्ति के द्वारा एक सतत प्रक्रिया के रूप में उसके अपने उन अनुभवों के गठन और पुनर्गठन के माध्यम से किया जाता है जो उसे अपने सामाजिक अधिगम तथा इन अधिगम परिणामों को समरूप परिस्थितियों में काम में लाने से प्राप्त होते हैं। सामाजिक अधिगम में वास्तविक तथा प्रतीकात्मक दोनों प्रकार के मॉडलों का उपयोग सीखने वाले के द्वारा सीखने जाने वाले व्यवहार का भलीभांति निरीक्षण, अनुकरण तथा अभ्यास हेतु किया जा सकता है। उदाहरण के लिए बालक अपने माता पिता, अध्यापकों तथा अन्य गुरुजनों को भी इस कार्य हेतु आदर्श (Role model) मानकर उनके जैसा व्यवहार करना तथा व्यक्तित्व गुण धारणा करना सीख सकते है और वे सिनेमा या टेलीविजन के पर्दे पर सिनेमा या खेल जगत के अपने हीरो तथा हीरोइनों से भी उनके व्यवहार और व्यक्तित्व गुण ग्रहण कर सकते हैं। इस प्रकार के अधिगम में पहले तो उनके द्वारा उनके आदर्शों (ideal figure) के व्यवहार और व्यक्तित्व गुणों का निरीक्षण किया जाता है। फिर अनुकरण तथा अनुकरण किए गए व्यवहार वास्तविक या कृत्रिम परिस्थितियों में अभ्यास एवं पुनरावृत्ति की जाती हे। इस प्रकार के अपने निजी प्रयासों के माध्यम से व्यक्ति विभिन्न स्रोतों से विभिन्न प्रकार के व्यक्तित्व गुणों और व्यवहार क्रियाओं का अर्जन करते रहते हैं और फिर यह सब कुछ संयुक्त रूप से उनके अपने एक अनूठे व्यक्तित्व के विकास का कारण बनता है।

18

समायोजन–अर्थ, प्रकृति एवं विधियां
(Adjustment – Meaning, Nature and Method)

समायोजन– अर्थ एवं परिभाषाएं (Adjustment– Meaning and Definitions)

हमारा जीवन चुनौतियों एवं संघर्षों से परिपूर्ण है। बालकपन से हमें जीवन की विविध समस्याओं का सामना करना पड़ता है। जो जिस सीमा तक जितने अच्छे ढंग से जीवन संग्राम की इस लड़ाई को लड़ता जाता है वह उतने ही अच्छे रूप में सफलता की प्राप्ति करता रहता है। मूलभूत आवश्यकताओं की पूर्ति के अतिरिक्त जीवन में हम बहुत कुछ चाहते हैं और यही चाह हमें पल–पल संघर्ष करने को प्रेरित करते हैं। परन्तु कई बार उद्देश्य की प्राप्ति हमें नहीं हो पाती। उदाहरण के लिए एक बालक इंजीनियरिंग कॉलेज में प्रवेश पाने के लिए तरह–तरह के टैस्ट देता है परन्तु अथक परिश्रम के बाद भी उसे सफलता नहीं मिलती। इस हालत में वह अपने लक्ष्य को ही परिवर्तित कर देता है तथा बी.एस.सी. में प्रवेश लेकर आगे एम.एस.सी. तथा प्राध्यापक बनने की बात को पूरा करने के लिए जुट जाता है। एक क्षेत्र में असफलता के बाद दूसरे किसी क्षेत्र का चुनाव करना, अपने लक्ष्य की ऊंचाई को अपनी योग्यता और परिस्थितियों के मुताबिक घटा देना, इस प्रकार के संशोधित एवं परिवर्तित व्यवहार को ही समायोजन (Adjustment) की संज्ञा दी जाती है।

यह समायोजन शब्द का काफी सामान्य और प्रचलित अर्थ है। इसके अर्थ को और अच्छी तरह स्पष्ट रूप से समझने के लिए हमें विभिन्न मनोवैज्ञानिकों द्वारा दी गई निम्न परिभाषाओं पर विचार करना अधिक उपयुक्त रहेगा।

एल. एस. शेफर (L.S. Shaffer)

समायोजन वह प्रक्रिया है जिसके द्वारा कोई जीवधारी अपनी आवश्यकताओं तथा इन आवश्यकताओं की संतुष्टि से संबंधित परिस्थितियों में संतुलन बनाए रखता है। ("Adjustment is the process by which living organism maintains a balance between its need and the circumstances that influence the satisfaction of these needs.")

गेट्स, जेरसिल्ड एवं अन्य (Gets, Jersild & others)

समायोजन एक ऐसी सतत प्रक्रिया है, जिसके द्वारा एक व्यक्ति अपने व्यवहार में इस प्रकार परिवर्तन करता है कि उसे स्वयं तथा अपने वातावरण के बीच और अधिक मधुर सम्बन्ध स्थापित करने में मदद मिल सके।

("Adjustment is a continuous process by which a person varies his behaviour to produce a more harmonious relationship between himself and his environment.")

वोनहेलर (Vonhaller)

हम 'समायोजन' शब्द को अपने आपको मनोवैज्ञानिक रूप से जीवित रखने के लिए वैसे ही प्रयोग में ला सकते हैं जैसे कि जीवशास्त्री अनुकूलन (Adaption) शब्द का

प्रयोग किसी जीव को शारीरिक या भौतिक दृष्टि से जीवित रखने के लिए करते हैं। ("We can think of adjustment as psychological survival in much the same way as biologist uses the term adaption to describe physiological survival.")

आइए इन परिभाषाओं को विश्लेषित करके देखा जाए–

शेफर के द्वारा दी गई पहली परिभाषा समायोजन को मूलभूत आवश्यकताओं की पूर्ति के संदर्भ में पारिभाषित करने का प्रयत्न करती है। इसके अनुसार कोई बालक या व्यक्ति भी तब समायोजित अनुभव करता है जब तक उसकी आवश्यकताओं और इन आवश्यकताओं की पूर्ति से जुड़ी हुई उसकी कोशिशों तथा परिस्थितियों के बीच संतुलन बना रहे। जैसे ही यह संतुलन गड़बड़ाता है अर्थात् व्यक्ति को उसकी आवश्यकताओं की पूर्ति में बाधा पहुंचाती है उसका कुसमायोजन (Maladjustment) होना प्रारंभ हो जाता है।

गेट्स, जेरसिल्ड तथा अन्य के द्वारा दी गई दूसरी परिभाषा समायोजन को एक ऐसी स्थिति के रूप में देखती है जिसमें व्यक्ति की अपने वातावरण के साथ पटरी बैठती रहती है। अगर व्यक्ति अपने वातावरण में ठीक तरह संतुष्ट और सुखी नहीं रहता तो वह ऐसा करने के प्रयत्नों में लगा रहता है। जैसी परिस्थितियां होती हैं उन्हीं के मुताबिक वह अपने व्यवहार, काम करने के तरीकों, अपनी इच्छाओं तथा लक्ष्यों में तबदीली कर लेता है। अगर वह यह परिवर्तन कर अपने और अपने वातावरण में खट पट नहीं होने देता तो उसे समायोजित (Adjusted) कहा जाता है और अगर ऐसा करने में असफल होता है तो उसके कदम कुसमायोजन की ओर बढ़ने लगते हैं। वातावरण सम्बन्धी स्थितियां और परिस्थितियां एक जैसी नहीं रहती उनमें बदलाव आता रहता है और इसलिए यह आवश्यक है कि व्यक्ति अपने आप में भी आवश्यक परिवर्तन लाता रहे। जो इस प्रकार के परिवर्तन लाने में जितना अच्छी तरह सक्षम होता है वह उतना ही समायोजन प्रक्रिया में कुशल जाना जाता है और यही समायोजन उसे संतुष्टि और सफलता की और ले जाता है। जिसमें यह समायोजन कला है वह सुखी रह सकता है।

वोनहेलर की तीसरी परिभाषा का स्रोत डार्विन का विकासवाद (Darwin's Theory of Evolution) है। डार्विन के इस सिद्धांत के अनुसार सभी प्राणी अपने अस्तित्व की रक्षा के लिए संघर्ष करते रहते हैं। उनमें से जिन प्राणियों में बदलती परिस्थितियों में अपने बदलने या अनुकूलन की ज्यादा क्षमता होती है वे ही जिंदा रहते हें शेष नष्ट हो जाते हैं। शारीरिक रूप से अपने आपको जिंदा रखने के लिए जिस रूप में जीवधारियों को अपने वातावरण की बदलती परिस्थितियों के साथ बदलते रहने या अनुकूलन की आवश्यकता होती है उसी रूप में जब उन्हें मनोवैज्ञानिक दृष्टि से अपने अस्तित्व की रक्षा करनी होती है तो यह काम इनकी समायोजन क्षमता के सहारे संपन्न होता है। जिस व्यक्ति में जितनी अधिक समायोजन क्षमता होती है वह मनोवैज्ञानिक रूप से उतना स्वस्थ एवं सबल पाया जाता है। जीवन में संतुष्टि और आनन्द प्राप्ति का मार्ग समायोजन से होकर गुजरता है। समायोजन का अर्थ होता है कि जीवन की आवश्यकताओं और मांगों से अपनी शक्ति और सामर्थ्य के संदर्भ में अनुकूलन करके चलना। अतः जो इस प्रकार के मनोवैज्ञानिक अनुकूलन में जितना समर्थ है वह उतनी ही अच्छी तरह अपनी संघर्षपूर्ण जिंदगी को जी सकता है।

इस प्रकार उपरोक्त तीनों परिभाषाएं अपने ढंग से समायोजन के अर्थ, इसके प्रयोजन तथा विशेषताओं को प्रकट करने का प्रयत्न करती हैं। इन तीनों का अगर समन्वयीकरण

किया जाए तो हमें समायोजन के अर्थ एवं प्रयोजन के बारे में अग्र निष्कर्ष निकालने में मदद मिल सकती हैं।

- समायोजन एक प्रक्रिया है, एक ऐसा साधन है जिसके द्वारा सुखी एवं संतोषप्रद जीवनयापन की राह पकड़ी जा सकती है।
- समायोजन हमें मनोवैज्ञानिक रूप से अच्छी तरह जीने के लिए उसी रूप में आवश्यक है जैसे कि बदलते मौसम या हालातों में शरीर को जिंदा रखने के लिए, वस्त्रों, खान-पान, रहन-सहन में परिवर्तन लाकर अनुकूलन करने की प्रक्रिया।
- समायोजन से हमें अपनी इच्छाओं या आवश्यकताओं तथा इन आवश्यकताओं को पूरा करने सम्बन्धी अपनी योग्यताओं तथा क्षमताओं में संतुलन बनाए रखने में मदद मिलती है। अगर हमारे पास ज्यादा क्षमता और योग्यता होती है, हम अपनी आवश्यकता की सीमा बढ़ाते जाते हैं और अगर कम होती है तो हम अपने लक्ष्य की ऊंचाई या आवश्यकताओं की सीमा में कमी कर देते हैं।
- समायोजन सम्बन्धी गुण, परिस्थितियों के अनुसार हमें आपको झेलने में पूरी मदद करता है। परिणामस्वरूप शहर से जब कोई लड़की गांव में नववधू बनकर आती है तो यहां उसकी समायोजन क्षमता ही उसकी मदद करती है।

समायोजन के द्वारा एक ओर तो हम अपने आपको बदलती परिस्थितियों के अनुसार बदलने का प्रयत्न करते हैं तो दूसरी ओर समायोजन हमें ऐसी शक्ति और सामर्थ्य भी देता है कि हम परिस्थितियों को ही बदल डालें। बात संतुलन की होती है और यह संतुलन हमें हमारे और हमारी परिस्थितियों के बीच बनाना होता है अतः इसके लिए जहां अपने को बदलकर संतुलन बनाया जा सकता है अर्थात् दूसरे शब्दों में हालातों से समझौता किया जा सकता है वहां ऐसा साहस भी किया जा सकता है कि परिस्थितियों को ही बदल कर अपने अनुकूल या मर्जी मुताबिक कर लिया जाए। समायोजन का यह दूसरा रास्ता महापुरुषों, साहसी तथा निडर व्यक्तियों तथा इतिहास रचने वाले व्यक्तियों द्वारा चुना जाता है और वे अपनी परिस्थितियों के आगे हार न मानकर उन्हें झुकाते चलते हैं और इस तरह अपनी सफलता की मंजिल पर पहुंच कर दिखाते है।

इस तरह अगर ध्यान से सोचने का प्रयत्न किया जाए कि समायोजन की प्रक्रिया अपने आप में क्या है तथा इसका क्या लक्ष्य होता है तो यह बात स्पष्ट से उभर कर सामने आ सकती है कि समायोजन की स्थिति जिसमें कोई अपने आपको यह कह सके कि वह समायोजित है व्यक्ति की एक मनोदशा को ही प्रकट करती है। इस मनोदशा पर अनुकूल और प्रतिकूल प्रभाव उसकी अपनी संतुष्टि का ही पड़ता है और कौन कितना संतुष्ट है इसकी कुंजी उसकी इच्छाओं और आवश्यकताओं के संतुलन तथा संतृष्टि से जुड़ी उसकी उम्मीदों पर आधारित होती हैं। एक बालक तभी तक संतुष्ट और दूसरे शब्दों में अपने आपको समायोजित अनुभव करता है जिस सीमा तक उसकी मूलभूत आवश्यकताओं तथा इच्छाओं की संतुष्टि होती रहती है या ऐसा होने की आशा बंधी रहती है इस संतृप्ति में बाधा आने या आशा टूट जाने पर बालक समायोजित नहीं रह जाता तथा वह कुसमायोजन का शिकार हो जाता है। इस रूप से संतुष्ट एवं सुखी रहने की कुंजी समायोजन की प्रक्रिया के हाथों में है और समायोजन की यह प्रक्रिया बालक और उसकी परिस्थितियों के बीच झूलती रहती है। कभी बालक की योग्यता, क्षमताओं तथा उसे मिलने वाला परामर्श या सहायता परिस्थितियों

पर हावी हो जाती हैं तो कभी परिस्थितियों के आगे घुटने भी टेकने पड़ते हैं। समायोजन ऐसी ही प्रक्रिया और क्षमता का भाव है जो बालक को उसकी अपनी योग्यता और क्षमताओं के संदर्भ में उसकी अपनी परिस्थितियों के अनुसार उसे आगे प्रगति के मार्ग पर ले जाते रहने में सहायता करता है। बालक के जीवन में यह प्रक्रिया कभी रुकने का नाम नहीं लेती क्योंकि जीवन कभी रुकता नहीं है और परिवर्तनों के साथ-साथ ही समायोजन की प्रक्रिया को भी बदलते रहना पड़ता है। इसी बदलाव और अनुकूलन क्षमता में ही बालक का सर्वांगीण विकास, उसकी प्रगति, संतुष्टि तथा खुशी का दारोमदार होता है।

एक भली-भांति समायोजित व्यक्ति की विशेषताएं
(Characteristics of a Well Adjusted Person)

एक भली-भांति समायोजित कहे जाने वाले व्यक्ति के व्यक्तित्व व व्यवहार में निम्न विशेषताएं पायी जाती हैं:

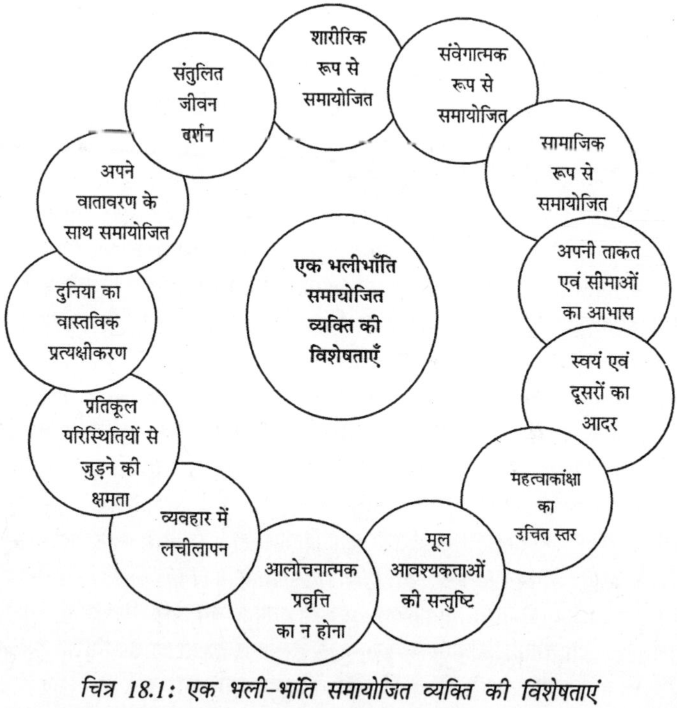

चित्र 18.1: एक भली-भाँति समायोजित व्यक्ति की विशेषताएं

1. शारीरिक दृष्टि से समायोजित (Physically Adjusted): शारीरिक रूप से व्यक्ति अगर स्वस्थ हो तथा उसका शारीरिक विकास, भार, ऊंचाई, अंग-प्रत्यंगों का विकास आदि अपनी आयु के मुताबिक सामान्य ढंग से चलता रहे तो उसे अपने आप से तथा अपने वातावरण के साथ समायोजन करने में बहुत सुविधा होती है। समायोजित कहे जाने वाले बालक में स्वास्थ्य एवं विकास सम्बन्धी यह विशेषता पाई जाती है।

2. संवेगात्मक रूप से समायोजित (Emotionally Adjusted): एक समायोजित व्यक्ति के बालक का संवेगात्मक व्यवहार काफी संतुलित होता है। वह अपने संवेगों की उचित अभिव्यक्ति का उचित ढंग सीख लेता है। किस तरह कितनी मात्रा में किस प्रकार के

संवेगों (Emotions) की अभिव्यक्ति की जाए, इस प्रकार की व्यवहार कुशलता तथा संवेगात्मक नियंत्रण की उसमें उपस्थिति पाई जाती है।

3. अपनी अच्छाइयों तथा कमजोरियों का ज्ञान (Awareness of own strength and weakness): भली-भांति समायोजित व्यक्ति यह जानता है कि उसकी अपनी योग्यताओं तथा क्षमताओं का क्या स्तर है, किन बातों में वह आगे है तथा किन में पीछे। अपने आपको इस प्रकार तोलकर ही वह आगे बढ़ता है और इसलिए न तो वह जो नहीं कर सकता था उसे न करके निराश होता है और न जो वह कर सकता था उसे करके पछताता रहता है।

4. अपने आपको पर्याप्त सम्मान देना तथा दूसरों का भी सम्मान करना (Respecting one's self and of others as well): भली-भांति समायोजित व्यक्ति जो कुछ भी अपने व्यक्तित्व में होता है उससे संतुष्ट रहने का प्रयत्न करता है तथा अपने आत्म (Self) का पर्याप्त सम्मान करता है। जैसा भी रंगरूप, कद-काठी, योग्यताएं तथा क्षमताएं उसके पास होती हैं उन्हीं को अपनी शक्ति मानकर उनकी कद्र करता है तथा जो कुछ नहीं है, उसकी दूसरों से तुलना कर व्यर्थ में रोना नहीं रोता और न इसके लिए अकारण परेशान होता है। अपने आत्म का सम्मान करते हुए दूसरों को पर्याप्त सम्मान देने का प्रयत्न करता रहता है और किसी तरह भी उनकी भावनाओं को वह अकारण ही चोट नहीं पहुंचाता।

5. सामाजिक रूप से समायोजित (Socially adjusted): एक भली-भांति समायोजित व्यक्ति सामाजिक विकास तथा सामाजिकता की दृष्टि से अपनी आयु के मुताबिक ठीक प्रगति करता हुआ पाया जाता है। दूसरे बच्चों के साथ खेलने, मित्रता बढ़ाने तथा सामाजिक क्रियाओं में भाग लेने में उसकी रुचि होती है। धीरे-धीरे वह समाज के प्रति अपने कर्त्तव्यों को समझने लगता है। अपनी सामाजिक परिवेश को अच्छी तरह पहचानने की उसमें क्षमता आ जाती है तथा अच्छा सामाजिक जीवन बिताने से संबंधित गुणों और कुशलताओं के अर्जन की ओर वह कदम बढ़ाने लगता है।

6. महत्वाकांक्षा का उचित स्तर (An Adequate level to aspiration): जीवन में बहुत कुछ पाना तो सभी चाहते हैं परन्तु समझदारी इसी में होती है कि अपनी महत्वाकांक्षाओं को अपनी योग्यताओं, सीमाओं तथा परिस्थितियों के संदर्भ में संतुलित करके रखा जाए। एक समायोजित व्यक्ति इसी प्रकार का संतुलन बनाए रखने का प्रयत्न करता है और इसीलिए अनावश्यक चिंता, परेशानी तथा निराशा का शिकार होने से बचा रहता है।

7. मूलभूत आवश्यकताओं की पूर्ति (Satisfacation of the basic needs): मूलभूत शारीरिक, मनोवैज्ञानिक तथा सामाजिक आवश्यकताओं की पूर्ति किसी भी व्यक्ति के समायोजन के लिए काफी आवश्यक मानी जाती है। अगर किसी कारण किसी आवश्यकता की पूर्ति में कोई कमी रहती भी है तो उसकी चुभन को दूसरे वर्ग की आवश्यकताओं की पूर्ति से पूरा किया जाता रहता है। गरीबी तथा अभावों की चुभन को स्नेह तथा प्यार के मरहम तथा सुरक्षा से कम से कम किया जा सकता है। भली-भांति समायोजित व्यक्ति के साथ यही होता है या तो उसकी मूलभूत आवश्यकताओं की पूर्ति में कोई बाधा नहीं आती और अगर आती भी है तो उन्हें भविष्य में पूरा होने की आशा बंधी रहती हैं।

8. आलोचक तथा दोष निकालने की प्रवृत्ति का नहीं होना (Does not possess critical or fault finding attitude): एक समायोजित व्यक्ति स्वभाव से दूसरों से उनकी अच्छाइयों के ही दर्शन करता है उनकी बुराइयों तथा दोषों को ढूंढकर उनका प्रचार नहीं करता।

9. व्यवहार का लचीलापन (Flexibility of behaviour): समायोजित व्यक्ति का रुख,

व्यवहार तथा दृष्टिकोण अड़ियल टट्टू नहीं होता। जिस तरह का माहौल या परिस्थितियां होती हैं उन्हीं के मुताबिक अपने स्वभाव, तथा कार्यशैली में परिवर्तन लाने की उसमें पर्याप्त क्षमता पाई जाती है।

10. अपने वातावरण सम्बन्धी हालातों से संतुष्टि (Feeling at home with his surroundings): अपने घर, परिवार, पास-पड़ोस, विद्यालय में उसे जो भी परिस्थितियां और माहौल, उसके रहन-सहन, लालन-पालन, खेल-कूद, मनोरंजन तथा शिक्षा के लिए मिलता है उसमें वह संतुष्टि का अनुभव करता है तथा बिना वजह किसी अभाव का रोना नहीं रोता रहता। जो भी काम वह जहां भी करता है और जिनके संपर्क में आता है उससे कोई भी शिकायत या गिले-शिकवे करता नहीं पाया जाता।

11. हालातों से संघर्ष करने की क्षमता (Capable of struggling with odd circumstances): अनुकूल परिस्थितियों में तो सभी जी लेते हैं और संतुष्टि का अनुभव कर लेते हैं। परीक्षा तो विपरीत परिस्थितियों में ही होती है। इस प्रकार के परिस्थितियों से समझौता करने के लिए पर्याप्त धैर्य रखने के साथ-साथ, समायोजित व्यक्ति में यह भी विशेषता पाई जाती है कि वह हालातों का मुकाबला कर उन्हें अपने अनुकूल बना डालने के लिए भी कमर कस कर खड़ा हो जाए। उसका संकल्प तथा इच्छा शक्ति प्रबल होती है। अतः वह प्रतिकूल परिस्थितियों में भी विचलित नहीं होता।

समायोजन की प्रकृति (शिक्षण एवं अधिगम के संदर्भ में)
(Nature of Adjustment in Context of Teaching and Learning)

समायोजन की उपलब्धि या निष्पत्ति के संदर्भ में प्रक्रिया तथा इस प्रक्रिया के परिणामों के रूप में व्याख्या की जा सकती है। जब एक गरीब या अभावग्रस्त बालक गलियों में लगाई जाने वाली ट्यूब या लैंप की रोशनी में (अपने घर में रोशनी का इन्तजाम न होने की वजह से) पढ़ता हुआ नजर आता है, तो हम यह अच्छी तरह से कह सकते हैं कि वह समायोजन की प्रक्रिया से गुजर रहा है। वहीं वह परीक्षा में अपनी सफलता या उपलब्धि सम्बन्धी अपनी आकांक्षा के संदर्भ में जिस प्रकार की प्राप्ति का उपलब्धि करता है वह और कुछ नहीं बल्कि उसके स्वयं के तथा अपने परिवेश के साथ किए जाने वाले समायोजन का ही परिणाम है। इस प्रकार से उपलब्धि के रूप में समायोजन यह बताता है कि बदलती हुई परिस्थितियों में एक व्यक्ति कैसे कार्य करता है और इस तरह यह उसकी सक्षमता से संबंधित रहता है और इसे उसके उपलब्धि के रूप में देखा जाए चाहे उसकी प्राप्ति बुरे या अच्छे किसी भी रूप में हो। (Lazarus, 1976)

समायोजन एक प्रक्रिया के रूप में इस तरह व्यक्ति विशेष के अपने आप से तथा अपने वातावरण के साथ किए जाने वाले समायोजन का वर्णन एवं व्याख्या करता हुआ प्रतीत होता है। ध्यान रहे कि ऐसा करने में वह समायोजन की गुणवत्ता या सफलता और असफलता सम्बन्धी परिणाम पर कोई ध्यान नहीं देता। वह केवल यह प्रदर्शित करता है कि व्यक्ति या समूह बदलती हुई परिस्थितियों में कैसे अपने आप को ढालते हैं और ऐसे कौन से कारक हैं जो इस समायोजन को प्रभावित करते हैं। आइए अब हम व्यक्ति तथा उसके वातावरण में होने वाली अन्तः क्रिया के रूप में समायोजन की प्रकृति एवं विशेषताओं पर चर्चा करें :

(i) सतत प्रक्रिया (Continuous Process)– समायोजन की प्रक्रिया सतत या अनवरत रूप से गर्भाधान से ही प्रारंभ होकर मृत्यु अवस्था तक चलती रहती है। एक व्यक्ति और

उसके बाह्य वातावरण इन दोनों में लगातार परिवर्तन आते रहते हैं और इस बदलाव के कारण व्यक्ति की अपनी आवश्यकताओं में भी परिवर्तन होता रहता है। फलस्वरूप व्यक्ति के समायोजन की प्रक्रिया भी परिस्थिति अनुसार बदलती रहती है। अरकोफ (Arkoff, 1968) के अनुसार संतोषप्रद समायोजन या पूर्ण समायोजन जैसी कोई ऐसी बात नहीं होती जिसे एक बार में सदा के लिए उपलब्ध कर लिया जाए। बल्कि यह एक ऐसी चीज है जिसकी उपलब्धि के लिए लगातार और एक बार उपलब्ध हो जाने पर परिस्थिति के अनुसार नई प्रकार की उपलब्धि हेतु प्रयासरत रहता पड़ता है।

(ii) दो-तरफी प्रक्रिया (Two-way process)– समायोजन एक दो-तरफी या द्वि-पक्षीय प्रक्रिया है। समायोजन के लिए व्यक्ति केवल बदलती परिस्थितियों के अनुसार अपने आपको बदलते रहने या वर्तमान स्थिति में अपने आपको ढालने का ही कार्य नहीं करता बल्कि वह अपनी जरूरत के हिसाब से अपने वातावरण में भी बदलाव लाने के लिए आगे बढ़ता है। समायोजन की इस दो-तरफी या द्वि-पक्षीय प्रक्रिया प्रकृति पर प्रकाश डालते हुए रोबर्ट व्हाइट (Robert White, 1960) ने लिखा है।

"समायोजन की अवधारणा में निहित है कि व्यक्ति और उसके वातावरण के बीच ऐसी लगातार अन्तःक्रिया होती रहे कि वे एक दूसरे के सामने अपनी मांगे रखते रहें। कई बार समायोजन हेतु व्यक्ति को झुकना पड़ता है और वह उन परिस्थितियों को स्वीकार कर ले जिनमें बदलाव लाना उसके वश में नहीं है। कई बार इसकी प्राप्ति व्यक्ति से तब संभव हो जाती है जब वातावरण की शक्तियां, व्यक्ति के अथक प्रयासों के सामने झुक जाएं। इस तरह अधिकतर मामलों में समायोजन दो अतिशय बातों (extremes) के बीच होने वाता एक समझौता ही होता है और कुसमायोजन ऐसे संतोषप्रद समझौते में होने वाली असफलता का परिणाम होता है।"

समायोजन के क्षेत्र (Spheres of Adjustment)

सब प्रकार से समायोजित व्यक्ति वह होता है जो पहले तो अपने आप से ही संतुष्ट और समायोजित हो तथा दूसरे अपने चारों ओर फैले वातावरण या परिवेश से उसका सही ताल-मेल हो। इस दृष्टि से समायोजन के क्षेत्रों को व्यक्ति तथा उसके वातावरण में ही निहित माना जाना चाहिये। एक व्यक्ति की दुनिया जहां उसके अपने शारीरिक और मानसिक व्यवस्था तथा व्यक्तित्व के महत्वपूर्ण पहलुओं के इर्द-गिर्द घूमती है वहां उसे अपने सामाजिक परिवेश तथा काम-काज के क्षेत्रों में भी समायोजित होने की आवश्यकता पड़ती है। समायोजन सम्बन्धी उसकी इन आवश्यकताओं को ध्यान में रखते हुए हम किसी भी व्यक्ति के समायोजन क्षेत्रों को तीन मुख्य भागों व्यक्तिगत, सामाजिक तथा व्यावसायिक में बांटकर समझने का प्रयत्न कर सकते हैं।

A. व्यक्तिगत समायोजन (Personal Adjustment)

व्यक्ति अपने आप से कितना समायोजित है इस बात का निर्णय उसके इस क्षेत्र के समायोजन स्तर से ही ज्ञात होता है। कोई व्यक्ति किसी क्षेत्र में किस स्तर तक समायोजित है यह इस बात पर निर्भर करता है कि उस क्षेत्र से संबंधित व्यक्ति विशेष की आवश्यकताएं कितनी सीमा तक पूरी होती हैं अथवा उनके पूरे होने की संभावना व आशा से वह किस सीमा तक संतुष्ट रहता है। जब तक ये आवश्यकताएं पूरी होती रहती हैं या इनकी पूर्ति की आशा उसे रहती है, व्यक्ति समायोजित रहता है। विपरीत अवस्था में वह कुसमायोजन

(Maladjustment) का शिकार हो जाता है। अब प्रश्न यह उठता है कि व्यक्ति को अपने आप से समायोजित रखने या संतुष्ट रखने से संबंधित विभिन्न क्षेत्र कौन-कौन से हैं जिनके ऊपर उसका व्यक्तिगत समायोजन निर्भर करता है। प्रमुख रूप से यहां उसके व्यक्तित्व के विकास से संबंधित विभिन्न पहलुओं तथा व्यक्तिगत आवश्यकताओं में निहित समायोजन को ही इसका आधार बनाया जा सकता है।

1. शारीरिक विकास और स्वास्थ्य सम्बन्धी समायोजन (Adjustment of physical development and Health) **:** यह व्यक्तिगत समायोजन का एक प्रमुख पहलू हो सकता है। हर आयु स्तर पर कितना शारीरिक विकास हो इसका एक निर्धारित मानदंड होता है। लंबाई, भार तथा शरीर के अंगों का विकास अगर सामान्य स्तर को छूता रहे तो व्यक्ति शारीरिक रूप से अपने आपको समायोजित अनुभव करता है। अपने रंग-रूप, शरीर की बनावट आदि से भी उसे संतुष्टि का अनुभव होना चाहिए। उसका शारीरिक स्वास्थ्य ठीक रहे तथा उससे वह संतुष्टि अनुभव करता रहे, यह बात भी उसके स्वास्थ्य सम्बन्धी समायोजन का उचित आधार बनती है। इस तरह व्यक्ति की अपनी शारीरिक संरचना, उसके विकास, शारीरिक अंगों तथा संस्थानों की कार्यप्रणाली तथा सामान्य स्वास्थ्य से संतुष्टि का अनुभव करने वाली बातें शारीरिक विकास और स्वास्थ्य सम्बन्धी समायोजन के क्षेत्र में आती है और इस प्रकार का समायोजन उसे अपने आपसे संतुष्टि या समायोजित होने में पूरी मदद करता है।

2. मानसिक विकास और स्वास्थ्य सम्बन्धी समायोजन (Adjustment with regard to Mental development and Health) **:** व्यक्तिगत समायोजन का दूसरा बड़ा पहलू व्यक्ति के मानसिक विकास तथा मानसिक स्वास्थ्य से संबंधित है। हमारा मानसिक विकास किस स्तर का है और उससे हम कितनी सीमा तक संतुष्टि का अनुभव करते हैं, यह बात हमारे व्यक्तिगत समायोजन का एक प्रमुख आधार सिद्ध होती है। इसी तरह अच्छे मानसिक स्वास्थ्य की प्राप्ति भी हमें व्यक्तिगत रूप से भली-भांति समायोजित बनाने में अत्यधिक सहयोगी होती है। चिंता, क्लेश, निराशाओं, कुंठाओं, दबाव तथा तनाव का हमारे जीवन में क्या स्थान है? हम उन्हें किस रूप में लेते हैं? और उनसे किस प्रकार निपटते हैं? यह सभी बातें हमारे मानसिक स्वास्थ्य की निर्णायक होती हैं और एक अच्छे मानसिक स्वास्थ्य का स्वामी ही अच्छे ढंग से व्यक्तिगत, सामाजिक और व्यावसायिक समायोजन कर सकता है। परन्तु अपने मानसिक स्वास्थ्य को ठीक बनाए रखने में व्यक्ति की अपनी बहुत ही महत्वपूर्ण भूमिका रहती है। अत: इनसे संबंधित समायोजन व्यक्तिगत समायोजन के क्षेत्र में शामिल किया जाता है।

3. संवेगात्मक समायोजन (Emotional Adjustment) **:** व्यक्ति के व्यक्तित्व और व्यवहार में संवेगों (Emotions) का एक प्रमुख स्थान है। अपने आप से समायोजित होने के लिए उसमें संवेगात्मक परिपक्वता (Emotional Maturity) का होना अति आवश्यक है। उचित समय पर उचित रूप से संवेगों की अभिव्यक्ति व्यक्ति के समायोजन के लिए काफी आवश्यक है। जो लोग ऐसा नहीं कर पाते वे संवेगात्मक रूप से अस्थिर तथा कुसमायोजित माने जाते हैं।

4. लैंगिंक समायोजन (Sexual Adjustment) **:** लैंगिक या यौन सम्बन्धी आवश्यकता (Sex Needs) हमारी आवश्यकताओं में एक बड़ी आवश्यकता है। इस आवश्यकता को पूर्ति जब तक सामाजिक मान्य प्राप्त तरीकों से ठीक प्रकार होती रहे, व्यक्ति समायोजित अनुभव करता है। इसकी पूर्ति में बाधा या कोई असंतोष, कुसमायोजन को जन्म देता है।

विभिन्न अनुसंधानों ने इस सम्बन्ध में यही निष्कर्ष निकाला है कि व्यक्ति का समुचित लैंगिक विकास, यौन या काम के प्रति उचित दृष्टिकोण तथा उसकी स्वाभाविक अभिव्यक्ति एवं तृप्ति ही उसे अपने आप से तथा अपने परिवेश से ठीक प्रकार समायोजित रखती है।

5. व्यक्तिगत आवश्यकताओं से संबंधित समायोजन (Adjustment with respect to the Individual Needs): हमारे व्यक्तिगत समायोजन की परिधि में ऐसा सभी समायोजन भी शामिल होता है जिनका सम्बन्ध हमारी व्यक्तिगत आवश्यकताओं की पूर्ति से होता है। इन आवश्यकताओं में शारीरिक आवश्यकताओं (Physiological or organic needs) के रूप में भूख, प्यास, नींद, विश्राम आदि आवश्यकताएं आती हैं। भौतिक आवश्यकताओं (Material Needs) में भौतिक सुख सुविधाओं को जुटाने तथा भोगने की बात आती है। सामाजिक एवं मनोवैज्ञज्ञनिक आवश्यकताओं में स्नेह व प्यार पाने और देने, आत्म अभिव्यक्ति करने, दूसरों पर प्रभुत्व जमाने (आदर एवं सम्मान प्राप्त करने जैसी आवश्यकताएं आती हैं। इन सभी प्रकार की व्यक्तिगत आवश्यकताओं की पूर्ति हेतु हम शुरू से अपने प्रयत्न करते रहते हैं तथा मृत्युपर्यन्त यही पर्यन्त चलते रहते हैं। हमें अपने प्रयत्नों में कितनी सफलता मिलती है अथवा हम किस सीमा तक अपने इन प्रयत्नों और उनके परिणामों से संतुष्टि का अनुभव करते हैं, उस सीमा तक हम समायोजित रहते हैं। इस तरह हमारी व्यक्तिगत आवश्यकताओं की पूर्ति से संबंधित आयोजन हमारे व्यक्तिगत समायोजन के लिए काफी महत्वपूर्ण भूमिका निभाता है।

B. सामाजिक समायोजन (Social Adjustment)

व्यक्ति को जितना अपने आप से संतुष्ट तथा समायोजित होने की आवश्यकता होती है, उतनी ही अपने सामाजिक परिवेश से जुड़ी हुई बातों तथा व्यक्तियों के साथ उचित ताल-मेल बनाए रखकर समायोजित रहने की होती है। उसे अपने परिवेश तथा उसमें उपलब्ध परिस्थितियों से भी संतुष्ट अनुभव करना चाहिए तभी वह ठीक तरह समायोजित रह सकता है। सामाजिक परिवेश का दायरा उसके घर-परिवार से शुरू होकर विश्व बंधुत्व की सीमाओं को छूता है। मुख्य रूप से एक व्यक्ति के सामाजिक समायोजन में निम्न पहलुओं को शामिल किया जा सकता है।

1. घर परिवार से समायोजन (Home and family Adjustment): व्यक्ति को अपना घर, घर जैसी ही सुख-शांति एवं संतोष प्रदान करने वाला लगना चाहिए तथा अपने परिवार के सदस्यों के साथ उठना-बैठना, रहना-सहना अच्छा लगना चाहिए। जिसे घर काटने दौड़ता हो, जो ज्यादा समय घर के बाहर बिताना पसंद करे, जिस घर के सदस्यों में आपसी वार्तालाप तक समाप्त हो जाए ऐसा घरेलू वातावरण व्यक्ति को कुसमायोजित ही करेगा। दूसरे इसके विपरीत एक-दूसरे को समझने वाले, स्नेह एवं प्यार से भरे सहयोगी वातावरण में प्रत्येक सदस्य को पूरी तरह ताल-मेल बिठाकर अपने और परिवार को आगे बढ़ाने में समुचित सहायता मिलती है। ऐसे वातावरण में सभी सदस्यों की व्यक्तिगत तथा सामूहिक आवश्यकताएं ठीक तरह से पूरी होती रहती हैं और सभी लोग भली-भांति समायोजित रहते हैं। अतः जिस घर एवं परिवार के सदस्यों में पारस्परिक सहयोग एवं तालमेल रहता है वहां व्यक्तियों के समायोजित रहने की संभावना भी ज्यादा रहती है।

2. मित्रों और संबंधियों से समायोजन (Adjustment with Friends and Relatives): सामाजिक दायरे की दूसरी कड़ी मित्र तथा सगे संबंधियों को लेकर आती है। सामाजिक सम्बन्धों को इन्हीं के सहारे जीवित रखा जाता है। सुखी जीवनयापन के लिए इनसे संपर्क

सूत्र ठीक तरह कायम रखना भी आवश्यक होता है। जिंदगी की विषम परिस्थितियों में अपने ही काम आते हैं, अतः मित्रों में मित्रता बनी रहे और संबंधियों से सम्बन्ध, यह भी किसी व्यक्ति के लिए काफी आवश्यक होता है। हम जिस रूप में अपने मित्रों तथा सगे संबंधियों से अपना ताल–मेल और सम्बन्धों की डोर कायम रखते हैं उसी रूप में हम उनके साथ समायोजित होने में समर्थ रह सकते हैं और हमें इसके लिए सदैव ठीक दिशा में प्रयत्न करते रहने चाहिए।

3. पड़ोसियों तथा समुदाय के अन्य सदस्यों से समायोजन (Adjustment with Neighbours and other members of the Community): घर से बाहर निकल कर हम पड़ोस तथा समुदाय के संपर्क में आते हैं। हमारी बहुत सी आवश्यकताओं की पूर्ति समुदाय के साथ उचित संप्रेषण, विनिमय तथा ताल–मेल द्वारा होती है। पड़ोस तथा समुदाय के साथ हमारा समायोजन हमें भौतिक, आर्थिक तथा भावनात्मक सुरक्षा प्रदान करता है। हमारी बहुत सी सामाजिक एवं मनोवैज्ञानिक आवश्यकताओं की पूर्ति भी समाज के साथ हमारे संपर्क एवं ताल–मेल से होती है। अतः पड़ोस तथा समुदाय के साथ हमारे बेहतर सामाजिक सम्बन्ध हमें सभी तरह से जीवन को अच्छी तरह जीने में पूरी मदद कर सकते हैं। आवश्यकता इस बात की है कि हम पड़ोसियों तथा समुदाय के साथ जीयो और जीने दो के सिद्धांत पर चलकर एक–दूसरे के सुख–दुख में भागीदार बनने की चेष्टा करें। बात–बात में झगड़ा फसाद तथा तू–तू मैं–मैं में न फंसकर एक दूसरे की भावनाओं तथा इच्छाओं का सम्मान करना सीखें। भाषा, धर्म, जाति की अलगाववादी प्रवृत्तियों को त्याग कर सुख–शांति से जीना सीखें, जिससे सामाजिक संपर्क के धागे मजबूत हों। इससे हमारा समाज ठीक प्रकार समायोजित हुआ कहा जाएगा जो पास–पड़ोस तथा समुदाय के सदस्यों के साथ अपने अच्छे सामाजिक सम्बन्ध कायम करता है तथा संतुष्ट रहता है और हम सभी को इसी दिशा में प्रयत्न करते रहना चाहिए।

प्रश्न उठता है कि घर–परिवार से लेकर मित्र, सगे संबंधियों, पड़ोसियों तथा समुदाय या समाज में रहने वाले व्यक्तियों तथा संपूर्ण सामाजिक परिवेश में समायोजित होने के लिए व्यक्ति को किस प्रकार अपने प्रयत्न करने चाहिए। इस दिशा में पहली बात तो यह है कि उसे सामाजिकता का पाठ सही ढंग से पढ़ना चाहिए, तथा सच्चाई से व्यवहार में लाना चाहिये। उसमें सभी सामाजिक गुणों का समावेश होना चाहिये तथा अधिकार के स्थान पर कर्त्तव्यों के पालन की अधिक इच्छा होनी चाहिये। समाज के नियम, उसकी आचार संहिता, समाज तथा विशेषकर अपने समुदाय की विशेष अभिवृत्तियों, संस्कारों तथा रीति–रिवाजों से उसे परिचित होना चाहिए तथा उनका एक उचित सीमा तक पर्याप्त सम्मान करना चाहिये। ऐसी अवस्था में ही उसे अपने सामाजिक परिवेश में ठीक प्रकार समायोजित होने में उचित सहायता मिल सकती है।

C. व्यावसायिक समायोजन (Occupational Adjustment)

रोजी–रोटी कमाना हम सभी के लिए अत्यंत आवश्यक है क्योंकि इसी में हमें अपनी व्यक्तिगत तथा सामाजिक–मनोवैज्ञानिक आवश्यकताओं की पूर्ति के लिए उचित साधन प्राप्त होते हैं। विद्यालयी जीवन हो या मां–बाप तथा घर परिवार द्वारा प्राप्त प्रशिक्षण सभी की राह में हमें किसी न किसी व्यवसाय को अपनाने के लिए तैयार करता है। हमारी शिक्षा, अनुभव तथा प्रयत्न हमें किसी व्यवसाय को अपनाने का अवसर प्रदान करते हैं और आगे जाकर वह व्यवसाय हमें किसी रूप में व्यावसायिक संतुष्टि प्रदान कर हमारी

आशाओं तथा आकांक्षाओं की पूर्ति करता है। उसी पर अधिकतम हमारा व्यावसायिक समायोजन निर्भर करता है। हम लोग अपने प्रयत्नों तथा मिलने वाले अवसरों के फलस्वरूप तरह-तरह के व्यवसाय अपनाते हैं तथा अपने अपने ढंग से काम करते हुए उनसे समायोजित होने का प्रयत्न करते हैं जितने हम अपने व्यवसाय में समायोजित होने में मिलता है। यह बात दूसरी तरफ से भी लागू होती है। समायोजित व्यक्ति किसे कहा जाए: इस संदर्भ में किए गए विभिन्न अनुसंधानों द्वारा सामान्य रूप से जो परिणाम सामने आये हैं उनमें व्यावसायिक रूप से समायोजित होने वाले व्यक्तियों में अधिकतर अग्र मुख्य बातें दिखाई देती हैं:

(i) अपने व्यवसाय के चुनाव में संतुष्टि अनुभव करते हैं। वह यह नहीं कहते कि उनको तो किस्मत ही खराब थी, या उन्होंने मजबूरी में अपने इस व्यवसाय का चुनाव किया है।

(ii) अपने व्यवसाय से सम्बन्धी कार्यों को करने में उन्हें प्रसन्नता का अनुभव होता है तथा इन्हें करने के बाद वे प्रायः संतुष्टि का अनुभव करते हैं। इस तरह व्यावसायिक संतुष्टि की भावना (Job satisfaction) इन व्यक्तियों में अच्छी तरह पाई जाती है।

(iii) अपने व्यवसाय और काम-काज की दुनिया से संबंधित विभिन्न परिस्थितियों से वे संतुष्ट नजर आते हैं। काम काज सम्बन्धी उपकरण, उठने, बैठने तथा काम करने की जगह तथा उपलब्ध सुविधाओं आदि के अभाव का वे रोना रोते या उन्हें लेकर वे परेशान नहीं होते हैं।

(iv) अपने व्यावसायिक साथियों तथा अधिकारियों से उनका ठीक प्रकार समायोजन रहता है। पारस्परिक सम्बन्धों को निभाना और उचित ताल-मेल कर अपने व्यावसायिक कार्यों में कोई ढील न आने देना उनके व्यक्तित्व की एक अच्छी विशेषता होती है।

(v) उनमें अपने व्यवसाय के प्रति पूरी निष्ठा होती है तथा उसके प्रति सकारात्मक दृष्टिकोण होता है। वे अपने व्यवसाय को छोड़कर दूसरा व्यवसाय अपनाने की बात नहीं सोचते रहते। वह यह भावना रखते हैं कि इस व्यवसाय में ऐसा बहुत कुछ है जिससे वे अपने आपको तथा समाज को प्रगति के मार्ग पर ले जा सकते हैं।

(vi) उनका व्यवसाय उनकी पदोन्नति (Promotion) के समुचित अवसर प्रदान करता है। कुछ कारणों से ऐसा न होने पर वे अधिक विचलित नहीं होते तथा ऐसा नहीं अनुभव करते कि स्थानान्तरण (Transfer) या प्रमोशन को लेकर उन्हें तंग किया जा रहा है अथवा भेदभाव हो रहा है।

(vii) अपने व्यवसाय की काम-काज की बातों में वे पर्याप्त सुधार लाने में पूरा विश्वास रखते हैं। उनमें सृजनात्मकता के तत्व भी उपयुक्त मात्रा में पाये जाते हैं जिसका प्रमाण वे यदा-कदा देते रहते हैं।

(viii) वे अपने व्यवसाय से आर्थिक दृष्टि से भी समुचित रूप में संतुष्टि अनुभव करते हैं। वे दूसरे व्यवसायों से जिनमें अधिक पैसे या सुविधाएं मिलती हैं, अपने व्यवसाय की तुलना कर अपने मन में किसी प्रकार के हीन या विरोधी भाव नहीं उत्पन्न होने देते।

(ix) अपने व्यवसाय की गरिमा तथा प्रतिष्ठा बनाए रखने का वे समुचित प्रयत्न करते हैं तथा इस कार्य में अपने साथियों तथा अधिकारियों का पूरा साथ देते हैं।

समायोजन की विधियां (Mehods of Adjustment)

एक स्वस्थ सुखी एवं संतोषप्रद जीवन जीने के लिए व्यक्ति को समायोजित रहने के ढंग सीखने होते हैं यानी उसे अपने वातावरण में अच्छे से अच्छे तरह समायोजित होने के तरीके सीखने होते हैं। ऐसा करने में उसे यह भी ध्यान रखना होता है कि उसके आत्म को ठेस न लगे और वह असामानता या कुसमायोजन का शिकार न हो सके।

यह कैसे किया जाए? अपने वातावरण के साथ समायोजन करने हेतु कैसे तरीके अपनाए जाएं? जिन्दगी में आने वाली चिंता, अवसाद, दबाव या तनावों से कैसे निपटा जाए? इस सब बातों के उत्तर पाने के लिए हमें उन विधियों, तरीकों की चर्चा करना अत्यंत आवश्यक है जिन्हें व्यक्तियों द्वारा अपनी समायोजन प्रक्रिया में अच्छी तरह काम में लाया जा सकता है।

मोटे तौर पर समायोजन के लिए काम में लाई जाने वाली विधियों या तकनीकों को दो भागों में बांटा जा सकता है। (i) प्रत्यक्ष विधियाँ तथा (ii) अप्रत्यक्ष विधियाँ। आइए इनके बारे में जानें।

1. प्रत्यक्ष विधियाँ (Direct Methods)

प्रत्यक्ष विधियां वे विधियां है जिन्हें व्यक्तियों द्वारा अपने चेतन स्तर (conscious level) पर काम में लाया जाता है। ये तार्किक और विचारशील होती हैं और इनके सहारे व्यक्ति को परिस्थिति विशेष में आ रही अपनी समस्या का स्थायी समाधान किया जाता है। इन विधियों का निम्न प्रकार उल्लेख किया जा सकता है।

(a) *अभ्यास में वृद्धि करना या प्रयासों में सुधार करना (Increasing trials or improving efforts)*– समायोजन करते समय जब कोई अपनी समस्या के समाधान में कठिनाई अनुभव करता है या उसके मार्ग में कोई बाधा खड़ी हो जाती है तब वह नए जोश और उत्साह के साथ अपने प्रयासों में और मजबूती लाने या अपनी कार्यशैली तथा व्यवहार में परिवर्तन लाने की चेष्टा कर सकता है।

(b) *समझौते के रास्ते अपनाना (Adopting compromising means)*– अपने और अपने वातावरण के बीच सामजस्य बनाए रखने के लिए व्यक्ति के द्वारा निम्न प्रकार के समझौते मार्ग चुने जा सकते हैं।

(i) वह अपने उद्देश्य विशेष में परिवर्तन लाकर अपने प्रयासों की दिशा ही बदल देता है। उदाहरण के लिए अगर वह पहले I.A.S. परीक्षा पास करने की चाहत रखता था तो अब वह इस उद्देय की जगह बैंक में प्रोबेशन अफसर बनने का उद्देश्य लेकर अपनी शक्ति को इस नए उद्देश्य की प्राप्ति में लगाना प्रारंभ कर सकता है।

(ii) अपने उद्देश्य में एकदम बहुत बड़ा परिवर्तन लाकर वह उसका स्तर कुछ कम कर करता है जैसे वह I.A.S. बनने की तमन्ना न रखकर पी.सी.एस (राज्य स्तरीय सिविल सर्विस) की परीक्षा पास करना अपना उद्देश्य बना सकता है।

(iii) वह एक वास्तविक वस्तु की बजाय उसके कृत्रिम या काल्पनिक विकल्प की प्राप्ति से ही संतुष्टि अनुभव कर सकता है। उदाहरण के लिए एक बालक वास्तविक कार या घोड़े की जगह खिलौना कार या घोड़े पर सवारी करके ही संतोष अनुभव कर सकता है तथा एक युवक जिसे विवाह करके अपनी पत्नी को बाहों में भरने की तमन्ना है वह किसी गुड़िया या प्रतिमा को ही अपनी बाहों में भर कर संतुष्टि पा सकता है।

(c) *पलायन या पराजय स्वीकार कर लेना (Withdrawl or Submission)*– एक व्यक्ति वातारण के साथ अपने समायोजन हेतु वातावरण की शक्तियों के सामने घुटने टेककर अथवा जिस परिस्थिति में उसने कुछ हो नहीं पा रहा है उसे छोड़ कर कहीं अन्यत्र चले जाने के द्वारा अपने समायोजन का रास्ता ढूंढ सकता है।

(d) *उचित चयन तथा निर्णय लेने की क्षमता दिखाना (Making proper choices and decisions)*– व्यक्ति पर्याप्त सूझ बूझ से अपने वातावरण के साथ अनुकूलन करने या वातावरण को अपने अनुसार ढालने आदि से संबंधित उचित निर्णय लेकर अपने आपको चिंता, परेशानी और तनाव रहित परिस्थितियों से बचाकर ऐसा रास्ता ढूंढ सकता है जिससे वह समायोजित अनुभव करे।

2. अप्रत्यक्ष विधियाँ (*Indirect Methods*)

अप्रत्यक्ष विधियाँ वे विधियाँ होती हैं जिनकी सहायता से व्यक्ति अपने आदर्श अस्थायी तौर पर समायोजित कर मनोवैज्ञानिक खतरों से अपना बचाव करता हुआ दिखाई देता है। इस कार्य हेतु वह जिन युक्तियों को अपनाता है उन्हें रक्षात्मक युक्तियों या मनोरचनाओं (Defence or mental mechanisms) का नाम दिया जाता है। इनका प्रयोग विभिन्न परिस्थितियों में व्यक्तियों द्वारा अचेतन रूप से अपने अहं तथा स्व (Self) की रक्षा हेतु किया जाता है। इस प्रकार की युक्तियों के रूप में जिनका प्रयोग व्यक्तियों द्वारा अपने अस्थायी समायोजन हेतु किया जाता रहता है वे निम्न हैं।

(i) *दमन (Repression)*– दमन समायोजन हेतु काम के लाई जाने वाली वह रक्षात्मक युक्ति है जिसमें व्यक्ति अपने दुखद अनुभव, कटु स्मृतियों, मानसिक संघर्ष और अतृप्त आकांक्षाओं को अचेतन मन के कोने में दबाकर उन्हें भूल जाने का प्रयत्न करता है ताकि उनकी याद उसे बैचने और दुखी न बनाए रखे। उससे ऐसा करने से इस कारण से तनावों और संघर्षों से थोड़ी बहुत अस्थायी मुक्ति मिल जाती है क्योंकि इन तनावों और चिंताओं को उत्पन्न करने वाली परिस्थितियां चेतन मन में विराजमान नहीं रहती। एक व्यक्ति जिसकी अपने किसी अध्यापक तथा विद्यालय के वातावरण को लेकर कुछ कटुस्मृतियां तथा तीखे अनुभव होते हैं वह अपने उस अध्यापक का, विद्यालय का नाम तक भूल जाता है। कारण यही है कि वह अपने विगत जीवन की पीड़ादायक स्मृतियों से छुटकारा पाना चाहता है और उसका इलाज वह उन्हें अपने अचेतन मन में गहरे दफना कर ही ढूंढता है। इसी तरह एक युवक या युवती जिसे अपने पहले प्यार में असफलता का मुंह देखना पड़ा अपने इस प्यार से जुड़ी हुई हर वेदना तथा कटु स्मृति को बिलकुल भूल जाना चाहता है क्योंकि इसी से उसे इच्छित शांति मिल सकती है और यही कारण है कि अब उसे उससे जुड़े हुए कोई प्रेम-प्रसंग-फोटोग्राफ तथा यात्रा विवरण इत्यादि याद नहीं रहते।

(ii) *प्रतिगमन (Regression)*– प्रतिगमन का शाब्दिक अर्थ पीछे की ओर लौटना अथवा भूत में वापिस जाना होता है। इस प्रक्रिया के अन्तर्गत कोई व्यक्ति अपने को मानसिक तनावों ओर संघर्षों से बचाने के लिए अपनी आयु स्तर से नीचे के स्तर का व्यवहार करने लगता है। उदाहरण के लिए एक मनुष्य प्रेम व्यापार में असफल हो जाने के पश्चात् उस समय प्रतिगमन करता हुआ पाया जाता है जबकि वह गुड़ियों के साथ खेलने अथवा उन्हें सजाने का प्रयत्न करता है। इसी प्रकार एक बड़ा बालक उस समय प्रतिगमन कर शिशु के समान व्यवहार करता पाया जाता है जब उसका नया

भाई जन्म लेता है और वह अपने आप को उपेक्षित अनुभव करता है। परिणामस्वरूप अब उसे अंगूठा चूसते हुए तथा बिस्तर पर पेशाब करते हुए देखा जाता है और इस तरह अब एक बार फिर वह यह अनुभव करने या कराने का प्रयत्न करता है कि वह अभी शिशु ही है और उसे भी शिशु की तरह ही देख रेख और प्यार चाहिए। एक युवती शादी के बाद फिर से अपने मां-बाप के आंचल में मुंह छुपाने के लिए वापिस आ जाती है, क्योंकि वह अपने वैवाहिक जीवन की नई मांगों तथा कर्त्तव्यों को पूरा करने में अपने आपको असमर्थ पाती है। यहां प्रतिगमन द्वारा वापिस अपने कुंवारेपन की जिदंगी में लौटना ही उसे ऐसा विकल्प नजर आता है कि जिससे उसके 'स्व' (Self) या अहं (Ego) की रक्षा हो सके।

(iii) *विस्थापन (Displacement)*– कभी-कभी ऐसा होता है कि एक व्यक्ति किसी विशेष व्यक्ति या वस्तु के प्रति अपने विचारों व भावनाओं को खुलकर व्यक्त करने में अपने आपको असमर्थ पाता है तो वह इनकी अभिव्यक्ति के लिए किसी दूसरे वस्तु या व्यक्ति को माध्यम बनाकर अपनी दबी हुई कुंठित भावनाओं तथा आक्रोश को निकालने का प्रयत्न करता है और इस तरह अपने अहं और स्व को आघात लगाने से बचा लेता है। बचाव की इसी युक्ति को विस्थापन युक्ति की संज्ञा दी जाती है। अपनी दमित भावनाओं तथा आक्रोश के लिए किस को माध्यम बनाया जाए इस बात का ध्यान भी यहां उसके द्वारा रखा जाता है। प्रायः इस कार्य के लिए वह ऐसी वस्तुओं, व्यक्तियों तथा समूहों को ही चुनता है जो उससे कमजोर हों, आसानी से उसके परिवेश में उपलब्ध हो जाते हों तथा जिनसे प्रयुत्तर के रूप में हानि पहुंचाने की कम संभावना हो। इस प्रकार की विस्थापन परिस्थितियां निम्न हो सकती हैं।

- एक बालक जिसे अध्यापक द्वारा विद्यालय में अच्छी तरह डांट पड़ी है या जिसकी उसके किसी तगड़े साथी ने पिटाई लगाई है वह अपने आपको इस परिस्थिति में प्रयुत्तर देने में असमर्थ पाता है। अपना गुबार अब वह घर आकर अपने छोटे भाई बहिनों को पीट-पीट कर निकालने का प्रयत्न कर सकता है।
- जिस कर्मचारी को दफ्तर में अपने अफसर से डांट खाकर अपमानित होना पड़ा है वह अपनी भावनाओं तथा आक्रोश को वहां तो भयवश दबा लेता है परंतु उसकी अभिव्यक्ति घर आकर अपनी पत्नी तथा बच्चों पर झल्ला कर या मार-पीटकर करना चाहता है। ऐसा करने में वह विस्थापन युक्ति को ही अपने 'अहं' तथा 'स्व' की रक्षा हेतु प्रयोग में ला रहा होता है।
- एक निःसंतान दम्पत्ति या अविवाहित व्यक्ति जिसे बालकों के प्रति स्नेह या प्रेम प्रदर्शित करने की भूख है वह अपनी इस इच्छा की पूर्ति हेतु दूसरे के बच्चों को स्नेह देकर या कुत्ते, बिल्ली पाल कर विस्थापन युक्ति का प्रयोग कर रहा होता है।
- जिस बालक को अपने पिता का प्यार नहीं मिलता तो वह इस अभाव की पूर्ति हेतु किसी अन्य व्यक्ति तथा अध्यापक आदि से करने का प्रयत्न करता हुआ देखा जा सकता है। ऐसा करने में उसके द्वारा विस्थापन युक्ति का ही सहारा लिया जाता है।

इस प्रकार से विस्थापित युक्ति में अपनी दायित्व भावनाओं तथा आक्रोश की अभिव्यक्ति के लिए कोई सहज विकल्प तलाशने का प्रयत्न किया जाता है ताकि मन का गुबार निकल जाये और अपने अहं तथा स्व को चोट पहुंचाने से बचाया जा सके।

(iv) *क्षति पूर्ति या कमी पूरी करना (Compensation)–* समायोजन हेतु अपनाई जाने वाली इस युक्ति में व्यक्ति किसी क्षेत्र विशेष में स्थित अपनी कमजोरी को दूसरे क्षेत्र में अपनी ताकत दिखाकर पूरी करने की कोशिश करता है। उदाहरण के लिए एक असुन्दर लड़की जिसे दिन रात पुस्तकों में डूबा हुआ देखा जाता है ताकि वह कक्षा में प्रथम आ सके वह ऐसा इसलिए करना चाहती है कि सुंदर न होने के कारण जो तिरस्कार उसे मिल रहा था उसकी क्षतिपूर्ति वह कक्षा में प्रथम स्थान लेकर सबके आकर्षण का केन्द्र बन सके।

(v) *प्रक्षेपण (Projection)–* प्रक्षेपण की क्रिया के अन्तर्गत व्यक्ति अपनी कमजोरियों और दोषों की झलक दूसरों में देखने का प्रयत्न करता है। एक कुरूप व्यक्ति को दूसरों में कुरूपता दिखाई देती है और चरित्रहीन को चरित्रहीनता। इसी युक्ति को अपनाते हुए नकल करने में पकड़ा एक विद्यार्थी यह कहकर अपने को बचाने का संतोष देने की प्रयत्न करता है कि दूसरे भी नकल कर रहे हैं। एक कामी व्यक्ति जिसकी यौन भावनाएं तथा कामेच्छाएं अतृप्त हैं, दूसरों को कामी और विषयी होने के लिए उनकी आलोचना करता हुआ देखा जा सकता है। इस प्रकार प्रक्षेपण को अपनी कमजोरियों को नगण्य सिद्ध करने तथा अपने दोषों को ढांक कर अपने अहं और आत्मसम्मान की रक्षा करने के एक अस्थायी प्रयास के रूप में देखा जा सकता है।

(vi) *उदात्तीकरण (Sublimation)–* उदात्तीकरण (Sublimation) प्रक्रिया या प्रयोग रसायन शास्त्र (Chemistry) में ठोस या तरल वस्तुओं को वाष्पीकृत करके उन्हें शुद्ध करने की प्रक्रिया के रूप में किया जाता है। इसलिए इसे प्रायः शुद्धिकरण का नाम भी दिया जाता है। मनोविज्ञान में इसका अर्थ हमारी भावनाओं तथा विचारों को परिष्कृत तथा शुद्ध करने से होता है। हमारी ऐसी मूल प्रवृत्तियां (Basic Instincts), संवेग (Emotions) तथा अभिलाषाएं (Desires) हो सकती हैं, जिनकी पूर्ति से हमें अपनी क्षति होने की आशंका हो या समाज को इससे खतरा हो अथवा उनमें ऐसा कुछ हो सकता है जिसे सामाजिक मान्यता प्राप्त न हो या समाज द्वारा जिन्हें बुराई या अपराध प्रवृत्ति में शामिल किया जाता हो। ऐसी अवस्थाओं में इनका शुद्धिकरण या उदात्तीकरण ही ऐसा उपयुक्त मार्ग नजर आता है जिससे व्यक्तिगत और सामाजिक कल्याण की मंजिल पर पहुंचा जा सके। किसी व्यक्ति द्वारा इस प्रकार की रक्षा युक्ति का प्रयोग कर अपने स्व तथा अहं की प्रतिष्ठा अच्छी तरह कायम की जा सकती है। कुछ निम्न उदाहरण परिस्थितियों के द्वारा इस रक्षा युक्ति के प्रयोग को अच्छी तरह स्पष्ट किया जा सकता है।

(i) जो विद्यार्थी बहुत अधिक लड़ते झगड़ते हैं बहादुर तथा निर्भीक होते हैं उनकी संघर्ष प्रवृत्ति जब उदात्तीकरण का मार्ग पकड़ती है तो उन्हें अच्छा खिलाड़ी, मुक्केबाज, पहलवान, तथा दूसरों की मदद करने वाले समाज सेवी कार्यकर्त्ताओं तथा शहीदों के रूप में प्रतिष्ठित होकर अपने अहं तथा स्वं भावना की रक्षा करते हुए भली-भांति देखा जा सकता है।

(ii) श्रृंगार तथा रसिक प्रवृत्ति से युक्त बालक-बालिकाओं को उदात्तीकरण का सहारा लेकर अच्छे चित्रकार, मूर्तिकार, नाटककार, अभिनेता तथा अभिनेत्री, गायक एवं नृत्यांगना के रूप में प्रतिष्ठित होते अच्छी तरह देखा जा सकता है।

(iii) एक प्रेम में असफल व्यक्ति को जीवन पर खेल कर दूसरों की रक्षा करते, युद्ध

क्षेत्र में वीरता चक्र प्राप्त करते हुए देखना उदात्तीकरण युक्ति को अपनाने से भी संभव होता है। इस तरह उदात्तीकरण रक्षा युक्ति का प्रयोग अगर उपयुक्त ढंग से सामाजिक रूप से मान्यता प्राप्त दिशाओं तथा सीमाओं के अन्तर्गत किया जाए तो इससे व्यक्तिगत और सामाजिक कल्याण की ऊंचाइयों को छूने में पर्याप्त सहयोग मिल सकता है।

(vi) सहानुभूतिकरण (Sympathism) समायोजन हेतु अपनाई जाने वाली यह एक युक्ति है जिसमें व्यक्ति अपने असफलताओं तथा अक्षमताओं के लिए दूसरो की कृपा तथा सहानुभूति अर्जित कर संतुष्टि का अनुभव कर लेता है। ऐसे व्यक्ति अपनी कठिनाई और सफलता के मार्ग में आने वाले अवरोधों को बढ़ा चढ़ा कर दूसरों के लिए प्रस्तुत कर दूसरों की सहानुभूति बटोरना अपना उद्देश्य बना लेते हैं। उदाहरण के लिए एक स्त्री जो अपने बालकों का ठीक तरह से ध्यान नहीं रख पाती दूसरों की सहानुभूति यह कहकर बटोरने की प्रयत्न करती है कि देखो वह कितनी व्यस्त और काम के बोझ से दबी रहती है क्योंकि उसके घर के सदस्य उसके साथ बिलकुल सहयोग नहीं करते या किस तरह वह और उसके परिवार पर आफतों का पहाड़ टूट रहा है।

ऊपर की पंक्तियों में समायोजन हेतु अपनाई गई अप्रत्यक्ष विधियों के रूप में जितनी रक्षात्मक युक्तियों तथा मनोरचनाओं की हमने चर्चा की है वे सभी इस प्रकार की युक्तियां हैं जिनका प्रयोग विभिन्न परिस्थितियों में व्यक्तियों द्वारा अचेतन रूप से अपने अहं तथा स्वयं (Self) की रक्षा हेतु किया जाता है। इस प्रकार की रक्षा हेतु जो प्रयत्न किए जाते हैं वे अस्थायी ही सिद्ध होते हैं। अतः वास्तविक रूप में इन्हें व्यक्ति की समस्याओं का कोई स्थायी उपचार नहीं माना जा सकता। प्रसिद्ध मनावैज्ञाकिन **मॉर्गन** (Morgan) ने विभिन्न रक्षात्मक युक्तियों की सार्थकता पर टिप्पणी करते हुए लिखा है कि

"ये केवल किसी वास्तविक समस्या को दबाने अथवा छिपाने का प्रयास करती हैं। यह समस्या बार–बार चिंता उत्पन्न करने के लिए बाद में भी बनी रहती है।"

इस प्रकार से रक्षात्मक युक्तियां (Defence Mechanisms) को चिंता और कमियों से मुक्ति पाने के लिए एक अस्थायी कवच अथवा रक्षा साधन के रूप में जाना जा सकता है। इस प्रकार के साधनों का प्रयोग व्यक्ति के सामने फिर से कोई न कोई समस्या उत्पन्न कर सकता है। यह उसी प्रकार की स्थिति है जिसमें एक व्यक्ति अपने आपको बचाने के लिए झूठ बोलता है या कोई ऐसा ही तरीका इस्तेमाल करता है परन्तु ऐसा करने से वह किसी और कठिनाई में फंस जाता है। इसलिए हमें अपने आपको इस प्रकार के अस्थायी रक्षा साधनों का प्रयोग करने के लिए निरुत्साहित ही करना चाहिए।

References and Suggested Readings

Adler, A., (1927), *Practice and Theory of Individual Psychology*, New York: Harcourt Brace and World.

Allport, G.W., (1948), *Personality — A Psychological Interpretation*, New York: Henry Holt and Co., Inc.

Allport, G.W., (1961), *Pattern and Growth in Personality*, New York: Holt.

Amidon, Edmund, J. and Hough, J. (1967), *Interaction Analysis Theory: Research and Application*, Reading, Massachusetts California: Addison Wesley.

Anderson, J.R. (2000), *Cognitive Psychology and Its Implication*, New York: Worth Publishers.

Arkoff. Abe (1968), *Adjustment and Mental Health*, New York: McGraw-Hill.

Asian Institute for Teacher Educators (1972), Identification of technical skills of teaching and development of training materials together with suggestions for the development of a model for analysing a classroom.

Atkinson, R.C. and Shiffrin, R.M. (1968), "Human Memory: A proposed system and its control process in K.W. Spence and J.T. Spence (Eds.), *The Psychology of Learning and Motivation: Advances in Research and Theory*, Vol. 2, New York: Academic Press.

Bandura, A. (1977) *Social Learning Theory*, Englewood Chiffs, N.J.: Prentice-Hall.

Bandura, Albert and Walters, R.H., (1963), *Social Learning and Personality Development*, New York: Holt.

Bhatia, H.R., *Elements of Educational Psychology*, Calcutta, Orient Longman, 1968 (3rd edition reprint).

Bigge, M.L. and Hunt, M.P., (1968), *Psychological Foundations of Education*, New York: Harper & Row.

Bigge, Moris, L., (1967), *Learning Theories for Teachers*, Delhi: Universal Book Stall (First Indian reprint).

Boring, E.C., Langfield, H.S. and Weld, H.P. (Ed.) (1961), *Foundation of Psychology*, New York: John Wiley.

Brown, A.L. (1987), Metacognition, executive control, self-regulation, and other more mysterious mechanisms, in F.E. Weinert & R.H. Kluwe (Eds.), *Metacognition, motivation, and understanding* (pp. 65-116). Hillsdale, New Jersey: Lawrence Erlbaum Associates

Brown, B.B. (1975), *Experimental Mind in Education*, New York: Harper and Row.

Brown, J.S., Collins, A., and Duguid, P. (1989). Situated Cognition and the Culture of Learning, *Educational Researcher*, 18(1), 32-42

Brubacher, J. (1939), *Modern Philosophies of Education*, New York: McGraw Hill.

Cattell, R.B., (1970), quoted by C.S. Hall and G. Lindzey, *Theory of Personality* (2nd ed.), New York: John Wiley.

Clarke, S.C.T. (1970), "General Teaching Theory" in *The Journal of Teacher Education*, Vol. XXI, No. 3. Fall.

Collins English Dictionary: Complete and Abridged 10th edition, (2009), William Collins Harper Collins.

Collins, A. (1991). 'Cognitive apprenticeship and instructional technology', in L. Idol & B.F. Jones (Eds.), *Educational values and cognitive instruction: Implication for reform* (pp. 121-138). Hillsdale, NJ: Lawrence Erlbaum Associates.

Collins, A. Brown, J.S. and Holum, A. (1991). 'Cognitive Apprenticeship: Making thinking visible', *American Educator*, 15(3), 6-11, 38-46.

Collins, A., Brown, J. S., and Newman, S.E. (1989). 'Cognitive apprenticeship: Teaching the craft of reading, writing and mathematics' (Technical Report No. 403). BBN Laboratories, Cambridge, MA. Centre for the Study of Reading, University of Illinois. January, 1987.

Collins, A., Brown, J.S. & Newman, S.E. (1989). Cognitive apprenticeship: Teaching the craft of reading, writing, and mathematics, in L.B. Resnick (Ed.), *Knowing, learning, and instruction: Essays in honor of Robert Glaser* (pp. 453-494). Hillsdale, NJ: Lawrence Erlbaum Associates.

Craik, F.I.M. and Lokhart, R.S. (1972), 'Levels of Processing: A Frame Work for Memory Research', *Journal of Verbal Learning and Verbal Behaviour*, Vol. II, pp. 671-684.

Crow, L.D. and Crow, A., *Adolescent Development and Adjustment*, New York: McGraw-Hill, 1956.

Crow, L.D. and Crow, A., *Child Psychology*, New York: Barney and Noble, 1969 (Reprint)

Crow, L.D. and Crow, A., *Educational Psychology*, New Delhi: Eurasia Publishing House, 1973 (3rd Indian reprint)

Crow, L.D. and Crow, A., *Psychology*, New York: Barnes and Noble, Inc., 1953.

Dictionary.Com (online), 'cognition' retrieved from dictionary.com/ browse/cognition on 20th December, 2015.

Douglas, O.B. and Holland, B.F., (1947). *Fundamental of Educational Psychology*, New York: The Macmillan Co.

Erickson, E. (1950), *Childhood and Society*, New York: Norton.

Erickson, E. (1968), *Identity, youth and crises*, New York: Norton.

Eysenck, H.J. (1972), etc. al, *Encyclopaedia of Psychology*, New York: Phil. Lib..

Eysenck, H.J. (1947), *Dimensions of Personality*, London: Kegan Paul.

Eysenck, H.J. (1971), *The Structure of Human Personality*, New York: Methuen and Co., (3rd Ed.).

Flavell, J. H. (1987). Speculations about the nature and development of metacognition. In F. E. Weinert & R.H. Kluwe (Eds.), *Metacognition, Motivation and Understanding* (pp. 21-29). Hillside, New Jersey: Lawrence Erlbaum Associates.

Flavell, J.H. (1979). 'Metacognition and Cognitive Monitoring: A new area of cognitive-developmental inquiry'. *American Psychologist, 34*, 906-911.

Freud, S. (1939), *An Outline of Psychoanalysis*, New York: Norton.

Gage N.S. (1968) 'Theories Teaching' in *Theories of Learning and Instruction"* in E.R. Hlgard, 63rd year book of the National Society for the Study of Education, Chicago University Press.

Gage, N.L., (Ed.) (1963), *Hand Book of Research on Teaching*, Chicago: Rand McNally and Co.

Gagne, R. (1970), *The Conditions of Learning*, 2nd ed., New York: Holt Rinehart and Winston.

Gardner, H. Jerome, S. Bruneir in J.A. Palmer (Ed.) *Fifty Modern Thinkers on Education*, London: Routledge.

Gardner, Howard (1983), *Frames of Mind: The Theory of Multiple Intelligence*, New York: Basic Books.

Garrett, H.E. (1968), *General Psychology* (Indian edition), New Delhi: Eurasia Publishing House.

Gates, A.I. and others, (1946), *Educational Psychology*, New York. The Macmillan.

Gates, A.I. and Jersild, A.T. (1970), *Educational Psychology*, New York: Macmillan.

Gesell, A., Maturation and Infant Behaviour Pattern, *Psycho. Rev.* 36, 307-319.

Good, Carter, V. (1959), *Dictionary of Education*, McGraw-Hill Book Co.

Green, T.F. (1971), *The Activities of Teaching*, New York: McGraw-Hill.

Griffiths J.H. (1935), *The Psychology of Human Behaviour*, George Allen and Unwin.

Guilford, J.P. (1967), *The Nature of Human Intelligence*, New York: McGraw-Hill.

Guthrie, E.R. and Horton, G.P. (1946), *Cats in a Puzzle Box*, New York: Rinehart.

Guthrie, E.R. (1940), Association and the law of effect, *Psychological Review*, p. 47.

Guthrie, E.R. (1959), Association by contiguity, in S. Koch (Ed.), *Psychology: A study of science*, Vol. 2, New York: McGraw-Hill.

Guthrie, E.R., Conditioning: A theory of learning in terms of stimulus, response and association, in N.B. Henry (Ed.), *The Forty-first Year Book of the National Society for the Study of Education*, Part II. 'The Psychology of Learning', Chicago: University of Chicago Press, 1942, p. 30.

Guthrie, E.R. (1935), *The Psychology of Learning*, New York: Harper & Row.

Guthrie, E.R. (1938), *The Psychology of Human Conflict*, New York: Harper & Row.

Guthrie, E.R. (1952), *The Psychology of Learning* (rev. ed.), New York: Harper & Row.

Hacker, D.J., Metacognition: Definitions and Empirical Foundations. The University of Memphis: http://www.psvc.memphis.edu/trg/meta.htm

Harriman, P.L. (1946), (Ed.), *Encyclopaedia of Psychology*, New York: Phil, Lib.

Havighurst, R. J. (1932), *Development Tact and Education*, (3rd ed.), New York: David McKay.

Havighurst, R.J. (1932), *Human Development and Education*, New York: Longmans.

Hergenhahn, B. R. (1976), *An Introduction to Theories of Learning*, New Jersey: Prentice-Hall.

Hergenhahn, B.R., *An Introduction to Theories of Learning*, New Jersey: Prentice-Hall, 1976.

Hilgard, E. (1958), *Theories of Learning*, London: Methuen.

Hilgard J.R., Learning and Maturation in Pre School Children, *Journal of Genetic Psychology*. 41, 36-56.

Hilgard, R.R. and Bower, G.H. (1977), *Theories of Learning*, New Delhi Prentice-Hall of India.

Hogan, D.M., & Tudge, J.R.H. (1999). Implications of Vygotstky's theory for peer learning, in A. M. O'Donnell & A. King (Eds.), *Cognitive perspectives on peer learning* (pp. 39-65). Mahwah, New Jersey: Lawrence Erlbaum.

Horn, J.L. (1978), The Nature and Development of Intellectual Abilities in R.T. Osborne, C.E. Noble and N. Weyl (Eds.), *Human Variation*, New York: Academic Press.

Hurlock and Schewartz, quoted by Kuppuswamy, B. (1964), *Advanced Educational Psychology*, Delhi University Publications.

Hurlock, E.B. (1987), *Child Development* (International ed., 8th printing), New York: McGraw-Hill.

Hurlock, E.B. (1959), *Adolescent Development*, New York: McGraw-Hill.

Jangira, N.K. and Ajit Singh (1982), *Core Teaching Skills: The Micro teaching Approach*, New Delhi: NCERT.

Jenkins (2000), Constructivism and Evaluation, quoted by Sasi Kumar, P., *Edutrack*, Vol. 9, No. 1, September, 2009.

Jersild, A.T. (1975), *et. al.*, *Child Psychology*, New York: Macmillan.

Joyce Bruce and Weil, Marsha (1972), *Model of Teacher of Englewood Cliffs*, New Jersey: Prentice-Hall.

Kingsley, H.L. and Garry, R. (1957), *The Nature and Conditions of Learning*. Prentice Hall, Inc. (2nd ed.)

Knight, Rex and Knight, Margaret (1952), *A modern introduction to Psychology*, London: University Tutorial Press Ltd. (3rd ed.)

Kohlberg, L. (1984), *Essays on Moral Development*, San Francisco; Harper and Row.

Kohlberg, L. (1968), The Child as a Moral Philosopher, *Psychology Today*, Vol. 2, pp. 25-30.

Kohlberg, L. (1975), The Cognitive Development Approach to Moral Education, *Phi Delta Kappan*, 56, p. 671.

Kohlberg, L. (1963), The development of children's orientation toward moral order: Sequence in the development of moral thought, *Vita Humana*, 6, 11-33.

Kohlberg, L. (1964), 'The Development of Moral Character and Moral Ideology', in M. Hoffman and L. Hoffman (Eds), *Review of Child Development Research*, Vol. I, New York: Russel Sage Foundations.

Kohlberg, L. (1976), 'Moral Stages and Moralization: The Cognitive Development Approach' in T. Lickona (Ed.) *Moral Development and Behaviour*, New York: Holt, Ronechart and Winston.

Kohler, W. (1929), *Gestalt Psychology*, New York: Leveright.

Kolb, David (1984), *Experiential Learning: Experience as the source of learning and development*, Englewood Cliffs, NJ: Prentice-Hall.

Komisar, N.P. (1966), "Conceptual Analysis of Teaching" *High School Journal*, 50, 14-21.

Kuppuswamy, B. (1971), *An introduction to Social Psychology*, Bombay: Publishing House (Reprinted)

Lazarus, R.S. (1976), *Patterns of Adjustment*, Tokyo: McGraw-Hill (3rd ed.)

Lazear, David G (1992), *Teaching for multiple intelligences*, Bloomington, Ind.: Phi. Delta Kappa Educational Foundation.

Levin, M.J. (1978), *Psychology–A Biographical Approach*, New York: McGraw-Hill.

Livingston, J. (1997) *Metacognition: An Overview*, State Univ. of New York at Buffalo: http://www.gse.buffalo.edu/fas/shuell/cep564/Metacog.htm

Livingston, J.A. (1996) *Effects of metacognitive instruction on strategy use of college students*. Unpublished manuscript, State University of New York at Buffaloe.

Maslow, A.H. (1962), *Toward a Psychology of Being*, Princeton, N.J.: Van Nostrand.

Mc Dougall William (1949), *An outline of Psychology*, London: Mettuen and Co.

McGeoch, J. A. (1942), *The Psychology of Human Learning*, New York: Longmans.

McGrow, M.B., Growth (1935), *A Study of Johnny and Jimmy*, New York: Appleton-Century-Crofts.

McIver, R.M. and Page, C.H. (1949), *Society: An Introductory Analysis*, London: Macmillan and Co. Ltd.

McLellan, H. (1994). 'Situated learning: Continuing the conversation'. Educational Technology 34, 7-8.

Metcalfe, J, and Shimamura, A.P. (1994), *Metacognition: Knowing about Knowing*; Cambridge: MA: MIT Press.

Miller, G.A. (1956), "The Magic Number seven plus or minus two, some limits on our capacity for possessing information", *The Psychological Review*, 63, 81-97.

Miller, G.A., Galanter, E. and Pribram K.H., (1960), Plans and Structure of Behaviour, New York: Holt Rinchart and Winston.

Morgan, C.T. (1961), *Introduction to Psychology*, New York: McGraw-Hill.

Morrison, H.C. (1934), *Basic Principles of Education*, Boston: Houghton Mifflin.

Murphy, Gardener (1968), *An Introduction to Psychology*, New Delhi: Oxford and IBH.

Ormrod, J.E. (2003), *Educational Psychology: Developing Learners* (4th ed.), Upper Saddle River, N.J.: Prentice-Hall.

Pavlov, J.P., (1927), *Conditioned Reflexes*, Oxford, Clarendon Press.

Pasricha, Prem, Educational Psychology, Delhi: University-Publishers, 1963.

Passi, B.K. (ed), (1976) *Becoming Better Teacher; Micro-teaching Approach*, Ahmedabad: Sahitya Mudranalya.

Piaget J. (1977), *Equilibration of Cognitive Structures*, New York: Viking Press.

Piaget, J. (1932), *The Moral Judgement of the Child*, New York: Harcourt and Brace (and New York: Free Press, 1965).

Piaget, J. (1966), *Psychology of Intelligence*, Totowa, N.J.: Little Field Adams.

Piaget, J. (1952), *The Origins of Intelligence in Children*, New York: International University Press (and New York: Norton, 1963).

Piedment, Mccral and Costa, Quoted by J.G. Seamen and Douglas T. Kenrick (1991), *Psychology*, New Jersey: Prentice-Hall.

Pillai, N.P., Pillai, K.S. and Nair (1972), *Psychological Foundations of Education*, Trivandrum: Kala Niketan.

Pressy Robinson and Horrocks (1967), *Psychology in Education*, (22nd ed.), Delhi: Universal Book Stall.

Prince, Morton (1972), *The Unconscious*, New York: The MacMillan Co. (2nd ed).

Resnick, L.B. (Ed). (1989). *Knowing, learning, and instruction: Essays in honour of Robert Glaser*. Hillsdale, NJ: Lawrence Erlbaum Associates.

Roberts, M.J., and Erdos, G. (1993). "Strategy, selection and metacognition", *Educational Psychology*, 13, 259-66

Rogers, C.R., (1983), *Freedom to Learn for the 80's*, Columbus, OH: Merrill.

Rogers, C.R. (1980), *A Way of Being*, Boston: Houghton Mifflin.

Rogoff, B. (1990) *Apprenticeship in thinking: cognitive development in social context*. New York: Oxford University Press.

Rose, D. (1995). 'Apprenticeship and exploration: A new approach to literacy instruction'. Scholastic Literacy Research Paper, 6, 1-8.

Ross, J.S. (1951), *Ground Work of Education Psychology*, London; George G Harrap & Co..

Samuel Smiles Quoted by Pathak, P.D. (1973), *Educational Psychology*, Agra: Vinod Pustak Mandir.

Sawrey, J.M. and Telford, C. (1964), *Educational Psychology*, New Delhi: Prentice-Hall of India.

Schun, K.D. (2004), *Learning theories: An educational perspective* (4th edition), Upper Saddle River, NJ,: Pearson.

Shaffer, L.S. (1961) Article in Boring, Long field and Weld (Eds.) *Foundation of Psychology*, New York: Jeva Wiley.

Shaffer, R. (1996), *Social Development*, Oxford: Black Well.

Shunk, D.H. (2000). *Learning theories: An educational perspective* (3rd ed). Upper Saddle River, NJ: Prentice-Hall.

Silverman, R.E. (1966). quoted by R.A. Sharma, *Technology of Teaching*. Meerut: Loyal Book Depot, 1980.

Skinner, B.F., (1974), *About Behaviourism* , New York: Knopt

Skinner, B.F. (1938), *The Behaviour of Organism*, New York: Appleton Century Crafts.

Skinner, B.F. (1948), *Walden Two*, New York: Macmillan

Skinner, B.F. (1953), *Science and Human Behaviour*, New York, MacMillan.

Skinner, B.F. (1968), *Technology of Teaching*, New York: Appleton Century Crofts.

Skinner, B.F. (1971), *Beyond Freedom and Dignity*, New York: Knopf.

Skinner, C.E. (Ed.) (1968), *Essential of Educational Psychology*, Prentice-Hall, Inc..

Skinner, C.E. and Harriman, P.L. (Ed.) (1937), *Child Psychology*, New York: The Macmillan Company (6th print).

Smith B.O. (1960), "A Concept of Teaching", Teacher College Record, LXI, No. 5.

Smith, B.O., "Toward a theory of Teaching", in Ballack, A.A. (Ed.) (1963), *Theory and Research in Teaching*, New York: Teachers College Press, Columbia University.

Smith, H.P. (1962), *Psychology in Teaching*, Englewood Cliffs, NJ: Prentice-Hall.

Sorenson, Herbert (1948), *Psychology in Education*, New York: McGraw-Hill Company, Inc.

Sorenson, Herbert (1977), *Psychology in Education*, New York: McGraw-Hill Company, Inc.

Spitz, Quoted by Hurlock, E.B. (1959), *Child Psychology*, Tokyo: McGraw-Hill.

Stagner, R. and Karwoski, T.F., Quoted by L.D. Crow and Alice Crow (1973), *Educational Psychology*, Eurasia Publishing House, New Delhi.

Stern, W. (1914), *Psychological Methods of Testing Intelligence*, Baltimore, Warwick and York, inc.

Sternberg, R.J. (1977), *Intelligence, Information Processing and Analytical Reasoning*, Hillsdale, N.J.: Erlbaum.

Sternberg, R.J. (1985) *Beyond IQ: A Triarchic theory of human intelligence*,

London: Cambridge University Press.

Sternberg, R.J. (1986b). *Intelligence applied*. New York: Harcourt Brace Jovanovich, Publishers.

Stones, Edgar and Moris, Sidney (1972), *Teaching Practice: Problems and Perspectives*, London: Methuen and Co. Ltd.

Taba, Hilda (1967), *Teachers Handbook for elementary social studies*, Palo Alto, Calif: Addison-Wesley.

Terman. L.M. and Merrill, M.A. (1937), *Measuring Intelligence*, Boston: Houghton Miffin.

Terman, L.M. (1921), 'Symposium: Intelligence and its Measurement', *Journal of Edu. Psy*. 12, March.

Thompson, G.G. (1979), *Child Psychology* (First Indian Reprint), New Delhi: Surjeet Publications.

Thorndike, E.L. (1911), *Animal Intelligence*, New York: Macmillan.

Thorndike, E.L. (1931), *Human Learning*, New York: Cornell University.

Tisdale, Kit (2001). 'Dissertation and distress in a cognitive apprenticeship in reading'. *Reading Research and Instruction*; 41, 51-82.

Tolman, E.C. (1932), *Purpose Behaviour in Animals and Men*, New York: Century Crafts.

Valentine, C.W. (1975), *Psychology and its bearing on Education*, London: The English Language Book Society and Methuen & Co.

Vonhaller, G.B. (1970), *Psychology*, New York: Houghton International.

Vygotsky, L.S. (1976), *Mind and Society: The Development of Higher Mental Process*, Cambridge, M.A.: Harvard University Press.

Vygotsky, L.S., 'The Kind of Speech', in R.W. Rieberd and A.S. Carton (Eds.) (1987), *The Collected Works of L.S. Vygotsky*, Volume I: 'Problems of General Psychology' (pp. 39, 285), New York: Plenun Press (Original Work Published, 1934).

Vygotsky, L.S. (1962), *Thought and Language*, Cambridge M.A.: MIT Press.

Wagnon, M.J. (Ed.) (1937), *Readings in Educational Psychology*, New York: Houghton Miffilin Co.

Watson, J.B. (1913), 'Psychology as a Behavirorist Views it', *Psychological review*. Vol. 20.

Watson, J.B. (1919), *Psychology from the stand point of a Behaviourist*, Philadelphia: J.B. Lipton Otta Co.

Watson, J.B. (1930), *Behaviourism*, London: Kegan Paul.

Webster's Ninth Colligiate Dictionary (1969), Spring Field Massacheusetts, USA: Merriam Weboters Publishers.

Wechsler, D. (1944), *The Measurement of Adult Intelligence*, (3rd ed.). New York: Williams and Wilkins Co..

Woodworth, R.S. and Marquis, D.G. (1948), *Psychology*, New York: Henry Holt and Co. (5th ed.).

Woodworth, R.S. (1945), *Psychology*, London: Methuen Co..

Woolfolk, Anita (2004), *Educational Psychology* (Ninth edition), First Indian Reprint, New York: Pearson.